아이가 스스로 배우는 자기주도여행 210

교과서가 쉬워지는 주말여행

김수진·박은하 지음

길벗

교과서가 쉬워지는 주말여행
A weekend trip for textbooks easier

초판 발행 · 2019년 4월 15일
초판 4쇄 발행 · 2019년 11월 7일
개정판 발행 · 2020년 10월 1일
개정판 3쇄 발행 · 2021년 11월 5일
개정2판 발행 · 2022년 5월 27일
개정2판 3쇄 발행 · 2022년 9월 30일
개정3판 발행 · 2023년 10월 20일
개정3판 2쇄 발행 · 2024년 8월 12일

지은이 · 김수진·박은하
발행인 · 이종원
발행처 · (주)도서출판 길벗
출판사 등록일 · 1990년 12월 24일
주소 · 서울시 마포구 월드컵로10길 56(서교동)
대표전화 · 02)332-0931 | **팩스** · 02)322-0586
홈페이지 · www.gilbut.co.kr | **이메일** · gilbut@gilbut.co.kr

편집팀장 · 민보람 | **기획 및 책임편집** · 방혜수(hyesu@gilbut.co.kr)
제작 · 이준호, 손일순 | **마케팅** · 정경원, 김진영, 김선영, 정지연, 이지원, 이지현, 조아현, 류효정 | **유통 혁신** · 한준희
영업관리 · 김명자 | **독자지원** · 윤정아

개정판 표지 디자인 · 최주연 | **전산편집** · 김영주 | **초판 디자인** · 강은경 | **초판 교정** · 이정현
CTP 출력 · **인쇄** · 교보피앤비 | **제본** · 경문제책

- 잘못된 책은 구입한 서점에서 바꿔 드립니다.
- 이 책은 저작권법에 따라 보호받는 저작물이므로 무단전재와 무단복제를 금합니다.

ⓒ김수진, 박은하

ISBN 979-11-407-0655-6(13980)
(길벗 도서번호 020243)

정가 24,000원

독자의 1초까지 아껴주는 길벗출판사

(주)도서출판 길벗 | IT교육서, IT단행본, 경제경영서, 어학&실용서, 인문교양서, 자녀교육 www.gilbut.co.kr
길벗스쿨 | 국어학습, 수학학습, 어린이교양, 주니어 어학학습, 학습단행본 www.gilbutschool.co.kr

독자의 1초를
아껴주는 정성!

세상이 아무리 바쁘게 돌아가더라도
책까지 아무렇게나 빨리 만들 수는 없습니다.
인스턴트 식품 같은 책보다는
오래 익힌 술이나 장맛이 밴 책을 만들고 싶습니다.

땀 흘리며 일하는 당신을 위해
한 권 한 권 마음을 다해 만들겠습니다.
마지막 페이지에서 만날 새로운 당신을 위해
더 나은 길을 준비하겠습니다.

독자의 1초를 아껴주는 정성을
만나보십시오.

저자의 말

고민하지 말고 떠나세요.

"주말에 아이들 데리고 나들이 가려고 하는데 어디 좋은 데 없을까?" 두 딸을 키우는 친구에게 전화가 왔다. 인터넷을 찾아보면 여행 정보가 쏟아져 나오지만 막상 집을 나서려고 하니 어디로 가야 할지 모르겠단다. 아이와 함께 하는 여행은 아무래도 낯선 곳에 대한 불안과 걱정이 동반되기 마련이다. 하지만 여행지에 대한 기본 정보를 찾아보면 더욱 풍성한 여행을 즐길 수 있다. 여행을 통해 무언가를 배우고, 익혀야 한다는 부담감부터 내려놓으면 마음이 한결 가볍다. 중요한 것은 여행 목적지가 아니라 가족과 함께 세상을 경험하는 시간 그 자체다.

책을 준비하면서 우여곡절이 많았다. 교과 내용과 교육적인 측면을 고려하면서 여행에 대한 흥미를 느끼도록 구성했다. 그렇게 해서 추가한 것이 '사전 조사를 해봐요'와 '엄마, 아빠랑 배워요' 코너다. 여행지를 깊이 있게 살펴볼 수 있도록 내용을 정리했고, 주변 가볼 만한 곳을 곁들여 반나절 또는 하루 코스로 여행을 설계할 수 있도록 했다.

전국 유적지, 박물관, 과학관 등으로 취재를 다니면서 학창 시절에 배웠던 교과 내용이 하나둘 떠올랐다. 케케묵은 퍼즐이 맞춰지는 느낌이랄까. 교과 영역과 연관된 여행지가 뭐 그리 재밌을까 싶지만, 알면 알수록 호기심이 생겼다. 늘 아이와 떠나고 싶지만 어디에 갈지 고민이라면, 무엇을 보고 무엇을 할지 모르겠다면 잠시 이 책을 펼쳐보기를 바란다.

박은하

Special Thanks To

끝까지 의기투합해 함께해주신 방혜수 에디터와 길벗 관계자분들, 파이팅 넘치는 격려로 응원해주신 김수진 작가님, 그리고 취재 내내 함께해준 철혁이에게도 감사를 전합니다.

초등학생 두 딸을 둔 엄마 여행작가로서…

학창 시절, 시험 기간만 되면 '달달달' 열심히 외워서 습득한 수많은 얕은 지식은 세월이 흐르면서 옅은 흔적만 남긴 채 지워져버렸다. 전국 곳곳의 위대한 국보와 보물, 깊은 이야기를 담은 유적지를 마주할 때마다 희미한 지식의 흔적을 부여잡았다. 학교 다닐 때 배운 기억만 맴돌 뿐, 구체적인 내용은 기억이 나지 않는 순간이 많았다(암기 교육의 처절한 말로였다).

초등학생인 두 딸은 나 같은 전철을 밟지 않길 바랐다. 그래서 짬 날 때마다 아이들과 유적지, 박물관, 과학관 등을 방문했다. 솔직히 처음에는 재미보다는 '아이들을 위해서'라는 의무감으로 방문했다. 하지만 웬걸, 막상 이런 곳들에 가보니 아이들만큼 나도 재미있었다. 해설사의 설명을 듣고 체험을 즐기며 각 공간을 돌아보면서 아이들도 나도 '아는 재미', '배우는 재미'를 만끽할 수 있었다. '나도 어릴 때 이런 경험을 많이 했더라면…' 하는 생각에 아쉬워하기도 했다.

나는 교육 전문가는 아니다. 하지만 초등학생 두 딸을 둔 엄마 여행작가로서 어떻게 하면 우리 아이들에게 교육적이면서도 재미있는 여행 기회를 만들어줄까 많은 고민을 해왔고, 이 책은 그 결과물이다. 초등학교 1학년부터 6학년까지 전체 교과서를 훑어보면서 여행지를 정리하고 아이들과 함께 찾아가봤다. 아쉽게도 이 책에 교과서에 나오는 모든 곳을 담아내지는 못했지만 '교육과 여행'이라는 두 마리 토끼를 잡을 수 있는 곳 위주로 선정해 담았다. 교사도 교육 전문가도 아니다 보니 교육적 내용은 부족할 테지만 이 책이 아이들에게 생생한 배움과 경험의 기회를 주고자 하는 나 같은 부모들에게 길라잡이 역할을 해줄 수 있다면 좋겠다.

김수진

Special Thanks To

이 책이 잘 마무리될 수 있도록 애써주신 방혜수 에디터를 비롯한 모든 길벗 관계자분들과 박은하 작가, 그리고 취재 내내 함께해준 사랑하는 나의 두 딸 채하, 지안이와 든든한 지원군이 되어준 남편에게 무한한 감사를 전합니다.

"아이와 함께 떠나는 국내 여행을 위한 가이드"

학습 포인트
각 여행지의 학습 포인트와 꼭 체험할 것 등을 짚어주어 핵심을 소개합니다.

스폿별 기본 정보
주소, 전화, 시간, 휴무일, 입장료, 홈페이지 주소를 제공해 더 정확하고 편리한 여행이 가능합니다.

사전 조사를 해봐요
여행 전 여행지에 대한 사전 조사를 통해 좀 더 제대로 된 여행을 할 수 있도록 관련 도서, 영화 등을 소개합니다.

엄마, 아빠랑 배워요
각 여행지의 스토리, 배경, 역사, 관련된 인물 등을 좀 더 깊이 있게 소개해 아이와 함께 즐겁게 공부할 수 있습니다.

l 일러두기 l

이 책은 전문 여행작가 2명이 전국 구석구석을 누비며 찾아낸 다양한 교과서 영역별 여행지와 그 외 가볼 만한 곳들을 소개하고 있습니다. 교과서에 나오지 않는 여행지라도 여행을 통해 사회, 역사, 과학 등 교과서 영역별로 즐겁게 체험할 수 있도록 소개했습니다. 이 책에 수록된 여행 정보는 2024년 7월 기준이며 최대한 정확한 정보를 싣고자 노력했습니다. 하지만 출판 후 또는 독자의 여행 시점에 따라 변동될 수 있다는 점에 유의하시기 바랍니다. 만약 바뀐 정보가 있다면 편집부나 작가 이메일로 알려주십시오. 많은 여행자가 좀 더 편하고 즐거운 여행을 할 수 있도록 빠른 시간 내에 수정하겠습니다.

알차게 돌아보기
여행지를 좀 더 깊게 제대로 즐길 수 있도록 각 전시관, 체험 등의 포인트를 소개해 중요 핵심 볼거리를 놓치지 않고 즐길 수 있습니다.

주변 여행지 돌아보기
한 곳만 여행하기엔 아쉬운 여행자를 위해 주변 여행지를 알차게 소개합니다. 또 주요 여행지와의 거리를 표시해 좀 더 쉽게 선택하도록 돕습니다.

TIP
여행지 이용 팁, 체험 정보, 주의 사항 등을 소개해 좀 더 안전하고 편리하게 여행하도록 도와줍니다.

교과서 영역별 목차

저자의 말 · 004
일러두기 · 006
전문가 추천사 · 016
체험보고서 쉽게 쓰는 법 · 020

초등학생을 위한 자기주도 여행법 tip · 022
전국 대표 학습지 리스트 · 482
인덱스 · 499

Part 01
두 눈으로 보고 기억하는 사회&역사 영역

Chapter 1 | 일반 사회
001 국립민속박물관 · 026
002 국립민속박물관 파주 · 028
003 국회의사당 · 030
004 청와대 · 032
005 서울특별시청 & 시민청 · 034
006 한국은행화폐박물관 · 036
007 한국조폐공사 화폐박물관 · 038
008 인천국제공항 · 040
009 우표박물관 · 042
010 철도박물관 · 044
011 경찰박물관 · 046
012 농업박물관 · 048
013 전라남도 농업박물관 · 050
014 호미곶 & 국립등대박물관 · 052
015 대관령 · 054
016 매봉산 바람의 언덕 · 056
017 청남대 · 058
018 마이산 · 060
019 인제산촌민속박물관 · 062
020 삼탄아트마인 · 064
021 소양강댐 · 066
022 영월 한반도 지형 · 068
023 창동 예술촌 · 070
024 태백 석탄박물관 · 072

Chapter 2 | 역사 종합&선사~고려 시대
025 국립중앙박물관 · 074
026 전쟁기념관 · 078
027 국립청주박물관 어린이박물관 · 080
028 강화고인돌광장 & 강화역사박물관 · 082
029 전곡선사박물관 · 086
030 오산리선사유적박물관 · 088
031 반구대암각화 · 090
032 삼국유사테마파크 · 092
033 완도 청해진 유적 · 094
034 진주 청동기문화박물관 · 096
035 국립김해박물관 · 098
036 대가야박물관 · 100
037 충주고구려비전시관 · 102
038 국립공주박물관 · 104
039 국립부여박물관 · 106
040 몽촌토성 & 한성백제박물관, 몽촌역사관 · 108

008

- 041 미륵사지 & 국립익산박물관 · 110
- 042 무령왕릉 & 공산성 · 112
- 043 경덕왕릉 의성 조문국 사적지 · 114
- 044 국립경주박물관 · 116
- 045 대릉원(천마총) · 120
- 046 불국사 · 122
- 047 이사부사자공원 · 124
- 048 해인사 · 126

Chapter 3 | 조선의 역사
- 049 소수서원 · 128
- 050 경복궁 · 130
- 051 창덕궁 · 134
- 052 창경궁 · 138
- 053 덕수궁 · 142
- 054 경희궁 · 146
- 055 종묘 · 148
- 056 국립고궁박물관 · 150
- 057 국립조선왕조실록박물관 · 152
- 058 한국민속촌 · 154
- 059 서울한양도성 & 한양도성박물관 · 156
- 060 남산 봉수대 · 158
- 061 남산골 한옥마을 · 160
- 062 전주 한옥마을 · 164
- 063 안동 하회마을 · 166
- 064 유교랜드 · 168
- 065 강릉 오죽헌 · 170
- 066 진주성 · 174
- 067 서산 해미읍성 · 176
- 068 허균·허난설헌기념공원 · 178
- 069 세종이야기 & 충무공이야기 · 180
- 070 현충사 & 충무공이순신기념관 · 182
- 071 통영 이순신 장군 유적지 · 184
- 072 태강릉 & 조선왕릉전시관 · 188
- 073 다산유적지 & 실학박물관 · 190
- 074 다산초당 · 192
- 075 남한산성 · 194
- 076 수원화성 · 196
- 077 영릉 & 세종대왕역사문화관 · 198
- 078 낙안읍성 · 200
- 079 옛길박물관 · 202

Chapter 4 | 근현대사
- 080 독립기념관 · 204
- 081 경상북도독립운동기념관 · 206
- 082 의열기념관 · 208
- 083 국립일제강제동원역사관 · 210
- 084 대한민국역사박물관 · 212
- 085 서울역사박물관 · 214
- 086 정동길 · 216
- 087 서대문형무소역사관 · 220
- 088 돈의문박물관마을 · 224
- 089 서울역 & 문화역서울284 · 226
- 090 서울생활사박물관 · 228
- 091 인천 차이나타운 · 230
- 092 군산 근대역사박물관 · 232
- 093 두타연 · 234
- 094 목포 근대역사관 · 236
- 095 백범김구기념관 · 238
- 096 도산공원 & 도산안창호기념관 · 240
- 097 임진각 국민관광지 · 242
- 098 고성 통일전망대 · 244
- 099 신문박물관 · 246
- 100 합천영상테마파크 · 248

Part 02
몸으로 체험하고 배우는 과학&자연 영역

Chapter 1 | 일반 과학

101 국립항공박물관 · 252
102 국립중앙과학관 · 254
103 국립어린이과학관 · 256
104 서울시립과학관 · 258
105 서울하수도과학관 · 260
106 수도박물관 · 262
107 국립기상박물관 · 264
108 국립밀양기상과학관 · 266
109 조명박물관 · 268
110 인천어린이과학관 · 270
111 국립대구과학관 · 272
112 국립부산과학관 · 274
113 부산과학체험관 · 278
114 제주항공우주박물관 · 280
115 포천 어메이징파크 · 282
116 청주 고인쇄박물관 · 284
117 청주랜드 · 286
118 제천한방엑스포공원 · 288
119 부천로보파크 · 290
120 로보라이프뮤지엄 · 292
121 영덕 신재생에너지전시관 · 294
122 참소리축음기·에디슨과학박물관 · 296

Chapter 2 | 자연 생태

123 서울식물원 · 298
124 국립생태원 · 300
125 국립생물자원관 · 304
126 국립해양박물관 · 306
127 국립수산과학관 · 308
128 국립수목원 & 산림박물관 · 310
129 화담숲 · 312
130 태백고생대자연사박물관 · 314
131 서대문자연사박물관 · 316
132 강화자연사박물관 · 318
133 서산 버드랜드 · 320
134 소래습지생태공원 · 322
135 국립횡성숲체원 · 324
136 우포늪 · 326
137 호야지리박물관 · 328
138 고성공룡박물관 · 330
139 신안 증도 태평염전 · 332
140 채석강 · 334
141 경포가시연습지 · 336
142 주남저수지 · 338
143 안면도 쥬라기박물관 · 340
144 지질박물관 · 342
145 순천만국가정원 & 순천만습지 · 344
146 태화강국가정원 · 346
147 천곡황금박쥐동굴 · 348

Part 03
책 잘 읽는 아이로 성장하는 언어&문학 영역

148 국립중앙도서관 · 352
149 국립한글박물관 · 354
150 한국근대문학관 · 356
151 서울한방진흥센터 · 358
152 한국가사문학관 · 360
153 한국시집박물관 · 362
154 향촌문화관 & 대구문학관 · 364
155 김유정문학촌 · 366
156 만해마을 · 368
157 박경리문학공원 · 370
158 윤동주문학관 · 372
159 이효석문학관 · 374
160 최명희문학관 · 376
161 황순원 문학촌 소나기마을 · 378
162 파주출판도시 · 380

- 163 경기 미래교육 파주캠퍼스 · 382
- 164 애니메이션박물관 · 384
- 165 한국만화박물관 · 386
- 166 국립어린이청소년도서관 · 388

Part 04
창의력을 키우는
오감 자극 예체능 영역

- 167 국립현대미술관(과천관) · 392
- 168 국립극장 & 공연예술박물관 · 394
- 169 예술의전당 · 396
- 170 서울공예박물관 · 398
- 171-1 의정부 미술도서관 · 400
- 171-2 의정부 음악도서관 · 401
- 172 리움미술관 · 402
- 173 호암미술관 · 404
- 174 이중섭미술관 · 406
- 175 박수근미술관 · 408
- 176 장욱진미술관 · 410
- 177 백남준아트센터 · 412
- 178 조선민화박물관 · 414
- 179 가나아트파크 · 416
- 180 양평군립미술관 · 418
- 181 난계국악박물관 & 국악체험촌 · 420
- 182 세종문화회관 · 422
- 183 떡박물관 · 424

Part 05
아이와 함께 온몸으로 노는
체험 학습지

- 184 국립산악박물관 · 428
- 185 넥스페리움 · 430
- 186 광명동굴 · 432
- 187 아쿠아플라넷 제주 · 434
- 188 선도리 갯벌체험마을 · 436
- 189 에코랜드 테마파크 · 438
- 190 은아목장 · 440
- 191 의야지바람마을 · 442
- 192 감귤박물관 · 444
- 193 한국잡월드 · 446
- 194 춘천막국수체험박물관 · 448
- 195 창평슬로시티 · 450
- 196 정선레일바이크 & 스카이바이크 · 452
- 197 산청동의보감촌 · 454
- 198 원주한지테마파크 · 456
- 199 밀양한천테마파크 · 458
- 200 이천 예스파크 · 460
- 201 수상한 마법학교 · 462
- 202 클레이아크 김해미술관 · 464
- 203 춘천 물레길 · 466
- 204 365세이프타운 · 468
- 205 서울 시민안전체험관 · 470
- 206 양평 수미마을 · 472
- 207 임실치즈테마파크 · 474
- 208 서울애니메이션센터 & 명동 만화거리 재미로 · 476
- 209 경기도어린이박물관 · 478
- 210 인천어린이박물관 · 480

지역별 목차

Area 01 서울

국립기상박물관 · 264
국립민속박물관 · 026
국회의사당 · 030
청와대 · 032
서울특별시청 & 시민청 · 034
한국은행화폐박물관 · 036
우표박물관 · 042
경찰박물관 · 046
농업박물관 · 048
국립중앙박물관 · 074
전쟁기념관 · 078
몽촌토성 & 한성백제박물관, 몽촌역사관 · 108
경복궁 · 130
창덕궁 · 134
창경궁 · 138
덕수궁 · 142
경희궁 · 146
종묘 · 148
국립고궁박물관 · 150
서울공예박물관 · 398
서울한양도성 & 한양도성박물관 · 156
돈의문박물관마을 · 224
남산 봉수대 · 158
남산골 한옥마을 · 160
세종이야기 & 충무공이야기 · 180
태강릉 & 조선왕릉전시관 · 188
대한민국역사박물관 · 212
서울역사박물관 · 214

정동길 · 216
서대문형무소역사관 · 220
서울역 & 문화역서울284 · 226
서울생활사박물관 · 228
백범김구기념관 · 238
도산공원 & 도산안창호기념관 · 240
신문박물관 · 246
국립항공박물관 · 252
국립어린이과학관 · 256
서울시립과학관 · 258
서울하수도과학관 · 260
수도박물관 · 262
서울식물원 · 298
서대문자연사박물관 · 316
국립중앙도서관 · 352
국립한글박물관 · 354
서울한방진흥센터 · 358
윤동주문학관 · 372
국립어린이청소년도서관 · 388
국립극장 & 공연예술박물관 · 394
예술의전당 · 396
서울공예박물관 · 398
의정부미술도서관 · 400
의정부음악도서관 · 401
리움미술관 · 402
세종문화회관 · 422
떡박물관 · 424
서울 시민안전체험관 · 470
서울애니메이션센터 & 명동 만화거리 재미로 · 476

Area 02 경기도권

(인천)인천국제공항 · 040
(인천)강화고인돌광장 & 강화역사박물관 · 082
(인천)인천 차이나운 · 230
(인천)인천어린이과학관 · 270
(인천)국립생물자원관 · 304
(인천)강화자연사박물관 · 318
(인천)소래습지생태공원 · 322
(인천)한국근대문학관 · 356
(인천)인천어린이박물관 · 480
(부천)부천로보파크 · 290
(부천)한국만화박물관 · 386
(용인)한국민속촌 · 154
(용인)호암미술관 · 404
(용인)백남준아트센터 · 412
(용인)경기도어린이박물관 · 478
(파주)국립민속박물관 파주 · 028
(파주)임진각 국민관광지 · 242
(파주)파주출판도시 · 380
(양평)황순원 문학촌 소나기마을 · 378
(양평)양평군립미술관 · 418
(양평)양평 수미마을 · 472
(남양주)다산유적지 & 실학박물관 · 190
(여주)영릉 & 세종대왕역사문화관 · 198
(여주)은아목장 · 440
(양주)조명박물관 · 268
(양주)장욱진미술관 · 410
(양주)가나아트파크 · 416
(포천)포천 어메이징파크 · 282
(포천)국립수목원 & 산림박물관 · 310
(의왕)철도박물관 · 044
(광주)남한산성 · 194
(광주)화담숲 · 312
(수원)수원화성 · 196
(과천)국립현대미술관(과천관) · 392

(광명)광명동굴 · 432
(성남)한국잡월드 · 446
(이천)이천 예스파크 · 460

Area 03 강원도

(춘천)소양강댐 · 066
(춘천)김유정문학촌 · 366
(춘천)애니메이션박물관 · 384
(춘천)춘천막국수체험박물관 · 448
(춘천)춘천 물레길 · 466
(강릉)강릉 오죽헌 · 170
(강릉)허균 · 허난설헌기념공원 · 178
(강릉)참소리축음기 · 에디슨과학박물관 · 296
(강릉)경포가시연습지 · 336
(강릉)수상한 마법학교 · 462
(평창)대관령 · 054
(평창)이효석문학관 · 374
(평창)의야지바람마을 · 442
(평창)국립조선왕조실록박물관 · 152
(태백)매봉산 바람의 언덕 · 056
(태백)태백석탄박물관 · 072
(태백)태백고생대자연사박물관 · 314
(태백)365세이프타운 · 468
(인제)인제산촌민속박물관 · 062
(인제)한국시집박물관 · 362
(인제)만해마을 · 368
(정선)삼탄아트마인 · 064
(정선)정선레일바이크 & 스카이바이크 · 452
(영월)영월 한반도 지형 · 068
(영월)호야지리박물관 · 328
(영월)조선민화박물관 · 414
(원주)박경리문학공원 · 370
(원주)원주 한지테마파크 · 456
(양구)두타연 · 234
(양구)박수근미술관 · 408

013

(삼척)이사부사자공원 · **124**
(고성)고성 통일전망대 · **244**
(횡성)국립횡성숲체원 · **324**
(속초)국립산악박물관 · **428**
(동해)천곡황금박쥐동굴 · **348**
(양양)오산리선사유적박물관 · **088**

Area 04 충청도권

(청주)청남대 · **058**
(청주)국립청주박물관 어린이박물관 · **080**
(청주)청주 고인쇄박물관 · **284**
(청주)청주랜드 · **286**
(대전)한국조폐공사 화폐박물관 · **038**
(대전)국립중앙과학관 · **254**
(대전)지질박물관 · **342**
(대전)넥스페리움 · **430**
(공주)국립공주박물관 · **104**
(공주)무령왕릉 & 공산성 · **112**
(서천)국립생태원 · **300**
(서천)선도리 갯벌체험마을 · **436**
(서산)서산 해미읍성 · **176**
(서산)서산 버드랜드 · **320**
(부여)국립부여박물관 · **106**
(아산)현충사 & 충무공이순신기념관 · **182**
(천안)독립기념관 · **204**
(제천)제천한방엑스포공원 · **288**
(태안)안면도 쥬라기박물관 · **340**
(영동)난계국악박물관 & 국악체험존 · **420**

Area 05 전라도권

(담양)한국가사문학관 · **360**
(담양)창평슬로시티 · **450**
(전주)전주 한옥마을 · **164**

(전주)최명희문학관 · **376**
(순천)낙안읍성 · **200**
(순천)순천만국가정원 & 순천만습지 · **344**
(군산)군산 근대역사박물관 · **232**
(영암)전라남도 농업박물관 · **050**
(진안)마이산 · **060**
(완도)완도 청해진 유적 · **094**
(익산)미륵사지 & 국립익산박물관 · **110**
(강진)다산초당 · **192**
(목포)목포 근대역사관 · **236**
(신안)신안 증도 태평염전 · **332**
(부안)채석강 · **334**
(임실)임실치즈테마파크 · **474**

Area 06 경상도권

(부산)국립부산과학관 · **274**
(부산)부산과학체험관 · **278**
(부산)국립일제강제동원역사관 · **210**
(부산)국립해양박물관 · **306**
(부산)국립수산과학관 · **308**
(경주)국립경주박물관 · **116**
(경주)대릉원(총마총) · **120**

(경주)불국사 · **122**
(대구)국립대구과학관 · **272**
(대구)향촌문화관 & 대구문학관 · **364**
(포항)호미곶 & 국립등대박물관 · **052**
(포항)로보라이프뮤지엄 · **292**
(안동)경상북도독립운동기념관 · **206**
(안동)안동 하회마을 · **166**
(안동)유교랜드 · **168**
(창원)창동 예술촌 · **070**
(창원)주남저수지 · **338**
(진주)진주 청동기문화박물관 · **096**
(진주)진주성 · **174**
(김해)국립김해박물관 · **098**
(김해)클레이아크 김해미술관 · **464**
(통영)통영 이순신 장군 유적지 · **184**
(울산)반구대암각화 · **090**
(울산)태화강국가정원 · **346**
(고령)대가야박물관 · **100**
(합천)해인사 · **126**
(합천)합천영상테마파크 · **248**
(영주)소수서원 · **128**
(문경)옛길박물관 · **202**
(영덕)영덕 신재생에너지전시관 · **294**
(창녕)우포늪 · **326**
(고성)고성공룡박물관 · **330**
(산청)산청동의보감촌 · **454**

(밀양)국립밀양기상과학관 · **266**
(밀양)밀양 한천테마파크 · **458**
(밀양)의열기념관 · **208**
(군위)삼국유사테마파크 · **092**
(의성)경덕왕릉 의성 조문국 사적지 · **114**

Area 07 제주도

제주항공우주박물관 · **280**
이중섭미술관 · **406**
아쿠아플라넷 제주 · **434**
에코랜드 테마파크 · **438**
감귤박물관 · **444**

스스로 배움을 구성하는 자기 주도 여행

경주의 추억

중학교 때 학교에서 단체로 수학여행을 떠났다. 장소는 경주. 관광버스를 부지런히 오르내리며 불국사, 석굴암, 첨성대, 안압지, 문무대왕릉을 둘러보고 국립경주박물관까지 다녀오니 천 년의 고도, 신라의 주요 역사 유적은 다 훑어본 것 같다. 특별히 기억나는 것은 없다. 때때로 국사 선생님께서 찬란한 신라의 문화유산에 대해 유적지 앞에서 열심히 설명해주셨지만 몇십 명 무리의 뒤에까지 잘 들리지는 않았다. 남은 것은 다보탑 앞에서 찍은 학급 단체 사진뿐. 많은 이들의 수학여행에 대한 기억이다.

그로부터 30년 후 초등 현장체험학습보고서는 엄마 숙제라고들 한다. 나도 여름방학마다 폭풍 검색을 통해 아이를 데리고 갈 수 있는 장소와 체험 프로그램을 알아보고 스케줄을 짠다. 5학년은 한국사를 어려워들 한다니 여름휴가는 아이를 위해 경주 역사 기행으로 정했다. 개학을 며칠 앞두고 아이와 현장체험학습보고서를 만들면서 사진 붙이는 것도 도와주고, 가장 인상 깊었던 것도 적어보라는데 아이는 시큰둥하다. '무더위에 그 많은 왕릉을 걷고, 찍어준 사진만 몇백 장인데 경주에서 기억나는 게 그렇게 없어!' 속에서부터 화가 치밀어 오르지만 어쩌랴, 숙제는 끝내야지.

교육과정이 몇 차례나 바뀌고, 분필 가루 날리던 칠판에서 태블릿으로 수업하기까지 교육 기술이 눈부신 발전을 이루었다. 주입식 교육이 아닌 문·이과의 벽을 허물고 서로 다른 분야의 지식을 유연하게 구성할 수 있는 창의 융합형 인재를 양성하는 것이 중요하다고 여겨지면서 교육의 목표와 패러다임도 바뀌고 있다. 전문가들은 체험 및 탐구 학습을 통한 학교 수업 개선과 학습 경험의 질 개선을 통한 행복한 학습의 구현이 한국 교육이 나아가야 할 방향이라고 한다.

그러나 부모 세대가 기억하는 30년 전 수학여행과 오늘날 초등학생들의 현장 체험 학습 경험만은 다를 바가 없다. 학교 밖에서 이루어지는 다양한 활동과 체험을 통해 꿈과 끼를 키우고 자율성과 창의성을 함양해야 하지만, 그때나 지금이나 그게 과연 가능하기는 한 건지.

자기 주도 학습에서 출발하자

여행도 체험 학습도 학습자 스스로 계획하고 학습을 주도해 지식을 온전히 자신의 것으로 만들 수 있다면 그 효과는 교사와 학부모가 기대하는 것보다 훨씬 더 클 수 있다. 자기 주도 학습(Self-directed Learning)이란 학습자 스스로 자신의 학습 상태를 파악해 배움의 목표를 설정하고, 학습에 필요한 인적·물적 자원을 확보해 적절한 학습 전략을 선택·실행하며, 자신의 학습 속도에 맞추어 학습을 조절하고 학습이 진행되는 동안에도 끊임없이 평가하고 성찰하는 데 주도권을 갖는 학습 방법을 의미한다.[1]

출발점은 '나', 학습자 자신이다. 나에 대해 깊이 있게 알고 그것으로부터 스스로 배움을 실천할 수 있는 동기와 자기 조절 능력을 기를 수 있다. 자신의 학습과 배움을 능동적이고 즐겁게 구성하는 능력은 자립심을 기르고, 창의융합적 사고의 밑거름이 되며, 나아가 행복한 삶을 영위하는 데 반드시 필요한 요소다.[2]

경주의 추억이 특별할 것이 없었던 이유가 바로 '나', 즉 학습자 자신이 빠져있었기 때문일 것이다. 일방적으로 짠 스케줄에 맞춰 애초부터 관심도 없는 곳을 방문하고, 질문할 새도 생각할 여유도 없이 듣고 받아 적으며, 습관적으로 휴대폰 카메라 버튼을 누르며 수많은 사진을 찍은들, 그 속에 내가 없다면 학습 효과와 진정한 배움은 기대하기 어렵다.

자기 주도 여행을 향하여

아이들 스스로 여행을 계획할 수 있다. 자신이 관심 있는 주제와 학습 요소를 선택해 스스로 테마형 여행을 기획해볼 수 있는 기회가 주어진다면 흔한 경주 수학여행도, 부모 숙제로 느껴졌던 현장 체험 학습도 더욱 특별하고 뜻깊을 수 있다. 다음의 예를 생각해보자.

요즘 한참 야구에 빠져 있는 초등학교 5학년 서윤이, 부산 사직구장에서 롯데 홈경기를 직접 관람하고 스포츠가 지역 경제에 미치는 영향을 탐구해보 겠다니, 정말 재미있겠다. 역사와 미술에 관심이 많은 초등학교 6학년 도윤이, 서울 시내 미술관을 탐방하며 그동안 주목받지 못한 여성 작가들을 재조명해 보고 싶다니, 이건 연구감이네! 곧 중학생이 될 하은이와 민준이는 부모님 도움 없이 둘이서 박물관에 다녀오겠다는데, 교통·식사·안전·응급 상황에 대한 준비는 어떻게 도와줄 수 있을까?

교사와 부모는 거들 뿐, 학습자의 자기 주도 여행이 이루어질 수 있도록 퍼실리테이터(facilitator, 조력자) 역할로 충분하다. 배움이 확장될 수 있도록 여행을 기획·실행하는 단계에서 지속적으로 질문을 던지고 비판적으로 사고할 수 있는 관점을 제시해줄 수 있다. 보고 듣는 수동적인 학습이 아닌, 느끼고 행동하고 참여하는 능동적인 배움이 이루어질 수 있도록 적절한 조언과 전문적 식견을 제공하고 경험을 공유하는 것도 좋다. 다음의 체크리스트[3]를 활용해 학습자의 자기 주도 여행 계획 수립과 실행, 그리고 평가에 도움을 줄 수 있다.

자기 주도 여행 평가 체크리스트

☐ 학습 목표와 주제에 따라 사전에 조사하거나 계획했는가?
☐ 방문하게 될 장소들은 상호 연관성이 있고, 여행 목적 및 테마에 부합하는가?
☐ 방문 장소에서 일방적인 관람이 아닌 학습자 중심 학습 활동이 가능한가?
☐ 사전 예약이 필요한 경우, 방문 승인을 얻거나 관련된 서류를 준비했는가?
☐ 교사와 부모에게 자기 주도 학습 여행에 대한 사전 승인을 받거나 계획에 대한 공지를 했는가?
☐ 현장 학습 및 여행 절차를 준수하고, 방문 장소 및 기관에서 요구하는 규칙이나 예절을 숙지했는가?
☐ 위급 상황에 대한 대비책을 마련하거나 안전 교육에 관한 매뉴얼을 숙지하고 있는가?
☐ 사후 평가 및 성찰에 대한 계획을 마련했는가?

《교과서가 쉬워지는 주말여행》이 자기 주도적 여행과 현장 체험 학습을 통해 학습자가 독립적인 자아로 성장하고 교실 밖에서 이루어지는 살아 있는 배움을 경험하도록 도와주는 지침서 역할을 하길 기대한다. 미취학 아동을 위한 누리과정부터 초·중·고등학교 교과(국어, 사회, 과학, 예체능 등) 및 창의적 체험 활동 같은 비교과 학습에 이르기까지, 《교과서가 쉬워지는 주말여행》은 다채로운 영역에서 자기 주도 학습 여행을 소개해 학교 교육과정과의 연계에 유용할 것으로 보인다. 여행지마다 생동감 있는 사진과 함께 구체적인 여행 정보를 담았을 뿐만 아니라, '사전 조사 활동', '체험해보기' 등과 같은 학습자료를 제시해 학습자가 단순히 보고 듣는 것이 아니라 느끼고, 체험하고, 참여하는 여행이 가능하게 한다. 《교과서가 쉬워지는 주말여행》은 초등학생 자녀를 둔 학부모, 초·중등학교 교사 및 교육 전문가, 현장 체험 활동 관련 분야 종사자들에게도 자기 주도적 여행에 대한 우수한 기초자료와 가이드라인을 제공해 가정에서, 그리고 교실 안팎에서 자기 주도적 여행의 저변을 확대하는 데 기여할 수 있을 것이다.

최윤정

이화여자대학교 사범대학 사회과교육과 교수

---

1 박형근(2012), 자기주도학습 교육방법론, 서울: 아트블루.
2 EBS 〈교실이 달라졌어요〉 제작팀(2014), 교실이 달라졌어요: 자기 주도 학습 편, 서울: 경향미디어.
3 Obenchain, K. M., & Morris, R. V. (2015), 50 Social Studies Strategies for K-8 Classrooms(4th ed.), Boston, MA: Pearson.

체험 학습 보고서
쉽게 쓰는 법

체험 학습 과정

STEP 1 체험 장소 정하기
평소 가고 싶었던 곳이나 학습에 도움이 될 만한 장소를 찾아본다. 메인 장소를 정한 후 주변에 가볼 만한 곳이나 동선상 함께 들러볼 만한 곳을 찾는다. 계절을 고려한 여행지를 찾아봐도 좋다.

STEP 2 체험 일정 계획
체험 일정과 시간, 교통편을 알아본다. 도슨트, 해설, 교육 프로그램도 함께 알아보고 참여하고 싶은 프로그램이 있다면 예약을 한다.

STEP 3 체험 활동 조사 계획
체험의 목적과 주제가 무엇인지, 어떤 점을 구체적으로 봐야 하는지 계획을 세운다. 체험 주제와 관련된 서적이나 영화 등을 찾아봐도 좋다. 궁금한 점이 있다면 미리 적어놓았다가 현장에서 알아본다.

STEP 4 현장 학습 기록
시간이 흐르면 잘 기억나지 않으므로 체험을 하면서 보고 들은 내용, 느낀 점을 자세히 기록한다. 체험 장소와 관련한 입장권, 안내 자료 등도 챙긴다. 도슨트 프로그램에 참여했다면 해설사의 이야기 중에서 인상 깊은 내용을 기록한다.

STEP 5 체험 학습 보고서 작성
양식에 맞춰 꼼꼼하게 보고서를 작성한다. 박물관, 미술관, 유적지, 학습장 등 특정한 체험 장소를 관람하고 보고, 듣고, 느낀 점을 솔직하게 작성한다. 체험 주제, 장소, 일시, 내용, 느낀 점 등으로 구성하며 사진 또는 관련 자료를 첨부한다.

어른들끼리 떠나는 여행과 아이를 동반한 여행은 하나부터 열까지 다를 수밖에 없다. 여행 구성원에 아이가 있다면, 여행의 목적이나 방문지, 동선 등 전반적인 내용이 달라진다. 가족의 화합과 추억을 위해 떠나는 여행에서 아이들이 배움과 재미, 즐거움, 경험을 충분히 얻길 바라는 게 부모의 마음이다. 더 이상 유아도, 다 큰 청소년도 아닌 초등학생 아이들과 어떻게 효과적으로 즐겁게 여행할 수 있을까?

체험 학습 보고서 작성 방법

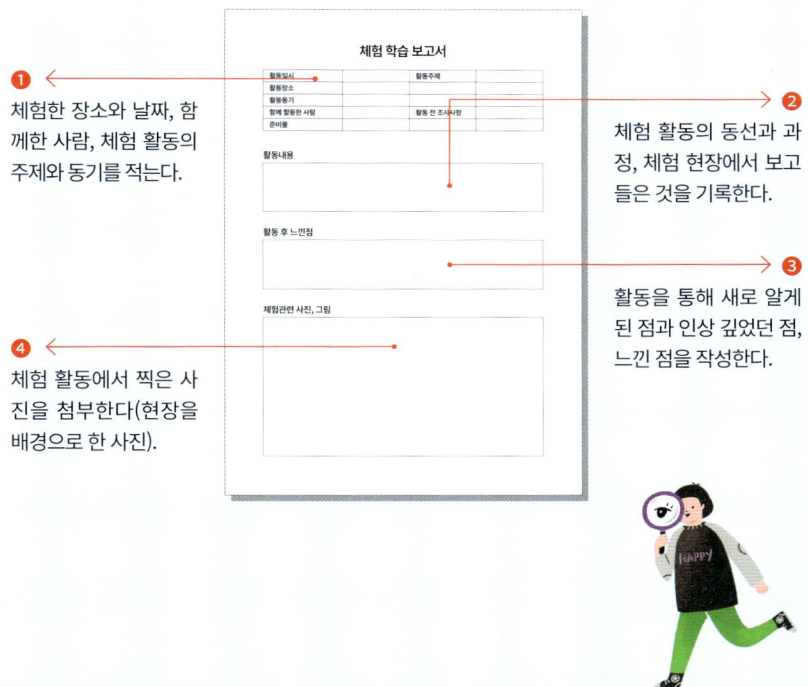

❶ 체험한 장소와 날짜, 함께한 사람, 체험 활동의 주제와 동기를 적는다.

❷ 체험 활동의 동선과 과정, 체험 현장에서 보고 들은 것을 기록한다.

❸ 활동을 통해 새로 알게 된 점과 인상 깊었던 점, 느낀 점을 작성한다.

❹ 체험 활동에서 찍은 사진을 첨부한다(현장을 배경으로 한 사진).

> **TIP**
>
> **학년별 체험 학습 보고서 쓰는 법**
> - 저학년의 경우 일기, 편지 등 자유로운 형식으로 보고서 작성을 시작한다. 체험 활동 중 가장 인상 깊었던 장면을 그림으로 그리고, 활동을 통해 느낀 점을 간략하게 작성한다. 그림 대신 사진이나 브로슈어 자료를 오려 붙이는 것으로 대체해도 좋다.
> - 고학년의 경우 육하원칙(누가, 언제, 어디서, 무엇을, 어떻게, 왜)에 따라 작성하는 연습을 한다. 보고 들은 내용을 바탕으로 느낀 점을 자세히 기록한다.

초등학생을 위한 자기주도 여행법 Tip

아이와 함께 여행 계획 세우기

현재 아이의 관심사가 무엇인지 그와 관련해 가보고 싶은 곳이 있는지 함께 얘기를 나눠본다. 아이의 교과서를 같이 살펴보며 그 속에서 여행지를 찾아내는 것도 좋은 방법이다. 아이와 교과서를 함께 훑어봄으로써 부모는 아이가 무엇을 배우고 있는지 여행지에서 무엇에 대해 이야기해줘야 할지 알게 된다. 고학년이라면 목적지를 정한 후 아이가 혼자 여행 계획을 짜보도록 해도 좋고, 저학년이라면 부모가 어느 정도 리스트를 만든 후 아이가 마음에 드는 곳들을 선택할 수 있도록 도와줘도 좋다. 이때 아이들이 이런 계획을 짜고, 왜 이런 곳을 선택한 이유를 설명하도록 하자. 다녀온 후에는 본인의 계획이 생각했던 대로 흡족했는지 아니면 부족한 부분이 있었는지에 대해서도 평가할 시간을 제공한다. 이런 일련의 과정을 통해 아이들은 여행의 수동적인 존재에서 주체적인 존재로 발전한다. 부모가 다 짜놓은 계획에 수동적으로 움직일 때와는 또 다른 재미와 배움을 얻게 될 것이다.

아이와 함께 충분히 사전 조사하기

목적지를 정하고 여행을 떠나기 전에 사전조사를 충분히 하자. 어떤 대상을 백지상태에서 바라보는 것과 기본 정보를 갖고 호기심을 느끼는 상태에서 바라보는 것은 그 결과가 천지 차이일 수밖에 없다. 사전 조사를 할 때도 단순히 학습적, 주입식보다는 부모와 아이가 함께 자료를 찾아보고 이야기를 나누며 재미있는 방법으로 정보를 취합하자. 아이가 간접적인 자료를 통해 어느 정도 정보를 얻은 후 실제 현장에 간다면 더 많은 것을 보고 배울 수 있다. '아는 만큼 보인다'는 사실을 명심하자.

방문 시기 잘 정하기

똑같은 여행지라도 어떤 시기에 다녀왔느냐에 따라 만족도가 크게 달라지기도 한다. 특히 아이와 함께하는 여행이라면 무엇을 체험하고 즐겼는가에 따라 만족도가 확연히 차이 난다. 가고자 하는 목적지의 홈페이지를 우선 확인해보자. 체험 프로그램의 내용과 운영 시간을 미리 확인하고 방문 시기와 시간을 정할 필요가 있다. 또 특별 프로그램이나 행사를 진행하는 시기가 있는지도 살펴본다. 미리 꼼꼼하게 알아보고 방문한다면 몇 배는 알차게 여행지를 즐길 수 있다.

'자기 주도적'이란 학습에만 해당하는 것은 아니다. 여행도 아이가 자기 주도적으로 해나갈 수 있도록 기회를 주자. 자기 주도적 여행이라고 해서 어렵거나 복잡할 게 없다. '엄마, 아빠가 알아서 준비할 테니 넌 따라만 와!' 하는 식의 마음만 잠시 접어두면 된다. 아이를 동등한 여행 구성원으로 인정하고 여행 계획부터 마무리까지 전 과정에 아이가 역할을 할 수 있도록 충분한 기회를 주자. 모든 일이 그렇듯 처음은 서툴고 어려울 수 있으나 두 번, 세 번, 거듭할수록 아이는 발전하고 성장한 모습을 보여줄 것이다. 우리 아이들이 지닌 무한한 가능성을 '전적으로 믿으셔야 합니다!'

시간 배분 충분히 하기

아이들과 여행하다 보면 아이가 어른들이 보기엔 시시한 것에 관심을 가지고 오랜 시간을 보낼 때가 있다. 이럴 때면 어른들이 아이들을 재촉하기도 한다. '더 놀고 싶다'와 '그만 가자'가 충돌하는 순간, 자칫하면 가족이 함께 즐거운 시간을 보내기 위해 떠난 여행에서 얼굴을 붉히는 불상사가 발생한다. 어른의 기준이 아니라 아이 기준에서 여행 동선과 시간 배분을 계획하도록 배려해주자.

사전 조사만큼 중요한 여행 후 복습

여행도 예습만큼 복습이 중요하다. 여행을 떠나기 전에 아이와 함께 목적지에 대해 이런저런 자료를 살펴봤다면 돌아와서도 다시 봐야 한다. 여행지에 대한 어떤 책을 봤다면 여행을 다녀온 후 다시 한번 읽어보자. 실제 현장을 보기 전과 후, 내용이 와 닿는 정도가 확실히 다를 것이다. 이런 과정을 몇 차례 반복하다 보면 아이도 그 차이를 느끼면서 교과서 현장 체험 여행에 더욱 재미를 느끼게 된다.

◆ 여행 계획 시 참고하면 좋을 만한 웹사이트 ◆

한국관광공사 '대한민국 구석구석' 홈페이지 ♠ korean.visitkorea.or.kr
매월 가볼만한 곳, 축제 및 가족 코스 등 가족 여행자들에게 유용한 다양한 여행 정보 제공

문화재청 홈페이지 ♠ www.cha.go.kr
어린이·청소년 문화재청 홈페이지 ♠ kids.cha.go.kr
우리 문화유산에 대한 자세한 정보와 문화유산 관련 행사 내용 소개

유네스코와 유산 홈페이지 ♠ heritage.unesco.or.kr
유네스코 세계유산의 의미와 세계 각지의 세계유산 및 한국의 세계유산에 대해 소개

Part 01
두 눈으로 보고 기억하는 사회 & 역사 영역

역사를 잊은 민족에게 미래는 없다.
- 윈스턴 처칠

001

우리 조상들은 어떻게 살았을까?
국립 민속박물관

POINT 선사시대부터 현대까지 한민족의 생활상을 전시해 우리 조상들의 삶의 지혜를 배우고 느껴볼 수 있다. 일상생활과 밀접한 민속용품의 변천사를 볼 수 있어 흥미롭다.

우리 조상들은 어떤 옷을 입고, 어떤 음식을 먹고, 어떤 곳에서 살았을까? 이 모든 궁금증에 대한 해답을 국립민속박물관에서 찾을 수 있다. 경복궁 동쪽에 우뚝 서 있는 국립민속박물관은 독특한 모양의 외관이 눈길을 끈다. 건물 중앙은 불국사의 청운교와 백운교를 표현했다. 탑 형식으로 지은 건물은 법주사의 팔상전을, 동편 3층 건물은 금산사의 미륵전을, 서편 2층 건물은 화엄사의 각황전을 재현했다. 한국인의 하루, 한국인의 일년, 한국인의 일생 등 3개 전시관으로 이루어진 국립민속박물관에서 조상들의 의식주, 농업, 상업에 관련된 다양한 물건을 구경하다 보면 어느새 시간이 훌쩍 지나간다. 야외전시장에는 열두 띠 동상, 오촌댁, 효자각, 추억의 거리 등이 있다. 특히 1960~1970년대 거리를 재현한 추억의 거리는 포토 스폿으로 인기가 많다.

주소 서울시 종로구 삼청로 37 | **전화** 02-3704-3114 | **시간** 3~5월·9~10월 09:00~18:00, 6~8월 09:00~18:30, 11~2월 09:00~17:00 |
휴무일 1월 1일, 설·추석 연휴 다음 날 | **입장료** 무료 | **홈페이지** www.nfm.go.kr

◆ 사전 조사를 해봐요 ◆

도서 《알고 보면 재미있는 우리 민속의 유래》 : 점점 사라져가는 우리 민속의 유래를 알아본다. 세시 풍속과 일반 풍속, 절기와 십이지에 대해 알기 쉽게 설명한다.

도서 《우리나라의 민속·골목놀이 161》 : 숨바꼭질, 자치기, 말타기, 구슬치기 등 민속놀이를 총망라한 백과사전으로 자세한 놀이 방법과 정보를 수록했다.

◆ 엄마, 아빠랑 배워요 ◆

절기는 왜 생겼을까요?
조선시대 경제의 중심은 농업이었다. 씨를 뿌리고, 추수를 하는 적절한 때를 알아두는 것은 중요한 일이었다. 임금은 달력의 일종인 역서를 만들어 배포했는데 이는 농사짓는 때를 알려주는 역할을 했다. 해의 움직임에 따라 한 해를 24절기로 나누고, 사람들은 절기에 맞춰 세시 풍속을 즐기며 풍요를 기원했다.

알차게 돌아보기

한국인의 오늘 01

'한국적인'이라는 말에는 우리 전통의 정신이 담겨 있다. 일상생활과 민속문화를 나타내는 K-Culture(케이컬처)를 전시한다. 예로부터 오늘날까지 이어온 물건, 취향, 함께의 순간을 꼽아 선보인다. K-전통과 현대를 아우르다, 쓸모있는, 자연스러운, 함께하는, The K존으로 구성된다. 우리의 일상을 새롭게 되돌아 볼 수 있다.

한국인의 일 년 02

19세기부터 20세기까지 한국인의 일 년 생활상을 전시한다. 사계절 시간의 흐름에 따라 되풀이된 삶의 모습을 보여준다. 사계절 한옥 풍경과 사람들의 삶의 모습을 나타낸 실감형 영상이 눈길을 끈다. 우리 전통의 세시풍속, 생업, 신앙, 의식주뿐만 아니라 20세기까지 변화상을 비교해서 살펴볼 수 있다. 시대에 따라 한국인의 일 년은 모습이 변했지만 삶을 관통하는 가치는 이어진다.

한국인의 일생 03

조선시대부터 오늘날에 이르기까지 한국인이 태어나 죽을 때까지 겪는 주요 과정을 전시한다. 출생 후 백일잔치와 돌잔치를 시작으로 남자는 20세에 관례를, 여자는 15세 전후에 계례를 행했다. 이후 혼례를 통해 가족을 구성했다. 사람이 죽으면 가족은 상례를 통해 슬픔을 극복하고, 조상을 기리며 제사를 지냈다.

> **TIP**
> 01 어린이박물관은 홈페이지에서 사전 예약을 완료한 방문객에 한해 입장 가능
> 02 전시실 외에 도서자료실, 뮤지엄숍, 카페 등의 편의 시설이 있다.

주변 여행지 돌아보기

경복궁 01

태조 4년(1395년)에 지은 조선의 법궁이다. 내부에는 근정전, 사정전, 강녕전, 교태전 등이 있다. 임진왜란 때 화재로 소실되었다가 고종 때 다시 지었다. 이후 일제강점기에 많은 건물이 소실되었으며 현재 36개의 건물만 남아 있다. 국립민속박물관에서 도보 8분.

주소 서울시 종로구 사직로 161 | **전화** 02-3700-3900 | **시간** 09:00~18:30 | **휴무일** 화요일 | **입장료** 어른 3000원, 청소년 1500원(만 7세 이하만 65세 이상·장애인·유공자·한복 착용자 무료) | **홈페이지** www.royalpalace.go.kr

국립고궁박물관 02

경복궁 동쪽에 국립민속박물관이 있다면 서쪽에는 국립고궁박물관이 있다. 조선왕조 500년의 역사와 문화를 전시한다. 왕족이 살던 궁궐, 왕족이 입던 의복, 왕과 왕비가 쓰던 생활용품 등을 전시한다. 지하 1층에서는 주기적으로 특별전이 열린다. 국립민속박물관에서 도보 10분.

주소 서울시 종로구 효자로 12 | **전화** 02-3701-7500 | **시간** 평일 09:00~18:00, 주말·공휴일 09:00~19:00 | **휴무일** 1월 1일, 설날·추석 당일 | **입장료** 무료 | **홈페이지** www.gogung.go.kr

국립현대미술관 (서울관) 03

국립민속박물관 돌담길 맞은편에 국립현대미술관 서울관이 있다. 다양한 장르의 현대미술 작품을 전시하며 교육 프로그램을 운영한다. 전시 외에도 다채로운 문화 예술 행사를 개최한다. 아트존, 카페, 티하우스 등의 편의 시설도 갖추었다. 국립민속박물관에서 도보 5분.

주소 서울시 종로구 삼청로 30 | **전화** 02-3701-9500 | **시간** 일~목요일 10:00~18:00, 금~토요일 10:00~21:00 | **휴무일** 1월 1일, 설날·추석 당일 | **입장료** 통합관람권 4000원, 야간 개장 무료 | **홈페이지** www.mmca.go.kr

002

개방형 수장고
아카이브 센터

국립민속박물관 파주

POINT 유·무형의 민속자료를 아우르는 종합자료센터로서 새롭고 다채로운 볼거리를 통해 민속유물을 몸으로 느끼고 체험할 수 있다.

국립민속박물관 파주는 2021년 7월에 개관했으며 유·무형의 민속자료를 전시하는 복합문화 공간이다. 개방형 수장 공간, 소장품 보존처리 공간, 민속아카이브 공간, 교육시설 공간, 체험 공간, 편의 시설 공간 등을 갖추었다. 1층 미디어월에는 국립민속박물관의 소장품 사진을 대형 패널에 펼쳐 놓았다. 유물 사진을 터치하면 해당 유물의 상세정보를 확인하고, 휴대폰에 저장할 수 있다. 박물관의 가장 큰 특징은 수장대에 격납된 소장품을 개방형으로 전시해 관람 거리를 좁힌 점이다. 타워형 수장고는 조선시대에 사용했던 생활 도구뿐만 아니라 불과 얼마 전까지 사용한 현대 유물도 전시한다. 수장고의 기능과 역할을 주제로 만든 실감 콘텐츠도 볼거리다. 소장품의 재질과 구조, 소장품의 기본 정보 등을 담은 미디어 콘텐츠를 통해 생생하게 체험할 수 있다.

주소 경기도 파주시 탄현면 헤이리로 30 | **전화** 031-580-5800 | **시간** 평일 10:00~18:00 | **휴무일** 월요일, 1월 1일, 설·추석 당일 | **입장료** 무료 | **홈페이지** www.nfm.go.kr

◆사전 조사를 해봐요◆

도서 《열두 달 우리민속》: 우리 민족은 달마다 고유의 행사와 전통이 있다. 어떤 전통 음식을 나눠먹고, 어떤 민속놀이를 했는지, 우리민족의 풍습을 자세히 다뤘다.

도서 《우리 민속놀이》: 우리 조상들은 일을 하거나 여가를 즐기면서 놀이를 했다. 민속놀이는 시기, 연령, 성별, 인원에 따라 다양하게 발전했다. 어린이도 참여할 수 있는 민속놀이를 선별해 순우리말 동시와 동화로 민속놀이를 소개한다.

◆엄마, 아빠랑 배워요◆

박물관 소장품은 어떻게 보관하나요?
새로 입수한 모든 소장품은 질소 가스를 이용한 친환경 유해생물 제어 시스템을 통해 살충처리 한다. 안전한 보존환경을 갖추기 위해 수장 및 전시환경의 온습도와 조도를 상시 모니터링하고, 실내 공기질 측정을 한다. 소장품 훼손에 영향을 미치는 유해생물에 대해서는 방역과 모니터링을 한다.

알차게 돌아보기

민속아카이브 01

민속의 기록과 보존을 위해 민속·인류학·박물관학 등 생활문화 관련 자료를 수집해 연구, 전시, 교육에 활용한다. 90만 점 이상의 사진, 음원, 영상 등 민속자료를 검색해 볼 수 있다.

열린 보존과학 02

적외선·가시광선·자외선·X-ray, 저산소 살충 챔버생물방제 등을 통해 유물을 분석한다. 온습도와 유물의 관계, 유물에 손상을 끼치는 해충 등 보존처리 과정을 간접 체험할 수 있는 공간이다.

어린이체험실 03

키즈 카페처럼 꾸며놓은 분위기가 인상적이다. 예약제로 운영하며 한 회에 20명까지 입장 가능하다. 금속, 나무, 도기, 종이, 섬유 등 민속 유물의 재질을 직접 느껴볼 수 있다.

TIP
01 관람자가 수장고 내부에 들어갈 수 있는 열린 수장고와 외부 창을 통해 수장고 안을 들여다보는 보이는 수장고가 있다.
02 키오스크를 통해 높은 곳에 비치된 유물도 상세히 관람 가능하다.
03 어린이박물관은 홈페이지 사전예약 필수이다.
04 주차장이 협소해 예약제로 운영하며 예약하지 않은 차량은 주차 불가(회차 당 40대).

주변 여행지 돌아보기

파주 헤이리마을 01

실제 예술가들의 작업실, 박물관, 갤러리, 공연장, 공방, 카페 등이 모여 있는 마을이다. 주변 자연환경을 훼손하지 않고 마을을 조성했다. '헤이리'는 파주 지역에 전해 내려오는 전통 농요 '헤이리 소리'에서 유래된 순수한 말이다. 국립민속박물관 파주에서 도보 5분.

주소 경기도 파주시 탄현면 헤이리마을길 82-105 | **전화** 031-946-8551 | **홈페이지** https://www.heyri.net

오두산 통일전망대 02

한강과 임진강이 합류하는 서부전선 최북단 휴전선에 있는 오두산 통일전망대. 북으로는 개성 송악산, 남으로는 서울 도심까지 한 눈에 볼 수 있다. 지상 5층, 지하 1층 규모의 건물에 전시 및 전망 시설을 갖췄다. 국립민속박물관 파주에서 자동차 5분.

주소 경기도 파주시 탄현면 필승로 369 | **전화** 031-945-3171 | **시간** 09:00~17:00(주말 18:00까지) | **휴무일** 월요일 | **입장료** 성인 3000원, 초·중·고등학생 1300원 | **홈페이지** www.jmd.co.kr

파주출판단지 03

국내 출판사를 중심으로 도서관, 서점, 뮤지엄, 북 카페 등이 있다. 50여 만 권의 책을 소장한 지혜의 숲, 납 활자 인쇄 공정으로 책을 찍는 활판 공방, 자연 채광을 통해 빛을 느껴볼 수 있는 미메시스 아트뮤지엄 등이 주요 볼거리다. 국립민속박물관 파주에서 자동차 9분.

주소 경기도 파주시 문발동 | **홈페이지** www.ibookcity.org/2012

003

대한민국 정치 1번지
국회의사당

POINT 국회의사당에서 국민의 대표인 국회의원들이 모여 법을 만들고 고친다. 예산안을 심의하고, 행정부를 감시하는 역할도 한다. 국회의사당을 방문해 민주주의의 참뜻을 배워보자.

국회의사당은 지하 1층, 지상 7층의 동양 최대 규모다. 건물 면적이 큰 이유는 통일을 대비해 지었기 때문이다. 반원형의 돔은 서로 다른 의견을 대화와 토론을 통해 원처럼 통합한다는 뜻을 담고 있다. 1975년 국회의사당을 처음 지었을 당시 붉은색 청동 돔이었는데 청동이 부식되면서 푸른빛으로 변했다. 처마와 기단, 팔각 기둥이 밑지름 64m, 무게 1000톤에 달하는 육중한 돔을 받치며 무게를 분산한다. 24개의 기둥은 경복궁 경회루 석주를 본뜬 것으로 1년 24절기, 하루 24시간을 상징한다. 24절기, 24시간 언제나 국민의 의견을 수렴하겠다는 의미다. 국회참관 셔틀을 타면 국회박물관, 국회도서관, 국회의사당, 국회의원회관, 국회정문, 국회박물관에 내릴 수 있다. 평일 점심시간(12시~13시) 및 주말은 운행하지 않는다.

주소 서울시 영등포구 의사당대로 1 | **전화** 02-788-3656, 3664 | **시간** 평일 09:00~18:00(점심시간 12:00~13:00) / 토요일 국회의사당(10인 이상의 단체) 09:00~17:00, 헌정기념관(자유 관람, 해설 없음) 09:00~13:00 | **휴무일** 일요일, 법정 공휴일, 국회 개원 기념일(5월 31일) | **입장료** 무료 | **홈페이지** memorial.assembly.go.kr

◆사전 조사를 해봐요◆

도서 《100초 정치 사회 수업》: 정치를 잘 알지 못하는 사람을 위해 정치 용어를 쉽게 풀어 설명한다. 최근 이슈가 됐던 10가지 사례를 통해 정치가 우리 사회에 미치는 영향을 살펴본다.

영화 《특별시민》: 극 중 서울시장 '변종구'는 차기 대권을 노리며, 헌정 사상 최초 3선 서울시장에 도전한다. 대한민국 정치에 대한 날카로운 비판과 풍자를 던진다.

◆엄마, 아빠랑 배워요◆

국회의원은 무슨 일을 하나요?
국회의원은 국민의 뜻을 국회에 전달한다. 법을 만들고, 고치며 국정감사를 통해 행정부가 하는 일을 감시한다. 나라의 살림인 예산을 검토하고, 정부 정책에 대해 동의나 승인을 한다. 매년 9월 1일 회기 (국가가 열리는 기간)가 시작되며 회기는 100일 이내로 정해져 있다.

국회 박물관 돌아보기

2층 **01**

1전시실은 3·1 운동 이후 중국 상해에서 개원한 임시의정원의 활동 성과와 독립운동가들의 삶을 다룬다. 2전시실은 제헌국회부터 제12대 국회(9차 개헌)의 주요 정치사와 관련 의정활동을 전시한다. 국회체험관은 박물관 전시의 시작이자 오리엔테이션 공간으로 국회 본회의장과 유사하게 구현된 환경에서 본회의 투표를 체험해볼 수 있다.

1층 **02**

1987년 9차 개헌 민주주의의 발전 과정과 함께 제13대 국회부터 제21대 국회의 성과물 등을 다룬 3전시실과 역대 국회의장의 발언과 활동 등을 전시한 4전시실이 있다. 이밖에 기획전시실, 어린이박물관으로 구성된다.

지하 1층 **03**

식당(평일 운영)과 문화상품 판매점 등 편의시설이 있다.

TIP

01 국회박물관 상설전시실은 2개 층에 나뉘어 4개의 실로 구성된다. 관람순서는 2층의 1, 2전시실을 관람한 후 1층으로 내려와 3, 4전시실 순으로 관람한다.
02 대한민국 국회 홈페이지 통합예약을 통해 본회의장, 어린이박물관, 국회체험관 등을 예약할 수 있다. 국회박물관은 예약 없이 관람 가능하며 관람시간은 평일 10:00~18:00 토요일 10:00~13:00 이다. 법정 공휴일과 근로자의날(5월 1일), 국회개원 기념일(5월 31일)에 휴관
03 국회 (본회의장) 참관의 경우 국회의 역할과 기능 및 본회의장 시설물 등에 대한 전문 참관해설사의 해설을 제공한다. 8세 미만의 어린이는 보호자가 동행하더라도 본회의장 참관을 할 수 없으며 이용희망일 90일 전부터 전일까지 예약 가능하다. (당일 예약 불가)
04 국회박물관 1층에 있는 어린이박물관은 미취학 아동 또는 초등학생 저학년에게 추천한다. 놀이하며 국회와 민주주의를 배우는 체험전시 공간이다.

주변 여행지 돌아보기

서울마리나 **01**

요트 승선장과 레스토랑을 갖췄다. 합리적인 가격으로 한강에서 요트 승선을 체험할 수 있다. 특히 해 질 무렵 요트를 타면 시원한 강바람과 함께 노을 풍경을 감상할 수 있다. 국회의사당에서 도보 10분.

주소 서울시 영등포구 여의서로 160 | **전화** 02-3780-8424 | **시간** 10:00~21:00 | **입장료** 요트 종류에 따라 다름(최소 4인 탑승 1인 1시간 1만5000원~) | **홈페이지** www.seoul-marina.com

여의도한강공원 **02**

한강변을 산책하며 나들이를 즐기는 사람이 많다. 계절마다 다양한 축제(봄꽃축제, 세계불꽃축제 등)가 열리며 여름에는 야외 수영장이 인기다. 4월부터 10월까지 금요일과 토요일 저녁에는 여의도한강공원 물빛광장에서 서울밤도깨비 야시장이 열린다. 국회의사당에서 도보 20분 혹은 자동차로 5분.

주소 서울시 영등포구 여의동로 330 | **전화** 02-3780-0561 | **시간** 24시간 | **입장료** 무료 | **홈페이지** hangang.seoul.go.kr

63빌딩(63스퀘어) **03**

1985년에 지은 고층빌딩이다. 프랑스 현대 미술을 대표하는 퐁피두 센터 분관이 2025년 10월에 오픈할 예정이다. 지하 1층부터 지상 4층까지 약 1천여평의 공간에 예술 작품이 채워진다. 국회의사당에서 자동차로 10분.

주소 서울시 영등포구 63로 50 | **전화** 02-780-6382 | **시간** 10:00~22:00 | **입장료** 시설마다 다름 | **홈페이지** www.63art.co.kr

004

대한민국 대통령의 관저
청와대

> **POINT** 청와대는 대통령이 생활하는 곳이자 대한민국 정치 심장부다. 청와대를 직접 관람하며 대통령이 하는 일을 알아본다.

청와대를 한자로 풀이하면 푸를 청(靑), 기와 와(瓦)를 써서 푸른 기와집 이라는 뜻이다. 2022년 4월까지 대한민국 대통령의 집무실 및 관저로 사용했던 시설이다. 지금은 청와대 본관과 영빈관을 비롯해, 녹지원과 상춘재까지 완전히 개방되었다. 청와대 개방 이후 광화문부터 북악산까지 이어지는 길이 새로운 명소로 자리잡았다. 청와대 본관 지붕을 덮고 있는 약 15만 개의 푸른색 기와는 평화를 뜻한다. 청와대 곳곳에 있는 장식품은 왕실을 상징하는 예술품과 과거 사대부가 썼던 공예품 등으로 이루어진다. 청와대 정원 조경도 눈여겨 볼만 하다.

> **TIP**
> 01 청와대 관람 예약 시스템으로 더 편리한 관람이 가능해졌다.
> 02 만 65세 이상 어르신, 장애인, 국가보훈대상자, 외국인은 현장 입장 신청 가능하다.
> 03 청와대 정문과 춘추문으로 입장(신분증과 입장용 바코드 제시)

주소 서울시 종로구 청와대로 | **전화** 개방 행사 안내 센터 1522-7760 | **시간** 3~11월 9:00~18:00(입장 마감 시간 17:30), 12~2월 9시~17:30(입장 마감 시간 17:00) | **휴무일** 매주 화요일 | **입장료** 무료 | **홈페이지** http://reserve.opencheongwadae.kr

◆사전 조사를 해봐요◆

도서 《도대체 청와대에선 무슨 일이?》 : 청와대에 대한 호기심을 풀어본다. 과거 8년간 청와대 출입 기자였던 저자가 청와대에서 경험한 일을 시간 순서대로 엮었다. 비서실의 낮과 밤, 대통령의 사생활, 대통령 경호 등 다양한 이야기가 흥미롭게 다가온다.

도서 《우리 시대의 궁궐 청와대》 : 우리의 역사와 문화를 바탕으로 지은 청와대의 건축양식, 전통문화, 공식 행사, 정원, 풍경 등을 설명한다.

◆엄마, 아빠랑 배워요◆

대통령은 무슨 일을 하나요?
대통령은 우리나라를 대표하는 사람이다. 대한민국 최고 책임자이며 행정부에 관련된 최고의 권한을 가지고 있다. 국무총리, 장관 등과 국무회의를 열어 나라의 중요한 일을 결정하고, 국제회의에 참석하거나 외국 손님을 맞이하기도 한다. 대통령의 임기는 5년이며 국민투표로 선출된다.

알차게 돌아보기

녹지원 01

잔디가 깔린 녹지원은 어린이날 행사를 비롯한 각종 야외 행사가 열린다. 푸른 녹지에 서 있는 아름드리나무 한 그루가 눈길을 사로잡는다. 한눈에 보기에도 웅장한 소나무의 나이는 170세가 넘었다. 이 밖에 역대 대통령들이 심은 기념 식수가 있다.

구본관(옛본관터) 02

과거 경복궁 뒷뜰이었던 곳. 일제강점기 경복궁 후원을 허물고 이곳에 일본 총독 관사를 지었다. 총독관사는 해방 후 1948년 3월까지 미 군정 사령관 숙소로 사용했고, 대한민국 정부가 수립된 후에는 대통령의 집무실로 썼다. 1993년에 총독 관사 건물을 철거했고, 옛 지형을 복원해 옛본관터(경무대)라 이름 지었다. 이곳에는 일제의 잔재로 남은 기둥 장식만 덩그러니 놓여 있다.

청와대 본관 & 영빈관 03

청와대 본관은 우리나라 한옥 양식인 팔작지붕에 푸른 기와를 덮었다. 대통령 집무실과 손님을 접대하는 공간으로 쓰였다. 영빈관은 18개의 돌기둥이 건물 전체를 떠받들고 있는데 앞쪽 4개의 기둥은 높이가 13m, 둘레가 3m에 이른다. 기둥 돌은 통째로 채석한 돌이라고 하니 더욱 놀랍다. 영빈관에서 대규모의 연회나 외국의 중요한 손님을 맞이하는 행사가 열린다.

주변 여행지 돌아보기

칠궁 01

조선의 왕을 낳았지만 왕비가 되지 못한 일곱 후궁의 위패를 모신 곳이다. 칠궁은 1966년 사적 제149호로 지정됐으나 1968년 1·21사태(김신조 사건)가 발생하면서 청와대 경호를 이유로 일반인의 관람과 제사가 중단됐다. 2018년 6월부터 일반 관람객에게 개방했다. 청와대에서 도보 3분.

주소 서울시 종로구 창의문로 12 삼락당 | **전화** 02-734-7720 | **시간** 10:00~16:00(시간별 예약 1일 5회) | **휴무일** 일·월요일 | **입장료** 무료 | **홈페이지** www.royalpalace.go.kr/content/guide/guide32.asp

북촌한옥마을 02

경복궁과 창덕궁 사이에 자리 잡은 한옥 밀집 지역. 조선시대 왕실의 고위직 관리나 왕족이 거주했던 곳이다. 종로구 가회동, 삼청동, 팔판동, 사간동, 재동 등이 포함된다. 한옥을 활용한 식당, 카페, 게스트하우스 등이 즐비하다. 실제 주민이 거주하고 있는 주택이 많으니 조용히 다닐 것. 청와대에서 도보 5분.

주소 서울시 종로구 계동길 37 | **전화** 002-2133-1372 | **시간** 24시간 | **입장료** 무료 | **홈페이지** hanok.seoul.go.kr/front/index.do

서촌 03

서촌은 경복궁 서쪽을 일컫는다. 과거와 현대가 절묘하게 섞인 동네로 미로처럼 이어진 골목 사이에 한옥과 다세대주택, 갤러리, 카페, 식당, 공방 등이 마주하고 있다. 미술관과 갤러리에서 작품을 감상 하거나 통인시장 구경을 추천한다.

주소 서울시 종로구 청운효자동

005

시민과 함께하는 행정기관
서울특별시청 & 시민청

POINT 시청사 관람을 통해 시청이 하는 일과 시청사의 역사, 건축 등을 자세히 알아본다.

서울특별시청은 우리나라의 수도이자 정치, 경제, 문화의 중심지인 서울과 관련한 전반적인 업무를 총괄한다. 서울광장을 중심으로 신청사와 옛 청사가 나란히 서 있다. 서울시청 옛 청사는 1926년 경성부 청사로 지었으며 르네상스 양식을 절충한 철근 콘크리트 건물이다. 오랜 세월이 흘렀지만, 주요 부분의 원형이 잘 남아 있어 당시 건축 기술을 엿볼 수 있다. 2012년 10월에 문을 연 신청사는 한국 전통 가옥의 처마를 형상화했으며 친환경적으로 설계했다. 시청 공무원이 근무하는 사무 공간 외에 수직정원, 하늘광장, 다목적홀 등 시민을 위한 공간을 갖췄다. 서울시청을 자세히 둘러보고 싶다면 해설사와 함께하는 시청사 투어를 추천한다. 서울시청 내부에 있는 수직정원, 옛 시장실 복원 공간, 군기시유적전시실 등을 돌아보며 시청이 하는일과 시청사의 역사를 살펴볼 수 있다.

주소 서울시 중구 세종대로 110 | **전화** 02-120 | **시간** 09:00~18:00 | **휴무일** 일요일 | **입장료** 무료 | **홈페이지** www.seoul.go.kr

---

◆ **사전 조사를 해봐요** ◆

도서 《Job? 나는 시청에서 일할 거야!》 : 시청 공무원에 관한 이야기를 다룬다. 성훈이는 주민센터에서 주최하는 어린이 교육 프로그램에 참가한다. 과제를 하면서 시청과 시청 공무원이 하는 일을 알게된다.

도서 《두근두근 중구산책》 : 전통과 현대가 공존하는 서울 중구의 산책 코스를 소개한다. 시청사와 함께 가볼 만한 곳을 찾을 때 유용하다.

◆ **엄마, 아빠랑 배워요** ◆

시청과 시의회는 어떻게 다른가요?
시청은 자치단체이고, 시의회는 지방의회이다. 자치단체는 행정부, 지방의회는 국회에 해당한다. 시의회는 주민의 의견을 듣고 해결 방법을 찾아 결정을 내린다. 정책과 입법, 시정 운영에 관한 사항을 심의해 결정하는 역할을 한다. 자치단체 장과 시의회 의원은 주민들이 선거를 통해 선출한다.

알차게 돌아보기

지하 1~2층 시민청 01

시민 누구에게나 열린 공간이다. 군기시유적전시실에서는 신청사 건설 공사 중 발굴된 유물을 전시한다. 조선시대 관청 군기시(무기류를 제조하고 보관하던 관청) 발굴 현장을 볼 수 있다. 이외에는 활짝라운지, 시민발언대, 지구마을 등 다양한 공간으로 구성된다. 시민청에서는 콘서트, 강좌, 워크숍, 결혼식 등이 열린다.

시간 08:30~20:30, 09:00~20:30(토·일요일 공휴일, 1월 1일, 설날·추석 당일 휴관)

8층 갤러리&다목적홀 04

시민 참여 전시나 예술 교육 프로그램을 진행한다. 다목적홀에서는 포럼, 간담회, 공연 등이 열린다.

1층 로비 02

본관 정문으로 들어서면 1층에서 7층까지 수직으로 이어진 정원이 나온다. 아이비, 스킨답서스 등 14종의 식물이 모여 있다. 하얀 풍선처럼 생긴 조형물은 미술 공모로 선정된 전수천 작가의 작품이다. 2000년 동안 우리나라의 수도였던 서울의 이야기를 빛과 길, 회오리로 표현했다.

9층 하늘광장 카페 05

서울광장을 한눈에 내려다볼 수 있고, 음료와 다과를 저렴한 가격에 맛볼 수 있다(월~금요일 07:30~18:00). 로비 오른쪽 하늘광장 전용 승강기가 있다.

6층 시장실 로비 03

시장실 외부 휴게 공간에 전시 공간을 꾸몄다. 세상을 바꾼 문서, 미래를 여는 사람들, 외빈 기념품 등을 전시하며 시장실 재현 공간도 있다. 6층은 해설사와 동반 시 입장 가능하다.

TIP

01 문화관광해설사와 함께하는 청사 투어는 시민청 시티갤러리 앞에서 출발하며 5개 코스가 있다. 소요 시간은 약 1시간 10분이며 서울관광홈페이지에서 예약하면 된다. 매주 월요일은 투어를 진행하지 않는다.

02 대중교통 이용 시 1호선 시청역 4번 출구와 2호선 을지로입구역 1번 출구가 시민청(시청 지하 1층)으로 이어진다.

03 시청사 지하 1층, 지상 9층에 간단한 음료와 간식을 판매하는 카페가 있다.

주변 여행지 돌아보기

서울도서관 01

1926년 경성부 청사로 지어 2012년까지 서울시청으로 사용했다. 2003년 6월 등록문화재 제52호로 지정되어 근대사 주요 건물로 인정받았다. 현재는 서울시가 운영하는 공공 도서관으로 도서관 역할 외에도 서울 지역 도서관 정책을 수립하고 시행하는 정책 도서관 기능을 수행한다. 서울시청에서 도보 1분.

주소 서울시 중구 세종대로 110 | **전화** 02-2133-0300 | **시간** 평일 09:00~21:00, 주말 09:00~18:00 | **휴무일** 월요일, 공휴일 | **가격** 무료 | **홈페이지** lib.seoul.go.kr

서울특별시의회 청사 02

1935년 12월에 완공해 일제강점기에 부민관(복합 문화 공간)으로 사용했다. 이후 국립극장, 국회의사당, 시민회관, 세종문화회관 별관을 거쳐 지금은 서울시의회 본관 의사당 및 시의회 사무처로 쓰인다. 시의회 청사 앞에는 4·19 기념 표지석이 있다. 서울시청에서 도보 3분.

주소 서울시 중구 세종대로 125 | **전화** 02-2180-8000~5 | **시간** 09:00~18:00 | **휴무일** 연중무휴 | **홈페이지** www.smc.seoul.kr

서울광장 03

서울시청 앞에 타원형의 잔디 광장이 있다. 월드컵 경기 응원, 촛불 집회 등으로 수만 명이 모였던 장소다. 평소에는 각종 집회, 공연, 문화 행사가 열린다. 서울시민의 쉼터로 이용되며 겨울에는 스케이트장을 개장한다. 서울시청에서 도보 1분.

주소 서울시 종로구 세종대로 110 | **전화** 120 | **시간** 24시간 | **홈페이지** plaza.seoul.go.kr

006

한국은행 화폐박물관

화폐야 놀자!
경제와 친해지는 시간

 POINT
올바른 경제관은 습관에 의해 형성되며 경제 교육은 부모와 아이가 함께 실천하는 것이 중요하다. 전시 관람과 교육을 통해 경제 개념을 이해하고 경제 흐름을 익힌다.

한국은행은 은행권을 발권하고 금융통제 및 외환결제 기능을 하는 중앙은행이다. 1987년에 신관을 지었고, 2001년 6월에 한국은행 창립 50주년을 맞아 구 한국은행 본관에 화폐박물관을 오픈했다. 돈의 역사와 통화가치, 통화정책 등 경제에 관련된 모든 것을 전시하는 박물관이다. 1910년대 르네상스 양식을 바탕으로 지은 우리나라 최초의 은행 건물을 화폐박물관으로 꾸몄다. 고대의 물품 화폐부터 동서양의 화폐, 각종 기념 화폐까지 총 2만여 점의 화폐를 선보인다. 또 우리나라 중앙은행의 역할과 화폐 제조 과정을 한눈에 살펴볼 수 있다. 압인기 체험, 위조화폐 식별하기, 화폐가치 계산하기, 경제 게임, 화폐 퀴즈, 퍼즐 맞추기, 화폐 속 주인공 등 체험을 통해 경제 개념을 자연스럽게 익힌다.

주소 서울시 중구 남대문로 39 | **전화** 02-759-4881 | **시간** 10:00~17:00 | **휴무일** 월요일, 설·추석 연휴, 12월 29일~1월 2일 | **입장료** 무료 |
홈페이지 museum.bok.or.kr

◆ 사전 조사를 해봐요 ◆

도서 《맘마미아 어린이 경제왕》: 어린이를 위한 경제 만화. 용돈 관리법 등 초등 교과서의 경제 관련 내용을 담았다.
도서 《그림과 만화로 배우는 어린이 경제백과》: 일상생활에서 궁금했던 경제 상식을 알려준다. 만화와 인포그래픽, 최신 사례 등을 통해 자연스럽게 경제 원리를 이해할 수 있다.
영화 《국가부도의 날》: 1997년, 대한민국 최고의 경제 호황기에 엄청난 경제 위기가 닥친다. 한국은행 통화정책팀장이 이 사실을 보고하고, 정부는 뒤늦게 국가 부도 사태를 막기 위한 비공개 대책팀을 꾸린다. 12세 관람가.

◆ 엄마, 아빠랑 배워요 ◆

화폐가 뭐예요?
동전, 지폐, 신용카드, 어음 등 경제활동에서 지불과 축적을 목적으로 사용되는 재화를 통틀어 화폐라고 한다. 돈을 뜻하는 영어 단어 머니(money)는 로마 신화에 나오는 하늘의 여신 주노 모네타(Juno Moneta)의 이름에서 유래했다. 기원전 269년 로마인들은 모네타 여신의 사원에 주화 제조 공장을 차리고, 모든 주전소를 '모네타(moneta)' 또는 '민트(mint)'라고 불렀다. 그 후 프랑스어 'monnaie'의 영향으로 주전소에서 만든 모든 것들을 통틀어 '머니'라고 했다.

알차게 돌아보기

1층 전시실 01

우리의 중앙은행, 화폐의 일생, 돈과 나라 경제, 화폐광장, 상평통보갤러리로 구성된다. 한국은행의 역할과 중앙은행 제도를 배울 수 있으며 화폐의 제조와 순환 과정, 위·변조 화폐 식별법 등을 전시한다. 통화정책을 비롯한 우리나라 경제의 흐름을 알 수 있다.

2층 전시실 02

한국은행이 1987년 신관으로 이전하기 전까지 총재가 사용한 집무실을 볼 수 있다. 화폐박물관 건축실은 남대문로의 옛 모습을 모형과 영상으로 전시한다. 옛금융통화위원회 회의실에는 금융통화위원회에서 연 첫 회의(1950년 6월 5일) 모습을 재현했으며 의결 내용을 터치스크린을 이용해 연대별로 검색할 수 있다.

TIP

01 박물관 안내 데스크에서 체험 학습지를 무료로 배포한다.

02 1층 기념품 코너에서 박물관 체험 키트를 판매한다. 체험 키트를 이용해 체험 학습실에서 다양한 체험을 할 수 있다(상평통보 압인 찍기, 동전 만들기, 도장 찍기, 탁본하기 등).

03 전시 설명은 매일 2회 진행하며 당일 현장에서 선착순 30명까지 접수받는다. 영상물 시청과 박물관 관람으로 이루어지며 30분 정도 걸린다.

04 다양한 경제 강좌가 열린다(화폐 문화 강좌, 경제 강좌, 체험 강좌, 특별 강좌 등).

05 한국은행 경제 교육 홈페이지(kids.bokeducation.or.kr)에서 온라인 경제 교육 콘텐츠를 무료로 제공한다.

주변 여행지 돌아보기

한국금융사박물관 01

1997년 신한은행에서 설립한 금융사 전문 박물관이다. 3층과 4층에 전시실이 있으며 우리나라 금융 도입 이후의 문서, 서적, 유가증권, 사진 등 관련 자료를 전시한다. 어린이를 위한 금융 경제 교육과 체험 코너도 운영한다. 한국은행 화폐박물관에서 도보 13분.

주소 서울시 중구 세종대로 135-5 | **전화** 02-738-6806 | **시간** 10:00~18:00 | **휴무일** 일요일, 공휴일, 근로자의 날 | **입장료** 무료 | **홈페이지** www.shinhanmuseum.co.kr

우리은행 은행사박물관 02

2004년 우리은행에서 설립한 은행 역사 전문 박물관이다. 1899년 최초의 근대적 민족 은행인 대한천일은행(현 우리은행) 창립 관련 문서, 회계장부 등 근현대 금융 문화유산 2만여 점을 소장·전시한다. 세계 각국의 저금통을 전시하는 저금통 갤러리가 인기다. 한국은행 화폐박물관에서 도보 3분.

주소 서울시 중구 소공로 51 | **전화** 02-2002-5090 | **시간** 10:00~18:00 | **휴무일** 일요일, 공휴일, 근로자의 날 | **입장료** 무료 | **홈페이지** www.woorimuseum.com

남대문 시장 03

전통과 현대가 어우러진 시장이다. 의류를 포함해 액세서리, 주방용품, 민속공예, 식품, 잡화 등을 판매한다. 특히 아동복 상가가 유명하다. 전국 소매상과 소비자에게 저렴한 가격으로 유통하는 도소매 기능을 겸한다. 갈치조림, 칼국수, 만두 등 시장 음식을 맛봐도 좋다. 한국은행화폐박물관에서 도보 7분.

주소 서울 중구 남대문시장4길 21 | **전화** 02-753-2805 | **시간** 품목마다 다름 | **휴무일** 일요일 | **홈페이지** namdaemunmarket.co.kr

007

화폐에 대한 모든 것
한국조폐공사 화폐박물관

POINT 화폐를 만드는 한국조폐공사가 운영하는 우리나라 최초의 화폐 전문 박물관이다. 화폐 역사와 문화를 살펴보고 돈의 소중함을 일깨운다.

우리가 매일 쓰는 돈은 어디에서 어떻게 만들어 질까? 화폐박물관에서 돈에 대한 모든 궁금증을 풀어 본다. 화폐박물관은 2개 층에 거쳐 4개의 상설전시실이 있다. 박물관 소장 화폐 자료 중 4000여 점을 시대별, 종류별로 구분해 전시한다. 주화 역사와 화폐 역사를 알아보고 위조 방지 기술과 특수 제품을 살펴본다. 화폐에는 한 나라의 문화, 역사, 풍습이 담겨 있는데 보통 큰 업적을 남긴 인물 또는 희귀한 동식물, 유서 깊은 건축물 등을 주인공으로 한다. 세계 화폐를 열람하며 각국의 특징을 알아보는 재미도 쏠쏠하다. 또 화폐 외에 한국조폐공사에서 만드는 상품권, 주민등록증, 전자여권, 우표, 각종 카드와 메달 등도 볼 수 있다.

주소 대전시 유성구 과학로 80-67 | **전화** 042-870-1200 | **시간** 10:00~17:00 | **휴무일** 월요일, 1월 1일, 설·추석 연휴, 정부 지정 임시 공휴일 | **입장료** 무료 | **홈페이지** museum.komsco.com

◆사전 조사를 해봐요◆

도서 《You Know? 생활의 기본 화폐, 돈》 : 아이들을 위한 경제 입문서. 12~15세 수준에 맞춰 경제 개념을 설명한다. 돈의 개념부터 돈을 가치 있게 쓰는 방법까지. 돈과 물가, 시장경제 등 우리 생활과 밀접한 경제 현상을 알려준다.

도서 《Wow 화폐 속에는 누가 있을까?》 : 현재 통용되는 우리나라 화폐에 등장하는 위인을 만나본다. 후반부에는 우리나라 화폐의 역사를 담았다. '생생퀴즈 talk' 등의 코너로 재미를 더했다.

◆엄마, 아빠랑 배워요◆

최초의 돈은 언제 생겼나요?
리디아 왕국의 아르테미스 신전에서 기원전 600년경 만든 것으로 추정되는 금과 은을 섞은 주화가 발견됐다. 동양에서는 중국 춘추전국시대에 처음 철기를 사용하면서 철로 돈을 만들었는데 칼이나 농기구처럼 생긴 돈이었다.

돈에도 수명이 있나요?
돈은 여러 곳에서 사용되다가 찢어지거나 훼손되면 한국은행으로 돌아와 폐기된다. 손상된 화폐는 잘게 자른 후 단단한 봉으로 만들어 건물 바닥재 또는 차량용 방진재 등으로 재활용한다.

알차게 돌아보기

주화역사관 01
인류의 역사에 등장한 주화를 시대별로 전시한다. 자급자족하던 시대의 물품화폐부터 기원전 금속화폐인 중국의 도전, 포전, 어폐, 반냥화를 비롯해 현존하는 최초의 주화 고려시대 건원중보와 조선시대 상평통보를 볼 수 있다. 상평통보 제작 과정 재현과 근대 화폐를 제조하기 위해 독일에서 수입한 압인기도 눈길을 끈다.

지폐역사관 02
우리나라 은행권의 변천사를 전시한다. 1902년에 발행된 일본 제일은행권을 시작으로 조선은행권, 한국은행권이 발행되었다. 북한 지폐와 희귀 지폐, 외국 지폐도 볼거리다.

특수제품관 04
한국조폐공사는 지폐뿐만 아니라 우표와 크리스마스 실 등을 제작한다. 위조 방지 기술을 적용한 여권, 신분증, 훈장, 메달 등을 전시한다. 세계의 화폐 코너에는 72개국의 화폐를 정리해놓았다.

위조방지홍보관 03
돈에는 최첨단 위조 방지 요소가 적용되어 있다. 5만 원권 모형을 통해 어떤 위조 방지 요소를 적용했는지 살펴본다.

> **TIP**
> 01 다소 외진 곳에 위치해 대중교통보다는 자동차를 이용하는 것이 좋다.
> 02 화폐박물관 홈페이지 정보마당에 체험 학습지를 다운받아 사용한다.
> 03 박물관에서 열리는 화폐 특강 프로그램에 참여해도 좋다(강의 정보는 홈페이지에서 확인).

주변 여행지 돌아보기

지질박물관 01
지구는 탄생 이후 수십억 년 동안 다양한 지각활동을 이어오고 있다. 한국지질자원연구원 안에 지질박물관이 자리한다. 지구에서 일어난 사건을 다양한 전시와 체험을 통해 알아본다. 화폐박물관에서 도보 15분.
주소 대전시 유성구 과학로 124 한국지질자원연구원 | **전화** 042-868-3798 | **시간** 10:00~17:00 | **휴무일** 월요일 | **입장료** 무료 | **홈페이지** museum.kigam.re.kr/html/kr

국립중앙과학관 02
우리나라 최대 과학관으로 과학의 모든 것을 경험할 수 있다. 규모가 워낙 방대하기 때문에 모든 전시관을 둘러보기보다는 연령 또는 관심사에 맞춰 전시관 몇 군데를 선택해 관람하는 것도 방법이다. 화폐박물관에서 자동차로 5분.
주소 대전시 유성구 대덕대로 481 | **전화** 042-601-7894~6 | **시간** 09:30~17:50 | **휴무일** 월요일(법정 공휴일은 개관하되, 다음 날은 휴관), 설날·추석 당일 | **입장료** 무료(일부 전시관 유료) | **홈페이지** www.science.go.kr

한밭수목원 03
대전의 심장으로 불리는 도심형 인공수목원이다. 동원과 서원으로 나뉘며 목련원, 약용식물원, 암석원, 유실수원, 습지원 등으로 이루어졌다. 피고 지는 꽃을 감상하며 계절의 흐름을 느껴볼 수 있다. 화폐박물관에서 자동차로 9분.
주소 대전시 서구 둔산대로 169 | **전화** 042-270-8452 | **시간** 4~9월 06:00~21:00, 10~3월 08:00~19:00 열대식물원은 09:00~18:00) | **휴무일** 동원 월요일, 서원 화요일, 열대식물원 월요일 | **입장료** 무료 | **홈페이지** www.daejeon.go.kr/gar

008

세계로 도약하는 허브 공항
인천 국제공항

POINT 인천국제공항은 대한민국의 관문인 동시에 세계로 향하는 허브 공항이다. 여객이나 화물의 항공운송에 필요한 시설과 기능을 살펴본다.

인천국제공항은 2001년 3월에 개항한 우리나라 대표 공항으로 영종도와 용유도 사이를 매립해 건설했다. 입출국을 하지 않아도 일반 지역에 한해 누구나 공항 시설을 이용할 수 있다. 인천국제공항은 크게 제1 터미널과 제2 터미널로 나뉘는데 각 터미널에는 여객 시설을 포함해 전시, 체험, 편의 시설 등을 갖추었다. 전통과 예술, 첨단이 혼재된 공항 곳곳에서 연간 7800회 이상의 문화 공연이 열린다. 그중에서 눈여겨볼 곳은 제1 여객터미널 4층 한국문화거리다. 기와집과 정자 등 한국의 주거 문화를 테마로 꾸몄으며 이곳에서 터미널 전경이 한눈에 펼쳐진다. 인천국제공항의 역사와 문화, 특징 등을 자세히 알고 싶다면 제2 여객터미널 홍보 전망대를 추천한다. 창문 너머 활주로를 볼 수 있으며 공항 관련 전시 외에 VR 체험, 크로마키 사진촬영 등을 할 수 있다.

주소 인천시 중구 공항로 272 | **전화** 1577-2600 | **시간** 24시간 | **휴무일** 연중무휴 | **입장료** 무료(일반 지역) | **홈페이지** www.airport.kr

◆ 사전 조사를 해봐요 ◆

도서 《Job? 나는 공항에서 일할 거야》: 해외 봉사 활동을 위해 인천국제공항에 모인 컵스카우트 단원 중 3명이 비행기를 놓쳐 공항에 남는다. 공항 이곳저곳을 둘러보며 공항과 관련된 직업을 간접 체험한다.

영화 《터미널》: 빅터 나보스키(톰 행크스)는 고국으로 돌아가기 위해 미국 JFK 공항에 도착한다. 하지만 고국에서는 쿠데타가 일어나 입국할 수 없고, 다시 미국으로 갈 수도 없는 상황. 그는 어쩔 수 없이 공항에 머물게 된다. 공항에서 일하는 다양한 사람들과의 해프닝을 그린영화. 전체 관람가.

◆ 엄마, 아빠랑 배워요 ◆

국제공항이 뭐예요?
국제공항은 세관, 출입국 관리, 검역을 의미하는 CIQ(customs, immigration, quarantine) 시설을 갖추어야 한다. 국제선 항공기가 이착륙한다고 해도 관계 법령에 의한 국제공항이 아닌 경우에는 원칙적으로 정기적으로 취항할 수 없다.

알차게 돌아보기

제1 여객터미널 01

4층 한국문화거리에는 한국의 자연과 문화를 나타내는 인터랙티브 디지털 체험관이 있다. 3층 면세 지역과 4층 일반 지역 한국문화거리에서 조선시대 궁중 왕실의 일상 모습을 재현한 '왕가의 산책' 행사가 열린다.

제2 여객터미널 02

'Great Mobile'(자비에 베이앙), 'Hello'(강희라) 등 공항 곳곳에서 예술 작품을 볼 수 있다. 면세 지역 3층 노드정원 동·서편에서는 매일 5회 예술 공연이 열린다. 5층 홍보전망대에서는 인천국제공항의 과거와 현재, 미래를 전시한다. 전망체험존의 VR을 통해 수하물 처리 시스템 내부를 체험할 수 있다. 그 밖에 포토존, 조망 카페 등의 편의 시설을 갖추었다.

TIP

01 제1 여객터미널과 제2 여객터미널 간 이동은 버스로 약 20분, 공항철도로 약 6분 걸린다.

02 10인 이상, 80인 이하 단체라면 공항 견학 프로그램에 참여할 수 있다. 견학은 매일 두 차례(10:00, 15:00) 열리며 소요 시간은 약 1시간.

03 제1 여객터미널 4층 한국문화거리, 제2 여객터미널 5층 전망체험존에서 활주로를 오가는 비행기를 볼 수 있다.

주변 여행지 돌아보기

인천공항 오성산 전망대 01

영종도 오성산(해발 51.5m)에는 인천공항에서 이착륙하는 비행기를 볼 수 있는 전망대가 위치한다. 주변 산책로를 따라 거닐며 자연을 만끽해도 좋다. 연중무휴지만 폭설이나 폭우가 내릴 때는 휴관한다. 인천국제공항에서 자동차로 15분.

주소 인천시 중구 공항서로 279 | **전화** 032-751-2117 | **시간** 10:30~16:00 | **휴무일** 연중무휴 | **입장료** 무료

을왕리해수욕장 02

'늘목' 또는 '얼항'으로도 불리며 1986년 국민관광지로 지정됐다. 주변에 식당과 숙박 시설 등 편의 시설이 있다. 일몰이 아름다운 곳이라 해 질 무렵이면 여행자들의 발걸음이 이어진다. 인천국제공항에서 자동차로 20분.

주소 인천시 중구 용유서로302번길 16-15 | **시간** 24시간 | **개장** 7~8월 중(개장 기간 텐트 설치 시 폐기물 처리 수수료 징수)

국립생물자원관 03

생물 다양성을 보전하고, 생물자원을 지속적으로 이용할 방법을 연구한다. 한반도에 살고 있는 다양한 생물을 실물 표본으로 전시하며 생물 자원 보전의 중요성을 이해할 수 있는 다양한 교육 프로그램을 운영한다. 인천국제공항에서 자동차로 20분.

주소 인천시 서구 환경로 42 | **전화** 032-590-7000 | **시간** 3~10월 09:30~17:30, 11~2월 09:30~17:00 | **휴무일** 월요일, 1월 1일, 설날·추석 당일 | **입장료** 무료 | **홈페이지** www.nibr.go.kr/main/main.jsp

009

우표박물관

네모난 우표에 담긴 커다란 세상

POINT 우표에는 발행 당시 우리 사회의 역사와 문화가 담겨 있다. 통신수단 이상의 가치를 지닌 우표의 의미를 살펴본다.

서울 명동역과 을지로입구역 사이에는 V자로 솟은 포스트타워(중앙우체국) 건물이 우뚝 서 있다. 1884년 서울에 처음으로 우정총국이 생기고, 1905년 경성우편국으로 이름이 바뀌면서 서울중앙우체국은 지금의 자리로 이전했다. 우표박물관에서는 우리나라 우표의 역사와 문화뿐만 아니라 세계 여러 나라의 우표를 전시한다. 우표에 담긴 이야기를 주제로 전시와 체험이 열린다. 전시는 우정역사마당, 우표체험마당, 우표정보마당, 우표문화교실등으로 구성된다. 세계의 우체통을 미니어처로 축소해 전시해놓은 코너도 흥미롭다. 프레스기로 엽서 만들기, 우표 도안 색칠하기, 1년 후 배달되는 느린우체통, 내 사진으로 만드는 나만의 우표 등 체험 활동도 놓치지 말것.

주소 서울시 중구 소공로 70 | **전화** 02-6450-5600 | **시간** 09:00~17:00 | **휴무일** 월요일, 설·추석 연휴, 국경일 | **입장료** 무료 | **홈페이지** www.kstamp.go.kr/kstampworld

◆사전 조사를 해봐요◆

도서 《우표로 그려낸 한국현대사》: 이 책의 저자는 우표와 우편 자료를 통해 지역의 역사를 해석하는 우편학을 강조한다. 1945년 해방부터 2008년까지 발행된 우리나라 우표를 통해 한국 현대사를 살펴본다.

도서 《우리 역사가 담긴 8가지 우표 이야기》: 어린이가 쉽게 읽을 수 있는 동화책. 우표에 대한 호기심을 풀어가며 실제 우표 이미지와 함께 우리나라 우표 역사를 소개한다.

◆엄마, 아빠랑 배워요◆

우리나라 최초 우표는 언제 발행되었나요?
1884년 4월 22일 우리나라 최초로 우정총국이 설치됐다. 초대 우정총판 홍영식(1855~1884)은 우리나라 최초 우표의 도안을 만들었다. 우정총국은 7개월 동안 준비 기간을 거쳐 그해 11월 18일 업무 개시일에 맞춰 첫 우표를 선보였다. 일본 대장성 인쇄국에 의뢰해 발행한 '문위우표(文位郵票)'가 우리나라 최초 우표다. 태극무늬 둘레를 당초문이 에워싼 디자인으로 당시 화폐 단위가 '문'이었기 때문에 문위우표라 불렀다.

알차게 돌아보기

01 우정역사마당

세계 최초 우표와 우리나라 최초 우표를 전시한다. 시대별로 발전해온 우편 서비스의 발자취와 미래의 우체국을 우표를 통해 살펴볼 수 있다. 우리나라 근대 우정의 창시자 홍영식 선생이 들려주는 우편 이야기에도 귀 기울여본다.

02 우표체험마당

세계 각국의 별나고 재미있는 우표를 전시한다. 자외선을 비추면 숨은 글씨가 나타나는 감광 우표, 향기 캡슐을 넣은 잉크로 인쇄한 향기 우표, 빛의 각도에 따라 색이 변하는 시변각 우표 등 특별한 우표가 눈길을 사로잡는다. 다양한 체험 활동을 통해 우표를 살펴볼 수 있다.

03 우표정보마당

우표를 만드는 과정과 우표 수집 방법을 전시한다. 컴퓨터 화면으로 우표 도안에 색칠할 수 있는 체험 코너도 있다. 한국 우표의 발자취 코너에서는 우리나라에서 현재까지 발행한 모든 우표를 전시한다. 서랍형으로 설치된 전시 자료를 하나씩 열어보는 재미가 있다.

04 우표문화교실

우주와 우표, 크리스마스 우표, 웹툰 우표 등 우표와 관련한 기획전시와 다양한 문화 교육 프로그램이 열린다.

TIP
01 박물관 입구에서 우표박물관 활동지를 무료로 배포한다.
02 우표박물관을 관람하고 실제 우편 업무를 보는 중앙우체국을 함께 둘러봐도 좋다.
03 뮤지엄 숍에서 일반 우체국에서 팔지 않는 특별한 기념우표를 구입할 수 있다.

주변 여행지 돌아보기

01 서울 우정총국

1884년 문을 연 우리나라 최초 우체국. 우정총국 완공 축하 연회를 기회 삼아 김옥균, 박영효, 홍영식 등 개화파가 집권 사대당을 제거하고 신정부를 조직하는 갑신정변을 일으킨 역사적인 장소다. 현재는 우편 자료 전시관으로 쓰인다. 우표박물관에서 자동차로 6분.

주소 서울시 종로구 우정국로 59 | **전화** 02-3703-9030 | **시간** 09:00~18:00(점심시간 11:50~12:50) | **휴무일** 1월 1일, 설날·추석 당일 | **입장료** 무료 | **홈페이지** www.heritage.go.kr

02 남대문시장

600년 역사를 자랑하는 우리나라 대표 전통시장이다. 의류, 가방, 액세서리, 그릇 등을 취급하는 상가로 이루어져 있다. 국내 최대 규모를 자랑하는 아동복 상가도 들러볼 만하다. 먹자골목에서는 칼국수, 만두, 호떡, 갈치조림 등 맛있는 음식이 식욕을 자극한다. 우표박물관에서 도보 5분.

주소 서울시 중구 남대문시장4길 21 | **전화** 02-753-2805 | **시간** 품목마다 다름 | **휴무일** 일요일 | **홈페이지** namdaemunmarket.co.kr

03 명동 일대(명동성당)

조선시대 한성부 행정구역 '남부 명례방'을 '명례방골'이라 불렀다. 지하철 4호선 명동역에서 을지로, 롯데백화점까지 이어지는 약 1km 거리에는 각종 브랜드 매장과 백화점 등이 밀집해 있다. 한국 가톨릭의 상징인 명동성당은 우리나라에 남아 있는 가장 오래된 서양식 건물이다. 우표박물관에서 도보 10분.

주소 서울시 중구 명동길 74 | **전화** 02-774-1784 | **입장료** 무료 | **홈페이지** www.mdsd.or.kr

010

칙칙폭폭 대한민국 기차의 모든 것!
철도박물관

국내 유일의 철도 전문 박물관에서 우리나라 120년의 철도 역사와 기차의 원리, 시설 등을 살펴볼 수 있다.

철도박물관은 등록문화재를 포함한 약 2700점의 철도 관련 유물을 소장·전시한다. 중앙 홀로 들어가면 커다란 흑백사진이 눈길을 끄는데 이는 1897년 3월 2일 우각동역 터(인천시 도원역 부근)에서 열린 경인선 철도 부설 기공식 풍경을 담은 사진이다. 축소 제작한 파시형 1-4288 증기기관차는 국내에 유일하게 남아 있는 일제강점기 대표 차종이다. 실내 전시실은 철도역사실, 철도차량실, 철도모형 디오라마실 등으로 구성된다. 한국 철도의 역사와 문화, 차량 분야 유물 등을 전시하며 철도가 도입되기 전 교통기관의 발달 과정과 초창기 철도 차량 모형 등이 있다. 전시물 중 통표(역장이 기관사에게 주는 증표), 동력차, 객차, 화차의 변천 과정도 흥미롭다. 또 열차운전체험실에서는 기관사 자리에 앉아 모니터를 보며 기차 운행 가상 체험을 할 수 있다.

주소 경기도 의왕시 철도박물관로 142 | **전화** 031-461-3610 | **시간** 3~10월 09:00~18:00, 11~2월 09:00~17:00 | **휴무일** 월요일, 공휴일 다음 날, 1월 1일, 설·추석 연휴, 기타 박물관장이 지정한 날 | **입장료** 어른 2000원, 어린이, 청소년 1000원(4~18세) | **홈페이지** www.railroadmuseum.co.kr

◆ **사전 조사를 해봐요** ◆

도서 《요리조리 열어보는 세계의 기차》: 초등 저학년 학생에게 추천하는 책. 증기기관차부터 화물열차, 고속열차까지 다양한 기차를 살펴본다. 섬세한 그림을 통해 기차의 특징을 익힐 수 있다. 50개 플랩으로 기차가 움직이는 원리와 과정을 설명한다.

◆ **엄마, 아빠랑 배워요** ◆

우리나라 최초 철도는 무엇인가요?
서울과 인천을 잇는 경인선이 우리나라 최초의 철도다. 미국인 제임스 모스가 철도 공사에 착수했다가 자금 부족으로 중단한 경인 철도 부설권은 공사 완료 한 달을 남긴 상황에서 일본에 팔렸다. 이후 일본인이 1899년 4월부터 다시 공사를 시작해 1899년 9월 18일 노량진과 인천을 잇는 열차가 첫 기적을 울렸다.

알차게 돌아보기

1층 전시실 01-1

1899년 우리나라 최초 철도 개통부터 현재까지 철도의 주요 역사와 사건을 시간 순서대로 전시한다. 전국 철도 노선별 정보와 철도 발전 과정을 한눈에 볼 수 있다. 각종 기관차 모형과 실제 차량 부품, 증기기관차 작동 원리와 여객열차의 변천 과정도 전시한다.

야외 전시실 02

증기기관차, 대통령 특별동차, 비둘기호, 통일호, 도시철도 지하철 등 실제 운행했던 다양한 열차를 실물 전시한다. 기차에 담긴 추억과 감성을 고스란히 간직하고 있다.

> **TIP**
> 01 스마트폰을 이용해 전시 음성 해설을 들을 수 있다(NFC 또는 QR코드 사용).
> 02 개인 관람객의 사진 촬영은 가능하지만 상업적 용도를 위한 촬영은 금지한다.
> 03 주변에 마땅히 식사를 할 만한 곳이 없다. 간단한 간식이나 도시락을 준비해 가면 등나무 벤치 등에서 먹을 수 있다.

칙칙 폭폭 기차가 나간다. 길을 비켜라!

2층 전시실 01-2

철도 운행에 관련한 다양한 분야(전기, 신호, 통신, 시설, 운수, 운전)의 철도 유물을 전시한다. 신호기, 선로 설비, 통신 장비, 건널목 차단기, 철도원 제복, 승차권, 절단기, 발매기, 기념 스탬프 등 다양한 볼거리가 있다.

주변 여행지 돌아보기

왕송호수(의왕레일파크) 01

1948년 조성된 저수지로 호반의 정취를 느끼기에 좋다. 왕송호수 주변으로 수도권 최대의 인공 생태 습지가 펼쳐진다. 전국 유일의 호수 순환형 레일바이크를 타고 호수를 한 바퀴 둘러볼 수 있다. 철도박물관에서 도보 7분.

주소 경기도 의왕시 왕송못로 209 | **전화** 031-462-3001 | **시간** 왕송호수 24시간 / 의왕레일파크 평일 10:30~17:30, 주말 10:00~17:30 | **가격** 왕송호수 무료 / 의왕레일파크 레일바이크 2인 2만5000원, 3~4인(1대) 3만2000원 | **홈페이지** www.uwrailpark.co.kr

의왕벽화거리 02

의왕역에서 철도박물관까지 이어지는 길에 벽화거리가 있다. 철길 너머 담장에 철도와 기차, 의왕의 자연환경, 지역 행사 등을 담은 벽화가 이어진다. 철도박물관까지 가는 길이 지루하지 않다. 철도박물관에서 도보 3분.

주소 철도박물관으로 이어지는 500m 거리

의왕시 자연학습공원 03

왕송호수와 이어지는 자연 학습 공원이다. 공원에는 각종 습지 생물을 관찰할 수 있는 습지대, 수생식물을 관찰할 수 있는 도섭지, 조류를 관찰할 수 있는 조류탐사대 등 다양한 시설을 갖추었다. 조류생태과학관에서는 왕송호수의 생태를 전시한다. 철도박물관에서 도보 10분.

주소 경기도 의왕시 왕송못로 307 | **전화** 031-345-3534 | **시간** 24시간 | **가격** 무료

011

경찰이 되고 싶어요
경찰박물관

POINT 대한민국 경찰의 역사를 알아보고, 경찰이 하는 일을 간접 체험해 본다. 전시 관람과 체험을 통해 경찰에 대한 이해를 넓힌다.

경찰은 국민의 자유와 권리를 보호하고 공공질서를 유지하기 위해 다양한 일을 한다. 범죄 수사, 용의자 체포뿐만 아니라 국민의 생명과 재산 보호, 범죄 예방, 교통 지도와 단속 등 사회질서 유지에 관한 일을 포괄적으로 담당한다. 경찰박물관에서는 이러한 역할을 하는 우리나라 경찰의 역사와 활동을 전시한다. 경찰 관련 영상을 상영하며, 우리나라 경찰의 변천사, 경찰의 수사 기법, 여러 특수 경찰의 모습을 전시한다. 경찰 제복 입기, 몽타주 만들기, 교통 정리하기, 순찰차 포토존 등 다양한 체험 활동을 통해 경찰이 하는 일을 구체적으로 살펴보고 이해한다. 경찰의 꿈을 키우는 어린이에게는 직업 체험 장소이기도 하다. 전시 관람을 마치면 경찰이라는 직업이 한층 가깝게 다가온다.

주소 서울시 종로구 송월길 162 | **전화** 02-3150-3681 | **시간** 09:30~17:30 | **휴무일** 월요일, 1월 1일, 설추석 연휴 | **입장료** 무료 | **홈페이지** www.policemuseum.go.kr

◆사전 조사를 해봐요◆

도서 《경찰은 무슨 일을 하나요》 : '경찰이 되려면 어떻게 해야 할까?', '경찰은 어떻게 빨리 출동할 수 있을까?' 등 어린이의 눈높이에 맞춰 경찰에 대한 궁금증을 풀어본다.

도서 《Job? 나는 경찰서에서 일할 거야!》 : 체험 학습 만화 시리즈 중 한 권이다. 경찰을 꿈꾸는 씩씩한 소년이 친구와 함께 유괴된 강아지를 찾아 떠나는 이야기다. 주인공은 이 과정에서 경찰의 역할과 마음가짐을 깨닫는다.

◆엄마, 아빠랑 배워요◆

경찰이 되려면 어떻게 해야 하나요?
경찰대학을 졸업하거나 공채 시험을 통해 경찰이 될 수 있다. 경찰은 건강한 신체와 정신을 갖추는 것이 기본이다. 필기시험은 물론 체력 시험도 통과해야 하며 행정 법률 용어를 잘 이해하고, 다양한 사람들과 의사소통을 할 수 있는 언어능력도 필요하다. 위험한 순간에 대처하기 위한 순발력과 판단력, 국민을 위해 일한다는 사명감도 가져야 한다.

알차게 돌아보기

4층 경찰역사실 01

조선시대부터 근대기를 거쳐 오늘날까지 경찰의 역사를 전시한다. 시기별 경찰역사 외에도 경찰의 역사를 사진과 함께 살펴볼 수 있는 영상관, 경찰복식 입어보기 가상체험, 참경찰 인물열전, 추모와 기억의 공간으로 구성된다.

3층 경찰이해·체험실 02

현장에서 활동하는 각 분야별 다양한 경찰의 모습을 살펴본다. 실제 경찰이 사용하는 장비를 전시해 생생함을 더한다. 과학수사경찰, 교통경찰, 사격체험, 경찰 근무복 입어보기, 순찰차, 경찰오토바이 탑승 체험 등이 마련되어 있다.

> **TIP**
> **01** 별도의 주차장이 마련되어 있지 않으니 가급적 대중교통을 이용한다.
> **02 관람순서** : 2층 박물관 입구 → 4층 경찰역사실 → 3층 경찰이해 체험실 → 2층 박물관 출구
> **03** 3층 시뮬레이션 사격장은 안전상의 이유로 4학년 이상 관람객만 체험 가능하다.
> **04** 과학수사교실, 어린이경찰학교 등 다양한 교육 프로그램을 운영한다. 자세한 내용은 홈페이지 참조.

주변 여행지 돌아보기

서울역사박물관 01

서울의 역사를 전시하는 도시 역사 박물관이다. 조선시대부터 대한제국, 일제강점기를 거쳐 오늘날에 이르기까지 서울의 역사와 문화를 한눈에 살펴볼 수 있다. 경찰박물관에서 도보 3분.

주소 서울시 종로구 새문안로 55 | **전화** 02-724-0274~6 | **시간** 3~10월 평일 09:00~20:00, 토·일요일공휴일 09:00~19:00 / 11~2월 평일 09:00~20:00, 토·일요일공휴일 09:00 | **휴무일** 월요일, 1월 1일 | **입장료** 무료 | **홈페이지** www.museum.seoul.kr

경희궁 02

서울역사박물관 1층 후문으로 연결된 산책길을 따라가면 경희궁이 나온다. 경희궁은 조선시대 이궁으로 인조 이후 철종에 이르기까지 10대 임금들이 머물던 궁궐이다. 처음 지었을 당시에는 100여 동의 크고 작은 건물이 있었으나 일제가 대한제국을 강점하면서 대부분의 궁궐을 헐었다. 경찰박물관에서 도보 3분.

주소 서울시 종로구 신문로2가 1-2 | **전화** 02-724-0274 | **시간** 09:00~18:00 | **휴무일** 연중무휴 | **입장료** 무료

세종문화회관 03

서울의 대표 문화 예술 기관으로 대극장, M씨어터, 챔버홀, 미술관, 예술 아카데미 등의 시설을 갖췄다. 클래식, 뮤지컬, 콘서트 등 공연과 전시가 열린다. 지하에는 세종이야기, 충무공이야기 전시관이 있다. 세종투어를 신청하면 공연장 및 숨은 공간을 둘러볼 수 있다. 경찰박물관에서 도보 13분.

주소 종로구 세종대로 175 | **전화** 02-399-1114 | **시간** 10:00~(전시공연마다 다름) | **휴무일** 월요일 | **입장료** 전시공연마다 다름 | **홈페이지** www.sejongpac.or.kr

012

농업인의
숨결이 깃든 곳

농업박물관

POINT 농경 유물과 모형을 통해 우리나라 농업 발달사를 살펴보고, 농경 문화 속에 꽃핀 선조들의 지혜와 농산물의 소중함을 깨닫는다.

5000년 동안 농경 역사를 이어오고 있는 우리 민족의 역사는 농업의 역사라 해도 과언이 아니다. 상설전시실, 기획전시실, 영상실, 체험실, 정보마당으로 구성된 농업박물관은 농업의 소중한 가치를 배우고, 사라져가는 농경문화를 체험하는 곳이다. 상설전시실은 총 3개 관으로 이루어진다. 1층 농업역사관에서 관람을 시작해 2층 농업생활관, 지하 1층 농협홍보관 순서로 관람하는 것을 추천한다. 실제 농업에 사용하던 기구를 보며 용도를 알아본다. 상설전시 외에도 농업과 관련한 교육과 행사가 열린다. 농촌문화체험교실, 어린이농업박사, 농업영화제 등 재밌는 프로그램이 많다. 박물관 앞쪽 야외농원에서는 실제 농작물을 재배한다. 오랜 세월 삶의 지혜가 깃든 농경 문화를 통해 농업에 대한 새로운 가치를 발견해본다.

주소 서울시 중구 새문안로 16 | **전화** 02-2080-5727 | **시간** 3~10월 09:30~18:00, 11~2월 09:30~17:30 | **휴무일** 월요일. 1월 1일, 설·추석 연휴 | **입장료** 무료 | **홈페이지** www.agrimuseum.or.kr

◆ 사전 조사를 해봐요 ◆

도서 《농업박물관 농부의 숨결이 느껴지는 곳》 : 저자는 농업박물관 학예실장으로 일하며 농업 관련 유물을 수집하고 전시했다. 농업 유물 사진과 함께 퀴즈를 통해 재미있게 구성했다. 시대별 농업의 특징을 쉽게 정리해놓았다.

도서 《어린이 농부 해쌀이》 : 강화도에 사는 어린이 농부 해쌀이가 벼농사 짓는 법을 알려준다. 볍씨 고르기부터 추수까지 계절별로 벼농사 과정을 알기 쉽게 설명한다. 그림책이라 부담 없이 읽을 수 있다.

◆ 엄마, 아빠랑 배워요 ◆

농업이 뭐예요?

땅을 이용해 인간 생활에 필요한 식물이나 동물을 기르는 일이다. 예로부터 우리 조상은 농업이 세상에서 가장 중요한 근본이라 여겼다. 오늘날에도 농업은 여전히 중요하다. 무역 개방으로 값싼 해외 농산물이 국내에 밀려 들어오고 있지만, 우리나라는 파프리카, 딸기, 버섯, 사과 등 우리 농산물을 세계로 수출하고 있다.

알차게 돌아보기

01 1층 농업역사관

우리나라 농업의 역사를 시대별로 한 눈에 볼 수 있다. 선사시대실, 삼국시대실, 고려, 조선시대실, 근현대실로 이루어졌다. 한반도 농경의 시작부터 다양한 농기구의 발달 과정을 전시한다. 시대별 유물을 통해 농경의 진화 과정을 확인할 수 있다.

02 2층 농업생활관

계절에 흐름에 따라 봄, 여름, 가을, 겨울의 논밭의 모습을 재현했다. 새 소리, 노동요 등 소리가 어우러진다. 100여 년 전 우리 전통 농가와 장터를 재현한 모형이 흥미롭다. 우리 조상들의 일상 생활, 삶에 깃든 지혜와 여유를 엿볼 수 있다.

04 체험실

전시실 곳곳에 있는 정보 검색기를 이용해 우리 농산물에 대해 궁금증을 풀어볼 수 있다. 수입 농산물과 우리 농산물을 구별하는 방법도 배워본다.

03 지하 1층 농업홍보관

농협의 마스코트 '아리'가 반겨준다. 농업협동조합의 역사와 역할, 오늘날 우리 농가에서 생산하는 축산품을 볼 수 있다. 미래농업관에서는 첨단 기술을 활용해 농장과 농사 로봇을 제어하는 미래 농장 컨트롤타워의 모습을 전시한다.

TIP
01 별도의 주차장이 마련되어 있지 않으니 대중교통을 이용하는 것이 좋다.
02 박물관 각 층에 휴게 공간을 갖추었으며 야외 앞마당 원두막에서 쉬어 갈 수 있다.
03 농업박물관 홈페이지에서 학습 자료를 다운받을 수 있다(농업자료실>교육자료>전시실활동지).

주변 여행지 돌아보기

01 서울역사박물관

서울의 역사를 전시하는 박물관이다. 조선시대부터 현재에 이르는 서울의 모습을 만나본다. 상설전시실, 기획전시실, 기증유물전시실, 교육실, 서울역사자료실, 뮤지엄 숍으로 이루어졌다. 농업박물관에서 도보 9분.

주소 서울시 종로구 새문안로 55 | **전화** 02-724-0274 | **시간** 평일 09:00~20:00, 주말·공휴일 09:00~19:00 | **휴무일** 월요일, 1월 1일 | **입장료** 무료 | **홈페이지** www.museum.seoul.kr

02 경찰박물관

대한민국 경찰의 역사와 다양한 활동을 살펴볼 수 있다. 1층부터 6층까지 경찰의 역사와 역할을 전시한다. 경찰 근무복을 입고 순찰차, 모터사이클에서 기념사진을 남겨볼 수 있는 포토존이 인기다. 농업박물관에서 도보 5분.

주소 서울시 종로구 새문안로 41 | **전화** 02-3150-3681 | **시간** 09:30~17:30 | **휴무일** 월요일, 1월 1일, 설추석 연휴 | **입장료** 무료 | **홈페이지** www.policemuseum.go.kr

03 경희궁

조선후기의 이궁이다. 1617년에 짓기 시작해 1623년에 완공했다. 처음 명칭은 경덕궁이었으나 1760년 경희궁으로 바꾸었다. 도성의 서쪽에 있다 하여 서궐이라고도 불렸으며 인조 이후 철종에 이르기까지 10대에 걸친 임금이 머물렀다. 농업박물관에서 도보 9분.

주소 서울시 종로구 신문로2가 1 | **전화** 02-724-0274 | **시간** 09:00~18:00 | **휴무일** 월요일 | **입장료** 무료 | **홈페이지** www.cgcm.go.kr/GHP_HOME

013

농경 문화와 농업이
전하는 소중한 가르침

전라남도 농업박물관

> **POINT** 도시화, 산업화된 세상에서 사는 아이들에게 우리의 농경문화와 농업에 대해 배우고 체험할 기회를 제공한다.

전라남도는 예부터 온화한 기후와 비옥한 토지를 바탕으로 찬란한 농경문화를 꽃피웠다. 이런 전통과 지역적 특성을 살려 1993년 농업 전문 박물관인 전라남도농업박물관을 열었다. 전통 농경 문화유산을 연구·수집·보존·전시하는 한편, 현대인들에게 농업과 농경 문화를 이해시키고 그 유산을 후손에게 물려준다는 목적을 가지고 있다. 규모가 크고 시설도 다양해 농경문화관, 남도생활민속관, 쌀문화관, 농경문화체험관, 야외 전시장, 농업테마공원, 혼례청 등의 시설을 갖추었다. 이론적인 설명에 그치지 않고 옛 농기구와 사실적인 모형 등을 전시해 아이들이 지루하지 않게 관람할 수 있도록 구성했다.

주소 전라남도 영암군 삼호읍 녹색로 653-11 | **전화** 061-462-2796 | **시간** 09:00~18:00 | **휴무일** 월요일(월요일이 공휴일인 경우는 예외), 1월 1일 | **입장료** 무료 | **홈페이지** www.jam.go.kr

◆ 사전 조사를 해봐요 ◆

도서 《우리나라 농업의 역사》 : 신석기시대부터 현대까지, 우리나라 농업의 역사를 포괄적으로 소개한다. 아이들에게 농촌과 농업의 중요성에 대해 생각할 계기를 제공한다.

e북 《만화로 보는 우리 조상의 숨결, 농경생활문화》 : 박물관 요정과 함께 과거로 시간 여행을 떠나 우리나라 농경 생활의 역사에 대해 알아본다. 벼농사의 시작, 옛날 농기구, 다양한 농경문화 등에 대해 만화로 소개한다.

알차게 돌아보기

01 농경문화관

'영원한 인류의 생명 창고 농업'이라는 주제로 전시를 구성했다. 농경역사실, 농경사계실, 공동체문화실, 3D영상실 등으로 이뤄진다. 농경역사실은 구석기부터 근현대까지의 농경문화 발달사를, 농경사계실은 농경 생활의 사계절과 여러 농경 유물을, 공동체문화실은 농경문화 속 노동과 신앙, 놀이 문화 등을 전시한다.

02 쌀문화관

쌀 농업의 중요성과 가치를 일깨우기 위해 조성한 체험 중심의 공간. 쌀을 주제로 하는 전시관과 함께 남도음식 체험실을 운영한다. 각종 음식 만들기 체험 프로그램이 준비되어 있다. 주로 단체 대상으로 체험을 진행하나 개인도 상황에 따라 참여할 수 있다. 전화 문의 요망(061-243-9250).

03 야외 전시장

너른 야외 전시장에도 다채로운 볼거리, 즐길 거리가 있다. 마을 공동체 신앙물, 방아 기구, 농촌 풍물, 장독대와 함께 자연학습장, 체험 놀이, 야생화 동산 등이 있다.

TIP
01 정문과 후문, 두 군데로 입장할 수 있다. 관람권 없이 바로 입장하면 된다.
02 전시 해설 프로그램을 운영한다(1일 7회 정도 진행. 전화 접수 또는 현장 접수 가능). 박물관 사정에 따라 변동 가능.
03 직접 농기구를 만지고 사용해보고 싶다면 농경문화체험관을 이용하자. 다양한 농경문화 체험 프로그램을 운영하며 예약이 필요하다.

주변 여행지 돌아보기

01 국립해양유산연구소 해양유물전시관

국립해양유산연구소에서 운영하는 해양유물전시관은 해양 역사와 문화를 느끼고 체험하는 공간이다. 다양한 주제의 상설 전시관과 어린이해양문화체험관, 야외전시장 등의 시설을 갖췄다. 특히 신안선실을 눈여겨보자. 우리나라 최초의 수중 발굴 보물선인 '신안선'과 관련한 다채로운 전시품을 살펴볼 수 있다. 어린이해양문화체험관 역시 신안선을 테마로 꾸몄다. 신안선의 출항 준비, 항해, 침몰, 발굴, 복원까지의 과정을 체험과 VR 영상을 통해 경험할 수 있다. 전라남도농업박물관에서 자동차로 13분.

주소 전라남도 목포시 남농로 136 | **전화** 061-270-3001 | **시간** 09:00~18:00 | **휴무일** 월요일 | **입장료** 무료 | **홈페이지** www.seamuse.go.kr

02 목포자연사박물관

지구의 신비한 자연사를 체험해보는 공간이다. 자연사관과 문예역사관에서 다양한 전시품을 관람할 수 있는데 공룡 관련 전시물이 다양해 아이들이 좋아한다. 시기별 거대한 공룡 뼈 모형은 아이들의 호기심을 자극하기에 충분하다. 그중 특히 놓치지 말아야 할 포인트는 신안 압해도 수각류 공룡알 둥지 화석(천연기념물 제535호)이다. 전라남도농업박물관에서 자동차로 12분.

주소 전라남도 목포시 남농로 135 | **전화** 061-270-8367 | **시간** 09:00~18:00(6~8월 주말과 공휴일은 1시간 연장 운영) | **휴무일** 월요일(월요일이 공휴일인 경우 그다음 날), 1월 1일 | **입장료** 어른 3000원, 청소년 2000원, 초등학생 1000원, 유치원생 500원 | **홈페이지** museum.mokpo.go.kr

03 왕인박사유적지

왕인은 백제의 학자로 일본에 논어와 천자문 등 학문을 전한 인물로 알려졌다. 그의 흔적을 중심으로 유적지를 조성했다. 왕인의 일대기를 보여주는 전시관을 비롯해 다채로운 볼거리를 갖췄다. 전라남도농업박물관에서 자동차로 23분.

주소 전라남도 영암군 군서면 왕인로 440 | **전화** 061-470-6643 | **시간** 09:00~18:00 | **휴무일** 연중무휴 | **입장료** 어른 1000원, 청소년 800원, 어린이 500원, 7세 이하 무료 | **홈페이지** historicalsite.yeongam.go.kr

014

호랑이 기운이 샘솟는
한반도 지형

호미곶 &
국립등대
박물관

일출 명소로 잘 알려진 호미곶에서 한반도의 지리적인 특성을 이해한다. 국립등대박물관은 등대의 역할과 역사를 전시한다.

'곶'은 바다로 뻗어나온 육지의 지형을 뜻한다. 우리나라 지도를 보면 마치 호랑이가 앞발을 들고 있는 것처럼 보이는데 호미곶은 한반도 지도에서 호랑이 꼬리에 해당하는 지역이다. 호미곶 해변 해맞이광장을 마주 보는 커다란 손 모양 청동 조각 '상생의 손'은 새천년을 맞아 서로 도우며 살자는 뜻을 담고있다. 호미곶에 우뚝 서 있는 등대는 1908년 12월 20일 처음으로 불을 밝혔다. 철근을 사용하지 않고 벽돌로만 지은 팔각 구조물로 건축학적, 미학적으로도 완성도가 높다. 등대 옆에 있는 국립등대박물관은 항로 표지의 역사를 비롯해 등대 유물, 해양 생물, 해양 산업 등을 전시한다. 박물관 관람을 마치고 해변을 따라 산책을 즐겨보자.

주소 경상북도 포항시 남구 호미곶면 대보리

◆ **사전 조사를 해봐요** ◆

도서 《등대로》 : 1927년 발표된 영국의 소설가 버지니아 울프의 대표작. 등대가 보이는 작은 별장에서 휴가를 보내는 가족의 이야기를 그린다. 등대는 단순하게 생겼지만 인간의 생명을 구하는 빛이다.

도서 《호미곶 돌문어》 : 아이들을 위한 창작 동화 12편을 모았다. 비슷한 또래 12명 아이들의 이야기가 정겹게 다가온다.

◆ **엄마, 아빠랑 배워요** ◆

곶과 반도는 어떻게 달라요?
육지가 바다를 향해 돌출된 지형을 '곶'이라고 한다. 반도는 곶보다 규모가 큰 지형을 말한다. 반도는 삼면이 바다로 둘러싸여 있고, 한쪽 면만 육지로 이어진다. 곶에는 등대를 설치해 항해에 도움을 준다.

우리나라 최초의 등대는 어디에 있어요?
1903년 6월 인천 팔미도 등대가 첫 불을 밝혔다. 이 등대는 서남해에서 인천으로 들어오는 길목에서 중요한 역할을 했다.

알차게 돌아보기

국립등대박물관 01

유물관에서는 항로 표지의 역사와 유물, 등대원의 생활을 알아볼 수 있는 자료를 볼 수 있다. 체험관에서는 등대를 주제로 체험 활동이 펼쳐진다. 등대역사관은 항해의 시작, 등대 역사, 등대 건축, 세 가지 주제 공간으로 구성된다.

주소 경상북도 포항시 남구 호미곶면 해맞이로150번길 20 국립등대박물관 | **전화** 054-284-4857 | **시간** 09:00~18:00 | **휴무일** 월요일, 설날·추석 당일 | **입장료** 무료 | **홈페이지** www.lighthouse-museum.or.kr

새천년기념관 02

해맞이공원에 자리한 건물로 동그란 해 모양을 닮았다. 1층 빛의 도시 포항 속으로, 2층 포항바다 화석박물관, 3층 한국수석포항박물관, R층 옥상전망대로 구성된다. 옥상전망대에서 호미곶 해맞이광장과 주변 풍경을 감상할 수 있다.

주소 경상북도 포항시 남구 호미곶면 대보리 | **전화** 054-284-5026 | **시간** 09:00~18:00 | **휴무일** 월요일 | **입장료** 어른 3000원, 어린이 500원

호미곶 해맞이공원 03

호미곶 앞바다를 마주 보고 넓은 공원이 펼쳐진다. 광장에는 3개의 불씨가 타는 영원의 불씨함이 있다. 1999년 마지막으로 지는 태양, 날짜 변경선인 피지섬에서 떠오르는 첫 태양, 호미곶에서 채화된 2000년 시작을 알리는 태양의 불씨가 타오른다.

> **TIP**
> 01 매년 1월 1일 호미곶 한민족해맞이축전이 열린다.
> 02 매년 4월에는 호미곶에서 돌문어축제가 열린다. 이 시기 유채꽃 단지에 만개한 꽃구경도 추천한다.

주변 여행지 돌아보기

구룡포 01

포항 수산업의 중심지로 여름이면 구룡포 해수욕장에 피서를 즐기러 오는 사람들로 붐빈다. 구룡포읍 장안동 일대는 일제강점기에 일본인들이 거주했던 곳이다. 구룡포 일본인가옥거리에는 1920년대 지은 일본식 가옥과 구룡포근대역사관, 구룡포과메기문화관 등이 있다. 호미곶에서 자동차로 20분.

주소 경상북도 포항시 남구 구룡포읍

포스코 포항제철소 02

철을 만드는 과정인 제선, 제강, 압연 공정이 한곳에서 이루어지는 종합 제철소다. 홈페이지에서 포항제철소, 포스코역사관 견학 프로그램을 신청할 수 있다. 포항제철소 견학은 버스를 타고 이동하며 제철소와 공장을 둘러본다. 호미곶에서 자동차로 40분.

주소 경상북도 포항시 남구 동해안로 6261 | **전화** 054-220-7220 | **시간** 월~금요일 09:00~18:00, 토요일 10:00~17:00 | **휴무일** 일요일, 1월 1일, 설추석 연휴 | **입장료** 무료(견학 예약) | **홈페이지** museum.posco.co.kr

죽도시장 03

포항의 대표적인 전통시장이다. 동해안 최대 규모를 자랑하며 수산물, 농산물 등 다양한 물건을 판매한다. 과메기, 물회, 대게 등을 맛볼 수 있는 횟집골목, 수제비와 칼국수를 파는 수제비골목, 곰탕 식당이 모여 있는 국밥골목에서 식사를 해도 좋다. 호미곶에서 자동차로 50분.

주소 경상북도 포항시 북구 죽도시장13길 13-1 | **시간** 08:00~22:00(점포마다 다름)

015

드넓은 초지와 양 떼가
만드는 이국적인 풍광

대관령

POINT 강원도 대관령은 산을 이용한 다양한 생산 활동이 이뤄지는 산지촌의 면모를 살펴볼 수 있는 곳 중 하나다. 우리나라 대표 고위평탄면 지형의 특성도 제대로 보여주며 관광 명소도 많아 체험 학습과 가족 여행을 겸하기 좋다.

대관령은 해발고도 832m이며, 발왕산 선자령 등으로 둘러싸인 고위평탄면 지형으로, 기후적으로 한랭 다우하며 서남풍이 일정하게 계속 불어댄다. 대관령 지역은 이러한 자연환경 덕분에 풍력발전과 고랭지 농업이 발달했다. 1970년대부터 대규모 초지 조성이 이뤄져 목축업 역시 발달했으며 2018 평창올림픽의 주 무대이기도 했다. 여름에는 다른 곳에 비해 기온이 낮아 피서를 즐기기 좋고, 겨울에는 눈이 많아 스키와 스노보드, 눈썰매 등 겨울 스포츠를 만끽하기 좋다. 게다가 독특한 지형적 특징을 보여주는 곳이라 아이들에게는 살아 있는 체험 학습장으로 적합하다. 수려한 풍광, 다양한 놀 거리, 유익한 배울 거리와 체험 거리를 두루 갖춘 대관령은 사계절 언제 방문해도 만족스러운 여행지다.

주소 강원도 평창군 대관령면 대관령로 91-18 일대 | **전화** 033-330-2771(평창군관광안내소) | **시간** 시설마다 다름 | **휴무일** 시설마다 다름 | **입장료** 시설마다 다름

◆ 엄마, 아빠랑 배워요 ◆

풍력발전이 뭐예요?
풍력발전은 바람의 운동에너지를 기계에너지로 변환한 후 다시 전기에너지로 바꾸는 것이다. 일정 속도의 바람만 있으면 어디서든 발전 가능하고 유지, 관리비가 별로 들지 않아 효율적인 신재생에너지로 주목받고 있다.

TIP

01 대관령은 다른 지역에 비해 기온이 낮다. 한여름에도 저녁때는 서늘하므로 긴팔 옷을 준비하고, 겨울에는 더욱 방한에 신경 써야 한다.
02 횡계(대관령면사무소 소재지) 쪽에 식당이 밀집해있다. 특히 한우 구이, 오삼불고기, 황태 요리 전문점이 많다. 식료품을 판매하는 농협 하나로마트도 있다.
03 대관령에서 목장 방문 시 아무래도 걷는 시간이 많으므로 편안한 신발과 복장을 준비하자. 특히 겨울에는 눈 쌓인 곳이 많으니 미끄럽지 않은 방한화를 꼭 갖출 것.
04 겨울에는 스키와 눈썰매는 물론, 대관령눈꽃축제도 즐길 수 있다.

알차게 돌아보기

삼양라운드힐 01

아시아 최대 규모 목장. 광활한 초원을 배경으로 젖소와 양 떼가 노니는 그림 같은 풍광이 연출된다. 목장 안을 도는 무료 셔틀버스를 타고 전망대까지 오르면 풍력발전기를 가까이에서 볼 수 있다.

주소 강원도 평창군 대관령면 꽃밭양지길 708-9 | **전화** 033-335-5044~5 | **시간** 5~10월 09:00~17:00, 11~4월 09:00~16:30 | **휴무일** 연중무휴 | **입장료** 어른 9000원, 36개월~고등학생 7000원 | **홈페이지** www.samyangfarm.co.kr

대관령양떼목장 02

우리나라 대표 양 떼 목장이다. 부드러운 능선의 초지에서 양 떼가 한가로이 풀을 뜯는 모습이 알프스를 연상시킨다. 둘레에 조성된 산책로를 따라 걷고 양에게 먹이를 주는 체험을 할 수 있다.

주소 강원도 평창군 대관령면 대관령마루길 483-32 | **전화** 033-335-1966 | **시간** 11~2월 09:00~17:00, 3·10월 09:00~17:30, 4·9월 09:00~18:00, 5~8월 09:00~18:30 | 날씨나 목장 상황에 따라 운영 시간 변동 가능 | **휴무일** 설날·추석 당일 | **입장료** 어른 6000원, 48개월~고등학생 4000원 | **홈페이지** www.yangtte.co.kr

대관령 하늘목장 03

1974년 조성된 대관령 대표 목장으로, 일반에 개방된 건 2014년 9월부터다. 그래서 청정 자연의 모습이 그대로 살아 있다. 젖소와 양 떼를 볼 수 있고 승마 체험도 가능하다. 걸어서 돌아보거나 트랙터 마차를 이용해도 된다.

주소 강원도 평창군 대관령면 꽃밭양지길 458-23 | **전화** 033-332-8061 | **시간** 4~9월 09:00~18:00, 10~3월 09:00~17:30 | **휴무일** 연중무휴 | **입장료** 어른 7000원, 36개월~고등학생 5000원, 트랙터 마차 이용료 및 체험료 별도 | **홈페이지** skyranch.co.kr

알펜시아리조트 04

2018 평창동계올림픽의 주요 무대로, 숙박 시설 외 다양한 레저 시설을 갖췄다. 스키장과 워터파크, 콘서트홀 등 다채로운 시설을 이용할 수 있다. 스포츠 파크와 스키점프대도 둘러보자. 모노레일을 타고 스키점프대 전망대까지 올라갈 수 있다. 전망대에 오르면 알펜시아와 대관령 일대 풍광이 한눈에 들어온다.

주소 강원도 평창군 대관령면 솔봉로 325 | **전화** 033-339-0000 | **시간** 시설마다 다름 | **휴무일** 연중무휴(시설마다 다름) | **입장료** 시설마다 다름 | **홈페이지** www.alpensiaresort.co.kr

의야지바람정보화마을 05

대관령에 위치한 농촌 체험 마을로, 아름다운 풍광과 다양한 체험을 제공한다. 양 먹이 주기 체험부터 치즈 만들기, 아이스크림 만들기 등 체험 프로그램을 운영한다. 대관령 농촌의 풍경을 감상하며 여러 가지 체험을 즐겨보자.

주소 강원도 평창군 대관령면 횡계리 사부랑길 8 | **전화** 070-4405-0023, 033-336-9812 | **시간** 체험마다 다름 | **휴무일** 연중무휴(체험마다 다름) | **입장료** 무료(체험료는 별도) | **홈페이지** windvil.invil.org

신재생에너지전시관 06

규모는 크지 않지만, 우리나라 신재생에너지와 풍력발전에 대해 배울 수 있는 공간이다. 풍력발전의 역사, 원리, 종류, 구조 등에 대한 전시를 관람하고 바람에너지 놀이터라는 체험 공간도 이용하자. 전시관 밖으로 대관령 풍력발전단지도 보여 실제와 이론이 결합된 교육 효과를 누릴 수 있다.

주소 강원도 평창군 대관령면 경강로 5754 | **전화** 033-336-5008 | **시간** 1~10월 09:00~18:00, 11~12월 09:00~17:00 | **휴무일** 월요일, 설날·추석 당일 | **입장료** 무료

016

초록빛 고랭지 채소밭과
하얀빛 풍력발전 단지의 조화

매봉산 바람의 언덕

POINT 고랭지 채소밭과 풍력발전 단지가 공존하는 이곳은 산지 풍경을 잘 보여준다. 산지의 자연환경을 활용해 조성한 고랭지 채소밭과 풍력발전에 대해 알아볼 수 있다.

태백 매봉산 바람의 언덕은 이국적인 풍광으로 입소문이 났다. 파란 하늘과 초록빛 채소밭, 그리고 하얀색 풍력발전기가 한 폭의 그림을 그려낸다. 이국적인 경관을 배경으로 사진을 찍는 사람들이 많은데 아이들에게는 좋은 현장 학습 체험장이 되어주기도 한다. 산지의 고랭지 채소밭과 바람을 이용한 풍력발전기도 볼 수 있다. 고랭지 채소밭을 멀리서만 바라보는 게 아니라 채소밭 사이로 산책을 하며 가까이서 돌아보니 더 흥미롭다. 고랭지 배추는 보통 봄에 파종해 7~8월에 수확한다. 배추를 수확하는 모습을 구경하고 싶다면 이 시기에 맞춰 방문하자. 단, 농민들의 작업을 방해하지 않도록 특별히 주의해야 한다.

주소 강원도 태백시 적각동 산62-1(삼수령휴게소) | **전화** 033-550-2828 | **시간** 24시간(농사 기간에는 차량 진입 통제) | **휴무일** 연중무휴 | **입장료** 무료

알차게 돌아보기

삼대강 꼭짓점 01

주차장에서 바람의 언덕으로 올라가는 산 중턱에 '삼대강 꼭짓점'이라고 쓰인 안내판이 보인다. 백두대간이 낙동정맥을 분기하는 지점이자 동해의 오십천 유역, 남해 낙동강 유역, 서해 한강 유역의 경계가 꼭짓점을 이루는 지점이다. '산은 물길의 경계를 이룬다'는 산자분수령이라는 전통 지리관에 대해 배울 수 있다.

삼수령 02

바람의 언덕 주차장 인근에 삼수령이 있다. 한강, 낙동강, 오십천의 발원지이자 분수령임을 의미한다. 주변은 공원처럼 꾸몄다. 이곳은 '피해 오는 고개'라는 뜻의 피재라고도 불리는데 삼척에 살던 사람들이 난리를 피해 이상향으로 알려진 황지로 가기 위해 이 고개를 넘었다 해서 붙은 이름이다.

> **TIP**
> 01 이곳은 관광지로 조성된 명소가 아니라 실제 지역민들이 농사짓는 공간이다. 바람의 언덕을 돌아볼 때 밭에 피해를 입히지 않도록, 농사일에 방해가 되지 않도록 주의하자.
>
> 02 바람의 언덕으로 올라가는 도로는 농업용 도로다. 따라서 농사 기간 중에는 차량 진입을 통제한다. 삼수령주차장에 차를 세우고 걸어가거나 성수기(보통 7월 중순~8월 중순)에 무료로 운행하는 셔틀버스를 이용하자.
>
> 03 주차장 인근에 매점이 있을 뿐 바람의 언덕 내 음식점이나 휴게 공간이 따로 없다. 미리 식사를 하고 방문하자.

주변 여행지 돌아보기

용연동굴 01

임진왜란이나 국가 변란 시 피란처 역할을 했던 동굴로, 오랜 세월 동안 일반에 노출돼 동굴 내부 훼손이 심했다. 이후 1980년, 강원도 지방기념물로 지정되면서 보호되고 있다. 고생대 퇴적암류가 널리 분포된 태백에 위치한 동굴이라 더욱 볼만하다. 바람의 언덕에서 자동차로 20분.
주소 강원도 태백시 태백로 283-29 | **전화** 033-550-2727 | **시간** 09:00~18:00 | **휴무일** 월요일 | **입장료** 어른 3500원, 13~18세 2500원, 7~12세 1500원

추전역 02

작은 역이지만 남한 지역에서 가장 높은 곳(855m)에 위치한 역이라 특별한 의미를 지닌다. 고지대에 자리해 평균기온이 아주 낮고 적설량이 많다. 겨울에는 환상선눈꽃열차가 지난다. 바람의 언덕에서 자동차로 20분.
주소 강원도 태백시 싸리밭길 47-63 | **전화** 033-553-8550 | **시간** 24시간(역사는 기차 운행 시간에 따라 다름) | **휴무일** 연중무휴 | **입장료** 무료

황지연못 03

시내 중심부에 위치하며 낙동강 발원지다. 이 터에 살던 황 부자가 노승에게 시주를 하는 대신 두엄을 퍼부어 집터가 연못으로 변해버렸다는 전설이 전해온다. 바람의 언덕에서 자동차로 18분.
주소 강원도 태백시 황지연못길 12 | **전화** 033-550-2828 | **시간** 24시간 | **휴무일** 연중무휴 | **입장료** 무료

017

대통령 별장에서 배우는 현대사
청남대

POINT 대통령 별장으로 사용되다 국민을 위한 관광지로 변신한 이곳은 우리나라 민주 정치의 발전사를 단편적으로 보여준다.

청남대는 대통령 전용 별장으로 '남쪽의 청와대'라는 뜻을 담고 있다. 5공화국 시절인 1980년 대청댐 준공식에 참석한 전두환 전 대통령의 제의로 1983년 청남대를 완공했다. 완공 당시에는 영춘재라고 이름 붙였으나 1986년 청남대로 개칭했다. 청남대는 국가 1급 경호 시설로 분류돼 내부 모습이 일반에는 공개되지 않았다. 그러다 2003년 4월 18일 노무현 전 대통령이 청남대 관리권을 충청북도에 이양하면서 일반인에게 개방했다. 이후 청남대는 대통령 전용 별장에서 일반인들이 찾는 관광 명소로 변신했다. 대통령들이 이용하던 본관을 비롯해 골프장, 그늘집, 헬기장, 양어장, 오각정, 초가정 등의 시설을 두루 살펴볼 수 있다. 지금 청남대에 있는 시설이 모두 대통령 전용 별장으로 사용하던 당시에 만든 것은 아니다. 청남대 관리권을 충청북도에 이양한 후 대통령역사문화관, 하늘정원, 호반산책로, 음악분수, 습지생태원, 대통령광장, 대통령기념관 등의 시설을 추가했다.

주소 충청북도 청주시 상당구 문의면 청남대길 646(청남대), 충청북도 청주시 상당구 문의면 문의시내로 6(문의매표소) | **전화** 043-257-5080 | **시간** 2~11월 09:00~18:00, 12·1월 09:00~17:00 | **휴무일** 월요일(4·5·10·11월 월요일은 정상 개관), 1월 1일, 설날·추석 당일 | **입장료** 어른 6000원, 청소년 4000원, 어린이 3000원, 미취학 무료 | **홈페이지** chnam.chungbuk.go.kr

◆ **사전 조사를 해봐요** ◆

도서 《민주주의를 어떻게 이룰까요?》 : 행복한 사회를 만들기 위해 아이들이 알아야 할 요소를 알려주는 '내일을 위한 책' 시리즈 중 민주주의를 다룬 책이다. 민주주의라는 다소 어려울 수 있는 주제를 아이들에게 익숙한 놀이에 비유하며 접근해 설명한다.

도서 《대통령은 누가 뽑나요?》 : 아이들에게 선거와 민주주의의 원칙에 대해 제대로 알려줌으로써 건강한 시민으로 성장할 수 있는 길을 열어준다.

본관 01

청남대의 핵심 건물로, 대통령이 머물렀던 곳이다. 지상 2층, 지하 1층 규모다. 1층에는 회의실, 접견실, 식당, 손님실이, 2층에는 침실, 서재, 거실, 식당, 가족실 등이 있다. 2층은 대통령 전용 공간이었다. 5명의 전 대통령이 총 88번 이곳을 사용했다.

오각정 02

본관 뒤쪽으로 가면 오각정으로 가는 산책로가 있다. 청남대에 머물던 대통령과 그 가족이 가장 많이 이용한 산책로이기도 하다. 우리나라 정자는 보통 사각정, 육각정, 팔각정 등 짝수로 되어 있는데 청남대의 정자는 오각정이다. 우리나라 국화인 무궁화 모양을 본떠 오각형 정자로 만들었다.

대통령기념관 03

본관에서 양어장을 지나면 청와대처럼 생긴 대통령기념관이 나온다. 역대 대통령 기념화를 전시하며 대통령 체험장도 있다. 대국민연설, 정상회담, 의장대 사열 등 대통령의 직무를 체험하는 기회를 제공한다.

메타세쿼이아 숲 쉼터 04

키 큰 메타세쿼이아가 줄지어 선 숲은 근사한 풍경을 연출하는 한편 편안한 쉼터가 되어준다. 바로 옆으로 양어장이 위치하며 숲 주변에는 양어장 수질을 정화해주는 돌미나리, 고랭이 등의 식물을 심었다.

대통령길 & 대통령 동상 05

청남대를 이용 혹은 방문했던 대통령의 이름을 붙인 여러 산책로가 조성되어 있다. 원하는 코스를 선택해 걸어도 좋다. 청남대 곳곳에 세워놓은 여러 대통령 동상을 찾아보는 것도 또 하나의 재미.

TIP

01 청남대에는 식당이 없으니 참고하자. 대신 입구에 매점이 있다.

02 숲길 체험 프로그램을 운영한다. 매주 화요일부터 일요일까지 1일 2회(10:00, 13:30) 진행한다. 홈페이지를 통해 예약 가능.

03 청남대에서는 해마다 두 번의 큰 축제가 열린다. 봄에는 봄꽃축제인 '영춘제'를, 가을에는 '국화축제'를 개최한다. 이 기간에 방문하면 화려한 풍광을 덤으로 즐길 수 있다.

04 휠체어와 유모차를 무료로 대여할 수 있다.

018
신비로운 타포니 지형
마이산

지명과 자연환경의 연관성을 보여주는 대표적인 예이자, 지질학적으로 훌륭한 교육의 장이다.

'산 모양이 말의 귀를 닮아서' 마이(馬耳)산이라는 이름이 붙었다는 산에는 두 봉우리가 있다. 바로 동봉(수마이봉)과 서봉(암마이봉)이다. 봉우리의 표면을 자세히 살펴보면 거칠고 움푹 파인 부분이 많아 벌집처럼 보이기도 한다. 마이산은 백악기의 역암으로 이뤄져 지질학적으로 높은 가치를 인정받는 타포니 지형이다. 마이산 타포니 지형은 세계 최대 규모 중 하나로 손꼽힐 정도로 널리 분포되어 있다. 초등학생에게 타포니 지형이란 단어가 어려울 수 있으나 중·고등학교 때 배우게 될 내용이므로 미리 봐두는 것도 좋다.

주소 전라북도 진안군 진안읍 마이산로 130(마이산 북부), 전라북도 진안군 마령면 마이산남로 182(마이산 남부) | **전화** 063-433-3313 | **시간** 24시간(야간 산행 주의) | **휴무일** 산불 조심 기간 입산 통제 | **가격** 문화재 관람료(마이산 탑사, 금당사) 어른 3000원, 청소년 2000원, 어린이 1000원 | **홈페이지** www.jinan.go.kr/maisan

◆ 사전 조사를 해봐요 ◆

도서 《도전 100! 지리 교과 퀴즈》 : 숨은그림찾기, 미로 찾기, 퍼즐 그림 맞추기 등 재미난 퀴즈를 풀면서 지리에 대해 설명한다. '지형에 따라 달라지는 우리 생활' 편에서 '누가 마이산에 구멍을 뚫었을까요?'라는 내용이 나온다.

도서 《호기심 특급 해결 4-세계의 불가사의》 : 세계 각지에서 일어난 불가사의한 일에 대해 재미있는 답변을 엮었다. '마이산의 돌탑은 왜 안 무너질까?'에 대한 설명도 실려 있다.

◆ 엄마, 아빠랑 배워요 ◆

마이산은 이름이 여러 개라면서요?

마이산은 계절에 따라 풍광이 달라, 부르는 이름도 달라진다. 봄에는 두 봉우리가 안개 속에 솟은 모습이 쌍돛배처럼 보여서 '돛대봉', 여름에는 용의 뿔처럼 보여서 '용각봉', 가을에는 붉은 단풍이 들어 말의 귀처럼 보인다 해서 '마이봉', 겨울에는 꼭대기에 눈이 쌓이지 않아서 붓 끝에 먹물을 찍어놓은 것 같다 해서 '문필봉'이라 불렀다고 전한다.

알차게 돌아보기

마이산탑 # 01

마이산 탑사에는 수많은 돌탑이 있다. 크고 작은 돌탑이 어우러져 신비로운 풍광을 연출한다. 가장 위쪽에 위치하는 천지탑은 완성미와 조형미가 특히 뛰어나다.

진안역사박물관 # 02

마이산 북부 주차장에서 마이산으로 올라가는 길에 진안역사박물관이 보인다. 진안의 자연, 역사, 문화를 살펴볼 수 있는 자료와 유물을 전시한다. 잠시 머물며 진안이라는 고장에 대해 알아보자.

사양제와 탑영제 # 03

사양제는 마이산을 가장 아름답게 감상할 수 있는 포인트 중 하나. 저수지 물 위에 비치는 마이산 반영을 함께 볼 수 있어 더욱 특별하다. 물 위로는 덱으로 조성한 산책로가 있다. 마이산 비경을 품고 산책하기 좋은 코스. 마이산 북부에 사양제가 있다면, 남부에는 탑영제가 있다. 남부 주차장에서 탑사로 가는 길, 탑영제가 나온다. 이곳에서는 마이산의 또 다른 반영을 감상할 수 있다.

TIP

01 마이산도립공원은 크게 북부와 남부로 나뉜다. 어느 쪽에서 출발해도 탑사까지 돌아볼 수 있다. 남부 주차장에서 출발하는 코스가 탑사까지 길이 완만해 아이들과 걷기 편하다. 북부 주차장에서 가는 코스는 오르막길 코스다. 대신, 전기차(마이열차) 이용이 가능하다. 전기차 요금은 편도 3000원, 왕복 5000원이다.

02 마이산 북부에는 홍삼스파, 마이돈농촌테마공원, 가위박물관, 홍삼족욕카페 등 다채로운 시설이 있다. 한편 마이산 남부는 흐드러지게 피어오르는 벚꽃길이 유명하고 탑영제에서 오리배를 탈 수 있다. 마이산 남부에서 걸어서 탑사까지 올라갔다가 내려와서 차로 북부로 이동해 여러 시설을 돌아보는 것도 방법이다.

03 마이산 북부와 남부에는 모두 식당가가 형성되어 있다.

04 해마다 10월 무렵 마이산 북부 일대에서 진안홍삼축제가 열린다. 각종 볼거리와 먹거리, 체험 거리를 더해 마이산을 더욱 알차게 즐길 수 있다.

주변 여행지 돌아보기

대승한지마을 # 01

전국 최고의 한지 생산지 중 하나로 국내산 닥나무를 이용해 전통 방식으로 한지를 제작한다. 한지 전시관과 체험관 등의 시설을 갖췄고 한옥 스테이도 운영한다. 마이산 북부 주차장에서 자동차로 27분.

주소 전라북도 완주군 소양면 복은길 18 | **전화** 063-242-1001, 063-243-5004 | **시간** 3~10월 09:00~18:00, 11~2월 09:00~17:30 | **휴무일** 월요일, 공휴일(야외 공간은 휴관일에도 이용 가능) | **입장료** 무료(체험은 유료) | **홈페이지** www.hanjivil.com

부귀 편백숲산림욕장 # 02

진안고원이라는 청정 지대에 조성한 편백숲 산림욕장. 키 큰 편백나무가 우거진 숲길을 따라 가족이 함께 걸어보자. 숲 곳곳에 평상을 설치해 휴식하면서 피톤치드를 듬뿍 마실 수 있다. 산책길 경사도 완만해 아이들과 걷기 좋다. 마이산 북부 주차장에서 자동차로 16분.

주소 전라북도 진안군 부귀면 거석리 산89 | **전화** 063-430-2443 | **시간** 09:00~18:00 | **휴무일** 연중무휴 | **입장료** 무료

용담댐 물문화관 # 03

금강 상류에 다목적댐이 건설되면서 용담호라는 대형 인공 호수가 생겼다. 용담댐 관련 내용을 용담댐물문화관에서 전시한다. 물문화관 옆으로는 테마공원이 조성되어 있어 아이들이 뛰놀기 좋다. 마이산 북부 주차장에서 자동차로 40분.

주소 전라북도 진안군 안천면 안용로 747 | **전화** 063-430-4214 | **시간** 10:00~17:00 | **휴무일** 월요일, 설날·추석 당일 | **입장료** 무료

019

재미있게 배우는
산촌 생활

인제산촌
민속박물관

 POINT

식생활, 주거 형태, 사계절 풍경 등 산촌 사람들의 다양한 생활 모습을 살펴볼 수 있다.

인제산촌민속박물관은 규모는 크지 않지만 생동감 있는 모형 등을 통해 산촌 생활과 관련된 다양한 이야기를 흥미롭게 풀어낸다. 박물관은 야외 전시장과 실내 전시관으로 구성된다. 실내 전시관에서는 사계절과 식생활, 주거 형태 등을 보여주는 모형이 전시되어 있다. 산촌의 봄 코너에서는 봄철 농사 준비 과정을, 여름 코너에서는 인제의 뗏목에 대해 이야기한다. 가을 코너에는 가을 풍속과 가을걷이 등에 대한 전시가 이뤄진다. 겨울 코너는 숯 굽기, 황태 덕장, 수렵 등을 보여준다. 논이 적고 화전 밭이 많던 산촌의 식생활과 관련한 전시도 흥미롭다. 봄에는 강냉이밥이나 나물밥 등 주로 잡곡밥을 먹고 여름에는 옥수수와 감자를 많이 이용했다. 옥수수를 갈아 올챙이국수를 만들거나 칡잎에 싸서 쪄 먹고, 감자를 갈아 전을 부쳐 먹었다. 가을에는 귀한 쌀밥을 맛볼 수 있었고 고구마를 많이 활용했다. 겨울에는 메밀국수나 메밀부침개, 도토리 쌀밥과 두부 등을 먹었다. 그 밖에도 너와집과 초가집, 귀틀집 등 산촌의 주거 형태에 대해서도 배울 수 있다.

주소 강원도 인제군 인제읍 인제로156번길 50 | **전화** 033-462-2086 | **시간** 09:30~18:00 | **휴무일** 1월 1일, 월요일, 설날·추석 당일 | **입장료** 무료 | **홈페이지** mvfm.kr

◆ **사전 조사를 해봐요** ◆

도서 《너와집 사람들 이야기》 : 두 가족이 산촌에 정착해 농사를 지으며 살다가 한 가족은 탄광으로 돈 벌러 떠나고, 다른 한 가족은 산촌에 남아 생활하는 모습을 그린다.

알차게 돌아보기

야외 전시장

야외에는 너른 잔디밭과 연못, 정자, 놀이터 등이 있고, 산속에서 대량으로 목기를 만들던 도구인 갈이틀 등이 전시되어 있다. 인제군 상남면 김부1리에 있는 것을 옛 형태로 복원한 김부대왕당도 눈여겨보자. 산책하듯 걸으며 돌아보기 좋은 코스다.

박인환문학관

산촌민속박물관 바로 옆에 있는 박인환문학관은 인제 출신 시인 박인환을 기리기 위해 설립한 곳이다. 박인환이 활발하게 창작 활동을 하던 1940년대 중후반의 서울 명동 일대를 재현한 전시관이 흥미롭다.

TIP
01 실내 전시관은 규모가 크지는 않지만 야외 놀이터, 박인환문학관 등을 함께 즐길 수 있다.
02 박물관 내 식당과 카페 같은 편의 시설은 없으나, 박물관이 읍내에 위치해 주변에 음식점과 상가가 많다.

산촌에서는 이런 음식을 만들어 먹었구나!

주변 여행지 돌아보기

원대리 자작나무숲

1974년부터 1995년 사이에 조성한 자작나무숲이다. 수많은 자작나무가 쭉쭉 뻗어 있는 숲은 신비로움 그 자체다. 사계절 내내 매력적인 풍광을 선사한다. 산 아래 입구에서 도보로 숲까지 이동한다. 인제산촌민속박물관에서 산 입구까지 자동차로 15분.

주소 강원도 인제군 인제읍 원남로 760 | **전화** 033-460-8036 | **시간** 5~10월 09:00~18:00(입산은 15:00까지), 11~3월 09:00~17:00(입산은 14:00까지) | **휴무일** 월화요일, 입산 통제 기간 | **입장료** 무료 | **홈페이지** www.forest.go.kr

한국시집박물관

우리나라 대표 시인과 시집에 대해 살펴볼 수 있는 박물관이다. 희귀 시집 등 근현대 한국 시집을 연대순으로 전시한다. 다양한 체험을 통해 시를 즐기는 코너도 마련되어 있다. 인제산촌민속박물관에서 자동차로 23분.

주소 강원도 인제군 북면 만해로 136 | **전화** 033-463-4082 | **시간** 3~10월 09:00~18:00, 11~2월 09:00~17:30 | **휴무일** 월요일, 1월 1일, 설날·추석 당일 | **입장료** 무료 | **홈페이지** 한국시집박물관.org

백담사

신라시대 고찰로 설악산에 위치해 주변 풍경이 아름답다. 독립운동가이자 승려, 시인이던 만해 한용운이 머무르며 《님의 침묵》과 《조선불교유신론》 등을 집필한 곳으로 유명하다. 인제산촌민속박물관에서 백담마을 주차장까지 자동차로 25분.

주소 강원도 인제군 북면 백담로 746 | **전화** 033-462-6969 | **시간** 24시간 | **휴무일** 연중무휴 | **입장료** 무료

020

근사한 문화 예술 공간으로
재탄생한 폐탄광
삼탄 아트마인

POINT 옛 탄광의 흔적을 고스란히 간직한 채 새로운 문화 예술 공간으로 변신한 삼탄아트마인에서 석탄의 시대와 광부의 삶을 살펴볼 수 있다. 낡고 버려진 공간이 어떤 식으로 재활용되고 새로운 지역 명소로 재탄생할 수 있는지 보여주는 좋은 예다.

삼탄아트마인이 들어선 공간은 원래 삼척탄좌라는 탄광이었다. 삼척탄좌는 1964년 문을 열어 한때 우리나라 대표 탄광으로 손꼽힐 정도로 번성했다. 하지만 석탄 수요가 줄고 석탄 시대가 사양길로 접어들면서 삼척탄좌는 결국 2001년 문을 닫았다. 이후 한동안 방치되었던 이곳은 정부가 '폐광 지역 복원 사업'을 진행하면서 2013년 무렵, 옛 탄광의 흔적을 최대한 살린 채 문화 예술의 옷을 입혀 삼탄아트마인으로 본격 개장했다. 삼탄아트마인에 도착하면 가장 먼저 만나는 곳이 본관인 삼탄아트센터다. 이곳은 삼척탄좌 시절 종합 사무동으로 쓰이던 4층짜리 건물이다. 수백 명의 광부들이 동시에 몸을 씻던 공동 샤워장, 작업화를 닦던 세화장, 수직갱을 조종하던 운전실 등 탄광의 역사를 보여주는 공간이 남아 있다. 삼척탄좌 시절 탄광에서 캐낸 석탄을 모으던 시설인 레일바이뮤지엄은 석탄가루, 녹슨 기계 등 탄광 시절 모습을 그대로 유지하고 있다. 석탄의 시대는 끝났고 삼척탄좌는 문을 닫았지만, 오래된 탄광은 이제 역사의 현장, 예술의 현장으로 변신해 사람들을 끌어 모으고 있다.

주소 강원도 정선군 고한읍 함백산로 1445-44 | **전화** 033-591-3001 | **시간** 4~1월 09:00~18:00(여름 극성수기에는 19:00까지), 12~3월 09:30~17:30 / 하절기와 동절기 기준은 해마다 조금씩 변동 가능 | **휴무일** 월·화요일(시기에 따라 변동 가능) | **요금** 어른 1만3000원, 중·고등학생 1만1000원, 5~12세 1만 원 | **홈페이지** samtanartmine.com

◆ **사전 조사를 해봐요** ◆

도서 《아버지 월급 콩알만 하네》 : 사북 탄광 마을 어린이들이 쓴 시를 담은 책. 어린이들의 눈으로 기록한 탄광 마을의 진솔한 역사를 볼 수 있다.

MBC 〈무한도전〉 407회 '극한 알바-탄광 편' : 예능인 유재석과 배우 차승원이 실제 탄광에 들어가 작업 현장을 생생하게 보여준다.

알차게 돌아보기

공동 샤워장 01

당시 광부들이 몸을 씻던 샤워장 역시 갤러리(마인갤러리4)로 재탄생했다. 천장에 여러 개씩 매달린 샤워 꼭지의 모습이 독특하다. 샤워장 규모만 봐도 당시 삼척탄좌에서 얼마나 많은 광부가 근무했는지 가늠해볼 수 있다. 지금은 낡고 허름해 보이지만 당시에는 국내 탄광 중 가장 현대적인 샤워장 시설로 손꼽혔다.

삼탄 뮤지움 자료실 02

삼탄아트센터 3층에 옛 삼척탄좌 시절에 관련된 각종 자료를 보관·전시하는 코너가 있다. 그 시절 종합운전실의 시설을 그대로 살려두었고 광부들이 작업할 때 사용하던 장비도 전시한다. 빛바랜 광부들의 급여명세서와 이력서도 살펴볼 수 있다.

원시미술관 03

탄광 시절 지하 채굴 현장에 신선한 공기를 공급하던 시설인 중앙압축기실이 원시미술관으로 변신했다. 피카소 등 세계 거장들에게도 영향을 끼친 것으로 알려진 원시미술을 접하는 특별한 공간이다. '원시의 시대, 생명의 시대', '원시미술과 현대미술의 만남' 등의 주제로 전시가 이뤄지며 아이부터 어른까지 함께 즐기기 좋은 공간이다.

주변 여행지 돌아보기

만항재 01

정선군, 영월군, 태백시가 만나는 지점에 자리한 고개. 해발 1330m로 우리나라에서 포장도로가 놓인 고개 중 가장 높다. 야생화 군락지로 유명하며 숲을 따라 산책로가 조성되어 있다. 여름이면 만항재 일대를 중심으로 함백산 야생화축제가 열린다. 삼탄아트마인에서 자동차로 10분.

주소 강원도 정선군 고한읍 함백산로 865 | **전화** 1544-9053 | **시간** 24시간 | **휴무일** 연중무휴 | **입장료** 무료

정암사 02

신라시대 고찰로, 자장율사가 창건한 것으로 전한다. 우리나라 5대 적멸보궁 중 하나이며 뒤쪽에 위치한 수마노탑은 국보로 지정되어 있다. 수마노탑에 불사리를 봉안해 법당에는 불상이 없다는 점이 특징이다. 삼탄아트마인에서 자동차로 2분.

주소 강원도 정선군 고한읍 함백산로 1410 | **전화** 033-591-2469 | **시간** 24시간 | **휴무일** 연중무휴 | **입장료** 무료 | **홈페이지** www.jungamsa.com

용연동굴 03

해발 900m가 넘는 지대에 자리해 우리나라에서 가장 높은 곳에 위치한 동굴로 알려져 있다. 자연 석회 동굴로, 석순, 종유석, 석주, 동굴 산호 등이 어우러져 신비로운 풍광을 연출한다. 주차장에서 동굴 입구까지 용연열차를 타고 이동할 수 있다. 삼탄아트마인에서 자동차로 15분.

주소 강원도 태백시 태백로 283-29 | **전화** 033-550-2727 | **시간** 09:00~18:00 | **휴무일** 월요일 | **입장료** 어른 3500원, 중·고등학생 2500원, 초등학생 1500원

021

댐에 대해 배우고 풍경도 감상하고~
소양강댐

POINT 국내 대표 다목적댐을 직접 돌아보며 댐의 역할에 대해 배우고, 물의 소중함에 대해 생각해본다.

소양강댐은 국내 대표 다목적댐으로 홍수 조절, 상수, 농업·공업용수 공급, 수력발전 등 여러 역할을 담당하고 있다. 소양강댐은 1967년 4월 착공해 1973년 10월 완공됐으며, 댐 높이 123m, 제방 길이 530m, 총 저수량이 29억 톤에 이른다. 소양강댐이 건설되면서 춘천, 양구, 인제 소재 6개 면에 거주하던 약 4600세대가 수몰 대상이 되어 다른 지역으로 이주했다. 소양강댐은 국내 최대 규모 사력댐으로 알려져 있는데 사력댐이란 진흙과 돌을 이용해 만든 댐을 일컫는다. 소양강댐을 가까이에서 보면 콘크리트로 만든 일반 댐과는 질감이 다르다는 것을 알 수 있다. 작은 돌과 흙으로 다진 댐 모습이 독특하다.

주소 강원도 춘천시 신북읍 신샘밭로 1128 | **전화** 033-242-2455 | **시간** 24시간(댐 정상길은 10:00~17:00) | **휴무일** 연중무휴(댐 정상길은 기상 악화 시 통제) | **입장료** 무료

◆ 사전 조사를 해봐요 ◆

도서 《브리태니커 만화 백과 : 물》: 물의 기원과 종류, 성질 등 물에 관련된 다양한 정보를 제공한다. 한국 상수도의 역사와 댐의 이용에 대한 내용도 포함돼 있다.

도서 《Why? 물》: 물의 정의와 특징, 기원, 종류와 쓰임새 등에 대해 이야기한다. 녹색 댐과 습지, 물을 전기로 만드는 방식 등에 대한 내용을 살펴볼 수 있다.

◆ 엄마, 아빠랑 배워요 ◆

다목적댐이 뭐예요?
소양강댐을 비롯해 우리나라의 대표적인 댐 대부분은 다목적댐이다. 다목적댐이란, 단어 뜻풀이 그대로 두 가지 이상의 목적을 위해 건설한 댐을 일컫는다. 다목적댐과 상반된 개념은 전용댐으로 한 가지 용도로 사용하는 댐을 의미한다. 댐은 건설 목적에 따라 저수댐, 취수댐, 사방댐 등으로 분류하며 일반적으로 댐을 말할 때 저수댐을 의미하는 경우가 많다. 저수댐은 비가 많이 내릴 때 초과된 물을 저장했다가 필요할 때 물을 내보낸다.

알차게 돌아보기

소양강댐 정상길 걷기 01

소양강댐 위를 걸어볼 수 있다. 소양강댐 위를 걸어 건너편 팔각정 전망대까지 돌아오는 왕복 2.5km 코스다. 댐 정상길은 정해진 시간에만 이용할 수 있다. 오전 10시부터 오후 5시까지 개방하나, 홍수나 폭설, 결빙 등 기상 악화 시에는 개방하지 않는다.

소양강댐 물문화관 02

아이와 함께라면 물과 댐에 대한 이야기를 전시하는 소양강댐 물문화관을 꼭 방문해보자. 아이들과 함께 둘러보며 물의 소중함을 깨닫고 댐의 역할에 대해 배우는 시간을 가질 수 있다. 물문화관을 관람한 후 소양강댐을 보면 댐에 대한 시각이 달라질 것이다.

댐 사면길 걷기 03

소양강댐 사면을 보면 지그재그로 난 좁은 길이 보인다. 댐 아래에서 댐 정상까지 이어지는 일명 '지그재그길'이다. 이 길은 방문 통제 시설로, 일반인은 이용이 불가능하나, 1년에 한 번 정도 개방한다. 봄에 '소양강댐 용너미길 걷기 행사'가 열리는 때다. 웅장한 댐의 사면을 걸어보는 특별한 기회를 놓치지 말자.

> **TIP**
> **01** 소양강댐 주변에는 여러 곳에 주차장이 있다. 관람객이 몰리는 주말에는 댐에서 다소 떨어진 주차장을 이용할 수도 있다는 점을 감안하자.
> **02** 편안한 운동화와 복장을 준비하자.
> **03** 소양강댐으로 올라가는 길목에 벚꽃나무가 즐비하게 늘어서 있다. 벚꽃 피는 계절에 찾으면 꽃구경도 할 수 있다. 단, 그만큼 인파가 붐빈다.
> **04** 소양강댐 입구 쪽에 음식점이 많다.

주변 여행지 돌아보기

청평사 01

고려시대 절로, '공주와 상사뱀'이라는 전설이 얽혀 있다. 청평사에 이르는 계곡이 수려해 걷기 여행에도 안성맞춤이다. 작은 절이지만 보물인 청평사 회전문과 강원도 문화재자료인 3층석탑 등 귀한 볼거리가 있다. 소양강댐에서 유람선 10분+도보 25~30분.

주소 강원도 춘천시 북산면 오봉산길 779 | **전화** 033-244-1095 | **시간** 24시간 | **휴무일** 연중무휴 | **입장료** 무료 | **홈페이지** cheongpyeongsa.co.kr

강원특별자치도립화목원 02

강원도 향토 꽃나무를 만나볼 수 있는 자연 속 휴식처. 야외에 여러 주제원과 유리온실로 된 반비식물원이 있다. 강원도 동식물, 산촌 생활 등을 보여주는 산림박물관도 관람 가능하다. 소양강댐에서 자동차로 15분.

주소 강원도 춘천시 화목원길 24 | **전화** 033-248-6684~5 | **시간** 3~10월 09:00~18:00, 11~2월 09:00~17:00 | **휴무일** 첫째 주 월요일(공휴일인 경우 그다음 날), 1월 1일, 설날·추석 당일 | **입장료** 어른 1000원, 청소년 700원, 어린이 500원 | **홈페이지** www.gwpa.kr

해피초원목장 03

춘천에서 만나는 푸릇한 목장으로 청정한 자연 속에서 동물과 교감하며 즐거운 한때를 보낼 수 있다. 토끼, 양, 염소, 소에게 먹이를 주고, 당나귀를 타고 들판을 누비는 체험도 가능하다. '한국의 스위스'라는 애칭이 붙은 아름다운 포토존, 1등급 이상 한우로 매일 직접 만드는 버거 등 즐길 거리가 다양하다. 소양강댐에서 자동차로 22분.

주소 강원도 춘천시 사북면 춘화로 330-48 | **전화** 033-244-2122 | **시간** 하절기 10:00~19:00, 동절기 10:00~17:00 | **휴무일** 연중무휴 | **입장료** 일반 7000원, 36개월~13세 6000원 | **홈페이지** happy-chowon.co.kr

022

살아 있는
지리 종합 자연 학습장

영월 한반도 지형

POINT 석회암 지형, 감입곡류 하천 등 다양한 지리 현상에 대해 배울 수 있는 곳이다. 한반도의 모습을 닮은 지형까지 감상할 수 있으니 일석이조.

영월은 다양한 지리적 특징을 간직한 곳이다. 한반도 지형도 그중 하나로, 하천이 굽이쳐 흐르면서 이루어진 침식과 퇴적작용으로 생성되었다. 한반도 지형의 기반 암석은 고생대 캄브리아기~오르도비스기에 퇴적된 석회암이다. 석회암이 여러 번의 지질시대를 거치며 카르스트 지형이 형성됐다. 한반도 지형이 탄생한 배경을 이해하기 위해서는 감입곡류를 알아야 한다. 자유 곡류하던 하천의 지반이 융기되면서 침식작용이 활발해져 감입곡류가 형성된다. 한반도 지형을 자세히 살펴보면, 하천 바깥쪽은 물살이 빨라 암석이 깎이며 절벽이 생기고 하천 안쪽은 물이 천천히 흘러 모래가 쌓인 모습을 볼 수 있다. 이런 흐름이 오랫동안 지속되면서 한반도 지형이 생겨났다. 앞으로 또 오랜 세월이 흐른 후에는 한반도 지형이 어떤 모습으로 변할지 상상해보는 것도 재미있다.

| **주소** 강원도 영월군 한반도면 한반도로 555 | **전화** 1577-0545(영월관광안내) | **시간** 24시간(야간 이용은 삼갈 것)
| **휴무일** 연중무휴 | **입장료** 무료 | **홈페이지** http://www.ywtour.com

◆ 사전 조사를 해봐요 ◆

도서 《지리를 알면 한국사가 보인다 3 : 강원》: 강원도 지역의 기후와 지형 등 지리와 선사시대부터 지금까지의 역사를 함께 보여준다. 지리와 역사를 연계해볼 수 있어 유익하다.

도서 《둘리를 찾아라 : 강원도 편》: 강원도의 문화, 자연, 과학, 지리, 역사를 소개한다. '하천과 계곡' 편에서는 침식, 운반, 퇴적과 하천이 만드는 다양한 지형에 대해 배울 수 있다.

알차게 돌아보기

친절한 안내판 01

한반도 지형 전망대로 올라가는 탐방로에서 다양한 지형을 접할 수 있다. 잘 모르면 그냥 지나칠 수도 있겠지만, 곳곳에 친절하게 설치되어 있는 안내판이 선생님 역할을 해준다. 돌리네라는 지형, 이 지역의 암석 특징 등에 대한 상세한 설명이 적혀 있다. 안내판만 꼼꼼히 읽어도 지형의 특징에 대해 많은 것을 배울 수 있다.

뗏목 체험 02

한반도 지형을 가까이에서 보고 싶다면 뗏목을 이용하자. 한반도 뗏목마을에서 뗏목 체험 프로그램을 운영한다. 뗏목을 타고 한반도 지형을 돌아보는데, 지형에 대한 재미난 설명까지 곁들여 알차다. 뗏목 체험은 보통 봄부터 가을까지 가능하다. 자세한 시간과 이용 방법은 전화로 문의하자.

전화 010-9399-5060 | **홈페이지** hanbando.go2vil.org

TIP
01 주차장에 차를 세우고 산길을 15~20분 정도 걸어 올라가야 전망대에 도착한다. 길이 험하지 않아 아이들도 걷기 좋다. 그래도 산길이니만큼 운동화나 편안한 신발을 착용하자.

02 주차장에 간단한 주전부리를 파는 매점이 있다.

03 자연환경을 보호하기 위해 탐방로 내 음식물 반입을 금지하고 있다. 누군가 감시하는 것은 아니지만 아이들과 함께 주의 사항을 지키자.

주변 여행지 돌아보기

장릉 01

숙부 수양대군에게 왕위를 빼앗기고 죽음을 당한 비운의 왕 단종이 잠든 곳이다. 단종은 영월에 유배되어 이곳에서 숨졌다. 조선 숙종 24년(1698년)에 복위해 장릉이라는 이름을 붙였다. 한반도 지형 주차장에서 자동차로 18분.

주소 강원도 영월군 영월읍 단종로 190 | **전화** 033-374-4215 | **시간** 09:00~18:00 | **휴무일** 연중무휴 | **입장료** 어른 2000원, 청소년 1500원, 어린이 1000원, 미취학 무료 | **홈페이지** www.ywtour.com

청령포 02

단종이 유배되었던 청령포는 삼면이 강으로 둘러싸이고 나머지 한 면에는 험준한 암벽이 위치해 마치 섬처럼 고립되어 있다. 단종이 걸터앉아 쉬었다는 관음송(천연기념물)이 있다. 한반도 지형 주차장에서 자동차로 15분.

주소 강원도 영월군 영월읍 청령포로 133 | **전화** 033-374-4215 | **시간** 09:00~18:00 | **휴무일** 연중무휴 | **입장료** 어른 3000원, 청소년 2500원, 어린이 2000원, 미취학 무료(도선료 포함) | **홈페이지** www.ywtour.com

선돌 03

큰 칼로 내리친 듯 둘로 쪼개진 기암괴석이 절경을 이룬다. 위에서 보면 2개처럼 보이지만 바위 뿌리는 하나다. 원래 하나의 바위였는데 틈이 생기면서 갈라진 것이다. 이러한 현상을 절리 현상이라 한다. 한반도 지형 주차장에서 자동차로 20분.

주소 강원도 영월군 영월읍 방절리 산122 | **전화** 1577-0545 | **시간** 24시간 | **휴무일** 연중무휴 | **입장료** 무료 | **홈페이지** www.ywtour.com

 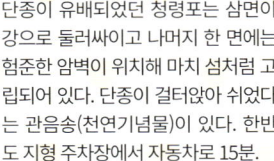  

023

옛 중심지의
예술적인 변화

창동
예술촌

> **POINT**
> 신도시 창원의 성장으로 마산 구도심은 활력을 잃었다. 이후 구도심 재생 사업으로 마산 구도심 창동에 창동예술촌이 들어섰다. 창동예술촌은 구도심의 역할과 변화를 살펴보기 좋은 곳이다.

경남 마산시는 1970~1980년대까지 우리나라를 대표하는 상공업 도시였다. 하지만 인접한 창원시가 성장하면서 시의 중심지와 상권이 이동했고 마산은 결국 2010년 창원시에 통합됐다. 이제 마산은 창원시의 마산합포구와 마산회원구라는 이름으로 남아 구도심 역할을 한다. 마산 번영기에 중심지는 단연 창동이었다. 창동은 서울 명동만큼 번화하고 번잡한 동네였지만 중심가가 창원으로 이동하면서 인적이 뜸해지고 빈 점포도 많아졌다. 이후 생기를 잃은 옛 중심지에 활기를 불어넣는 도시 재생 사업을 진행했고, 창동은 2012년 창동예술촌으로 다시 태어났다. 빈 점포에 문화 예술인들이 입주하고 골목골목을 조형물과 벽화로 꾸몄다. 창동예술촌은 크게 '마산예술흔적골목', '에꼴드창동골목', '문신예술골목' 등 3개의 테마로 이뤄진다. 골목마다 문화 예술과 추억이 공존해 매력적이다.

주소 경상남도 창원시 마산합포구 오동서6길 24 | **전화** 055-222-2155 | **시간** 공방에 따라 다름, 골목은 24시간 |
휴무일 월요일(예술촌 내 전시장과 아트 숍만 휴관, 개인 공방은 자율적으로 운영) | **입장료** 무료(체험료 별도) |
홈페이지 changdongartvillage.kr

◆ 엄마, 아빠랑 배워요 ◆

도시 재생이 뭐예요?
산업구조와 사회구조의 변화로 신도시가 생겨나면서 기존 도시가 낙후되었다. 이런 현상은 비단 우리나라뿐 아니라 이미 선진국에서 먼저 발생했다. 우리나라에서도 도시가 확장되면서 원도심에서 사람이 빠져나가는 공동화 현상이 나타났다. 2000년대 들어 서울, 부산, 대전, 대구 등 대도시에서 먼저 도시 재생을 위한 사업을 추진했고, 이후 중소 도시에 대한 원도심 재생 사업이 이루어지고 있다. 도시 재생은 재개발과는 다르다. 재개발은 기존 도시의 노후 시설을 완전히 없애버리고 새롭게 건설하는 것이라면, 도시 재생은 노후 인프라를 재정비하면서 주변 환경을 개선하는 사업이다. 현재는 세계적으로 재개발이 아니라 도시 재생을 추진하고 있다.

알차게 돌아보기

아고라광장 01

창동예술촌 여행의 중심이 되는 곳으로 종합안내소와 아트센터가 있다. 창동예술촌에 관련한 다양한 정보를 얻을 수 있어 여행을 시작하기 전에 미리 들러보면 좋다. 아트센터에서는 시기별로 다채로운 전시가 열린다. 때때로 아고라광장에서도 공연과 이벤트가 열려 볼거리를 더한다.

문화놀이터 02

창동예술촌 내 여러 입주 공방에서 체험, 교육 프로그램을 운영한다. 조형미술, 모래그림, 비즈공예, 민화, 유리공예, 서예, 정크 아트 등 체험 분야가 다양하다. 자세한 체험 일정과 내용은 창동예술촌 홈페이지를 통해 확인할 수 있다. 미리 내용을 확인하고 아이가 좋아하는 체험, 교육 프로그램에 참여해보자.

부림시장 03

창동과 함께 한때 서부 경남의 상업 중심지였으며 의류와 포목을 주로 취급했고 떡볶이골목이 유명하다. 시장 내 빈 점포를 활용한 부림창작공예촌도 놓치지 말 것. 다양한 분야의 공방이 있고 시기별로 무료 체험 프로그램을 운영하기도 한다. 창동예술촌과 인접해 함께 돌아보기 좋다.

주소 경상남도 창원시 마산합포구 3·15대로 352 | **전화** 055-240-3729

> **TIP**
> 01 창동예술촌 조성 사업 전과 후의 모습을 보여주는 사진이 골목 군데군데 붙어 있다. 이 사진을 통해 어떻게 쇠퇴한 옛 도심을 재생시켰는지 살펴볼 수 있다.
> 02 창동 일대에는 수십 년 동안 자리를 지켜온 오래된 가게들이 남아 있다. 1959년부터 영업을 시작했다는 빵집 고려당, 한때 마산 사람들의 약속 장소로 인기였던 코아양과, 1971년부터 창동을 지켜온 분식집 복희집, 40년 넘는 역사를 간직한 창동분식 등 창동의 터줏대감 격인 가게를 방문해보자.

주변 여행지 돌아보기

가고파 꼬부랑길 벽화마을 01

창동에서 부림시장을 지나 성호동 언덕길에 오르면 아담한 산동네가 나온다. 이곳에 2013년 무렵 벽화마을을 조성했다. 골목마다 소박하고 따뜻한 벽화가 가득하다. 골목길에서 내려다보는 전망도 시원하다. 마산만과 시가지가 조화를 이룬 풍광이 정감 넘친다. 창동예술촌에서 도보 12분.

주소 경상남도 창원시 마산합포구 성호서7길 15-8 | **전화** 055-220-5690 | **시간** 24시간(주거지이므로 이른 시간과 늦은 시간 방문은 삼갈 것) | **휴무일** 연중무휴 | **입장료** 무료

창원시립문신미술관 02

세계적인 조각가 문신은 파리에서 활동하다 귀국해 유년 시절을 보낸 마산에 정착했다. 그는 15년에 걸쳐 직접 미술관을 건립했으나 이듬해 타계했다. 마산만이 내려다보이는 터에 자리한 미술관에서 문신의 작품을 감상해본다. 창동예술촌에서 도보 15분.

주소 경상남도 창원시 마산합포구 문신길 147 | **전화** 055-225-7181 | **시간** 09:00~18:00 | **휴무일** 월요일, 1월 1일, 설날·추석 당일 | **입장료** 어른 500원, 만 7~24세 200원 | **홈페이지** https://changwon.go.kr/moonshin

창원시립마산박물관 03

창원과 마산 지역의 유물과 사진 자료, 설명문 등을 통해 이 지역의 역사와 문화를 이해할 기회를 제공한다. 선사시대부터 근현대에 이르는 전시물을 살펴볼 수 있다. 상설전시장, 기획전시실, 야외전시장 등으로 구성된다. 창동예술촌에서 도보 10분.

주소 경상남도 창원시 마산합포구 문신길 105 | **전화** 055-225-7171 | **시간** 09:00~18:00 | **휴무일** 월요일(월요일이 공휴일인 경우는 그다음 날), 1월 1일, 설날·추석 당일 | **입장료** 무료 | **홈페이지** www.changwon.go.kr/depart

024

석탄과 연탄이 낯선
요즘 아이들을 위한
특별한 체험장

태백 석탄박물관

POINT 현대에는 아이들이 실생활에서 석탄과 연탄을 접할 기회가 별로 없다. 그런 아이들을 위해 탄광과 석탄, 연탄에 대한 실제적인 체험이 가능한 태백석탄박물관은 알찬 교육 현장이 되어준다.

우리나라의 대표 탄광 도시였던 태백시에는 한때 탄광이 수백 곳에 이를 정도였다. 하지만 석탄 산업이 쇠퇴함에 따라 현재 대부분의 탄광은 사라진 상태이며 대규모 석탄박물관이 옛 명성을 대신하고 있다. 태백석탄박물관에는 8개의 전시실이 있는데 1전시실은 지질관이다. 석탄이 지질시대의 식물이 퇴적되어 생성된 광물이기 때문에 석탄박물관의 첫 전시는 지질관에서 이루어진다. 그 뒤로 석탄의 생성 발견관, 석탄의 채굴 이용관, 광산 안전관, 광산 정책관, 탄광 생활관, 태백 지역관, 체험 갱도관이 이어진다. 각 전시관은 시뮬레이션 시스템과 특수효과를 활용한 입체적인 전시로 구성해 아이들도 집중하며 관람할 수 있다. 차례로 전시관을 둘러보며 석탄이 어떻게 생겨났고, 인간은 어떻게 석탄을 에너지로 활용했는지, 광산 내 작업 환경과 탄광 마을의 생활은 어떠했는지 차근차근 알아보자.

주소 강원도 태백시 천제단길 195 | **전화** 033-552-7730, 033-550-2743 | **시간** 09:00~18:00 | **휴무일** 월요일(월요일이 공휴일인 경우 그다음 첫 번째 평일) | **입장료** 어른 2000원, 청소년 1500원, 어린이 1000원, 만 6세 이하·65세 이상 무료 | **홈페이지** www.taebaek.go.kr/coalmuseum

◆사전 조사를 해봐요◆

도서 《재미있는 한국 지리 이야기》: 한반도 전체의 지리에 대해 알려주고, 지역별로도 세부 정보를 제공한다. 강원도 편에 '탄광 도시에서 관광지로 탈바꿈하는 태백시' 내용이 포함되어 있다.

도서 《Why? 지구》: 지구의 탄생, 구성 물질, 지각과 대양의 구조 등 지구에 대한 전반적인 과학 정보를 담았다. 지하자원인 석유와 석탄에 대한 정보도 소개한다.

KBS 〈다큐멘터리 3일-강원도 태백 탄광마을〉: 1970년대 석탄 산업 전성기에 형성된 탄광촌인 상장동 남부마을의 과거와 오늘을 조명한다.

MBC 〈무한도전〉 407회 '극한알바-탄광 편': 예능인 유재석과 배우 차승원이 실제 태백의 한 탄광에 들어가 작업 현장을 생생하게 보여준다.

알차게 돌아보기

체험 갱도관 01

탄광은 일반인들의 접근이 어려운 시설이었다. 이에 석탄을 채굴하는 작업 과정과 광부의 노고를 일반인들이 간접적으로나마 체험해보도록 체험 갱도관을 조성했다. 지하 작업장 모습, 다양한 갱도 유형, 갱내 붕락 사고 등 탄광 내부 풍경을 실물에 가깝게 재현했다.

야외 전시장 02

야외에는 화성암, 퇴적암, 변성암 등 각종 암석류와 대형 광산 장비가 전시되어 있다. 석탄을 실어 나르던 광차, 지하 작업장까지 신선한 공기를 넣어주던 송풍기, 석탄 생산지에서 교통이 원활한 곳까지 공중으로 석탄을 운반하던 가공삭도 등 신기한 전시품이 가득하다.

TIP

01 태백석탄박물관은 지하 1층, 지상 3층 규모다. 1층부터 관람을 시작해 2, 3층을 돌아본 후 3층에서 엘리베이터를 타고 지하로 내려가 마지막 전시실인 체험갱도관을 관람한다. 실제 갱도로 들어가는 느낌을 체험할 수 있도록 수직 체험 엘리베이터를 운영한다.
02 태백석탄박물관은 태백산국립공원 안에 위치한다. 석탄박물관과 태백산을 연계해서 돌아봐도 좋다.
03 태백석탄박물관 내 식당이나 카페 같은 편의 시설은 없으나, 태백산국립공원 입구 쪽에 있는 식당가를 이용하면 된다.

주변 여행지 돌아보기

태백 상장동 벽화마을 01

폐광 이후 낙후된 탄광촌이 탄광 이야기 마을로 변신했다. 벽화를 통해 탄광촌의 애환과 추억, 동심을 담아낸다. 태백석탄박물관을 관람한 후 돌아보면 벽화 하나하나가 더 의미 있게 다가온다. 태백석탄박물관에서 자동차로 10분.

주소 강원도 태백시 상장남2길 89 | **전화** 033-552-1373 | **시간** 24시간(주거지이므로 이른 시간과 늦은 시간 방문은 삼갈 것) | **입장료** 무료

철암탄광역사촌 02

옛 탄광마을의 흔적을 그대로 보존해 놓은 살아 있는 박물관으로, 우리나라 석탄 산업의 과거와 현재를 두루 살펴볼 수 있다. 호남슈퍼, 진주성, 봉화식당, 한양다방, 페리카나처럼 원래 있던 가게 상호를 그대로 활용하며, 내부에는 다양한 전시관과 갤러리가 있다. 태백석탄박물관에서 자동차로 25분.

주소 강원도 태백시 동태백로 404 | **전화** 033-582-8070 | **시간** 10:00~17:00 | **휴무일** 첫째·셋째 주 월요일 | **입장료** 무료

태백고생대자연사박물관 03

천연기념물인 태백 구문소 전기고생대 지층 및 하식 지형 일원에 들어선 화석 전문 박물관이다. 실내 전시관을 관람하는 한편, 하천을 따라 다양한 화석과 퇴적 구조를 생생하게 관찰할 수 있어 유익하다. 태백석탄박물관에서 자동차로 25분.

주소 강원도 태백시 태백로 2249 | **전화** 033-581-8181 | **시간** 09:00~18:00 | **휴무일** 월요일 | **입장료** 어른 2000원, 청소년 1500원, 어린이 1000원 | **홈페이지** tour.taebaek.go.kr/tpmuseum

025

우리나라 역사와
문화유산을 한눈에~
국립중앙박물관

POINT 우리나라 대표 박물관이라는 명성에 걸맞게 엄청난 문화재를 소장·전시한다. 우리나라 역사를 살펴보려면 한 번쯤은 꼭 방문해볼 가치가 있다.

아이들에게 우리의 역사와 문화에 대해 얘기해주고 싶다면 국립중앙박물관으로 향하자. 국립중앙박물관은 구석기시대부터 삼국시대, 고려시대, 조선시대를 거쳐 근대에 이르기까지 우리의 역사와 문화유산을 한자리에서 살펴볼 수 있는 소중한 공간이다. 딱딱하지 않고 공원이나 휴식처처럼 꾸며 가족이 함께 편안하고 즐겁게 우리의 역사와 문화에 대해 배우고 얘기 나누기 좋다. 박물관은 전체 지하 1층, 지상 6층 규모로 우리나라 전통 건축양식을 현대적으로 재해석해 지었다. 성곽을 모티브로 두 벽을 세워 박물관을 만들었으며 박물관 앞 거울못과 청자정, 뒤쪽의 후원못 등에서도 우리나라 전통 건축양식을 엿볼 수 있다. 박물관 탐방 중심이 되는 상설전시관은 동관 1~3층에 위치한다. 박물관 주 출입구로 들어서면 가장 먼저 만나는 공간이 으뜸홀이다. 천장이 높아 탁 트인 시야를 제공한다. 으뜸홀에서 '역사의 길'로 들어서면 본격적인 관람이 이뤄진다. 전시실을 연결하는 역사의 길은 현대를 살아가는 우리를 역사와 이어주는 가교 역할을 한다고 볼 수 있다. 국립중앙박물관의 상설전시관은 선사·고대관, 중·근세관, 기증관, 서화관, 세계문화관, 조각·공예관, 사유의 방으로 구성된다. 선사·고대관에는 구석기실, 신석기실, 청동기·고조선실, 부여·삼한실, 고구려실, 백제실, 가야실, 신라실, 통일신라실, 발해

실이 있다. 시간적 흐름에 따라 우리의 역사와 문화를 한눈에 살펴볼 수 있도록 조성했다. 중·근세관은 고려시대부터 조선시대, 대한제국의 역사를 보여준다. 서화관이 각 시기의 특징을 잘 보여주는 서화와 불교회화, 목칠공예를 전시하는 공간이라면, 조각·공예관은 입체미가 돋보이는 불교조각, 금속공예, 도자공예를 소개하는 공간이다. 세계문화관에서는 중국, 일본, 중앙아시아, 인도, 동남아, 고대 그리스·로마 등 세계 각 지역의 다양한 문화를, 기증관에서는 귀한 기증 국가유산을 만나볼 수 있다. 상설전시관 외 기획전시실, 디지털 실감 영상관, 어린이박물관, 문화상품점, 야외 전시장 등의 시설을 두루 갖췄다. 국내 최초로 박물관 안에 문을 연 신개념 전문 공연장인 '극장 용'도 눈에 띄는 시설 중 하나다. 볼 것도 즐길 것도 참 많은 박물관이다. 그러니 하루 만에 모두 보겠다는 욕심 대신 다음에 또 오겠다는 여유로운 마음으로 박물관 탐방을 즐기자.

주소 서울시 용산구 서빙고로 137 | **전화** 02-2077-9000 | **시간** 월·화·목·금·일요일 10:00~18:00, 수·토요일 10:00~21:00 | **휴무일** 1월 1일, 설날·추석 당일(상설전시관은 4·11월 첫째 주 월요일) | **입장료** 무료(일부 기획 전시 예외) | **홈페이지** www.museum.go.kr

◆사전 조사를 해봐요◆

국립중앙박물관 웹사이트 www.museum.go.kr : 박물관 방문 전 미리 꼭 한번 살펴보고 가자. 박물관에 대한 상세한 정보와 소장품 등 알찬 정보를 담고 있다.

e뮤지엄 www.emuseum.go.kr : 전국 박물관, 미술관이 소장한 다양한 문화유산 정보를 통합 검색할 수 있는 사이트. 국립중앙박물관 소재 문화유산을 미리 살펴보자.

박물관 신문 webzine.museum.go.kr : 국립중앙박물관에서 발행하는 웹진. 박물관과 국가유산 등에 관한 다양한 테마를 풀어낸다.

도서 《즐거운 역사 체험 어린이박물관》 : 국립중앙박물관의 어린이 도록으로, 어린이박물관 전시실 유물을 소개한다. 박물관 소속 학예사들이 직접 써 전문성을 유지하면서도 재미있는 그림, 생생한 사진 자료를 두루 활용해 아이들이 이해하기 쉽게 꾸몄다.

도서 《구석구석 박물관》 : 국립중앙박물관 전시관에 대한 자세한 소개를 담아낸다. 역사와 유물과 관련한 단순한 지식뿐 아니라 유물을 감상하는 방법, 유물이 박물관까지 오게 된 과정 등 다양한 이야기를 다룬다.

◆엄마, 아빠랑 배워요◆

외규장각 의궤와 문화재 환수가 무슨 뜻인가요?
의궤란 의식의 궤범이란 뜻이다. 즉 조선시대에 국가나 왕실의 주요 행사나 의식과 관련한 전 과정을 기록한 종합 보고서와도 같다. 특히 상세한 그림이 함께 실려 있어 생생하다. 외규장각 의궤는 조선왕조 의궤 중 외규장각에 보관됐던 의궤를 일컫는다. 외규장각 의궤 총 297권은 현재 국립중앙박물관에 수장되어 있으나 소유자는 대한민국이 아니라 프랑스다. 우리나라 문화재인데 소유자는 프랑스라니? 이와 관련한 역사적 배경을 살펴봐야 한다. 1866년 병인양요 때 조선군에 패한 프랑스군이 퇴각하면서 의궤를 포함한 서적과 주요 왕실 자료를 약탈했다. 그리고 외규장각 등의 건물에 불을 질러 외규장각에 남아 있던 5000여 권에 이르는 귀한 서적이 불타버렸다. 이후 외규장각 의궤는 역사 속으로 사라졌다가 1975년 프랑스에서 활동하던 고 박병선 박사에 의해 그 존재가 다시 알려졌다. 이후 우리나라와 프랑스 간에 외규장각 의궤 반환 협상이 진행됐고, 2011년에야 외규장각 의궤가 우리나라로 돌아왔다. 하지만 완전한 반환은 아니다. 프랑스가 '대여' 형태로 외규장각 의궤를 한국에 보냈고 소유권은 아직도 가지고 있기 때문이다. 아이들과 외규장각 의궤를 살펴보며 해외에 있는 우리나라 문화재 환수 문제에 대해 이야기를 나눠보자. 현재 외규장각 의궤는 인터넷을 통해 열람 가능하다. www.museum.go.kr/uigwe

알차게 돌아보기

01 선사·고대관

백제, 신라, 가야와 관련된 각 지역의 대표 박물관을 관람한 후 국립중앙박물관 선사·고대관을 방문하면 역사 탐방의 내실이 다져지는 느낌이다. 그곳에서 미처 보지 못했던 또 다른 국보와 보물을 이곳에서 볼 수 있기 때문이다. 퍼즐을 맞추듯 역사의 조각을 맞춰가는 기분이 들어 뿌듯해진다.

02 디지털 실감 영상관

우리 문화유산을 소재로 제작한 실감 콘텐츠를 상영하는 공간으로 아이들의 흥미를 자극한다. 실감 영상관 1에서는 초대형 파노라마 스크린에서 웅장한 영상이 펼쳐지고 실감 영상관 2에서는 조선시대의 이상적인 도시 풍경을 그린 태평성시도를 만나볼 수 있다. 고구려 벽화 무덤이 영상으로 되살아나는 실감 영상관 3도 놓치면 아쉽다.

03 야외 전시장

야외에도 국보와 보물이 여럿 전시되어 있다. 국보 염거화상탑과 남계원 등이 있다. 그중 익숙한 국가유산 하나가 보인다. 바로 옛 보신각 동종(보물). '제야의 종'으로 워낙 유명해 우리나라 국민에게 친숙한 종이다. 조선 세조 14년(1468년)에 만들었으며, 몇 차례 이동한 후 보신각에 자리 잡으면서 1985년까지 제야의 종을 칠 때 사용했다. 종의 안전 문제로 1986년 국립중앙박물관으로 옮겨 보존 중이다.

04 어린이박물관

체험과 놀이를 통해 우리의 역사와 문화유산에 대해 배우는 공간이다. '아하! 발견과 공감'이라는 주제로 상설 전시를 진행한다. '새롭게 관찰해요', '다르게 생각해요', '마음을 나눠요' 등의 전시관으로 이뤄진다. 시기별로 다채로운 테마로 꾸민 특별전도 운영한다. 어린이박물관 전시실은 5~9세를 주 대상으로 구성한 공간으로 인터넷 예약이 필수다.

05 용산가족공원

국립중앙박물관 야외 정원과 바로 연결된다. 1991년 미 8군 골프장 이전에 따라 시민을 위한 공원으로 조성했다. 드넓은 잔디밭과 연못, 산책로, 자연학습장 등의 시설을 갖췄다. 박물관을 관람한 후 가족이 함께 쉬어 가기 좋다.

> **TIP**
>
> **01** 전시 해설 프로그램을 이용하자. 전관 대표 소장품을 해설하는 프로그램과 각 전시관별 해설 프로그램을 운영한다.
>
> **02** 푸드코트, 식당, 카페, 찻집, 편의점 등 다양한 식음 시설을 갖췄다. 도시락 지참 시 곳곳에 마련된 휴게 공간을 이용할 수 있다.
>
> **03** 다양한 테마의 특별 전시를 시기별로 진행한다. 국내외의 귀한 문화유산을 접할 수 있는 기회이므로 특별 전시를 잘 활용하자.
>
> **04** 문화상품점도 들러보자. 우리 문화유산을 모티브로 한 다채로운 상품은 물론, 전시 도록, 박물관 관련 도서 등을 구입할 수 있다.
>
> **05** 야외 관람로에서 자전거, 퀵보드, 인라인스케이트 등 이용 불가. 바퀴 달린 신발 착용 시 전시관 입장 불가.

주변 여행지 돌아보기

국립한글박물관

한글의 가치와 우수성을 널리 알리기 위해 2014년 10월 9일, 한글날에 개관했다. 한글의 역사를 소개하는 전시관과 함께 한글놀이터와 한글배움터 같은 체험 공간도 갖췄다. 한글의 위대함과 소중함에 대해 다시금 깨닫게 되는 공간이다. 국립중앙박물관 바로 옆에 위치.

주소 서울시 용산구 서빙고로 139 | **전화** 02-2124-6200 | **시간** 10:00~18:00 | **휴무일** 1월 1일, 설날·추석 당일 | **입장료** 무료 | **홈페이지** www.hangeul.go.kr

전쟁기념관

전쟁을 단일 주제로 삼은 종합 박물관. 선열들의 호국 정신을 기리는 동시에 전쟁의 참상을 통해 평화의 소중함을 일깨워주는 교육의 장이다. 호국추모실, 전쟁역사실, 6·25전쟁실 등의 전시실로 구성된다. 국립중앙박물관에서 지하철역 2정거장.

주소 서울시 용산구 이태원로 29 | **전화** 02-709-3114 | **시간** 09:30~18:00 | **휴무일** 월요일(월요일이 공휴일인 경우 그 다음 날) | **입장료** 무료 | **홈페이지** www.warmemo.or.kr

효창공원

원래 정조의 큰아들인 문효세자의 무덤이 있어 효창원으로 불렸다. 문효세자의 묘를 서삼릉으로 이장하면서 효창공원으로 바뀌었다. 광복 후에는 애국지사의 유해를 이곳에 모셨다. 김구, 이봉창, 윤봉길, 백정기 등 애국지사의 묘소와 백범김구기념관이 있어 아이들과 꼭 들러볼 만하다. 국립중앙박물관에서 지하철역 2정거장.

주소 서울시 용산구 효창원로 177-18 | **전화** 02-2199-8823 | **시간** 24시간 | **휴무일** 연중무휴 | **입장료** 무료

리움미술관

우리나라 전통미술과 현대미술, 국제미술이 공존하는 미술관. 뮤지엄1에서는 다양한 우리나라 예술품을 전시한다. 김홍도, 정선, 장승업, 김정희 등 유명인들의 작품도 만나볼 수 있다. 국립중앙박물관에서 자동차로 18분.

주소 서울시 용산구 이태원로55길 60-16 | **전화** 02-2014-6901 | **시간** 10:00~18:00 | **휴무일** 월요일, 설날·추석 당일 | **입장료** 상설전시 무료, 기획전시 유료 | **홈페이지** www.leeum.org

이태원

외국인, 외국 문화, 외국 공관 등이 집중되는 지역으로, 이국적인 분위기의 음식점과 상점이 많아 내국인들에게도 인기 명소가 됐다. 다양한 국적과 인종의 사람들과 문화가 모여 색다른 멋을 만들어낸다. 국립중앙박물관에서 지하철역 4정거장(1회 환승).

주소 서울시 용산구 이태원로 179 일대 | **전화** 02-3785-0942

경의선 숲길

경의선 폐철도 부지에 조성한 공원이다. 길을 따라 여유롭게 산책하기도 좋고 주변으로 음식점과 카페도 많아 배를 채우며 쉬어 가기도 좋다. 연남동 경의선 숲길은 연트럴파크라는 애칭을 얻을 정도로 핫 플레이스가 되었다. 경의선 숲길과 인접한 경의선 책거리도 함께 돌아보자. 국립중앙박물관에서 지하철역 5정거장.

주소 서울시 마포구 양화로21길 일대

026

평화를 기원하는 마음
전쟁기념관

POINT
전쟁기념관은 우리나라 유일의 전쟁사 종합 박물관이다. 전쟁의 교훈을 되새기고, 평화를 기원하는 마음으로 전시관을 둘러본다.

전쟁의 역사를 전시하는 전쟁기념관은 8개의 실내 전시실과 어린이박물관, 옥외 전시장 등으로 구성된다. 전쟁기념관 관람이 처음이라면 호국추모실부터 관람을 시작한다. 전쟁 중 나라를 지킨 애국선열과 그들의 정신을 되새겨본다. 시대별로 전시를 관람하고 싶다면 1층부터 3층까지 동선을 따라 관람한다. 4D 체험관은 역사 속 전쟁을 실감 나게 체험해볼 수 있는 시설을 갖췄다. 야외 전시 또한 볼거리가 많은데 한국전쟁 때 사용했던 무기와 베트남 전쟁에서 활약했던 대형 장비 160여 점이 있다. 전쟁을 주제로 한 전시관이지만 평화의 의미를 되새기는 의미 있는 장이자 시민의 휴식 공간이다. 3~9세 어린이를 위한 어린이박물관은 고대부터 한국전쟁까지의 전쟁 역사를 어린이 눈높이에 맞춰 전시한다.

주소 서울시 용산구 이태원로 29 | **전화** 02-709-3114 | **시간** 09:00~18:00 | **휴무일** 월요일(설·추석 연휴, 국경일, 법정 공휴일 정상 개관) | **입장료** 무료 | **홈페이지** www.warmemo.or.kr

◆ 사전 조사를 해봐요 ◆

E-BOOK 〈사보 전쟁기념관〉 : 매월 발행하는 전쟁기념관 사보. 전쟁기념관 홈페이지 전자북 서비스에서 무료로 볼 수 있다. 한국전쟁의 역사, 뉴스 브리핑, 이달의 호국 인물 등 전쟁기념관 방문 전후로 가볍게 읽어보기에 좋다.

영화 〈태극기 휘날리며〉 : 2004년 개봉한 강제규 감독의 작품으로 한국전쟁의 비극을 겪은 형제의 이야기를 다뤘다. 낙동강 전투, 평양 수복 시가지 전투, 개마고원 전투, 고지 전투 등을 자세히 묘사했다. 전쟁기념관 입구에 서 있는 '형제의 상'이 애잔하게 다가온다. 15세 관람가.

◆ 엄마, 아빠랑 배워요 ◆

한국전쟁(625전쟁)이 뭐예요?
일제강점기 이후 독립 국가를 세우는 과정에서 우리 나라에는 내부 이념 대립 때문에 1948년 38선을 경계로 2개의 정부가 세워졌다. 1950년 6월 25일 새벽, 북한 공산군이 남북 군사분계선인 38선을 남침해 한국전쟁을 일으켰다. 북한은 남한을 점령했고, 당시 남한의 대통령이었던 이승만은 미국에 도움을 요청했다. 미국은 유엔 안전보장이사회를 소집해 16개 나라에서 모인 국제 연합군을 남한으로 파견했다. 이후 수차례 전투가 이어졌고, 1953년 7월 27일 휴전협정을 체결했다.

알차게 돌아보기

1층 전쟁역사실 I, II관 01

수많은 외침에도 우리 땅을 지켜온 선조들의 대외 항쟁사와 군사 유물을 전시한다. 살수대첩 디오라마, 반구대 암각화, 귀주대첩, 한산도대첩 영상관, 신기전기 화차, 거북선 등을 볼 수 있다.

2층 6·25전쟁실 I, II관 02

북한군의 남침 배경과 전쟁의 경과 및 정전협정 등 한국전쟁의 모든 과정을 전시한다. 전사자 유해 발굴 상징존, 4D체험관, 정전 협정 체결, 6·25전쟁과 조국의 영광존으로 구성된다.

3층 6·25전쟁실 II관 03

유엔기념공원, 유엔참전실, 유엔참전국지원현황 전시물을 통해 한국전쟁에서 유엔이 어떤 역할을 했는지 짚어본다. 해외파병실은 대한민국 국군의 해외 파병 활동과 유엔 평화 유지 활동상을 전시한다. 국군발전실에서는 최초의 국군상설부터 대한민국의 안보를 책임지는 현재의 국군까지 발전 과정을 볼 수 있다. 최첨단 IT 기술로 무장한 미래의 국군의 모습은 영화 속 캐릭터를 보는 듯하다.

TIP
01 전시실을 꼼꼼히 둘러보려면 2~3시간 정도 걸린다. 시간 여유가 없다면 주요 코스를 선별해 관람한다.
02 4학년 이상 국내외 청소년, 일반, 단체를 대상으로 안내 서비스를 제공한다. 전쟁역사실, 6·25전쟁실과 유엔실, 국군발전실 중 선택할 수 있으며 관람일 최소 3일 전까지 전쟁기념관 홈페이지에서 예약가능하다.
03 전시물마다 부착된 전시 번호나 QR코드를 스마트폰으로 스캔해 전시 안내를 받을 수 있다.
04 실내전시실에는 카페와 기념품점이 있다. 뮤지엄 카페에는 식당과 편의점, 스낵 코너가 있다.

주변 여행지 돌아보기

백범김구기념관 01

백범 김구 선생의 정신을 계승하고 추모하는 공간이다. 전시관과 대회의실, 컨벤션홀, 백범 김구 선생 묘소로 이루어졌다. 김구의 연보와 근대역사를 시대별로 전시한다. 전쟁기념관에서 자동차로 8분.

주소 서울시 용산구 임정로 26 | **전화** 02-799-3400 | **시간** 3~10월 10:00~18:00, 11~2월 10:00~17:00 | **휴무일** 월요일, 1월 1일, 설날·추석 당일 | **입장료** 무료 | **홈페이지** www.kimkoomuseum.org

삼성미술관 리움 02

삼성문화재단이 설립한 미술관이다. 고미술과 세계 현대미술 작품을 중심으로 국내 최고 수준의 소장품을 선보인다. 뮤지엄1, 뮤지엄2, 삼성아동교육문화센터 세 건물로 구성되며 각 건물은 세계적인 건축가 3인이 설계했다. 전쟁기념관에서 자동차로 12분.

주소 서울시 용산구 이태원55길 60-16 | **전화** 02-2014-6901 | **시간** 10:30~18:00 | **휴무일** 월요일, 1월 1일, 설·추석 연휴 | **입장료** 상설전시 어른 1만 원, 24세 이하 5000원 | **홈페이지** leeum.samsungfoundation.org

서울로7017 03

2017년 서울역 고가도로가 사람 중심의 보행길로 다시 태어났다. 국내 최초 공중 보행로를 따라 산책길이 이어진다. 쉼터와 문화 공간, 식음료 시설 등이 있고, 다양한 식물 또한 눈길을 끈다. 서울역 고가도로 주변 17개의 출입에서 진입할 수 있다. 전쟁기념관에서 자동차로 8분.

주소 서울시 중구 청파로 432 | **전화** 120 | **시간** 24시간 | **휴무일** 연중무휴 | **입장료** 무료 | **홈페이지** seoullo7017.seoul.go.kr

027

국가유산을 더욱 재미있게 알아가는 방법

국립 청주박물관 어린이박물관

 아날로그 전시에 디지털 방식을 도입한 전시를 통해 디지털 세대인 요즘 아이들이 좋아할 만한 방법으로 우리 국가유산에 담긴 다양한 이야기를 소개한다.

우암산 동쪽 기슭에 자리한 국립청주박물관은 우리나라를 대표하는 고 김수근 건축가가 설계했다. 현대 건축과 한국 전통이 어우러진 박물관 건축물 자체도 박물관 전시만큼 중요한 볼거리 중 하나다. 국립청주박물관에서 중심이 되는 전시동에서 나와 오른쪽으로 향하면 청명관이라는 건물이 있는데 그곳에 어린이박물관이 위치한다. 국립청주박물관은 1998년 어린이전시관을 개관한 후, 2004년 국립박물관 최초로 어린이박물관을 만들었다. 2013년부터는 체험 전시 위주의 박물관으로 전면 개편하면서 아이들의 흥미와 관심을 자극하는 어린이박물관으로 재탄생했다. 어린이박물관은 크게 '국가유산 속 금속 이야기'와 '우리 집에 놀러 올래?'라는 주제로 구성되는데 우리나라 국가유산에 과학, 수학, 예술 등을 접목한 흥미로운 전시를 선보인다. 아이들은 이곳에서 다양한 전시를 보고 만지고 체험하면서 우리나라 국가유산과 전통문화를 재미있게 배울 수 있다.

주소 충청북도 청주시 상당구 명암로 143 | **전화** 043-229-6300 | **시간** 09:30~17:30 | **휴무일** 월요일(월요일이 공휴일인 경우 첫 번째 평일), 1월 1일, 설날·추석 당일 | **입장료** 무료 | **홈페이지** cheongju.museum.go.kr/child/index.do

◆ 사전 조사를 해봐요 ◆

도서 《어린이 문화재 박물관》 시리즈 : 어린이들에게 우리 문화유산의 가치와 아름다움을 소개하기 위해 기획한 책으로, 1권은 유형문화재사적, 2권은 무형문화재민속자료에 대한 내용을 담는다.

알차게 돌아보기

01 우리 집에 놀러 올래?

의식주 중 하나인 집을 테마로 흥미로운 체험 전시를 선보인다. 별별집 이야기, 꼬마 건축가의 한옥 탐구, 상상이 가득한 집, 숲속에 사는 건축가라는 주제로 공간을 꾸미고 다양한 이야기를 전달한다. 아이들은 체험을 통해 집은 어떤 사람과 함께하는 공간인지, 옛날 사람들은 어떤 마음과 어떤 지혜를 담아 집을 지었는지, 동물들은 어떤 재료로 어떤 형태의 집을 짓고 사는지를 생각해보는 기회를 얻게 된다.

02 국가유산 속 금속 이야기

우리나라의 다양한 금속 국가유산을 만져보고 관찰하면서 느낀 점을 그림으로 표현하거나 체험을 통해 우리나라의 아름다운 공예 기법인 두드림 기법과 새김 기법에 대해 배워보자. 금, 은, 철, 주석 등 각 금속의 성질을 살려 만든 다양한 국가유산에 담긴 이야기를 체험을 통해 배운다.

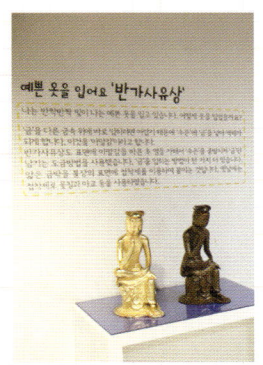

TIP

01 어린이박물관 전시는 미취학 아동과 초등학생을 대상으로 꾸몄다. 6세 이하 영·유아를 위한 체험실도 별도 운영한다.

02 어린이토요박물관학교를 운영하니 홈페이지를 통해 자세한 내용을 확인하자.

주변 여행지 돌아보기

01 청주랜드

기후변화체험교육관, 생태체험관, 공룡관 등 다양한 테마의 체험 교육 공간을 갖췄다. 놀이동산과 동물원도 있어 아이들과 알찬 하루를 보내기에 부족함이 없다. 국립청주박물관 어린이박물관에서 자동차로 4분.

주소 충청북도 청주시 상당구 명암로 171 | **전화** 043-201-4863 | **시간** 09:00~18:00 | **휴무일** 월요일, 1월 1일, 설날·추석 당일 | **입장료** 무료(놀이 기구와 동물원은 유료) | **홈페이지** www.cheongju.go.kr/land/index.do

02 충북과학체험관

1층 상상놀이터, 2층 발견놀이터, 3층 신비놀이터로 꾸며 과학을 쉽고 즐겁게 배울 수 있도록 했다. 교육 과정에 맞춰 자체 설계한 전시 체험물을 통해 아이들은 놀이하듯 과학에 접근한다. 국립청주박물관 어린이박물관에서 자동차로 10분.

주소 충청북도 청주시 상당구 대성로 150 | **전화** 043-229-1971 | **시간** 10:00~16:00 | **휴무일** 월요일, 법정공휴일(일요일과 어린이날 제외) | **입장료** 무료 | **홈페이지** www.cbnse.go.kr/playscience/main.php

03 수암골

한국전쟁 후 피란민들이 모여들면서 조성된 조용한 동네였으나, 2007년 공공 미술 프로젝트를 실시하면서 아기자기한 벽화마을로 변신했다. 골목과 어우러지는 벽화와 청주 시내가 훤히 내다보이는 탁 트인 전망이 매력적이다. 국립청주박물관 어린이박물관에서 자동차로 10분.

주소 충청북도 청주시 상당구 수암로 58 일대 | **전화** 043-201-2043 | **시간** 24시간(주거지이므로 이른 시간과 늦은 시간 방문은 삼갈 것) | **휴무일** 연중무휴 | **입장료** 무료

028

지붕 없는 박물관,
강화도 역사 여행

강화고인돌광장 &
강화역사박물관

POINT 예로부터 무수히 많은 침략을 견뎌내고 묵묵히 땅을 지켜온 강화도. 선사시대부터 근현대까지 치열했던 역사의 흔적이 곳곳에 남아 있다.

지붕없는 박물관이라 불리는 강화도에 고인돌이 있다. 강화도 고인돌은 2000년 12월 고창, 화순의 고인돌 유적과 함께 유네스코 세계문화유산에 등재됐다. 강화도의 고인돌은 밀집도가 높고 다양한 형태가 존재한다. 강화도 고천리, 교산리, 부근리, 삼거리, 오상리 등에 150기 이상의 고인돌이 있다. 그중 대표적 고인돌은 하점면 부근리에 있는 북방식(탁자식) 고인돌이다. 2개의 굄돌이 덮개돌을 받치고 서 있는데 전체 높이 약 2.5m, 길이 약 6.4m이며 덮개돌의 무게는 약 53톤에 이른다. 이는 남한 최대 규모 고인돌이다. 이렇게 거대한 고인돌의 주인은 누구였을까? 막강한 권력을 지닌 부족국가 지배자의 무덤이었으리라. 굄돌을 세우고, 흙을 덮고, 통나무를 깔아 돌을 움직이려면 장정 1000명 정도의 힘이 필요했을 것으로 추정한다. 고인돌 주변에 신석기시대 움집 모형이 있다. 움집은 반지하형 가옥으로 땅을 파고 집 둘레에 기둥을 세웠으며 가운데 화덕을 놓았다. 강화고인돌을 둘러본 후 강화역사박물관으로 발걸음을 옮겨보자. 강화도에서 출토된 유물을 중심으로 강화도의 역사를 전시한다. 선사시대 화살촉부터 고려시대 청

자, 조선시대 백자, 근현대 목가구까지, 수천 년의 역사를 전시한다.

주소 인천시 강화군 하점면 강화대로 994-19(강화역사박물관) | **전화** 032-934-7887 | **시간** 09:00~18:00 | **휴무일** 1월 1일, 설날·추석 당일 | **입장료** 어른 3000원, 어린이 2000원(고인돌광장은 무료) | **홈페이지** www.ganghwa.go.kr/open_content/museum_history

TIP

01 부근리 강화지석묘 앞에 강화역사박물관과 자연사박물관이 있다. 통합관람권으로 두 곳을 모두 관람할 수 있다.
02 강화역사박물관은 에스컬레이터를 타고 올라가 2층부터 관람을 시작한다. 박물관 1층에는 북 카페, 영상실, 전통한옥실, 뮤지엄 숍 등이 있다. 초등학생 저학년에게 박물관 학습지 '타임머신 타고 옛날로 Go! Go!'를 무료 배포한다.
03 고인돌은 사전 지식 없이 보면 그냥 돌덩이일 뿐이다. 고인돌을 탐방하기 전 고인돌에 대한 사전 지식을 알고 가자.
04 부근리 외에 고려산 중턱, 대산리, 고천리, 오산리 등에서도 고인돌을 볼 수 있다.

◆사전 조사를 해봐요◆

도서 《고창 화순 강화의 고인돌 유적》: 고인돌이 언제, 어떻게, 왜 만들었는지 설명한다. 세계적으로 고인돌은 어떤 종류가 있고, 어떤 구조로 이루어져 있을까? 고인돌에 대한 궁금증을 상세하게 풀어본다.

도서 《고인돌 학교》: 주인공 현주리와 친구들은 모양(전라북도 고창)에서 고인돌의 비밀을 밝혀낸다. 아이들은 늦은 밤 고인돌 박물관에 들어가 놀라운 경험을 한다. 고인돌에 대한 내용뿐만 아니라 고창의 지역 문화도 알 수 있다.

◆엄마, 아빠랑 배워요◆

고인돌이 뭐예요?
청동기시대 족장이나 지배자의 무덤이다. 재단이나 묘표석(묘역을 상징하는 기념물)의 기능을 수행했다. 땅 위에 드러난 고여 있는 돌, 큰 돌을 받치고 있는 굄돌 또는 고임돌에서 이름이 유래됐다. 고인돌을 빨리 발음하면 '괸돌'처럼 들린다.

고인돌은 어떻게 만들었나요?
굄돌을 땅에 묻고 운반로를 흙으로 다진다. 덮개돌을 운반해 굄돌 위에 얹고, 흙을 파내 축조를 마친다.

우리나라가 고인돌 왕국이란 게 사실인가요?
전 세계에서 발견된 7만여 기의 고인돌 중 4만여 기가 한반도에 있다(남한에 3만여 기, 북한에 1만여 기). 바위산이 많아 거대한 석재를 쉽게 구할 수 있었고, 과거 한반도에 부족국가가 융성했다는 사실을 추측할 수 있다.

알차게 돌아보기

01 상설전시관 2층

에스컬레이터를 타고 올라가 2층부터 관람을 시작한다. 관람 동선을 따라 2층부터 1층까지 시간 순서대로 전시가 이어진다. 강화의 선사시대(고인돌의 땅), 기증, 기탁실, 강화의 열린 바닷길 이야기로 구성된다. 단군왕검 이야기, 구석기, 신석기 유물 등을 전시한다. 또 고인돌을 만드는 과정을 미니어처로 만들어놓았다.

02 상설전시관 1층

정문을 기준으로 매표소 왼쪽에 강화동종이 있다. 이는 강화산성 성문을 열고 닫을 때 쳤던 종으로 강화산성 남문에 있던 종이다. 마니산 참성단을 재현한 포토존에서 기념사진을 남겨본다. 고려, 조선, 근대시대 강화의 역사 이야기를 전시한다. 전시 후반부에는 광성보 전투 모습을 재현했으며 삶과 민속품 코너에서는 우리 선조들의 생활을 보여주는 가구와 생활 도구 등을 소개한다.

03 전통한옥실 1층

안방과 사랑방, 누마루로 이루어진 조선시대 한옥을 실물 크기로 전시한다. 우리 조상의 주거 문화를 통해 한옥의 우수성을 알 수 있다.

주변 여행지 돌아보기

01 강화자연사박물관

지구의 탄생에서 현재까지 자연사에 대한 자료를 전시한다. 화석, 광물, 동물, 식물, 곤충 등 실물 표본을 볼 수 있으며 별도의 매표 없이 강화역사박물관 입장권으로 함께 관람할 수 있다. 강화역사박물관에서 도보 2분.

주소 인천시 강화군 강화읍 강화대로 994-33 | **전화** 032-930-7090 | **시간** 09:00~18:00 | **휴무일** 1월 1일, 설날·추석 당일 | **입장료** 어른 3000원, 어린이 2000원(고인돌 관광지는 무료) | **홈페이지** www.ganghwa.go.kr

02 고려궁지

강화는 39년 동안 고려의 도읍지였다. 고려궁지는 고려가 몽골의 침략에 맞서 저항했던 39년 동안 왕이 살았던 궁궐터다. 조선시대 왕립 도서관인 외규장각과 승평문, 강화유수부동헌, 이방청, 종각 등을 복원해놓았다. 국난 극복 역사의 현장이기도 하다. 강화역사박물관에서 자동차로 15분.

주소 인천시 강화군 강화읍 강화대로 394 | **전화** 032-930-7078 | **시간** 09:00~18:00 | **휴무일** 연중무휴 | **입장료** 어른 900원, 어린이 600원

03 용흥궁

조선 25대 왕 철종이 왕위에 오르기 전 살았던 집이다. 고려궁지로 가는 길에 돌담길을 따라 용흥궁이 있다. 훗날 철종이 왕위에 오르고 난 뒤, 집을 단장해 '용흥궁'이라 불렀다. 기와집과 오동나무가 남아 있다. 강화역사박물관에서 자동차로 15분.

주소 인천시 강화군 강화읍 동문안길21번길 16-1 | **전화** 없음 | **시간** 24시간 | **휴무일** 연중무휴 | **입장료** 무료

강화문학관 04

1층 전시실에는 이규보, 정철, 정제두 등 강화도와 관련 있는 옛 문인들의 작품을 소개한다. 2층 수필문학관에서는 강화 출신 수필가 조경희 선생의 육필 원고와 유품을 전시한다. 세미나실과 북 카페를 갖췄다. 강화자연사박물관에서 자동차로 15분.

주소 인천시 강화군 강화읍 관청길 40 | **전화** 032-933-0605 | **시간** 09:00~18:00 | **휴무일** 월요일 | **입장료** 무료 | **홈페이지** www.ganghwa.go.kr/open_content/museum_literature

대한성공회 강화성당 05

1900년에 지은 우리나라 최초의 성당이다. 한옥 기와지붕과 서양 건축양식이 독특한 조화를 이룬다. 성당 터는 세상을 구원하는 방주의 의미를 담아 배의 형상을 띤다. 성당 내부는 바실리카 양식(고대 로마의 공공건물 양식)으로 지었다. 강화역사박물관에서 자동차로 15분.

주소 인천시 강화군 강화읍 관청길 336 | **전화** 032-934-6171 | **시간** 10:00~18:00 | **휴무일** 연중무휴 | **입장료** 무료

광성보 06

강화해협의 중요한 요새 중 하나로 조선 효종 9년(1658년)에 설치됐다. 1871년 미국이 통상을 요구하며 함대를 이끌고 왔을 당시(신미양요) 초지진, 덕진진을 점령한 후 광성보에 이르렀다. 지금은 공원으로 조성해 관광객을 맞이한다. 강화역사박물관에서 자동차로 30분.

주소 인천시 강화군 불은면 덕성리 833 | **전화** 032-930-7070 | **시간** 3~10월 09:00~18:00, 11~2월 09:00~17:00 | **휴무일** 연중무휴 | **입장료** 어른 1100원, 어린이 700원

전등사 07

단군의 세 아들이 쌓았다는 삼랑성(정족산성) 안에 있는 사찰이다. 원래 이름은 진종사였으나 고려 충렬왕 정화 공주가 옥등을 바친 이후 전등사라 부른다. 경내에 《조선왕조실록》을 보관하던 정족산 사고가 있다. 강화역사박물관에서 자동차로 40분.

주소 인천시 강화군 길상면 전등사로 37-41 | **전화** 032-937-0125 | **시간** 08:30~18:00 | **휴무일** 연중무휴 | **입장료** 어른 3000원, 어린이 1000원 | **홈페이지** www.jeondeungsa.org

강화화문석문화관 08

강화 화문석은 고려 중엽부터 가내수공업으로 발전했다. 다양한 도안 개발과 제조 기술로 우수한 왕골공예품을 생산하고 있다. 화문석과 왕골공예품의 변천 과정을 살펴보고 공예 체험도 해보자. 강화자연사박물관에서 자동차로 8분.

주소 인천시 강화군 송해면 장정양오길 413 | **전화** 032-930-7060 | **시간** 9:00~17:00 | **휴무일** 1월 1일, 설날·추석 당일 | **입장료** 어른 1000원, 어린이 500원 | **홈페이지** www.ghss.or.kr/src/article.php?menu_cd=0804010100

조양방직(카페) 09

우리나라 최초 폐방직공장 부지를 재활용해 만든 카페다. 일제강점기, 산업화시대의 모습을 고스란히 간직하고 있다. 약 6600m^2(2000평)의 넓이도 넓지만 다양한 골동품의 규모에 또 한 번 놀란다. <알쓸신잡 3>에 나와 주목받기도 했다. 강화역사박물관에서 자동차로 13분.

주소 인천시 강화군 강화읍 향나무길5번길 12 | **전화** 032-933-2192 | **시간** 11:00~21:00 | **휴무일** 연중무휴 | **가격** 아메리카노 7000원

029

타임머신 타고
구석기시대로~
전곡 선사박물관

POINT 구석기시대 주요 유물인 아슐리안형 주먹도끼 유적지에서 선사시대와 인간의 진화 과정을 살펴본다.

연천 전곡리 유적은 동북아시아 최초로 아슐리안형 주먹도끼가 발견된 중요한 선사 유적지다. 1978년 미군 병사 그렉 보웬이 한탄강 주변에서 발견한 돌멩이가 아슐리안형 주먹도끼로 판명되면서 한국은 물론 세계의 고고학계에 큰 반향을 일으켰다. 이후 여러 차례 발굴조사를 통해 다양한 석기가 발견됐고, 일대는 1979년 '연천 전곡리 유적'이란 이름으로 사적에 등록됐다. 연천 전곡리 유적과 함께 선사 문화와 인류 진화에 대한 폭넓은 이해를 도와줄 전곡선사박물관은 2011년 문을 열었다. 박물관은 국제 설계 공모를 거쳐 프랑스 건축팀이 설계했는데 원시 생명체인 아메바와 미래 지향적인 우주선을 테마로 한 긴 곡선 형태가 인상적이다. 상설전시실, 고고학체험실, 기획전시실, 3D영상실, 카페테리아, 뮤지엄 숍 등의 시설이 있다.

주소 경기도 연천군 전곡읍 평화로443번길 2 | **전화** 031-830-5600 | **시간** 화~일요일 10:00~18:00 | **휴무일** 월요일(월요일이 공휴일인 경우 제외), 1월 1일, 설날·추석 당일 | **입장료** 무료 | **홈 페이지** jgpm.ggcf.kr

◆엄마, 아빠랑 배워요◆

연천 전곡리 유적에서 발견된 아슐리안형 주먹도끼가 왜 중요한가요?
고고학계의 유명 학자였던 미국의 모비우스 교수는 전기 구석기시대를 주먹도끼 문화와 찍개 문화로 구분해왔다. 찍개는 돌멩이 한쪽 면이나 양쪽 면을 떼어낸 단순한 형태였다면, 주먹도끼는 좀 더 정교하게 다듬어 손에 잡기 좋은 형태로 발전시킨 석기다. 모비우스 교수는 주먹도끼는 아프리카, 유럽 등 구대륙에서만 발견된다며 아시아 지역은 찍개 문화로 구분, 양쪽의 석기 문화 발전 과정에 차이가 났다고 주장했다. 하지만 1978년 연천 전곡리에서 아슐리안형 주먹도끼가 발견되면서 모비우스 교수를 중심으로 한 기존 고고학계 학설을 뒤엎었다. 연천 전곡리 유적의 아슐리안형 주먹도끼는 아시아에도 구대륙에 뒤처지지 않고 석기 문화가 발전해왔음을 보여주는 중요한 증거가 된 셈이다.

알차게 돌아보기

전곡 구석기나라 여권 01

박물관을 재미있고 흥미롭게 돌아볼 수 있는 장치. 여권을 발급하면 현재의 내 모습을 바탕으로 합성한 시대별 구석기인 사진을 볼 수 있다. 상상으로만 그려보던 모습을 실제로 접하니 상당히 흥미롭다. 구석기 관련 다양한 퀴즈도 풀어볼 수 있다. 여권은 뮤지엄 숍에서 판매한다(3000원).

인류 진화 모형 02

상설전시실 중앙에 인류 진화 과정을 보여주는 정교한 모형이 있다. 사헬란트로푸스차덴시스부터 오스트랄로피테쿠스, 호모에렉투스, 호모사피엔스 등이 서 있는데 실물처럼 생동감 넘친다. 안내판과 함께 살펴보면 도움이 된다.

3D 영상 관람 03

<전곡리 사람들>이라는 3D 영상물을 상영한다. 전곡리에서 살았던 구석기인의 생활상을 재현한 영상물로 구석기 문화에 대한 이해를 돕는다. 미리 시간을 확인하고 전시실 관람 전후에 관람하자. 상영 시간은 20분 정도이고, 무료다.

TIP
01 전시 관람에 도움이 될 만한 체험 활동지가 준비되어 있다.
02 뮤지엄 숍에서 기념품 외 관련 학습 자료도 판매한다.
03 카페테리아에서 음료와 빵 같은 간단한 요깃거리를 판다.
04 기획 전시도 놓치지 말자.

주변 여행지 돌아보기

연천 전곡리 유적 01

너른 잔디밭을 중심으로 구석기체험숲, 토층전시관, 선사체험마을이 있고, 곳곳에 선사시대 조형물도 설치했다. 해마다 어린이날 무렵 이곳에서 연천 구석기 축제가 열린다. 전곡선사박물관에서 야외 산책로를 통해 연결.
주소 경기도 연천군 전곡읍 양연로 1510 | **전화** 031-832-2570 | **시간** 3~10월 화~일요일 09:00~18:00, 11~2월 화~일요일 09:00~17:00 | **휴무일** 월요일(월요일이 공휴일인 경우 그 다음 날), 1월 1일, 설날·추석 당일 | **입장료** 무료(체험료 별도) | **홈페이지** www.yeoncheon.go.kr/seonsa

숭의전지 02

조선시대에 고려의 네 왕(태조, 현종, 문종, 원종)과 충신 16인의 위패를 모시고 제사 지낸 숭의전이 있던 자리다. 태조 이성계가 1397년 전각을 세우고, 고려 태조의 위패를 모신 게 숭의전의 시초다. 한국전쟁 때 전각이 모두 소실돼 1970~1980년대에 재건했다. 전곡선사박물관에서 자동차로 22분.
주소 경기도 연천군 미산면 숭의전로 382-27 | **전화** 031-839-2143 | **시간** 09:00~18:00 | **휴무일** 연중무휴 | **입장료** 무료

당포성 03

연천에는 고구려 흔적이 많이 남아 있는데 당포성, 호로고루, 은대리성이 대표적이다. 당포성(사적 제468호)은 천연 절벽을 이용한 평지성으로 자연 지형을 활용한 고구려의 축성법을 잘 보여준다. 전곡선사박물관에서 자동차로 20분.
주소 경기도 연천군 미산면 동이리 778 | **전화** 031-839-2144 | **시간** 24시간 | **휴무일** 연중무휴 | **입장료** 무료

030

선사시대로 떠나는
역사 탐험

오산리선사
유적박물관

POINT 신석기시대 사람들의 생활상과 문화 등 한반도 신석기의 전반적 흐름을 생생한 전시와 흥미로운 체험을 통해 이해하기 쉽게 설명한다.

양양에서 쌍호라는 호수를 농토로 사용하기 위해 매립 작업을 진행했는데 이 과정에서 토기와 석기가 발굴됐다. 이에 발굴 조사를 진행했고 이곳이 약 8000년 전 신석기인들이 생활했던 유적이라는 사실이 밝혀졌다. 집터, 불을 피웠던 자리, 도구 제작 흔적, 어로 생활과 관련된 도구 등 다양한 선사시대 유적이 확인되자 이를 효율적으로 보존, 활용하기 위해 일대 정비사업을 추진했고 박물관도 건립했다. 박물관은 상설전시실, 기획전시실, 야외 전시장을 갖추고 양양 오산리 유적(사적)에서 발견된 유물과 유적을 전시한다. 모형을 이용한 생생한 전시가 이뤄지고 선사시대와 관련한 재미난 체험 거리도 많아 아이들이 지루하지 않게 박물관을 돌아보며 먼 옛날의 역사에 쉽게 다가갈 수 있다.

주소 강원도 양양군 손양면 학포길 33 | **전화** 033-670-2442 | **시간** 09:00~18:00 | **휴무일** 1월 1일, 설날·추석 당일 | **입장료** 만 19~64세 1000원, 만 13~18세 500원, 만 7~12세 300원 | **홈 페이지** www.yangyang.go.kr/gw/osm

◆사전 조사를 해봐요◆

네이버 TV 〈생방송 한국사 – 선사시대, 고조선〉 : '3부-신석기시대' 편에서 유적과 유물을 통해 당시 생활상을 유추해 보는데 양양 오산리 유적도 등장한다.

◆엄마, 아빠랑 배워요◆

뗀석기와 간석기가 뭐에요?

뗀석기는 직접 돌을 깬 후 형태를 가다듬어 만든 석기이며 간석기는 전면이나 필요한 부분을 갈아 만든 석기이다. 뗀석기는 타제석기, 간석기는 마제석기라 불리며 뗀석기는 주로 구석기시대 전반에 걸쳐, 간석기는 주로 신석기시대와 청동기시대에 사용되었다. 그렇다고 두 석기 사용의 시대가 명확히 구분되는 건 아니다. 우리나라에서는 신석기시대나 청동기시대 유적에서도 뗀석기가 발견되기도 한다. 오산리선사유적박물관에서 뗀석기와 간석기를 모두 살펴볼 수 있다.

알차게 돌아보기

상설전시실 01

어로 생활, 수렵 생활, 채집 생활, 토기 제작 등 선사시대 사람들의 전반적인 생활상을 생생한 모형으로 전시해 아이들의 관심을 유도한다. 별다른 설명이 없어도 선사시대 사람들이 어떻게 생활했는지를 쉽게 이해하게 된다. 우리나라에서 가장 오래된 초기 신상의 하나로 높은 가치를 평가받는 '흙으로 빚은 사람 얼굴상(토제인면상)'은 놓치지 말아야 할 포인트다.

체험 코너 02

기획전시실은 '조각난 토기를 복원하라'는 체험 코너로 운영한다. 토기, 토우, 움집 등 다양한 유물 모형을 완전한 형태로 복원하는 입체 퍼즐 체험은 가족이 함께 즐기기에도 좋다.

야외 전시장 03

움집, 탐방로 같은 야외 즐길 거리도 놓치지 말자. 대형 움집은 아이들이 직접 내부까지 들어갈 수 있어 흥미롭다. 또 쌍호를 중심으로 남녀노소 누구나 걷기 좋은 탐방로가 조성되어 있는데 갈대밭이 어우러져 가을날 특히 아름답다.

> **TIP**
> 01 전시 유물을 소개하는 해설 안내 서비스를 정기적으로 진행한다. 코로나-19로 일시 운영 중지 상태이니 방문 전 확인하자.
> 02 안내데스크에 마련된 방문 기념 스탬프 찍기 체험도 알차게 챙기자.

주변 여행지 돌아보기

낙산사 01

사적으로 지정된 우리나라 대표 해수관음 사찰이다. 신라 문무왕 때 의상대사가 창건했으며 한국전쟁, 대형 산불 등으로 소실되었으나 재건했다. 홍련암, 의상대, 해수관음상 등 볼거리가 많다. 오산리선사유적박물관에서 차로 8분.

주소 강원도 양양군 강현면 낙산사로 100 | **전화** 033-672-2447~8 | **시간** 06:00~18:00 / 계절에 따라 마감 시간 변동 가능 | **입장료** 어른 4000원, 중·고등학생 1500원, 초등학생 1000원 | **홈페이지** www.naksansa.or.kr

하조대 02

기암절벽과 노송, 정자가 어우러져 수려한 풍경을 만드는 명승이다. 조선 개국 공신인 하륜과 조준이 머물렀던 곳이라 하여 둘의 이름을 한 글자씩 따서 하조대라 부른다고 전한다. 오산리선사유적박물관에서 차로 15분.

주소 강원도 양양군 현북면 하광정리 산2-2 | **전화** 033-670-2516 | **시간** 상시 | **휴무일** 연중무휴 | **입장료** 무료

남대천생태관찰로 03

연어가 회귀하는 장소로 유명한 남대천의 갈대밭 사이로 덱 탐방로가 조성되어 있다. 남대천 생태 환경을 관찰하며 걷기 좋은 길로 가을날 특히 아름답다. 오산리선사유적박물관에서 차로 3분.

주소 강원도 양양군 양양읍 조산리 86-8 | **전화** 033-670-2397 | **시간** 상시 | **휴무일** 연중무휴 | **입장료** 무료

031

선사인이 남긴 이야기
반구대 암각화

POINT 국보로 지정될 정도로 중요한 의미가 있는 선사시대 유적으로 바위에 남은 다양한 그림을 통해 선사시대를 이해하는 시간을 가져보자.

정확한 명칭은 울주 대곡리 반구대 암각화(국보)이며 대곡천변 절벽의 대형 암반에 선사시대 사람들이 새겨놓은 많은 그림이 남아 있다. 바위 모양이 마치 거북이 엎드린 형태라 하여 반구대(盤龜臺)라 이름 붙였다. 그림에는 사람, 동물, 도구 등이 다양하게 표현되어 있는데 하나하나 세밀히 살펴보면 흥미롭다. 배를 타고 고래를 잡는 사람, 새끼와 함께 다니는 고래, 함정에 빠진 호랑이, 새끼를 밴 동물들, 탈을 쓴 사람 등 현대인의 눈으로 봐도 흥미로운 그림이 많다. 반구대 암각화는 선사시대 사람들의 생활상을 전해주는 중요한 유물이자 지금까지 알려진 지구상에서 가장 오래된 포경 유적 중 하나로 높이 평가받고 있다.

주소 울산시 울주군 언양읍 대곡리 산234-1 | **전화** 052-204-0321~4 | **시간** 24시간 | **휴무일** 연중무휴 | **입장료** 무료

◆사전 조사를 해봐요◆

도서 《반구대 암각화 바위에 새긴 고래 이야기》 : 반구대 암각화에 담긴 선사인들의 생활상을 들려주는 그림책. 저학년도 이해하기 쉽게 이야기를 풀었다.

도서 《두근두근 한국사 1》 : 초등학생을 위한 한국사 책으로 1권 초반부에 반구대 암각화에 대한 이야기가 나온다.

영상 〈바위에 새겨진 보물 울산 반구대 암각화〉 : 문화유산채널(www.k-heritage.tv)의 영상을 통해 반구대 암각화에 대한 생생한 정보를 얻을 수 있다.

ubc울산방송 〈암각화의 시간은 거꾸로 간다〉 : 반구대 암각화의 보존 대책이 진전을 보지 못하는 이유와 그 대안에 대해 소개한다. 유튜브와 네이버TV 등을 통해서도 시청 가능.

◆엄마, 아빠랑 배워요◆

반구대 암각화와 사연댐
여름 장마철이나 큰비가 내린 다음에 반구대 암각화를 찾는다면 당황할지도 모른다. 국보인 반구대 암각화가 완전히 물에 잠겨 바위 그림을 전혀 볼 수 없는 일이 종종 벌어지기 때문이다. 원인은 암각화가 발견되기 전인 1965년에 울산시 식수 확보를 위해 설치한 사연댐 때문이다. 사연댐은 수문이 없어 비가 많이 내리면 반구대 암각화는 물에 잠겨버린다. 반복된 침수로 암각화 훼손을 우려하는 목소리가 커졌다. 수문 설치를 통해 수위를 조절해 암각화를 보존해야 한다는 의견과 물 부족 문제 해결이 우선이라는 의견이 팽팽하게 맞서왔다. 반구대 암각화는 이렇듯 문화유산 보존과 기반 시설 개발에 대한 고민을 던져주는 좋은 예다.

알차게 돌아보기

반구대 암각화 근접 관람 01

아쉽게도 반구대 암각화는 물 너머 전망대에서 망원경으로만 볼 수 있었는데 2020년 시범적으로 근접 관람 프로그램을 운영, 전망대에서 하천으로 내려가 조금 더 가까운 곳에서 암각화를 볼 수 있게 했다. 시범 운영 기간은 끝났으나 일부 특별한 날에 근접 관람 답사를 진행하니 잘 확인하자.

울산암각화박물관 02

반구대 암각화로 가는 길목에 위치한 울산암각화박물관은 꼭 들러야 한다. 대형 암각화 모형을 통해 각 그림에 담긴 자세한 의미를 살펴볼 수 있다. 해설사의 안내에 따라 반구대 암각화에 대해 배운 후 실물을 접해야 더 큰 감동을 느낄 수 있다. 영상물도 함께 관람할 것.

홈페이지 www.ulsan.go.kr/bangudae

TIP

01 반구대 암각화는 주로 전망대에서 망원경으로 관람해야 하므로 제대로 보려면 때를 잘 맞춰야 한다. 우선 큰비가 온 다음은 피하자. 침수로 아예 보지 못할 수 있다. 암각화에 볕이 드는 시간대를 선택하면 좀 더 선명하게 보인다. 봄에는 보통 오후 4시에서 5시 30분, 여름에는 오후 3시 20분부터 6시, 가을에는 오후 4시 20분부터 5시 10분 정도까지. 월별로 시간은 조금씩 차이가 있다.

02 울산암각화박물관에 차를 세우고 반구대 암각화까지 걸어가면 25분 정도 소요된다. 박물관에서 차를 끌고 마을 어귀에 차를 세우고 걸어갈 수도 있는데 별도의 주차장은 없다. 마을 입구에 차를 세워도 왕복 20분 이상 걸어야 하므로 편안한 신발을 착용하자.

주변 여행지 돌아보기

울주 천전리 각석 01

대곡천 중류의 암석에 다양한 글과 그림, 도형이 새겨져 있다. 재미있는 점은 이 바위에는 특정 시대가 아니라 선사시대부터 신라시대에 이르기까지 여러 시대 사람들의 작품이 공존한다는 것이다. 국보에 지정되어 있으며 반구대 암각화와는 달리 가까운 곳에서 관람 가능하다. 반구대 암각화에서 도보 40분 또는 자동차로 10분.

주소 울산시 울주군 두동면 천전리 산210-2 | **전화** 052-204-0321~4 | **시간** 24시간 | **휴무일** 연중무휴 | **입장료** 무료

태화강국가정원 02

순천만국가정원에 이어 우리나라 2호 국가정원에 지정됐다. 산업화로 심각하게 오염됐던 태화강 일원에 이뤄낸 생태 기적이라 아이들과 함께 방문할 가치가 있다. 여러 테마별 정원을 조성했으며, 대나무가 무성한 십리대숲이 가장 대표적인 코스다. 반구대 암각화에서 자동차로 40분.

주소 울산시 중구 신기길 40 | **전화** 052-229-3147~8 | **시간** 24시간(시설별로 차이 있음) | **휴무일** 연중무휴 | **입장료** 무료 | **홈페이지** www.ulsan.go.kr/s/garden

장생포고래문화마을 03

옛 고래잡이 어촌을 재현한 테마 공원. 장생포옛마을, 고래조각공원, 고래광장, 5D입체영상관 등 다양한 시설을 갖췄다. 인근의 장생포고래박물관과 고래생태체험관도 함께 돌아보자. 반구대 암각화에서 자동차로 1시간.

주소 울산시 남구 장생포고래로 244 | **전화** 052-256-226-0980 | **시간** 09:00~18:00 | **휴무일** 월요일(월요일이 공휴일이거나 성수기에는 변동 가능). 설날·추석 당일 | **입장료** 2000원. 36개월 미만 무료 | **홈페이지** www.whalecity.kr

032

《삼국유사》를 재미있게 배우는 공간
삼국유사 테마파크

POINT 아이들이 어렵다고 느끼는 《삼국유사》를 놀이처럼 재미있게 즐길 수 있는 공간이다.

'삼국유사의 고장'이라 불리는 군위에 들어선 삼국유사테마파크는 국내 최초로 《삼국유사》를 테마로 한 문화 콘텐츠 공간이다. 군위가 '삼국유사의 고장'이라 불리는 이유는 일연이 군위 인각사에 머물며 삼국유사를 완성한 것으로 알려져 있기 때문이다. 삼국유사테마파크는 《삼국유사》 안에 담긴 내용을 전시와 체험을 통해 흥미롭게 풀어낸다. 정문과 후문은 《삼국유사》 서문과 발문을 조형물로 표현해냈고 여러 탄생 설화, 건국 이야기, 신화 등을 담은 특별한 조형물이 야외 공간을 가득 채우고 있다. 여러 테마 공간을 돌아보고 메인 전시관인 가온누리관까지 꼼꼼히 관람하면 '삼국유사와 친해지기' 성공!

주소 경상북도 군위군 의흥면 일연테마로 100 | **전화** 054-380-3964 | **시간** 10:00~18:00 | **휴무일** 월요일(월요일이 공휴일일 경우는 예외), 1월 1일 | **입장료** 만 19~64세 9000원, 만 3~18세 8000원 / 일부 체험료 별도 | **홈페이지** http://gunwi3964.co.kr

◆ 사전 조사를 해봐요 ◆

군위군 삼국유사 홈페이지 www.gunwi.go.kr/fun/samguk : 군위군에서 만든 《삼국유사》 소개 웹사이트. 《삼국유사》의 저자, 내용, 판본 등 전반적인 내용을 담았다. '그림으로 보는 삼국유사' 코너도 있어 아이들이 쉽게 접근하기 좋다.

도서 《재미만만 우리고전 - 삼국유사》 : 《삼국유사》를 아이들의 눈높이에 맞춰 구성한 책으로 전체 내용 중 '기이' 편을 중심으로 엮었다. 신라 마지막 왕자가 할아버지에게 들었던 옛이야기를 회상하는 방식으로 서술해 아이들이 재미있게 읽을 수 있다.

◆ 엄마, 아빠랑 배워요 ◆

《삼국유사》와 《삼국사기》의 공통점과 차이점은?
두 책 모두 고려시대에 작성한 삼국시대 역사책이라는 점은 같다. 《삼국사기》는 1145년 고려 인종의 명에 따라 김부식을 중심으로 편찬된, 관찬 사서(관에서 편찬한 역사책)이고 《삼국유사》는 고려 충렬왕 때 일연 스님이 펴낸 사찬 사서(개인적으로 펴낸 역사책)이다. 《삼국사기》는 신라를 중심으로 삼국의 역사를 유교적 관점에서 작성했고 《삼국유사》는 고조선까지 폭을 넓혀 신화, 설화, 풍속, 불교 등 다양한 분야를 망라했다. 우리가 아는 단군 신화도 《삼국유사》에 담겨 있다. 시대와 관점에 따라 두 책에 대한 평가가 엇갈리기도 하지만 우리 역사를 담아낸 귀중한 자료라는 점에는 이견이 없다.

알차게 돌아보기

01 가온누리관

삼국유사테마파크의 중심 전시관으로 《삼국유사》에 대한 전반적인 내용을 한눈에 살펴볼 수 있도록 기획했다. 전시관 1층에는 삼국유사관, 일연대선사관, 신화서클영상관이, 2층에는 설화체험관이 있다. 삼국유사관에서는 《삼국유사》 집필 의도, 그 의미와 가치 등을 살펴볼 수 있는데 책에 담긴 다양한 이야기를 입체적으로 전시해 흥미롭다. 2층 설화체험관은 《삼국유사》 속 설화를 바탕으로 한 체험 위주로 구성해 아이들이 특히 좋아한다. 모형탑을 돌며 소원을 빌고, 불상을 돌리고, 활을 쏘고, 주령구를 돌리고, 목판 체험도 해본다. 평면적인 《삼국유사》 이야기가 입체적으로 살아나 아이들을 즐겁게 한다.

02 야외 테마 공간

고구려, 신라, 백제, 가야의 건국 이야기를 재미있게 벽화로 풀어낸 '건국이야기길', 박혁거세·김알지·김수로 등 《삼국유사》 속 영웅들을 주제로 꾸민 '영웅탄생길' 등 흥미로운 테마 공간이 많다. 이사부 장군이 우산국 정복을 위해 만들었다는 나무 사자 이야기를 모티브로 만든 높이 10m짜리 전망대도 포인트다.

TIP
- 01 여름에는 물놀이장, 겨울에는 눈썰매장을 운영해 가족 나들이 장소로 인기다.
- 02 규모가 크고 모래놀이장, 놀이터, 각종 놀이기구도 있으니 시간을 넉넉히 잡고 방문하자.
- 03 테마파크 내 셔틀 열차(해룡열차)를 운행한다.
- 04 테마 체험형 숙박 시설을 갖췄다.

주변 여행지 돌아보기

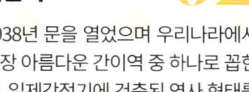

01 엄마아빠어렸을적에

폐교를 리모델링해 1970년대 마을 풍경을 재현해 놓은 체험 문화 공간이다. 옛 마을과 학교를 재현한 전시 공간을 비롯해 다양한 체험 거리를 갖춰 가족이 함께 즐거운 시간을 보낼 수 있다. 삼국유사테마파크에서 자동차 8분.

주소 경상북도 군위군 산성면 산성가음로 722 | **전화** 054-382-3361 | **시간** 3~10월 09:00~18:00, 11~2월 09:00~17:00 | **휴무일** 연중무휴 | **입장료** 중학생 이상 3000원, 만 3세~초등학생 2500원 | **홈페이지** 화본마을.com

02 화본역

1938년 문을 열었으며 우리나라에서 가장 아름다운 간이역 중 하나로 꼽힌다. 일제강점기에 건축된 역사 형태를 유지하고 있으며 증기기관차에 물을 공급하던 급수탑이 남아 있다. 삼국유사테마파크에서 자동차 7분.

주소 경상북도 군위군 산성면 산성가음로 711-9 | **전화** 054-382-3361 | **시간** 09:00~17:30(시기별로 변동) | **휴무일** 연중무휴 | **입장료** 1000원

03 군위 아미타여래삼존 석굴

팔공산 절벽 자연동굴에 만든 통일신라 초기의 석굴사원. 경주 석굴암 석굴보다 먼저 만들어진 국가유산으로, 문화사적·불교 미술사적 가치가 뛰어나 국보에 지정되어 있다. 삼국유사테마파크에서 자동차 20분.

주소 경상북도 군위군 부계면 남산4길 24 | **전화** 054-380-6230 | **시간** 상시 | **휴무일** 연중무휴 | **입장료** 무료

033

바다의 왕 장보고를 만나다
완도 청해진 유적

> 해상왕 장보고가 건설해 해적을 소탕하고 국제무역 중심지 역할을 한 청해진이 있던 중요한 역사적 유적이다.

완도의 작은 섬 장도에 위치한 청해진은 신라 흥덕왕 때 장보고가 설치한 해군기지이자 무역기지다. 평민 출신으로 당나라에 건너가 장군이 된 장보고는 해적이 신라인을 노비로 사고파는 행위에 분노해 신라로 돌아온다. 왕의 허락을 받고 828년 청해진을 설치한 후 이곳을 기반으로 해적을 소탕하고 해상권도 장악한다. 청해진의 위치는 당시 신라와 당, 일본을 잇는 주요 길목이었기에 국제무역 중심지로 크게 성장한다. 청해진은 해상 왕국으로 꽃을 피우다 장보고가 암살당한 후 851년에 폐쇄되고 만다. 현재 장도에는 계단식 성 흔적이 남아 있는데 외성과 내성이 있었던 것으로 전한다. 섬 둘레에는 청해진을 방어하기 위해 박아 놓았던 통나무울짱(목책)도 대거 남아 있다. 사적 제308호로 보호받고 있다.

주소 전남 완도군 완도읍 장좌리 809 | **전화** 061-550-6930 | **시간** 24시간 | **휴무일** 연중무휴 | **입장료** 무료

◆ 엄마, 아빠랑 배워요 ◆

장보고와 신라의 골품제

신라는 골품제 사회였다. 골품제란 출신 성분에 따라 등급을 나누는 신분제도로, 성골과 진골이라는 골 신분과 6등급의 품 신분이 있었다. 골은 성골과 진골로 나누는데 성골은 가장 높은 신분, 진골은 그 아래였다. 쉽게 말하면 성골은 부모 양쪽이 모두 왕족, 진골은 부모 중 한쪽은 왕족, 한쪽은 귀족이었다. 원래 신라시대에는 성골만 왕이 될 수 있었으나, 나중에는 진골 출신이 왕이 됐다. 정확한 자료는 없지만, 평민 출신으로 추정되는 장보고는 원래 신라 골품제로는 장군에 오를 수 없었다. 장보고는 어쩌면 이런 한계를 느꼈기에 당나라에 가서 군인이 되는 방법을 택했을지도 모른다. 뛰어난 실력으로 당나라에서 고속 승진하고 신라에 돌아와서도 맹활약을 펼치며 고위직에 오른 장보고를 죽음에 이르게 한 데는 골품제도 한몫했다. 장보고가 자신의 딸을 문성왕의 두 번째 부인으로 삼게 하려 하자 진골 귀족들이 크게 반발해 장보고의 옛 부하 염장을 보내 살해했다고 전한다. '염장 지르다'라는 표현이 여기서 유래했다는 설도 있다.

알차게 돌아보기

01 장보고기념관

청해진 유적만 둘러보는 것으로는 장보고의 활약에 대해 자세히 알 수 없다. 먼저 장보고기념관에 들러 그의 생애와 업적 등을 살펴보자. 입체적인 전시물을 통해 장보고와 청해진에 대해 배우는 시간이다.

홈페이지 www.wando.go.kr/changpogo

02 장보고 동상

장도 쪽으로 오가는 길에 언덕 위에 우뚝 솟은 장보고 동상이 보인다. 지하 1층, 지상 3층 규모 건물 위 웅장한 동상은 바다를 내다보며 서 있다. 건물 안에는 장보고의 일대기를 소개하는 전시물과 전망대가 있다. 주변에 대형 어린이 놀이터도 갖춰 아이들과 찾기 좋다.

03 법화사지

청해진 인근 상왕산 아래 장보고가 지었다는 법화사 터가 남아 있다. 당나라에 장보고가 세웠다는 절, 법화원과도 교류했던 것으로 전한다.

> **TIP**
> 01 장도는 섬이라 원래 썰물 때만 걸어서 출입 가능했다. 하지만 지금은 장도목교가 놓여 언제든 자유롭게 출입할 수 있다.
> 02 장도까지 차량은 출입할 수 없다. 장도목교 인근에 주차장이 마련되어 있다. 차를 세우고 다리를 건너면 된다.
> 03 장도에는 편의 시설이 없고, 장도목교 앞에 작은 가게가 있다.

주변 여행지 돌아보기

01 해양생태전시관

완도의 역사와 생태계에 관련된 전시와 체험을 즐길 수 있다. 청해진유적전시실, 해양실, 생태실, 미래실, 체험실, 기획전시실 등을 갖췄다. 다양한 디지털 체험 코너가 아이들에게 인기다. 청해진 유적에서 자동차로 3분.

주소 전남 완도군 완도읍 청해진로 1459 | **전화** 061-550-5151~3(완도군 관광안내소) | **시간** 09:00~18:00 | **휴무일** 월요일(월요일이 공휴일인 경우 그다음 날), 1월 1일, 설날·추석 당일 | **입장료** 어른 1000원, 초·중·고등학생 500원, 미취학 무료

02 완도타워

해발 132m 타워에서 다도해를 내다보자. 전망대, 카페, 야외 정원 등의 시설을 갖췄다. 화려한 조명이 불을 밝히는 밤에도 예쁘다. 타워까지 모노레일을 운영한다. 청해진 유적에서 자동차로 20분.

주소 전남 완도군 완도읍 장보고대로 330 | **전화** 061-550-6964 | **시간** 5~9월 09:00~22:00, 10~4월 09:00~21:00 | **휴무일** 연중무휴 | **입장료** 어른 2000원, 중·고등학생 1500원, 초등학생 1000원, 미취학 무료 | **홈페이지** www.wando.go.kr/tour

03 신지 명사십리 해수욕장

3.8km에 이르는 긴 백사장과 울창한 송림이 어우러진 남해안 대표 해수욕장. 우리나라 최초로 친환경 해수욕장 국제 인증인 '블루 플래그'를 받았다. 청해진 유적에서 자동차로 18분.

주소 전남 완도군 신지면 명사십리길 85-105일 | **전화** 061-550-6920~4 | **시간** 24시간 | **휴무일** 연중무휴 | **입장료** 무료

034

청동기시대 사람들을 만나요~
진주청동기문화박물관

POINT 입체적인 전시를 통해 흥미롭고 실속 있게 청동기시대에 대해 배울 수 있다.

청동기시대는 현대에서 아주 먼 옛날이다. 시간 간극이 큰 만큼 현재를 사는 우리가 이해하기 힘든 시대이기도 하다. 진주 대평리 일대는 우리나라 청동기시대 대표 유적지로 알려져 있다. 남강 다목적댐 개량 사업으로 주변 지역이 수몰될 위기에 놓이자 매장문화재 발굴의 필요성이 대두됐다. 발굴 과정에서 귀중한 문화재가 대거 출토됐고, 이 지역의 문화유산을 보존·홍보하기 위해 진주청동기문화박물관을 설립했다. 그래서 국내 유일의 청동기 전문 박물관인 진주청동기문화박물관을 아이들과 함께 방문하는 것은 더욱 의미 있는 일이다. 박물관은 크게 상설전시실, 기획전시실, 야외 전시장으로 이뤄지며 대평 지역 역사를 기반으로 청동기시대의 역사와 문화를 소개한다. 이 지역에서 출토된 각종 유물을 통해 청동기시대 사람들의 생활상을 상상해보는 장을 마련해준다. 특히 2021년 9월 재개관하면서 증강현실, 가상현실 기술 등을 접목한 체험형 콘텐츠를 강화해 아이들의 흥미도를 끌어올렸다. 놀이와 배움이 어우러진 공간에서 먼 옛날 사람들의 이야기를 실감나게 체험해보자.

주소 경상남도 진주시 대평면 호반로 1353 | **전화** 055-749-5172 | **시간** 3~10월 09:00~18:00, 11~2월 09:00~17:00 | **휴무일** 월요일, 1월 1일, 설날·추석 당일 | **입장료** 어른 1000원, 청소년 700원, 어린이 500원, 만 6세 이하·65세 이상 무료 | **홈페이지** www.jinju.go.kr/bronze.web

◆ 사전 조사를 해봐요 ◆

도서 《그림으로 보는 한국사 1》: 선사시대부터 백제까지 역사를 소개한다. 선사시대 부분에서 청동기시대에 대해 얘기해준다.

도서 《설민석의 한국사 대모험 4》: 구석기·신석기·청동기·철기시대에 이르는 선사시대의 역사를 재미있게 풀어낸다.

알차게 돌아보기

01 VR 옥 공방

대평리에서 발견된 옥 공방 흔적에 VR(가상현실)을 접목한 체험 공간. VR 기기를 통해 청동기시대로 돌아가 직접 옥을 제작해본다. 비록 가상현실 속이지만 내 손으로 옥을 만들어보는 특별한 시간!

02 실감 영상관

360도 입체 서라운드 영상관에서 청동기시대 대평리를 만나보자. 타임 가이드 '호봇'의 안내에 따라 먼 옛날의 대평리 축제 현장으로 떠난다. 360도 입체 화면에서 펼쳐지는 축제 모습은 마치 실제처럼 생생하다.

03 야외 전시장

입체적인 전시와 체험이 이뤄지는 야외 전시장은 절대 놓쳐서는 안 될 코스다. 다양한 청동기시대 움집 형태와 공방 등이 생생한 모형으로 전시되어 마치 타임머신을 타고 과거로 여행 온 듯한 기분이 든다. 곳곳에 부서진 농기구 고치기, 꺼진 화덕에 불 붙이기 같은 모션 인식형 체험이 더해져 더욱 재미있다. 청동기시대 유적을 실감 기술로 재현하는 XR 망원경도 인기 포인트.

TIP
01 박물관 바로 인근에 음식점이 없다. 도시락이나 간식을 챙겨 가면 박물관 야외 공간에서 먹을 수 있다.
02 방학 때 가족놀이학교 등의 프로그램을 진행하기도 한다. 홈페이지에 공지하므로 참고하자.
03 수변공원과 야외 산책로가 있어 아이들과 함께 걷기 좋다.

주변 여행지 돌아보기

01 진주성

임진왜란 3대 대첩인 진주대첩이 일어난 역사적 현장이다. 진주성 안에는 우리나라 3대 누각으로 손꼽히는 촉석루 등 유적이 가득하다. 임진왜란 관련 전시가 이뤄지는 국립진주박물관도 진주성 안에 자리한다. 진주청동기문화박물관에서 자동차로 20분.

주소 경상남도 진주시 남강로 626 | **전화** 055-749-5171 | **시간** 3~10월 05:00~23:00, 11~2월 05:00~22:00 | **휴무일** 연중무휴 | **입장료** 어른 2000원, 청소년 1000원, 어린이 600원, 만 6세 이하·65세 이상 무료

02 진양호

경호강과 덕천강이 만나는 지점에 자리한 대규모 인공 호수. 산과 물이 어우러진 풍광이 아름답다. 호수 주변에 공원이 조성되어 있고 진양호동물원, 진주랜드, 전망대, 물문화관 등 여러 시설을 갖추었다. 진주청동기문화박물관에서 자동차로 22분.

주소 경상남도 진주시 남강로1번길 96-6 | **전화** 055-749-2510~1 | **시간** 24시간(일부 시설 제외) | **휴무일** 연중무휴(일부 시설 제외) | **입장료** 무료(일부 시설 제외) | **홈페이지** tour.jinju.go.kr co.kr

03 사천항공우주과학관

경남 사천에 있는 항공우주 전문 과학관으로 상설전시실, 4D영상관, VR체험존, 야외 전시장을 갖췄다. 우주항공역사관, 항공산업체험관, 우주항공탐험관 등으로 이뤄지며 다양한 체험이 가미돼 아이들이 좋아한다. 조종사, 승무원, 정비사 같은 항공 분야 직업 유니폼을 착용하고 포토존에서 기념사진을 남기는가 하면 우주복을 입고 우주비행사가 되어 보는 체험도 할 수 있다. 가상 비행 체험, 전투기 조종사 등을 테마로 하는 VR도 이용 가능하다. 진주청동기문화박물관에서 자동차로 35분.

주소 경상남도 사천시 용현면 시청로 77 | **전화** 055-831-2114 | **시간** 3~10월 10:00~18:00, 11~2월 10:00~17:00 | **휴무일** 월요일(공휴일일 경우 그다음 날), 1월 1일, 설날·추석 당일 | **입장료** 어른 3000원, 중고등학생 2000원, 초등학생 1000원 | **홈페이지** www.sacheon.go.kr/00001.web

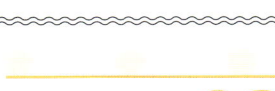

035

작지만 강했던 가야를 만나다
국립 김해박물관

POINT 가락국(금관가야)의 시조인 수로왕의 무덤과 국립김해박물관, 고분군 등을 탐방하며 가야의 형성과 발전 과정, 문화에 대해 폭넓게 배우는 시간을 갖는다.

가야는 금관가야, 아라가야, 고령가야, 대가야 등으로 구성된 연맹체였다. 수로왕이 시조인 금관가야는 전기 가야 연맹을 이끌었으며 그 뿌리는 김해에서 찾아볼 수 있다. 김해에는 수로왕 건국 설화가 서려 있는 구지봉과 수로왕의 무덤이 있다. 가야의 역사를 한눈에 살펴보고 싶다면 국립김해박물관을 방문하자. 2개 층에 7개의 상설전시관이 있다. 낙동강 하류역의 선사 문화를 시작으로, 가야의 여명, 가야의 성립과 발전, 가야인의 삶, 가야토기, 철의 왕국 가야, 해상 왕국 가야라는 주제로 전시가 이뤄진다. 야외에는 고인돌과 돌널무덤, 돌널덧무덤이 전시되어 있다. 본관 건물 옆 교육관(가야누리)에는 놀이와 체험을 통해 가야의 문화에 대해 배우는 어린이박물관이 있다.

주소 경상남도 김해시 가야의길 190 | **전화** 055-320-6800 | **시간** 09:00~18:00 | **휴무일** 월요일(월요일이 공휴일인 경우 첫 번째 평일), 1월 1일, 설날·추석 당일 | **입장료** 무료 | **홈페이지** gimhae.museum.go.kr

◆ 사전 조사를 해봐요 ◆

도서 《가야를 왜 철의 왕국이라고 하나요?》 : 어린이들이 궁금해할 만한 질문을 통해 가야에 대한 이야기를 풀어낸다. 가야 유적과 유물 사진을 통해 생생한 정보를 제공한다.

도서 《마법의 두루마리 – 가야 철기방에 숨은 비밀》 : 가야의 성립과 멸망, 멸망 이후 가야 후예들의 활동 등을 재미있게 전달한다.

도서 《김수로왕과 비밀의 나라 가야》 : 어린이들 눈높이에 맞춰 가야 역사를 소개한다. 아직 가야사에 대한 많은 연구가 진행되고 있는 만큼 다양한 주장과 관점을 제시한다.

◆ 엄마, 아빠랑 배워요 ◆

'구지가'가 뭐예요?
박물관 바로 옆에 구지봉이 있다. 가야의 건국 설화를 간직한 의미 있는 곳이다. 이곳에서 9간(부족장)과 백성들이 수로왕을 맞이하기 위해 춤을 추며 '구지가(거북아, 거북아, 머리를 내놓아라. 만약에 내놓지 않으면 구워 먹으리)'를 불렀다고 한다. 이때 하늘에서 6개의 황금알이 내려왔고, 그중 가장 큰 알에서 수로왕이 나왔다고 전한다. 구지가는 집단적 주술 성격을 지닌 서사시다.

국립김해박물관 주변 가야 유적 탐방

수로왕릉 01
금관가야의 시조인 수로왕의 무덤으로 5m 높이의 원형 봉토 무덤이다. 주변에 신위를 모신 숭선전과 안향각, 숭재, 동재, 서재 등의 건물과 신도비, 문인석, 무인석 등 석조물이 있다.

수로왕비릉 02
수로왕의 왕비는 원래 인도 아유타의 공주로 이름은 허황옥으로 알려져 있다. 수로왕비릉 역시 5m 높이의 원형 봉토 무덤이며, 무덤 앞에는 인도에서 가져왔다는 파사석탑의 석재가 남아 있다.

대성동 고분군 03
국립김해박물관과 수로왕릉 사이에 대성동 고분군이 있다. 대성동 고분군은 가야시대 무덤이 모여 있는 구릉지대다. 구릉 주변 평지 쪽에는 1~3세기 무덤이, 구릉 정상부에는 4~5세기 무덤이 모여 있다. 고분군 옆으로 대성동고분박물관이 있다.

봉황동 유적 04
봉황대는 금관가야 최대의 생활 유적지로, 1~4세기경 남부 지방의 생활 모습을 유추해볼 수 있는 유적이다. 토기 조각과 철기 도구, 골각 제품 등 다양한 유물이 출토됐다. 봉황대 언덕 주변에는 회현리 조개더미와 여러 무덤 유적이 있다.

> **TIP**
> 01 박물관 입구에 어린이 활동지가 비치되어 있다. 초등학생을 위한 알찬 내용이 가득하다. 활동지를 활용하면 박물관을 더욱 재미있고 꼼꼼하게 관람할 수 있다.
> 02 어린이박물관은 인터넷 예약을 우선으로 하며 잔여 인원에 한해 현장 접수가 가능하다. 오전 10시부터 오후 5시 30분까지 회차별로 운영한다.
> 03 박물관에서 다양한 체험, 교육 프로그램과 문화 행사가 열린다. 홈페이지에서 미리 확인한 후 이용하자.

주변 여행지 돌아보기

김해가야테마파크 01
가야의 역사, 문화를 체험하는 테마파크다. 가야 왕궁을 재현한 전시 공간부터 다양한 가야 관련 체험이 이뤄지는 공간과 가야를 테마로한 공연을 진행하는 공간 등이 있다. 다채로운 놀이 시설을 갖춘 가야무사어드벤처를 비롯해 캠핑장, 식당, 기념품점 등의 시설을 이용할 수 있다. 국립김해박물관에서 자동차로 10분.
주소 경상남도 김해시 가야테마길 161 | **전화** 055-340-7900 | **시간** 09:30~18:00(내부 사정에 따라 변동 가능) | **휴무일** 연중무휴 | **입장료** 어른 5000원, 14~19세 4000원, 36개월~13세 3000원(패키지권 이용 가능) | **홈페이지** gtp.ghct.or.kr

율하유적공원 02
김해 율하지구 택지 개발 사업을 진행하면서 청동기시대 주거지와 지석묘, 삼국시대 목곽묘와 석곽묘, 고려시대 건물지, 조선시대 민묘와 건물지 등 문화재가 대거 발굴됐다. 이 때문에 유적공원을 조성하고 유적전시관을 건립했다. 국립김해박물관에서 자동차로 25분.
주소 경상남도 김해시 율하1로 63 | **전화** 055-330-7375 | **시간** 24시간(유적전시관은 09:00~18:00) | **휴무일** 연중무휴(유적전시관은 월요일, 1월 1일 휴관) | **입장료** 무료

클레이아크김해미술관 03
클레이는 흙을, 아크는 건축을 뜻한다. 메인 전시관 외벽이 5000장이 넘는 도자 타일로 꾸며 특별하다. 전시관 외 체험관, 카페, 산책로 등의 부대시설을 갖췄다. 국립김해박물관에서 자동차로 30분.
주소 경상남도 김해시 진례면 진례로 275-51 | **전화** 055-340-7000 | **시간** 10:00~18:00 | **휴무일** 월요일(월요일이 공휴일인 경우 그다음 날), 1월 1일, 설날·추석 당일 | **입장료** 어른 2000원, 중·고등학생 1000원, 초등학생 500원 / 특별전은 변동 | **홈페이지** www.clayarch.org

036

미지의 대가야 역사 속으로!
대가야 박물관

많이 알려지지 않은 가야사. 그중에도 대가야의 역사에 대해 흥미롭게 배워보는 기회를 제공한다.

우리 역사 기록에서 가야사에 대한 비중은 상대적으로 부족한 편이다. 최근 들어 가야사가 재조명받으면서 역사 자료의 비중을 늘려가고 있으나, 금관가야에 집중되어 있다. 가야는 6가야로 이뤄진 연맹체였다. 전기 가야연맹은 금관가야가, 후기 가야연맹은 대가야가 주도했다. 금관가야의 유산이 경상남도 김해를 중심으로 남아 있다면, 대가야 유산은 경상북도 고령을 중심으로 현존한다. 그 역사적 의미를 담아 고령군의 현 중심지 이름도 대가야읍이라고 칭한다. 대가야읍에 들어서면 200여 기의 고분으로 이뤄진 지산동고분군이 눈을 사로잡는다. 고분의 모양은 대부분 원형 봉분으로 모양은 비슷하나, 크기는 다양하다. 대형 고분은 대가야시대 왕이나 왕족의 무덤으로 추정된다. 이를 반영하듯 지산동고분군에서 금관과 금동관이 출토된 바 있다. 대가야에 대한 기록이 현저히 부족한 상황에서 고분의 다양한 유물은 당대의 생활상을 보여주는 중요한 자료가 된다. 대가야박물관은 대가야역사관과 대가야왕릉전시관으로 이뤄져 있다. 크게는 우륵박물관(대가야박물관에서 자동차로 6분)까지 포함하기도 한다.

주소 경상북도 고령군 대가야읍 대가야로 1203 | **전화** 054-950-7103 | **시간** 3~10월 09:00~18:00, 11~2월 09:00~17:00 | **휴무일** 월요일(단 월요일이 공휴일인 경우는 예외) | **입장료** 무료 | **홈페이지** goryeong.go.kr/daegaya

◆ 사전 조사를 해봐요 ◆

도서 《가자! 역사 속 가야》 : 가야의 맹주였던 금관가야와 대가야를 중심으로 가야사를 소개한다. 고령과 김해의 고분군과 유물도 생생하게 담아냈다.

도서 《그림으로 보는 한국사 2 - 신라부터 발해까지》 : 신라, 가야, 통일신라, 발해의 역사를 다룬다. 금관가야와 대가야, 가야의 순장 문화, 우륵과 가야금까지 그림, 사진과 함께 설명한다.

알차게 돌아보기

대가야역사관 01
구석기시대부터 근대에 이르는 고령 지역의 역사를 한눈에 살펴볼 수 있다. 대가야의 성립, 성장, 발전, 대가야 이후의 고령을 테마로 전시가 이뤄진다. 야외에도 대가야 시대 주거를 재현한 움집을 비롯해 여러 문화재가 전시되어 있다.

왕릉전시관 02
현존하는 국내 최대 순장묘로 알려진 지산동고분군 44호분의 내부를 그대로 재현했다. 고분 크기 역시 실물과 같다. 무덤의 구조, 축조 방식, 사람의 매장 형태, 껴묻거리 등을 생생하게 살펴볼 수 있다.

어린이체험학습관 03
어린이의 눈높이에 맞춰 꾸며놓은 공간. 대가야 이야기책 만들기, 암각화 그리기, 탁본, 대가야 토기 맞추기 등 대가야와 관련한 여러 가지 체험이 준비되어 있다.

우륵박물관 04
가야금을 만든 우륵과 우리 고유의 악기인 가야금을 테마로 조성한 박물관. 우륵과 가야금에 대해 흥미롭게 접근할 수 있다.

TIP
01 박물관 내에 식당, 카페 등 편의 시설이 없지만 읍내와 가까워 음식점 이용에는 어려움이 없다.
02 해마다 대가야읍 일원에서 고령대가야축제가 열린다. 이 시기에 방문하면 다양한 볼거리와 체험을 함께 즐길 수 있다.

주변 여행지 돌아보기

대가야역사테마관광지 01
대가야의 역사·문화를 테마로 조성한 공간. 고대 가옥촌, 대가야유물체험관, 가마터 체험관 등을 비롯해 다양한 부대시설도 운영한다. 대가야박물관에서 자동차로 1분.

주소 경상북도 고령군 대가야읍 대가야로 1216 | **전화** 054-950-7005 | **시간** 3~10월 09:00~18:00, 11~2월 09:00~17:00 | **휴무일** 연중무휴 | **입장료** 무료입장 / 시설별 이용료 별도 | **홈페이지** mall.goryeong.go.kr/PlaceIntro

대가야수목원 02
일제강점기와 한국전쟁을 겪으며 황폐해진 산림을 울창한 숲으로 가꾼 산림녹화 사업의 업적을 기념하는 수목원이다. 이곳에서 숲이 인간에게 주는 혜택과 환경의 중요성에 대해 배울 수 있다. 대가야박물관에서 자동차로 6분.

주소 경상북도 고령군 대가야읍 성산로 46 | **전화** 054-950-6576 | **시간** 3~10월 09:00~18:00, 11~2월 09:00~17:00 | **휴무일** 월요일(월요일이 공휴일인 경우 그다음 날), 1월 1일, 설날·추석 당일 | **입장료** 무료

개실마을 03
조선시대 영남 사림학파를 대표하는 점필재 김종직의 후손이 모여 사는 전통 마을. 오래된 한옥이 많아 옛 정취가 느껴진다. 전통 음식 만들기, 농사 체험, 자연 체험 등 다채로운 체험 프로그램도 운영한다. 대가야박물관에서 자동차로 15분.

주소 경상북도 고령군 쌍림면 개실1길 29 | **전화** 054-956-4022 | **시간** 24시간(주거지이므로 이른 시간이나 늦은 시간 방문은 삼갈 것) | **휴무일** 연중무휴 | **입장료** 무료(체험 프로그램은 유료) | **홈페이지** www.gaesil.net

037

고구려의 기상을 만나다

충주 고구려비 전시관

> 충주 고구려비전시관은 국내 유일의 고구려석비를 전시한다. 전시를 통해 고구려인의 기상을 엿볼 수 있다.

충주는 삼국시대부터 중원 문화의 중심지이자 고구려, 백제, 신라가 서로 차지하려고 한 요충지였다. 5세기 고구려는 전성기를 누리며 한반도 북쪽과 만주 지역을 지배했다. 전시관은 5개의 전시 공간으로 구성된다. 고구려 고분을 재현한 입구를 지나면 고구려의 태동과 성립을 주제로 한 전시관이 나온다. 고구려 고분에서 발견된 벽화를 통해 당시 생활과 풍습, 예술 세계를 추측해 본다. 전시물 중에서 개마무사의 당당한 모습과 장군총 모형이 인상적이다. 충주 고구려비는 마지막 전시관에 있다. 석비는 돌기둥 모양의 자연석으로 4면에 모두 글자를 새겼다. 전시실에는 탁본 자료가 걸려 있는데 세 번째 면에 있는 200여 개의 글자만 판독될 뿐 나머지 면은 마모가 심해 알아볼 수 없다. 만주에 있는 광개토대왕비의 형태와 비슷한 것으로 보아 당시 백제 수도인 한성을 함락하고 충주까지 세력을 확장했음을 알 수 있다.

주소 충청북도 충주시 중앙탑면 감노로 2319 | **전화** 043-850-7301 | **시간** 09:00~18:00 | **휴무일** 월요일, 1월 1일, 설날·추석 당일 | **입장료** 무료 | **홈페이지** 없음

◆사전 조사를 해봐요◆

도서 《고구려를 넘어서》: 고구려 왕 중 가장 먼저 떠오르는 왕은 아마 광개토대왕이 아닐까? 정복왕이라고 알려져 있지만 불교 공인, 연호 사용, 법 정비 등 많은 업적을 남겼다. 광개토대왕에 얽힌 이야기를 동화로 그렸다.

도서 《고구려 사람들은 왜 벽화를 그렸나요?》: 고구려는 어떤 나라였을까, 고구려 사람들은 무엇을 먹고 어떤 옷을 입었을까, 고분벽화, 유적, 일러스트, 연표 등을 통해 고구려 역사에 대한 이해를 돕는다.

◆엄마, 아빠랑 배워요◆

충주 고구려비에는 어떤 내용이 쓰여 있나요?

비문에는 '고려대왕(高麗大王)'이라는 글자가 있다. 고려는 고구려를 뜻한다. '전부대사자(前部大使者)', '제위(諸位)', '사자(使者)' 등 고구려 관직 이름과 광개토대왕 비문에서와 같이 '고모루성(古牟婁城)' 등의 글자가 보인다. '모인삼백(募人三百)', '신라토내(新羅土內)' 등 고구려가 신라를 부르던 말도 쓰여 있어 이 비가 고구려비였음을 알 수 있다.

알차게 돌아보기

1관 입석마을 이야기

충주고구려비가 발견된 입석마을의 이야기를 담았다. 충주시 가금면 용전리에 입석마을에서 이름 없이 서 있던 비석인 충주 고구려비가 발견됐다. 비석의 정체를 알기 전까지 대장간 기둥으로 사용했고, 1972년 대홍수로 쓰러지기도 했다. 오랜 세월 동안 고구려의 역사를 간직한 채 서 있던 비석이 1500년 만에 고구려비로 밝혀졌다.

2관 고구려 이야기

고구려의 역사와 유물, 설화, 생활 등을 전시한다. 안악 3호분, 광개토대왕비, 장군총 등을 통해 고구려의 역사와 문화를 알 수 있다. 고구려의 영토 확장과 변천사를 지도에 나타냈다. 철갑으로 무장한 고구려의 주력부대, 개마무사는 돌격대인 동시에 방호벽 역할을 했다. 말까지 철로 만든 장비를 무장시켰다는 것은 고구려가 질 좋은 철을 많이 생산했고, 최강의 전투력을 갖추고 있었다는 증거다.

3관 충주 고구려비 이야기

장수왕은 남한강 유역의 여러 성을 공략하며 기념비를 세웠다. 충주 고구려비를 자세히 관찰하며 고구려비의 역사적 가치를 살펴본다. 삼국의 비석, 충주의 고구려 유적 등도 함께 볼 수 있다.

TIP
01 대중교통보다는 자동차를 타고 이동하는 것이 수월하다(주차 무료).
02 30분 정도면 꼼꼼히 둘러볼 수 있는 소규모 전시관이다.

주변 여행지 돌아보기

충주 탑평리 칠층석탑 (중앙탑 사적공원) 01

충주 탑평리 칠층석탑은 국토의 중앙을 표시하기 위해 지었다 해서 '중앙탑'이라 불린다. 국보인 중앙 탑 주변으로 공원이 이어져 산책을 즐길 수 있다. 충주의 역사를 전시하는 충주박물관도 함께 방문해볼 것. 충주고구려비전시관에서 자동차로 6분.

주소 충청북도 충주시 중앙탑면 탑평리 11 | **입장료** 무료

충주박물관

1관은 충주사람들의 민속 문화를 전시한다. 민속놀이와 목계나루의 모습, 옛 살림살이 등을 볼 수 있다. 2관에서는 선사시대부터 삼국, 통일신라시대의 충주의 역사를 살펴본다. 중원고구려비와 단양신라적성비는 충주가 삼국시대 최대 요충지였음을 알려준다. 충주고구려비전시관에서 자동차로 6분.

주소 충청북도 충주시 가금면 중앙탑길 112-28 | **전화** 043-850-3924 | **시간** 09:00~18:00 | **휴무일** 월요일, 1월 1일, 설날·추석 당일 | **입장료** 무료 | **홈페이지** www.chungju.go.kr/museum

탄금대

우륵이 가야금을 탔던 곳이라 해서 탄금대(彈琴臺)라고 불렸다. 남한강과 달천이 합류하는 지점에서 남한강 상류 쪽으로 1km쯤 뻗은 해발 200m의 낮은 산이다. 소나무 숲길을 따라 들어가면 충주문화관과 야외음악당이 있다. 탄금정에 오르면 두 갈래 물줄기가 하나로 합쳐져 흐르는 물길을 볼 수 있다. 충주고구려비전시관에서 자동차로 11분.

주소 충청북도 충주시 탄금대안길 105 | **전화** 043-848-2246 | **시간** 24시간 | **입장료** 무료

038

백제의 보물 창고

국립 공주박물관

백제가 남긴 유적은 유네스코 세계문화에 등재될 만큼 찬란하다. 국립공주박물관은 무령왕릉 출토품을 비롯해 백제의 유물을 소장·전시한다.

기원전 18년 온조왕은 백제를 건국했다. 이후 백제는 678년 동안 역사를 이어가며 수도를 세 번이나 옮겼다. 475년 개로왕이 고구려 장수왕에게 위례성을 내주고 웅진으로 수도를 옮겼다. 이후 538년 성왕이 평야가 있는 사비로 천도해 백제의 중흥을 꿈꾸지만 660년 나당 연합군에게 패했다. 백제의 유물은 대부분 땅속에 묻혀있어 아직도 발굴 중이다. 국립공주박물관은 1층 웅진백제실, 2층 충청남도 역사문화실, 기획전시실로 구성된다. 국립공주박물관의 하이라이트는 웅진백제실이다. 무령왕릉에서 출토된 유물을 전시하는데 마치 무령왕릉 내부로 들어온 것 같은 착각이 든다.

주소 충청남도 공주시 관광단지길 34 | **전화** 041-850-63000 | **시간** 평일 10:00~18:00, 토·일요일·공휴일 10:00~19:00 / 야간 개장(4~10월 중 토요일) 10:00~21:00 | **휴무일** 월요일, 1월 1일, 설날·추석 당일 | **입장료** 무료(기획 전시는 경우에 따라 유료) | **홈페이지** gongju.museum.go.kr

◆사전 조사를 해봐요◆

도서 《세상 밖으로 나온 백제》 : 무령왕릉과 함께 배우는 백제시대 이야기. 1400여 년이 넘는 세월 동안 온전히 보존된 무령왕릉을 통해 백제의 역사를 그림책으로 엮었다.

도서 《공주, 부여로 보는 백제》 : 백제의 두 번째 도읍지 웅진성(공주), 세 번째 도읍지 사비성(부여)의 과거와 현재 모습을 비교하며 백제의 역사, 문화, 생활상을 살펴본다. 그림과 함께 짧은 글로 이루어져 부담 없이 읽을 수 있다. 왕으로 보는 백제 연표 코너에는 백제 건국 온조왕부터 백제 마지막 왕인 의자왕까지 31명의 왕을 한눈에 보여준다.

◆엄마, 아빠랑 배워요◆

무령왕릉을 통해 무엇을 알 수 있나요?

무령왕릉은 겉으로 봐서는 다른 무덤과 별 차이가 없다. 무덤 안을 벽돌로 쌓은 것이 특징인데 중국 남족의 무덤 양식과 비슷한 것으로 보아 당시 백제가 중국과 교류했음을 알 수 있다. 왕릉에서 매지석(토지신에게 땅을 매입했다는 내용을 새긴 벽돌)이 출토됨에 따라 무덤 주인이 백제 25대 왕인 무령왕이라는 것이 밝혀졌다. 무령왕릉은 우리나라에서 유일하게 무덤 주인이 명확하게 밝혀진 고대 고분이다. 도굴되지 않고 온전히 발견된 것도 특징이다.

알차게 돌아보기

웅진백제실 **01**

웅진백제기(475~538)를 중심으로 사비백제 초기까지의 문화를 전시한다. 전시는 총 4부로 구성된다(1부 한성에서 웅진으로, 2부 웅진백제의 문화, 3부 무령왕의 생애와 업적, 4부 웅진에서 사비로). 공산성, 무령왕릉 내부를 재현한 곳이 하이라이트. 제사용 그릇, 왕과 왕비 목관 등을 원상태로 배치했다. 오수전(동전), 은동 그릇 등은 저승으로 떠나는 자를 배웅하는 백제 사람들의 태도를 나타낸다.

충청남도 역사문화실 **02**

구석기시대부터 통일신라시대까지 충청남도에서 발견한 유물을 전시한다. 공주 송산리고분, 공산성 등에서 출토된 유물을 주목해보자. 그릇받침, 수막새, 금동관음보살입상 등 생활과 종교와 관련된 유물도 함께 볼 수 있다.

TIP
01 전시실 내부에서 사진 촬영은 가능하나 플래시 및 삼각대는 사용할 수 없다.
02 어린이박물관 교실, 방학캠프 등 교육 프로그램을 운영한다. 홈페이지 예약 필수.
03 어린이 공연, 음악회, 큐레이터와의 대화, 영화 상영 등 다양한 문화 행사가 열린다.
04 국립공주박물관 공식 홈페이지에 접속하면(자료 > 정보 > 출판물 코너) 국립공주박물관이 발행한 백제 역사 자료를 열람할 수 있다.

야외전시실 **03**

본관 앞쪽 박물관 마당에서 전시가 열린다. 공주, 홍성 등에서 출토된 석조 유물을 전시한다. 대통사지출토 석조, 석조여래입상, 석탑 등을 볼 수 있다. 박물관 주변을 산책 삼아 한 바퀴 돌아봐도 좋다.

 주변 여행지 돌아보기

송산리고분군 (세계문화유산) **01**

웅진백제시대의 왕과 왕족의 무덤이다. 1971년 배수로 공사를 하던 중 무령왕릉이 발견됐다. 1500년 전 상태 그대로 발견되어 피장자의 신분을 알 수 있는 유일한 고대 왕릉이다. 송산리고분군 동쪽에 1~4호분이, 서쪽에 5~6호분과 무령왕릉이 있다. 구불구불한 오솔길을 따라 산책로가 이어진다. 국립공주박물관에서 도보 5분.

주소 충청남도 공주시 왕릉로 37 | **전화** 041-856-3151 | **시간** 09:00~18:00 | **휴무일** 연중무휴 | **입장료** 어른 1500원, 어린이 700원

송산리고분군 모형전시관 **02**

송산리고분군은 보존상의 문제로 실내를 공개하지 않는다. 대신 5호분과 6호분, 무령왕릉을 실제 크기로 정밀하게 재현해 모형전시관을 만들었다. 벽돌의 문양과 벽돌을 쌓은 방식, 형태, 벽화 등 백제의 무덤 양식을 살펴본다. 국립공주박물관에서 도보 5분.

주소 충청남도 공주시 왕릉로 37 | **전화** 041-856-3151 | **시간** 09:00~18:00 | **휴무일** 연중무휴 | **입장료** 어른 1500원, 어린이 700원

공산성 **03**

백제의 도읍 웅진을 수호하는 산성이다. 금강변을 따라 260m에 이르는 성곽이 펼쳐진다. 처음에는 토성으로 지었다가 임진왜란 이후 석성으로 고쳐 쌓았다. 동서남북에 성문이 있고, 성내에 건물지와 저수 시설, 저장혈, 우물 등이 있다. 공산성에 오르면 공주 시내의 풍경이 한눈에 펼쳐진다. 국립공주박물관에서 자동차로 5분.

주소 충청남도 공주시 웅진로 280 | **전화** 041-840-2266 | **시간** 09:00~18:00 | **휴무일** 연중무휴 | **입장료** 어른 1200원, 어린이 600원

039

백제의 마지막 도읍
사비로 떠나는 역사 여행

국립 부여박물관

POINT 백제시대 마지막 수도인 부여의 역사를 전시하는 박물관에서 백제 문화의 우수성과 독창성을 살펴본다.

백제 무령왕의 뒤를 이은 성왕은 538년 웅진(공주)에서 사비(부여)로 수도를 옮겼다. 사비는 660년까지 123년 동안 문화를 꽃피웠고, 백제의 멸망을 지켜봤다. 국립부여박물관은 백제 사비시대의 역사를 전시한다. 상설전시실은 백제의 선사 문화, 백제인의 공예 기술과 종교, 건축 문화 코너로 구성된다. 백제인은 삼국 중 유일하게 그릇에 유약을 발라 구웠고, 기와에 연꽃무늬를 새길 정도로 예술성이 뛰어났다. 새로움을 추구하는 문화적 개방성도 엿볼 수 있다. 주요 전시물로는 백제금동대향로, 금동관세음보살입상 등의 국보와 당유인원기공비, 보광사대보광선사비, 부여석조, 금동석가여래입상 등 보물이 있다. 전시 관람을 통해 백제의 역사와 문화를 깊이 있게 이해할 수 있다.

주소 충청남도 부여군 부여읍 금성로 5 | **전화** 041-833-8462 | **시간** 평일 10:00~18:00, 토·일요일, 공휴일 10:00~19:00 / 야간 개장(4~10월 토요일) 10:00~21:00 | **휴무일** 월요일, 1월 1일, 설날·추석 당일 | **입장료** 무료 | **홈페이지** buyeo.museum.go.kr

◆ 사전 조사를 해봐요 ◆

도서 《가자!! 사비백제》: 백제의 마지막 수도인 부여의 역사를 알기 쉽게 구성했다. 웅진에서 사비로 도읍을 옮긴 후 백제가 멸망하기까지의 역사를 설명한다. 현장에서 활용할 수 있는 부모 매뉴얼 카드를 부록으로 제공한다.

e-Book 《궁극의 걷기 여행 코스 부여사비길》: 부여사비길은 부여를 중심으로 백제의 역사 유적지를 따라 걷는 길이다. 부소산성과 관북리 유적, 정림사지와 능산리 고분군, 나성 유적 등 백제 역사가 깃든 길을 소개한다.

◆ 엄마, 아빠랑 배워요 ◆

백제 사비시대 대표적인 예술품은 무엇인가요?
백제는 독창적인 문화를 꽃피웠다. 이웃 나라와의 교류를 통해 개방적이면서 독자적인 문화를 발전시켰다. 백제금동대향로는 동아시아 향로의 걸작으로 손꼽히는데 향로에 새긴 무늬를 통해 당시 백제인의 사상을 짐작해볼 수 있다. 사비시대 토기는 뛰어난 기술력을 적용한 것이 특징이다. 부여박물관이 소장한 유물 중 '호자'라는 것이 있다. 호자는 남성이 사용했던 호랑이 모양 소변통으로 오늘날 병원에서 사용하는 것과 닮았다.

알차게 돌아보기

제1 전시실 01

3개의 파트로 전시가 구성된다. '삶과 죽음 그리고 송국리식 토기', '세련된 청동기, 그리고 대쪽 모양 동기', '다양한 철제 유물, 그리고 유리대롱옥'. 각 주제를 통해 백제 선사 문화를 전시한다. 청동기 중기를 대표하는 송국리 유적과 마전리 유적, 철기시대를 맞이한 백제의 유물이 하이라이트이다. 백제는 철기뿐만 아니라 유리도 만들었다. 유리대롱옥을 통해 확인할 수 있다.

제2 전시실  02

'사비천도와 왕경 문화', '능산리 사찰과 백제금동대향로', '돌과 나무에 새겨진 백제 문화' 등을 통해 백제인의 공예 기술과 종교 문화를 살펴본다. 백제금동대향로(국보, 불전에 향을 피울 때 쓰는 향로)와 창왕명석조사리감(국보, 한국에서 현존하는 가장 오래된 사리 장치)은 백제 역사 연구에 큰 획을 그은 유물이다.

제3 전시실 03

백제의 불교문화를 통해 당시 공예기술과 건축 감각을 살펴본다. 백제의 미소로 대표되는 금동관음보살입상(국보), 세밀한 기왓골과 내림 마루의 정교한 장식이 특징인 청동 탑, 산수, 봉황, 구름 등을 새긴 무늬 벽돌 등을 전시한다. 우아하고 세련된 백제의 문화는 시공간을 초월해 현대인에게도 감동을 전한다.

TIP
01 전시실 내부에서 사진 촬영은 가능하나 플래시 및 삼각대는 사용할 수 없다.
02 미취학 어린이와 저학년 초등학생을 위한 어린이박물관이 따로 마련되어 있다. 초등학교 3~4학년 이하 어린이를 대상으로 백제 문화의 상징인 '백제금동대향로'를 자세히 설명한다.
03 문화 특강, 체험교실, 방학 프로그램 등 다양한 교육 프로그램을 운영한다. 홈페이지 정보 확인.
04 전시 해설은 1일 2회 가족 단위 또는 20명 이하의 소규모 인원을 대상으로 하며 상설전시관 중앙홀에서 시작한다.
05 사비마루 공연장에서는 뮤지컬, 음악회 등 공연이 열린다.

주변 여행지 돌아보기

부소산성 01

백제시대 부여 도성을 방어하는 핵심 시설이다. 평상시에는 궁궐의 후원으로, 유사시에는 도성의 방어 거점으로 이용했다. 백마강이 내려다 보이는 곳에 삼천궁녀가 몸을 던졌다는 낙화암이 있다. 국립부여박물관에서 자동차로 3분.

주소 충청남도 부여군 부여읍 관북리 | **전화** 041-832-5504(부여군시설관리공단) | **시간** 3~10월 09:00~18:00, 11~1월 09:00~17:00 | **휴무일** 연중무휴 | **입장료** 어른 2000원, 어린이 1000원

궁남지 02

우리나라 최초의 인공 연못이다. 궁남지는 궁궐의 남쪽이라는 뜻이다. 연못 중심에 정자가 있다. 신라 진평왕의 딸인 선화공주와 백제 무왕의 사랑 이야기가 담긴 곳으로 차분하게 산책을 즐기기 좋다. 매년 7월 부여서동연꽃축제가 열린다. 국립부여박물관에서 자동차로 3분.

주소 충청남도 부여군 부여읍 궁남로 5 | **전화** 041-830-2330 | **시간** 24시간 | **휴무일** 연중무휴 | **입장료** 무료 | **홈페이지** www.shinhanmuseum.co.kr

정림사지 & 정림사지박물관 03

백제 사비시대의 대표적인 문화 유적지다. 부여 중심에 있는 절터에 정림사지 오층석탑과 석불좌상이 남아 있다. 상설전시관은 백제불교역사실과 문화실, 정림사지관 등으로 구성된다. 국립부여박물관에서 도보 3분.

주소 충청남도 부여군 부여읍 동남리 254 | **전화** 041-832-2721 | **시간** 3~10월 09:00~18:00, 11~2월 09:00~17:00 | **휴무일** 1월 1일, 설날·추석 당일 | **입장료** 어른 1500원, 어린이 700원 | **홈페이지** www.jeongnimsaji.or.kr

040

백제시대로 떠나는 역사 나들이
몽촌토성 & 한성백제박물관, 몽촌역사관

POINT 몽촌토성은 백제시대의 토성이다. 백제의 역사를 생생하게 체험할 수 있는 현장이다. 몽촌토성 주변에 있는 한성백제박물관과 몽촌역사관도 함께 둘러본다.

몽촌토성은 백제시대 도성으로 북방의 공격에 대비해 진흙으로 성벽을 쌓고, 나무 울타리를 세운 것이다. 주변 지리를 살펴보면 서쪽으로 한강이 흐르고, 북동쪽으로 한강의 지류인 성내천이 흘러 자연적인 방어책 역할을 한다. 올림픽공원에는 몽촌토성 외에도 한성백제박물관과 몽촌역사관이 있다. 두 곳 모두 한강 유역을 중심으로 고대 역사와 문화를 전시한다. 백제시대 옛 주거지, 몽촌토성의 유적 등을 통해 백제의 역사를 알아볼 수 있다. 한강 유역과 공주, 부여에서 출토된 장신구, 미륵반가사유상 등의 모형을 전시한다. 올림픽공원에서 피크닉을 즐긴 후 몽촌토성, 한성백제박물관, 몽촌역사관을 관람하면 알찬 가족 나들이 코스 완성!

주소 서울시 송파구 올림픽로 424(올림픽공원) | **전화** 02-2147-2001 | **입장료** 무료

TIP
01 한성백제박물관에서 스마트폰으로 전시실 및 유물에 대한 설명을 들을 수 있다(U-전시 안내 앱 설치 후 RFID 태그).
02 몽촌역사관은 만들기, 그리기 등 어린이를 대상으로 체험 교육 프로그램을 운영하며 홈페이지를 통해 예약할 수 있다.

◆ **사전 조사를 해봐요** ◆

도서 《가자! 한성백제》 : 백제의 첫 번째 수도 한성에 대한 내용을 중심으로 백제 역사를 소개한다. 고구려, 백제, 신라의 건국과 전성기 등 삼국의 역사도 함께 다룬다.
도서 《얘들아, 백제 여행 떠나볼래?》 : 교사가 만든 수업 자료를 책으로 엮었다. 역사 현장을 찾아다니며 얻은 체험과 지식을 바탕으로 백제의 역사를 쉽고 재밌게 설명한다. 한성백제, 웅진백제, 사비백제 등 도읍지별로 백제 역사를 살펴본다.

◆ **엄마, 아빠랑 배워요** ◆

몽촌토성 이름은 어디서 유래했나요?
몽촌토성은 낮은 구릉에 쌓은 산성으로 당시 이름은 알 수 없다. 성안에 곰말(꿈말)이라는 마을이 있었기 때문에 '몽촌토성'이라고 이름 붙였다. 성벽의 길이는 2.3km이며 동남북쪽에 성문이 있었다.

한성백제박물관

한강 유역을 중심으로 출토된 백제 유물과 유적을 전시한다. 로비에는 풍납토성의 성벽 단면을 얇게 떼어내 만든 성벽 모형이 있다. 3개의 전시실에서 각종 유물과 모형, 영상, 체험 게임 등을 활용한 전시를 선보인다. 규모가 큰 편이라 전시실을 꼼꼼하게 둘러보려면 1~2시간 정도 걸린다. 4D로 제작된 애니메이션도 놓치지 말 것. 백제 역사를 총체적으로 이해할 수 있다.

주소 서울시 송파구 위례성대로 71 | **전화** 02-2152-5800 | **시간** 평일 09:00~21:00, 토·일요일·공휴일 09:00~17:00(11~2월은 09:00~18:00) | **휴무일** 월요일, 1월 1일 | **입장료** 무료 | **홈페이지** baekjemuseum.seoul.go.kr

몽촌역사관

저학년 어린이의 눈높이에 맞춰 전시를 구성했다. 전시는 크게 5개(한반도의 선사시대, 몽촌토성, 풍납토성, 삼국, 한강에서 다투다, 바다로 나아간 백제) 주제로 나뉜다. 체험전시장에서는 그림을 그리고 퍼즐을 맞추며 백제의 역사를 흥미롭게 접할 수 있다. 고대 역사와 문화를 쉽고 재미있게 풀어낸다. 유치원생, 초등학생을 대상으로 다양한 교육 프로그램을 운영한다. 전시관 규모가 그리 크지 않아 30~40분이면 충분히 둘러볼 수 있다.

주소 서울시 송파구 올림픽로 424 | **전화** 02-2152-5900 | **시간** 09:00~18:00 | **휴무일** 월요일, 1월 1일 | **입장료** 무료 | **홈페이지** baekjemuseum.seoul.go.kr/dreamvillage

041

백제로 떠나는
시간 여행

미륵사지 &
국립익산
박물관

POINT 2015년 7월 유네스코 세계유산위원회는 익산, 공주, 부여의 백제 역사유적지구를 세계유산으로 등재했다.
익산 미륵사지에서 백제의 문화를 느껴본다.

우리나라에서 가장 크고, 오래된 석탑은 어떤 탑일까? 정답은 미륵사지 석탑이다. 미륵사는 무왕(재위 600~641)이 세운 백제 최대 규모의 사찰이다. 지금은 절터만 남았지만 축조 당시 오른쪽엔 동탑이, 왼쪽에 서탑이 있었다. 서탑은 절반 이상이 붕괴되어 6층 일부까지만 남았는데 본래 9층이었을 것으로 추정한다. 1915년 일본인이 콘크리트를 발라 석탑을 보수했지만 추가 붕괴 우려가 있어 1998년 석탑 해체 수리를 결정했다. 2009년에는 중심 기둥인 심주석에서 금제 사리기가 발견되어 탑의 창건 시기(639년)와 창건 주체가 밝혀졌다. 2018년 미륵사지 석탑 복원을 마쳤고, 2020년 미륵사지에 국립익산박물관이 문을 열었다. 미륵사지에서 출토된 유물을 관람하며 백제의 역사와 문화를 살펴본다.

주소 전라북도 익산시 금마면 기양리 미륵사지로 362 | **전화** 031-590-2837 | **시간** 전시관 10:00~18:00, 옥외 공간 07:00~일몰 | **휴무일** 월요일, 1월 1일, 설날·추석 당일 | **입장료** 무료 | **홈페이지** iksan.museum.go.kr/home(국립미륵사지유물전시관)

◆ 사전 조사를 해봐요 ◆

도서 《꼬마 와박사 소마, 미륵사에 가다》 : 백제는 찬란한 문화를 꽃피웠지만 고구려, 신라에 비해 남아 있는 문화가 많지 않다. 소마의 일기를 통해 백제 역사를 재미있게 설명한다.

도서 《한국 석탑의 양식 기원》 : 석탑에 구현된 양식의 기원을 찾아본다. 미륵사지 석탑은 중국의 불탑과는 완전히 다른 방식과 기술로 세웠으며 독자적인 세계를 구축했다.

◆ 엄마, 아빠랑 배워요 ◆

미륵사는 왜 만들었을까요?
무왕은 왕비와 함께 용화산 사자사를 가던 중 3명의 미륵부처를 만난다. 왕비는 미륵부처를 위해 절을 지어달라고 청했고, 왕은 이를 받아들여 미륵사를 지었다.

미륵사에는 몇 개의 탑이 있었나요?
동탑과 서탑, 가운데 목탑이 있었다. 중앙의 목탑은 흔적도 없이 사라졌고, 1993년에는 동탑을 복원했다. 고증 없이 추정 복원된 9층 석탑은 새하얀 화강암 탑으로 다시 태어났다. 서탑과 달리 동탑은 국가 지정 문화재가 아니다.

국립미륵사지 유물 전시관

익산백제실 **01**

익산은 사비 백제의 신도시였다. 백제 후기문화를 간직하고 있는 유물을 전시한다. 가람배치 양식으로 지은 미륵사 모형을 통해 백제건축의 우수성을 알 수 있다.

미륵사지실 **02**

미륵사 창건과 번영, 중흥에 대한 유물을 전시한다. 2009년 미륵사지 석탑을 해체 조사하는 과정에서 출토된 사리장엄구가 주요 전시물이다. 보물 제1753호로 지정된 금동향로, 백자 꽃 모양 그릇, 청동제보살손, 청자연꽃잎무늬병 등을 감상하며 백제 문화의 진수를 느껴본다.

역사문화실 **03**

호남의 관문 익산은 뚜렷한 정체성을 갖고, 역사를 이어왔다. 조상이 남긴 흔적을 통해 백제 문화를 살펴본다.

> **TIP**
> 01 미륵사는 약 33만m²(10만 평)에 이르는 백제 최대의 사찰이다. 지금은 터만 남았다.
> 02 미륵사지 입구에 있는 2개의 연못은 통일신라시대 초기 당간지주와 함께 만든 것이다.
> 03 국립익산박물관은 다양한 교육, 행사 프로그램을 운영하다.

주변 여행지 돌아보기

왕궁리 유적 **01**

백제의 궁궐터 왕궁리 유적은 익산 미륵사지와 함께 세계문화유산으로 지정됐다. 석탑과 금당지, 강당지가 발견되면서 왕궁터가 사찰로 변경되었다는 것을 알 수 있다. 정원과 공방터, 대형 화장실 등이 발굴되었다. 국보인 왕궁리 오층석탑과 왕궁리유적전시실이 있다. 미륵사지에서 자동차로 15분.

주소 전라북도 익산시 왕궁면 왕궁리 산80-1 | **전화** 063-859-4631 | **시간** 09:00~18:00 | **휴무일** 월요일, 1월 1일 | **입장료** 무료 | **홈페이지** www.iksan.go.kr/wg

익산쌍릉 **02**

익산에는 백제시대의 무덤 2기의 봉분이 남아 있다. 큰 것을 대왕묘, 작은 것을 소왕묘라 한다. 대왕묘 옆으로 난 길을 따라 올라가면 소왕묘가 나온다. 7세기 전반 굴식돌방무덤 형식을 나타내며 백제 무왕과 왕비 선화공주의 무덤으로 추정한다. 미륵사지에서 자동차로 12분.

주소 전라북도 익산시 석왕동 산55 | **입장료** 무료

고도리 석불입상 **03**

옥룡천을 사이에 두고 2기의 석불이 마주 보고 서 있다. 두 석불의 거리는 200m. 갓을 쓴 석불의 표정은 토속적이다. 음력 12월에 두 불상이 만나 1년 동안의 회포를 풀고 아침이 밝기 전 제자리로 돌아간다는 이야기가 전해진다. 미륵사지에서 자동차로 12분.

주소 전라북도 익산시 금마면 동고도리 1086 | **입장료** 무료

042

백제로 떠나는
시간 여행

무령왕릉 & 공산성

POINT 공주에는 세계문화유산으로 등재된 무령왕릉과 공산성, 마곡사가 있다. 1300여 년 만에 세상에 모습을 드러낸 백제 문화의 발자취를 따라 역사 여행을 떠나본다.

백제는 기원전 18년 온조왕이 건국한 후 678년 동안 역사를 이어갔다. 위례성(서울)에서 웅진(공주)으로, 다시 사비(부여)로 수도를 옮기면서 문화를 꽃피웠다. 공주 송산리에는 백제 왕족이 잠들어 있는 무덤이 있다. 1971년 송산리고분군 5호분과 6호분의 배수로 공사를 하던 중 1500여 년 동안 땅속에 묻혀 있던 유물을 발견했다. 피장자를 정확히 기록한 묘지석이 출토되면서 무덤 주인이 백제 25대 왕인 무령왕이라는 것(부부 합장묘)이 밝혀졌다. 신분을 알 수 있는 유일한 왕릉이라는 점에서 의미가 크다. 무령왕릉 입구를 지키는 상상의 동물 진묘수를 비롯해 왕과 왕비의 관 꾸미개, 금귀고리, 청자, 청동거울, 돈 등이 출토됐다. 보존 문제로 무령왕릉 내부는 공개하지 않는다. 대신 무령왕릉을 실제 크기로 재현한 모형 전시관에서 관련 자료를 볼 수 있다.

주소 충청남도 공주시 왕릉로 37 | **전화** 041-840-2425 | **시간** 09:00~18:00 | **휴무일** 연중무휴 | **입장료** 어른 1500원, 어린이 700원

◆ **사전 조사를 해봐요** ◆

도서 《세상 밖으로 나온 백제》 : 무령왕릉에서 출토된 진묘수(무덤을 지키는 상상의 동물)가 전해주는 백제 역사 이야기. 생생한 사진 자료와 쉬운 설명으로 이해를 돕는다.

도서 《아름다운 나라 백제》 : 그림으로 읽는 한국사 시리즈 중 한 권이다. 인물과 스토리 중심으로 풀어내는 백제 역사 이야기. 백제의 찬란한 문화유산도 함께 알아본다.

◆ **엄마, 아빠랑 배워요** ◆

송산리 고분군은 누구의 무덤이에요?
백제시대 왕과 왕족을 모신 무덤이다. 고분군 동쪽에 1~4호분이, 서쪽에 5~6호분과 무령왕릉이 있다. 1~5호분은 깬돌을 이용한 굴식돌방무덤, 6~7호분은 연꽃무늬 벽돌로 눕혀 쌓기와 세워 쌓기를 반복해 만든 벽돌식 널방무덤이다. 6호분에서 벽화가 출토되었고, 7호분(무령왕릉)에서 4000점이 넘는 유물과 묘지석이 발견되었다.

공산성 알차게 돌아보기

01 공산성의 위치, 규모

금강이 한눈에 내려다보이는 곳에 공산성이 있다. 1500여 년 전 백제의 도읍인 웅진을 지키기 위해 쌓은 산성이다. 해발 110m 능선을 따라 동서로 약 800m, 남북으로 400m가량 이어진다.

02 공산성의 역사

공산성은 처음에 토성으로 축조되었다가 임진왜란 이후 석성으로 고쳐 쌓았다. 백제시대 당시 웅진성이라고 불렀으나 고려시대 이후부터 공산성이라 불렀다. 백제 멸망 직후 의자왕이 머물렀으며 백제 부흥 운동의 중심지였다. 조선시대까지 지방행정의 중심지로 명맥을 이어 왔다.

03 공산성 산책 코스

공산성의 입구인 금서루로 올라가는 길에 공주 곳곳에 흩어졌던 비석을 모아두었다. 공산성 곳곳에 있는 깃발은 송산리 고분벽화에 있는 사신도를 표현한 것이다. 동서남북에 성문이 있고, 성내에 건물과 저수 시설, 저장혈, 우물 등이 남아 있다. 유유히 흘러가는 금강의 풍경을 감상하며 산책을 즐겨보자.

주소 충청남도 공주시 웅진로 280 | **전화** 041-840-2266 | **시간** 09:00~18:00 | **휴무일** 연중무휴 | **입장료** 어른 1200원, 어린이 600원

TIP
01 통합권을 구입하면 공산성, 석장리박물관, 송산리 고분군, 세 곳을 할인된 가격으로 입장할 수 있다. 통합권 유효기간은 발급일로부터 2일이다.
02 송산리 고분과 공산성에는 매점 등 편의 시설이 없다.
03 무령왕릉에서 출토된 유물 진품은 국립공주박물관에서 볼 수 있다.

주변 여행지 돌아보기

01 국립공주박물관

송산리 고분군에서 출토된 유물(진품)을 전시한다. 국보 18점과 보물 8점 등 총 4만여 점의 문화재를 소장하고 있다. 1층 웅진백제실, 2층 충청남도 역사문화실, 기획전시실로 이루어진다. 무령왕릉에서 도보 13분.

주소 충청남도 공주시 관광단지길 34 | **전화** 041-850-6300 | **시간** 평일 10:00~18:00, 토·일요일·공휴일 10:00~19:00 / 야간 개장 (4~10월 중 토요일) 10:00~21:00 | **휴무일** 월요일, 1월 1일, 설날·추석 당일 | **입장료** 무료(기획 전시는 경우에 따라 유료) | **홈페이지** gongju.museum.go.kr

02 공주한옥마을

친환경 건축 자재인 소나무, 삼나무로 지은 한옥이 여러 채 모여 있다. 한옥 숙박과 백제 문화를 체험할 수 있는 전통문화 프로그램이 열린다. 한옥마을 둘레길을 걸어봐도 좋다. 무령왕릉에서 도보 10분.

주소 충청남도 공주시 관광단지길 12 | **전화** 041-840-8900 | **시간** 24시간 | **가격** 숙박 8만~25만 원 | **홈페이지** hanok.gongju.go.kr

03 마곡사

중국 당나라에서 귀국한 자장율사가 640년에 선덕여왕의 후원으로 마곡사를 지었다. 마곡사에는 백범 김구 선생이 묵었던 것을 기리기 위한 백범당이 있다. 마곡천을 따라 백범 명상길이 이어진다. 2018년에 세계문화유산에 등재되었다. 무령왕릉에서 자동차로 35분.

주소 충청남도 공주시 사곡면 마곡사로 966 | **전화** 041-841-6221 | **입장료** 어른 3000원, 어린이 1000원 | **홈페이지** www.magoksa.or.kr

043

이천년을 거스르는 시간여행

경덕왕릉 의성 조문국 사적지

POINT 교과서에는 안 나오는 삼국사기 조문국의 비밀을 찾아 떠나는 여행. 삼한시대 초기 부족국가 조문국의 역사를 살펴본다.

조문국은 삼한시대(삼국시대 이전 한반도 중남부에 형성된 정치집단)에 의성 지역을 지배했다. 신라 9대 벌휴왕 2년(185년)에 신라에 부속됐다는 기록이 〈삼국사기〉에 남아 있는 것을 제외하고 조문국에 대한 문헌자료는 찾아볼 수 없다. 삼한시대에 만들어진 것으로 추정하는 고분군은 금성면 일대뿐만 아니라 단촌면과 점곡면 등에 있다. 과거 막강했던 정치세력이 의성에 존재했다는 사실을 뒷받침 해주는 증거다. 조문국 사적지에는 경주 왕릉과 비슷한 크기의 대형 고분이 즐비하다. 탐방로 한가운데에는 봉분 둘레 74m, 높이 8m에 이르는 경덕왕릉이 있다. 경덕왕릉 앞에 있는 고분전시관은 대리리 2호분을 재현했으며 출토 유물과 순장 문화 등을 전시한다. 산책로를 따라 걷다보면 조문국 박물관에 이른다. 조문국은 신라의 양식을 독자적으로 변형해 무덤, 토기 등을 만들었다. 마치 역사 다큐멘터리 한 편을 보는 듯 흥미롭다.

주소 경상북도 의성군 금성면 대리리 324 | **전화** 052-229-3147~8 | **시간** 상시 | **휴무일** 연중무휴 | **입장료** 무료

◆사전 조사를 해봐요◆

도서 《왕녀 운모》 : 경상북도 의성군 금성면 일대에 있었던 소왕국 조문국은 당시 세력을 넓히기 위해 북쪽으로 진출하려던 사로국(초기의 신라)에게 멸망한다. 조문국 마지막 공주 운모에 관한 이야기다.

◆엄마, 아빠랑 배워요◆

조문국은 언제 망했나요?
조문국은 185년 신라의 두 장수에 의해 병합됐다. 왕관, 금귀걸이, 금목걸이 등의 유물이 출토되었는데 뛰어난 세공기술은 신라 수도인 경주와 비견해 손색이 없다. 조문국이 신라 지배층과 긴밀한 관계였거나 독자적인 정치세력으로 존재했음을 알 수 있다.

알차게 돌아보기

조문국 박물관 01

지상 3층, 지하 1층 규모에 상설전시실, 기획전시실, 어린이 고고 발굴체험관, 세미나실, 강당 등을 갖췄다. 선사시대, 고대사를 살펴볼 수 있으며 옥상에 오르면 시원한 전망이 펼쳐진다.

고분전시관 02

둥근 돔 모양으로 지어진 조문국고분전시관은 조문국 왕릉과 관련한 역사 자료를 전시한다. 고대 의성의 비밀통로를 따라 들어가면 고분군 분포와 현황, 형성과정, 유구, 출토유물, 의성지역 순장 사례 등을 볼 수 있다.

경덕왕릉과 35호 고분길 03

삼한시대 부족국가였던 조문국의 경덕왕을 모신 릉이다. 릉 주변으로 산책을 즐길 수 있는 잔디밭을 비롯해 전망대, 포토존, 꽃밭 등 다양한 시설을 갖춰 가족 나들이 장소로도 추천한다.

TIP
01 고분군 잔디밭은 출입금지. 지정된 산책로를 따라 이동한다.
02 매년 5~6월이면 작약단지에 붉은 작약 꽃이 활짝 펴 절경을 이룬다.
03 조문국 사적지 주차장은 지대가 높은 곳에 있어 고분군을 한눈에 감상할 수 있다.

주변 여행지 돌아보기

고운사 01

화엄종 시조인 의상대사가 창건했다. 신라말 유·불·도교에 통달해 신선이 됐다는 최치원이 스님과 함께 가운루와 우화루를 세웠으며 그의 호인 고운(孤雲)을 따서 절 이름을 지었다. 일주문으로 들어가는 길 황토길을 따라 이어진 숲길이 아름답다. 조문국 사적지에서 자동차 35분.

주소 경상북도 의성군 단촌면 고운사길 415 | **전화** 054-833-2234 | **시간** 상시 | **휴무일** 연중무휴 | **입장료** 무료 | **홈페이지** www.gounsa.net

사촌마을 02

600년 가로숲과 조선 후기 기와집이 모여 있는 마을이다. 사촌 가로숲은 마을 서쪽이 허하면 인물이 나지 않는다는 풍수지리설에 따라 1390년에 조성했다. 1km 숲길을 따라 상수리나무, 팽나무 등이 울창한 숲을 이룬다. 만취당을 비롯해 사촌마을 자료전시관, 벽화마을이 볼거리다. 조문국 사적지에서 자동차 30분.

주소 경상북도 의성군 점곡면 만취당길 | **시간** 상시 | **휴무일** 연중무휴 | **입장료** 무료

빙계계곡 03

계곡 곳곳에 있는 얼음구멍과 바람구멍에서 찬바람이 나오는 신비한 계곡이다. 빙산이라고 불리며 여름이 다가올수록 찬바람이 나오고 겨울이면 따뜻한 바람이 나온다. 자연의 경이로움을 느껴볼 수 있는 곳. 여름에는 물놀이를 하며 더위를 식히기 좋다. 조문군 사적지에서 자동차 15분.

주소 경상북도 의성군 춘산면 빙계리 896 | **전화** 054-830-6952 | **시간** 상시 | **휴무일** 연중무휴 | **입장료** 무료

044

경주 역사 탐방의 중심

국립 경주박물관

POINT 신라시대 역사와 문화를 한눈에 살펴볼 수 있는 박물관으로 경주 역사 탐방의 기본기를 다져준다.

천년 고도 경주는 역사 탐방에 빼놓을 수 없는 지역이다. 경주는 신라시대 역사를 고스란히 간직한 중요한 문화유산이기 때문이다. 도시 자체가 지붕 없는 박물관이라 불릴 만큼 유적지가 많은데, 경주 역사 탐방 시 결코 빼놓을 수 없는 곳이 바로 국립경주박물관이다. 국립경주박물관은 신라의 문화유산을 한눈에 살펴보는 의미 있는 공간으로 국보와 보물 등 중요 국가유산을 대거 소장·전시하고 있다. 경주의 역사만큼 국립경주박물관 역사도 깊다. 박물관은 광복 후인 1945년 10월 7일 문을 열었다. 이후 이전과 신축의 역사를 거쳐 지금의 국립경주박물관 형태를 갖추었다. 현재 박물관에는 신라역사관, 신라미술관, 월지관, 특별전시관, 어린이박물관, 옥외 전시장 등의 시설이 있다. 국립경주박물관의 중추 역할을 하는 신라역사관은 기원전 57년부터 935년까지의 신라 역사를 보여준다. 신라의 건국과 성장, 황금의 나라, 강력한 중앙집권 왕국, 신라의 융성과 멸망이라는 주제로 시기별로 정리한 4개의 전시실을 관람할 수 있다. 신라미술관은 불교미술1실과 불교미술2실, 황룡사실, 국은기념실로 이뤄지며, 삼국시대와 통일신라 미술품 약 700점을 전시한다.

신라시대를 이해하는 데 중요한 축이 되는 불교미술품을 두루 살펴볼 수 있다. 월지관은 이름에서 알 수 있듯 경주 동궁과 월지에서 발굴한 국가유산을 전시한다. 경주 동궁과 월지에서 발견된 국가유산이 약 3만 점에 이르는데, 그중 중요한 1000여 점을 주제별로 전시 중이다. 박물관 야외 역시 허투루 지나치면 안 된다. 옥외 전시장에서도 국보를 포함한 주요 국가유산 1100여 점을 만나볼 수 있다. 그 밖에도 시기별로 다양한 기획전을 개최하는 특별전시관, 한옥 건축물과 연못이 아름답게 어우러진 수묵당과 고청지 등 놓치면 안 될 볼거리가 가득하다.

주소 경상북도 경주시 일정로 186 | **전화** 054-740-7500 | **시간** 10:00~18:00(토요일·공휴일 1시간 연장 개관, 마지막 주 수요일·3~12월 토요일은 10:00~21:00) | **휴무일** 1월 1일, 설날·추석 당일 | **입장료** 무료(특별 전시 예외) | **홈페이지** gyeongju.museum.go.kr

◆ 사전 조사를 해봐요 ◆

도서 《반짝반짝 신라 두근두근 경주》: 국립경주박물관에서 집필한 책으로, 신라 역사와 문화에 대한 배경지식 및 문화재와 유적지에 대한 정보를 다양하게 담아냈다.

도서 《그림으로 보는 한국사 2 – 신라부터 발해까지》: 신라, 가야, 통일신라, 발해의 역사를 다룬다. 금관가야와 대가야, 가야의 순장 문화, 우륵과 가야금까지, 가야사를 그림과 사진으로 설명한다.

도서 《만화 나의 문화유산 답사기 4 – 경주》: 《나의 문화유산 답사기》를 만화로 담아낸 책. 경주의 문화유산과 문화재에 얽힌 역사적 배경과 일화, 사찰 건축 등에 대해 알기 쉽게 설명한다.

TV 《알쓸신잡 – 경주 편》: 2017년 경주 편이 2회에 걸쳐 방영됐다. 대릉원 같은 경주 전통 명소 외 황리단길 같은 새로운 명소도 함께 소개한다.

◆ 엄마, 아빠랑 배워요 ◆

왜 고분 이름이 천마총일까요?
국립경주박물관에서 눈에 띄는 전시품 중 하나가 천마총 금관(국보)이다. 고분 이름을 왜 천마총으로 지었을까? 원래 고분 155호분으로 불렸는데 1973년 장니 천마도(국보)가 발굴되면서 천마총이라는 이름을 얻게 된 것. 이는 말을 탄 사람의 옷에 흙이 튀지 않도록 말안장 양쪽에 다는 장니에 그린 그림으로, 현재까지 남아 있는 거의 유일한 신라 회화 작품이다.

알차게 돌아보기

01 옥외 전시장

박물관 정문으로 들어서서 오른쪽 야외에 대형 범종이 전시되어 있다. 그냥 스쳐 지나는 관람객도 많은데, 이 종이 바로 국보인 성덕대왕신종 진품이다. 성덕대왕신종은 경덕왕이 아버지 성덕왕을 위해 만들고자 했으며 혜공왕 때 완성됐다. 통일신라시대를 대표하는 아름답고 화려한 종으로 에밀레종, 봉덕사종이라는 이름으로도 익숙하다. 박물관 야외에 전시된 고선사지 삼층석탑(국보)도 놓치지 말고 관람하자.

02 신라역사관

신라역사관 2전시실에서는 천마총에서 발굴한 유물을 전시한다. 천마총 금관(국보), 천마총 관모(국보), 천마총 금제 허리띠(국보)를 비롯해 보물인 천마총 금제 관식 등이 있다. 이와 함께 황남대총에서 출토된 국가유산도 볼 수 있다. 국보와 보물이 많은 전시실이므로 꼼꼼하게 관람하자.

03 신라미술관

신라미술관에도 눈여겨볼 국보와 보물이 여럿 있다. 불교미술1실에는 감은사지 서삼층석탑 사리장엄구(보물), 도기 기마인물형 뿔잔(국보), 청동 옻칠 발걸이(보물), 경주 죽동리 청동기 일괄(보물) 등이 대표적이다. 황룡사, 석굴암, 불국사 관련 전시 자료까지 두루 살펴보면서 신라 미술 전반에 대해 알아가는 시간을 가져보자.

04 월지관

월지관에는 왕실과 귀족 생활 문화를 엿볼 수 있는 물건들이 많아 흥미롭다. 초심지를 자를 때 쓰던 금동초심지가위(보물)나 두 가지 음식을 동시에 조리할 수 있었던 구멍이 2개 뚫린 풍로 등이 있다. 특히 귀족들의 놀이 기구였던 주령구가 눈에 띈다. 주령구는 오늘날의 주사위와 비슷한 물건으로, 전체 14면으로 되어 있다. 각 면에는 재미난 벌칙이 한자로 적혀 있다. 내용을 해석해보면 얼굴을 간지럽혀도 가만히 있기, 스스로 노래 부르고 마시기, 술 3잔을 한 번에 마시기 등이다. 당시 신라 귀족들이 주령구를 이용해 놀이를 즐겼음을 알 수 있다. 전시관의 주령구는 복제품이다.

05 어린이박물관

국립경주박물관 내 어린이박물관이 전면 개편을 거쳐 2018년 1월 다시 문을 열었는데 전보다 더 어린이 친화적인 환경과 분위기로 변모했다. 상설전의 주제는 '반짝반짝 신라, 두근두근 경주'다. '화랑이 되다', '왕을 만나다', '부처님의 나라를 꿈꾸다', '세계로 총대를 넓히다', '신라에 꽃핀 예술과 과학'이라는 5개 존에서 전시와 체험을 즐길 수 있다.

홈페이지 gyeongju.museum.go.kr/kid

TIP

01 무료 전시 해설 프로그램을 활용하자. 신라역사관과 신라미술관 각각 평일 1일 2회, 주말 3회 진행한다. 현장에서 해설 시간에 맞춰 이용하면 된다.

02 박물관 내 사진 촬영은 가능하나 삼각대나 플래시 사용은 금지한다.

03 상설전시관 주요 전시품에 대한 안내 서비스를 제공하는 스마트폰 앱을 이용할 수 있다.

04 박물관 내 이디야커피가 문을 열었다. 국립경주박물관점에서만 만날 수 있는 시그니처 메뉴인 수막새 마들렌과 월지차가 인기!

주변 여행지 돌아보기

경주 동궁과 월지 (안압지) 01

신라 왕궁의 별궁터로, 왕자가 머무는 동궁이자 귀한 손님을 대접하기 위한 연회장으로 이용했던 것으로 전한다. 문무왕 때 조성됐으나 긴 세월을 거치면서 훼손됐다. 이곳에서 출토된 많은 유물은 국립경주박물관 월지관에 전시 중이다. 국립경주박물관에서 자동차로 2분 또는 도보 8분.

주소 경상북도 경주시 원화로 102 | **전화** 054-750-8655 | **시간** 09:30~22:00 | **휴무일** 연중무휴 | **입장료** 어른 3000원, 만 13~18세 2000원, 만 7~12세 1000원

첨성대 02

신라 성덕여왕 때 만든 천문 관측대로 추정된다. 높이는 9m 정도이며 동양에서 가장 오래된 천문대로 알려져 있다. 신라의 건축 기술과 과학기술을 보여주는 귀한 국가유산으로, 국보로 지정돼 있다. 국립경주박물관에서 자동차로 3분.

주소 경상북도 경주시 인왕동 839-1 | **전화** 054-772-3843(경주역 관광안내소) | **시간** 3~10월 09:00~22:00, 11~2월 09:00~21:00 | **휴무일** 연중무휴 | **입장료** 무료

황리단길 03

서울에 경리단길, 망리단길이 있다면 경주에는 황리단길이 있다. 경주 황남동과 경리단길을 합쳐 황리단길이라고 불린다. 예스러운 경주 황남동 분위기와 트렌디한 가게가 어우러져 경주의 새로운 명소로 떠올랐다. 음식점, 카페, 한복 대여점 등 다양한 상점이 모여 있다. 국립경주박물관에서 자동차로 7분.

주소 경상북도 경주시 포석로 1080

신라역사과학관 04

신라의 위대한 유산인 첨성대와 석굴암 등의 신비와 과학 원리에 대해 설명해주는 과학관이다. 경주에서 봤던 유물들에 대한 흥미로운 학습이 가능하다. 국립경주박물관에서 자동차로 18분.

주소 경상북도 경주시 하동공예촌길 29 | **전화** 054-745-4998 | **시간** 10:00~17:00(변동 가능) | **휴무일** 월요일(변동 시 홈페이지 공지) | **입장료** 어른 5000원, 초중고등학생 3500원 | **홈페이지** https://sasm2.modoo.at/

경주 남산 05

거대한 야외 박물관이라 불릴 만큼 신라시대 불교 유적을 다수 간직한 산이다. 남산은 신라시대 불교문화가 집중됐던 곳으로, 지금까지 발견된 절터만 100여 곳이 훌쩍 넘는다. 경주 남산 칠불암 마애불상군(국보)을 비롯해 중요한 국가유산이 곳곳에 가득하다. 국립경주박물관에서 자동차로 12분.

주소 경상북도 경주시 남산동 | **전화** 054-777-7142(경주남산연구소)

경주 동궁원 06

경주 동궁과 월지에서 새와 식물을 길렀다는 역사적 사실을 모티브로 삼아 현대적인 관광지로 조성한 곳. 여러 테마원으로 이뤄진 동궁식물원과 체험형으로 꾸민 경주버드파크 등이 메인이 된다. 실내와 야외 공간이 어우러져 있으며 아이들과 방문하기 좋은 곳이다. 국립경주박물관에서 자동차로 15분.

주소 경상북도 경주시 보문로 74-14 | **전화** 054-779-8725 | **시간** 09:30~19:00 | **휴무일** 연중무휴 | **입장료** 식물원 어른 5000원, 중·고등학생 4000원, 초등학생 3000원 / 버드파크 중학생 이상 2만 원, 24개월 이상~초등학생 1만5000원 | **홈페이지** gyeongjuepg.kr

045
신라 왕족이 잠든 곳
대릉원 (천마총)

POINT 경주 시내에는 신라의 왕, 왕비, 귀족층의 것으로 추정하는 대형 고분이 밀집해 있다. 그중 대릉원은 경주 여행의 필수 코스로 손꼽힌다.

대릉원의 이름은 《삼국사기》의 기록 "미추왕을 대릉에 장사지냈다"에서 유래했다. 대릉원에는 신라시대의 왕, 왕비, 귀족 등의 무덤 23기가 모여 있다. 신라고분군은 크게 7개 지역으로 나뉜다. 신라미추왕릉, 경주 황남리 고분군, 경주 노서리 고분군, 신라 오릉, 경주 동부 사적지대, 경주 노동리 고분군, 재매정. 그중 황남리 고분군에 속하는 지역을 대릉원이라 하는데 황남대총과 미추왕릉, 천마총 등이 있다. 이 중 천마총은 유일하게 내부를 공개한다. 천마총의 공식 명칭은 155호 고분이지만 말다래에 그려진 천마도가 왕릉에서 발견되어 천마총이라 부른다. 대릉원에서 금관을 비롯해 장신구, 무기, 유리병, 그릇 등 총 1만 1500점에 이르는 유물이 쏟아져 나왔다. 천마총 내부에서 유물 모형을 전시하며 진품은 국립경주박물관에서 볼 수 있다. 숲길과 어우러진 대릉원을 산책하며 호젓한 풍경을 즐겨보자.

주소 경상북도 경주시 황남동(천마총) | **전화** 054-750-8650 | **시간** 08:00~22:00 | **휴무일** 연중무휴 | **입장료** 어른 2000원, 어린이 600원

◆사전 조사를 해봐요◆

도서 《어린이 박물관 : 신라》 : 어린이 독자를 위해 쉽고 재미있게 풀어 쓴 신라 이야기다. 사진과 일러스트 등을 풍부하게 수록했다.

도서 《신라에서 온 아이》 : 정수와 무웅이가 함께 떠나는 역사 여행. 신라의 문화유산과 유적을 둘러본다. 동화 형식으로 엮어 쉽게 읽을 수 있다.

◆엄마, 아빠랑 배워요◆

천마총의 유물은 왜 도굴되지 않았나요?
천마총의 유물이 현재까지 보존될 수 있었던 이유는 무덤의 형식 때문이다. 돌무지덧널무덤은 직사각형 구덩이를 파고 관을 넣은 뒤 판자로 다시 방(널방)을 만들었다. 그 위에 돌을 쌓고 흙을 쌓아 올렸다. 널방으로 들어가는 길이 없고, 한번 들어가면 다시 나올 수 없어 도굴이 불가능한 구조다. 이러한 양식으로 만든 것이 천마총, 황남대총, 금관총 등이다.

천마총 알차게 돌아보기

천마도 01

무덤 벽화가 아니라 말다래에 그린 그림이다. 말다래는 말을 탄 사람의 옷에 진흙이 묻지 않도록 말의 배 양쪽에 늘어뜨린 네모난 판으로 장니라고도 한다. 자작나무 껍질로 판을 만들어 중앙에 하늘을 나는 말을 그리고 가장자리에 당초문을 새겼다. 신라 회화의 수준을 알려주는 귀중한 자료다.

금관과 허리띠 02

금관의 세움 장식은 숲속의 나뭇가지를 나타낸다. 달려 있는 비취옥과 금장식은 나무열매와 나뭇잎처럼 보인다. 양쪽으로 사슴뿔 장식도 만들어 달았는데 사슴과 나무는 북아시아 유목민에게 신령스러운 존재였다. 허리띠 장식은 북아시아 유목민이 이동하면서 살기 위한 칼, 숫돌 등 각종 연장을 나타낸 것으로 추정한다.

유리잔과 생활용품 03

청색의 완전한 컵 형태를 갖추었다. 신라가 중국뿐만 아니라 서양과도 교역했다는 것을 알 수 있다.

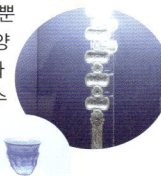

TIP
01 대릉원의 고분은 보는 각도에 따라 시시각각 다른 곡선으로 보인다.
02 대릉원 주변으로 노동동, 노서동 고분군도 놓치지 말자.
03 비단벌레 전동차로 계림, 향교, 최부자집, 교촌마을, 월정교, 월성, 꽃단지, 월성홍보관, 첨성대를 둘러볼 수 있다.

주변 여행지 돌아보기

월성지구(첨성대) 01

대릉원 정문 맞은편에는 신라의 옛 궁궐터인 월성지구가 있다. 월성과 계림 근처 사방이 트인 평탄한 곳에 있는 첨성대는 신라 선덕여왕 때 만든, 동양에서 가장 오래된 천문 관측대다. 높이는 9m 정도로 아담하지만 원리와 의미는 우주만큼 깊고 넓다. 월성지구에는 계절마다 다양한 꽃이 피고 진다. 대릉원에서 도보 2분.
주소 경상북도 경주시 인왕동 839-1(첨성대) | **입장료** 무료.

황리단길 02

대릉원 후문에 있는 내남사거리에서 남쪽으로 이어지는 왕복 2차선 도로와 주변 골목길을 황리단길이라고 한다. 식당, 카페, 빵집, 사진관, 독립 서점 등 빈티지한 가게가 모여 있으며 경주 관광의 새로운 명소로 떠오르고 있다. 대릉원에서 도보 3분.
주소 경상북도 경주시 포석로 1080(내남사거리) | **전화** 가게마다 다름 | **시간** 가게마다 다름 | **휴무일** 가게마다 다름 | **가격** 가게마다 다름

국립경주박물관 03

국보와 보물 등 중요 문화재를 포함한 경주 전역에서 발굴된 유물을 소장, 전시한다. 날씨에 상관없이 경주의 역사문화 탐방을 할 수 있다. 대릉원에서 도보 20분.
주소 경상북도 경주시 일정로 186 | **전화** 054-740-7500 | **시간** 10:00~18:00(일요일 및 공휴일 1시간 연장 개관, 마지막 주 수요일 3~12월 토요일 10:00~21:00) | **휴무일** 1월 1일, 설날·추석 당일 | **입장료** 무료(유료 특별 전시 예외) | **홈페이지** gyeongju.museum.go.kr

046

신라 문화 예술의 정수
불국사

> **POINT** 토함산 기슭에 자리한 불국사에는 신라시대 왕조에서 최고로 꼽히는 문화재가 즐비하다. 1000년의 시간을 뛰어넘는 감동이 전해진다.

불국사는 석굴암과 함께 유네스코세계문화유산에 등재 됐으며 경내 건축물 대부분이 국보 또는 보물이다. 불국사는 4개의 사찰 영역(대웅전, 극락전, 비로전, 관음전)으로 구성되며 대웅전에는 다보탑과 석가탑이 있다. 다보탑은 통일신라 최전성기의 화려하고 독특한 문화를 나타낸다. 사각, 팔각, 원 등 다양한 도형을 활용해 목조 구조물처럼 탑을 쌓았다. 석가탑은 전형적인 통일신라시대 삼층석탑으로 상승감과 안정감이 균형미를 이룬다. 청운·백운교 아래에서 불국사를 올려다보고, 회랑에서 2개의 탑과 대웅전, 경내의 조화를 감상해보자. 사찰 곳곳에서 과학적이고 섬세한 신라인의 기상이 느껴진다.

주소 경상북도 경주시 진현동 산15 | **전화** 054-746-9913 | **시간** 2월 07:30~17:30, 3~9월 07:00~18:00, 10월~11월 중순 07:00~17:30, 11월 중순~1월 07:30~17:00 | **휴무일** 연중무휴 | **입장료** 어른 5000원, 어린이 2500원 | **홈페이지** www.bulguksa.or.kr

◆사전 조사를 해봐요◆

도서 《신라 사람들의 꿈 불국사》 : 신라를 대표하는 사찰인 불국사를 설명하는 그림 동화책이다. 탑돌이를 하러 가는 엄마를 따라 불국사로 향하는 아이의 이야기를 담았다.

도서 《미션! 불국사의 황금 돼지를 찾아라》 : 초등 교사가 집필하고, 유네스코한국위원회가 직접 감수 및 추천한 문화유산 답사기이다. 경주역사유적지구를 포함해 열두 곳의 유네스코 세계유산을 찾아 떠난다.

◆엄마, 아빠랑 배워요◆

불국사는 누가 창건했나요?
《삼국유사》에 따르면 신라시대 여인 경조에게 아들 대성이 있었다. 대성은 스님의 말을 듣고, 밭을 시주하지만 갑자기 죽는다. 그날 밤 신라의 재상 김문량의 집에는 대성이란 아이가 태어날 것이라는 신령의 소리가 들린다. 김문량의 부인은 아기를 낳았고, 태어난 지 7일 만에 손에 '대성'이라는 글자가 새겨진 금이 나왔다. 김문량은 하늘의 뜻이라 여겨 죽은 대성의 어머니인 경조를 데려와 함께 산다. 청년이 된 김대성은 부모의 은혜에 보답하고자 전생의 부모를 위해 석굴암을, 현생의 부모를 위해 불국사를 지었다.

알차게 돌아보기

석축과 자하문 01
자연석과 인공석을 이용해 단단하고 견고한 석축을 쌓았다. 자연석의 불규칙함에 맞춰 윗돌을 깎아 서로 맞물리게 쌓았기 때문에 오랜 세월이 지나도 튼튼하다. 자하문의 처마를 잡아주는 장식은 같은 모양이 없다. 하나가 'ㄴ'자면 다른 하나는 'ㄱ'자로 맞춰 조화와 균형, 아름다움을 동시에 반영했다.

연화교 및 칠보교 02
극락전 구역으로 오르는 석조 계단으로 아래쪽의 연화교는 10단, 위쪽의 칠보교는 8단이다. 연화교의 계단에는 넓은 연꽃잎이 새겨져 있는데 여기에는 계단을 밟는 사람이 극락정토에서 왕생하기를 기원하는 의미가 담겨 있다.

극락전 황금복돼지 03
금동아미타불좌상이 안치된 극락전에 황금 돼지가 있다. 2007년에 발견된 나무 돼지 조각으로 극락전 현판 뒤에 숨어 있다. 돼지 모양 조각이 발견된 후 이를 알리기 위해 극락전 앞에 황금 돼지를 본떠 모형을 만들어놓았다.

TIP
01 불국사 관광안내소에서 불국사와 경주 관광에 대한 자료를 배포한다.
02 고즈넉한 사찰의 분위기를 느껴보고 싶다면 이른 오전 또는 늦은 오후에 방문한다.
03 불국사 관람을 마치고 석굴암으로 가려면 등산로를 따라 40~50분 정도 올라간다. 불국사와 석굴암을 왕복하는 버스를 운행하고 있지만 버스 운행 간격이 긴 편이다.

주변 여행지 돌아보기

석굴암 01
화강암을 다듬고 조립해서 만든 세계 유일의 인조 석굴이다. 본존불상이 놓인 원형의 주실과 예배를 드리는 전실, 두 공간을 이어주는 비도로 구성된다. 본존불상은 참배자의 시각으로 만든 예술의 극치로 비대칭과 대칭의 절묘한 조화를 이룬다. 불국사에서 도보 40~50분 또는 자동차로 10분.
주소 경상북도 경주시 불국로 873-243 | **전화** 054-746-9933 | **시간** 2월~3월 중순·10월 07:00~17:30, 3월 중순~9월 06:30~18:00, 11~1월 07:00~17:00 | **휴무일** 연중무휴 | **입장료** 어른 5000원, 어린이 2500원 | **홈페이지** www.sukgulam.org

보문관광단지 02
보문호를 중심으로 조성된 관광지구다. 경주 최고의 벚꽃 명소로 손꼽힌다. 관광단지 안에는 호텔, 리조트, 미술관 등이 있다. 경주월드리조트, 우양미술관, 한국대중음악박물관, 보문정 등 가볼 만한 곳이 많다. 불국사에서 자동차로 15분.
주소 경상북도 경주시 신평동 | **전화** 054-745-7601

경주문무대왕릉 03
신라 문무왕의 수중릉이다. 삼국통일을 이룬 문무왕은 죽어서도 용이 되어 나라를 지키겠다는 유언을 남겼다. 불교식 장례 절차에 따라 화장한 문무왕의 유해를 동해대왕암 일대에 뿌렸다고 전해진다. 경주 일출명소로 손꼽힌다. 불국사에서 자동차로 30분.
주소 경상북도 경주시 양북면 봉길리 26 | **전화** 054-779-8743

047

독도는 우리 땅!
이사부 사자공원

POINT 아이들에게 막연히 '독도는 우리 땅'이라는 말만 가르칠 게 아니라, 그 역사적 근거를 함께 가르치자. 이사부사자공원은 신라시대에 우산국(울릉도와 독도)이 우리 영토로 복속된 역사를 보여주는 공간이다.

신라 내물왕 4대손인 이사부는 지증왕과 진흥왕 때 활약한 인물로 독도 역사와 깊은 연관이 있다. '독도는 우리땅' 가사에도 나오듯 '지증왕 13년 섬나라 우산국(지금의 독도와 울릉도)'을 정복한 인물이 바로 이사부로 실직국의 해상왕이라고 불렸다. 실직국(실직주)은 신라의 지방 행정구역 중 하나로 지금의 삼척 지역이다. 지증왕은 이사부를 실직의 군주로 임명하고 동해의 요충지인 우산국을 신라의 영토로 복속시키라는 특명을 내렸다. 하지만 우산국 정복은 쉬운 일이 아니었다. 우산국 자체가 절벽으로 둘러싸인 요새였기 때문이다. 이사부는 지혜를 발휘해 배에 사나운 표정의 나무 사자를 싣고 우산국으로 향했다. 그러고는 "신라에 항복하지 않으면 배에 싣고 온 맹수를 우산국에 풀어놓겠다"고 으름장을 놨다. 이에 우산국 우혜왕이 항복하고 우산국이 신라 영토에 복속됐다고 전한다. 이 이야기를 알고 나면, 왜 공원 이름이 이사부사자공원이며, 공원 곳곳에 나무로 만든 사자 조각상이 있는지 이해하게 된다. 이사부사자공원을 돌아보며 독도가 우리 땅이라는 역사적 근거에 대해 배우는 시간을 가져보자.

주소 강원도 삼척시 수로부인길 333 | **전화** 033-570-4616 | **시간** 24시간(그림책나라는 09:00~18:00) | **휴무일** 연중무휴(그림책나라는 월요일 휴관) | **입장료** 무료 | **홈페이지** www.samcheok.go.kr/lionpark

◆ 사전 조사를 해봐요 ◆

도서 《우리 땅 독도》 : 독도에 관련한 기본 정보와 역사 등을 소개한다. 이사부, 안용복 등 독도와 관련한 역사적 인물에 대해서도 배울 수 있다.

도서 《어린이와 청소년을 위한 독도 백과사전》 : 엉뚱 발랄한 질문을 통해 독도의 이모저모를 흥미롭게 풀어낸다. 독도와 관련한 알짜배기 정보가 가득하다.

알차게 돌아보기

삼척 그림책나라 01

이사부사자공원 내 기존 전시관 건물을 2019년 그림책나라로 재개관했다. 팝업 북, 빅북, 빙글빙글책 등 직접 만지고 체험하며 책과 친해지는 공간으로 꾸몄다. 흥미로운 VR, AR 체험존, 바다가 내다보이는 전망 좋은 독서존 등도 인기 만점.

걸어서 삼척과 동해, 두 도시 경계 넘어보기 02

이사부사자공원은 삼척시 증산해수욕장과 동해시 추암해수욕장 사이에 위치한다. 이사부사자공원에서 추암해수욕장까지 해안을 따라 걷다 보면 한순간 삼척에서 동해로 넘어가게 된다. 한 발짝에 두 도시의 경계를 넘는다는 게 흥미롭다. 산책로를 걸어 삼척과 동해를 오가며 아이들과 행정구역에 대해 얘기를 나눠도 좋다.

물썰매 즐기기 03

이사부사자공원 내 썰매장이 있다. 주로 6~8월에 운영하며 시원한 물썰매를 즐길 수 있다. 여름에 이사부사자공원을 방문한다면 아이들의 여벌 옷을 준비할 것.

TIP
01 이사부사자공원 전시장까지 올라가기 위해서는 긴 계단이나 오르막 경사로를 걸어야 한다. 편안한 신발을 착용하자.
02 공원 내 카페가 있고, 공원 입구 증산해수욕장에 작은 가게가 몇 곳 있다. 바로 옆 추암해수욕장 쪽에도 식당과 카페가 여럿 있으므로 식사나 간식은 걱정하지 않아도 된다.
03 여름철 성수기에는 공원 야외 공연장에서 무료 야간 영화 상영회를 진행하기도 한다. 보통 저녁 8시부터 시작한다. 해마다 진행 내용이 조금씩 달라질 수 있으므로 전화로 사전 문의한 후 이용하자.

주변 여행지 돌아보기

추암 촛대바위 01

추암해수욕장 인근 해안에 솟아오른 기암괴석으로, 촛대처럼 생겼다 하여 촛대바위라 불린다. 애국가 영상 첫 소절에 등장하는 유명한 장소로, 우리나라 대표 일출 명소로 손꼽힌다. 이사부사자공원에서 도보 10분.

주소 강원도 동해시 촛대바위길 17-2 | **전화** 033-530-2801 | **시간** 24시간 | **휴무일** 연중무휴 | **입장료** 무료

북평민속오일장 02

우리나라 3대 장으로 손꼽힐 정도로 유명한 5일 장이다. 강원도의 유명한 나물과 약초, 동해안의 싱싱한 수산물 등 온갖 물건이 모여드는 시장이다. 메밀부침, 메밀전병 등 강원도 별미도 맛볼 수 있다. 매월 3·8일로 끝나는 날에 장이 선다. 이사부사자공원에서 자동차로 10분.

주소 강원도 동해시 오일장길 32 | **전화** 033-522-1141 | **시간** 매월 3·8일로 끝나는 날(일출~일몰)

삼척해양레일바이크 03

아름다운 동해 해안선을 따라 5.4km 구간을 레일바이크를 타고 달린다. 중간중간 등장하는 터널에서는 루미나리에, 레이저 쇼가 연출되고 해저 터널 분위기를 만끽하기도 한다. 궁촌정거장이나 용화정거장에서 탑승 가능하다. 인터넷 사전 예약 권장. 이사부사자공원에서 궁촌정거장까지 자동차로 10분.

주소 강원도 삼척시 근덕면 공양왕길 2(궁촌정거장) | **전화** 033-576-0656~8 | **시간** 09:00, 10:30, 13:00, 14:30, 16:00(계절이나 상황에 따라 변동 가능하므로 사전 확인 요망) | **휴무일** 매월 둘째, 넷째 주 수요일 | **가격** 2인승 2만 원, 4인승 3만 원 | **홈페이지** www.oceanrailbike.com

048

신비의 유산,
대장경판과 장경판전을
만나다

해인사

POINT 세계적인 유산으로 손꼽히는 대장경판과 장경판전을 만나보자.

해인사는 신라시대 애장왕 때 창건한 것으로 전해진다. 해인사 역사에서 가장 주목할 부분 중 하나는 대장경판이다. 대장경판은 원래 강화도에 보관되어 있다가 태조 7년(1398년)에 해인사로 옮겼다. 해인사에는 유네스코 세계문화유산인 대장경판(국보)과 장경판전(국보) 외에도 국보, 보물 등 귀한 문화재가 가득하다. 고려목판(국보), 석조여래입상(보물), 원당암 다층석탑 및 석등(보물), 길상탑(보물), 동종(보물), 학사대 전나무(천연기념물) 등 살펴봐야 할 국가유산이 너무나 많다. 해인사는 여러 차례 큰 화재를 겪으면서 중창되곤 했다. 그렇다 보니 창건 당시 지은 전각은 많이 남아 있지 않다. 신비로운 일은 이런 화재 속에서도 대장경판과 장경판전은 한 번도 피해를 입지 않았다는 것. 지금도 장경판전과 그 안의 대장경판을 바라보면 그저 감탄스러울 뿐이다.

주소 경상남도 합천군 가야면 해인사길 122 | **전화** 055-934-3000 | **시간** 장경판전 하절기 08:30~18:00 / 동절기 08:30~17:00 | **휴무일** 연중무휴 | **입장료** 무료 | **홈페이지** www.haeinsa.or.kr

◆ 사전 조사를 해봐요 ◆

도서 《해인사 고려대장경과 장경판전》 : 대장경의 제작 과정과 경판 제작 방법, 장경판전 내부 구조 등을 상세하게 설명해준다.

도서 《우리의 유네스코 세계유산》 : 우리나라의 유네스코 세계유산을 소개한다. 고려시대 팔만대장경에 대해서도 설명한다.

◆ 엄마, 아빠랑 배워요 ◆

유네스코 지정 세계유산에 대해 미리 배워요!
유네스코와 유산 홈페이지(heritage.unesco.or.kr)는 유네스코 지정 세계유산에 대한 정보를 담고 있다. 대장경판과 장경판전에 대한 자세한 내용도 찾아볼 수 있다.

알차게 돌아보기

01 장경판전

고려대장경판을 보관하는 전각으로, 창건 당시의 건물 원형과 기능이 그대로 유지되고 있다는 점에서 더욱 의미 깊다. 건축물 자체의 미적인 면도 돋보이지만, 목판 보존을 위한 배치, 습도, 온도, 환기 등 과학적인 원리도 너무나 훌륭하다. 자연을 기반으로 한 과학 원리를 잘 활용해 목판이 훼손되지 않고 수백 년 동안 그대로 보존되고 있다는 건 놀라운 일이다. 유네스코 세계유산으로 등재되어 있다.

02 대장경판

대장경은 불교경전의 총서다. 고려시대에 만들었다 해서 고려대장경이라고도 불리며, 판수가 8만 여 개라 해서 팔만대장경이라고도 한다. 초조대장경이 몽골의 침입으로 불타 없어진 후 다시 만든 대장경이라 재조대장경이라고 부르기도 한다. 목판 인쇄술의 진수를 보여주며 현존 대장경 중 가장 오래되고 내용도 완벽해서 유네스코 세계기록유산에 등재됐다. 목판에 새긴 수천만 개의 글자에 오자나 탈자가 하나도 없이 정확하고 완벽하다는 점에서도 높은 가치를 인정받는다.

03 소리길

가야산 입구에서 해인사 통제소까지 이어지는 6km 구간 산책 코스. 자연환경을 최대한 훼손하지 않고 친환경적으로 조성했다. 황토길, 오솔길, 숲길이 이어지며 곳곳에 전망대와 구름다리.

TIP
01 대장경판을 보관하는 장경판전은 외부에서만 관람 가능하다. 단 사전 예약을 통해 일요일만 내부로 들어갈 수 있다.
02 해인사에서는 템플스테이를 운영한다. 가족이 함께 템플스테이로 의미 있는 시간을 보내도 좋다.
03 해인사 역사문화해설 프로그램을 무료로 운영한다. 안내소에서 미리 시간 확인 후 참여하자.

주변 여행지 돌아보기

01 대장경테마파크

대장경을 테마로 꾸민 전시·체험 공간. 대장경판과 장경판전의 역사와 과학적 원리를 재미있게 풀어낸다. 크게 대장경천년관, 기록문화관, 빛소리관으로 구성된다. 해인사에서 자동차로 10분.

주소 경상남도 합천군 가야면 가야산로 1160 | **전화** 055-930-4801 | **시간** 3~10월 09:00~18:00, 11~2월 09:00~17:00 | **휴무일** 월요일(월요일이 공휴일인 경우 다음 날). 1월 1일 | **입장료** 어른 3000원, 청소년 2000원, 어린이 1500원. 만 6세 이하 무료 | **홈페이지** dp.hcjypark.com

02 대가야박물관

후기 가야 연맹체를 주도했던 대가야의 역사를 보여주는 박물관이다. 대가야시대 유적으로 추정되는 지산동 고분군도 함께 둘러볼 수 있다. 입장권으로 우륵박물관까지 관람 가능하다. 해인사에서 자동차로 33분.

주소 경상북도 고령군 대가야읍 대가야로 1203 | **전화** 054-950-7103 | **시간** 3~10월 09:00~18:00, 11~2월 09:00~17:00 | **휴무일** 월요일(월요일이 공휴일인 경우는 예외) | **입장료** 무료 | **홈페이지** goryeong.go.kr/daegaya

03 대가야역사테마관광지

대가야의 역사·문화를 테마로 조성한 공간. 고대 가옥촌, 대가야유물체험관, 가마터 체험관 등의 시설을 비롯해 다양한 부대시설도 운영한다. 해인사에서 자동차로 35분.

주소 경상북도 고령군 대가야읍 대가야로 1216 | **전화** 054-950-7005 | **시간** 3~10월 09:00~18:00, 11~2월 09:00~17:00 | **휴무일** 연중무휴 | **입장료** 무료 / 일부 체험 시설은 유료 | **홈페이지** mall.goryeong.go.kr/PlaceIntro

049

조선시대 선비가 되어보다
소수서원

POINT 한국 최초의 서원인 소수서원과 선비의 생활상을 재현한 선비촌에서 유교 사회였던 조선시대를 간접적으로 경험한다.

소수서원은 우리나라 최초의 서원이자 사액서원이라는 점에서 의미 깊은 곳이다. 조선 중종 때 풍기군수 주세붕이 고려시대 유학자이자 한국 성리학의 시조라고 불리는 안향을 추모하기 위해 백운동서원을 세운 것이 소수서원의 시초다. 서원은 조선시대 사림의 본거지가 되던 곳이자 유교 사회의 대표적 산물이다. 쉽게 얘기하자면 서원은 조선시대 지방의 선비들이 모여 공부하던 공간인데 오늘날의 학교와 크게 다른 점은 서원에는 사당이 있었다는 것. 조선시대 유교식 교육에는 선현에게 올리는 제사가 중요했기 때문이다. 소수서원에도 여느 서원과 마찬가지로 공부를 하던 공간과 조상을 추모하는 공간이 공존한다.

주소 경상북도 영주시 순흥면 소백로 2740 | **전화** 054-639-7691~5 | **시간** 3~5월·9~10월 09:00~18:00, 6~8월 09:00~19:00, 11~2월 09:00~17:00 | **휴무일** 연중무휴 | **입장료** 어른 2000원, 청소년 1330원, 어린이 660원, 만 6세 이하·65세 이상 무료 | **홈페이지** www.yeongju.go.kr/open_content/sosuseowon/index.do

◆ 사전 조사를 해봐요 ◆

도서 《조선시대 양반은 어떻게 살았을까?》 : 조선시대 양반의 출생부터 교육, 혼인, 시묘살이까지 일생을 세세하게 소개한다. 양반의 생활을 통해 당시 시대상을 살펴볼 수 있다.

도서 《조선시대 사람들은 어떻게 살았나요?》 : 조선시대의 신분 제도와 관리 선발 제도, 통치 체제, 관혼상제, 생활 풍속, 의식주 등을 두루 살펴볼 수 있다.

도서 《왜 조선시대에는 양반과 노비가 있었을까?》 : 조선시대 가장 큰 특징 중 하나인 신분제를 가상의 등장인물을 통해 재미나게 풀어나간다. 양반과 노비의 개념부터 생활 등에 대해 자세히 들려준다.

◆ 엄마, 아빠랑 배워요 ◆

조선시대에도 학교가 있었나요?
조선시대에도 지금의 학교 같은 교육기관이 있었다. 지금과 가장 큰 차이점이라면 배우는 내용이다. '숭유억불' 정책을 취한 조선시대에는 유학 교육에 전념했다. 서당, 서원, 향교, 성균관 등이 지금 우리가 생각하는 학교 개념이다. 성균관과 향교는 나라에서 세운 관학 기관이고, 서당과 서원은 지방의 사림 등이 세운 사학 기관이다.

사액서원이 뭐예요?
조선시대에 왕이 이름을 지어주고 편액(현판), 토지, 서책, 노비 등을 하사해 그 권위를 인정한 서원을 일컫는다.

알차게 돌아보기

선비촌 01

조선시대 선비들의 생활상을 재현한 곳으로 영주시 곳곳에 흩어져 있던 기와집과 초가집을 이전 복원해 하나의 마을처럼 조성했다. 군데군데 체험 거리도 있어 조선시대 생활상을 실감 나게 경험해볼 수 있다.

주소 경상북도 영주시 순흥면 소백로 2796 | **전화** 054-638-6444 | **시간** 3~5월·9~10월 09:00~18:00, 6~8월 09:00~19:00, 11~2월 09:00~17:00 | **휴무일** 연중무휴 | **홈페이지** www.sunbichon.net

소수박물관 02

유교와 관련한 다양한 전시물을 관람할 수 있다. 유교의 형성과 근본 이념, 서원과 향교의 의의, 소수서원의 창건과 사액의 경로 등에 대해 자세히 전시한다. 신라시대 유적으로 알려진 영주 순흥 고분 벽화의 모형 전시도 만나볼 수 있다.

영주한국선비문화축제 03

매년 봄 선비촌 일대에서 한국선비문화축제가 열린다. 선비 문화 관련 다채로운 행사가 진행된다. 외줄타기, 전통 혼례, 어린 선비 선발 등 보고 즐길 거리가 다양하다.

TIP
01 입장료를 내면 소수서원, 소수박물관, 선비촌을 모두 관람할 수 있다.
02. 소수서원, 소수박물관, 선비촌에 대한 문화관광 해설 프로그램을 이용할 수 있다(054-639-5852).
03 저잣거리에 있는 식당에서 식사를 해결할 수 있다.
04 선비촌에서는 개별, 단체, 외국인을 대상으로 하는 체험 프로그램을 운영한다. 사전 문의 후 이용하자.
05 가을 무렵에는 주말 상설 공연을 열기도 한다. 미리 일정을 확인한 후 시기에 맞춰 방문하면 더욱 알차게 관람할 수 있다.
06 선비촌 내 고택에서 숙박 체험이 가능하다.

주변 여행지 돌아보기

부석사 01

신라시대 고찰로, 다수의 국보를 간직한 역사적으로 의미 있는 사찰이다. 경내에 무량수전, 무량수전 앞 석등, 소조여래좌상, 조사당, 조사당벽화 등 국보와 보물이 가득하다. 문화 해설사의 설명을 들으며 돌아보면 좋다. 소수서원에서 자동차로 20분.

주소 경상북도 영주시 부석면 부석사로 345 | **전화** 054-633-3464 | **시간** 24시간 | **휴무일** 연중무휴 | **입장료** 무료 | **홈페이지** www.pusoksa.org

콩세계과학관 02

콩을 테마로 한 과학관이다. 역사와 문화를 통해 살펴보는 콩, 콩의 생육과 생태 환경, 변신하는 콩, 사람을 살리는 콩, 미래를 밝히는 콩 등의 테마로 전시가 이뤄진다. 두부 만들기, 메주 만들기 등의 체험 프로그램도 운영한다. 소수서원에서 자동차로 15분.

주소 경상북도 영주시 부석면 영부로 23 | **전화** 054-639-7583 | **시간** 3~10월 09:00~18:00, 11~2월 09:00~17:00 | **휴무일** 연중무휴 | **입장료** 무료(추후 변동 가능) | **홈페이지** www.yeongju.go.kr/soyworld/index.do

영주 순흥 벽화 고분 03

비봉산 구릉 경사면에 있는 굴식 돌방무덤이다. 천장을 제외한 모든 벽면에 벽화가 그려져 있다. 새의 머리, 사람, 산, 연꽃, 구름무늬, 나무, 집 등 채색화와 글씨를 볼 수 있다. 신라시대 것으로 추정되며 신라와 고구려의 문화 교류를 이해하는 데 중요한 자료다. 소수서원에서 자동차로 3분.

주소 경상북도 영주시 순흥면 소백로 2547-16 | **전화** 054-639-6584 | **시간** 24시간 | **휴무일** 연중무휴 | **입장료** 무료

050

조선왕조 제일의
법궁을 찾아서

경복궁

 POINT 경복궁은 태조 4년(1395년)에 창건한 조선의 법궁(임금이 사는 궁궐)이다. 경복궁을 둘러보며 조선 왕실의 역사와 생활 문화를 배우고 체험할 수 있다.

경복궁은 태조 이성계가 한양에 도읍을 정하면서 지은 조선의 첫 번째 궁궐이다. 조선왕조가 세워지고 3년이 지난 1395년에 경복궁이 완공됐다. '경복궁'은 '새 왕조가 큰 복을 누려 번영할 것'이라는 뜻을 담고 있다. 당시 경복궁은 500여 동의 건물이 들어선 웅장한 모습이었다. 궁궐 안에는 왕과 관리가 정무를 보던 외전과 관청, 왕족과 궁인이 생활하던 내전, 휴식을 위한 정원 등이 있었다. 대부분의 건물이 1592년 임진왜란 때 불타 없어졌으며, 그 후 270여 년간 방치됐다가 1867년에 흥선대원군의 주도로 다시 지어졌다. 이후 일제강점기에 또 한번 훼손된 경복궁은 1911년 경복궁 부지 소유권이 조선총독부에게 넘어갔고, 1915년에 주요 전각 몇 채를 제외한 90% 이상의 전각이 헐렸다. 일본은 그 자리에 조선 총독부 건물을 세웠다. 문화재청은 1990년부터 본격적인 복원 사업을 시작해 경복궁을 가린 조선 총독부 청사를 철거하고 흥례문 일원을 복원했으며 지금까지도 작업을 이어가고 있다. 경복궁의 핵심 공간은 광화문을 시작으로 흥례문, 근정문, 근정전, 사정전, 강녕전, 교태전을 잇는 중심부다. 기하학적인

질서에 따라 대칭을 이룬다. 조선의 역사를 고스란히 품고 있는 경복궁 구석구석을 누비다 보면 격조 높은 조선 왕실 문화를 엿볼 수 있다. 궁궐의 규모가 커서 관람 소요 시간은 1시간 이상이 걸린다.

주소 서울시 종로구 사직로 161 | **전화** 02-3700-3900 | **시간** 09:00~18:30 | **휴무일** 화요일 | **입장료** 어른 3000원, 청소년 1500원, 만 7세 이하만 65세 이상·장애인·국가유공자·한복 착용자 무료 | **홈페이지** www.royalpalace.go.kr

TIP

01 추천 관람 코스 광화문 & 궁궐담장 → 근정전일원 → 사정전일원 → 강녕전 & 교태전 → 흠경각 & 함원전 → 자경전 일원 → 동궁 일원 → 함화당 & 집경당 → 향원정 & 건청궁 → 집옥재 일원 → 태원전 일원 → 경회루 → 수정전 & 궐내각사 → 소주방

02 한국어로 진행하는 경복궁 해설은 연중 상시 열리며 소요 시간은 1시간~1시간 30분이다. 개인의 경우 별도의 예약 없이 참여할 수 있고, 10인 이상 단체의 경우 인터넷 홈페이지를 통해 예약해야 한다. 해설을 이해하기 힘든 초등학교 저학년 및 미취학 아동의 단체 해설 예약은 불가하다.

03 경회루는 매년 4월부터 10월까지 개방하며 경회루 특별 관람 예약(인터넷 예약)을 통해 관람할 수 있다. 정해진 관람 시간에 맞춰 경회루 함흥문에서 대기한 후 해설사의 인솔에 따라 관람한다.

04 한복(전통 한복, 생활 한복)을 입고 방문하면 무료로 입장할 수 있다.

05 봄에서 가을까지 경복궁 야간 특별 관람을 운영한다. 인터넷으로 예약한 후 관람할 수 있다.

◆ 사전 조사를 해봐요 ◆

도서 《경복궁에서의 왕의 하루》: 조선 왕의 일을 살펴보고 경복궁 구석구석을 둘러본다. 건물마다 서 있는 조각과 단청, 굴뚝 등 경복궁 구석구석의 의미와 아름다움을 전한다. 삽화와 함께 설명해 이해하기 쉽다.

도서 《경복궁에서 만나는 우리 과학》: 경복궁은 조선시대 과학기술이 집약된 곳이다. 조선시대 처음으로 전등을 켠 곳도, 전화기를 처음 선보인 곳도 경복궁이었다. 경복궁에 깃든 우리 조상들의 유교적 이념과 과학기술을 알아본다.

◆ 엄마, 아빠랑 배워요 ◆

법궁과 이궁이 뭐예요?

조선의 궁궐 체제는 법궁과 이궁으로 운영했다. '법궁'은 임금이 거처하는 궁궐이자 나랏일을 하는 정식 궁궐이고, '이궁'은 화재, 전염병 창궐, 정치적인 상황 등으로 왕이 궁궐을 옮겨 상당 기간 머물렀던 곳이다. 경복궁은 조선의 법궁이었고, 창덕궁은 이궁으로 지었다.

담장 01

경복궁의 담장은 길이 2.4km, 높이 5m, 두께 2m에 달한다. 담장의 사방에는 4대문(건춘문, 광화문, 영추문, 신무문)을 만들었다. 이는 봄, 여름, 가을, 겨울과 나무, 불, 쇠, 물을 상징한다.

광화문 02

경복궁 정문인 광화문은 다른 궁궐의 정문과는 달리 3개의 홍예문이 나있는 석축 위에 중층의 누각을 세웠다. 마치 성곽의 성문처럼 보이기도 한다. 중앙의 홍예문으로는 왕이, 좌우의 홍예문으로는 왕세자와 신하들이 출입했다. 담장의 두 끝 모퉁이에는 망루 역할을 하는 동십자각과 서십자각이 있다. 서십자각은 일제강점기에 철거했고, 동십자각은 도로 확장으로 궁궐 밖 길에 남았다.

근정전 03

경복궁의 으뜸 전각인 법전이다. 근정전은 '천하의 일을 부지런히 해서 잘 다스리다'라는 뜻을 담고 있다. 왕의 즉위식, 문무백관의 조회, 외국 사절의 접견 등 국가적 행사가 열렸던 곳이다. 근정전의 마당에는 조정 한 가운데 어도(왕이 다니는 길)를 만들었고, 어도 좌우에는 직급별로 품계석을 세웠다. 근정전 가운데에는 임금이 앉는 용상이 있고, 뒤로는 일월오봉도 그림이 있다.

사정전 04

근정전 바로 뒤에 있는 왕의 공식 집무실이다. 사정전은 '왕이 정사에 임할 때 깊이 생각해서 옳고 그름을 가려야 한다'라는 뜻을 담고 있다. 매일 아침 업무 보고와 회의, 경연(국정 세미나) 등이 열렸다.

강녕전과 교태전 05

사정전 뒤에 자리한 왕과 왕비의 침전이다. 강녕전은 왕이, 교태전은 왕비가 사용했다. 왕과 왕비는 이곳에서 독서와 휴식 등의 일상생활을 했다. 지금으로 치면 청와대 관저인 셈이다.

흠경각과 함원전 06

농업 발전을 위해 천체의 운행을 이해하고 시간을 측정하고자 했던 건물이다. 세종은 이곳에 옥루기륜, 양부일구 등의 시간 측정 기구와 천문 관측기구인 간의를 설치했다. 함원전은 불교 의식과 행사가 열렸던 곳이다.

자경전 07

흥선대원군은 경복궁 재건 당시 1865년 궁에서 가장 화려한 건물로 자경전을 지어 신정왕후의 은혜에 보답했다. '자경'이라는 뜻은 왕이 어머니나 할머니 등 왕실의 안어른께 경사가 있기를 바란다는 뜻을 담고 있다. 악귀를 막고 장수를 기원하는 꽃담과 십장생 굴뚝이 특징이다.

경회루 08

왕과 신하들이 모여 연회를 하거나 외국 사신을 접대하던 곳이다. 연못에서 뱃놀이를 즐기고 경회루에 올라 인왕산과 궁궐의 장엄한 경관을 감상했다. 창건 당시 작은 누각이었지만 1412년 연못과 누각을 크게 확장했다. 임진왜란으로 불타 기둥만 남은 것을 1867년 재건했는데 당시 청동으로 만든 두 마리 용을 연못에 넣어 물과 불을 다스리게 했다. 두 마리 용은 국립고궁박물관에 있다.

향원정과 건청궁 09

경복궁 후원 연못 향원지에는 향원정이라는 정자가 있다. 연못과 정자가 잘 어우러진다. 향원정 북쪽에 있는 건청궁은 왕의 처소인 장안당, 왕비의 처소인 곤녕합, 옥호루로 이루어졌다. 건청궁 곤녕합은 1895년 명성황후 시해 사건이 일어난 곳이다. 우리나라 최초로 전깃불을 밝혔던 곳도 건청궁 앞이다.

경복궁 수문장 교대의식 10

조선시대 경복궁 수문장은 광화문과 한양의 사대문인 흥인지문, 숭례문 등 도성과 궁궐의 문을 지키는 책임자였다. 경복궁 정문에서 수문장 교대의식이 하루 두 차례(10:00, 14:00) 열린다. 소요 시간은 약 20분.

주변 여행지 돌아보기

국립고궁박물관 01

조선왕실과 대한제국 황실 문화유산을 전시한다. 상설 전시는 조선의 국왕실, 궁궐실, 왕실의 생활실, 대한제국실, 천문과 과학실 등으로 구성된다. 주제별로 열리는 특별 전시도 함께 관람한다. 경복궁에서 도보 3분.

주소 서울시 종로구 효자로 12 | **전화** 02-3701-7500 | **시간** 평일 09:00~18:00, 주말공휴일 09:00~19:00 | **휴무일** 1월 1일, 설날·추석 당일 | **입장료** 무료 | **홈페이지** www.gogung.go.kr

국립민속박물관 02

우리 민족의 생활양식과 풍속을 전시하는 생활사 박물관이다. 한민족생활사, 한국인의 일상, 한국인의 일생 등을 전시한다. 어린이 눈높이에 맞춘 어린이 박물관이 따로 마련되어 있다. 경복궁에서 도보 8분.

주소 서울시 종로구 삼청로 37 | **전화** 02-3704-3114 | **시간** 09:00~18:00 | **휴무일** 1월 1일, 설날·추석 당일 | **입장료** 무료 | **홈페이지** www.nfm.go.kr

청와대 03

대통령의 집무 공간이자 생활공간. 청와대 홈페이지를 통해서만 관람 신청을 받으며 사전 예약 없이는 관람할 수 없다. 관람은 총 1시간 30분 정도 소요되며 사진 촬영은 지정된 장소에서만 가능하다. 경복궁에서 도보 10분.

주소 서울시 종로구 청와대로 1 | **전화** 02-730-5800 | **시간** 화~금요일 10:00~11:00, 둘째넷째 주 토요일 14:00~15:00 | **휴무일** 일·월요일, 첫째·셋째 주 토요일, 공휴일 | **홈페이지** www.president.go.kr

051

왕이 사랑한 궁궐
창덕궁

 조선의 5대 궁궐 중 유일하게 유네스코 세계문화유산에 등재되었으며 가장 오랜 기간 왕이 거처했던 곳이다. 왕이 된 기분으로 창덕궁을 거닐어보자.

1405년 조선 3대 왕인 태종이 이궁(별궁)으로 창덕궁을 지었다. 경복궁 동쪽에 있다 해서 '동궐'이라 불렸다. 창덕궁은 터를 만들어 지은 것이 아니라 원래 있던 자연환경에 맞춰 지었다. 경복궁이 백악산 아래 평지에 질서 정연하게 배치되어 있다면 창덕궁은 경사진 지형을 따라 자연스럽게 조성해 건물의 규모도 경복궁에 비해 작고 소박하다. 임진왜란 때 모든 궁궐이 불타고 경복궁을 중건하기까지 조선의 법궁 역할을 했다. 조선시대 궁궐 중 왕들이 가장 오랜기간 생활했던 곳인만큼 왕가에서 큰 사랑을 받았던 곳으로 손꼽힌다. 일제강점기때 궁궐이 많이 훼손됐지만, 오늘날까지 원형이 잘 남아 있다. 자연을 활용한 공간 배치가 특징이며 건물과 정원, 나무 한 그루마저 조화를 이룬다. 돈화문으로 들어가 금천교를 건너면 진선문을 통해 전각이 이어진다. 전각 뒤편에 있는 후원은 창덕궁 전체 면적의 60%를 차지할 만큼 넓다. 이는 조선 정원의 으뜸으로 손꼽힐 만큼 아름다운 풍경을 자랑한다. 왕과 왕실 가족의 휴식을 위한 공간이자 왕이 주관하는 여러 행사가 열렸다. 자연스럽게 형성된 골짜기마다 정원과 정자를

배치해 고즈넉한 정취를 더했다. 후원 관람은 별도의 예약이 필요하며 문화재해설사의 안내에 따라 입장한다.

주소 서울시 종로구 율곡로 99 | **전화** 02-3668-2300 | **시간** 2~5월·9~10월 09:00~18:00, 6~8월 09:00~18:30, 11~1월 09:00~17:30 | **휴무일** 월요일 | **입장료** 일반 관람 어른(25~64세) 3000원, 24세 이하·만 65세 이상·장애인·국가유공자·한복 착용자 무료 / 후원 관람 어른(19~64세) 8000원, 청소년(19~24세) 5000원, 어린이·청소년(7~18세) 5000원 | **홈페이지** www.royalpalace.go.kr

> **TIP**
>
> **01 추천 관람 코스(일반 코스)** 돈화문 → 금천교 → 궐내각사 → 인정전 → 선정전 → 희정당 → 대조전 → 낙선재
> **(후원 코스)** 후원 입구 → 부용지 → 불로문 & 애련지 → 존덕정 & 폄우사 → 옥류천 & 연경당
> **02** 창덕궁 한국어 해설은 하루 4~5회 열린다. 돈화문 안쪽 안내도 앞에서 시작하며 소요 시간은 1시간이다.
> **03** 창덕궁 후원(왕실정원) 특별 관람은 선착순 예약제로 이루어지며 해설사의 인솔하에 관람한다.
> 언어권별 입장 제한이 있으니 시작시간을 확인할 것(외국인 관람객 대상 해설시간에는 내국인 참여 불가능).
> **04** 후원 관람 문화재 해설 중 동영상 촬영 및 녹음은 해설사의 사전 승인 없이 불가능하다.
> 후원 입구(창덕궁 입구에서 15분 소요)에서 해설을 시작하며 관람 소요 시간은 약 90분.
> **05** 은은한 달빛 아래 전문 해설사와 함께 창덕궁 후원을 거닐고 싶다면 '창덕궁 달빛기행'을 추천한다.
> 수문장과 함께 하는 기념 촬영, 후원 산책, 다과, 전통 예술 공연 관람을 포함한다. 매년 4~10월에 열린다.

◆ 사전 조사를 해봐요 ◆

도서 《궁궐로 떠나는 힐링 여행 창덕궁》: 우리궁궐지킴이로 활동하고 있는 저자는 10년 넘게 창덕궁을 관찰했다. 창덕궁의 건축양식, 회화와 조각, 궁궐에 담긴 이야기를 찾아내 재미있게 엮었다. 사진과 그림을 통해 창덕궁이 간직한 감성을 느껴볼 수 있다.

도서 《창덕궁 깊이 읽기》: 각계 전문가 11명의 시선으로 창덕궁을 심층적으로 들여다본다. 창덕궁에 숨겨진 건축미를 감상하고, 궁궐도를 통해 창덕궁의 전체적인 모습과 궁궐 구석구석을 살펴본다.

◆ 엄마, 아빠랑 배워요 ◆

창덕궁은 왜 지었나요?

태종은 경복궁의 형세가 좋지 않아 창덕궁을 조선의 별궁으로 지었다고 했지만, 실질적인 이유는 다른 데 있었던 것으로 추정한다. 정도전과 이복동생을 죽이고 왕위에 오른 태종은 그 현장인 경복궁에 기거하는 것이 불편했을 것이다. 태종은 창덕궁을 지어 그곳에서 지내다 태종 11년(1411년)이 되어서야 경복궁으로 거처를 옮겼다. 창덕궁 창건 이후 조선왕조의 궁궐은 법궁과 이궁, 양궐 체제로 된다.

돈화문 01

창덕궁의 정문인 돈화문은 우리나라에 남아 있는 가장 오래된 궁궐 정문이다. 왕이 행차를 하거나 국가 행사를 치를 때 드나들었다. 지금 남아 있는 돈화문은 1608년 광해군 때 다시 지어졌다.

인정전 02

'어진 정치'라는 뜻을 담은 창덕궁의 정전이자 법전이다. 왕의 즉위식, 결혼식, 세자 책봉식, 문무백관 하례식 등 공식적인 국가 행사가 열렸다. 1910년에는 한일병합조약을 체결한 슬픈 역사의 현장이기도 하다.

선정전 03

왕의 집무실이다. 현재 창덕궁에 남아 있는 건물 중 유일하게 청색 기와를 얹었다. 선정전은 왕의 공간이지만 왕비가 사용하기도 했다. 성종 때 공혜왕후 한씨는 노인을 공경하는 풍습을 권장하기 위해 이곳에서 80세 이상 노인을 대상으로 양로연을 베풀었다.

희정당 04

선정전 바로 옆에 있는 침전이다. 1917년 화재로 불타 없어졌다가 1920년 경복궁 강녕전을 뜯어 복구했다. 현재 모습은 화재 전 희정당과 강녕전의 모습과는 다르다. 실내는 카펫, 유리 창문, 샹들리에 등을 놓아 서양식으로 꾸몄다.

대조전 & 흥복헌 05

희정당 뒤편 왕비의 생활공간이다. 대조전 부속 건물인 흥복헌은 1910년 마지막 어전 회의를 열어 경술국치(1910년 8월 29일, 우리나라 역사상 처음으로 국권을 상실한 치욕의 날)가 결정된 곳이다.

낙선재 06

왕의 서재 겸 사랑채다. 1847년 헌종 때 사대부 주택의 건축양식으로 지었다. 조선이 폐망한 후에도 왕가의 후손은 이곳에서 지냈다. 조선의 마지막 황태자 영친왕 이은, 영친왕의 부인인 이방자 여사, 고종의 고명딸인 덕혜옹주가 살았다.

부용지　07

후원의 첫 번째 정원이다. 사각형 연못과 둥근 섬은 '하늘은 둥글고 땅은 네모나다'라는 천원지방(天圓地方) 사상을 나타낸다. 연꽃 모양으로 지은 부용정, 2층 누각인 주합루 등이 남아 있다. 주합루 아래층에는 왕실 직속 도서관인 규장각이, 위층에는 열람실 겸 누마루가 있다.

애련지　08

후원의 두 번째 정원이다. 연꽃이 피는 연못이라는 뜻을 담고 있으며 불로문을 지나 왼쪽에 자리한다. 숙종은 연못 가운데 섬을 쌓고 정자를 지었다. 지금은 섬은 볼 수 없고 연못 북쪽 끝에 정자만 남았다. 애련지 북쪽에는 곡선 형태의 연못 둘레로 존덕정, 관람정, 폄우사, 승재정 등 정자가 있다.

옥류천　09

후원에서 가장 깊은 골짜기로 인조 14년(1636년) 소요암을 깎아내고 그 위에 홈을 파서 물길을 끌어들여 폭포를 만들었다. 바위에는 '玉流川(옥류천)'이라 새긴 인조의 친필이 남아 있다. 지금은 물길이 끊겨 폭포수가 떨어지는 풍경을 볼 수 없다. 옥류천 주변에는 소요정, 태극정, 농산정, 취한정, 청의정 등 작은 정자가 있다.

주변 여행지 돌아보기

창경궁　01

성종 14년(1483년)에 세 분의 대비(세조비 정희왕후, 예종비 안순왕후, 덕종비 소혜왕후)를 모시기 위해 지은 궁궐이다. 창경궁 함양문을 지나면 창경궁이 이어진다(별도 관람권 구입). 창덕궁에서 도보 1분.

주소 서울시 종로구 창경궁로 185 | **전화** 02-762-4868 | **시간** 09:00~21:00 | **휴무일** 월요일 | **입장료** 일반 관람 어른(25~64세) 1000원, 24세 이하만 65세 이상·장애인·국가유공자·한복 착용자 무료 | **홈페이지** cgg.cha.go.kr

종묘　02

조선왕조의 왕과 왕비, 사후에 추존(임금으로 등극하지 못했거나 폐위되었던 왕 중 사후에 다시 왕으로 모시는 것)된 왕과 왕비의 신주를 모신 사당이다. 1995년 세계문화유산으로 지정됐다. 창덕궁에서 도보 10분.

주소 서울시 종로구 종로157 | **전화** 02-765-0195 | **시간** 2~5월·9~10월 09:00~18:00, 6~8월 09:00~18:30, 11~1월 09:00~17:30 | **휴무일** 화요일 | **입장료** 어른(25~64세) 1000원, 24세 이하만 65세 이상·장애인·국가유공자·한복 착용자 무료 | **홈페이지** jm.cha.go.kr

익선동 한옥마을　03

1920년대 후반 도시형 한옥이 들어선 익선동에는 좁다란 골목길 사이로 한옥이 어깨를 맞대고 있다. 아날로그 감성으로 꾸민 레트로풍 카페, 식당, 상점 등이 인기다. 개화기 모던걸, 모던보이 복장을 체험할 수 있는 의상 대여점이 인기다. 창덕궁에서 도보 10분.

주소 서울시 종로구 익선동 | **전화** 120

052

자연과 함께하는
궁궐 산책

창경궁

 POINT 조선의 궁궐 중 하나로 창덕궁과 이웃하고 있다. 자연미와 왕실 생활이 조화를 이룬 궁궐을 거닐며 조선 왕실의 기품을 느껴본다.

창덕궁은 조선의 세 번째 궁궐이다. 경복궁, 창덕궁에 이어 지어졌으며 경복궁 동쪽에 있다 하여 '동궐'이라 불렀다. 조선 4대 임금인 세종은 왕위를 물려받으면서 아버지인 태종이 머무를 곳으로 창덕궁 동쪽에 수강궁을 지었다. 이후 9대 임금인 성종은 1483년에 수강궁을 확장해 할머니, 어머니, 작은어머니(세조비 정희왕후, 예종비 안순왕후, 덕종비 소혜왕후)를 위한 궁궐을 짓고 이를 '창경궁'이라 불렀다. 독립적인 궁궐의 역할을 하면서 창덕궁에 부족한 주거 공간을 보충했다. 창경궁은 임진왜란으로 모든 전각이 소실되었고, 광해군 8년(1616년)에 재건되었다. 초기에는 활용도가 낮았지만 경복궁을 중건하지 않고 창덕궁과 창경궁을 다시 지으면서 왕실 생활공간으로 자리 잡았다. 창경궁과 창덕궁은 하나의 궁궐로 연결해 사용했다. 이후 인조 2년(1624년) 이괄의 난과 순조 30년(1830년) 대화재로 내전이 없어지는 수난을 겪었지만 명정전, 명정문, 홍화문이 화재를 피해 살아남았으며 17세기 조선시대 건축양식을 보여준다. 이후 일본은 1907년부터 창경궁의 건물을 헐고, 동물원과 식물원을 만들었으며 1911년에는 이름마저 창경원으로 격하시켰다. 그뿐 아니라 종묘와 연결된 부분에 도로를 만들어 맥을 끊었다. 1983년부터 동물원을 이전하고 원

래의 모습으로 복원하는 작업을 진행 중이다.

주소 서울시 종로구 창경궁로 185 | **전화** 02-762-48680 | **시간** 09:00~21:00 | **휴무일** 월요일 | **입장료** 내국인 만 25~64세 1000원 / 외국인 만 19~64세 1000원, 만 7~8세 500원 | **홈페이지** cgg.cha.go.kr

> **TIP**
>
> 01 **추천 관람 코스** 홍화문 → 옥천교 → 명정전 → 문정전 → 숭문당 & 함인정 → 경춘전 & 환경전 → 통명전 & 양화당 → 영춘헌 & 집복헌 → 내전 터 일원 → 춘당지 → 관덕정 & 집춘문
> 02 주차 공간이 협소하므로 대중교통을 이용한다.
> 03 한복 착용자(전통 한복, 생활 한복)는 무료로 입장할 수 있다.
> 04 창경궁과 창덕궁은 함양문을 통해 연결되어 있다(함양문에서 창덕궁 관람권 별도 구입).
> 05 창경궁 해설은 옥천교 앞에서 시작한다. 사전 예약 없이 시간에 맞춰 참여할 수 있으며 소요 시간은 약 1시간이다. 한국어, 영어, 일본어, 중국어 해설을 진행하며 시간표는 홈페이지를 통해 확인할 수 있다(외국어 안내 해설 시 내국인은 참여 불가, 외국인 동반한 내국인은 참여 가능).
> 06 궁내에서 음식을 먹을 수 없으며 반려동물, 운동 기구, 놀이 기구, 돗자리 등은 반입 금지.

◆사전 조사를 해봐요◆

도서 《궁궐로 떠나는 힐링 여행 창경궁》 : 창경궁에 대한 역사적, 문화적 사실을 알아본다. 조선의 궁궐을 여행하며 곳곳에 담긴 역사적 의미를 살펴볼 수 있다. 화폭에 담은 아름다운 궁궐 그림이 포근하게 다가온다.

도서 《창경궁 실록으로 읽다》 : 창경궁에서만큼은 조선 왕들의 인간적인 면모를 찾아볼 수 있었다. 아버지를 그리워하는 정조, 아들을 질투한 인조, 아들의 극한으로 내몬 영조, 동생에게 쫓겨 궁을 탈출한 연산군 등 《조선왕조 실록》을 근거로 창경궁에서 일어난 역사적 사건을 다룬다.

◆엄마, 아빠랑 배워요◆

창경궁이 다른 궁궐과 다른 점은 무엇인가요?
정문의 방향이 다르다. 다른 궁들은 남쪽을 향해 정문이 열려 있지만, 창경궁은 동쪽을 향해 열려 있다. 정전으로 가기 위해 거쳐야 할 문의 수가 경복궁과 창덕궁은 3개지만, 창경궁은 2개다. 이는 대비를 위해 지은 궁궐이기 때문이다.

창경궁에 왜 동물원이 있었나요?
1907년 고종은 네덜란드 헤이그에서 열린 만국평화회의에 특사를 파견해 을사조약의 부당성을 주장했고, 일제는 이를 구실로 고종을 강제 퇴위시켰다. 이후 순종이 즉위했고, '한일신협약'을 맺어 국정 전반을 일본인 통감이 간섭했다. 당시 조선 통감이던 이토 히로부미는 순종을 위로한다는 핑계로 창경궁의 전각을 허물고 동물원과 식물원을 만들어 조선의 위엄을 짓밟았다.

알차게 돌아보기

홍화문 01

성종 15년(1484년)에 창건된 이후 임진왜란으로 소실되었고 광해 8년(1616년)에 중건되었다. 2층 누각형 목조건물로 3칸의 아담한 대문 형식을 갖췄다. 홍화문을 통과하면 금천이 흐르는 옥천교(보물 제386호)가 나온다. 매년 봄이면 홍화문 근처 느티나무에 새순이 돋고 옥천교 주변에 매화가 핀다.

명정전 02

창경궁의 주요 전각으로 즉위식, 신하들의 하례, 과거시험, 궁중연회 등의 행사가 열렸다. 인조반정 직후 정전으로 사용하기 전까지는 정사를 위한 공간보다는 연희를 위한 공간으로 쓰였다. 성종 15년(1484년)에 창건해 임진왜란 때 소실된 후 광해 8년(1616년)에 재건되었다. 현존하는 궁궐의 정전 중 가장 오래된 건물이다. 2단으로 쌓은 월대 위에 세워 위용을 갖추었다.

문정전 03

왕의 공식 집무실이다. 정전인 명정전과 등을 돌리고 있는 배치가 독특하다. 문정전 일원은 일제강점기에 헐렸다가 1986년 문정문, 동행각과 함께 복원되었다. 문정전 앞뜰은 사도세자의 비극이 일어난 장소다. 1762년 5월, 뒤주에 갇힌 사도세자가 더위와 허기에 지쳐 이곳에서 생을 마감했다.

숭문당과 함인정 04

임금이 신하들과 경연을 열어 정사와 학문을 논하던 곳이다. 영조의 친필 현판이 지금까지 남아 있다. 함인정은 왕이 신하들을 만나고 경연을 했던 정자였다. 마당이 넓게 트여 각종 공연이 열렸음을 짐작할 수 있다.

경춘전과 환경전 05

왕과 왕비가 일생생활을 하던 침전이다. 경춘전은 성종이 1483년 인수대비를 위해 지었다. 정조와 헌종이 이곳에서 태어났다. 많은 왕후들이 승하한 장소이기도 하다. 환경전은 왕이나 세자가 머물렀던 곳이다. 조선시대 의녀 대장금이 환경전에서 진료했다고 한다. 두 건물 모두 창건 당시 지었다가 임진왜란, 이괄의 난, 순조 연간 대화재 등으로 소실과 재건을 반복했다.

통명전과 양화당 06

창경궁 가장 깊숙한 곳에 있는 왕비의 침전이다. 연회나 의례를 열수 있는 앞마당이 있다. 양화당은 내전의 접대 공간으로 사용했으나 병자호란 때 인조가 환도하면서 머물렀다.

영춘헌과 집복헌 07

양화당 동쪽에 있는 영춘헌에는 후궁이 거처했다. 영춘헌 주변에 후궁들의 처소가 집중되어 있었지만 지금은 빈터로 남았다. 집복헌은 영춘헌의 서쪽에 연결된 행각으로 사도세자와 순조가 태어난 곳이다. 정조는 순조를 낳은 수빈 박씨를 총애해 집복헌에 자주 드나들며 영춘헌을 집무실로 이용하기도 했다.

춘당지 08

현재 2개의 연못(소춘당지, 대춘당지)이 있지만 뒤쪽의 작은 연못이 조선 때부터 있던 본래 춘당지다. 면적이 넓은 앞쪽 연못은 왕이 농사를 짓던 11개의 논이었다. 왕은 이곳에서 직접 농사 시범을 보이고, 풍년을 기원했다. 1909년 일본인들이 이 자리에 연못을 파서 뱃놀이를 즐기는 유원지를 만들었고, 1986년에 우리 전통 양식에 가깝게 재조성했다.

관덕정과 집춘문 09

관덕정은 활을 쏘던 정자였다. 앞쪽의 넓은 터는 군사 훈련장과 무과 시험장이었다. 문묘와 마주 보는 곳에 있는 집춘문은 왕들이 문묘로 향할 때 이용했다.

창경궁 대온실 10

1990년에 지은 우리나라 최초의 서양식 온실이다. 국내 재생 식물을 전시한다. 유리온실 속에 싱그러운 풀내음이 가득하다.

주변 여행지 돌아보기

국립어린이과학관 01

서울과학관이 어린이 전용 과학 문화 공간으로 거듭났다. 호기심과 상상력을 자극하고 창의력을 키워주는 체험형 과학관이다. 과학, 기술, 문화, 예술을 융합한 스토리텔링 기반의 전시를 선보인다. 창경궁에서 도보 5분.

주소 서울시 종로구 창경궁로 215 | **전화** 02-3668-3350 | **시간** 09:30~17:30 | **휴무일** 월요일, 1월 1일, 설날·추석 당일 | **입장료** 어른 2000원, 어린이 1000원 | **홈페이지** www.csc.go.kr

창덕궁 02

우리나라 궁궐 중 유일하게 유네스코 세계문화유산으로 등재됐다. 경복궁의 동쪽에 있어 창경궁과 함께 동궐이라 불렀다. 창경궁에서 도보 1분.

주소 서울시 종로구 율곡로 99 | **전화** 02-3668-2300 | **시간** 2~5월·9~10월 09:00~18:00, 6~8월 09:00~18:30, 11~1월 09:00~17:30 | **휴무일** 월요일 | **입장료** 어른(25~64세) 3000원, 4세 이하만 65세 이상·장애인·국가유공자·한복 착용자 무료 / 후원 관람 어른(19~64세) 8000원, 청소년(19~24세) 5000원, 어린이·청소년(7~18세) 5000원 | **홈페이지** www.royalpalace.go.kr

종묘 03

조선시대 역대 왕과 왕비의 신주(위패)를 봉안한 사당으로 유네스코 세계문화유산에 등재됐다. 유교적 왕실 제례 건축의 상징이다. 창경궁에서 도보 15분.

주소 서울시 종로구 훈정동 1 | **전화** 02-765-0195 | **시간** 3~5월·9~10월 09:00~18:00, 6~8월 09:00~18:30, 11~2월 09:00~17:30 / 시간제 관람으로 운영(토요일과 마지막 주 수요일에 한해 자유 관람 가능) | **휴무일** 화요일 | **입장료** 내국인만 25세~64세) 1000원 / 외국인 (19~64세) 1000원, 만 7~18세 500원 | **홈페이지** jm.cha.go.kr

053

조선의 마지막 궁궐,
대한제국 역사의 현장

덕수궁

 덕수궁은 대한제국의 황궁으로 옛 이름은 경운궁이다. 석조전과 정관헌 등을 둘러보며 근대건축의 특징을 살펴볼 수 있다.

임진왜란 이후 역사적인 격변을 담고 있는 덕수궁은 원래 왕궁이 아니라 성종의 형인 월산대군(1454~1488)의 집이었다. 1592년 임진왜란 때 왕궁이 모두 불타는 바람에 1593년부터 행궁(임금이 임시로 머물던 별궁)으로 사용했다. 의주로 피란 갔던 선조가 한양으로 돌아와 행궁에 머물렀다. 1608년 이곳에서 선조의 뒤를 이어 즉위한 광해군은 1611년 행궁의 이름을 '경운궁'이라 짓고 7년 동안 머물렀다. 이후 광해군은 1615년에 재건한 창덕궁으로 거처를 옮겼고, 경운궁은 다시 별궁으로 남았다. 그 후 1897년 고종황제가 러시아 공관에 있다가 환궁하면서 경운궁을 왕궁으로 썼다. 당시 현재 넓이의 3배에 달하는 큰 궁궐이었지만 고종황제가 황위에서 물러나면서 위상이 달라졌다. 고종이 승하하고 1920년부터 일제가 선원전과 중명전 일대를 매각해 궁역이 현저히 줄었다. 1933년에는 덕수궁 내의 전각을 철거해 공원으로 만들기도 했다. 덕수궁은 조선의 5대 궁궐 중 규모가 가장 작지만, 석조전, 중명전 등 서양식 근대 건축물이 들어서 궁궐과 조화를 이룬다. 또 덕수궁 석조전에는 대한제국역사관이 있어 대한제국 시절

황궁의 생활사를 전시한다. 전통과 근대가 만난 덕수궁을 관람하며 조선시대부터 대한제국까지 역사를 살펴볼 수 있다.

주소 서울시 중구 세종대로 99 | **전화** 02-771-9951 | **시간** 09:00~21:00 | **휴무일** 월요일 | **입장료** 1000원 | **홈페이지** www.deoksugung.go.kr

TIP

01 덕수궁은 별도의 야간 개장 기간 없이 연중 오후 9시까지 문을 연다(마감 1시간 전까지 입장 가능).
02 석조전에는 대한제국역사관이 있다. 지하 1층 전시실은 오전 9시~오후 6시에 자유롭게 관람할 수 있으며 1, 2층 전시실은 사전 예약제를 통해 해설사와 동반해 관람해야 한다.
03 덕수궁 왕궁 수문장 교대식은 11:00, 14:00, 15:30에 대한문 앞에서 열린다 (월요일 및 혹서기, 혹한기, 눈, 비 오는 날 제외).
04 전통 의상 입어보기, 수문장과 포토타임 등 체험 프로그램을 운영한다.
05 덕수궁 해설은 무료로 참여할 수 있다. 한국어, 영어, 중국어, 일본어 등 언어권별로 해설 시작 시간이 다르다. 초등학교 저학년 및 미취학 아동은 단체 해설 참여가 불가하다.
06 한복 착용자(전통 한복, 생활 한복)는 무료 입장할 수 있다.

◆사전 조사를 해봐요◆

도서 《궁궐로 떠나는 힐링 여행 덕수궁》: 대한제국의 영광과 애환이 담긴 덕수궁과 일대를 돌아본다. 덕수궁 내의 각 건축물을 돌아보며 대한제국의 황제와 덕혜옹주 등 역사 속 인물을 책을 통해 만나본다.

도서 《덕수궁, 경희궁 실록으로 읽다》: 1부 덕수궁, 2부 경희궁으로 구성된다. 덕수궁의 역사를 시대순으로 알아보고, 덕수궁 주요 전각에 대해 설명한다. 각 건물에 숨겨진 이야기가 흥미롭다.

◆엄마, 아빠랑 배워요◆

경운궁의 명칭을 왜 덕수궁으로 바꿨나요?
덕수궁의 옛 명칭은 경운궁이다. 1907년 고종이 순종에게 임금 자리를 물려준 후 고종은 경운궁에서 살았는데 순종은 고종의 장수를 빈다는 뜻에서 덕수궁으로 이름을 바꿨다. 실제로 고종은 67세의 나이로 세상을 떠 당시로서는 장수를 했다.

대한문 01

덕수궁의 정문으로 원래 이름은 대안문이다. 나라와 백성 모두 태평하기를 기원하는 뜻을 담았다. 이후 1906년 대한문으로 이름을 바꾸었다. '대한'은 큰 하늘이라는 뜻으로 한양이 창대해진다는 소망을 담았다. 대한문으로 들어가면 금천교가 이어진다.

중화전 02

고종이 사용했던 정전이다. 중화는 '한쪽으로 치우치지 않는 성정'이라는 뜻이다. 당시 세계 속에 당당하게 자리 잡겠다는 대한제국의 의지를 나타냈다. 중화전 앞뜰에 문무백관의 위치를 나타내는 품계석이 있다. 임금이 지나는 길 '답도'에는 황제를 상징하는 용 두 마리가 새겨져 있다. 봉황 대신 용이 새겨진 답도는 덕수궁이 유일하다. 중화전의 황금색 문살은 황제국을 상징한다.

함녕전 03

1897년 지은 고종의 침전이다. 1904년 함녕전 온돌 수리중 불이 나 덕수궁 내 전각이 모두 소실되었다가 같은 해 12월에 다시 지었다. 1919년 1월 21일 고종이 승하한 곳이기도 하다.

덕홍전 04

황제가 외국 사신이나 대신을 만날 때 사용했던 접견실이다. 정면 3칸, 측면 4칸 겹처마 팔작지붕으로 지은 단출한 건물이다.

준명당 05

고종이 신하나 외국 사신을 접견했던 곳이다. 함녕전이 건축되기 전까지 고종의 침전으로 사용했다. 정면 6칸, 측면 5칸의 겹처마 팔작지붕으로 지었다. 1916년 4월에는 고종의 딸, 덕혜옹주 교육을 위한 유치원으로 사용했다. 준명당 건물 바깥에는 일정한 간격으로 둥근 홈이 파여 있는데 이는 아이들이 다칠까 봐 난간을 설치한 흔적이다.

즉조당 06

정면 7칸, 측면 3칸의 겹처마 팔작지붕 건물로 준명당, 복도와 이어져 있다. 15대 광해군, 16대 인조가 임금 자리에 오른 곳이며 1897년 고종이 경운궁으로 환궁한 직후 정전으로 이용했다. 1904년 덕수궁 화재 때 손실되었다가 그해 석어당, 함녕전과 함께 고쳐 지었다.

석어당 07

덕수궁의 유일한 중층 목조건물이다. 팔작지붕 아래 1층은 정면 8칸, 측면 3칸, 2층은 정면 6칸, 측면 1칸으로 지었다. 선조가 임진왜란 중 의주로 피란 갔다 환도한 후 거처했던 곳이자 1608년 2월 승하한 곳으로 추정된다. 단청(여러 빛깔로 무늬를 그려 넣은 것)이 없는 것이 특징이다.

정관헌 08

고종이 러시아 건축가를 불러 만든 건물이다. 러시아풍 건물이지만 금속 난간 장식에는 소나무, 사슴 등 전통 문양을 새겼다. 조선 역대 왕의 어진(왕의 초상화)을 모시고 제례를 지내던 장소다. 1912년 어진을 중화전으로 옮겼다. 고종은 정관헌에서 음악을 들으며 커피를 마셨다.

대한제국역사관 (덕수궁 내 석조전) 09

조선 궁궐의 건물 중 대표적인 유럽풍 석조 건축물이다. 영국 건축가 하딩이 설계했으며 신고전주의 유럽 궁전 건축양식이 담겨 있다. 고종은 외국 사절을 만나는 용도로 석조전을 사용했다. 100년 세월이 지나는 동안 미술관, 박물관으로 사용하다가 2009년 복원 공사를 진행해 2014년 석조전 대한제국역사관을 개관했다. 황궁의 생활사와 당시 역사를 전시한다.

국립현대미술관 덕수궁관 (덕수궁 내 석조전 서관) 10

1938년 지은 석조전 서관은 이왕가미술관으로 사용되었다가 현재는 국립현대미술관 덕수궁관으로 자리 잡았다. 국내외 작가의 현대미술전시가 열린다. 전시 관람도 추천한다.

전화 02-2022-0600 | **시간** 10:00~19:00(수토요일은 21:00까지) | **휴무일** 월요일, 1월 1일 | **입장료** 전시마다 다름 | **홈페이지** www.mmca.go.kr

중명전 11

덕수궁 안에 있던 도서관이었다. 일제가 도시 정비를 명목으로 길을 내 정동극장을 끼고 골목으로 들어가야 볼 수 있다. 1904년 덕수궁 화재 이후 이곳을 고종의 편전과 외국 사절의 접견실로 사용했다. 1905년 을사늑약이 체결된 슬픈 역사의 장소다. 덕수궁에서 도보 8분.

주소 서울시 중구 정동길 41-11 | **전화** 02-751-0753 | **시간** 09:30~17:30 | **휴무일** 월요일 | **입장료** 무료 | **홈페이지** www.deoksugung.go.kr

고종의 길 12

덕수궁 돌담길 내부 보행로와 옛 러시아 공사관을 연결하는 좁은 길이다. 아관파천 당시 고종이 걸어간 길로 2018년 10월부터 일반인에게 개방했다. 1900년대 초 촬영한 옛 사진 등 관련 자료를 볼 수 있다.

개방일 화~일요일(월요일 비공개) | **개방 시간** 2~10월 09:00~18:00, 11~1월 09:00~17:30 | **전화** 02-771-9951

054

기쁨이 넘치고 빛나는 궁궐
경희궁

POINT 조선 후기 10명의 임금이 머물던 궁궐이다. 전각 대부분이 손실된 경희궁은 1988년부터 복원 공사를 진행해 조선 궁궐의 아름다움을 되찾았다.

경희궁은 임금이 항상 머무르는 궁이 아니라 본궁을 떠나 잠시 머무르던 이궁이었다. 궁이 지어질 당시 경덕궁으로 부르다가 영조 36년(1760년)에 경희궁으로 이름을 바꾸었다. 경사 '慶', 기쁠 '熹' 자를 써서 '기쁨이 넘치고 빛나는 궁'이라는 뜻을 담았다. 경복궁, 창덕궁, 창경궁, 덕수궁과 함께 조선의 5대 궁궐로 꼽히던 경희궁은 1910년 일제에 의해 전각 대부분이 헐렸다. 일제는 그 자리에 일본인 학교인 총독부 중학교를 세웠다. 경희궁의 면적은 절반 정도로 줄었고, 위엄과 권위 역시 역사 속으로 사라졌다. 그 후 1980년대에 이르러 경희궁의 발굴 연구를 시작했고, 2002년에 우리 품으로 돌아왔다. 현재 복원을 마친 세 전각 (숭정전, 자정전, 태령전)이 관람객을 맞이한다.

주소 서울시 종로구 신문로2가 1-2 | **전화** 02-724-0274 | **시간** 09:00~18:00 | **휴무일** 월요일 | **입장료** 무료

◆사전 조사를 해봐요◆

도서 《홍순민의 한양 읽기 - 궁궐 상, 하》 : 상권은 조선 궁궐 개론서, 하권은 서울에 남아 있는 5개 궁궐에 대한 안내서. 궁궐 배치의 의미부터 전각 편액이 의미하는 뜻까지 다양한 시선으로 조선시대 궁궐을 바라본다.

도서 《만화로 보는 조선 궁궐 경희궁의 보물을 찾아서》 : 100여 년 동안 외면받았던 경희궁의 모습을 자세히 들여다본다. 숭정전, 자정전, 태령전 등에 얽힌 역사적인 이야기로 구성되어 있다.

◆엄마, 아빠랑 배워요◆

궁궐 처마 안쪽에 있는 그물은 무엇인가요?
명주실을 꼬아 만든 그물의 이름은 '부시'다. 새가 궁궐에 둥지를 트는 것을 방지하기 위함이다. 부시를 설치하기 어려운 곳에는 오지창을 놓았다.

숭정전 들어가는 길에 놓인 돌은 무엇인가요?
궁궐 정전 앞마당에 놓인 돌은 품계석이다. 조선시대 문무백관 벼슬의 지위에 따라 정 1품부터 종 9품까지 18등급으로 품계를 나누었다. 조회나 하례, 중요한 행사가 있을 때 자신의 벼슬 품계석 앞에 정렬했다. 동쪽에 문관, 서쪽에 무관이 서 있었다.

알차게 돌아보기

홍화문 01

경희궁의 정문이다. 보통 궁궐의 정문은 2층으로 이루어져 있는데 경희궁은 이궁이라 1층으로 지었다. 일제가 경성중학교를 세우면서 이 문을 사당 박문사 정문으로 사용했다. 해방 후 박문사는 문을 닫았고, 흥화문은 영빈관과 신라호텔의 정문으로 사용했다. 1988년 경희궁 복원 계획의 일환으로 흥화문은 지금의 자리로 돌아왔지만 본 자리는 아니고 새로운 자리에 놓였다.

숭정전 02

경희궁의 정전으로. 조례 등 공식적인 행사가 열렸다. 정면 5칸, 측면 4칸의 규모로 경희궁에 있던 건물 중 가장 크고 화려한 모습이었다. 숭정전 역시 1910년 일제가 강제 철거했는데 1926년 조계사로 옮겨 갔다가 현재는 동국대학교 정각원 법당으로 쓰인다. 현재 경희궁 안에 있는 숭정전은 6년에 걸쳐 복원된 것이다.

자정전 03

경희궁에서 임금이 평상시에 머물며 일하던 곳이다. 정면 3칸, 측면 3칸의 건물로 팔작지붕을 얹었다. 돌바닥이 특징이다.

> **TIP**
> 01 **추천 관람 코스** 흥화문 → 숭정전 → 태령전 → 자정전
> 02 주차 공간이 따로 마련되어 있지 않으니 대중교통 이용을 권장한다.
> 03 궁내에서는 음식을 먹을 수 없으며 반려동물, 놀이 기구, 돗자리 등을 반입할 수 없다.
> 04 야경 특별 관람 기간에 입장하려면 인터넷으로 사전 예약을 해야 한다.

주변 여행지 돌아보기

서울역사박물관 01

서울의 역사를 담고 있는 도시 역사박물관이다. 조선시대부터 대한제국, 일제강점기를 거쳐 오늘날에 이르는 서울의 역사와 문화를 한눈에 살펴볼 수 있다. 서울 역사와 관련한 기획 특별전도 열린다. 경희궁에서 도보 4분.

주소 서울시 종로구 새문안로 55 | **전화** 02-724-0274~6 | **시간** 3~10월 09:00~20:00, 토·일요일공휴일 09:00~19:00 / 11~2월 평일 09:00~20:00, 토·일요일공휴일 09:00~18:00 | **휴무일** 월요일, 1월 1일 | **입장료** 무료 | **홈페이지** www.museum.seoul.kr

경찰박물관 02

대한민국 경찰의 역사와 문화를 전시한다. 경찰의 업무를 알아보고, 체험할 수 있어 경찰을 꿈꾸는 학생이라면 한 번쯤 가볼 만하다. 경찰 근무복을 입고 기념사진도 남길 수 있다. 경희궁에서 도보 4분.

주소 서울시 종로구 행촌동 송월길 162 | **전화** 02-3150-3681 | **시간** 09:30~17:30 | **휴무일** 월요일, 1월 1일, 설추석 연휴 | **입장료** 무료 | **홈페이지** www.policemuseum.go.kr

성곡미술관 03

광화문 한복판에 힐링을 선사하는 비밀스러운 미술관이다. 전시를 관람하고 미술관 조각공원을 거닐다 보면 계절의 흐름을 온전히 느낄 수 있다. 특히 봄에는 벚꽃이 흩날려 절경을 이룬다. 경희궁에서 도보 9분.

주소 서울시 종로구 경희궁길 42 | **전화** 02-737-7650 | **시간** 10:00~18:00 | **휴무일** 월요일 | **입장료** 전시에 따라 다름 | **홈페이지** www.sungkokmuseum.org

055

유네스코
세계문화유산
종묘

POINT 종묘는 조선시대 왕과 왕비의 위패를 모시고, 제사를 지내던 곳이다. 2001년 유네스코 세계문화유산으로 등록됐으며 유교를 바탕으로 지금까지 제사 의식을 이어오고 있다.

태조 이성계가 한양으로 천도한 후 가장 먼저 지은 것은 무엇일까? 바로 궁궐이 아닌 종묘다. 종묘는 조선시대 왕과 왕비의 제사를 지냈던 곳이다. 지금까지 600년 이상 이러한 전통을 유지하고 있는 곳은 세계에서 종묘가 유일하다. 종묘에서 행하는 제향 의식, 종묘제례를 통해 왕권의 존엄성을 알리고 왕족의 뿌리를 확립했다. 당시에는 각 계절의 첫 달과 음력 12월 중 좋은 날을 정해 1년에 다섯 번 제례를 지냈고, 나라에 큰일이 있을 때도 제를 올렸다. 지금은 매년 5월 첫째 일요일에 종묘제례가 열린다. 이때 장중한 음악과 춤을 곁들이는데 이를 '종묘제례악' 이라고 한다. 종묘제례와 종묘제례악은 2001년 5월 유네스코 세계문화유산으로 등재됐다.

주소 서울시 종로구 훈정동 1-1 | **전화** 02-765-0195 | **시간** 2~5월 9~10 09:00~18:00, 6~8월 09:00~18:30, 11~1월 09:00~17:30 | **휴무일** 화요일 | **입장료** 어른 1000원, 어린이 무료(외국인 어린이 500원) | **홈페이지** jm.cha.go.kr

TIP
01 입장시간 제한이 있는 시간제관람과 자유롭게 입장하여 관람할 수 있는 일반관람으로 나뉜다.
02 언어권별로 정해진 시간에 입장해 문화재해설사와 함께하는 관람제도를 시행하고 있다.(월·수·목·금요일)
03 일반 관람일은 토·일, 공휴일, 매월 마지막 수요일이다.

◆사전 조사를 해봐요◆

도서 《하늘을 부르는 음악 종묘제례악》: 종묘에서 제사를 올릴 때 연주하는 음악과 노래, 무용을 포함한다. 종묘제례악의 탄생 근원과 가치를 재조명한다.

도서 《종묘에서 만난 조선 왕 이야기》: 종묘에 모신 왕의 수만큼 다양한 이야기가 전해 내려온다. 종묘에 대한 기본적인 정보는 물론이고, 역대 조선 왕의 특징을 살펴본다.

◆엄마, 아빠랑 배워요◆

종묘제례는 어떻게 진행되나요?
종묘제례는 크게 네 가지 절차로 진행한다. 신을 맞이하는 '영신', 신이 음식을 즐기는 '진찬', 신이 주는 복을 받는 '음복', 신을 보내는 '송신'. 제례가 시작되면 절차에 맞춰 종묘제례악을 연주하고, 무원들은 음악에 맞춰 춤을 춘다.

알차게 돌아보기

향대청 01

왕이 종묘제례에 사용할 향, 축문, 폐백과 같은 제사 예물을 보관하는 곳이다. 행각이 길게 자리 잡고 있어 두 건물 사이 긴 뜰이 생겨났다. 향대청 동남쪽에는 종묘를 관리하는 관원이 업무를 보던 망묘루가 있고, 뒤쪽에는 공민왕 신당이 있다.

정전 02

조선을 건국한 태조를 포함해 역대 왕과 왕비가 세상을 떠나면 궁궐에서 삼년상을 치른 다음 신주(죽은 사람의 위패)를 옮겨 와 이곳에 모셨다. 정전으로 들어가는 문은 3개가 있다. 남문은 혼이 드나는 문, 동문은 제례 때 제관이 출입하던 문이며 서문으로는 악기를 연주하는 악공, 춤을 추는 일무원, 종사원이 출입했다.

영녕전 03

정조의 신주를 정전에 모실 때 신실이 부족했다. 정전에 모시고 있던 신주를 다른 곳으로 옮기기 위해 영녕전을 새로 지었다. 영녕전이라는 이름은 '왕가의 조상과 자손이 함께 길이 평안하라'라는 뜻을 담고 있다. 공간은 정전과 비슷하지만 규모가 작고 친근감이 느껴진다.

주변 여행지 돌아보기

세운상가 01

1970년대 문을 연 국내 최초 종합 전자 상가이자 제조 공장. 도시 재생 프로젝트 '다시 세운'을 통해 리모델링했다. 2017년 세운상가-청계상가-대림상가를 공중 보행로로 연결했고, 2020년까지 충무로에 있는 진양상가까지 보행로를 연결할 예정이다. 종묘에서 도보 3분.

주소 서울시 종로구 청계천로 159 | **전화** 02-2271-2344 | **시간** 09:00~19:00(상점마다 다름) | **휴무일** 일요일, 공휴일 | **입장료** 무료 | **홈페이지** sewoonplaza.com

광장시장 02

서울의 대표적인 전통시장이자 우리나라 최초의 상설시장이다. 청계천 광교와 장교 사이에 위치해 광장시장이라는 이름이 붙었다. 식품, 한복, 직물, 패션, 공예품 등을 취급하는 상점이 모여 있다. 먹자골목에는 녹두전, 떡볶이, 순대, 김밥 등을 파는 가게가 있다. 종묘에서 도보 5분.

주소 서울시 종로구 창경궁로 88 | **전화** 02-2267-0291 | **시간** 가게마다 다름 | **홈페이지** www.kwangjangmarket.co.kr

한양도성박물관 03

서울을 둘러싸고 있는 조선시대 도성, 한양도성의 역사와 문화, 의미와 가치를 전시한다. 조선의 한양 천도부터 수도 건설, 도성 축조에 이르는 역사를 알 수 있다. 한양도성 코스를 걸어봐도 좋다. 종묘에서 도보 20분.

주소 서울시 종로구 율곡로 283(한양도성박물관) | **전화** 02-724-0243 | **시간** 3~10월 평일 09:00~19:00, 토·일요일·공휴일 09:00~19:00 / 11~2월 09:00~19:00, 토·일요일·공휴일 09:00~18:00 | **휴무일** 월요일, 1월 1일 | **입장료** 무료 | **홈페이지** www.museum.seoul.kr/scwm/NR_index.do

056

기품이 느껴지는
조선의 궁궐 체험

국립 고궁박물관

POINT 조선 왕실과 대한제국 황실의 역사와 문화가 살아 숨 쉬는 곳. 왕실 문화유산을 둘러보며 기품을 느껴본다.

경복궁 안에 자리한 고궁박물관에서 조선 왕실 문화의 모든 것을 볼 수 있다. 궁궐은 국왕의 집무 장소이자 왕실 가족이 살던 공간이다. 왕실 회화와 궁궐 의복, 왕과 왕비가 사용했던 생활용품 등을 둘러보며 조선왕조의 기품 있는 문화를 접할 수 있다. 황제국을 선포하고 근대국가로 전환하는 시기였던 대한제국의 역사도 함께 전시한다. 전시를 관람하며 조선왕실과 대한제국기 문화유산의 특징을 살펴볼 수 있다.

주소 서울시 종로구 효자로 12 | **전화** 02-3701-7500 | **시간** 평일 09:00~18:00, 주말공휴일 09:00~19:00 | **휴무일** 연중무휴 | **입장료** 무료 | **홈페이지** www.gogung.go.kr

TIP
01 3호선 경복궁 5번 출구에서 국립고궁박물관이 이어진다.
02 한국어 전시해설은 1일 2회(10:00, 15:00) 진행한다.
03 다양한 교육 프로그램을 운영 중이며 홈페이지를 통해 참가 신청을 할 수 있다.

◆사전 조사를 해봐요◆

도서 《서울의 고궁 컬러링북》 : 전문 사진작가가 촬영한 수천 장의 고궁 사진 중 가장 아름다운 고궁 사진을 선정해 그림으로 표현했다. 조선의 정서가 담긴 고궁 스케치를 바탕으로 컬러링을 할 수 있다. 고궁 고유의 선과 디자인을 자세히 들여다보면 그 매력에 빠져든다. 마음이 가라앉고 차분한 여유를 느낄 수 있다.

도서 《홍순민의 한양 읽기 : 궁궐 상, 하》 : 국사학을 전공한 홍순민 교수가 엮은 조선 궁궐 전문 서적이다. 상권은 궁궐을 이해하기 위한 개론서, 하권은 서울의 궁궐 다섯을 답사하기 위한 안내서다.

◆엄마, 아빠랑 배워요◆

궁궐에는 누가 살았나요?
왕과 왕의 가족뿐만 아니라 수많은 내시와 궁녀, 실무 관리와 병사, 노비가 왕실의 시중을 들었다. 조선 후기 궁궐에는 고유의 이름이 있는 건물만 300채 정도였다.

조선 임금의 묘호에서 '조'와 '종'의 차이는 무엇인가요?
묘호(廟號)는 임금이 죽은 후 신하들이 왕의 일생을 평가해 정했다. 보통 '조(祖)'는 역사적으로 공을 세운 왕에게 붙였다. 태조 이성계처럼 나라를 세웠거나 임진왜란을 극복한 선조처럼 백성을 구한 업적이 있는 왕에게 '조'를 붙였다. 앞선 왕의 치적을 이어 문물을 융성하게 한 왕에게는 '종(宗)'을 붙였다.

150

알차게 돌아보기

조선의 국왕 01

국왕은 즉위부터 사후에 이르기까지 다양한 상징물과 함께 의례를 행하면서 권위를 표하고, 정통성을 확보했다. 국왕의 각종 의례를 위해 사용한 어보(의례용 도장)와 왕이 자리한 곳에 펼쳐진 일월오봉도는 대표적인 왕의 상징물이다. 조선왕조의 연표, 국왕의 존엄을 나타내는 상징물, 왕의 즉위식에 입었던 의복, 책봉 의례(왕세자, 왕세손 등 해당 지위에 임명하는 의식)에 사용했던 물건, 어진(왕의 초상화) 등을 전시한다.

조선의 궁궐 02

조선의 궁궐은 풍수지리 사상에 입각해 지었다. 법궁인 경복궁을 중심으로 좌우로 종묘와 사직을 배치했다. 1405년에 창덕궁, 1484년에 창경궁, 1622년에 경덕궁(경희궁), 1892년에 경운궁(덕수궁) 등을 지었다. 궁궐 영전 역사와 사용 기간, 복궐도형, 경회루 연못에서 출토된 용 조각품 등 궁궐에 숨겨진 다양한 이야기가 흥미롭다.

왕실의 생활 03

조선시대 궁중에서 사용했던 물품을 전시한다. 격조 높은 왕실의 생활상과 문화가 느껴진다. 국왕을 비롯한 왕가를 위해 만든 의복과 음식, 각종 기물 등은 당대 최고 장인이 가장 좋은 재료로 만들었다. 왕실용 가구는 크기가 크고, 가구 표면을 붉은색으로 칠한 것이 특징이다.

주변 여행지 돌아보기

경복궁 01

조선의 법궁인 경복궁은 계절에 따라 변하는 경치가 아름다워 출사나 가족 나들이 장소로 인기가 많다. 경회루와 근정전은 경복궁 관람의 하이라이트. 국립고궁박물관에서 도보 2분.

주소 서울시 종로구 사직로 161 | **전화** 02-3700-3900 | **시간** 09:00~18:30 | **휴무일** 화요일 | **입장료** 어른 3000원. 청소년 1500원, 만 7세 이하·만 65세 이상·장애인·국가유공자·한복 착용자 무료 | **홈페이지** www.royalpalace.go.kr

국립민속박물관 02

선사시대부터 현대까지 한국인의 생활상을 전시한다. 다양한 민속자료를 통해 우리나라 문화, 역사를 이해할 수 있다. 아이들의 호기심을 자극하는 어린이전시관이 따로 마련되어 있다. 국립고궁박물관에서 도보 5분.

주소 서울시 종로구 삼청로 37 | **전화** 02-3704-3114 | **시간** 3~5월, 9~10월 09:00~18:00, 6~8월 09:00~18:30, 11~2월 09:00~17:00 | **휴무일** 1월 1일, 설날·추석 연휴 다음 날 | **입장료** 무료 | **홈페이지** www.nfm.go.kr

대한민국역사박물관 03

19세기 말 개항기부터 오늘날까지 대한민국의 근현대사를 기록한 박물관이다. 조선시대 이후 대한민국의 성립과 발전 과정을 자세히 알아볼 수 있다. 국립고궁박물관에서 도보 9분.

주소 서울시 종로구 세종대로 198 | **전화** 02-3703-9200 | **시간** 10:00~18:00(수·토요일은 10:00~21:00) | **휴무일** 1월 1일, 설날·추석 당일 | **입장료** 무료 | **홈페이지** www.much.go.kr

057

조선왕조실록의 역사를 따라

국립조선왕조실록박물관

POINT 조선왕조의 대표적 유물이자 유네스코 세계기록유산에도 등재된 실록과 의궤에 대해 제대로 이해하는 기회를 제공한다.

오대산 월정사 인근에 2019년 9월 왕조실록박물관이 문을 열었고 2023년 말에 국립조선왕조실록박물관으로 새단장했다. '왜 이곳에 이런 박물관이 생긴 걸까?' 의아할 수도 있겠지만 실록을 보관하던 오대산사고(사적)를 떠올리면 이해가 될 터. 박물관에서 멀지 않은 곳에 오대산사고가 위치한다. 오대산사고는 1606년(선조 39) 무렵 실록을 보관하기 위해 설치한 조선 후기 5대 사고 중 하나다. 박물관은 2층 규모로 오대산사고에 소장됐던 조선왕조실록과 조선왕조의궤를 테마로 한다. 원래 이곳에는 조선왕조실록 오대산사고본 영인본이 전시됐다. 원본은 국립고궁박물관에 보관 중이었는데 환지본처 요구에 따라 결국 원소장처로 돌아오게 됐고 기존 박물관을 국립조선왕조실록박물관으로 변경하게 된 것. 이후 조선왕조실록과 의궤 원본을 상설 전시하는 유일한 곳이 되었다. 현재 전면적인 시설 보강을 위해 임시 휴관 중이며 향후 상설전시실 외 특별전시실, 실감영상실, 어린이박물관 등을 새로 조성해 다양한 콘텐츠를 제공할 예정이다. ※2025년 5월 전면 개관 예정.

주소 강원도 평창군 진부면 오대산로 176 | **전화** 033-330-7900 | **시간** 5~10월 09:30~18:00, 11~4월 09:30~17:00 | **휴무일** 월요일, 1월 1일, 설날·추석 당일 | **입장료** 무료 | **홈페이지** sillok.gogung.go.kr/sillok/main/main.do

◆엄마, 아빠랑 배워요◆

조선왕조실록 오대산사고본(국보)이 뭐에요?

조선왕조실록은 조선 태조에서부터 철종 때까지의 역사를 기록한 방대한 분량의 책으로 사고에 별도 보관했다. 조선 전기에는 서울의 춘추관과 충주, 전주, 성주의 각 사고에 보관했는데 임진왜란 때 전주사고 외 나머지 실록이 모두 불타버렸다. 이후 춘추관사고 외에는 사람이 접근하기 힘든 오대산, 태백산, 묘향산, 마니산에 사고를 짓고 실록을 보관했다. 다시 이괄의 난과 병자호란 등을 겪은 후 춘추관, 오대산, 태백산, 정족산, 적상산이 최종 5대 사고가 됐다. 오대산사고에 보관된 실록을 오대산사고본이라 부르는 것이다. 오대산사고본은 일제강점기 때 반출됐다가 환수됐다.

어린이체험관 01

역사를 기록하던 사관에 대한 설명을 시작으로 도심에 만든 사고에서 산속의 사고로 옮겨 가게 된 이유 등을 그림과 체험 전시물을 통해 펼쳐나간다. 실록과 의궤 편찬 과정을 그림으로 쉽게 풀어내고 조선시대 의복을 입어보는 코너, 사관이 되어 나만의 역사를 기록하는 코너 등도 갖췄다.

조선왕조실록과 의궤 02

상설전시실3에서 실록과 의궤에 대한 전반적인 전시가 이뤄진다. 조선의 왕과 실록의 역사를 한눈에 살펴볼 수 있게 전시한 코너는 아이들이 조선시대의 큰 흐름을 이해하는 데 도움이 된다. 색채가 화려한 반차도는 어떤 재료를 어떻게 사용해 채색했는지 보여주는 내용도 흥미롭다.

오대산사고 03

상설전시실2는 사고와 오대산사고에 대해 다룬다. 조선시대 사고의 변천 과정, 조선 전기와 후기의 사고 위치 변화, 오대산사고의 의의와 오대산사고본의 특징인 교정쇄본에 대한 설명 등이 이어진다.

> **TIP**
> 01 박물관 주변에 한강시원지체험관, 월정사, 상원사 등 함께 둘러볼 만한 곳이 많다.
> 02 박물관 내 식음료 시설은 없지만 바로 옆에 오대산산채반찬거리가 있어 식사 걱정은 없다.

월정사 성보박물관 01

국보인 월정사 석조보살좌상과 상원사 중창권선문을 비롯해 보물과 지정국가유산 등 수천 점의 국가유산을 소장하고 있어 한 사찰의 박물관, 그 이상의 의미를 갖는다. 국립조선왕조실록박물관 바로 옆에 위치.

주소 강원도 평창군 진부면 오대산로 176 | **전화** 033-339-7000 | **시간** 5~10월 09:30~18:00, 11~4월 09:30~17:00 | **휴무일** 월요일, 1월 1일, 설날·추석 당일 | **입장료** 무료 | **홈페이지** www.wjssm.kr

월정사 02

신라시대 창건한 고찰로 월정사 팔각구층석탑 등 여러 국가유산을 지녀 역사적인 의미를 갖는 동시에 아름다운 전나무숲길도 있어 자연·생태적 가치도 갖는다. 국립조선왕조실록박물관에서 차로 3분.

주소 강원도 평창군 진부면 오대산로 374-8 | **전화** 033-339-6800 | **시간** 일출 2시간 전~일몰 | **휴무일** 연중무휴 | **입장료** 무료 | **홈페이지** www.woljeongsa.org

상원사 03

상원사 목조문수동자좌상, 상원사 동종 같은 귀한 문화재를 품은 신라시대 천년 고찰. 조선 세조가 상원사에서 문수동자를 만나 질병을 치료했다는 전설이 전해진다. 국립조선왕조실록박물관에서 차로 20분.

주소 강원도 평창군 진부면 오대산로 1211-14 | **전화** 033-332-6666 | **시간** 일출 2시간 전~일몰 | **휴무일** 연중무휴 | **입장료** 무료 | **홈페이지** www.woljeongsa.org

058

조선시대로 떠나는 시간 여행

한국민속촌

POINT 국내 유일의 전통문화 테마파크 한국민속촌. 조선시대를 재현한 마을을 거닐며 우리 조상들의 삶과 문화를 느껴본다.

조선시대 서민이 살았던 집으로 시간여행을 떠나볼까. 조선시대 촌락을 복원한 한국민속촌 민속마을에는 서민 가옥, 양반 가옥 등 각 지방에 남아 있는 옛 가옥을 재현해놓았다. 생활 풍경 체험(연자방아, 디딜방아, 명주실 뽑기 등), 민속놀이(옥사 체험, 투호 놀이, 윷놀이 등), 전통 공예 시연(담뱃대 공방, 부채 공방, 유기 공방 등)을 즐기다 보면 어느새 시간이 훌쩍 지나간다. 전통민관관, 세계민속관, 탈춤 전시관 등의 볼거리도 풍성하다. 현대적 감성으로 재해석한 전통 축제가 재미를 더한다. 민속촌 곳곳에서 사또, 포졸, 주모 등 조선시대 복장을 입고 분장한 사람들을 만날 수 있어 특별한 재미를 선사한다.

주소 경기도 용인시 기흥구 민속촌로 90 | **전화** 031-288-0000 | **시간** 2~4월·10월 09:30~18:00, 주말 09:30~18:30 / 5~9월 09:30~18:30, 주말 09:30~19:00 / 11~1월 09:30~17:30, 주말 09:30~18:00 | **휴무일** 연중무휴 | **입장료** 어른 1만8000원, 청소년 1만5000원, 어린이 1만3000원 / 자유이용권 어른 2만7000원, 청소년 2만2000원, 어린이 2만 원 | **홈페이지** www.koreanfolk.co.kr

◆ 사전 조사를 해봐요 ◆

도서 《조선시대 사람들은 어떻게 살았나요?》 : 조선의 건국과 통치 이념부터 양반의 생활까지 질문과 답 형식으로 재밌게 구성했다. 조선의 신분제도와 관혼상제, 생활 풍속, 의식주 문화 등을 살펴본다.

도서 《궁금쟁이 김선비 옛 그림에 쏙 빠졌네》 : 김홍도의 풍속화로 보는 조선시대 생활 이야기. 풍속화는 시대의 풍경과 풍습을 그린 그림이다. 그림을 통해 조선시대 사람들이 어떻게 살았는지 살펴본다.

◆ 엄마, 아빠랑 배워요 ◆

양반이 뭐예요?
조선시대 백성의 신분은 크게 양인과 천인으로 구분했다. 양인은 다시 양반, 중인, 상민으로 나뉘었다. 조선시대에는 신분에 따라 특권을 누리거나 차별을 받았다. 신분에 따라 권리와 의무도 달랐다. 원래 양반은 나랏일을 하는 문반과 무반을 합쳐 부르는 말이었지만 의미가 확대되어 그 가족과 가문까지 양반이라 불렀다.

알차게 돌아보기

01 공연 관람하기

우리 민족 고유의 멋과 흥을 살린 특별 공연이 열린다. 농악 놀이, 줄타기, 마상 무예, 전통 혼례 등. 공연 시작 시간과 장소를 미리 체크한다.

02 민속마당

각 지방의 실물 가옥을 옮겨 조선시대 촌락을 조성했다. 옛 관아와 서원, 한약방, 사찰, 점집에 이르기까지 우리 조상들의 삶과 민속 문화를 느껴볼 수 있다.

03 전시마당

- **전통민속관** 조선 후기 경기도 용인에 살았던 4대 가족의 일생을 24절기에 맞춰 전시한다. 세시 풍속과 관혼상제, 의식주 생활, 민속놀이 등.
- **세계민속관** 1관부터 9관까지 5대양 6대주에서 수집한 3000여 점의 세계 민속품을 전시한다. 각 문화권의 의식주 생활과 생업 기술, 문화 예술을 만나본다.
- **탈춤전시관** 탈춤은 양반, 무당, 파계승, 하인 등 다양한 계층의 인물이 등장하는 흥겨운 놀이마당이다. 각 지방의 탈과 탈춤, 탈 제작 과정, 탈춤 이야기 등을 전시한다.
- **옹기전시관** 조상들의 지혜가 담긴 옹기를 전시한다. 옹기는 삼국시대부터 만들었으며 다양한 용도로 사용했다. 꽃병, 필통, 컵 등 옹기를 만들어볼 수 있다(유료).

TIP
01 입장권과 자유이용권, 두 가지가 있다. 입장권은 한국민속촌 민속마을, 전통민속관, 세계민속관, 정기 공연 및 민속마을 내 체험(일부 유료) 등의 시설 이용, 자유이용권은 입장권 혜택에 놀이마을 어트랙션과 눈썰매장(동절기 운영) 시설을 이용할 수 있다.
02 오디오 가이드를 통해 전통 가옥, 전시물, 행사 등에 대한 정보를 제공한다. 상가마을에 있는 의무실 안내 데스크에서 유료로 대여 가능.
03 정문 출입구인 대관문에서 공연 안내와 시간을 확인하고 입장한다. 폐장 시간은 계절과 날씨에 따라 유동적이다.
04 편의 시설로 유아 휴게실, 의무차, 유모차, 휠체어 대여소, 관광안내소, 물품보관함 등이 있다.
05 사계절 다양한 축제가 열린다. 조선동화실록(12~1월), 추억의 그때 그 놀이(2~3월), 웰컴투조선(4~5월), 시골 외갓집의 여름(6~8월), 사극드라마축제(10~11월), 초가집 새 지붕 얹는 날(11~12월).

주변 여행지 돌아보기

01 경기도박물관 & 어린이박물관

도 지정 문화재와 기증문화재 등을 바탕으로 연중 상설전시와 특별전시가 열린다. 경기도박물관 옆 경기도 어린이박물관에서 놀이터와 체험 시설 등을 즐겨보자. 한국민속촌에서 자동차 10분.

주소 경기도 용인시 기흥구 상갈로 6 | **전화** 031-288-5300 | **시간** 1~6월·9~12월 10:00~18:00, 7~8월 10:00~19:00 | **휴무일** 월요일, 1월 1일, 설날·추석 당일 | **입장료** 무료 | **홈페이지** musenet.ggcf.kr

02 백남준아트센터

한국의 대표적인 현대 예술가 백남준이 남긴 작품과 자료를 전시한다. 백남준전(상설전)과 기획전 등으로 구성된다. 한국민속촌에서 자동차로 11분.

주소 경기도 용인시 기흥구 백남준로 10 | **전화** 031-201-8500 | **시간** 10:00~18:00(7~8월은 10:00~19:00) | **휴무일** 월요일, 1월 1일, 설날·추석 당일 | **입장료** 무료 | **홈페이지** njp.ggcf.kr

03 경기도국악당

국악 공연, 국악 아동극, 전통 예술 교육 등이 열린다. 국악 아동극은 어린이들의 눈높이에 맞추어 재미있고 교육적인 내용으로 구성된다. 한국민속촌에서 도보 6분.

주소 경기도 용인시 기흥구 민속촌로 89 | **전화** 031-289-6400 | **시간** 09:00~18:00 | **입장료** 공연마다 다름 | **홈페이지** www.ggad.or.kr

059

조선시대 한양의 울타리
서울한양도성 & 한양도성박물관

POINT 한양도성은 서울을 둘러싸고 있는 조선시대 도성이다. 600년 조선왕조의 이야기가 담긴 한양도성 성곽길을 걸으며 과거와 현재의 시간을 느껴본다.

조선 건국 초기 태조 이성계는 한양 천도를 위해 종묘와 궁궐을 짓고, 도성을 쌓았다. 이후 몇 번의 개축 작업을 했는데 시대별로 축조 방법과 성벽의 특징이 다르다. 태조 대에는 1척 정도의 다듬지 않은 네모난 작은 돌을 불규칙하게 수직으로 쌓아 올렸다. 세종 대에는 2×3척의 긴 네모꼴 돌을 다듬어 아랫부분은 큰 돌로, 윗부분은 작은 돌로 쌓았다. 숙종 대에는 2척의 정방형 돌을 일정한 간격으로 가지런히 쌓아 올렸다. 성을 쌓을 때마다 전국에서 백성을 불러들였는데 그 기록을 돌에 새겼다. 자연을 해치지 않으면서 도시를 건설한 우리 조상들의 지혜를 살펴본다. 한양도성박물관은 한양도성의 역사와 가치, 관련 유물을 전시한다.

주소 서울시 종로구 율곡로 283(한양도성박물관) | **전화** 02-724-0243 | **시간** 3~10월 평일 09:00~19:00, 토·일요일·공휴일 09:00~19:00 / 11~2월 평일 09:00~19:00, 토·일요일·공휴일 09:00~18:00 | **휴무일** 월요일, 1월 1일 | **입장료** 무료 | **홈페이지** seoulcitywall.seoul.go.kr(서울한양도성), www.museum.seoul.kr/scwm/NR_index.do(한양도성박물관)

> **TIP**
> 01 한양도성박물관 주차장은 매우 협소한 편이라 대중교통을 추천한다.
> 02 한양도성길 구간은 난이도가 다르다. 가볍게 산책을 즐기고 싶다면 낙산, 숭례문 코스가 좋다.
> 03 한양도성길 백악 구간은 신분증이 있어야 입장 가능하다.

◆ **사전 조사를 해봐요** ◆

도서 《우리 아이 첫 서울 한양도성 여행》 : 한양도성이 탄생하기까지의 역사와 주변 문화재에 얽힌 이야기를 알아보고, 순성 코스를 사진과 함께 소개한다.

도서 《여기는 한양도성이야》 : 돌 하나하나를 쌓아 올려 만든 성벽길에는 옛 사람들의 삶과 땀이 섞여 있다. 누가 이토록 힘든 일을 했을까? 도성 사람들의 삶과 이야기를 그림책으로 담아냈다.

◆ **엄마, 아빠랑 배워요** ◆

서울 한양도성에는 몇 개의 문이 있나요?
도성의 동서남북에 4개의 대문을 내고, 그 사이 작은 문을 냈다. 각 대문 이름에는 유교덕목이 깃들어 있다. 동대문은 인(仁)을 일으키는 문이라 해서 흥인지문, 서대문은 의(義)를 두텁게 닦는 문이라 해서 돈의문, 남대문은 예(禮)를 숭상하는 문이라 해서 숭례문, 북문은 지(智)를 넓히는 문이라 해서 홍지문(弘智門)이라 불렀다.

한양도성박물관 알차게 돌아보기

01 서울 한양도성

한양도성을 내려다볼 수 있는 축소 모형과 영상을 통해 한양도성의 의미와 가치를 전한다. 디지털 순성 체험 코너는 곡면 영상을 통해 한양도성 18.627km의 모습과 관련정보를 전한다.

02 한양도성의 건설과 관리

조선의 한양 천도부터 수도 건설, 도성 축조까지 도성을 중심으로 조선시대의 역사를 전시한다. 도성 축조뿐만 아니라 성문의 개폐, 도성의 관리, 도성 주변 사람들의 삶을 소개한다.

03 한양도성의 훼손과 재탄생

일제강점기와 해방 이후 근대화 과정에서 훼손된 한양도성은 복원 작업을 통해 시민의 품으로 돌아왔다. 복원된 한양도성과 그 주변 모습을 자료를 통해 만나볼 수 있다.

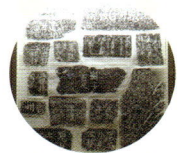

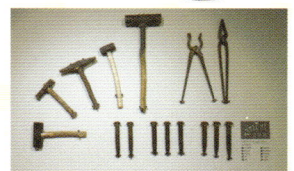

한양도성 구간 안내

01 백악 구간 (4.7km, 약 3시간)

백악은 한양의 주산으로 한양을 둘러싸고 있던 4개의 산 중 가장 높다(342m). 한양도성은 백악을 기준으로 축조했다. 창의문에서 시작해 숙정문, 말바위 안내소, 와룡공원을 지나 혜화문에 이른다. 특정 구간 입장 시 신분증을 지참해야 하며 일부 지역은 사진 촬영을 제한한다.

02 낙산 구간 (2.1km, 약 1시간)

낙산은 경사가 완만해 가볍게 산책하기에 좋다. 혜화문에서 시작해 낙산공원, 한양도성박물관, 동대문성곽공원을 지나 흥인지문까지 이르는 구간이다.

03 흥인지문 구간 (1.8km, 약 1시간)

흥인지문에서 시작해 동대문역사문화공원, 광희문을 지나 장충체육관까지 이르는 구간이다. 도성 안에서 지대가 가장 낮아 성 안의 물이 흘러들어 수문(오간수문, 이간수문)으로 빠져나갔다.

04 남산(목멱산) 구간 (4.2km, 약 3시간)

남산은 서울의 안산에 해당하며 정상에는 봉수대를 설치했다. 장충체육관에서 시작해 장충체육관 뒷길, 나무계단길, N서울타워를 지나서 백범광장까지 이르는 구간이다.

05 숭례문 구간 (1.8km, 약 1시간)

한양도성의 정문인 숭례문은 한강과 도성을 최단 거리로 잇는 문이다. 그만큼 사람과 물자의 통행도 가장 많았다. 백범광장에서 시작해 숭례문, 소의문 터, 정동을 지나 돈의문 터까지 이어지는 구간이다. 현재 숭례문 구간은 성곽의 자취를 찾기 어렵다.

06 인왕산 구간 (4km, 약 2시간 30분)

인왕산은 풍수상 우백호에 해당한다. 바위 구간이 많아 겨울철에는 안전에 유의해야 한다. 돈의문 터에서 시작해 월암근린공원, 인왕산 순성길을 지나 윤동주 시인의 언덕, 창의문까지 이어진다.

060

조선시대 통신수단
남산 봉수대

POINT 서울 남산에서 조선시대 통신수단인 봉수대를 찾아보고, 역사적 의미를 알아본다.

서울 중구와 용산구 사이에 있는 남산의 옛 이름은 목멱산이다. 1394년 조선의 도읍을 한양으로 정하면서 목멱산 정상에 봉수대를 두었다. 봉수는 국가의 중요한 통신수단으로 변방의 긴급한 사정을 중앙과 주민에게 알려 위급한 상황에 대처했다. 전국의 봉수대는 목멱산에 있는 5개 소를 최종 목적지로 편제됐다. 낮에는 연기, 밤에는 횃불을 이용했으며 비가 오거나 구름이 많을 때는 작은북, 뿔나팔, 불화살 등으로 급한 소식을 알렸다. 목멱산 동쪽의 제1봉부터 서쪽의 제5봉까지 5개의 봉수대가 있었으나 정확한 위치는 알 수 없다. 갑오개혁(1894~1896) 전까지 500여 년간 봉수제도가 이어지다 임진왜란 당시 왜군이 목멱산 일대에 진지를 구축하고 봉수대를 파손했다. 현재 남산광장 북쪽에 있는 봉수대는 관련 자료를 고증해 복원한 것이다.

주소 서울시 중구 예장동 | **전화** 120 | **시간** 24시간 | **휴무일** 연중무휴 | **입장료** 무료 | **홈페이지** www.royalguard.kr/0301.php

◆ **사전 조사를 해봐요** ◆

교구 《EBS 만공한국사 조선 봉수대》 : 한국사에 입문하는 초등학생을 대상으로 만든 교재 겸 입체 역사 교구다. 역사 전문가가 집필하고 감수해 신뢰도가 높으며 입체 퍼즐 등을 결합해 직접 문화재를 만들 수 있다.

e-book 《궁극의 걷기 여행 코스 서울 한양도성 성곽길 & 남산》 : 한양도성 순성길 중 제 3코스 남산성곽 구간의 걷기 여행 코스를 소개한다. 목멱산 봉수대도 코스에 포함된다.

◆ **엄마, 아빠랑 배워요** ◆

봉수대는 어떻게 쓰였나요?

봉수제도는 중요한 국가적 통신수단으로 군사정보를 전했다. 고려시대 봉수대는 4개로 구분했고, 고려 말에서 조선 초까지 2구분법으로 변경했다가 세종 1년(1419년) 봉수제의 확립과 함께 5구분법으로 정립했다. 해상의 경우 평상시엔 1거, 왜적이 해중에 나타나면 2거, 해안에 가까이 오면 3거, 접전 시에는 4거, 육지로 침입하면 5거로 나타냈다. 육지의 경우 적이 국경 밖에 나타나면 2거, 국경에 다가오면 3거, 국경을 침범하면 4거, 접전 시는 5거로 나타냈다.

주변 여행지 돌아보기

남산(N서울타워) 01

예로부터 남산은 경치가 뛰어났다. 주로 출세를 준비하는 남산골 샌님들과 정계에서 물러난 은퇴자들이 남산 주변에 살았다. 남산 정상에는 N서울타워와 서울타워플라자가 있다. 서울타워는 1969년 TV와 라디오 방송을 송출하기 위해 세운 한국 최초의 종합전파 탑이며 높이는 236.7m다. 남산 봉수대에서 도보 5분.

주소 서울시 용산구 남산공원길 | **전화** 120

명동 만화거리 재미로 & 재미랑 02

명동역 3번 출구에서 명동주민센터를 지나 서울애니메이션센터까지 이어지는 만화 거리다. 만화와 관련된 조형물과 벽화, 인기 웹툰 캐릭터, 포토존 등 만화 세상이 펼쳐진다. 재미랑은 재미로에 있는 복합 문화 콘텐츠 공간으로 특색 있는 문화 체험이 가능하다. 남산골한옥마을에서 도보 5분.

주소 서울시 중구 충무로2가 110-5 | **전화** 02-779-6107(재미랑 문의 및 단체 예약) | **시간** 09:00~18:00 | **휴무일** 월요일 공휴일 | **가격** 무료(체험비는 체험마다 다름) | **홈페이지** www.ani.seoul.kr

남산골한옥마을 03

중구 필동 일대에 전통 가옥 다섯 채를 복원해 한옥마을을 조성했다. 조선 후기 서울 지역의 사대부 가옥부터 서민 가옥까지 당시의 한옥과 생활상을 볼 수 있다. 한복 입기, 한글 쓰기, 다도 체험, 짚공예 시연 등 체험 활동을 운영한다. 남산 정상에서 버스로 15분.

주소 서울시 중구 퇴계로34길 28 | **전화** 02-2261-0500 | **시간** 4~10월 09:00~21:00, 11~3월 09:00~20:00 | **휴무일** 월요일 | **입장료** 무료 | **홈페이지** hanokmaeul.or.kr

TIP

01 남산공원은 일반 승용차, 택시 통행이 금지되어 있다. 남산 정상까지 명동, 충무로, 동대입구역에서 순환버스(02·03·05번)를 타고 갈 수 있다.

02 케이블카 운행 시간은 오전 10시부터 오후 11시까지다.

03 남산 정상에 서울타워 플라자와 N서울타워가 있다.

04 오전 11시 남산봉수대 봉화 의식이 열린다. 봉수대 주변을 순찰하는 의식으로 시작해 봉수군이 봉수대를 수비하는 의식. 정오에 평상시를 나타내는 1거화를 올리는 의식으로 마무리한다. 11:00~12:30(월요일 휴무)

남산도서관 04

1922년 경성부립도서관으로 개관해 여러 차례 이전한 후 1965년 1월 남산 기슭에 자리 잡았다. 약 50만 권의 장서를 소장하고 있으며 2000여 석을 수용하는 열람실을 갖췄다. 독서동아리, 독서치료 등 다양한 문화 프로그램을 운영한다. 남산 봉수대에서 도보 20분.

주소 서울시 용산구 소월로 109 | **전화** 02-754-7338 | **시간** 09:00~22:00(실마다 다름) | **휴무일** 첫째·셋째 주 월요일 | **홈페이지** nslib.sen.go.kr/nslib

국립극장 05

1950년 4월에 오픈한 아시아 최초의 국립극장이다. 해오름극장, 달오름극장, 별오름극장, 하늘극장으로 이루어졌다. 국립국립창극단, 국립무용단, 국립국악관현악단 등 3개의 전속 단체가 상주하며 연중 다양한 장르의 공연이 열린다. 남산 봉수대에서 버스로 20분.

주소 서울시 중구 장충단로 59 | **전화** 02-2280-4114 | **시간** 공연마다 다름 | **휴무일** 공연예술박물관 월요일 휴무 | **입장료** 공연마다 다름 | **홈페이지** www.ntok.go.kr

061

조선시대 가옥을 찾아서
남산골 한옥마을

 POINT 조선시대 가옥을 통해 우리 고유의 주거 문화를 알 수 있다. 세시 풍속과 민속놀이 등 선조들의 생활사도 체험해 본다.

과거, 현재, 미래를 담고 있는 남산골한옥마을은 조선시대 민가를 전시하며 전통정원, 서울남산국악당, 서울천년타임캡슐광장 등으로 이루어진다. 정문으로 들어서면 한국 전통 정원이 펼쳐진다. 정원 왼쪽에는 사대부부터 평민의 집까지 조선시대 한옥 5채가 있다. 삼각동 도편수 이승업 가옥, 삼청동 오위장 김춘영 가옥, 관훈동 민씨 가옥, 제기동 해풍부원군 윤택영 재실, 옥인동 윤씨 가옥 등 서울 곳곳에 있던 한옥을 옮겨와 조선시대 주거 문화를 체험할 수 있다. 가구와 장독대, 우물 등은 물론이고, 살림살이까지 재현해 마치 조선시대로 시간 여행을 떠난 듯하다. 전통 가옥 위쪽 언덕길을 따라 올라가면 서울천년타임캡슐광장이 나온다. 지난 1994년 서울 정도 600년을 기념해 당시 서울의 모습과 생활, 문화를 보여주는 물건 600점을 타임캡슐에 담아 매립했다. 타임캡슐

은 서울 정도 1000년이 되는 해인 2394년 11월 후 손에 공개될 예정이다.

주소 서울시 중구 퇴계로34길 28 | **전화** 02-2261-0517 | **시간** 4~10월 09:00~21:00, 11~3월 09:00~20:00 | **휴무일** 화요일 | **입장료** 무료 | **홈페이지** www.hanokmaeul.or.kr

TIP
01 주차장이 협소하므로 대중교통 이용을 권장한다.
02 전문가의 해설과 함께하는 투어는 시간대별로 한국어, 영어, 일본어, 중국어로 진행한다(40분 소요).
03 남산골한옥마을 내에 식당은 없지만, 전통차와 간식을 즐길 수 있는 카페가 있다.
04 설날, 추석, 정월대보름, 단오 등 명절날에는 민속놀이 체험이 열린다.
05 다양한 전통문화 체험과 교육이 열린다(자세한 내용은 홈페이지 참조).

◆ 사전 조사를 해봐요 ◆

도서 《남산골 두 기자》 : 조선시대를 배경으로 한 소설. 조선시대에도 민간에서 신문을 발행했다는 역사적 기록에서 이야기가 시작된다. 10년째 과거시험에 낙방한 김 생원과 노비 관수가 신문사에 기자로 스카우트되면서 벌어지는 일을 담았다.

도서 《생각을 담은 집 한옥》 : 우리 조상은 자연과 조화를 이루도록 집을 지었다. 그 때문에 집 구석구석마다 의미가 담겨 있다. 한옥이 들려주는 옛사람들의 이야기. 수록된 사진에 일러스트를 더해 이해를 돕는다.

◆ 엄마, 아빠랑 배워요 ◆

조선시대 남산에는 어떤 사람들이 살았어요?
조선시대 북촌(청계천 북쪽)에는 양반 권세가가 살았고, 남산 주변 필동 일대에는 권세와는 무관한 양반이 살았다. 예로부터 필동은 남산 북쪽 기슭 아래 계곡과 정자가 있어 선비들이 피서와 풍류를 즐기던 곳이다. 당파 세력의 영향도 있었지만 남촌 선비는 자연과 벗하며 풍류를 즐겼다. '남산골 샌님'이라는 말은 가난하면서도 자존심만 강한 선비를 뜻한다.

삼각동 도편수 이승업 가옥 01

도편수(목수의 우두머리) 이승업이 1860년에 지은 집이다. 중구 삼각동에 있던 집을 이전해 왔다. 현재는 안채와 사랑채만 남아 있으며, 안채는 '정(丁)'자형, 사랑채는 'ㄴ'자형으로 지었다. 자세히 보면 가옥 앞쪽과 뒤쪽의 지붕 길이가 다르다. 안채에 있는 난간과 툇마루는 실용적이면서 우리 고유의 멋이 가득하다. 조선 후기 서울의 주거 문화와 당시 건축 기술을 엿볼 수 있다.

삼청동 오위장 김춘영 가옥 02

조선시대 말 오위장(군대 하급 장교)을 지낸 김춘영이 1890년대 지은 집이다. 전체적으로 평민 가옥의 양식(홑처마)으로 지었다. 길가에 마주한 부분은 화방벽(두꺼운 덧벽)을 쌓아 화재를 대비하면서 격조를 높였다. 대문이 바로 트여 있지 않고, 꺾어 들어가게 한 것도 특징이다. 점점 밀도가 높아지는 시대적 상황에 잘 어울리는 서울 한옥의 모습이다.

관훈동 민씨 가옥 03

1870년대 지은 민영휘의 저택 중 일부다. 원래 집터에는 안채와 사랑채, 별당채와 대문간채, 행랑채 등이 있었다. 집주인이 바뀌면서 안채와 중문간채만 남기고 모두 철거했다. 1998년 남산골한옥마을에 안채를 옮기면서 건넌방을 되살렸고, 사랑채와 별당채를 새로 지었다. 부엌과 안방을 나란히 놓았는데 여섯 칸에 달하는 부엌의 규모와 마루 밑에 뚫린 벽돌 통기구 등은 상류층 주택에서 볼 수 있는 특징이다.

제기동 해풍부원군 윤택영 재실 04

순종의 장인 윤택영이 그의 딸 순정효황후가 동궁의 계비로 책봉되어 창덕궁에 들어갈 때 지은 집이다. 제기동 224번지에 있던 것을 이전·복원했다. 원래 이 집은 순종이 제사를 지내러 와서 머물 때 불편함을 덜어주기 위해 지었다. 사당을 위 터에 두고 사랑채와 안채가 대칭을 이루며 전체 건물을 임금을 뜻하는 元(원) 자로 배치했다.

옥인동 윤씨가옥 05

순정효 황후의 큰아버지 윤덕영의 집이다. 1910년에 지어 부재가 낡은 탓에 본채를 이전하지 못하고, 건축양식을 본떠 복원했다. 규모 큰 'ㅁ'자형 안채에 마루방과 대문간을 더했다. 안채 앞쪽의 기둥머리가 익공(처마의 하중을 받치기 위해 기둥머리에 맞추어 댄 나무의 일종으로 새 날개처럼 뾰족하게 생김)으로 치장한 것으로 보아 당시 최상류층 주택이라는 것을 추측할 수 있다.

서울남산국악당 06

남산골 한옥마을안에 있는 국악 전문 공연장이다. 전통 한옥의 아름다움을 살리기 위해 공연장을 지하에 배치했다. 300석 규모의 공연장을 갖추었으며 국악을 바탕으로 한 전통문화 공연이 열린다. 남산 자락에서 풍류를 즐겨보자.

주변 여행지 돌아보기

필동문화예술거리 예술통

도시의 버려진 유휴 공간에 역사 문화적 배경을 담아 문화 예술 공간으로 정비했다. 골목을 따라 스트리트뮤지엄, 마이크로뮤지엄, 오픈뮤지엄 등이 있다. 시각예술, 공연예술뿐만 아니라 학술, 소통에 이르는 다양한 볼거리가 이어진다. 남산골한옥마을에서 도보 5분.

주소 서울시 중구 퇴계로 30 일대 | **전화** 02-2276-2400 | **시간** 24시간 | **입장료** 무료 | **홈페이지** www.yesultong.com

남학당

조선시대 중등 교육기관 중 하나인 남부학당 터의 서까래와 대들보를 살려 지었다. 소규모 예술 문화 강좌와 이벤트가 열리는 문화 지식 살롱이자 예술 담론 공유를 위한 복합 문화 공간으로 활용한다. 예술통 안내센터 옆에 자리한다. 남산골한옥마을에서 도보 5분.

주소 서울시 중구 퇴계로30길 15-4 | **전화** 02-2276-2400 | **시간** 10:00~21:00 | **홈페이지** namhakdang.com

충무로영상센터 오재미동

충무로역 지하 1층에 있는 문화 쉼터로 누구나 무료로 이용할 수 있다. 갤러리, 소극장, 편집실, 아카이브 등을 갖췄다. 다양한 영상 작품과 예술 서적을 열람할 수 있다. 영화 상영, 강의 등이 열리기도 한다. 남산골한옥마을에서 도보 5분.

주소 서울시 중구 충무로4가 125 충무로역 지하 1층 | **전화** 02-777-0421 | **시간** 11:00~20:00 | **휴무일** 일요일, 공휴일 | **입장료** 무료 | **홈페이지** www.ohzemidong.co.kr

명동 만화거리 재미로 & 재미랑

명동역 3번 출구에서 명동주민센터를 지나 서울애니메이션센터까지 이어지는 만화 거리다. 만화와 관련된 조형물과 벽화, 인기 웹툰 캐릭터, 포토존 등 만화 세상이 펼쳐진다. 재미랑은 재미로에 있는 복합 문화 콘텐츠 공간으로 특색 있는 문화 체험이 가능하다. 남산골한옥마을에서 도보 5분.

주소 서울시 중구 충무로2가 110-5 | **전화** 02-779-6107(재미랑 문의 및 단체 예약) | **시간** 09:00~18:00 | **휴무일** 월요일, 공휴일 | **가격** 무료(체험비는 체험마다 다름) | **홈페이지** www.ani.seoul.kr

명동성당

한국 가톨릭의 상징인 명동성당은 프랑스 신부 고스트가 설계해 1898년에 지었다. 우리나라에 남아 있는 가장 오래된 서양식 종교 건물이다. 종교적, 건축적, 역사적 가치를 인정받아 1977년 11월 22일 사적 제258호로 지정됐다. 남산골한옥마을에서 도보 15분.

주소 서울시 중구 명동길 74 | **전화** 02-774-1784 | **입장료** 무료 | **홈페이지** www.mdsd.or.kr

안중근의사기념관

1909년 10월 26일 하얼빈 역에서 이토히로부미를 처단한 안중근을 기리는 기념관이다. 그의 생애와 독립운동 관련 자료를 전시한다. 또 초등학생을 대상으로 체험교실을 운영한다. 서울역에서 도보 20분.

주소 서울시 중구 남대문로5가 471-2 | **전화** 02-3789-1016 | **시간** 3~10월 10:00~18:00, 11~2월 10:00~17:00 | **휴무일** 월요일, 1월 1일, 설날·추석 당일 | **입장료** 무료 | **홈페이지** ahnjunggeun.or.kr

062

한옥마을로 떠나는
골목 여행
전주 한옥마을

POINT 한국 고유의 주거 형태와 전통문화를 체험할 수 있다. 고택 사이로 궁궐, 성당, 미술관 등을 돌아보며 전통문화의 가치를 느껴볼 수 있다.

전주 한옥마을은 1930년대에 형성된 한국에서 가장 큰 한옥마을이다. 풍남동과 교동에 한옥 600여 채가 모여 있는데 골목을 따라 볼거리, 먹거리가 즐비하다. 과거에 비해 상업적인 요소가 늘어나 조용하고 여유로운 분위기는 느끼기 힘들지만 한옥 특유의 고풍스러운 느낌이 남아 있다. 요즘 한옥마을에는 한복을 대여해 입고 다니는 사람들이 많다. 이외에도 목판서화, 한지 만들기, 부채 만들기 등 전통문화를 체험하며 풍류를 즐길 수 있다. 유네스코 음식창의도시 전주에서 미식여행도 놓칠 수 없다. 비빔밥, 한정식, 떡갈비, 칼국수 등은 물론이고 초코파이, 팥빙수, 꼬치 등 간식거리도 풍성하다. 마을을 구석구석 둘러보려면 반나절로도 부족하므로 당일치기 전주 여행이 아쉽다면 전통 한옥에서 숙박해보는 것도 좋은 방법이다.

주소 전라북도 전주시 완산구 교동 | **전화** 063-282-1330 | **시간** 24시간 | **홈페이지** tour.jeonju.go.kr

◆ 사전 조사를 해봐요 ◆

도서 《전주 한옥마을 다시보기》 : 단순히 전주 한옥마을의 볼거리를 소개하는 데에서 한 발 나아가 역사적, 문화적, 문학적 시선에서 전주를 소개한다. 마을 구석구석을 살펴보며 숨어 있는 전통의 가치를 찾아본다.

도서 《전주 비빔밥에 안동 식혜》 : 사계절이 뚜렷한 우리나라는 지역과 계절에 따라 다양한 음식을 만들어 먹었다. 팔도를 대표하는 우리 전통 음식의 특징을 그림과 글을 통해 재미있게 설명한다.

◆ 엄마, 아빠랑 배워요 ◆

한옥마을은 어떻게 형성되었나요?

을사늑약(1905년) 이후 전주에 대거 일본인이 들어왔다. 이후 1934년까지 전주의 거리는 격자화(규칙에 따라 반복적으로 배열된 구조)되었고, 서문 일대에 번성하던 일본 상인들이 전주 최대의 상권을 차지했다. 1930년을 전후로 전주 사람들은 일본인의 세력 확장에 맞서 교동, 풍남동 일대에 한옥을 지어 한옥촌을 만들었다.

알차게 돌아보기

경기전 & 어진박물관 01

경기전은 '경사스러운 터에 지은 궁궐'이라는 뜻을 담고 있다. 이성계의 어진을 모신 본전과 전주 이씨 시조 이한의 위패를 봉안한 조경묘, 《조선왕조실록》을 보관한 전주사고, 태실 등이 있다. 어진박물관은 왕의 초상과 관련 유물을 전시한다.

주소 전라북도 전주시 완산구 풍남동3가 102 | **전화** 063-281-2790 | **시간** 09:00~18:00(6~8월은 20:00까지) | **휴무일** 연중무휴(어진박물관은 월요일 휴무) | **입장료** 어른 3000원, 어린이 1000원 | **홈페이지** www.jeonjuhanoktown.com/tour01

전동성당 02

1914년 조선시대 천주교 순교터에 세운 성당이다. 한국 최초의 순교자인 윤지충과 권상연이 순교한 곳이자 호남지역에 최초로 지은 로마네스크 양식의 종교 건물이다. 성당 안에 있는 스테인드글라스가 따뜻하게 느껴진다.

주소 전라북도 전주시 완산구 태조로 51 | **전화** 063-284-3222 | **시간** 24시간(미사 시간 홈페이지에서 확인 요망) | **휴무일** 연중무휴 | **입장료** 무료 | **홈페이지** www.jeondong.or.kr

오목대 03

풍남동에 위치한 정자다. 고려 말 이성계가 황산에서 왜군을 무찌르고 고향으로 돌아와 승전고를 울리며 자축했던 곳이다. 이후 조선을 개국하고 정자를 지어 오목대라는 이름을 붙였다. 오목대에 오르면 한옥마을의 풍경이 한눈에 보인다.

주소 전라북도 전주시 완산구 태조로 6(오목대 관광안내소) | **전화** 063-282-1335

TIP
01 전주한옥마을 일대에는 세 곳의 관광안내소가 있다(한옥마을 관광안내소, 경기전 관광안내소, 오목대 관광안내소).
02 전주에는 연중 다양한 축제가 열린다. 한지문화축제, 단오제, 세계소리축제, 국제영화제 등. 여행 전 축제 소식을 미리 확인해본다.
03 실제 주민이 살고 있는 마을이므로 조용히 다니자.

 주변 여행지 돌아보기

자만벽화마을 01

오목대에서 이어진 육교를 건너면 자만벽화마을이다. 산동네 골목마다 꽃, 동화, 애니메이션 캐릭터 등 다양한 벽화가 그려졌다. 옥상정원에 오르면 전주 시내의 풍경이 한눈에 보인다. 전주한옥마을(오목대)에서 도보 5분.

주소 전라북도 전주시 완산구 교동

남부시장 02

조선 중기부터 역사를 이어온 전통시장이다. 2층 청년몰에는 개성 넘치는 상점이 있고, 금요일, 토요일 밤에는 이색적인 음식이 가득한 야시장이 열린다. 전주한옥마을에서 도보 5분.

주소 전라북도 전주시 완산구 풍남문2길 53 | **시간** 낮시장 상점마다 다름, 야시장 3~11월 19:00~24:00, 11~2월 18:00~23:00

객리단길 03

객리단길이 요즘 전주의 핫 플레이스로 떠오르고 있다. 전주의 젊은 감성이 느껴지는 거리로 소자본 청년 창업가가 모여 상권을 형성했다. 식당, 카페 등 단골 삼고 싶은 가게가 많다. 전주한옥마을에서 도보 10분.

주소 전라북도 전주시 완산구 다가동 일대

063

타임머신 타고
조선시대 속으로
안동 하회마을

POINT 유네스코 세계유산에 등재된 안동 하회마을은 조선시대의 전통 건축물과 유교 생활상을 살펴보기 좋은 곳이다. 마을을 한 바퀴 돌아보고 하회별신굿탈놀이를 관람하면서 조선시대 생활상을 간접 체험할 수 있다.

아이들에게 우리의 옛 모습을 보여주고 싶다면 안동 하회마을을 방문해보자. 이곳은 풍산 류씨가 600여 년간 살아온 우리나라 대표 동성 마을로 임진왜란 때 영의정을 지낸 류성룡이 유명하다. 마을에 들어서면 커다란 기와집과 초가가 조화를 이루며 배치되어 있다. 조선시대 양반과 서민의 생활상을 엿볼 수 있는 한 축이다. 양반과 서민이 어우러져 살던 하회마을에는 지금도 서민의 놀이였던 '하회별신굿탈놀이'와 양반의 풍류놀이였던 '선유줄불놀이'가 전승되고 있다. 이런 요소들을 통해 조선시대 사회구조와 유교적 양반 문화를 간접적으로나마 느껴볼 수 있다. 또 하회마을에서는 세대를 이어 고가와 서원, 정자, 정사 등 전통 건축물을 보존하며, 공동체 놀이와 세시 풍속, 관혼상제례 등 무형유산을 이어오고 있다. 이런 가치를 인정받아 2010년 유네스코 세계문화유산으로 등재됐으며 마을 내 국보와 보물, 사적, 중요민속자료 등 문화유산이 가득하다.

주소 경상북도 안동시 풍천면 하회종가길 2-1 | **전화** 054-852-3588(하회마을 관광안내소), 054-854-3669(안동하회마을 관리사무소) | **시간** 4~9월 09:00~18:00, 10~3월 09:00~17:00 | **휴무일** 연중무휴 | **입장료** 어른 5000원, 청소년 2500원, 어린이 1500원, 미취학·65세 이상 무료 | **홈페이지** www.hahoe.or.kr

◆ **사전 조사를 해봐요** ◆

도서 《얼쑤! 하회탈과 놀아보자》 : 하회탈과 하회별신굿탈놀이, 하회마을에 대한 이야기를 아이들이 쉽게 접근할 수 있도록 풀어낸다. 하회마을 구석구석에 관련된 자세한 내용을 담았다.
도서 《대한민국 문화유산 vs 세계문화유산》 : 유네스코가 선정한 우리나라 문화유산과 함께 성격이 비슷한 다른 나라의 문화유산을 비교 설명한다. 전통 마을로 안동 하회마을과 경주 양동마을을 소개한다.
도서 《술술 읽히는 우리 문화유산 이야기》 : 우리 문화유산에 얽힌 이야기를 동화식으로 풀어낸다. 생생한 사진 자료와 함께 자연 유산, 기록 유산도 다룬다.

알차게 돌아보기

하회별신굿탈놀이 01

안동 하회마을을 방문하면 하회별신굿탈놀이를 꼭 관람하자. 하회별신굿탈놀이는 12세기 중엽부터 하회마을에서 상민들에 의해 연희됐다. 마을의 안녕과 풍년을 기원하는 마을굿의 일환이다. 안동 하회탈 및 병산탈은 국보로, 하회별신굿탈놀이는 국가무형문화재로 지정됐다. 하회마을 탈춤공연장에서 연중 상설 공연이 열린다.

시간 1~2월 토일요일 14:00~15:00, 3~12월 화~일요일 14:00~15:00 | **가격** 무료 | **홈페이지** www.hahoemask.co.kr

만송정 숲 02

마을 북쪽 강변 모래 퇴적층에 너른 솔숲이 펼쳐져 있다. 천연기념물로 지정된 만송정 숲이다. 조선시대에 류성룡의 형, 류운용이 강 건너편 부용대의 거친 기운을 완화하기 위해 소나무 1만 그루를 심었다고 전한다. 마을을 돌아본 후 산책하며 쉬어 가기 좋다.

영모각 03

안동 하회마을 안에 있는 박물관으로, 류성룡의 유물을 전시한다. 류성룡이 쓴 《영모록》이라는 책에서 이름을 따왔다. 보물인 류성룡 종가 문적과 류성룡 종가 유물 중 일부를 관람할 수 있다. 영모각은 충효당 사랑채 오른쪽에 위치한다.

부용대 04

안동 하회마을 강 건너편에 자리한 해발 64m의 절벽이다. 부용대 정상에 오르면 하회마을 전체가 한눈에 들어온다. 2019년 설치된 전통 섶다리를 건너 부용대까지 가볼 수 있다. 나무, 솔가지, 흙으로 만든 전통적인 섶다리가 하회마을의 운치를 더했다. 단 2020년 여름 집중호우로 다리가 유실돼 복구 여부는 미정이다. 섶다리 이용이 불가하면 자동차를 타고 부용대로 가야 한다.

> **TIP**
> 01 안동 하회마을은 문화관광해설사의 설명을 들으며 돌아보면 좋다. 054-840-3803

주변 여행지 돌아보기

하회세계탈박물관 01

하회별신굿탈놀이에 사용하는 탈은 물론 국내외 탈을 전시하는 박물관이다. 한국관, 아시아관, 세계관, 특별전시관 등으로 구성된다. 하회마을종합안내소에서 자동차로 2분.

주소 경상북도 안동시 풍천면 전서로 206 | **전화** 054-853-2288 | **시간** 09:30~18:00 | **휴무일** 1월 1일, 설날·추석 당일 | **입장료** 무료 | **홈페이지** www.mask.kr

병산서원 02

원래 풍산 류씨의 교육기관으로 풍악서당으로 불렸으며, 류성룡이 1572년 풍산에서 현재의 위치로 옮겼다. 철종이 병산이라는 이름을 내렸다. 서원에는 위패를 모신 존덕사, 강당인 입교당, 유물을 보존하는 장판각 등이 있다. 대원군의 서원철폐령에도 살아남은 서원 중 하나이기도 하다. 하회마을종합안내소에서 자동차로 10분.

주소 경상북도 안동시 풍천면 병산길 386 | **전화** 054-858-5929 | **시간** 3~10월 09:00~18:00, 11~2월 09:00~17:00 | **휴무일** 연중무휴 | **입장료** 무료 | **홈페이지** www.byeongsan.net

전통문화콘텐츠박물관 03

전통문화와 디지털이 조화를 이룬 박물관이다. 유물을 전시하지 않고 첨단 시스템을 통해 다양한 전통문화 콘텐츠를 체험해보는 흥미로운 공간이다. 하회마을종합안내소에서 자동차로 35분.

주소 경상북도 안동시 서동문로 203(문화공원 내) | **전화** 054-843-7900 | **시간** 09:00~18:00 | **휴무일** 월요일, 1월 1일, 설날·추석 당일 | **입장료** 무료 | **홈페이지** www.andong.go.kr/tm/

064

유교 문화를
재미있게 배우는
체험 교육형 테마파크
유교랜드

POINT 유교를 스토리텔링화한 테마파크형 공간으로, 아이들에게 입체적이고 흥미진진한 전시 체험을 통해 유교와 조선시대 선비들의 삶을 이해하는 기회를 제공한다.

유교, 충효, 인·의·예·지·신 같은 단어는 아이들에게는 그저 재미없는 주제처럼 느껴질 게 분명하다. 하지만 유교는 조선시대를 이해하기 위해 아이들이 알아야 할 부분 중 하나다. 그렇다면 유교를 아이들에게 조금 더 흥미롭게 가르칠 방법이 없을까. 그 해답을 주는 곳이 바로 유교랜드다. 유교랜드는 유교의 근본 사상을 바탕으로 꾸민 전시 체험 공간이다. 재미난 스토리텔링을 바탕으로 다양한 체험 시설을 조성했다. 유교랜드에 들어서서 타임터널을 지나면 21세기에서 16세기로 시간 여행을 떠나게 된다. 도착지는 안동 대동마을이다. 16세기 조선의 한 마을에서 5명의 주인공 캐릭터와 만나 조선시대 선비의 일생을 살펴본다. 소년선비촌에서는 선비의 탄생부터 성인 통과의례까지, 청년선비촌은 선비의 혼례, 선비 수업, 입문과 출사, 중년선비촌은 조선시대 선비의 역할에 대해 설명한다. 예와 향촌 생활, 풍류에 대해 설명하는 노년선비촌과 선비의 죽음, 묘갈과 신도비에 대해 안내하는 참선비촌까지 둘러보는 코스다.

주소 경상북도 안동시 관광단지로 346-30 | **전화** 054-820-8800 | **시간** 10:00~18:00(계절별 탄력적 운영) | **입장료** 어른 9000원, 중·고등학생 8000원, 24개월~초등학생 7000원 | **홈페이지** www.confucianland.com

◆ 사전 조사를 해봐요 ◆

도서 《조선시대 양반은 어떻게 살았을까?》 : 조선시대 양반의 의식주, 교육, 직책, 정신에 대해 자세히 소개한다. 그림과 함께 살펴볼 수 있어 더욱 흥미롭다.

도서 《조선의 선비 정신》 : 조선시대 9인의 선비 이야기를 통해 선비 정신에 대해 소개한다.

알차게 돌아보기

고창 전투 01
고창(지금의 안동) 전투를 세트로 연출했다. 대포 쏘기, 모형 전자 화살, 움직이는 말, 성벽 쌓기 등의 체험을 통해 고창 전투에 대해 배운다. 고창 전투에서 활약한 영웅들에 대한 설명도 볼 수 있다. 중년선비촌에 위치.

여성군자 조선의 여성 선비 02
선비 하면 흔히 남자만 떠올리지만, 조선시대에도 훌륭한 학식과 덕을 뽐낸 여성 선비가 있었다. 그 예로 시와 그림에 뛰어났던 신사임당, 중국과 일본에까지 시로 명성을 떨친 허난설헌, 우리나라에서 가장 오래된 한글 요리책인 《음식디미방》을 쓴 장계향 등을 소개한다. 청년선비촌 내에 위치.

동화 속으로 03
소년선비촌에 있는 전시체험관. 《금도끼 은도끼》, 《의좋은 형제》, 《흥부 놀부》, 《효녀 심청》 등의 전래동화를 여행하며 재미있게 유교를 경험해 볼 수 있다.

향촌생활 04
노년선비촌에서 향촌 생활에 대해 배운다. 안동을 대표하는 하회탈춤과 민속놀이인 차전놀이를 직접 체험해볼 수 있다. 모니터를 보며 손님맞이 예법을 익히는 코너도 마련되어 있다.

TIP
01 1층에 아이들이 뛰놀 수 있는 놀이 시설이 있다. 권장 연령은 만 6~10세.
02 체험 시설 위주이므로 머무는 시간을 넉넉하게 안배하자.

주변 여행지 돌아보기

주토피움 01
200여 종의 생물을 직접 만나볼 수 있는 동식물 체험 테마파크로 실내 동물원과 야외 정원을 운영한다. 북극여우, 알파카, 토끼, 당나귀, 산양 등 다양한 동물 친구들이 있어 아이들이 좋아한다. 유교랜드에서 자동차로 2분.

주소 경상북도 안동시 관광단지로 346-95 | **전화** 054-859-5988 | **시간** 10:00~18:00 | **휴무일** 월·화요일(월·화요일이 공휴일인 경우는 그다음 날) | **입장료** 1만 5000원, 24개월 미만 무료 | **홈페이지** 주토피움.com

안동민속박물관 02
안동의 민속 문화를 전시하는 박물관. 2층 규모의 상설전시관과 함께 주변에 둘러볼 만한 곳이 많다. 야외 박물관에는 안동댐 조성 시 수몰 지역에서 옮겨 온 전통 가옥이 늘어서 있다. 숭고한 사랑 이야기를 품은 월영교도 걸어보자. 유교랜드에서 자동차로 5분.

주소 경상북도 안동시 민속촌길 13 | **전화** 054-821-0649 | **시간** 09:00~18:00 | **휴무일** 1월 1일, 설날·추석 당일 | **입장료** 무료 | **홈페이지** www.andong.go.kr/fm/main.do

도산서원 03
이황의 학덕을 추모하는 서원으로 조선시대 5대 서원으로 손꼽힌다. 원래 이황이 도산서당을 짓고 유생을 가르치던 곳이다. 도산서원 현판은 조선시대 선조의 명에 따라 명필 한석봉이 쓴 것이다. 유교랜드에서 자동차로 30분.

주소 경상북도 안동시 도산면 도산서원길 154 | **전화** 054-856-1073 | **시간** 2~10월 09:00~18:00, 11~1월 09:00~17:00 | **휴무일** 연중무휴 | **입장료** 어른 2000원, 7~18세 1000원 | **홈페이지** www.andong.go.kr/dosanseowon

065

시간을 거슬러
신사임당과 이이를 만나다

강릉 오죽헌

POINT 조선시대 대표 여류 예술가 신사임당과 그의 아들이자 대표 학자 이이라는 인물을 깊이 이해할 수 있는 공간이며 조선시대 여성들의 생활상과 재산 분배 구조 등에 대해 알아볼 수 있다. 그리고 오죽헌이라는 건축물을 통해 조선시대 주택 건축물의 특징도 살펴볼 수 있다.

강릉 오죽헌(보물)은 신사임당이 태어나고 자란 집으로 신사임당이 결혼 후 이이를 낳은 곳이기도 하다. 오죽헌은 조선 중종 때 건축됐으며, 우리나라 주택 건축물 중 가장 오래된 건물 중 하나로 손꼽힌다. 앞면 3칸, 옆면 2칸이며, 지붕은 '팔(八)' 자 모양의 팔작지붕이다. 앞에서 볼 때 왼쪽 2칸은 대청마루로 사용했던 공간이고, 오른쪽 1칸은 온돌방이다. 방에는 조선시대 대표 여류 예술가 신사임당의 영정을 모시고 있다. 오죽헌 옆의 문성사는 이이의 영정을 모시는 사당으로, 1975년 벌인 오죽헌 정화 사업 때 지었다. 원래 이 자리에는 어제각이 있었는데 이이가 쓴《격몽요결》과 벼루를 보관하기 위해 건축한 건물이었다. 이후 어제각을 사랑채 북쪽으로 이전하고 문성사를 건립했다. 문성사 뒤쪽에는 검은 대나무, 즉 오죽이 많다. 신사임당의 어머니는 외손주 이이에게 서울의 기와집과 전답을, 권처균이라는 또 다른 외손주에게는 오죽헌과 전답을 물려줬다. 권처균은 집 주변에 검은 대나무가 많아 자신의 호를 오죽헌이라고 지었고, 이 집도 오죽헌이라 불렀다. 오죽헌 옆으로는 바깥채와 안채가 있고, 그 주변에는 율곡기념관과 율곡인성교육관, 야외 전시장 등 볼거리가

가득하다. 오죽헌과 전시관을 함께 돌아보면 신사임당과 이이라는 인물에 대해 더 깊이 이해할 수 있다.

주소 강원도 강릉시 율곡로3139번길 24 | **전화** 033-660-3301~3308 | **시간** 09:00~18:00 | **휴무일** 연중무휴 | **입장료** 어른 3000원, 청소년 2000원, 어린이 1000원. 미취학·만 65세 이상 무료 | **홈페이지** www.gn.go.kr/museum/index.do

◆사전 조사를 해봐요◆

도서 《어린이미술관 3 – 신사임당》 : 어머니로서의 신사임당이 아니라 화가로서 신사임당을 소개하며 그의 작품을 집중 조명한다.

도서 《Who? 신사임당, 허난설헌》 : 여성의 사회적 입지가 좁았던 조선이라는 사회에서 화가와 시인으로 뛰어난 능력을 보인 신사임당과 허난설헌에 대해 소개한다.

도서 《신사임당 – 화가로 살고 어머니로 기억된 여인》 : 오죽헌을 방문하기 전 부모가 읽으면 좋은 책. '현모양처' 혹은 '율곡 이이의 어머니'로 기억하는 신사임당의 생애와 업적에 대해 새롭게 조명한다. 책을 읽고 오죽헌에 방문해 아이들에게 신사임당에 대해 제대로 설명해주자.

도서 《교과서에 나오는 위대한 인물 – 율곡 이이》 : 율곡 이이의 생애와 업적, 학식에 대해 이야기한다.

도서 《조선시대 사람들은 어떻게 살았나요?》 : 조선시대 생활 문화 전반을 소개한다. 조선시대 양반의 삶과 여성의 삶에 대한 내용도 포함되어 있다.

tvN 프로그램 〈알쓸신잡 – 강릉〉 : 오죽헌과 참소리축음기·에디슨과학박물관 등 강릉의 명소에 대한 다양한 이야기를 재미나게 풀어낸다.

◆엄마, 아빠랑 배워요◆

5000원권과 5만 원권을 챙겨 가세요!

신사임당과 이이는 모자가 함께 우리나라 화폐의 주인공이다. 5000원권과 5만 원권을 한 장씩 챙겨 가서 오죽헌에서 펼쳐보자. 5000원권 앞면에는 이이의 초상화와 오죽헌과 오죽이, 뒷면에는 신사임당의 초상도가 그려져 있다. 그리고 5만 원권 앞면에는 신사임당의 초상화와 그의 작품인 '묵포도도', '자수초충도병풍'의 가지가 그려져 있다. 뒷면에는 당대 다른 이들의 작품이 들어가 있다. 어몽룡의 '월매도'와 이정의 '풍죽도'를 겹친 그림이다.

알차게 돌아보기

이씨분재기 01

신사임당의 어머니인 용인 이씨 부인이 딸 5명에게 재산을 나눈 내용을 담은 기록문이다. 이씨 부인은 딸들에게 고루 재산을 분배했고, 외손들에게도 재산을 나눠줬다. 조선시대의 재산 분배 원칙과 상속 대상 등을 파악할 수 있는 귀한 자료다. 이를 통해 남자가 혼인 후에 처갓집에 들어가서 살았던 조선 전기 혼인 풍습 등 다양한 생활상을 살펴볼 수 있다. 《이씨분재기》는 율곡기념관에 있다.

율곡인성교육관 02

오죽헌과 신사임당, 이이와 관련한 다양한 체험 코너가 마련되어 있다. 디지털 시스템을 이용한 다채로운 체험 프로그램이 아이들의 흥미를 자극한다.

율곡매 03

오죽헌에서 놓치지 말고 봐야 할 매화나무다. 오죽헌 건립 당시 심은 것으로 알려져 있다. 신사임당은 매화 그림을 많이 그렸고 큰딸 이름도 '매창(梅窓)'이라고 지을 정도로 매화를 좋아했다. 이른 봄, 이 나무에 연분홍빛 꽃이 피어오르면 향기와 풍경이 절정에 이른다. 율곡매는 천연기념물이다.

신사임당초충도병 04

신사임당은 서화에 능했던 조선시대 대표 여류 화가다. 신사임당초충도병은 신사임당이 그린 8폭의 유색 병풍 그림으로, 풀과 벌레를 섬세하고 생동감 있게 표현했다. 지금의 5000원권 뒷면을 보면 신사임당초충도병이 담겨 있다. 수박과 맨드라미 2폭을 합성한 그림이다. 신사임당초충도병은 율곡기념관에 전시 중이다. 야외에는 신사임당 초충도 화단도 조성돼 있다.

강릉화폐전시관 05

신사임당과 이이가 세계 최초 모자 화폐 주인공이라는 점을 기념해 2023년 강릉화폐전시관을 개관했다. 오만원권과 오천원권 화폐 주인공인 신사임당과 이이의 초상화를 비롯해 다양한 세계 화폐 속 인물도 살펴볼 수 있다. 시대별 실물 화폐와 기념주화가 전시되며 나만의 화폐 만들기, 압인기 코너에서 화폐 만드는 과정을 체험할 수 있다. 그밖에도 화폐 관련 다양한 게임과 포토존 등 재미있는 코너가 가득하다.

> **TIP**
>
> **01** 강릉의 주요 관광지를 할인된 가격으로 관람할 수 있는 패키지 관람권이다. 오죽헌 관람 후 매표소에서 원하는 관광지를 정해 패키지 관람권을 구입하면 비용을 줄일 수 있다.
>
> **02** 문화해설 프로그램을 운영한다. 입구에서 문화해설 진행 시간을 확인한 후 참여 가능하다. 온라인 예약 가능.
>
> **03** 오죽헌 내 솔향명품숍이 있다. 오죽헌을 비롯해 강릉의 우수한 관광자원을 모티브로 한 다양한 상품을 전시·판매한다. 기념품이나 선물을 구입하기 좋다.
>
> **04** 오죽헌 안에는 식당이 없다. 오죽헌 입구 쪽에 카페와 식당이 몇 곳 있다. 오죽헌에서 경포해변이나 시내가 멀지 않기 때문에 식사는 다른 곳에서 해결해도 된다.
>
> **05** 오죽헌 야외에서는 관노가면극, 농악, 음악회 등 다양한 공연과 행사가 열리기도 한다. 공연이나 행사 내용을 확인한 후 오죽헌 관람 시 함께 즐기면 좋다.

주변 여행지 돌아보기

아르떼뮤지엄 강릉 01

몰입형 미디어 아트를 선보이는 상설 전시관. 드넓은 공간에서 강릉의 지역적 특성을 반영한 12개의 다채로운 미디어 아트를 즐길 수 있다. 폭포, 해변, 꽃, 정원 등을 테마로 하는 미디어 아트는 남녀노소 모두에게 감동을 선사한다. 오죽헌에서 자동차로 5분.

주소 강원도 강릉시 난설헌로 131 | **전화** 1899-5008 | **시간** 10:00~20:00 | **휴무일** 연중무휴 | **입장료** 어른 1만 7000원, 14~19세 1만 3000원, 8~13세 1만 원, 4~7세 8000원 | **홈페이지** artemuseum.com/GANGNEUNG

강릉 선교장 02

조선시대 고가로, 당대 명문가의 가옥 형태와 생활상을 살펴볼 수 있다. 열화당, 안채, 동별당, 활래정 등의 건축물을 중심으로 돌아본다. 활래정이라는 정자와 연못이 어우러진 풍광이 아름답다. 한옥 스테이도 가능하다. 오죽헌에서 자동차로 4분.

주소 강원도 강릉시 운정길 63 | **전화** 033-648-5303 | **시간** 3~10월 09:00~18:00, 11~2월 09:00~17:00 | **휴무일** 연중무휴 | **입장료** 어른 5000원, 청소년 3000원, 어린이 2000원 | **홈페이지** knsgj.net

경포아쿠아리움 03

경포호를 끼고 위치한 아쿠아리움이다. 경포호의 담수 어류와 경포 앞바다 생물, 수달 등과 함께 세계의 대형 어류, 아마존 피라냐 등 국내외 다양한 어류를 전시한다. 체험 프로그램과 카페, 야외 시설도 이용 가능하다. 오죽헌에서 자동차로 6분.

주소 강원도 강릉시 난설헌로 131 | **전화** 033-645-7887 | **시간** 10:00~18:00(성수기에는 19:00까지) | **휴무일** 연중무휴 | **입장료** 어른 1만 8000원, 청소년 1만6000원, 어린이 1만4000원 | **홈페이지** gg-aqua.com

경포대 04

관동팔경 중 하나로 손꼽히는 누각으로, 고려시대에 건립돼 여러 차례 수리된 것으로 전한다. 경포대에 오르면 경포호 일대 풍경이 한눈에 들어온다. 달맞이 장소로 유명하며, 벚꽃 피는 봄에 찾으면 더욱 아름답다. 오죽헌에서 자동차로 5분.

주소 강원도 강릉시 경포로 365 | **전화** 033-640-5119 | **시간** 24시간 | **휴무일** 연중무휴 | **입장료** 무료

참소리축음기·에디슨과학박물관 05

세계 각국에서 수집한 명품 축음기와 뮤직박스, 라디오, TV는 물론, 에디슨의 수많은 발명품도 함께 전시한다. 안내자의 해설을 들으며 돌아볼 수 있어 유익하다. 오죽헌에서 자동차로 5분.

주소 강원도 강릉시 경포로 393 | **전화** 033-655-1130~2 | **시간** 10:00~17:00 | **휴무일** 화요일 | **입장료** 어른 1만5000원, 중·고등학생 1만2000원, 초등학생 9000원, 36개월 이상 미취학 6000원

강릉 월화거리  06

강릉 KTX 도심 구간 개발로 발생한 폐철도 부지를 활용한 새로운 관광 명소. 강릉 지역에서 전해 내려오는 설화인 '무월랑과 연화 낭자'의 사랑 이야기를 주제로 한다. 산책로와 아기자기한 조형물, 전통시장 등 즐길 거리와 먹거리가 풍부해 현지인들과 여행자들이 즐겨 찾는다. 오죽헌에서 자동차로 8분.

주소 강원도 강릉시 경강로 2111 일원 | **전화** 033-640-4565(월화거리관광안내센터)

066

수려한 풍광과
짙은 역사의
자취를 만나다
진주성

조선시대 임진왜란의 뼈아픈 흔적이 남아 있는 명소다. 진주대첩, 논개, 김시민 장군 등 임진왜란과 관련된 생생한 역사의 순간을 담았다. 진주성 내 국립진주박물관의 임진왜란실과 함께 둘러보면 더욱 의미 깊다.

진주성은 임진왜란 3대 대첩 중 하나인 진주대첩이 벌어진 곳이다. 조선시대에 임진왜란이 발발하자 진주목사 김시민 장군이 왜구의 공격에 대비하기 위해 진주성 성채를 보강했다. 진주성에서 조선과 왜구가 치열한 싸움을 벌인 것은 그만큼 진주성이 지리적으로 중요한 곳에 위치했기 때문이다. 조선시대에 진주는 경상도와 호남을 연결하는 통로이자 도호부가 있던 곳이며 고려시대에도 남해안에 왜구가 출몰할 때 진주가 중요한 방어 기지가 됐다. 임진왜란 때 호남 쪽 바닷길은 이순신 장군이 이끄는 조선 수군이 지키고 있었기에 호남으로 진출하는 또 다른 길목인 진주에서 엄청난 격전이 벌어졌다. 임진왜란 때 진주성에서는 두 차례 싸움이 일어났다. 1592년 1차 싸움에서 김시민 장군을 중심으로 민·관·군이 힘을 합쳐 왜구의 진출을 막아냈고 이를 진주대첩이라고 부른다. 이때 곽재우, 정유경 등 의병들의 활약도 대단했다. 다음 해인 1593년 2차 싸움이 벌어졌으며 이때 수만 명의 민·관·군이 수적, 전투력 열세에도 끝까지 항쟁하다 목숨을 잃고 왜구에 패했다. 2차 싸움 때 논개가 적장을 끌어안고 남강에 투신한 일화가 유명하다. 진주성 일대에는 우리나라 3대 누각으로 손꼽히는 촉석루를 비롯해 의기사, 서장대, 북장대, 영남포정사, 호국사, 임진대첩계사순의단 등 유적이 가득하다.

주소 경상남도 진주시 남강로 626 | **전화** 055-749-5171 | **시간** 3~10월 05:00~23:00, 11~2월 05:00~22:00 | **휴무일** 연중무휴 | **입장료** 어른 2000원, 청소년 1000원, 어린이 600원, 만 6세 이하·65세 이상 무료 | **홈페이지** www.jinju.go.kr/tour.web

◆ 사전 조사를 해봐요 ◆

도서 《임진왜란 3대 대첩》: 임진왜란과 3대 대첩을 이순신 장군이 회상하는 방식으로 구성해 흥미진진하다.
도서 《재미있다! 한국사 4》: 진주성, 실학박물관, 허준박물관 등 박물관과 유적지를 통해 조선 후기 역사를 설명한다.

알차게 돌아보기

국립진주박물관 01

가야의 역사와 문화를 소개하는 박물관 역할을 하다 1998년부터 '임진왜란 특성화 박물관'으로 거듭났다. 전시관은 역사문화실, 임진왜란실, 두암실, 야외전시실 등으로 이뤄진다. 서부 경남의 역사와 문화, 임진왜란 관련 유물과 역사적 의미에 대해 전시한다. 야외전시실에서는 합천 죽죽리 폐사지 석조 유물, 함양 구양리 삼층석탑 등을 살펴볼 수 있다. 박물관 3D 입체영상관에서는 진주대첩과 명량대첩 관련 영상물을 상영한다.

촉석루 02

남강의 바위 벼랑 위에 촉석루가 자리한다. 고려 고종 때 건립한 후 여러 차례 중건과 보수 작업을 거쳤다. 전투 시에는 진주성을 지키는 지휘 본부로, 평상시에는 과거를 보는 시험장으로 사용했다고 한다. 앞면 5칸, 옆면 4칸으로 되어 있으며 한국전쟁 때 누각이 불타 1960년 재건했다.

의암 03

촉석루 앞쪽에 있는 바위. 임진왜란 제2차 진주성 싸움 때 7만에 이르는 민관군이 순절한 후 논개가 이 바위에서 적장을 끌어안고 남강에 뛰어들었다. 원래 위암이라고 불렀으나 논개의 충절을 기려 의암이라고 부르게 됐다. 바위 한쪽에 '의암'이라는 글씨가 새겨져 있다.

주변 여행지 돌아보기

진주중앙시장 01

100년 넘는 역사를 자랑하는 서부 경남 대표 시장이다. 진주비빔밥과 진주실크 등 진주 특산품을 만날 수 있다. 포목과 주단 등을 판매하는 골목부터 다채로운 먹거리를 갖춘 골목까지 구경할 곳이 많다. 오래된 맛집도 많아 시장 구경하는 재미가 쏠쏠하다. 진주성에서 도보 12분.

주소 경상남도 진주시 진양호로 551-3 | **전화** 055-741-2151~2

진양호 02

경호강과 덕천강이 만나는 지점에 자리한 대규모 인공 호수. 산과 물이 어우러진 풍광이 아름답다. 호수 주변에 공원이 조성되어 있고 진양호동물원, 진주랜드, 전망대, 물문화관 등 여러 시설을 갖추었다. 진주성에서 자동차로 12분.

주소 경상남도 진주시 판문로 84 | **전화** 055-749-2510~1 | **시간** 24시간(일부 시설은 시간 제한 있음) | **휴무일** 연중무휴(일부 시설은 휴무일 있음) | **입장료** 무료(일부 시설은 유료) | **홈페이지** www.jinju.go.kr/tour.web

진주어린이박물관 03

어린이를 위한 전시, 체험, 교육 프로그램이 이뤄지는 어린이 전문 박물관. 예술 작품 업사이클 아트 전시 공간인 '새롭게 뚝딱뚝딱', 우리 문화와 역사 등 과거 시간을 되돌아보는 '도란도란 시간 여행', 자연 재료를 활용한 생태 미술 전시 체험 공간인 '자연이랑 소곤소곤' 등 다채로운 프로그램을 즐길 수 있다. 개인은 토요일만 이용 가능. 진주성에서 자동차로 6분.

주소 경상남도 진주시 망경로 224번길 40 | **전화** 055-754-0007 | **시간** 개인 관람 토요일 10:00, 13:30, 14:30 | **휴무일** 일·월요일, 1월 1일, 설·추석 연휴 | **입장료** 어른 6000원, 36개월 이상 어린이 1만3000원 | **홈페이지** jcm.or.kr

067

성벽 너머 만나는 조선시대
서산 해미읍성

POINT 해미읍성은 조선시대 대표 읍성으로, 서해안을 방어하는 역할을 담당했다. 보존 상태가 양호한 것으로 손꼽히는 해미읍성을 통해 조선시대 읍성의 역할을 살펴본다.

해미읍성은 왜구에게서 서해안을 방어하기 위해 조선시대에 축성됐다. 조선 태종 때 충청 병마도절제사영을 덕산에서 이곳으로 옮겨 왔으며 효종 3년(1652년) 청주로 이전하기 전까지 오랫동안 충청 지역의 군사권을 행사했던 곳이다. 병마절도사영이 청주로 옮겨 가면서 해미현의 관아가 이 성으로 들어왔다. 세월이 흐르면서 성곽도 일부 허물어지고 성안에 있던 옛 건물도 사라졌으며 학교와 민가가 들어섰다. 이후 해미읍성은 보존 상태가 좋은 조선시대 읍성으로 손꼽혀 1970년대에 읍성 복원 사업을 실시해 학교와 민가를 철거하고 옛 건물들을 일부 복원했다. 조선시대에 많은 천주교 신자들이 해미읍성 관아 옥사에 끌려와 고문과 처형을 당했으며 1000명에 달하는 신도들이 잡혀 온 것으로 전한다. 이런 역사적 배경 때문에 해미읍성은 천주교 순교성지처럼 여겨지기도 하며 프란치스코 교황도 2014년 방한 당시 해미읍성을 찾았다.

주소 충청남도 서산시 해미면 남문2로 143 | **전화** 041-661-8500 | **시간** 3~10월 05:00~21:00, 11~2월 06:00~19:00 | **휴무일** 연중무휴 | **입장료** 무료

◆ 사전 조사를 해봐요 ◆

도서 《조선의 읍성을 가다》 : 옛 읍성에 관련된 내용을 재미있게 엮어냈다. 해미읍성, 낙안읍성, 고창읍성에 대한 이야기를 소개한다.

도서 《만화 나의 문화유산 답사기 7》 : 백제 유물이 남아 있는 충청도를 소개한다. 천주교도들의 순례지이자 문화유산이 해미읍성에 대한 내용도 포함된다.

◆ 엄마, 아빠랑 배워요 ◆

도성이랑 읍성은 뭐가 달라요?
조선시대에 한양에 도성이 있었다면, 지방에는 읍성이 있었다. 도성은 왕궁과 종묘, 관부, 그 주변을 둘러싼 성곽을, 읍성은 지방 군현의 관청과 민가 등을 둘러싼 성곽을 일컫는다. 도성과 읍성은 군사·행정·정치·사회적 역할을 담당했다. 안타깝게도 일제강점기에 우리나라 도성과 읍성이 많이 훼손됐다.

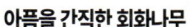

알차게 돌아보기

성벽 글자 찾기 01

성벽을 쌓은 돌을 자세히 살펴보면 희미하게 남은 글자를 찾아볼 수 있다. 축성 당시 인근 지역 사람들이 동원됐고, 고을별로 나눠서 성벽을 쌓게 했다. 성벽이 무너지면 그 구간을 담당한 고을이 책임을 지도록 했다고 전한다. 즉, 부실 공사를 막기 위한 하나의 방편이었던 셈이다.

아픔을 간직한 회화나무 02

해미읍성 옥사 앞에는 수령 약 300년으로 추정되는 회화나무가 서 있다. 병인박해 전후로 옥사에 수감된 천주교 신자들을 이 나무에 철사로 매달아 고문했다고 전한다. 지역 주민들은 이곳에서 희생된 순교자들을 호야(등불)에 견주어 이 나무를 '호야나무'라고도 부른다.

청허정에서의 휴식 03

동헌 뒤쪽으로 언덕을 오르면 '청허정'이라는 정자가 나온다. 조선시대 병마절도사 조숙기가 세웠다고 전한다. 해미읍성에서 가장 높은 곳에 위치해 서해를 내다보는 망루 역할을 하는 동시에 휴식 공간으로 활용됐다. 일제강점기에는 이 자리에 신사를 건립했다. 지금의 청허정 건물은 1976년 복원한 후 1987년 보수한 것이다. 청허정에 올라 경치를 바라보고 주변 솔숲에서 산책을 즐겨보자.

주변 여행지 돌아보기

개심사 01

충청남도 4대 사찰로 손꼽히는 백제시대 고찰이다. 개심사 대웅전은 보물로, 조선 전기의 대표적인 주심포 양식 건물이다. 주변 자연 풍광도 수려하다. 특히 봄꽃이 만발하는 계절이 아름답다. 해미읍성에서 자동차로 10분.

주소 충청남도 서산시 운산면 개심사로 321-86 | **전화** 041-688-2256 | **시간** 24시간 | **휴무일** 연중무휴 | **입장료** 무료

서산 용현리 마애여래삼존상 02

가야산 계곡을 따라 들어가면 국보인 서산 용현리 마애여래삼존상을 만나게 된다. 암벽을 파 조각한 불상으로, 가운데에는 여래입상이 오른쪽에는 보살입상이, 왼쪽에는 반가사유상이 새겨져 있다. 여래입상은 백제시대 불상의 특징인 자비로운 인상이 돋보여 '백제의 미소'라고 불리기도 한다. 해미읍성에서 자동차로 20분.

주소 충청남도 서산시 운산면 마애삼존불로 65-13 | **전화** 041-660-2538 | **시간** 09:00~18:00 | **휴무일** 연중무휴 | **입장료** 무료

수덕사 03

덕숭산에 위치한 수덕사는 백제 후기에 처음 지은 것으로 전한다. 1308년 건축한 수덕사 대웅전(국보)은 국내에서 가장 오래된 목조건물 중 하나로 우리나라 목조건축사의 귀한 문화재이다. 해미읍성에서 자동차로 18분.

주소 충청남도 예산군 수덕사안길 79 | **전화** 041-330-7700 | **시간** 24시간 | **입장료** 무료 | **홈페이지** www.sudeoksa.com

068

시대를 앞서간 위대한 남매의 삶과 문학 속으로

허균·허난설헌 기념공원

POINT 오죽헌의 주인공인 신사임당과 이이가 조선시대의 안정적인 축을 이루는 인물이라면 허균과 허난설헌은 당대 사회의 다른 면을 보여주는 인물이다. 허균과 허난설헌을 통해 당대의 사상과 신분, 정치, 문학, 여성의 삶 등을 두루 살펴볼 수 있다.

허균은 조선시대에 활약한 문장가이자 개혁가이며 최초의 한글 소설 《홍길동전》의 저자로 유명하다. 허균 본인은 좋은 집안에서 태어난 대단한 실력가였으나, 적자(정실부인이 아닌 부인이 낳은 아들)라는 이유로 입신하지 못한 스승 이달을 곁에서 지켜보면서 불합리한 조선시대 사회구조에 눈을 떴다. 허균은 서자와 천민, 여자도 평등한 대우를 받는 세상을 꿈꾸다 참형됐다. 그의 누나 허난설헌 역시 당대 최고의 여류 문인으로 알려져 있다. 허난설헌은 본명은 허초희로, 여덟 살부터 시를 지을 정도로 천부적인 재능을 발휘했다. 하지만 그의 삶 역시 평탄하지 않았다. 결혼 생활은 원만하지 않았고, 딸과 아들을 병으로 모두 잃고 본인도 젊은 나이에 세상을 떠났다. 문학적으로 뛰어났으나 시대에 앞서가는 행보를 보인 허균과 허난설헌. 두 사람을 기념하기 위해 허난설헌생가터를 중심으로 허균·허난설헌기념공원을 조성했다.

주소 강원도 강릉시 난설헌로193번길 1-16 | **전화** 033-640-4798 | **시간** 09:00~18:00(기념관), 10:00~17:00(전통차체험관) | **휴무일** 월요일, 명절 휴관은 별도 공지 | **입장료** 무료

> **TIP**
> 01 강릉 초당동 고택에 있는 매화나무가 유명하다. 이른 봄, 매화가 아름답게 피어오를 시기에 방문하면 아름다운 풍광이 펼쳐진다.
> 02 허씨 오문장의 시비가 있다. 하나하나 눈여겨 읽어보자.
> 03 해마다 봄에는 '난설헌문화제'가, 가을에는 '교산허균문화제'가 허균·허난설헌기념공원에서 열려 다양한 볼거리와 체험 거리를 제공한다.
> 04 초당순두부마을이 가까이에 있다. '초당'은 허균, 허난설헌의 아버지인 허엽의 호다. 허엽이 초당순두부를 만들게 했다는 설도 전해지나 확실하지는 않다.

알차게 돌아보기

허균·허난설헌기념관 01

단아한 한옥으로 된 기념관에 들어서면 '허씨 오문장'에 대한 이야기가 먼저 나온다. 허씨 오문장은 아버지 허엽과 그의 자식들인 허성, 허봉, 허균, 허난설헌을 일컫는다. 모두가 시문에 능했다. 그들이 남긴 시문만도 수천 수에 이를 정도다. 기념관에서는 허씨 오문장과 가계도, 허난설헌과 허균의 삶과 작품에 대한 전시가 이뤄진다.

강릉 초당동 고택 02

조선시대 문신 허엽이 살던 집터이자, 그의 딸 허난설헌이 태어난 곳으로 알려져 있다. 솟을대문으로 들어가면 'ㅁ'자형 본채가 나온다. 본채는 사랑채와 안채로 구분되며 그 사이에 광이 있다. 사랑채와 안채 사이에 담을 쌓아 공간의 독립성을 확보하고 남녀 구분을 엄격히 했던 것으로 보인다. 주변의 솔숲이 고택의 운치를 더욱 살려준다.

전통차체험관 03

기념관 맞은편 차체험관은 허난설헌의 이름을 따 초희전통차체험관으로 불린다. 단층 한옥 건물에서 조용히 차를 마실 수 있다. 날씨가 좋은 계절에는 문을 활짝 열고 바깥 풍광을 내다보며 차를 음미할 수 있어 더 좋다.

◆사전 조사를 해봐요◆

도서 《할 말이 있다》: 허균의 시를 통해 그의 일생과 생각에 대해 알아본다. 허균의 시 38편을 가려 뽑아 현대인들이 읽기 쉽게 다듬고 시에 대한 설명도 덧붙였다.

도서 《Who? 신사임당, 허난설헌》: 여성의 사회적 입지가 좁았던 조선이라는 사회에서 시인과 화가로 뛰어난 능력을 펼친 허난설헌과 신사임당에 대해 소개한다.

tvN 프로그램 〈알쓸신잡-강릉〉: 허난설헌생가터에서 허균과 허난설헌 남매에 대해 재조명한다.

◆엄마, 아빠랑 배워요◆

현판의 글씨체가 익숙해요!
허균·허난설헌기념관에 들어서기 전에 현판을 잘 살펴보면 왠지 익숙하다는 생각이 들 것이다. 우리 시대 대표 지성인인 신영복 선생의 글씨다. 부모는 이곳에 방문하기 전 신영복 선생의 《변방을 찾아서》를 읽어보면 좋다. 신영복 선생이 자신의 글씨가 있는 곳을 답사하고 그와 관련된 이야기를 풀어낸 책이다. 허균·허난설헌기념관에 관련된 내용도 포함되어 있다.

주변 여행지 돌아보기

경포아쿠아리움 01

경포호의 담수 어류와 경포 앞 바다 생물, 수달 등과 세계의 대형 어류, 아마존 피라냐 등을 전시한다. 허균·허난설헌기념공원에서 자동차로 3분.

| **주소** 강원도 강릉시 난설헌로 131 | **전화** 033-645-7887 | **시간** 10:00~18:00(성수기에는 19:00까지) | **휴무일** 연중무휴 | **입장료** 어른 1만8000원, 청소년 1만6000원, 어린이 1만4000원, 36개월 미만 무료 | **홈페이지** gg-aqua.com

경포가시연습지 02

경포호를 예전 모습으로 되돌리기 위한 노력의 일환으로 탄생했다. 50년 만에 가시연이 다시 피어오르고, 다양한 수중 생물이 서식한다. 허균·허난설헌기념공원에서 자동차로 5분.

| **주소** 강원도 강릉시 운정동 670 | **전화** 033-640-5293 | **시간** 24시간 | **휴무일** 연중무휴 | **입장료** 무료

강릉 선교장 03

조선시대 명문가의 가옥 형태와 생활상을 살펴볼 수 있다. 열화당, 안채, 동별당, 활래정 등의 건축물을 중심으로 돌아본다. 허균·허난설헌기념공원에서 자동차로 6분.

| **주소** 강원도 강릉시 운정길 63 | **전화** 033-648-5303 | **시간** 3~10월 09:00~18:00, 11~2월 09:00~17:00 | **휴무일** 연중무휴 | **입장료** 어른 5000원, 14~18세 3000원, 8~13세 2000원 | **홈페이지** www.knsgj.net

069

서울 도심 한복판에서 만나는 위인 이야기
세종이야기 & 충무공이야기

POINT 세종대왕과 충무공 이순신. 두 위인의 업적을 살펴보고, 역사적인 교훈을 얻을 수 있다.

서울 광화문 세종문화회관 지하에 세종이야기, 충무공이야기 전시관이 이웃하고 있다. 세종이야기는 세종대왕 출생, 사상, 업적을 주제별로 전시한다. 세부 주제는 인간세종, 민본 사상, 한글 창제, 과학과 예술, 군사 정책 등으로 구성된다. '세종대왕' 하면 가장 먼저 한글 창제를 떠올리지만, 과학과 예술 분야에도 조예가 깊었다. 한글갤러리에서는 한글을 소재로 만든 다양한 예술 작품을 전시한다. 충무공이야기는 6개의 주제를 통해 역사를 전한다. 이순신의 생애부터 조선의 함선, 7년간의 해전사, 《난중일기》를 통해 본 인간 이순신, 이순신의 리더십, 4D 체험관까지 둘러본다. 진해 해군사관학교의 거북선을 55% 크기로 축소한 거북선 모형 안에는 수군 모형을 재현했다. 4D체험관 영상 관람을 통해 임진왜란 당시 해전의 현장을 생생하게 느껴볼 수 있다.

주소 서울시 종로구 세종대로 175(세종이야기) | **전화** 02-399-1114 | **시간** 10:00~20:00 | **휴무일** 월요일 | **입장료** 무료 | **홈페이지** www.sejongstory.or.kr

◆사전 조사를 해봐요◆

도서 《그림으로 보는 세종대왕》, 《그림으로 보는 이순신》 : 초등 저학년 눈높이에 맞춘 책이다. 짧은 글과 재밌는 그림으로 구성해 쉽게 읽을 수 있다.

영화 《신기전》 : 세종대왕은 세계 최초 총 약통 로켓인 신기전을 발명했다. 신기전을 둘러싼 조선과 명나라의 이야기를 상상을 더해 담은 영화다. 15세 관람가.

◆엄마, 아빠랑 배워요◆

거북선은 이순신 장군이 처음 만들었나요?

거북선은 고려 말부터 만들었다. 이순신 장군은 거북선을 처음 만든 사람이 아닌 거북선을 제대로 활용할 수 있는 전술에 탁월한 사람이었다. 임진왜란 당시 조선 수군의 주력 전투함은 판옥선이었다. 갑판이 2층 구조라 노를 젓는 노군은 안전하게 노를 젓고, 군사들은 2층에서 적과 싸울 수 있었다. 판옥선의 갑판 윗부분에 덮개를 덮고 철갑을 씌운 것이 거북선이다.

알차게 돌아보기

세종이야기 01

백성을 위한 애민 정신으로 나라를 다스린 조선의 4대 임금 세종의 생애와 주요 업적을 전시한다. 재위 기간은 1418~1450년이다. 정치, 경제, 국방, 문화 등에 훌륭한 업적을 쌓아 조선왕조의 기틀을 튼튼히 했다. 백성과 소통하는 것을 중히 여겨 훈민정음을 창제했으며 과학, 음악 등의 분야에서도 큰 업적을 남겼다.

충무공 이야기 02

충무공 이순신은 조선 중기의 무신으로 임진왜란 당시 나라를 지킨 명장 충무공 이순신의 업적을 살펴본다. 그는 옥포대첩, 사천포해전, 당포해전, 1차 당황포해전, 안골포해전, 부산포해전, 명량대첩, 노량해전 등에서 승리를 이끌었다. 또 7년 동안 전쟁을 겪으며 《난중일기》를 남겼다.

TIP
01 전시관은 세종문화회관 지하와 연결된다. 누구나 무료로 관람할 수 있다.
02 세종이야기, 충무공이야기 활동지 퀴즈와 체험지는 충무공 안내 데스크에서 판매한다.
03 전시 음성 안내기는 한국어, 영어, 일본어, 중국어, 스페인어 5개국 언어로 해설을 제공한다.

주변 여행지 돌아보기

세종문화회관 01

클래식, 뮤지컬, 콘서트 등 다양한 장르의 공연과 전시가 열린다. 대극장, M씨어터, 체임버홀, 미술관, 예술아카데미 등의 시설을 갖췄다. 세종문화회관의 역사를 살펴보고, 공연장 세 곳과 함께 숨은 공간을 견학하는 세종투어 프로그램을 운영한다. 세종이야기 충무공이야기에서 도보 1분.

주소 서울시 종로구 세종대로 175 | **전화** 02-399-1114 | **시간** 10:00~20:00 | **휴무일** 연중무휴 | **입장료** 전시공연에 따라 다름 | **홈페이지** www.sejongstory.or.kr

경복궁 02

조선왕조의 정궁으로 1935년 태조 이성계가 창건했다. 1592년 임진왜란으로 불타 없어졌다가 1867년 다시 지었다. 궁궐 안에는 왕과 관리들의 정무 시설, 왕족의 생활공간 등이 있다. 세종이야기 충무공이야기에서 도보 6분.

주소 서울시 종로구 효자로 12 | **전화** 02-3701-7500 | **시간** 09:00~18:00, 주말공휴일 09:00~19:00 | **휴무일** 1월 1일, 설날·추석 당일 | **입장료** 무료 | **홈페이지** www.royalpalace.go.kr

국립고궁박물관 03

경복궁 내에 있는 국립고궁박물관은 조선시대와 대한제국 왕실 문화유산을 전시한다. 조선의 국왕실, 조선의 궁궐실, 왕실의 생활실, 대한제국실 등으로 이루어진다. 세종이야기 충무공이야기에서 도보 6분.

주소 서울시 종로구 효자로 12 | **전화** 02-3701-7500 | **시간** 09:00~18:00, 주말 09:00~19:00 | **휴무일** 1월 1일, 설날·추석 당일 | **입장료** 무료 | **홈페이지** www.gogung.go.kr

070

이순신 장군의 발자취를 찾아서
현충사 & 충무공이순신 기념관

POINT 이순신 장군의 애국심을 기리는 현충사와 충무공이순신기념관에서 이순신 장군의 업적을 알아본다.

현충사는 임진왜란 당시 위기에 처한 나라를 구하는 데 큰 공을 세운 이순신 장군의 애국정신을 기리기 위한 사당이다. 충무공 이순신이 전사한 지 100년 후인 1706년에 충청도 유생들이 숙종에게 상소해 사당을 지었다. 1868년 흥선대원군의 서원철폐령으로 문을 닫았으나 1906년 을사늑약에 분노한 유림(유학을 신봉하는 무리)이 현충사 유허비(선인을 기리기 위한 비석)를 세웠다. 일제강점기에는 이순신 장군의 묘소가 경매로 일본인의 손에 넘어갈 뻔했지만 1932년 국민 성금을 모아 현충사를 보수했다. 본래의 사당은 홍살문을 지나기 전 왼쪽으로 옮겨졌으며 현재의 사당은 1967년 새롭게 지었다. 현충사 입구에 있는 이순신 기념관도 함께 관람한다.

주소 충청남도 아산시 염치읍 현충사길 126 | **전화** 041-539-4600 | **시간** 3~10월 09:00~18:00, 11~2월 09:00~17:00 | **휴무일** 월요일 | **입장료** 무료 | **홈페이지** hcs.cha.go.kr

◆ 사전 조사를 해봐요 ◆

도서 《그림으로 보는 이순신》: 나라의 위기를 극복해낸 이순신의 리더십과 강인한 정신을 만나본다. 재미있는 이야기와 생생한 그림을 통해 엮었다. 3~4학년 이하 초등학교 저학년 학생에게 추천한다. 책에 첨부한 연표를 보면 이순신의 생애와 임진왜란의 흐름을 알 수 있다.

영화 《명량》: 임진왜란 6년, 오랜 전쟁으로 혼란스러웠던 조선. 누명을 쓰고 파면당한 이순신 장군이 삼도수군통제사로 재임된다. 12척의 배로 승리를 이끌었던 해전을 생생하게 묘사한다. 15세 관람가.

◆ 엄마, 아빠랑 배워요 ◆

이순신 장군의 생애가 궁금해요.

이순신 장군은 1545년 서울에서 태어났다. 스물한 살 때 보성군수를 지낸 방진의 딸과 결혼했다. 스물여덟 살 때 무과에 응시했지만 시험을 보던 중 말이 거꾸로 넘어져 시험에 떨어졌다. 4년 후 재도전해 무과에 합격한 이순신은 여러 지역의 장수와 정읍 현감을 거쳐 전라 좌수사에 임명되었다. 1592년 5월 옥포해전에서 처음 승리를 거두었고, 이어 사천, 당항포, 한산도, 부산포 해전 역시 승리로 이끌었다.

알차게 돌아보기

현충사 01

1967년 현재의 현충사를 세웠다. 기존 현충사는 서편으로 옮겼으며 구 현충사라 부른다. 현충사에 있는 이순신 장군의 영정은 월전 장우성 화백의 작품으로 1973년 국가 표준 영정으로 지정됐다. 벽에는 장군의 일생 중에 일어난 사건 10가지를 묘사한 십경도가 있다.

옛집과 활터 02

이순신 장군이 무과에 급제하기 전부터 살던 집이다. 전통적인 한식 목조 건물이며 당시의 모습을 잘 간직하고 있다. 옛집 옆에는 500년 수령을 자랑하는 은행나무 두 그루가 서 있다. 이순신 장군이 활을 쏘던 장소다. 과녁과의 거리는 145m. 임금이 북쪽에 있기 때문에 남쪽을 향해 활쏘기 연습을 했다.

충무공이순신 기념관 03

전시관과 교육관, 사무동으로 구성된다. 전시관에는 이순신 장군과 임진왜란에 관련한 각종 유물을 전시한다. 국보 《난중일기》와 서간첩, 임진장초를 비롯해 이순신 장군의 친필 검명을 새긴 장검, 무과 급제 교지, 사부유서, 증시교지 등의 유품과 무기, 거북선 모형 등을 볼 수 있다. 교육관에서는 이순신 장군과 관련된 강의와 세미나가 열린다.

> **TIP**
> 01 충무공이순신기념관 지하 1층에는 4D 체험영상실이 있다. 매시 정각에 이순신 장군 관련 영상을 상영한다.
> 02 매년 4월 28일 이충무공 탄신일에는 기념 다례 행제가 열린다.

주변 여행지 돌아보기

아산 지중해마을 01

이국적인 유럽풍 건물이 모여 지중해의 마을을 연상시킨다. 하얀색 외벽과 둥근 지붕의 건축물이 특징이다. 산토리니, 파르테논, 프로방스 스타일로 지은 건물이 이국적이다. 옷 가게, 기념품 가게 등 소소한 구경거리와 맛집, 카페 등이 있다. 현충사에서 자동차로 8분.

주소 충청남도 아산시 탕정면 탕정면로8번길 55-7 | **전화** 041-547-2246

온양민속박물관 02

우리 조상들의 생활 풍습 관련 민속자료를 전시한다. 상설 전시는 한국인의 삶, 한국인의 일터, 한국인의 아름다움으로 구성된다. 야외 전시장으로 나가면 정원 산책길을 따라 정각, 비각, 너와집, 장승, 무인석 등이 있다. 현충사에서 자동차로 10분.

주소 충청남도 아산시 충무로 123 | **전화** 041-542-6001 | **시간** 09:30~17:30 | **휴무일** 월요일 | **입장료** 어른 5000원, 초등학생 3000원 | **홈페이지** onyangmuseum.or.kr

외암민속마을 03

조선 명종 때 벼슬을 지낸 이정(예안 이씨) 일가가 정착한 곳이다. 마을 뒤로 설화산이 병풍처럼 서 있고, 앞쪽으로는 물이 흘러 배산임수의 명당으로 손꼽힌다. 전통 가옥 60여 채와 전통 문화유산 등 조선 후기 중부지방의 향촌 모습을 간직하고 있다. 전통 가옥을 활용한 체험과 민박을 운영한다. 현충사에서 자동차로 14분.

주소 충청남도 아산시 송악면 외암민속길 5 | **전화** 041-541-0848 | **시간** 09:00~18:00 | **입장료** 어른 2000원, 어린이 1600원

071

이순신 장군의
흔적을 따라가는 역사 탐방

통영 이순신 장군 유적지

 국내 대표 인기 여행지인 통영에는 다양한 볼거리가 있지만, 이순신 장군의 흔적을 느껴볼 수 있는 유적지가 남아 있다. 한산도대첩의 무대인 통영에서 이순신 장군 관련 역사 탐방을 즐겨보자.

이순신 장군을 이야기할 때 빼놓을 수 없는 지역이 바로 통영이다. 1995년 통영시가 통합되기 전까지 이순신 장군 시호인 '충무공'에서 유래한 지명을 가진 충무시가 존재했다. 통영이라는 지명 역시 이순신 장군이 초대 삼도수군통제사를 맡았던 '통제영'에서 나왔다. 통제영은 삼도수군통제영을 일컬으며, 삼도수군통제사가 3도(경상도, 전라도, 충청도)의 수군을 지휘하던 본영을 의미한다. 이순신 장군은 임진왜란 당시 초대 삼도수군통제사에 제수됐고 당시 한산도를 본영으로 삼았다. 지금의 자리로 통제영을 이설한 건 1604년 무렵이다. 통영항에서 배를 타면 갈 수 있는 한산도는 임진왜란 3대 대첩으로 손꼽히는 한산도대첩의 무대였다. 한산도대첩에서 이순신 장군이 이끈 조선 수군이 대승을 거둔 것을 기념해 한산도에 한산대첩기념비와 제승당을 세웠다. 제승당은 1593년부터 1597년까지 삼도수군 본영 역할을 했으며 당시 통제사였던 이순신 장군은 이곳에서 거처하며 삼도수군을 지휘했다. 제승당은 정유재란 때 폐허가 되어버렸고 지금의 건물은 1970년대에 재건한 것이다. 또 이순신 장군의 위패를 봉안한 충렬사는 1606년 왕명에 의해 창건됐

으며 경내에는 정침, 내삼문, 동제, 서제, 중문, 숭무당, 경충재, 외삼문, 전시관 등이 있다. 충렬사에서 약 2km 거리 내에 또 하나의 사당인 착량묘가 있다. 1598년 노량해전에서 이순신 장군이 전사하자 이 지역 사람들이 초가를 짓고 충무공을 기렸는데, 이것이 사당으로 발전했다. 그 밖에도 이순신공원, 당포성지, 강구안 거북선, 한산대첩광장 등 이순신 장군과 관련한 명소가 여럿 있다. 케이블카, 루지, 벽화마을 등 이색 즐길 거리가 가득한 통영이지만 아이들과 한 번쯤은 이순신 장군의 흔적을 따라가는 여행을 계획해도 좋겠다.

주소 경상남도 통영시 멘데해안길 205(이순신공원), 경상남도 통영시 세병로 27(세병관), 경상남도 통영시 여황로 251(충렬사), 경상남도 통영시 착량길 27(착량묘), 경상남도 통영시 한산면 한산일주로 70(제승당) | **전화** 055-650-0580(통영관광안내소) | **홈페이지** www.utour.go.kr

◆ 사전 조사를 해봐요 ◆

도서 《이순신의 마음속 기록, 난중일기》: 《난중일기》를 어린이 눈높이에 맞게 풀어 쓴 책. 이순신 장군의 일기를 통해 그의 생애를 자세히 들여다본다.

도서 《큰 작가 조정래의 인물 이야기 – 이순신》: 조정래 작가가 직접 인물을 선정하고 쓴 책. 이순신 장군의 삶과 한산도대첩 등의 대사건에 대해 자세히 이야기해준다.

◆ 엄마, 아빠랑 배워요 ◆

판옥선과 거북선의 차이는 무엇인가요?

조선시대 해전을 얘기하다 보면 거북선과 판옥선이 등장한다. 조선시대 주력 군함은 판옥선이었다. 판옥선은 배의 상갑판에 판옥을 설치했다 해서 붙인 이름이다. 즉 배가 2층 구조로 이루어져 아래층에서는 노를 젓고 위층에서는 공격을 담당했다. 거북선은 판옥선에 뚜껑을 덧씌운 형태로 뚜껑에는 쇠못 등을 박아 왜군이 배에 올라오지 못하도록 했다. 거북선은 양옆은 물론 앞뒤로도 구멍을 내 화포를 발사했다. 강구안에 거북선과 판옥선이 함께 정박해 있으므로 비교해보면 좋다.

세병관 01

통제영의 중심 건물로, 1605년 건축됐다. 국보인 세병관은 '은하수를 끌어 와 병기를 씻는다'는 뜻을 담고 있다. 이순신 장군 순국 후에 건축된 곳이니 그와 직접 관련은 없겠지만, 통제영이라는 의미 자체가 이순신 장군과 연관이 깊다. 6대 통제사인 이경준이 통제영을 지금의 장소로 이설한 후 세병관을 건축했고, 이후 몇 차례 중수 과정을 거쳤다. 규모가 상당해 현존하는 조선시대 건축물 중 바닥 면적이 가장 넓은 곳 중 하나로 알려져 있다. 당대 통제영은 100여 동의 관아 건물을 갖춘 웅장한 규모였으나 일제강점기 민족 정기 말살 정책 일환으로 세병관을 제외하고 모두 헐어버렸다. 1990년대 중반부터 통제영 복원 사업을 진행해 현재의 모습을 갖췄다.

전화 055-645-3805 | **시간** 3~10월 09:00~18:00, 11~2월 09:00~17:00 | **입장료** 어른 3000원, 중·고등학생 2000원, 초등학생 1000원

거북선 02

강구안에 있던 거북선 등 조선군선을 인근 도남관광지 쪽으로 옮겼다. 거북선 3척과 판옥선 1척이 있으며 배 안에는 임진왜란, 한산도대첩 등과 관련한 내용을 전시한다. 거북선 중 한 척은 서울시가 해군에 의뢰해 실제 크기로 복원한 것으로 원래 한강시민공원에 있다가 통영으로 옮겨 전시 중이다.

주소 경상남도 통영시 도남동 645-1 | **전화** 055-645-3805 | **시간** 3~10월 09:00~18:00, 11~2월 09:00~17:30 | **휴무일** 월요일(월요일이 공휴일인 경우는 그다음 날), 설날·추석 당일 | **입장료** 어른 2000원, 중·고등학생 1500원, 초등학생 700원

이순신공원 03

한산도 앞바다가 내다보이는 위치에 이순신공원이 조성되어 있다. 이순신 장군을 기리는 공원이며, 높이 17.3m의 이순신 장군 동상이 포인트다. 임진왜란 당시 큰 역할을 했던 천자총통, 거북선 조각 등의 볼거리와 전망 좋은 산책로를 갖췄다.

전화 055-642-4737 | **시간** 24시간 | **입장료** 무료

당포성지 04

통영시 산양읍 삼덕리 야산에 돌로 쌓아 놓은 산성이 있다. 이 산성은 고려 공민왕 때 최영 장군이 병사와 백성들과 함께 쌓아 왜구를 물리친 곳으로 전한다. 이후 임진왜란 때 왜구가 이 성을 점령했으나 이순신 장군이 탈환했고 이를 당포승첩이라고 부른다. 지금 남아 있는 석축의 길이는 752m 정도이며, 망루터와 옹성도 볼 수 있다.

주소 경상남도 통영시 산양읍 당포길 52 | **전화** 055-650-4520 | **시간** 24시간 | **입장료** 무료

TIP

01 통영여객선터미널(경상남도 통영시 통영해안로 234)에서 한산도 제승당으로 가는 선박 이용이 가능하다. 소요 시간 20분.

02 통제영, 강구안 거북선, 충렬사는 모두 인접한 편이라 도보 이동이 가능하다.

03 통영시에서 운영하는 통영관광포털(www.utour.go.kr)에서는 다채로운 여행 코스를 소개한다. 그중 역사·문화 투어에는 이충무공 유적지 투어 코스를 자세히 안내하고 있으니 참고하자.

04 강구안 거북선, 통제영, 케이블카, 수산과학관, 시립박물관, 청마문학관 등의 여행지 중 한 곳을 방문하고 다른 곳을 방문하면 20% 할인 혜택을 제공한다. 단, 당일 관람권을 소지해야 한다.

주변 여행지 돌아보기

통영중앙시장 01

강구안 문화마당과 인접한 통영 대표 시장. 동피랑 벽화마을 같은 인기 관광지와도 인접해 여행자들이 많이 찾는다. 시장 바깥쪽으로는 꿀빵 가게가 많고 시장 안에는 싱싱한 활어를 파는 곳이 가득하다. 바로 옆 서호시장도 같이 둘러보자. 충렬사에서 도보 13분.

주소 경상남도 통영시 중앙시장1길 14-16 | **전화** 055-649-5225

동피랑벽화마을 02

통영 앞바다가 내다보이는 언덕배기 마을이 한국 대표 벽화마을로 변신해 오랫동안 인기몰이 중이다. 철거 예정지였던 마을에 지역 예술가들이 벽화를 그리면서 벽화마을로 발전했다. 소박한 골목길을 따라 걸으면 정겨운 벽화들이 반갑게 맞아준다. 충렬사에서 도보 15분.

주소 경상남도 통영시 동피랑1길 6-18 | **전화** 055-650-4681, 4680 | **시간** 24시간(주거지이므로 이른 시간과 늦은 시간 방문은 삼갈 것) | **휴무일** 연중무휴 | **입장료** 무료

윤이상기념관 03

통영 출신의 세계적인 음악가 윤이상과 그의 음악을 테마로 조성했다. 2층 규모 기념전시관에는 윤이상이 남긴 유품이 전시되어 있다. 차분하게 윤이상이라는 인물에 대해 알아보는 시간을 가져보자. 충렬사에서 자동차로 5분.

주소 경상남도 통영시 중앙로 27 | **전화** 055-644-1210, 644-1932 | **시간** 09:00~18:00 | **휴무일** 월요일, 공휴일, 설날추석 연휴, 공휴일 다음 날 | **입장료** 무료

통영케이블카 04

미륵산에 위치한 케이블카를 타고 올라가며 통영과 한려수도의 아름다운 풍경을 감상해보자. 미륵산 정상에 오르면 전망은 절정에 이른다. 통영케이블카의 길이는 1975m에 달한다. 충렬사에서 자동차로 12분.

주소 경상남도 통영시 발개로 205 | **전화** 1544-3303 | **시간** 10~3월 09:30~16:00, 4·9월 09:30~17:00, 5~8월 09:30~18:00, (5·8·10월은 조기 운행 및 연장 운행 가능) | **휴무일** 둘째·넷째 주 월요일(월요일이 공휴일인 경우 그다음 날) | **가격** 중학생 이상 왕복(편도) 1만7000(1만3500)원, 48개월~초등학생 1만3000(1만1000)원 | **홈페이지** cablecar.ttdc.

스카이라인 루지 05

루지 카트를 타고 2개의 트랙, 총 2.1km 구간을 신나게 내려오는 액티비티. 커브 코스를 갖춰 짜릿한 라이딩을 즐길 수 있다. 루지 카트 출발 지점까지는 스카이라이드라는 리프트를 타고 이동한다. 충렬사에서 자동차로 12분.

주소 경상남도 통영시 발개로 178 | **전화** 070-4731-8473 | **시간** 시기별로 변동. 운영 시간은 홈페이지에 공지 | **휴무일** 연중무휴 | **가격** 루지·스카이라이드 3회권 3만400원 | **홈페이지** www.skyline luge.kr/tongyeong

통영수산과학관 06

바다와 인간, 과학이 어우러지는 친환경 자연 학습장이다. 바다의 탄생, 바다와 인간, 인류와 수산업, 통영의 수산업 등 다채로운 주제에 대해 전시한다. 또 조력 및 파력 발생 체험, 터치풀, 같은 여러 체험도 즐길 수 있다. 충렬사에서 자동차로 35분.

주소 경상남도 통영시 산양읍 척포길 628-111 | **전화** 055-646-5704 | **시간** 09:00~18:00, 7~8월은 연장 운영 가능 | **휴무일** 월요일(월요일이 공휴일인 경우는 그다음 날, 설날추석 당일 | **입장료** 어른 3000원, 초중·고등학생 2000원 | **홈페이지** muse.ttdc.kr

072

조선 왕릉을 통해 보는 역사

태강릉 & 조선왕릉 전시관

POINT 조선왕릉은 519년 27대에 걸쳐 조선을 이끈 왕과 왕비의 무덤이다. 태강릉을 산책하며 조선 왕릉의 특징을 살펴본다.

조선 왕릉에는 역사적으로 깊은 의미가 담겨 있다. 조선시대 왕릉은 선조를 기리고, 왕실의 권위를 다지는 역할을 했다. 태강릉은 태릉과 강릉을 아울러 부르는 말이다. 태릉에는 중종의 세 번째 왕비인 문정왕후가, 강릉에는 문정왕후의 아들인 조선의 13대 임금 명종과 그의 부인 인순왕후가 잠들어 있다. 태릉은 왕비의 단릉이지만 거대하고 웅장한 느낌을 준다. 태릉의 동쪽 언덕에 있는 강릉은 왕과 왕비의 봉분이 나란히 붙은 쌍릉이다. 정자각 앞에서 바라봤을 때 왼쪽이 명종, 오른쪽이 인순왕후의 능이다. 능 주변을 산책하다 보면 호젓한 기운이 느껴진다. 태강릉 입구에 있는 조선왕릉 전시관에서 왕릉의 역사와 의미를 알아볼 수 있다.

주소 서울시 노원구 화랑로 681 | **전화** 02-972-0370 | **시간** 2~5월·9~10월 09:00~18:00, 6~8월 09:00~18:30, 11~1월 09:00~17:30 | **휴무일** 월요일 | **입장료** 개인(만 25~64세) 1000원, 단체(10인 이상) 800원 | **홈페이지** royaltombs.cha.go.kr

◆사전 조사를 해봐요◆

도서 《14세 소년, 조선 왕릉에서 역사를 보다》 : 역사 지식에 문학적 상상력을 더해 조선 왕릉과 역사를 풀어나간다. 역대 조선 왕의 이야기를 통해 역사에 대한 관심을 불러일으킨다. 스토리텔링이 어우러져 재미있게 읽을 수 있다.

도서 《우리 아이 첫 조선 왕릉 여행》 : 어린이의 눈높이에 맞춰 조선 왕릉 기행을 담았다. 초등학생 자녀와 함께 다녀올 수 있도록 답사 정보와 역사 이야기를 실었다. 조선 왕릉 전문 사진작가의 사진을 첨부했다.

◆엄마, 아빠랑 배워요◆

조선 왕릉은 몇 기인가요?

총 119기가 있다. 그중 임금과 왕비가 잠들어 있는 왕릉은 42기다. 42기의 왕릉 중 40기(개성에 있는 2기 제외)가 2009년 세계 문화유산으로 등록되었다. 왕족의 무덤은 왕실의 위계에 따라 능, 원, 묘로 구분된다. 능(陵)은 왕과 왕비의 무덤이다. 원(園)은 왕세자와 왕세자비, 왕의 사친(종실로 왕의 자리에 오른 왕의 생부 어버이)의 무덤이다. 묘(墓)는 나머지 왕족, 왕의 아들과 딸인 대군과 공주, 왕의 서자, 서녀인 군과 옹주, 왕의 첩인 후궁, 귀인 등의 무덤이다.

조선왕릉전시관 알차게 돌아보기

조선왕조의 역사 01

조선왕조는 1392년부터 1910년까지 519년 동안 정치, 문화, 사상 등 한반도 역사상 가장 찬란한 문화를 꽃피웠다. 태조 이성계부터 27대 왕 순종에 이르기까지 27명의 임금이 왕권을 계승했다. 조선왕조는 선조를 받드는 종묘와 백성의 풍요를 위한 사직을 중요하게 여겼다. 의례를 중요시했기 때문에 왕의 장례는 엄격한 격식으로 치렀다. 묘를 쓰는 것은 당대 법전에도 기록될 만큼 중요했다.

조선 왕릉의 의미 02

조선 왕릉은 단순히 왕과 왕비의 무덤이 아니다. 겉으로는 크고 작은 봉분처럼 보이지만 자세히 살펴보면 당대 최고의 풍수지리학, 조경학, 건축학, 석조 미술학은 물론 역사, 정치, 경제, 행정까지 개입되어 있다. 제기, 복식, 의전 등 당대 조선시대를 대표했던 문화 양식이 담겨 있다.

조선 왕릉의 구조 03

능의 구성은 능침, 제향, 진입 세 공간으로 나뉜다. 진입 공간(금천교, 홍살문 등)은 산 자의 속세 공간이며, 제향 공간(정자각)은 죽은 자와 산 자의 만남의 공간이다. 정자각의 들보를 중심으로 상위의 공간은 죽은 자를 위한 공간이다.

> **TIP**
> 01 태릉의 정기 해설은 3~6월, 9~11월 토·일요일 10:00, 14:00시에 진행한다.
> 02 조선왕릉 전시관 정기 해설은 하루 두차례 진행한다.
> 03 강릉의 능침은 상시 개방되지만 태릉의 경우 해설사와 동행해야 둘러볼 수 있다.
> 04 1장의 티켓으로 조선왕릉전시관과 태릉을 관람할 수 있다.
> 05 태릉 앞에 주차 공간이 마련되어 있으며 주차비는 무료다.

주변 여행지 돌아보기

태릉국제스케이트장 01

국내 유일의 400m 실내 아이스링크장으로 국내 최고, 최대의 시설을 자랑한다. 스피드·피겨스케이트화 3천 족을 보유하고 있으며 정기 강습과 방학 특강 등 다양한 프로그램을 운영한다. 한국체육박물관도 함께 관람해봐도 좋다(평일 10:00~17:00). 태강릉에서 자동차로 5분.

주소 서울시 노원구 화랑로 727 | **전화** 02-970-0501 | **시간** 10:00~18:00 | **휴무일** 연중무휴 | **입장료** 어른 4000원, 어린이 3000원 | **홈페이지** www.icerink.or.kr

구 화랑대역 02

2010년 12월 경춘선 복선 전철의 개통으로 구 화랑대역은 문을 닫았다. 서울의 마지막 간이역으로 가치를 인정받아 등록문화재 제300호로 지정됐다. 증기기관차, 체코 트램, 일본 전차 등 다양한 열차를 전시한다. 구 화랑대역부터 공릉동을 지나 광운대 입구(경춘철교)까지 경춘선숲길이 이어진다. 태강릉에서 도보 12분.

주소 서울시 노원구 화랑로 606 | **시간** 24시간

목예원 03

목공예 체험장에서는 연필꽂이, 컵 받침, 쟁반 만들기 등 목공예 체험 프로그램을 운영한다. 나무상상놀이터에는 천연 나무로 만든 놀이 기구, 원목 볼풀장, 미끄럼틀 등이 있다. 태강릉에서 도보 12분.

주소 서울시 노원구 공릉동 화랑로 620 | **전화** 목예원 977-4816, 목예공방 977-4860 | **시간** 10:00~12:00, 14:00~16:00 | **휴무일** 월요일, 1월 1일, 설추석 연휴 | **가격** 만 3~7세 4000원(보호자 무료). 목공예체험장 사용료 2000원 + 재료비 | **홈페이지** www.nowon.kr

073 정약용 선생의 발자취를 찾아서
다산유적지 & 실학박물관

POINT 정약용(1762~1836)은 조선 후기 실학을 집대성한 실학자다. 정약용의 발자취를 따라가며 그의 업적을 기리고, 조선 후기 생활상을 살펴본다.

경기도 남양주시 조안면 능내리에 다산 정약용 유적지가 있다. 정약용은 1762년 이곳에서 태어나 조선 후기 실학을 집대성했다. 정치기구 개혁, 지방행정 쇄신, 노비제 폐지 등을 주장했으며 경제, 문학, 의학, 군사학 등 다양한 분야의 책을 500권 이상 집필했다. 다산 선생은 강진에서 18년간 유배 생활을 하고 남양주로 돌아와 생을 마감했다. 다산유적지는 소박하게 지은 한옥 여러 채로 이루어진다. 다산의 학문 세계를 전시하는 다산문화관, 업적을 전시하는 다산기념관, 생가인 여유당, 다산의 위패를 모신 사당, 다산의 묘를 차례대로 둘러본다. 자연과 어우러진 경치가 평온하게 느껴진다. 주말에는 다례교실, 붓글씨교실 등의 체험 프로그램이 열린다. 다산생태공원과 이어지는 팔당호 산책길은 풍경이 좋아 산책코스로 인기가 많다.

주소 경기도 남양주시 조안면 다산로747번길 11 **전화** 031-590-2837 **시간** 09:00~18:00 **휴무일** 월요일, 1월 1일, 설날·추석 당일 **입장료** 무료 **홈페이지** www.nyj.go.kr/dasan

◆사전 조사를 해봐요◆

도서 《궁금해요, 정약용》 : 조선시대 수원 화성을 축조한 정약용은 백성을 사랑한 실학자이자 개혁가다. 저학년 학생들의 눈높이에 맞춰 정약용 선생의 생애와 업적을 소개한다.

도서 《닮고 싶은 창의 융합 인재 정약용》 : 정약용의 업적을 사고력, 개방적 태도, 상상력 등 창의 융합적인 사고를 주제로 분류했다. 그림 삽화와 쉬운 설명을 곁들여 재밌게 읽을 수 있다.

◆엄마, 아빠랑 배워요◆

실학이 뭐예요?
실생활에 유용한 기술과 학문을 뜻한다. 이론과 형식에만 치우친 성리학에 반발해 조선 후기에 일어난 학풍이다.

정약용은 어떻게 실학을 실현했나요?
조선시대 양반은 기술을 배우는 것을 천한 일이라 생각했지만 정약용은 생활에 유용한 기술을 중요하게 여겼다. 당시 전해지기 시작한 서양 학문을 익혀 백성들이 잘 살 수 있도록 했다. 거중기는 수원 화성을 지을 때 백성들의 일손을 덜어주었다.

알차게 돌아보기

01 여유당
외삼문을 등지고 오른쪽에 정약용 생가인 여유당이 있다. 본래 정약용의 생가는 홍수로 피해를 입어 떠내려갔고, 현재 남아 있는 여유당은 1975년에 복원한 것이다. 뒤편 동산에는 정약용 선생의 묘가 있다.

02 다산기념관
정약용 선생의 업적과 자취를 전시한다. 선생이 저술한 《목민심서》, 《경세유표》, 《흠흠신서》 사본과 그가 지은 시, 그림 등 다양한 작품 등을 볼 수 있다. 강진 유배지와 남양주 여유당의 모습도 모형으로 만들어놓았다. 기념관 마당에는 거중기와 수원화성을 형상화한 조형물이 있다.

03 다산문화관
문화관에서는 다산의 인간적 고뇌와 삶의 철학을 현대적 시각으로 재조명한다. 전시관 입구에 다산 선생의 저서 목록을 전시해놓았다. 2012년 유네스코 세계기념인물 선정을 알리는 안내판이 있다.

04 다산생태공원
정약용 선생이 생전 자주 걷던 길을 따라 테마 공원을 조성했다. 팔당호와 주변 풍경이 아름답게 어우러진다.

05 실학박물관
정약용의 일대기와 조선 후기 실학에 대한 자료를 전시한다. 실학의 형성과정, 전개, 과학 등을 익힐 수 있다. 상설전시 외에도 1년에 두세 차례 특별전이 열린다.

TIP
01 다산유적지 내에 반려동물의 출입을 금지한다.
02 놀이 기구와 운동 기구를 사용할 수 없으며 외부 음식물 또한 반입을 금지한다.
03 다산유적지, 다산생태공원, 실학박물관까지 둘러보려면 1시간 이상 여유를 두고 방문하는 것이 좋다.
04 매년 9월, 다산유적지 일원에서 다산문화제가 열린다. 정약용 선생의 업적을 기리는 행사와 공연, 전시 등이 열린다.

주변 여행지 돌아보기

01 세미원
팔당호 상류에 있는 물과 꽃의 정원이다. 장독분수대, 모네의정원, 연꽃 등이 주요 볼거리. 6월 말에서 8월까지 연꽃이 핀다. 연꽃박물관에서는 봄빛정원문화제, 수생식물교실 등 다양한 교육과 행사가 열린다. 다산유적지에서 자동차로 7분.
주소 경기도 양평군 양서면 양수로 937 | **전화** 031-775-1835 | **시간** 5·6·9월 09:00~22:00, 7~8월 07:00~22:00, 10~4월 09:00~21:00 | **휴무일** 연중무휴 | **입장료** 어른 5000원, 어린이 3000원 | **홈페이지** www.semiwon.or.kr

02 두물머리
양수리의 지명은 두물머리에서 유래했다. 북한강과 남한강 2개의 물길이 만나 하나가 된다는 뜻을 담고 있다. 산책로를 따라 들어가면 400년 넘은 느티나무와 황포돛배, 포토존 등이 있다. 두물머리에서 파는 연잎핫도그도 별미. 다산유적지에서 자동차로 10분.
주소 경기도 양평군 양서면 양수리 | **전화** 031-770-1001 | **입장료** 무료

03 남한강 자전거길
팔당대교부터 능내역, 북한강철교, 양평군립미술관, 이포보, 여주보, 강천보, 비내섬, 목행교를 거쳐 충주 탄금대로 이어진다. 경의중앙선 운길산역과 양수역 인근에서 남한강 자전거길로 진입한다. 과거 중앙선 기찻길이었다가 자전거길이 된 구 북한강교 부근이 하이라이트. 일부 코스만 라이딩을 즐겨도 좋다. 다산유적지에서 자동차로 15분.
주소 경기도 남양주시 조안면 북한강로 366-20(밝은광장인증센터자전거길)

074

유배의 역경 속에서도
큰 업적을 이루다

다산초당

POINT 정약용이 강진 유배 생활 중 제자를 가르치고 많은 저서를 남기며 조선 실학을 꽃피운 의미 있는 장소다.

실학을 집대성한 조선시대 주요 인물, 정약용은 정조의 총애를 받았다. 하지만 1800년 정조가 세상을 떠나면서 정약용은 천주교 탄압 사건에 휘말려 주변 인물은 참화당하고 본인은 1801년부터 경상도 장기를 거쳐 강진에서 18년간 기나긴 유배 생활을 했다. 강진에 처음 도착해서는 주막에 딸린 방, 고성사의 보은산방 등지에서 수년을 보내다 이곳에 자리를 잡고 11년 동안 머물며 《목민심서》, 《경세유표》, 《흠흠신서》 등 많은 책을 저술했다. 원래의 초당은 없어졌고 지금의 건축물은 1950년대에 다시 지은 것이다. 초당 왼쪽에는 작은 연못이 있고, 뜰에는 차를 달여 마셨다는 돌이 있다. 초당 뒤쪽 암석에는 다산이 직접 새긴 '정석(丁石)'이라는 글자가 남아 있다.

주소 전남 강진군 도암면 다산초당길 68-35 | **전화** 061-430-3911 | **시간** 09:00~18:00 | **휴무일** 연중무휴 | **입장료** 무료

◆사전 조사를 해봐요◆

도서 《정약용이 귀양지에서 아들에게 보낸 편지》: 정약용의 일생을 먼저 소개하고 정약용의 편지를 아이들도 쉽게 읽을 수 있도록 풀어썼다.

도서 《유배지에서 보낸 편지》: 정약용이 유배 시절 가족, 지인들에게 보낸 서신을 엮었다. 강진 여행 전 부모가 읽으면 좋을 만한 책이다.

EBS 역사채널e 《503번의 승리》: 정약용의 삶과 유배 중의 업적에 대해 자세히 다룬다.

◆엄마, 아빠랑 배워요◆

신유박해와 정약용

신유박해란 1801년 발생한 천주교 박해 사건으로, 신유사옥이라고도 부른다. 정조는 천주교에 비교적 관대한 정책을 폈고, 18세기 말 천주교 교세는 크게 확장했다. 하지만 정조가 죽고 나이 어린 순조가 왕위에 오르면서 섭정을 하게 된 정순대비는 1801년 박해령을 선포한다. 신유박해로 많은 천주교도와 진보 사상가가 처형 또는 유배됐다. 정약용도 이때 경상도 장기로 잠시 귀양살이를 떠났는데 같은 해 황사영 백서 사건에 연루되면서 다시 그의 형 정약전과 함께 각각 강진과 흑산도에서 기나긴 유배 생활을 하게 된다.

알차게 돌아보기

01 다산박물관

정약용의 강진 유배 시절뿐 아니라 전반적인 생애와 업적에 대한 전시가 이뤄진다. 입체감 있는 전시를 통해 정약용이란 인물에 대해 알아본다. 다산초당을 방문하기 전 이곳에서 먼저 아이들과 함께 정약용에 대해 배워도 좋겠다.

홈페이지 dasan.gangjin.go.kr

02 백련사

통일신라시대에 창건됐으며 불교 정화 운동인 백련결사운동의 본거지로 유명하다. 왕위를 동생인 세종에게 양보한 효령대군이 8년 동안 머물렀던 사찰이기도 하다. 백련사 사적비(보물), 대웅전(전라남도 유형문화재) 등 문화재도 남아 있다.

03 강진 백련사 동백나무 숲

백련사 옆으로 동백나무 1500여 그루가 울창한 숲을 이루고 있다. 동백나무 숲은 백련사와 다산초당 사이에 위치하며 그 옛날 정약용이 다산초당과 백련사를 오갈 때 다녔다는 오솔길도 남아 있다. 숲으로서 가치와 정약용과 관련한 문화적 가치를 인정받아 천연기념물로 등록되어 있다.

> **TIP**
> 01 다산초당으로 갈 때 주차장은 두 곳이다. 다산박물관 인근 주차장이나 백련사 주차장을 이용하면 된다. 전자가 다산초당과 가깝다. 동백나무 숲과 백련사까지 걸어 돌아볼 예정이라면 후자를 이용해도 된다.
> 02 다산초당, 백련사, 동백나무 숲은 걸어서 돌아보기 좋은 코스다. 왕복 1시간 정도 소요되므로 편안한 신발을 착용하자.

주변 여행지 돌아보기

01 사의재

정약용이 강진에 유배 와서 처음 묵은 주막집 작은 방 '사의재'를 복원했다. 주막도 되살려 실제 먹거리를 판매한다. 주말(비수기 제외)에는 정약용과 사의재를 테마로 마당극을 펼친다. 다산초당에서 자동차로 22분.

주소 전남 강진군 강진읍 사의재길 31-5 | **전화** 061-430-3328 | **시간** 시설별로 다름 | **휴무일** 연중무휴(시설에 따라 차이 있음) | **입장료** 무료 | **홈페이지** www.gangjin.go.kr/saujjaehanok

02 영랑생가

'모란이 피기까지는'을 지은 시인 김영랑이 태어나 자란 집. 본명은 김윤식이지만 아호인 영랑으로 많이 알려져 있다. 일제강점기 창씨개명과 신사참배를 거부한 민족 시인이기도 하다. 다산초당에서 자동차로 21분.

주소 전남 강진군 강진읍 영랑생가길 15 | **전화** 061-430-3377 | **시간** 09:00~18:00 | **휴무일** 연중무휴 | **입장료** 무료

03 고려청자박물관

강진군 대구면 일대에 고려시대 청자를 굽던 가마터가 많이 남아 있어 사적으로 지정되었다. 이 지역에 설립된 박물관에서 고려청자에 대해 배우니 더욱 의미 깊다. 다산초당에서 자동차로 40분.

주소 전남 강진군 대구면 청자촌길 33 | **전화** 061-430-3755 | **시간** 화~일요일 09:00~18:00 | **휴무일** 월요일(월요일이 공휴일인 경우 다음 평일에 휴관) | **입장료** 어른 2000원, 중고등학생 1500원, 초등학생 1000원 | **홈페이지** www.celadon.go.kr

075

도성을 방어하기 위해
쌓은 성

남한산성

POINT 2014년 유네스코 세계문화유산에 등재된 남한산성은 유사시를 대비해 도성을 방어하고, 임시 수도 역할을 담당하도록 건설했다.

남한산성은 산자락을 돌로 쌓아 만든 성이다. 통일신라 문무왕 때 조성한 주장성의 옛터를 활용해 1626년 청나라의 침입에 대비해 쌓았다. 평균 고도 해발 480m, 둘레 12km이며 산 위에 도시를 세울 수 있을 만큼 넓은 분지로 이루어졌다. 산세를 따라 성을 쌓아 올려 방어력을 키웠으며 유사시 임금과 조정이 대피하는 임시 수도 역할을 했다. 축성 형태로 보아 16세기에서 18세기까지 당시 한국, 중국, 일본이 교류했음을 알 수 있고, 이 무렵 유럽의 영향으로 화포가 도입되었다. 무기의 발달은 남한산성 축성에도 큰 영향을 미쳤다. 남한산성은 옹성(성문을 보호하기 위해 성문 밖에 쌓은 성) 3개, 대문 4개, 암문(적의 눈에 띄지 않는 문) 16개, 포대(포를 설치해 쏠 수 있게 만든 시설) 125개를 갖추었다. 성곽길, 숲길, 산길을 따라 거닐며 산책을 즐기기에도 좋다.

주소 경기도 광주시 남한산성면 산성리 산23 | **전화** 031-8008-5155 | **입장료** 남한산성 입장료 무료 / 행궁 입장료 어른 2000원, 청소년 1000원 | **홈페이지** https://www.gg.go.kr/namhansansung-2

◆ 사전 조사를 해봐요 ◆

도서 《우리 아이 첫 남한산성 여행》 : 남한산성에는 이민족의 침입에 맞서 나라를 지킨 우리 민족의 삶이 녹아 있다. 남한산성을 7개 코스로 나누어 안내한다.

영화 〈남한산성〉 : 1636년 병자호란 당시 청나라에서 대군이 공격해 오자 임금은 남한산성으로 숨어든다. 청의 무리한 요구와 압박은 거세지는 상황. 대신들의 의견이 첨예하게 맞서는 가운데 인조는 고민은 깊어진다.

◆ 엄마, 아빠랑 배워요 ◆

남한산성이 세계문화유산이 된 이유?
남한산성은 자연지세, 건축구조, 도시계획적 면에서 훌륭한 건축물로 평가받는다. 곡면을 이용해 사격의 사각지대를 없앴고 지세에 따라 남쪽 성곽이 북쪽보다 높다. 성곽보다 높은 곳에 방어를 위한 외성도 설치했다. 조선 축성술의 기술을 엿볼 수 있으며 아름답고 견고한 산성으로 인정받아 세계문화유산에 등재됐다.

알차게 돌아보기

남한산성 행궁 01

임금이 궁궐을 떠나 행차할 때 임시로 거처했던 곳. 남한산성 행궁은 전쟁 등 유사시 지원군이 도착할 때까지 피란처로 사용됐다. 1636년 병자호란 당시 인조는 남한산성에서 47일간 항전했다. 이후 숙종, 영조, 정조, 철종, 고종 등이 능행길에 머물렀다.

수어장대 02

지휘와 관측 등 군사적 목적으로 지은 누각이다. 5개의 장대(동장대, 서장대, 남장대, 북장대, 외동장대) 중 유일하게 남아 있다. 청량산 정상에 있으며 규모가 크고, 화려하다. 외부에 '수어장대(守禦將臺)', 내부에 '무망루(無忘樓)'라고 쓰인 편액 (문 위에 거는 액자)을 달았다.

남한산성 탐방로 03

남한산성 둘레를 한 바퀴 돌아볼 수 있는 탐방로. 1~5코스로 이어지며 각 코스는 1시간 20분~3시간 20분 정도 걸린다. 남한산성에 처음 방문한다면 거리 3.8km, 1코스(산성로터리-북문-서문-수어장대-영춘정-남문-산성로터리)를 추천한다.

TIP
01 하루 만에 남한산성을 다 돌아보기는 힘들다. 행궁을 중심으로 산성 일부를 돌아보는 것을 추천한다.
02 전통문화 체험, 숲 체험, 역사 아카데미 등 다양한 문화 체험 프로그램을 진행한다.
03 남한산성 로터리를 중심으로 닭백숙, 두부 요리 등 식당이 모여있다.

주변 여행지 돌아보기

올림픽공원 01

1988년 서울올림픽을 앞두고 개장한 공원이다. 공원 안에는 몽촌토성, 조각공원, 소마미술관, 한성백제박물관, 몽촌역사관 외 다양한 체육 시설과 편의 시설을 갖추었다. 봄가을에는 장미광장을 개장하고, 겨울에는 스케이트장을 운영한다. 남한산성에서 자동차로 20분.

주소 서울시 송파구 올림픽로 424 | **전화** 02-410-1114 | **홈페이지** http://olympicpark.kspo.or.kr

성남아트센터 02

전시와 공연, 강연 등이 열리는 종합 문화 공간이다. 클래식, 뮤지컬, 연극, 대중음악까지 다양한 장르의 예술을 선보인다. 성남아트센터 단독으로 제작·진행하는 프로그램도 주목받고 있다. 어린이, 성인을 위한 교육 프로그램도 눈여겨볼 것. 남한산성에서 자동차로 20분.

주소 경기도 성남시 분당구 성남대로 808 | **전화** 031-783-8000 | **홈페이지** www.snart.or.kr

율동공원 03

분당 저수지를 둘러싸고 있는 공원이다. 산책로와 자전거도로가 잘 정비되어 있고, 클라이밍, 배드민턴 등 체육 시설도 이용할 수 있다. 공원 안에 있는 책 테마파크도 가볼 만하다. 주변에 식당, 카페 등이 있어 가족 나들이나 데이트 장소로도 제격이다. 남한산성에서 자동차로 25분.

주소 경기도 성남시 분당구 문정로 72 | **전화** 031-702-8713 | **가격** 무료

076

우리나라 성곽의 꽃
수원화성

POINT 수원화성은 조선시대에 지은 가장 뛰어난 건축물이다. 1997년 12월 유네스코 세계문화유산으로 지정됐다.

수원화성은 '성곽의 꽃'이라 불릴 만큼 아름답다. 실학자 유형원과 정약용이 설계했으며 정조 18년(1794년) 2월에 짓기 시작해 2년 9개월 만에 완공했다. 수원화성의 총 길이는 5743m, 높이는 평균 5m다. 성벽 위에는 적의 공격을 피하기 위해 여장(1.2m의 담장)을 쌓았고 총을 쏠 수 있게 구멍을 뚫었다. 축성에 관한 모든 기록을 《화성성역의궤》에 남겼다. 수원화성에는 4개의 성문과 성 밖을 살피는 노대, 공격소인 공심돈, 포루 등 군사시설이 있다. 정조는 화성을 방문할 때마다 특별 시험을 통해 문신을 뽑고, 왕을 보호하는 부대인 장용영을 훈련시켰다. 화성 주변의 상인에게는 자유로운 상업활동을 허락했다. 조선 후기 수원은 화성을 중심으로 상업과 군사 중심지 역할을 수행했다.

주소 경기도 수원시 장안구 연무동 190 | **전화** 031-290-3600 | **시간** 3~10월 09:00~18:00, 11~2월 09:00~17:00 | **입장료** 어른 1000원, 어린이 500원 | **홈페이지** www.swcf.or.kr

◆사전 조사를 해봐요◆

도서 《수원화성 : 정조의 꿈을 품은 성곽》 : 병풍 형식의 그림책으로 책을 펼쳐 동그랗게 만들면 성곽이 연결된다. 수원화성을 미니어처로 재현해 수원화성의 안팎을 입체적으로 살펴볼 수 있다.

도서 《수원화성 : 정조의 꿈이 담긴 조선 최초의 신도시》 : 화성 이야기와 화성 답사로 구성된다. 화성의 의미와 역사적인 배경, 세계문화유산으로 등재된 이유를 알아본다. 수원화성에 담긴 실학 정신도 함께 설명한다.

◆엄마, 아빠랑 배워요◆

수원화성이 아름다운 이유는 무엇인가요?
조선시대에는 왕과 왕비 무덤을 기준으로 10리(약 4km) 안에는 백성이 살 수 없었다. 정조는 백성들이 한 곳에 모여 살 수 있도록 하나의 도시를 만들었다. 수원 화성은 땅의 지형을 살리고, 백성들의 터전이 훼손되지 않도록 성을 쌓았다.

수원화성을 빠른 시일에 세울 수 있었던 이유는 무엇인가요?
과학적인 설계와 시공이 뒷받침되었기 때문이다. 건설 현장에 투입된 백성들에게 공공 노동의 대가를 합리적으로 보상해준 노임제 또한 축성 기간 단축에 영향을 끼쳤다.

알차게 돌아보기

수원화성 문 01

화성 동서남북에는 장안문(북), 팔달문(남), 창룡문(동), 화서문이 있다. 이 중 북문인 장안문이 화성의 정문이다. 장안문은 우리나라에서 가장 큰 성문으로 국보인 숭례문보다 더 크다. 정조 임금이 아버지의 무덤을 살피기 위해 한양에서 올 때 가장 먼저 성안으로 들어오는 문이 북문이었기에 북문을 정문으로 삼았다.

공심돈 02

주변을 감시하는 위치에 '돈'을 세웠다. 대포 등 공격용 시설을 두거나 주변을 감시하는 망루가 있다. 공심돈은 속이 빈 돈대라는 뜻이다. 돈대에 뚫린 구멍은 포를 쏘기 위한 구멍이다. 화성에는 3개의 공심돈이 있었지만 지금은 서북 공심돈과 동북 공심돈만 남았다.

서장대 03

팔달산 정상에 있는 조선시대 장대(장수가 군사를 지휘하던 곳)로 정면 3칸, 측면 3칸의 중층 누각으로 지었다. 화성 일대 풍경이 한눈에 들어온다. 이곳에서 장수가 성 안팎을 살피며 군사훈련을 지휘했다.

TIP
01 화성어차를 타면 수원 화성의 관광 포인트를 돌아볼 수 있다. 순종이 타던 자동차와 조선시대 국왕의 가마를 모티브로 제작했다.
02 수원화성, 화성행궁, 수원박물관, 수원화성 박물관 4종 통합관람권을 이용하면 저렴하게 둘러볼 수 있다.
03 매년 가을 수원화성문화제가 열린다. 정조대왕 능행차 재현, 혜경궁 홍씨 진찬연 등 전통 재현 행사와 다양한 체험 행사가 열린다.

주변 여행지 돌아보기

화성행궁 01

정조대왕이 능 참배 시 거처하던 궁이다. 평소에는 화성부 유수가 집무하는 공간으로 쓰였다. 총 600여 칸으로 지은 조선 최대 규모의 행궁(왕이 임시로 머무르는 곳)이다. 민속놀이, 조선시대 의상 입어보기 등 전통문화 체험을 할 수 있다. 수원화성에서 도보 10분.

주소 경기도 수원시 팔달구 정조로 825 | **전화** 031-290-3600 | **시간** 3~10월 09:00~18:00, 11~2월 09:00~17:00 | **휴무일** 연중무휴 | **입장료** 어른 1500원, 어린이 700원 | **홈페이지** www.swcf.or.kr

수원 화성박물관 02

수원화성의 우수성과 조선 정조 시대 역사와 문화를 전시한다. 상설전시실은 화성축성실과 화성문화실로 구성되며 관람을 통해 수원 화성을 심도 깊게 이해할 수 있다. 수원화성에서 도보 15분.

주소 경기도 수원시 팔달구 창룡대로 2 | **전화** 031-228-4242 | **시간** 09:00~18:00 | **휴무일** 연중무휴 | **입장료** 어른 3500원, 어린이 800원 | **홈페이지** hsmuseum.suwon.go.kr

행궁동 벽화골목 03

수원화성 화홍문을 지나 수원천을 따라 걷다 보면 행궁동 벽화골목이 나온다. 바닥에 벽화마을 가는 길을 표시해두었다. 아기자기한 벽화가 펼쳐진 골목에 공방과 찻집 등이 있어 잠시 쉬어 가기에 좋다. 수원화성에서 도보 7분.

주소 경기도 수원시 팔달구 북수동 | **전화** 031-244-4519

077

세종대왕의 자취를 찾아서
영릉 & 세종대왕역사문화관

경기도 여주에는 조선 4대 왕 세종이 묻혀 있는 영릉(英陵)과 조선 17대왕 효종의 영릉(寧陵)이 있다. 유네스코 세계문화유산으로 지정된 조선왕릉의 특징을 알아본다.

세종대왕 역사문화관을 중심으로 왼쪽에 세종대왕 영릉이, 오른쪽에 효종대왕 영릉이 있다. 두 릉은 입구가 다르지만 숲길로 이어진다. 영릉(英陵)은 조선왕릉 최초로 한 봉우리에 다른 방을 갖춘 합장릉이다. 조선 제4대 임금 세종과 소헌왕후가 잠들어 있다. 1469년 여주로 무덤을 옮기면서 세조의 유언에 따라 능역을 간소화했다. 병풍석을 두르지 않고 난간석만 설치했고, 난간석에 십이지신상을 조각하는 대신 문자로 표현했다. 그리고 영릉(寧陵)은 조선 17대 임금 효종과 인선왕후의 묘다. 세종대왕 영릉보다 규모가 작지만 운치 있다. 보통 왕릉과 왕비릉이 함께 있는 경우 봉분을 나란히 두는 쌍릉의 형식을 취하는데 영릉은 조선 최초로 왕릉과 왕비릉을 상하로 조성했다.

주소 경기도 여주시 능서면 영릉로 269-350 | **전화** 031-880-4700 | **시간** 2~5월·9~10월 09:00~18:00, 6~8월 09:00~18:30, 11~1월 09:00~17:30 | **휴무일** 월요일 | **입장료** 만 24세~65세 500원 | **홈페이지** sejong.cha.go.kr

◆ 사전 조사를 해봐요 ◆

도서 《우리 아이 첫 조선 왕릉 여행》 : 조선왕조 500년 역사가 살아 숨 쉬는 조선 왕릉을 찾아 떠나는 기행서다. 두 권으로 구성되며 1권은 태조 이성계 건원릉에서 14대 선조 목릉까지, 2권은 15대 광해군 묘부터 27대 순종 유릉까지 다뤘다.

e-Book 《왕릉으로 보는 조선왕조 500년 : 대왕의 무거운 책임과 찬란한 업적, 영릉의 사연》 : 백성을 진심으로 사랑했던 세종대왕의 무수한 업적을 소개한다. 우리가 몰랐던 세종대왕에 얽힌 다양한 이야기도 함께 전한다.

◆ 엄마, 아빠랑 배워요 ◆

세종대왕릉을 여주로 옮겨 온 이유는 무엇인가요?
세종 28년(1446년)에 세종의 비 소헌왕후가 세상을 떠났다. 당시 광주(현재의 서울 서초구 내곡동) 헌릉 서쪽에 소헌왕후의 능을 조성하면서 세종을 위해 석실을 만들었고, 1450년 세종이 승하하자 그곳에 합장했다. 세조 대에 풍수지리적으로 영릉의 자리가 좋지 않으니 능을 옮기자는 주장이 있었지만 실현되지 못했다. 이후 예종 1년(1469년)에 여주로 옮겼다.

세종대왕역사문화관 알차게 돌아보기

제1실 민족의 성국 세종대왕 **01**

세종의 생애와 업적을 전시한다. 전시실에 들어서면 세종대왕의 업적을 담은 영상과 표준 영정인 세종대왕 어진이 있다. 당시 집현전에서 만든 책을 터치스크린을 통해 볼 수 있다. 세종은 음악에도 조예가 깊어 직접 우리 음악을 만들었다. 종묘제례악에 쓰이는 전통 악기의 특징을 살펴보고, 소리도 들어볼 수 있다.

제2실 북벌의 기상 효종대왕 **02**

효종의 생애와 업적을 전시한다. 효종은 재위 10년 동안 전란으로 황폐해진 민생을 복구하는 데 힘을 쏟았다. 당시 서양인이 쓴 최초의 조선보고서 《하멜표류기》를 통해 하멜 일행이 효종을 만나는 모습을 볼 수 있다.

제3실 세계유산 조선 왕릉 **03**

영상을 통해 조선 왕릉 조성 과정을 설명한다. 왕릉을 만드는 형식과 절차가 매우 복잡하고 왕릉의 조성과 관리에 정성과 예를 갖추었다는 것을 알 수 있다. 세종대왕 영릉의 능침 공간을 재현해 공간 구성에 대한 이해를 돕는다.

TIP
01 왕의 숲길은 세종의 영릉(英陵)과 효종의 영릉(寧陵)을 연결한다. 편도 약 700m.
02 죽은 자와 산 자가 만나는 공간인 정자각을 중심으로 세 부분으로 구성된다. 진입 공간에는 재실 등이 있다. 홍살문을 지나 정자각과 제례로, 수복방, 수라간이 있는 제향 공간으로 이어진다. 언덕 위 봉분을 중심으로 곡장(무덤 뒤에 둘러 쌓은 나지막한 담)과 석물이 있는 곳은 죽은 자의 공간이다.

주변 여행지 돌아보기

신륵사 **01**

신라 진평왕 때 원효대사가 창건했다고 전해지지만 확실한 근거는 없다. 조선시대에는 영릉의 원찰(죽은 자의 명복을 빌기 위해 건립한 사찰) 역할을 했다. 은행나무 길을 따라 들어오면 신륵사가 나온다. 절 뒤로 숲이 우거지고, 앞으로 남한강이 흐른다. 영릉에서 자동차로 15분.

주소 경기도 여주시 신륵사길 73 | **전화** 031-885-2505 | **휴무일** 연중무휴 | **입장료** 어른 2200원, 어린이 800원 | **홈페이지** www.silleuksa.org

여주도자세상 여주세계생활도자관 **02**

신륵사 입구에 있는 반달 모양 건물이 눈길을 끈다. 초승달, 상현달, 하현달, 보름달 등 4개의 전시관에서 생활 도자를 전시한다. 리빙 숍과 아트 숍에서는 액세서리와 그릇 등 도자기를 구입할 수 있다. 도자기 체험장에는 한국의 전통 오름가마가 있다. 영릉에서 자동차로 15분.

주소 경기도 여주시 신륵사길 7 | **전화** 031-884-8644 | **시간** 10:00~18:30 | **휴무일** 월요일, 1월 1일 | **입장료** 무료 | **홈페이지** www.kocef.org/02museum

이포보 **03**

4대강 정비 사업 과정 중 남한강에 생긴 보(둑을 쌓아 만든 저수 시설)다. 여주의 상징 새인 백로가 알을 품은 모습을 형상화했다. 이포보 전망대에는 음료를 판매하는 카페와 책을 읽을 수 있는 독서 공간이 있다. 영릉에서 자동차로 20분.

주소 경기도 여주시 대신면 천서리

078

조선시대 생활 속으로 타임슬립

낙안읍성

POINT 조선시대부터 현재까지 600여 년의 역사와 전통을 이어온 낙안읍성. 성곽, 관아, 초가, 돌담길 등을 거닐며 조선시대로 시간 여행을 떠난다.

낙안은 순천의 옛 지명이다. 고려 말부터 침입했던 왜구를 막기 위해 조선 태조 6년(1397년)에 토성을 쌓기 시작했다. 전체 성곽의 둘레는 1410m, 동서 방향이 긴 사각형 모양으로 동·서·남쪽에 문을 만들었다. 그후 1424년부터 여러 해에 걸쳐 돌로 다시 성을 쌓아 규모를 넓혔다. 낙안읍성은 현존하는 조선시대 읍성 중 원형 그대로를 잘 보존하고 있다. 읍성 안에는 300여 동의 초가가 있으며 지금도 주민들이 생활한다. 또 낙안읍성은 소리의 고장으로도 유명하다. 동편제의 거장 국창 송만갑 선생과 가야금병창 중시조 오태석 명인의 생가가 있다. 이외에도 음력 정월 대보름 민속한마당, 낙안민속문화축제, 전국가야금병창경연대회 등 연중 다양한 행사가 열린다. 낙안읍성을 거닐며 조상들의 숨결과 시골 마을의 정취를 느껴본다. 낙안읍성 안에 있는 민박집에 머물며 전통 생활양식을 체험해봐도 좋다.

주소 전라남도 순천시 낙안면 충민길 30 | **전화** 061-749-8831 | **시간** 12~1월 09:00~17:00, 2~4·11월 09:00~18:00, 5~10월 08:30~18:30 | **입장료** 어른 4000원, 어린이 1500원 | **홈페이지** www.suncheon.go.kr/nagan

◆ 사전 조사를 해봐요 ◆

도서 《집과 마을을 지켜 주는 민속신앙 이야기》 : 민속신앙은 조상들의 가치관을 엿볼 수 있는 전통문화다. 삽화와 만화를 곁들여 민속신앙의 소중함을 쉽고 재미있게 전한다.

도서 《아무도 들려주지 않은 조선의 읍성을 가다》 : 조선시대 지은 읍성 중 지금까지 원형이 잘 보존되어 있는 낙안읍성, 고창읍성, 해미읍성에 관련한 이야기를 담았다. 각 읍성의 특징을 알아보고, 읍성 사람들의 삶의 모습을 전한다.

◆ 엄마, 아빠랑 배워요 ◆

읍성이 뭐예요?
과거 지방에서 주민을 보호하고, 군사행정적인 기능을 담당하던 곳이다. 고려 말에 처음 등장해 조선 초기에 널리 퍼졌다. 평야에 쌓거나 산을 배후에 두고 앞쪽으로 들판이 있는 곳에 축조했다.

알차게 돌아보기

객사 01
고려·조선시대에 고을마다 있던 관사다. 객사에 전패(임금을 상징하는 나무패)를 안치하고 초하루와 보름에 달을 보며 임금이 계신 곳을 향해 절을 올렸다. 외국 사신이나 중앙 관리의 숙소로 사용하기도 했다.

동헌 02
조선시대 고을의 수령 등이 정무를 보던 중심 건물이다. 지방의 행정 업무와 재판 등이 행해졌다.

내아와 옥사 03
지방 관아의 안채인 내아는 조선시대 수령의 가족이 거처했다. 옥사는 죄인을 압송해 가두는 감옥이었다.

전통 체험 04
가야금, 대장간. 서당, 상례, 전통 의상, 대장금 세트장, 국악당, 길쌈, 천연 염색, 대금(전통 악기), 소원지, 추억의 우체통, 짚물공예, 옥사, 두부·메주 만들기, 전통 혼례 등 다양한 체험 공간이 있다.

TIP
01 낙안읍성에서 운영 중인 민박은 실제 주민이 운영한다. 민박 이용자도 매표 시간 중 낙안읍성에 입장하면 입장료를 내야 한다. 민박 정보는 낙안읍성 홈페이지에서 확인할 수 있다.
02 주말마다 가야금 병창, 민요, 악기 연주, 한국무용, 군악(농악) 등 다양한 공연이 열린다.
03 추천 코스
(읍성안 코스) 동문 → 임경업장군비각 → 객사 → 놀이마당 → 동헌 → 내아 → 낙민루 → 낙민관 자료전시관 → 서문 → 대장금세트장 → 큰샘 → 남문 → 옥사 → 연지 → 동문

주변 여행지 돌아보기

뿌리깊은나무 박물관 01
잡지 <뿌리깊은나무>, <샘이 깊은물> 발행인 한창기 선생이 생전에 수집한 유물을 전시한다. 한복, 한국의 소리, 등 우리 문화의 뿌리를 보고 느낄 수 있다. 낙안읍성에서 도보 3분.
주소 전라남도 순천시 낙안면 평촌3길 45 | **전화** 061-749-8855 | **시간** 09:00~18:00 | **휴무일** 월요일, 1월 1일, 설·추석 연휴 | **입장료** 어른 1000원, 어린이 500원 | **홈페이지** main.suncheon.go.kr/tour

국립낙안민속자연휴양림 02
낙안읍성 민속마을 뒤편 금전산 자락에 있는 자연휴양림이다. 객실 15개, 야영장 17개를 갖추어 숲속에서 힐링하며 머무를 수 있다. 비 오는 날에는 기암 사이로 폭포수가 흐른다. 낙안읍성에서 자동차로 5분.
주소 전라남도 순천시 낙안면 민속마을길 1600 | **전화** 061-754-4400 | **시간** 숙박 시설 당일 15:00~다음 날 12:00, 1일 개장 09:00~18:00 | **휴무일** 화요일(성수기 제외) | **가격** 객실마다 다름 | **홈페이지** www.huyang.go.

순천만습지 03
우리나라 남해안에 있는 연안 습지다. 약 528만 9000m²(160만 평)의 갈대밭과 광활한 갯벌이 펼쳐진다. 해안 하구의 자연 생태계를 원형 그대로 볼 수 있으며 특히 해 질 무렵 풍경이 아름답다. 낙안읍성에서 자동차로 35분.
주소 전라남도 순천시 순천만길 513-25 | **전화** 061-749-6052 | **시간** 11~12월 08:00~17:00, 2월 08:00~17:30, 3·10월 08:00~18:00, 4월 08:00~18:30, 5~8월 08:00~19:00(매표 시간은 일몰 시간에 따라 변동) | **휴무일** 연중무휴 | **입장료** 어른 8000원, 어린이 4000원 | **홈페이지** www.suncheonbay.go.kr

079

길 위로 떠나는 여행
옛길박물관

POINT 문경은 예로부터 교통의 요지이자 문화 소통로였다. 옛길 위에 펼쳐진 역사와 문화를 만나본다.

조선시대 문경새재는 영남과 한양을 잇는 가장 크고 번성한 길목이었다. 보부상이 등짐을 메고 고개를 넘어 다녔고, 과거시험을 보러 한양으로 가는 선비도 문경새재를 넘었다. 문경의 지명은 '경사스러운 소식을 듣는다'는 뜻을 담고 있다. 죽령 길은 죽죽 미끄러진다 하고, 추풍령 길은 추풍낙엽처럼 떨어진다 하여 선비들은 한양으로 갈 때 문경새재 길을 선호했다. 옛길박물관은 2007년 우리나라 최초로 '길'을 주제로 만든 박물관이다. 우리나라 길의 역사와 문화를 전시한다. 길 위에서 형성된 역사와 문화, 풍속 등을 전시하며 당시 시대상을 나타낸 다양한 유물을 볼 수 있다. 전시 관람을 마치고 문경새재 옛길을 거닐며 산책을 즐겨보자. 새소리, 바람 소리를 들으며 걷다 보면 어느새 마음이 편안해진다.

주소 경상북도 문경시 문경읍 새재로 944 | **전화** 054-550-8365 | **시간** 3~10월 09:00~18:00, 11~2월 09:00~17:00 | **휴무일** 1월 1일, 설날·추석 당일 | **가격** 어른 1000원, 어린이 500원 | **홈페이지** oldroad.gbmg.go.kr

◆ 사전 조사를 해봐요 ◆

도서 《옛길, 문경새재》 : 옛길박물관 학예연구사가 쓴 책이다. 문경새재의 유래, 자연을 시작으로 조선의 옛길에 관련한 다양한 이야기를 전한다.

도서 《옛길이 들려주는 이야기》 : 옛길은 인류의 문화가 소통하고 문명이 교류했던 역사를 품고 있다. 문경의 옛길 외에도 우리나라 다양한 옛길에 얽힌 이야기를 담았다.

◆ 엄마, 아빠랑 배워요 ◆

문경새재에는 언제부터 사람들이 다니기 시작했나요?
문경새재는 조선 태종 14년(1414년)에 개통됐다. 영남대로의 대표적인 길이며 조선시대 옛길을 대표한다.

알차게 돌아보기

1층 전시관

중앙홀 입구 괴나리봇짐이 보인다. 옛 날에는 걸어서 먼 길을 떠날 때 베보 자기에 물건을 넣고 말아 짐을 짊어지 고 다녔다. 선비의 괴나리봇짐에는 종 이, 먹, 붓, 벼루, 책, 지도, 나침반, 엽 전 등이 들어 있다. 길 위의 노래 '아리 랑'에 대한 전시와 옛 지도, 우리나라 옛길에 대한 자료를 볼 수 있다.

2층 전시관

위성으로 보는 문경, 토끼비리, 과거 길, 영남대로, 역참 제도 등 자료를 통 해 문경 옛길의 역사와 문화를 이해한 다. 문경새재의 시설과 명소를 자세히 살펴보고 길을 소재로 그린 풍속화도 감상한다.

TIP
01 옛길박물관 홈페이지에서 학년별로 체험 학습지를 제공한다(홈페이지에서 무료 다운로드).
02 2층 옛길 상영관에서 사람과 길에 대한 이야기를 영상을 통해 볼 수 있다.
03 자동차로 이동한다면 문경새재 도립공원 주차장을 이용한다.
04 박물관 관람을 마치고 문경새재도립공원을 산책해보자.

주변 여행지 돌아보기

문경새재도립공원

문경새재의 '새재'는 새도 날아서 넘기 힘든 고개, 사이고개, 새(新)로 만든 고개라는 뜻이다. 공원 안에는 자연생태공원과 오픈세트장 등이 있다. 봄에는 문경 전통찻사발축제가 가을에는 사과축제가 열린다. 옛길박물관에서 도보 1분.

주소 경상북도 문경시 문경읍 새재로 932 | **전화** 054-571-0709 | **시간** 탐방로 24시간 | **휴무일** 연중무휴 | **입장료** 도립공원 입장 무료 / 오픈 세트장 어른 2000원, 어린이 500원 | **홈페이지** www.gbmg.go.kr/tour/contents.do?mId=0101010100

문경자연생태박물관

문경의 자연환경과 생물자원을 배우고 체험하는 박물관이다. 상설전시관에서는 문경의 생태자원과 자연사를 전시한다. 박물관 옆에 조성된 조각공원과 야생화 단지가 하이라이트. 옛길박물관에서 도보 10분.

주소 경상북도 문경시 문경읍 새재1길 45 | **전화** 054-550-8383 | **시간** 3~10월 09:00~18:00, 11~2월 09:00~17:00 | **휴무일** 1월 1일, 설날·추석 당일 | **입장료** 어른 2000원, 어린이 1500원 | **홈페이지** www.gbmg.go.kr/tour/contents.do?mId=0103010100

문경도자기박물관

문경도자기는 주로 서민들이 사용했으며 꾸밈없고 소박한 멋이 특징이다. 문경 도자기의 역사와 제작 과정뿐만 아니라 문경에서 출토된 도자기와 도자기 장인이 만든 작품, 찻사발축제 공모 수상작을 전시한다. 옛길박물관에서 자동차로 5분.

주소 경상북도 문경시 문경읍 문경대로 2416 | **전화** 054-550-6416 | **시간** 3~10월 09:00~18:00, 11~2월 09:00~17:00 | **휴무일** 월요일, 1월 1일, 설날·추석 당일 | **입장료** 무료 | **홈페이지** dojagi.gbmg.go.kr

080

역사를 만나
미래를 여는 곳
독립기념관

자주독립 정신으로 지켜온 한민족의 5000년 역사를 한눈에 볼 수 있는 의미 깊은 곳이다. 교과서로 배운 우리나라의 역사를 전시와 체험으로 만나본다.

독립기념관은 우리 민족이 겪은 수난과 독립운동에 관한 자료를 전시한다. 1987년 국민 모금 운동으로 건립했으며 7개의 전시실과 입체영상관, 야외 전시장으로 구성된다. 높이 51m의 겨레의 탑은 하늘로 날아오르는 새의 날개와 기도하는 손의 모습을 표현했다. 태극기 한마당을 지나면 나오는 겨레의 집은 동양 최대의 맞배지붕 기와집으로 예산 수덕사의 대웅전을 본떠 만들었다. 겨레의 집 내부에는 화강암 덩어리 274개를 쌓아 올려 만든 조각, 불굴의 한국인상이 있다. 7개의 실내전시실에는 한반도의 탄생부터 일제강점기, 광복에 이르는 우리 민족의 역사를 전시한다. 제1 전시관부터 제7 전시관까지 차례대로 둘러보는 것이 정석이지만 관람객의 연령을 고려해 한두 개의 전시관만 선택해 관람해도 좋다.

주소 충청남도 천안시 동남구 목천읍 삼방로 95 | **전화** 041-560-0114 | **시간** 3~10월 09:30~18:00, 11~2월 09:30~17:00 | **휴무일** 월요일 | **입장료** 무료 | **홈페이지** www.i815.or.kr

◆ **사전 조사를 해봐요** ◆

도서 《10대와 통하는 독립운동가 이야기》 : 독립운동가의 삶과 투쟁의 이야기를 책으로 엮었다. 청소년이 꼭 알아야 할 독립운동가 19명을 선정해 그들의 삶을 조명한다. 저자 김삼웅은 제7대 독립기념관장을 지냈으며 독립운동사 및 민족사 연구가로 활동 중이다.

영화 〈박열〉 : 1923년 관동대지진 이후 퍼진 괴소문으로 600여 명의 무고한 조선인이 학살된다. 사건을 은폐하기 위해 일본 내각은 불령사를 조직해 항일운동을 하던 조선 청년 박열을 사건의 배후로 지목한다. 12세 관람가.

◆ **엄마, 아빠랑 배워요** ◆

3·1운동은 어떤 운동이에요?
일제의 무단통치에 대항해 일어난 대규모 민족운동이다. 1919년 3월 1일, 종교 지도자를 중심으로 33인의 대표자를 구성해 '독립선언문'을 낭독하면서 3운동이 본격적으로 시작됐다. 서울, 평양 등에서 시작되어 10일 만에 평안도, 황해도, 경기도, 충청도 등으로 퍼져나갔다. 처음에는 학생과 종교인이 중심이 되었지만, 나중에는 다양한 계층의 사람들이 참여했다.

알차게 돌아보기

제1관 '겨레의 뿌리' 01

선사시대부터 조선 후기까지 우리 민족의 문화유산과 외세 극복의 역사를 전시한다. 해인사 장경판전 모형, 자격루 축소 모형, 거북선 모형 등을 미니어처로 볼 수 있다.

제3관 '나라지키기' 03

대한제국 시절 의병 전쟁과 애국 계몽 운동 등 구한말의 국권 회복 운동 관련 자료를 전시한다. 을사늑약에 반대해 자결한 민영환의 유서, 안중근의 단지 혈서 엽서 등을 통해 투쟁 과정을 볼 수 있다.

제5관 '나라 되찾기' 05

일제강점기에 독립을 되찾기 위해 전개된 항일 무장 투쟁을 전시한다. 해외에서 활약했던 무장 독립 투쟁의 역사를 살펴본다. 독립 전쟁 연출 모형, 독립군의 피 묻은 태극기, 이봉창의 선서문, 윤봉길의 상하이 훙커우공원 의거 재현 모형 등이 주요 볼거리다.

제2관 '겨레의 시련' 02

1860년대부터 1940년대까지 우리 민족의 역사를 전시한다. 일제에 국권을 빼앗겼던 시대에 겪은 고난과 시련을 살펴본다. 명성황후 시해 사건과 을사늑약 연출 모형은 당시의 역사를 생생하게 재현한다.

제4관 '평화누리' 04

자유와 평화에 대해 소통하고 공감하는 공간이다. 독립운동의 정신과 가치, 실천과 과제, 공감과 소통 등을 주제로 한다. 실물 자료를 전시한 다른 주제관과 달리 조용한 분위기가 감돈다. 독립운동의 의미를 되새겨본다.

제6관 '새나라 세우기' 06

일제강점기 저항시를 전시한다. 이육사의 '광야', 심훈의 '그날이 오면' 등 우리 민족의 저항 의식을 느낄 수 있다. 일제강점기에 전개된 민족 문화 수호 운동과 항일운동, 대한민국 임시정부의 활동 등을 전시한다.

주변 여행지 돌아보기

독립기념관 단풍나무숲길 01

독립기념관 뒤편 흑성산 자락에 3.2km에 달하는 단풍나무 길이 이어진다. 매년 가을이면 곱게 물든 2000여 그루의 단풍나무가 장관을 이룬다. 취암산 터널을 빠져나가 자동차로 5분이면 도착한다(독립기념관 정문에서 단풍나무숲길 정상까지 약 3km). 독립기념관에서 자동차로 5분.

주소 충청남도 천안시 동남구 목천읍 남화리 산5-1

유관순열사유적지 02

추모각과 동상, 유관순사기념관, 아우내 독립 만세운동 기념공원 등이 조성되어 있다. 기념관에서 유관순의 일대기, 수형자 기록표, 재판 기록문 등 독립운동과 관련된 전시물을 볼 수 있다. 아우내 독립 만세운동 모형, 일제의 고문 도구 벽관 등을 전시한다. 독립기념관에서 자동차로 15분.

주소 충청남도 천안시 동남구 병천면 탑원리 338-1 | **전화** 041-564-1223 | **시간** 3~10월 09:00~18:00, 11~2월 09:00~17:00 | **휴무일** 연중무휴 | **입장료** 무료

천안예술의전당 03

천안을 대표하는 복합 문화 공간이다. 대공연장, 소공연장, 미술관, 문화센터 등으로 구성되며 다양한 전시와 공연이 열린다. 여름이면 예술의전당 주변 휴양관광단지에 있는 워터파크도 함께 가볼 만하다. 독립기념관에서 자동차로 8분.

주소 충청남도 천안시 동남구 성남면 종합휴양지로 185 | **전화** 1566-0155 | **시간** 09:00~18:00(공연 시작 시간에 따라 다름) | **휴무일** 월요일 | **입장료** 전시공연에 따라 다름 | **홈페이지** www.cnac.or.kr

081

언제나 잊지 말아야 할
위대한 독립운동의 역사

경상북도 독립운동 기념관

POINT 항일투쟁이 활발했던 경상북도의 독립운동사를 살펴보며 우리나라 독립운동 전면에 대해 다시 한번 생각해보고 배울 수 있다.

왜 경상북도독립운동기념관이라는 공간이 따로 존재하는지에 대한 의문이 들지도 모르겠다. 경북은 독립유공자와 스스로 목숨을 끊어 일제의 국권 침탈에 저항했던 자정순국자를 가장 많이 배출한 곳이다. 그만큼 독립운동의 열기가 뜨거웠던 곳이다. 독립운동의 모태가 된 의병 항쟁이 활발했고 이는 자연스럽게 독립운동으로 이어졌다. 1894년 갑오의병부터 1945년 광복 때까지의 과정이 경상북도독립운동기념관에 상세히 전시된다. 국채보상운동, 만주지역 항일투쟁, 6·10만세운동, 의열 투쟁, 한국광복군 등 독립운동사의 주요 활동에서 경북 사람들이 어떤 역할을 했는지 한눈에 살펴볼 수 있다. 전시관 중간중간에 아이들 눈높이에 맞춘 만화 영상물과 입체적인 전시물도 갖춰 아이들과 역사 공부를 하기에도 좋다.

주소 경상북도 안동시 임하면 독립기념관길 2 | **전화** 054-820-2600 | **시간** 09:00~18:00 | **휴무일** 월요일, 1월 1일, 설날·추석 당일 | **입장료** 무료 | **홈페이지** https://815gb.or.kr

◆사전 조사를 해봐요◆

도서 《총을 든 여성 독립운동가, 남자현》 : 경북 출신 여성 독립운동가 남자현 의사의 독립운동 활약상을 다룬다. 한 아이의 엄마에서 '독립군의 어머니'가 되기까지, 남자현 의사의 일대기를 보여준다.

영화 〈박열〉 : 일본으로 건너가 항일 사상단체를 이끌고 일본 국왕 폭탄 암살 계획을 세우다가 사형 선고를 받은 독립운동가 박열 의사를 주인공으로 한 영화. 그의 동지이자 연인이었던 가네코 후미코와의 항일투쟁도 다룬다. 12세 관람가.

유튜브 〈재단법인 경상북도독립운동기념관〉 : 경상북도독립운동기념관 유튜브 채널에 들어가면 경상북도 독립운동가들의 다양한 활동과 업적을 살펴볼 수 있다.

알차게 돌아보기

벽관 고문 체험 01

옴짝달싹할 수 없는 좁은 공간에 사람을 가두어 고통을 주던 고문 도구인 벽관을 재현해뒀다. 직접 들어가서 체험해보면 당시 고문받던 독립운동가들의 고통을 조금이나마 공감하게 된다.

이육사·이상화 02

경북, 대구 출신의 이육사, 이상화 등의 저항시도 볼 수 있다. 이육사의 '절정', 이상화의 '빼앗긴 들에도 봄은 오는가', 이상룡의 '나라를 떠나면서' 같은 시도 천천히 읽어보자.

특별기획전 04

의열관 석주홀에서 시기별로 특별기획전을 진행한다. 독립운동과 관련된 알찬 전시가 이뤄지므로 미리 일정과 내용을 확인한 후 놓치지 말고 관람하자.

안동실 03

안동 지역 독립운동의 뿌리가 된 전통마을들의 항일투쟁을 한눈에 보기 좋게 전시한다. 독립운동을 이끌었던 대부분이 유서 깊은 양반 가문들로 어떻게 사회 지도층으로서 역사적 의무를 다했는지에 대해 살펴볼 수 있다.

TIP
01 독립관과 의열관은 별도 건물로 되어 있다. 독립관 관람 후 의열관을 돌아보면 된다.
02 야외에 독립운동가 1000인의 이름이 적힌 비석이 있다.
03 독립관 입구에 독립운동 유공 굿즈 홍보관이 자리한다.

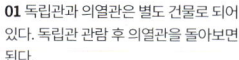

주변 여행지 돌아보기

안동민속박물관 01

안동의 민속문화를 주제로 하는 박물관으로 입체적인 전시가 많아 아이과 편하게 관람하기 좋다. 안동댐 건설로 수몰된 지역의 전통 가옥을 옮겨놓은 야외의 민속촌도 함께 둘러보자. 경상북도독립운동기념관에서 자동차 18분.

주소 경상북도 안동시 민속촌길 13 | **전화** 054-821-0649 | **시간** 09:00~18:00 | **휴무일** 1월 1일, 설날·추석 당일 | **입장료** 무료 | **홈페이지** www.andong.go.kr/fm

월영교 02

안동의 대표적인 관광 명소 중 하나로 물 위를 가로지르는 목책교 자태가 아름답다. 주변에 산책로, 전망대, 황토돛배, 문보트 등 즐길 거리도 풍성하다. 다리에서 뿜어져 나오는 분수와 야간 조명 쇼도 미리 일정을 확인한 후 즐겨보자. 경상북도독립운동기념관에서 자동차 18분.

주소 경상북도 안동시 상아동 569 | **전화** 054-821-0649 | **시간** 상시 | **휴무일** 연중무휴 | **입장료** 무료

유교랜드 03

어려운 유교 문화를 쉽고 재미있게 체험하고 배우는 에듀테인먼트 공간. 유교라는 주제에 맞춘 각종 디지털 체험물이 아이들의 호기심과 흥미를 자극한다. 경상북도독립운동기념관에서 자동차 16분.

주소 경상북도 안동시 관광단지로 346-30 | **전화** 054-820-8800 | **시간** 10:00~18:00 | **휴무일** 월요일 | **입장료** 어른 9000원, 중·고등학생 8000원, 만 24개월~초등학생 7000원 | **홈페이지** www.confucianland.com

082

의열단의 항일 투쟁
독립운동사를 배우다
의열기념관

POINT 우리나라 독립운동사에 중요한 한 축을 이룬 김원봉과 의열단에 대해 배울 수 있는 의미 있는 공간이다.

"나, 밀양 사람 김원봉이요." 대한민국 임시정부의 친일파 암살 작전을 다룬 영화 〈암살〉 속 이 한마디로 김원봉이라는 인물과 의열단이 다시금 주목받게 됐다. 김원봉은 우리나라 대표 독립운동가 중 한 명으로 의열단을 조직해 일제 수탈 기관 파괴, 요인 암살 등의 항일 투쟁을 벌여왔다. 항일 무력독립운동 단체인 의열단은 김원봉을 중심으로 1919년 만주 지린성에서 결성됐으며 밀양 출신 인물들이 상당수 활약했다. 의열기념관이 밀양에 들어선 까닭이다. 애국정신과 종교의 단합, 민족교육의 요람, 일제 수탈 등 밀양이 의열 투쟁의 본향인 된 이유와 그 원동력에 대해 살펴볼 수 있다.

주소 경상남도 밀양시 노상하1길 25-12 | **전화** 055-351-0815 | **시간** 09:00~18:00 | **휴무일** 월요일, 1월 1일, 설날·추석 당일 | **입장료** 무료 |
홈페이지 www.myfmc.or.kr/euiyeol

◆ 사전 조사를 해봐요 ◆

도서 《독립혁명가 김원봉》 : 우리나라 대표 만화가 허영만이 약산 김원봉의 삶과 투쟁을 그려냈다. 의열단을 조직하고 조선의용대를 창설하는 등 활발한 무정부주의적 투쟁을 벌인 김원봉에 대해 쉽고 재미있게 알아갈 수 있다.

MBC 〈1919-2019, 기억록 - 4회〉 : 대한민국 100년을 기억하여 기록하는 다큐멘터리로 4회에서 배우 신하균이 김원봉을 이야기한다.

MBC 〈선을 넘는 녀석들 리턴즈 - 26회〉 : 중국 충칭 대한민국 임시정부의 선을 따라가는 '임정 로드' 편으로 지워진 독립운동가 중 한 명인 김원봉에 대한 이야기를 포함한다.

◆ 엄마, 아빠랑 배워요 ◆

왜 김원봉은 비운의 독립운동가라 불리나요?

약산 김원봉은 우리나라 독립운동사에 중대한 인물임에도 그동안 제대로 된 평가를 받지 못해왔다. 1948년 남한 단독정부 수립을 막기 위해 김구와 함께 남북협상을 하러 북한에 갔다가 남한으로 되돌아오지 않고 그곳에서 요직을 지낸 월북 인사라는 이유가 크다. 최근 들어 김원봉에 대한 재평가가 이뤄져야 한다는 논의가 이어지고 있다. 광복 후 친일 경찰로 활동한 친일파 노덕술로부터 치욕을 당하면서 김원봉이 월북을 선택할 수밖에 없었다는 주장도 제기되고 있다. 김원봉은 독립운동에 일생을 바치고도 불행한 삶을 이어가다 1958년 북한에서 숙청되면서 비운의 독립운동가라는 수식어를 얻게 됐다.

알차게 돌아보기

전시실 01
전시실은 1, 2층으로 이뤄지는데 2층에서 반씨 주택 재현 코너, 최수봉 의사 밀양경찰서 투탄 의거 웹툰 영상 등 입체적인 전시물을 살펴볼 수 있다. 김원봉의 아내이자 여성 독립투사로 항일 투쟁에 앞장섰던 박차정 의사에 대한 전시도 놓치지 말고 살펴보자.

옥상 휴게실 02
옥상에는 조형물과 의자가 설치된 휴게 공간이 있다. 이 일대에 자리한 독립운동가들의 생가터를 보여주는 안내판도 있다. 많은 독립운동가가 나고 자란 해천 일대를 한눈에 담아볼 수 있어 특별하다.

해천 항일운동 테마거리 03
기념관 앞 해천을 따라 항일운동 테마거리를 조성했다. 밀양의 독립운동가, 조선의용대, 태극기 종류 등 다양한 전시를 살펴볼 수 있다. 기념관 옆에는 의열단 창단 100주년을 맞아 건립한 의열기념탑이 서 있다.

> **TIP**
> 01 의열기념관 옆에 체험에 특화된 의열체험관이 문을 열어 알찬 시간을 선사한다.
> 02 의열기념관은 일대 항일운동 테마거리와 함께 돌아보면 더욱 유익하다.

주변 여행지 돌아보기

밀양 영남루 01
조선시대 밀양도호부 객사에 속했던 누각으로 앞면 5칸, 옆면 4칸 규모다. 조선 후반기의 화려한 건축미를 보여주며 밀양강과 어우러져 경관도 훌륭하다. 우리나라 대표 누각으로 국보로 지정되어 있다. 의열기념관에서 도보 7분.

주소 경상남도 밀양시 중앙로 324 | **전화** 055-359-5590 | **시간** 09:00~18:00 | **휴무일** 연중무휴 | **입장료** 무료

밀양 관아지 02
조선시대 밀양관아가 있던 곳으로 이후 밀양군청, 읍사무소, 밀양시청, 동사무소 청사로 사용되다 2010년 밀양관아로 복원해 일반에 개방하고 있다. 당대를 재현한 조형물이 더해져 아이들의 흥미를 자극한다. 의열기념관에서 도보 6분.

주소 경상남도 밀양시 중앙로 348 | **전화** 055-359-5580 | **시간** 09:00~18:00 | **휴무일** 연중무휴 | **입장료** 무료

밀양독립운동기념관 03
밀양 독립운동사를 전반적으로 소개하는 전시관. 밀양이라는 도시가 어떻게 독립운동의 요람이 되었는지, 그 역사적 배경과 흐름을 한눈에 살펴볼 수 있다. 의열기념관에서 자동차 5분.

주소 경상남도 밀양시 밀양대공원로 100 | **전화** 055-359-6060 | **시간** 09:00~18:00 | **휴무일** 월요일(월요일이 공휴일인 경우는 그다음 날), 1월 1일, 설날·추석 당일 | **입장료** 25~64세 1000원, 13~24세 700원, 6~12세 500원 / 밀양시립박물관 입장료 포함 | **홈페이지** www.miryang815.or.kr

083

아프지만 마주해야 할
징용의 역사

국립일제
강제동원
역사관

POINT 우리의 아픈 역사인 일제 강제 동원에 대해 제대로 배울 수 있는 의미 있는 전시관이다.

일제강점기 때 조선인 강제 동원의 실상을 알리는 역사 교육의 장이다. 당시 부산항이 강제 동원의 주요 출발지였던 점, 강제동원자의 상당수가 경상도 출신이었다는 점 등을 고려해 부산에 역사관을 건립했다. 2015년 개관한 역사관은 상설전시실, 기획전시실, 추모의 계단 등을 갖췄다. 상설전시실은 '기억의 터널'이라는 코너로 시작해 일제 강제 동원의 개념과 실체, 광복과 귀환, 끝나지 않은 일제 강제 동원 등의 주제를 다룬다. 조선인 노무자 숙소, 탄광, 일본군 위안소와 관련한 입체적인 전시와 피해자들의 증언을 담은 육성 녹음을 통해 생생하게 강제 동원의 역사를 알아가게 된다. 정부에서 수집한 강제 동원 수기, 사진 등도 볼 수 있다. 전시관을 돌아보는 내내 마음이 무거워지지만 아픈 역사를 제대로 마주하는 의미 있는 시간이다.

주소 부산시 남구 홍곡로320번길 100 | **전화** 051-629-8600 | **시간** 09:30~17:30 | **휴무일** 월요일(월요일이 공휴일인 경우는 그다음 날), 1월 1일, 설날·추석 당일 | **입장료** 무료 | **홈페이지** www.fomo.or.kr/museum

◆ 사전 조사를 해봐요 ◆

유튜브 〈영상으로 알아보는 일제 강제 동원의 역사〉: 일제강제동원피해자지원재단에서 제작한 영상물로 일제 강제 동원의 역사를 이해하기 쉽게 정리해 소개한다.

MBC 〈무한도전 - 445회〉: 많은 한국인이 군함도에 대해 알게 되는 계기를 마련해준 프로그램. 일본 우토로 마을과 하시마섬, 다카시마를 찾아가 징용 피해자들의 가슴 아픈 이야기를 전한다.

도서 《할머니의 수요일》: 일제강점기의 슬픈 역사에서 비롯해 아직도 끝나지 않은 일본군 위안부 피해자 문제를 깊이 있게 다룬 동화.

tvN 〈어쩌다 어른 - 93회〉: 최태성 강사가 들려주는 '역사전쟁' 첫 번째 이야기로, 조선인 징용의 실상을 보여주는 군함도 관련 내용 등을 다룬다.

알차게 돌아보기

01 AI 대화형 홀로그램 체험관

백범 김구 선생과 AI 대화를 나누는 체험 코너가 마련되어 있다. 다양한 질문을 통해 김구 선생으로부터 근대 이야기를 들어보자. 예시 질문이 화면에 뜨니 참고하면 된다. 또박또박 발음해야 답변을 들을 수 있다.

02 기억의 터

전시관 안쪽에 강제 동원 피해자들의 넋을 기리는 추모 공간이 있다. 이곳에는 강제 동원됐다가 고국으로 돌아오지 못한 희생자들의 위패를 안치하고 있다. 아이들과 경건한 마음으로 추모의 시간을 가져보자.

03 진혼의 다리

전시관 5층 내부를 잇는 다리로, 징용 피해자들의 영혼을 위로하는 동시에 아픈 과거사를 제대로 풀어가자는 바람을 담은 작품이다. 다리를 건널 때 작은 불빛을 세심하게 살펴보자. 하나하나에 피해자들의 이름과 일본 전범 기업의 이름이 적혀 있다.

> **TIP**
> 01 1층 울림의 방에서 일제 강제 동원 관련 영상물을 먼저 시청하면 관람에 도움이 된다.
> 02 스마트폰이나 태블릿PC로 모바일 체험 활동지를 활용할 수 있다.
> 03 7층에 어린이체험관이 있는데 미취학이나 저학년에 적합한 놀이 공간이다.

주변 여행지 돌아보기

01 유엔평화기념관

한국전쟁에서 희생된 유엔군을 기리고 세계 평화의 염원을 담은 기념관. 한국전쟁실, 유엔참전기념실, 유엔국제평화실 등으로 이뤄지며 아이들이 좋아할 만한 체험존도 마련되어 있다. 국립일제강제동원역사관에서 도보 1분.

주소 부산시 남구 홍곡로320번길 106 | **전화** 051-901-1400 | **시간** 10:00~17:30 | **휴무일** 월요일(월요일이 공휴일인 경우는 그다음날), 1월 1일, 설날·추석 전날과 당일 | **입장료** 무료 | **홈페이지** www.unpm.or.kr

02 유엔기념공원

세계에서 유일한 유엔 기념 묘지로 등록문화재이기도 하다. 유엔군 위령탑, 무명용사의 길, 추모관 등이 조성되어 있다. 추모관에서는 한국전쟁 및 유엔기념공원 관련 다큐멘터리를 상영한다. 국립일제강제동원역사관에서 자동차 3분.

주소 부산시 남구 유엔평화로 93 | **전화** 051-625-0625 | **시간** 5~9월 09:00~18:00, 10~4월 09:00~17:00 | **휴무일** 연중무휴 | **입장료** 무료 | **홈페이지** www.unmck.or.kr

03 대연수목전시원

유엔기념공원을 둘러싼 공간에 조성한 수목전시원. 허브원, 침엽수림원, 유실수원, 열대식물원 등으로 이뤄져 다양한 수목을 관찰하며 산책하기 좋다. 숲 해설 프로그램도 운영한다. 국립일제강제동원역사관에서 자동차 5분.

주소 부산시 남구 신선로447번길 24 | **전화** 051-888-6870 | **시간** 상시 | **휴무일** 연중무휴 | **입장료** 무료 | **홈페이지** www.busan.go.kr/green

084

대한민국 100년을 돌아보다
대한민국 역사박물관

POINT 우리나라 최초로 근현대사를 종합적으로 조명한 박물관으로 대한민국의 역사를 한눈에 볼 수 있다.

대한민국 역사는 1919년 3·1운동 이후 탄생한 임시정부에서 시작해 1945년 해방과 1948년 대한민국 정부 수립을 거쳐 오늘날에 이른다. 대한민국역사박물관은 대한민국의 주요 역사를 전시한다. 1970년대 산업화와 경제개발의 역사뿐만 아니라 1980년대 힘겨웠던 민중의 역사와 어둡고 아픈 현대사도 함께 전시한다. 지난 100여 년간 우리나라는 나라를 잃고, 되찾고, 분단되는 등 격변의 시간을 보냈다. 해방 이후에는 유례없는 경제 발전과 민주주의를 이뤄냈다. 1988년 서울올림픽과 2002 한일월드컵을 성공리에 마쳤고, 현재는 영화와 드라마, 케이팝 등 한류 문화를 통해 세계 중심에 섰다. 전시를 관람하며 대한민국의 역사를 총체적으로 이해한다.

주소 서울시 종로구 세종대로 198 | **전화** 02-3703-9200 | **시간** 10:00~18:00(수·토요일은 21:00까지) | **휴무일** 1월 1일, 설날·추석 당일 | **입장료** 무료 | **홈페이지** www.much.go.kr

◆ 사전 조사를 해봐요 ◆

도서 《이야기로 배우고 색칠하며 익히는 한국사 톡톡 근현대사 편》: 어렵게 느껴지는 한국사를 스토리텔링과 컬러링으로 재미있게 풀어냈다. 시대별로 중요한 사건과 인물에 대한 이야기를 읽고, 색칠하며 놀이처럼 한국사를 익힐 수 있다.

영화 〈택시운전사〉: 대한민국 현대사의 주요 사건이었던 518 광주민주화운동의 전개 과정을 그린 영화다. 1980년 5월, 독일 기자 위르겐 힌츠페터는 계엄군과 광주 시민과의 충돌 정보를 전달받고, 서울에서 택시를 타고 광주로 향한다. 영화에 등장하는 독일 기자는 실존 인물이며 그의 이야기를 바탕으로 영화를 만들었다. 15세 관람가.

◆ 엄마, 아빠랑 배워요 ◆

대한민국 임시정부는 언제 수립되었나요?
1919년 4월 13일, 중국 상하이에서 독립운동가가 중심이 되어 대한민국 임시정부를 세웠다. 임시정부는 국내외 독립운동의 구심점 역할을 했고, 우리 민족의 자주독립을 최대 목표로 삼았다. 독립운동 상황을 국내외에 알리고, 외교 활동에도 힘을 기울였다. 대한민국이라는 이름은 우리 역사상 최초로 국민이 주인인 민주주의 체제가 시작된 것을 뜻한다.

알차게 돌아보기

대한민국의 태동 01

대한민국 임시정부 수립과 독립운동, 광복에 대한 내용을 전시한다. 자주적 근대국가의 꿈과 노력, 국권을 회복하기 위한 과정을 살펴본다.

대한민국의 기초 확립 02

대한민국 정부수립 후 한국전쟁과 전후 복구 과정을 전시한다. 한국전쟁 무기 및 전사자 유품은 남북으로 분단된 우리의 슬픈 역사를 돌아보게 한다.

대한민국의 성장과 발전 03

경제개발과 산업화, 시민사회의 성장과 민주화 과정을 살펴본다. 대한민국 최초의 라디오와 텔레비전 등 옛 물건이 눈길을 끈다.

대한민국의 선진화, 세계로의 도약 04

1990년대 외환위기를 극복하고, 세계로 나아가는 대한민국의 눈부신 활약상을 전시한다. 1988년 서울올림픽, 2002년 한일 월드컵 관련 자료와 함께 통일의 염원을 담은 전시물을 볼 수 있다.

기획전시실(3층) 05

대한민국 근현대사와 관련된 특별 전시가 열린다. 정치, 경제, 사회, 문화 등 다양한 주제 전시를 통해 근현대사에 대한 심층적인 내용을 전한다.

> **TIP**
> 01 박물관 해설은 하루 2~3차례 진행되며 시간에 맞춰 1층 안내 데스크 앞에 가면 무료로 참여할 수 있다. 소요 시간은 약 1시간(해설 시작 시간은 홈페이지 참조).
> 02 어린이 교육은 추첨제로 진행하며 홈페이지를 통해 신청할 수 있다.
> 03 3층 카페에서는 음료와 간식을 판매한다.
> 04 주차 공간이 협소하다. 인근 세종로 공영 주차장(유료)을 이용한다.

주변 여행지 돌아보기

세종문화회관 01

대한민국역사박물관 맞은편에 세종문화회관이 있다. 클래식, 뮤지컬, 콘서트, 미술 전시 등 다양한 장르의 공연과 전시가 열린다. 지하에는 세종, 충무공이야기 전시실이 있어 함께 둘러보기에 좋다. 대한민국역사박물관에서 도보 5분.

주소 서울시 종로구 세종대로 175 | **전화** 02-399-1114 | **시간** 10:00~20:00(전시·공연마다 다름) | **휴무일** 연중무휴 | **가격** 전시·공연마다 다름 | **홈페이지** www.sejongstory.or.kr

경복궁 02

1935년 태조 이성계가 창건한 조선왕조의 정궁이다. 1592년 임진왜란으로 불타 없어졌다가 1867년 중건됐다. 궁궐 안에는 왕과 관리들의 정무 시설, 왕족의 생활공간 등이 있다. 대한민국역사박물관에서 도보 4분.

주소 서울시 종로구 효자로 12 | **전화** 02-3701-7500 | **시간** 평일 09:00~18:00, 주말·공휴일 09:00~19:00 | **휴무일** 1월 1일, 설날·추석 당일 | **입장료** 무료 | **홈페이지** www.royalpalace.go.kr

신문박물관 03

광화문에는 조선일보, 동아일보, 경향신문 등 언론사가 모여 있다. 신문박물관은 동아일보사가 2000년에 개관한 박물관이다. 우리나라 신문의 역사와 제작 과정 등을 살펴보며 신문 매체의 특성을 이해한다. 대한민국역사박물관에서 도보 6분.

주소 서울시 종로구 세종대로 152 | **전화** 02-2020-1880 | **시간** 10:00~18:00 | **휴무일** 월요일, 1월 1일, 설·추석 연휴, 정기 휴관일(3·9월 첫째 주 화~일요일) | **입장료** 어른 4000원, 학생 3000원 | **홈페이지** presseum.or.kr

085

한눈에 보는 서울의 역사

서울 역사박물관

> 우리나라 수도 서울은 조선시대부터 대한제국, 일제강점기를 거쳐 오늘날에 이르기까지 경제와 문화의 중심지다. 서울의 역사와 문화를 한눈에 살펴본다.

서울역사박물관은 서울 역사를 기록하고, 전시한다. 박물관 입구에는 1930년대부터 1968년까지 서울을 누비던 전차 381호가 있다. 상설전시, 기획전시, 작은전시, 기증유물전시, 야외전시로 구성되며 2층 상설전시관은 1존에서 4존까지 시대순으로 서울의 역사를 전한다. 1392년 태조 이성계는 조선을 건국하면서 한양을 도읍으로 정했다. 가장 먼저 종묘를 짓고, 다음으로 경복궁을 지었다. 한양은 현재 광화문 앞 대로인 육조거리와 시전을 중심으로 북촌, 중촌, 남촌, 도성 밖 성저십리로 이루어졌다. 일제강점기 이후 서울은 많은 변화를 겪었고, 해방 이후에는 거대 도시로 발전했다. 서울을 주제로 열리는 기획전시도 놓치기 아깝다.

주소 서울시 종로구 새문안로 55 | **전화** 02-724-0274~6 | **시간** 3~10월 평일 09:00~20:00, 토·일요일·공휴일 09:00~19:00 / 11~2월 평일 09:00~20:00, 토·일요일·공휴일 09:00~18:00 | **휴무일** 월요일, 1월 1일 | **입장료** 무료 | **홈페이지** www.museum.seoul.kr

◆사전 조사를 해봐요◆

도서 《나의 문화유산답사기 서울 편 1, 2》 : 종묘, 창덕궁, 창경궁, 한양도성, 덕수궁, 성균관 등 서울의 역사유적지를 답사하며 엮은 책이다. 저자 유흥준의 흥미로운 글을 읽다 보면 마치 현장에 가 있는 듯한 착각이 든다.

e-Book 《유적지 따라 떠나는 조선왕조 600년 서울역사여행사》 : 조선왕조 주요 유적지를 중심으로 떠나는 서울 역사 여행 이야기, 역사와 문화, 인문학 등의 설명을 곁들였다. 조선왕조 주요 유적지, 서울의 명산, 국립공원과 시민공원, 유적, 유물박물관을 소개한다.

◆엄마, 아빠랑 배워요◆

태조 이성계가 한양을 조선의 도읍으로 정한 이유는 무엇인가요?

한반도 중앙에 있는 한양은 지리적으로 사방이 산으로 둘러싸여 있어 외적의 침입을 막기 수월했다. 배산임수(산을 등지고 물을 바라보는 지세)의 풍수지리 원리도 조화를 이룬다. 또 한강이 흘러 농사를 짓기에 유리했으며 육로와 수로 교통이 발달해 경제 발전을 이룰 수 있었다. 정치, 경제, 국방, 교통의 요충지로 중요한 조건을 두루 갖춘 셈이다.

알차게 돌아보기

01 조선시대의 서울

태조 이성계는 1934년 풍수지리와 유교적 이념에 따라 한양에 새 도읍지를 정했다. 조선 건국 후 개항 이전까지 조선시대 서울의 모습을 전시한다. 육조거리, 북촌, 중촌, 남촌 등의 모습을 통해 당시 생활상을 짐작해본다.

02 개항, 대한제국기의 서울

개항이후 대한제국 시기의 서울의 모습을 전시한다. 1897년 고종은 국호를 '대한제국'으로 바꾸고 개혁을 추진했다.

03 일제강점기의 서울

1910년 일본에 강제로 병합된 후 서울은 항일 민족운동의 중심지가 되었다. 3·1운동의 첫 봉화를 올린 곳도, 의열단원을 비롯한 항일 의사들이 의거를 단행한 곳도 서울이었다. 식민지 권력은 서울의 공간을 변화시켰고, 근대적 시설물과 문물을 확산시켰다. 1920~1930년대 경성을 활보한 모던걸, 모던보이의 모습이 눈길을 끈다.

04 해방 이후 성장기

휴전 직후 1954년 124만 명이던 서울 인구는 일자리를 찾아온 사람들로 1960년 244만 명을 훌쩍 넘어섰다. 전쟁 이후 폐허가 된 서울부터 세계적인 도시로 위상을 떨치기까지의 변화를 한눈에 볼 수 있다.

> **TIP**
> 01 매주 월요일 전시관은 휴관하지만 박물관 1층 편의 시설(학습실, 서울역사자료실, 로비전시관, 강당, 식당, 카페)은 개방한다.
> 02 구내식당은 관람객도 이용할 수 있으며 도시락을 준비할 경우 박물관 중정 휴게 공간에서 먹을 수 있다.
> 03 하루 세 차례 상설전시실 해설이 이루어진다. 별도 예약 없이 해당 시간에 맞춰가면 된다(어린이와 유아 해설은 사전 인터넷 예약).
> 04 3층 상설전시장에는 QR코드와 NFC태그가 부착되어 있어 스마트 기기를 이용해 전시물의 설명을 볼 수 있다.

주변 여행지 돌아보기

01 경희궁

경희궁은 1617년부터 짓기 시작해 1623년에 완성된 조선의 이궁이다. 인조 이후 철종에 이르기까지 10대에 걸쳐 왕의 거처로 사용했다. 처음 지었을 당시에는 100여 동의 건물이 있었으나 일제가 대한제국을 강점하면서 궁궐 건물이 헐렸고, 지금은 원래 면적의 절반 정도로 축소되었다. 서울역사박물관에서 도보 4분.

주소 서울시 종로구 신문로2가 1-2 | **전화** 02-724-0274 | **시간** 09:00~18:00 | **휴무일** 연중무휴 | **입장료** 무료

02 경찰박물관

대한민국 경찰의 역사와 문화를 전시한다. 경찰이 하는 일을 알아보고, 체험해볼 수 있다. 시대별 전시관에서는 경찰의 변천사를 전시한다. 경찰 근무복을 입고 기념사진도 남겨볼 수 있다. 경찰을 꿈꾸는 어린이들에게 추천한다. 서울역사박물관에서 도보 4분.

주소 서울시 종로구 송월길 162 | **전화** 02-3150-3681 | **시간** 09:30~17:30 | **휴무일** 월요일, 1월 1일, 설추석 연휴 | **입장료** 무료 | **홈페이지** www.policemuseum.go.kr

03 대한민국역사박물관

대한민국의 근현대사를 전시한다. 상설전시 테마는 총 4개로 구성된다. 대한민국의 태동(개항부터 광복), 대한민국의 기초 확립, 대한민국의 성장과 발전, 대한민국의 선진화와 세계로의 도약을 주제로 현재까지의 대한민국의 역사를 살펴본다. 서울역사박물관에서 도보 13분.

주소 서울시 종로구 세종대로 198 | **전화** 02-3703-9200 | **시간** 10:00~18:00(수·토요일은 21:00까지) | **휴무일** 1월 1일, 설날·추석 당일 | **입장료** 무료 | **홈페이지** www.much.go.kr

086

근대문화유산 일번지,
골목길 역사 산책
정동길

POINT 정동길은 덕수궁 돌담길에서 경향신문사까지 이어지는 길이다. 정동길을 걸으며 대한제국의 역사와 문화를 함께 느낄 수 있다.

정동은 근대 역사의 시작점이다. 대한제국의 정궁인 덕수궁부터 경향신문사까지 약 2km로 이어진 길을 정동길이라 한다. 19세기 후반에는 정동을 중심으로 미국, 영국, 독일, 프랑스, 러시아 등 서구 열강의 공사관이 모여 있었다. 정동교회, 이화여고, 배재학당 등은 기독교 전파와 교육을 목표로 선교사들이 다양한 활동을 펼친 무대였다. 지금까지 정동에 남아 있는 오래된 건물은 대부분 100여 년 전 대한제국 시절에 지어졌다. 정동길 탐방에 앞서 대한제국의 역사를 알아보자. 1897년 10월 12일. 고종황제는 근대적 자주독립 국가임을 널리 알리고자 환구단(하늘에 제사를 드리는 제천단)에서 대한제국을 선포했다. 즉위식 어가 행렬 앞에는 태극기를 앞세웠다. 장대하게 시작한 대한제국은 1910년 8월 22일, 한일병합조약으로 국권을 뺏기며 13년이라는 짧은 기간에 막을 내

렸다. 하지만 대한제국은 국권을 회복하고 민족국가를 태동시킨 우리의 역사다. 정동길을 따라 거닐며 100여 년의 세월을 느껴본다.

주소 서울시 중구 정동 | **전화** 120 | **시간** 시설마다 다름 | **휴무일** 시설마다 다름 | **가격** 시설마다 다름

TIP
01 정동길이 시작되는 덕수궁을 중심으로 근대문화유산을 꼼꼼히 둘러보려면 반나절 정도 걸린다.
02 정동길은 서울의 걷고 싶은 거리 1호로 지정됐다. 매년 가을이면 길 양옆으로 이어진 은행나무가 정취를 더한다.
03 차량 진행 방향은 덕수궁에서 서울시립미술관 방면으로 일방통행이다.
04 덕수궁 대한문에서 정동교회 앞 원형 분수까지 이어지는 310m 구간은 보행자 전용 거리(평일 11:30~13:30)로 다양한 행사가 열린다(일부 기간 제외).
05 매년 5월과 10월, 정동야행축제가 열린다. 역사 체험, 이벤트와 함께 정동의 문화 시설을 야간에 탐방할 수 있다.

◆ 사전 조사를 해봐요 ◆

도서 《가자! 대한제국 덕수궁과 정동》: 대한제국 이전 조선 말기의 상황부터 대한제국 시대까지 역사를 설명한다. 대한제국의 역사가 남아 있는 장소를 소개하며 어떤 부분을 꼼꼼하게 봐야 하는지 자세히 짚어준다.

도서 《대한제국 가까이》: 대한제국 13년의 파란만장한 역사를 정리했다. 서양 문물과 함께 들이닥친 일본 제국주의에 끝까지 맞선 대한제국의 자주정신을 다큐 동화로 그려냈다. 역사 현장을 담은 사진과 그림 등을 통해 대한제국의 역사를 깊이 있게 이해할 수 있다.

◆ 엄마, 아빠랑 배워요 ◆

'정동'이라는 지명은 어떻게 생겨났나요?
태조 이성계의 계비 신덕왕후의 정릉이 있던 정릉동을 정동으로 줄여 불렀다.

'대한제국의 길'은 무엇인가요?
대한제국 시기(1897~1910) 정동길에 들어선 공사관과 교육기관 등 역사의 현장을 둘러보는 총 2.6km의 탐방로다. 정동 일대 대한제국의 역사를 재조명하고, 근대 역사유적지를 두루 살펴본다.

알차게 돌아보기

환구단 01

1897년 대한제국 선포 후 고종황제 즉위식과 제천의식이 열렸던 장소다. 제사를 지내는 제단인 환구단이 앞에 있고, 뒤에 하늘의 위패를 모신 황궁우가 있었다. 지금은 3층 8각 지붕의 황궁우와 석고(石鼓)만 남아 있다.

주소 서울시 중구 소공로 106 | **입장료** 무료

덕수궁 02

대한제국의 황궁이다. 옛 이름은 경운궁. 최초 서양식 건물인 석조전, 고종의 휴식 공간이었던 정관헌 등 궁궐 안에 서양식 건축물이 옛 건물과 조화를 이룬다. 덕수궁 내에는 국립현대미술관 덕수궁관과 석조전, 대한제국 역사관 등이 있다.

주소 서울시 중구 세종대로 99 | **전화** 02-771-9951 | **시간** 09:00~21:00 | **휴무일** 월요일 | **입장료** 어른 1000원, 어린이 500원 | **홈페이지** www.deoksugung.go.kr

중명전 03

1897년 경운궁(지금의 덕수궁) 황실 도서관으로 지었다. 당시 이름은 수옥헌. 1901년 화재로 전소된 후 지금과 같은 2층 건물로 재건했다. 1904년 덕수궁에서 화재가 발생해 이곳을 고종의 편전과 외국 사절의 접견실로 사용했다. 1905년 을사늑약을 체결한 슬픈 역사의 장소이기도 하다. 대한제국을 주제로 전시가 열린다.

주소 서울시 중구 정동길 41-11 | **전화** 02-751-0753 | **시간** 09:30~17:30 | **휴무일** 월요일 | **입장료** 무료 | **홈페이지** www.deoksugung.go.kr

서울특별시청 서소문별관(정동전망대) 04

덕수궁 돌담길 맞은편, 서울시청 서소문 청사 13층에 전망대가 있다. 서울광장과 서울특별시청 신청사, 덕수궁, 정동교회 일대가 한눈에 펼쳐지며 날씨가 좋으면 인왕산이 뚜렷이 보인다. 정동 일대 명소에 대한 설명과 1900년대 사진 자료도 전시한다. 카페가 있어 잠시 쉬어 가기에도 좋다.

주소 서울시 중구 덕수궁길 15 | **전화** 120 | **시간** 평일 09:00~21:00, 토·일요일·공휴일 09:00~18:00 | **휴무일** 연중무휴 | **입장료** 무료

서울시립미술관 05

1920년대 건축양식으로 지은 옛 대법원 건물의 전면부를 보존하고, 뒤쪽은 현대식 건물로 신축했다. 다양한 국내외 기획 전시가 열린다. 미술관으로 들어가는 산책로의 조경이 아름답다.

주소 서울시 중구 덕수궁길 61 | **전화** 02-2124-8800 | **시간** 3~10월 평일 10:00~20:00, 토·일요일·공휴일 10:00~19:00 / 11~2월 평일 10:00~20:00, 토·일요일·공휴일 10:00~18:00 | **휴무일** 월요일, 1월 1일 | **입장료** 무료(특별전은 유료) | **홈페이지** sema.seoul.go.kr

정동제일교회 06

1885년 우리나라 최초의 선교사 아펜젤러 목사가 한옥에 예배당을 만들었고, 1897년에는 정동제일교회를 세웠다. 벧엘예배당(1899년 건립)은 우리나라 최초의 고딕 양식 예배당이다. 3·1운동 때는 지하의 파이프 송풍구에서 비밀리에 독립선언서를 등사했다.

주소 서울시 중구 정동길 46 | **전화** 02-753-0001~3 | **시간** 24시간 | **휴무일** 연중무휴 | **입장료** 무료 | **홈페이지** chungdong.org

정동극장 07

한국 최초의 근대식 극장인 원각사 복원의 뜻을 담아 1995년에 개관했다. 일반 연극 무대가 아닌 전통 공연과 전통극을 공연하는 극장이다. 상설 공연 브랜드 '미소'를 론칭했으며 <춘향연가>, <배비장전> 등 우리 고전을 바탕으로 한 전통 공연을 선보인다.

주소 서울시 중구 정동길 43 | **전화** 02-751-1500 | **시간** 09:00~18:00 | **휴무일** 월요일 | **입장료** 공연마다 다름 | **홈페이지** www.jeongdong.or.kr

배재학당 동관 (배재학당 역사박물관) 08

1885년 서양인 선교사가 지은 우리나라 최초의 서양식 학교다. 현재 남아 있는 배재학당 동관은 1916년에 세웠다. 배재중·고등학교가 1984년까지 사용했으며 학교가 고덕동으로 이전하면서 박물관으로 거듭났다. 1930년대 배재학당의 교실을 재현한 공간, 설립자 아펜젤러 선교사에 대한 자료 등을 전시한다.

주소 서울시 중구 서소문로11길 19 | **전화** 02-319-5578 | **시간** 10:00~17:00 | **휴무일** 일·월요일, 공휴일 | **입장료** 무료 | **홈페이지** appenzeller.pcu.ac.kr

이화여고 심슨기념관 09

이화학당은 1886년 선교사 메리 스크랜턴 부인이 설립한 우리나라 최초의 근대 여성 교육기관이다. 근대 서양 건축양식으로 지은 심슨기념관은 이화여고에 남아 있는 가장 오래된 건물이다. 1915년 미국인 사라 심슨이 위탁한 기금으로 세웠으며 현재는 이화박물관으로 사용한다. 학교의 역사를 담은 자료와 유관순 열사의 생애 등을 전시한다.

주소 서울시 중구 정동길 26 | **전화** 02-777-4258 | **시간** 10:00~17:00 | **휴무일** 일요일 | **입장료** 무료

구 러시아공사관 10

언덕에 자리한 구 러시아공사관은 대한제국 당시 가장 큰 규모의 공사관이었다. 이곳은 아관파천의 역사적 장소다. 1895년 명성황후가 경복궁 건천궁에서 일본군에 의해 살해되자 1896년 2월 11일 고종은 러시아공사관으로 거처를 옮겼다. 세자와 함께 러시아공사관에 머무르며 대한제국의 기반을 마련했다. 한국전쟁으로 파괴되어 지금은 탑과 터만 남았다.

주소 서울시 중구 정동 15-1

국토발전전시관 11

국토교통부에서 운영하는 전시관이다. 상설전시는 국토세움실, 국토누리실, 미래국토실, 국토동행실로 이루어졌다. 우리나라 국토 발전과 교통의 역사, 세계 속의 대한민국 건설 기술을 전시한다. 문화 산책탐방, 국토 발전 역사 등 다양한 교육프로그램이 열린다.

주소 서울시 중구 정동길 18 | **전화** 02-3425-8900 | **시간** 09:30~17:30 | **휴무일** 월요일, 1월 1일, 설·추석 연휴 | **홈페이지** www.molitum.or.kr

경교장 12

백범 김구가 집무실과 숙소로 사용했던 곳. 민족인사들의 집결처이자 대한민국 정부 수립 이전 건국 활동의 중심을 이룬 장소다. 단아한 2층 건물로 비례미가 돋보인다. 김구 선생은 1949년 안두희의 흉탄에 이곳에서 서거했다. 이후 대만 대사관저, 베트남 대사관, 병원 등으로 사용되다 현재는 전시관으로 개방한다.

주소 서울시 종로구 새문안로 29 | **전화** 02-735-2038 | **시간** 09:00~18:00 | **휴무일** 월요일, 1월 1일 | **입장료** 무료 | **홈페이지** www.museum.seoul.kr

087

아리고도 아픈
역사의 현장

서대문형무소 역사관

POINT 일제강점기에 독립운동가들이 겪은 고난과 고통을 생생하게 보여주는 중요한 역사의 현장이다. 우리나라 역사를 공부하면서 꼭 방문해야 할 공간이다.

지금 이 땅에서 평화롭게 살아가고 있는 우리 모두 한 번쯤은 꼭 가봐야 할 역사적 공간이다. 서대문형무소는 1908년 일본이 경성감옥이라는 이름으로 지은 곳이다. 이곳은 우리나라의 독립을 위해 싸운 수많은 독립운동가, 의병, 계몽운동가가 수감되었던 뼈아픈 역사의 현장이다. 김구 선생, 유관순 열사, 안창호 선생 등 우리가 잘 아는 애국지사 상당수가 이곳에 수감되어 심문과 고문을 받았다. 광복 이후에는 서울구치소로 이용되며 민주화 관련 인사가 투옥되기도 했다. 이후 1998년, 서대문형무소역사관으로 변신해 현세대에게 우리나라의 가슴 아픈 독립의 역사를 보여준다. 서대문형무소역사관에 도착하면 전시관부터 관람하자. 전시관 1층은 서대문형무소 역사실로 서대문형무소의 역사를 한눈에 살펴볼 수 있다. 2층 민족저항실은 외침이 있을 때마다 일어섰던 의병을 시작으로, 독립운동가들의 활약상을 전시한다. 큰 공간을 빼곡하게 채운 독립운동가들의 수형기록표를 마주하는 순간, 숙연해진다. 그들의 표정이 굳은 결의를 보여주는 듯하다. 지하고문실은 심호흡 크게 한번 하고 돌아봐야 할 공간이다. 일제의 비인간적인 고문 형태를 전시해 보는 이들의 가슴을 아리고도 아프게 한다. 막연히 상상했던 독립운동가들의 고통을 피부

로 느껴볼 수 있다. 전시관 밖에도 돌아볼 공간이 많다. 형무소 조직 기구와 재소자의 생활상에 대해 전시하는 중앙사, 재소자의 노동력을 동원해 물품을 만들던 공작사, 많은 애국지사가 사형당한 사형장, 여성 애국지사를 신문·고문하던 여옥사 등을 천천히 관람해보자. 서대문형무소역사관을 돌아보는 내내 가슴이 아프다. 하지만 아프고 힘들더라도 우리가 꼭 마주해야 할 귀한 역사의 현장이 바로 이곳이다.

주소 서울시 서대문구 통일로 251 | **전화** 02-360-8590 | **시간** 3~10월 09:30~18:00, 11~2월 09:30~17:00 | **휴무일** 월요일(월요일이 공휴일인 경우 그다음 날), 1월 1일, 설날·추석 당일 | **입장료** 어른 3000원, 중·고등학생 1500원, 초등학생 1000원, 미취학 무료 | **홈페이지** sphh.sscmc.or.kr

◆사전 조사를 해봐요◆

MBC 〈선을 넘는 녀석들 리턴즈-28회〉: 서대문형무소를 찾아 3.1운동 그 후의 이야기를 들려준다. 이곳에서 독립운동가들이 얼마나 끔찍한 시간을 보냈는지 생생하게 설명한다. 3.1운동을 다룬 27회와 같이 연계해서 봐도 좋다.

도서 《신나는 교과 체험 학습 박물관-서대문형무소역사관》: 1870년대 이후부터 1945년 해방까지 우리나라 근대사를 한눈에 보여준다. 서대문형무소라는 공간을 통해 독립운동의 역사에 대해 얘기한다.

도서 《가자! 일제강점기 - 서대문형무소역사관》: 경술국치와 의병 활동, 서대문형무소와 관련된 독립운동가와 독립운동, 광복 이후 민주화 운동의 역사를 두루 보여준다.

도서 《만화 김구 백범일지》: 백범 김구의 일생과 독립운동에 대해 살펴볼 수 있는 책. '옥중 영웅 김구' 부분에 서대문형무소가 등장한다.

유튜브 〈설민석 선생님 아름다운 청춘, 유관순 열사〉: 서대문형무소역사관을 직접 돌아보며 유관순 열사의 생애에 대해 살펴본다.

◆엄마, 아빠랑 배워요◆

독립문은 일제강점기 독립운동과 관련 있나요?
프랑스 개선문을 모델 삼아 만든 독립문은 서대문형무소역사관과 인접해 있다. 그래서 독립문이 일제강점기 독립운동과 관련되었다고 생각하는 경우가 있다. 하지만 독립문은 일제강점기 이전인 1890년대에 완공됐다. 즉 일본이 아니라 중국(청나라)으로부터의 독립을 상징하는 건축물이다. 서재필과 독립협회의 주도하에 청나라 사신을 영접하던, 사대주의 상징인 영은문을 없애고 그 자리에 독립문을 세웠다. 우리나라가 자주독립국임을 국내외에 선포하기 위해 독립문을 세우기로 하고 전 국민을 대상으로 모금 운동을 펼쳐 마련한 돈으로 공사를 시작했다. 지금의 독립문은 원래 자리에서 70m 정도 떨어진 곳으로 이전한 것이며 독립문 앞에는 지금도 영은문 주초 2개가 남아 있다.

지하고문실 벽관 체험 01

상설전시관 지하에는 고문실이 있다. 당시 일제의 잔혹한 고문 현장을 재현했다. 일부 체험이 가능한 코너도 있어 간접적으로나마 그 고통을 공감해 볼 수 있다. 조금도 움직일 수 없는 틀에 사람을 가둬두는 벽관 고문도 직접 체험이 가능하다. 독립운동가가 겪어야 했던 고통을 조금이나마 가늠해보는 시간을 가져보자.

여옥사 02

일제는 1916년경 여옥사를 짓고 이곳에서 수많은 여성 독립운동가를 신문·고문했다. 1979년까지 사용하다 철거했던 것을 일제강점기 때 활동했던 수많은 여성 독립운동가에 대해 알리기 위해 원형 복원해 2013년 개관했다. 총 8개의 방으로 이뤄지며 시대별로 활동했던 여성 독립운동가들에 대한 기록을 전시한다. 유관순 열사가 수감됐던 8호 감방을 복원한 공간을 눈여겨보자.

사형장 03

1923년 일제가 목조건물로 지었다. 사형장 주변에는 5m 높이의 담이 자리한다. 사형장 내부에 개폐식 마루판과 교수 줄이 있다. 사형장 옆으로는 시구문이 있다. 일제가 독립운동가를 사형한 후 그 사실을 숨기기 위해 시신을 몰래 밖으로 반출하기 위해 만든 비밀 통로 같은 공간이다. 사형장은 더욱 경건한 태도로 돌아보게 된다.

격벽장 04

서대문형무소 역사관 야외를 돌다 보면 여러 개의 벽으로 이뤄진 독특한 건축물이 보인다. 이름도 낯선 격벽장. 수감자를 운동시키던 공간인데, 서로 대화하는 걸 막고 감시하기 위해 각 칸에 한 사람씩만 들어가게 했다. 원래의 격벽장은 철거했고 현재 것은 2011년 복원했다.

독립관 05

독립공원 내 독립관이 있다. 조선시대 사신들에게 연회를 베풀던 모화관이라는 건물을 독립협회가 중심이 되어 독립관으로 바꿨다. 원래 독립관은 일제가 강제 철거했고, 현재의 건물은 1997년 복원한 것이다. 현재는 순국선열을 추모하는 공간으로 이용한다. 서대문형무소역사관을 돌아본 후 이곳에 들러 참배를 하자.

> **TIP**
>
> **01** 홈페이지 자료 코너에 현장학습보고서 양식이 준비되어 있다. 초등학생용과 중·고등학생용이 준비되어 있다. 미리 다운받아 관람 시 활용하자.
>
> **02** 화요일부터 일요일까지 매일 정기 해설 프로그램을 운영한다. 자세한 일정은 홈페이지에서 확인하자.
>
> **03** 내부에 매점 등은 없고 음료 자판기가 있다. 마실 물 정도는 챙겨 가자.
>
> **04** 홈페이지에서 독립운동가에 대한 자료를 살펴볼 수 있다. 역사관 관람 전후에 참고해서 보면 좋다.
>
> **05** 다양한 역사 관련 프로그램을 운영한다. 역사캠프, 역사문화체험, 기획공연 등 알찬 프로그램이 가득하므로 홈페이지를 통해 확인 후 활용하자.
>
> **06** 뮤지엄 숍에서 관련 책자나 문화 상품을 구입할 수 있다.

주변 여행지 돌아보기

이진아기념도서관 01

책을 좋아하던 딸을 잃은 가족이 기금을 기부해 지은 구립 도서관이다. 아담하고 따뜻한 도서관이며 큰 창을 통해 시원한 전망이 펼쳐져 더욱 매력적이다. 모자열람실과 어린이열람실도 있다. 서대문형무소역사관에서 도보 5분.

주소 서울시 서대문구 독립문공원길 80 | **전화** 02-360-8600~3 | **시간** 1층 09:00~18:00, 3~4층 09:00~22:00(주말은 전체 09:00~17:00) | **휴무일** 월요일, 공휴일(일요일 제외) | **입장료** 무료 | **홈페이지** lib.sdm.or.kr

안산 02

서대문독립공원에서 뒤쪽에 안산이 자리한다. 산을 한 바퀴 완만하게 돌아보는 자락길도 조성돼 있다. 자락길을 따라 걸으며 정상의 봉수대까지 오를 수도 있다. 자락길에 독립운동가 안내판도 있어서 서대문형무소역사관과 연계해서 돌아보기 좋다. 서대문형무소역사관에서 도보 10분.

주소 서울시 서대문구 홍제동 산33-88 | **시간** 24시간 | **휴무일** 연중무휴

영천시장 03

아담한 규모의 옛날 분위기 시장이다. 과일, 생선, 채소 등 식재료 외 떡볶이, 꽈배기, 만두 등 주전부리가 많다. 아이들과 함께 시장 구경도 하고 요기도 할 수 있다. 서대문형무소역사관에서 도보 10분.

주소 서울시 서대문구 영천시장길 56 | **전화** 02-363-5350 | **시간** 상점마다 다름 | **휴무일** 상점마다 다름 | **가격** 상점마다 다름

서울 효창공원 04

원래 정조의 큰 아들인 문효세자의 무덤이 있어 효창원으로 불렸다. 문효세자의 묘를 서삼릉으로 이장하면서 효창공원으로 바뀌었다. 광복 후에는 애국지사의 유해를 이곳에 모셨다. 김구 선생, 이봉창 의사, 윤봉길 의사 등의 묘소와 백범김구기념관이 있어 아이들과 꼭 들러볼 만하다. 서대문형무소역사관에서 자동차로 20분.

주소 서울시 용산구 효창원로 177-18 | **전화** 02-2199-6823 | **시간** 24시간 | **휴무일** 연중무휴 | **입장료** 무료

경복궁 05

태조 이성계가 1395년 창건했다가 1592년 임진왜란으로 소실됐으며 1867년 고종 때 중건했다. 경복궁의 정전인 근정전, 편전 영역의 사정전, 왕의 침전인 강녕전, 동궁 영역의 자선당과 비현각 등이 있다. 서대문형무소역사관에서 지하철역 1정거장.

주소 서울시 종로구 사직로 161 | **전화** 02-3700-3900 | **시간** 11~2월 09:00~17:00, 3~5월·9~10월 09:00~18:00, 6~8월 09:00~18:30 | **휴무일** 화요일 | **입장료** 만 25~64세 3000원 | **홈페이지** www.royalpalace.go.kr

서대문자연사박물관 06

우리나라에서 가장 오래된 공립 자연사박물관이다. 상설전시관은 인간과자연관, 생명진화관, 지구환경관으로 이뤄진다. 생명의 기원과 탄생 및 진화, 생명의 다양성, 지구의 탄생과 태양계, 생태계 파괴와 그에 따른 인간의 피해 등 다양한 주제에 대해 배우고 고민해볼 기회를 제공한다. 서대문형무소역사관에서 자동차로 14분.

주소 서울시 서대문구 연희로32길 51 | **전화** 02-330-8899, 8882 | **시간** 3~10월 09:00~18:00(토요일·공휴일은 19:00까지), 11~2월 09:00~17:00(토요일·공휴일은 18:00까지) | **휴무일** 월요일(월요일이 공휴일인 경우 그다음 날), 1월 1일, 설날·추석 당일 | **입장료** 어른 7000원, 청소년 4000원, 어린이(만 5~12세) 3000원 | **홈페이지** namu.sdm.go.kr

088

과거와 현재가 만나는
역사문화마을

돈의문 박물관마을

POINT 흔적 없이 사라진 돈의문은 조선시대 한양도성 서쪽에 세운 문이었다. 이야기로만 전해지던 돈의문과 일대 마을. 그곳에 깃든 역사를 꺼내본다.

서울에 동대문(흥인지문), 남대문(숭례문)은 있는데 서대문은 어디에 있을까? 1396년 한양도성 서쪽에 서대문이라 불리는 돈의문이 세워졌다. 돈의문은 1413년 경복궁의 기운을 해친다는 이유로 폐쇄됐다가 1442년 정동 사거리에 새롭게 조성됐다. 이후 돈의문은 '새문'이라는 이름을 얻었고, 문 안쪽에 있는 마을을 '새문안'이라 했다. 1915년 일제는 도로 확장을 이유로 서울성곽과 돈의문을 허물었는데, 이후 이 일대에는 가정집, 식당 등이 들어섰다. 오랜 세월이 흘러 2017년 9월, 경희궁 옆 골목에 돈의문박물관마을이 탄생했다. 당시 마을 풍경을 재현해 살아 있는 박물관 마을로 거듭났다. 마을전시관(16개 동), 체험교육관(9개 동), 마을창작소(9개 동) 등 3개 공간으로 구성된다. 1920년대에 지어진 40여 채의 집은 근현대 시대를 간접 체험해 볼 수 있는 체험관으로 거듭났다. 근현대 100년 생활사를 돌아보고, 도시재생의 의미를 생각해 본다.

주소 서울시 종로구 송월길 14-3 | **전화** 02-739-6994 | **시간** 10:00~19:00 | **휴무일** 월요일 | **입장료** 무료 | **홈페이지** http://dmvillage.info

◆ **사전 조사를 해봐요** ◆

도서 《설민석의 한국사 대모험》 : 역사 지식을 기반으로 재미있는 스토리로 풀어가는 시리즈물. 어린이 눈높이에서 한국사를 쉽고 재밌게 구성한 학습 만화다.

e-book 《돈의문박물관마을 대한민국을 여행하는 히치하이커를 위한 안내서》 : 돈의문의 역사와 함께 주변 가볼 만한 곳을 코스로 소개한다.

◆ **엄마, 아빠랑 배워요** ◆

돈의문을 보고 싶어요!
증강현실(AR), 가상현실(VR) 기술로 복원한 돈의문을 볼 수 있다. 돈의문 근처에서 AR 앱을 다운로드받아 실행하면 과거 돈의문 모습이 여러 각도에서 펼쳐진다. 돈의문을 철거하기 이전 사진 자료를 바탕으로 IT 기술을 적용해 입체적인 풍경을 재현했다. 돈의문박물관에서는 VR 체험을 통해 문루 내부와 성벽, 한양도성 풍경을 실감 나게 살펴볼 수 있다.

마을 전시관 01

3·1운동과 대한민국 임시정부 수립 100주년 기념 테마 전시관인 '독립운동가의 집', 20세기 초 재한 외국인과 개화파 인사들의 사교 공간인 '돈의문구락부', 1960~1980년대 가정집 내부를 재현한 '생활사 전시관', 세대별 시민 소장품을 전시한 '시민갤러리' 등 돈의문 일대 마을 역사를 전시한다.

체험 교육관 02

전통문화 명인들이 운영하는 코너. 한지공예, 서예, 자수공예, 닥종이공방, 차·가배 드립백 만들기 등 다양한 체험이 열린다. 일부 체험은 인터넷 예약제로 운영한다.

마을 창작소 03

일상 문화와 인문학을 토대로 다양한 생활 문화 작가들의 강연과 체험 교육을 진행한다. 작가 모집을 통한 2주 단위 레지던시, 릴레이 전시, 우리가 만들어가는 박물관, 서대문 여관 프로젝트 등이 있다.

마을 전시관 6080 감성 공간 01-1

1960~1980년대를 재현한 공간이다. 돈의문 컴퓨타게임장, 새문안만화방, 서대문사진관, 삼거리 이용원 등 당시 생활상을 살펴볼 수 있다. 각 공간에서 직접 체험도 해볼 수 있다.

TIP
01 돈의문박물관마을 곳곳에 벽화, 트리아트 포토존이 있다. 역사 속 한 장면의 주인공이 되어 사진을 남길 수 있다.
02 서궁 갤러리카페, 카페 다화에서 차를 마시며 잠시 쉬어갈 수 있으며, 돈의문상회에서는 돈의문박물관 기념품과 입주 작가의 작품을 판매한다.
03 설추석연휴 등에는 기간 한정 특별체험 프로그램을 운영한다.

서울도시건축센터 01

서울시 도시건축 문화유산의 가치를 높이고, 역사적 공간을 활용해 문화산업 플랫폼으로 활용한다. 서울 도시건축의 전문적인 데이터를 보관하고, 시민을 위한 전시와 교육, 행사 등을 제공한다. 돈의문박물관마을 입구에 위치.

주소 서울시 종로구 송월길 2 | **전화** 02-739-2979 | **시간** 10:00~18:00 | **휴무일** 공휴일 | **가격** 무료 | **홈페이지** https://sca.seoul.go.kr

경찰박물관 02

경희궁 흥화문 옆에 있는 경찰박물관은 대한민국 경찰의 역사와 경찰이 하는 일을 전시한다. 경찰 근무복을 입고 순찰차, 모터사이클에서 기념사진도 남겨볼 수 있다. 전시 관람과 체험을 통해 경찰을 간접 체험해 볼 수 있는 기회를 제공한다. 돈의문박물관 마을에서 도보 2분.

주소 서울시 종로구 송월길 162 | **전화** 02-3150-3681 | **시간** 09:30~17:30 | **휴무일** 월요일, 1월 1일, 설추석 연휴 | **입장료** 무료 | **홈페이지** www.policemuseum.go.kr

경희궁 03

조선시대 이궁(별궁)으로, 인조 이후 철종에 이르기까지 10대 임금들이 머물렀다. 처음 지었을 당시에는 정전인 숭정전, 편전인 자정전, 침전인 융복전 등 100여 동의 건물이 있었지만 일제가 대한제국을 강점하면서 대부분의 궁궐 건물을 헐었고, 지금은 원래 면적의 절반 정도로 축소되었다. 돈의문박물관마을에서 도보 2분.

주소 서울시 종로구 신문로2가 1-2 | **전화** 02-724-0274 | **시간** 09:00~18:00 | **휴무일** 연중무휴 | **가격** 무료

089

근대 역사를 간직한 서울의 관문

서울역 & 문화역서울284

POINT
서울역은 우리나라 최대 교통 중심지이자 서울의 관문이다. 복합 문화 공간으로 거듭난 구 서울역(문화역서울284)은 근대 건축문화를 간직하고 있다.

서울역은 하루 평균 약 32만 명이 이용하는 교통 중심지다. 구 서울역은 우리나라에서 가장 오래된 철도역으로 1925년 스위스 루체른 역을 모델로 삼아 지었다. 르네상스 양식의 돔과 아치가 인상적이다. 건축 당시 1층에는 매표소와 중앙홀, 1·2·3등 대합실, 부인대합실, 귀빈실, 역장실 등이 있었다. 2층에는 당대 최고의 양식당, 서울역 그릴이 있었는데 지식인들이 사교 장소로 이용했다. 2004년 기존 서울역 옆에 지은 신역사가 문을 열었고, KTX가 개통됐다. 구 서울역은 복원 공사를 마친 후 2011년 '문화역서울284'로 거듭나 다양한 장르의 전시, 공연을 여는 문화 공간이 되었다. '284'는 구 서울역의 사적 번호를 뜻한다.

주소 서울시 용산구 한강대로 405(서울역), 서울시 중구 통일로 1(문화역서울284) | **전화** 1544-7788(서울역), 02-3407-3500(문화역서울284) | **시간** 서울역 24시간, 문화역서울284 10:00~19:00 | **휴무일** 서울역 연중무휴, 문화역서울284 부정기(전시 준비 기간) | **입장료** 무료 | **홈페이지** www.seoul284.org

◆사전 조사를 해봐요◆

도서 《서울역》 : 박영란의 소설로, 서울역을 배경으로 살아가는 사람들을 열살 소년의 눈으로 지켜보는 과정을 그린다. 1년 365일 바쁘게만 돌아가는 서울역. 그 속에서 미처 바라보지 못했던 풍경이 있다.

◆엄마, 아빠랑 배워요◆

서울역은 언제 처음 생겼나요?
서울역은 1900년 '남대문 정거장'이라는 이름으로 영업을 시작했다. 열 평 남짓, 목조건물로 이루어진 작은 정거장이었다. 이후 경부선이 생기고, 남대문 정거장을 찾는 사람이 많아지면서 역 이름을 경성역으로 바꾸었다. 현재 구 서울역으로 불리는 문화역서울284는 일본의 건축과 교수가 설계했으며 1925년에 완공했다.

알차게 돌아보기

강우규 의사 동상 01

문화역 서울 284 RTO 공연장 앞에는 강우규 의사 동상이 있다. 강우규 의사는 1919년 9월 2일 서울역 광장에서 조선총독부 제3대 총독인 사이토 총독을 향해 폭탄을 던졌다. 폭탄은 총독을 피해 갔지만 조선의 독립 의지를 알리는 역사적인 사건이었다.

한국철도 100주년 동판 02

문화역 서울 284 입구 바닥에는 한국 철도 100년을 기념하는 동판이 있다. 서울역이 담당했던 역할을 상징적으로 보여준다.

문화역 서울 284 프로그램 03

전시, 공연, 교육, 영화 등 다양한 문화 프로그램이 열린다. 대부분 무료로 개방하지만 관람 인원을 제한하거나 특성상 예약이 필요한 프로그램에 한해 예약제로 운영한다.

> **TIP**
> 01 통합 민자 역사인 서울역은 역무동, 백화점, 주차장, 식음 편의 시설 등으로 구성된다.
> 02 서울역에는 약국, 푸드코트, 전문 식당가, 패스트푸드점, 카페가 있다. KTX 승강장으로 내려가는 길목에는 테이크아웃 도시락 전문점이 모여 있다.
> 03 서울역 중앙에 안내센터에서 서울역 이용에 관련된 궁금증을 문의할 수 있다.

주변 여행지 돌아보기

서울로7017 01

1970년에 지은 서울역 고가도로를 2017년 17개의 보행길로 연결했다. 차가 다니던 고가도로가 보행로가 되었다. 잘 정비된 산책로를 따라 서울 도심 풍경을 즐길 수 있다. 서울로 안내소, 서울로 가게 등 다양한 볼거리가 있다. 연결 통로를 통해 주변 관광 명소와 이어진다. 서울역에서 도보 5분.

주소 서울시 중구 청파로 432 | **전화** 120 | **시간** 24시간 | **휴무일** 연중무휴 | **입장료** 무료 | **홈페이지** seoullo7017.seoul.go.kr

효창공원 백범김구기념관 02

민족정신으로 세상을 밝힌 백범 김구의 삶을 돌아보는 기념관이다. 독립운동을 중심으로 광복 전후의 근현대사를 전시한다. 서울역에서 도보 30분 또는 자동차로 5분.

주소 서울시 용산구 임정로 26 | **전화** 02-799-3400 | **시간** 3~10월 10:00~18:00, 11~2월 10:00~17:00 | **휴무일** 월요일, 1월 1일, 설날·추석 당일 | **입장료** 무료 | **홈페이지** www.kimkoomuseum.org

안중근의사기념관 03

1909년 10월 26일 하얼빈 역에서 이토히로부미를 처단한 안중근을 기리는 기념관이다. 그의 생애와 독립운동 관련 자료를 전시한다. 초등학생을 대상으로 체험교실을 운영한다. 서울역에서 도보 20분.

주소 서울시 중구 남대문로5가 471-2 | **전화** 02-3789-1016 | **시간** 3~10월 10:00~18:00, 11~2월 10:00~17:00 | **휴무일** 월요일, 1월 1일, 설날·추석 당일 | **입장료** 무료 | **홈페이지** ahnjunggeun.or.kr

090

그때 그 시절,
해방 이후 서울의 삶
서울생활사
박물관

POINT 서울 시민이 살아온 삶을 담은 박물관이다. 평범하지만 특별한 서울의 일상을 전시한다.

"엄마 아빠도 이 물건 썼어?" 20~30여 년 전만 해도 일상에서 쉽게 볼 수 있던 친근한 물건이 이제는 박물관 한자리를 차지한다. 학부모 세대에게는 추억을 불러일으키지만 아이들에게는 신기한 물건이다. 서울시 노원구 옛 북부지방법원을 리모델링해 만든 서울생활사박물관은 해방 이후 급격한 산업화와 함께 생활양식이 빠르게 변화한 서울의 생활사를 전시한다. 생활사 전시실은 해방 이후 근현대 서울 시민의 생활상을 보여주는 1100여 점의 유물로 채워졌다. 대부분 시민들이 기증한 것이다. 1970년대 서울을 달리던 포니·브리사 자동차부터 그 시절 아이들이 가지고 놀던 종이 딱지와 장난감에 이르기까지 당시 생활을 속속들이 보여준다. 전시 관람을 마치고 나오는 길, 과거와 현재를 넘나들며 세대 간 소통이 더욱 긴밀해진 듯한 느낌이다.

주소 서울시 노원구 동일로174길 27 | **전화** 02-3399-2900 | **시간** 3월~10월 09:00~19:00, 11월~2월 09:00~19:00(주말, 공휴일 09:00~18:00) | **휴무일** 월요일, 1월 1일 | **가격** 무료 | **홈페이지** https://museum.seoul.go.kr/sulm/index.do

◆ **사전 조사를 해봐요** ◆

드라마 〈응답하라 1988〉 : 1988년 서울 쌍문동을 배경으로 한 20부작 드라마. 한 골목에 사는 다섯 가족의 일상 이야기를 재미있게 담았다. 15세 이상 관람가.

만화 〈검정고무신〉 : 1960년 서울, 초등학생 기영이와 중학생 기철이 가족이 사는 모습을 그려낸 만화. KBS에서 인기리에 방영되었다. 현재는 쥬니버에서 무료 동영상으로 감상할 수 있다.

◆ **엄마, 아빠랑 배워요** ◆

구치감 전시실이 왜 이곳에 있나요?
서울생활사박물관 별관동에 구치감 전시실이 있다. 실제로 이곳은 1974년부터 2010년까지 서울북부지방 검찰청에서 재판을 기다리던 미결수들이 머물던 장소다. 역사성을 보존하기 위해 구치감이 있던 공간을 전시실로 꾸몄다. 교도관과 수용자 복장 체험을 통해 수용 생활을 경험할 수 있다. 전시실을 지나면 1960~1980년대 서울 골목을 재현한 세트장이 이어진다.

알차게 돌아보기

본관 1층 01
'서울풍경' 전시실은 1950년대 한국전쟁 직후 폐허였던 서울의 모습과 재건을 통해 안정을 찾은 1960년대부터 1980년대까지 서울의 모습을 전시한다. 전쟁 후 희망을 놓지 않고, 부지런한 삶을 일군 서울 시민의 활기찬 모습을 전시한다. 국산 자동차 브리사와 포니 택시가 눈길을 끈다.

본관 2층 02
'서울살이' 전시실에서 서울 토박이들이 기증한 유물을 볼 수 있다. 평범한 서울 시민은 어떻게 결혼하고 가정을 꾸리며 살아갔을까? '서울 가족 탄생하다', '서울내기 나고 자라다' 등의 코너가 흥미롭다.

본관 3층 03
'서울의 꿈' 전시실에서는 서울의 주택, 교육, 생업의 변천사를 전시한다. 서울 시민이 살던 공간과 일터 모습을 통해 바쁜 일상을 짐작해볼 수 있다. 학교 풍경 변천사를 담은 '배우고 경쟁하다' 코너가 눈길을 끈다.

TIP
01 어린이체험실 옴팡놀이터 등 일부 체험은 사전 예약을 통해 운영된다. 오감 놀이를 결합한 체험을 통해 아이들의 호기심과 상상력을 자극한다.
02 본관 3층 연결 통로를 통해 나가면 옥상정원과 카페가 있고, 서울여성공예센터와도 이어진다.
03 본관 1층 안내센터에서 상설전시 음성 안내기를 무료로 대여해준다. 한국어, 영어, 중국어, 일본어를 지원하며 한국어 해설은 어린이용과 일반용으로 맞춤식 해설을 제공한다

주변 여행지 돌아보기

경춘선숲길 01
서울 청량리와 춘천을 잇는 경춘선은 2010년 12월 복선 구간 개통으로 노선이 변경됐다. 전철이 개통되면서 폐쇄됐던 철길 6km 구간이 숲길로 재탄생했다. 서울 월계동 경춘철교부터 옛 화랑대역을 잇는 경춘선 숲길 주변으로 카페, 식당 등이 여럿 들어서 산책을 하며 구경하는 재미가 있다. 서울생활사박물관 도보 5분.
주소 서울시 성북구 월계동~노원구 공릉동 일대

태릉 02
태릉은 중종의 세 번째 왕비 문정왕후의 능이다. 왕릉으로 들어가는 길, 왕릉 관리와 제례 준비를 위한 재실이 있고, 제향 공간 입구에는 홍살문을 설치해 신성한 영역임을 표시했다. 홍살문을 지나면 제례를 지내는 정자각과 왕릉이 나온다. 왕릉 입구에 있는 조선왕릉전시관 관람도 놓치지 말 것. 서울생활사박물관에서 자동차로 10분.
주소 서울시 노원구 화랑로 681 | **전화** 02-972-0370 | **시간** 2~5·9~10월(09:00~18:00), 6~8월(09:00~18:30), 11월~1월(09:00~17:30) | **휴무일** 월요일 | **입장료** 개인(만 25~64세) 1000원, 단체(10인 이상) 800원 | **홈페이지** http://royaltombs.cha.go.kr

태릉국제스케이트장 03
국제 빙상장 규격을 갖춘 400m 규모의 실내 아이스링크다. 사계절 내내 실내 아이스링크에서 스케이트를 즐길 수 있다. 스피드·피겨스케이팅 강습도 열린다. 서울생활사박물관 자동차로 10분.
주소 서울시 노원구 화랑로 727 | **전화** 02-970-0501 | **시간** 10:00~18:00 | **휴무일** 연중무휴 | **입장료** 어른 4000원, 어린이 3000원 | **홈페이지** www.icerink.or.kr

091

짜장면 먹고
역사도 배우고~
인천 차이나타운

> 외국까지 나가지 않고 다른 나라의 문화를 접할 수 있는 곳이 인천 차이나타운이다. 더구나 우리나라 근대 역사의 한 장을 장식하는 곳이라 역사적으로 방문해볼 만한 가치가 있다.

인천 차이나타운의 역사는 1880년대로 거슬러 올라간다. 1883년 인천항이 개항되고, 1884년 지금 인천시 선린동 일대에 중국 조계지가 설치됐다. 그러면서 중국인들이 이곳으로 이주해 정착했다. 화교들은 상권을 넓혀나갔고 화교 인구도 늘었다. 이때 중국풍 건축물을 많이 세웠다. 청국영사관이 들어섰고 1920년대부터 한국전쟁 전까지는 청요리 중심지로 인기를 얻었다. 한창 호황기를 누리던 인천의 화교 사회는 한국전쟁과 인천 상륙 작전으로 쇠퇴한다. 당시 차이나타운 쪽이 전면 포격을 당하면서 많은 건물이 파괴됐기 때문에 지금까지 남아 있는 당대 건축물은 극히 드물다. 2000년대 들어 인천 차이나타운이 관광특구로 지정되면서 관광 시설이 확충되고 상권도 활성화됐다. 인천 차이나타운을 방문하면 역사의 흔적을 담은 근대 유적도 함께 돌아보자. 청국영사관 터와 옛 공화춘 건물, 화교중산학교 등 중국 관련 근대 유적과 옛 일본영사관, 옛 인천일본제18은행지점, 옛 인천일본제1은행지점 등 일본 관련 근대 유적을 살펴볼 수 있다.

주소 인천시 중구 차이나타운로59번길 12 일대 | **전화** 032-777-1330 | **시간** 상점마다 다름 | **휴무일** 상점마다 다름 | **가격** 상점마다 다름 | **홈페이지** ic-chinatown.co.kr

◆ **사전 조사를 해봐요** ◆

도서 《용선생 만화 한국사 10》: 1876년 개항 전부터 1910년 일제에 의한 강제 병합 시기까지 중요한 사건을 다룬다. 인천 차이나타운과 개항장에 관련된 내용도 소개한다.

도서 《맛있는 짜장면의 역사》: 우리가 흔히 먹는 짜장면의 역사에 대해 얘기한다. 짜장면을 처음 판매한 공화춘과 차이나타운도 소개한다.

도서 《초등학생을 위한 인천역사문화여행》: 인천항, 차이나타운, 소래포구 등 인천의 다양한 명소를 통해 역사와 문화에 대해 얘기한다.

알차게 돌아보기

짜장면박물관　01

지금 짜장면박물관이 들어선 건물은 옛 공화춘이다. 공화춘은 우리나라에서 짜장면을 초기 개발한 곳 중 하나로 알려져 있다. 중국인 우희광이 '산동회관'이라는 이름으로 처음 영업을 시작했고 1911년 청나라가 중화민국으로 바뀌면서 가게 이름을 공화춘으로 변경했다. 차이나타운의 대표 중국집으로 인기를 얻었으나, 1983년 폐업했다. 건축물은 2006년 등록문화재로 지정됐고, 2012년 이곳에 짜장면박물관이 문을 열었다.

인천개항박물관　02

옛 인천일본제1은행지점에 들어선 역사박물관이다. 중앙 돔 형식의 석조 단층 건축물로, 근대건축의 아름다움을 보여준다. 4개의 전시실로 구성되며, 인천개항장의 근대 문물, 경인철도와 한국 철도사, 개항기의 인천 풍경, 인천 전환국과 금융기관이라는 테마 아래 전시가 이뤄진다.

인천개항장 근대건축전시관　03

옛 인천일본제18은행 지점을 지금은 근대건축전시관으로 이용한다. 고전적 장식의 절충주의 양식을 띤 단층 건물이다. 출입구의 석주 양식이 아주 정교하다. 중구 개항장 일대의 근대건축물 현황에 대한 전시를 개최한다.

주변 여행지 돌아보기

송월동 동화마을　01

인천항 개항 이후 외국인들이 거주하던 부촌이었으나 현대에는 젊은 사람들이 떠나고 빈집이 방치된 활기 잃은 동네였다. 이런 환경을 개선하기 위해 담벼락마다 세계 명작 동화를 테마로 그림을 그려 동화마을로 변신했다. 인천 차이나타운에서 도보 5분.

주소 인천시 중구 자유공원서로37번길 22 | **전화** 032-760-6480 | **시간** 24시간 | **휴무일** 연중무휴 | **입장료** 무료

화도진공원　02

1882년 조미수호통상조약이 체결된 역사적 현장에 1982년 한미 수교 100주년을 맞아 공원을 조성했다. 1988년에는 동헌, 안채, 사랑채, 전시관 등을 세우고 옛 모습을 복원했다. 조미수호통상조약을 체결하던 모습을 밀랍인형으로 전시했다. 인천 차이나타운에서 자동차로 5분.

주소 인천시 동구 화도진로 114 | **전화** 032-770-6892 | **시간** 24시간(전시관은 09:00~18:00) | **휴무일** 연중무휴 | **입장료** 무료 | **홈페이지** www.icdonggu.go.kr/open_content/culture

신포국제시장　03

인천항 개항 이후 형성된 역사 깊은 전통시장. 19세기 말 신포동의 푸성귀전이 신포국제시장의 시초라고 알려져 있다. 푸성귀전의 상인은 화농(華農)이라는 중국인들이었고 손님은 주로 일본인들이었다. 당시부터 국제시장의 모습을 갖추었던 셈이다. 이 시장은 역사적인 의의뿐 아니라 먹거리가 풍성해 방문할 가치가 있다. 쫄면의 고향으로 알려진 신포우리만두를 비롯해 신포닭강정 등 소문난 맛집을 찾아가보자. 인천 차이나타운에서 자동차 4분.

주소 인천시 중구 우현로49번길 11-5 | **전화** 032-772-5812 | **홈페이지** www.sinpomarket.com

092

타임머신 타고 생생한 과거 속으로~
군산근대 역사박물관

POINT
군산이라는 도시를 통해 우리나라 근대 역사와 문화를 살펴볼 수 있다. 군산 근대 역사를 개괄적으로 보여주는 군산근대역사박물관을 중심으로 주변에 근대 문화유산이 많이 남아 있어 생생한 배움의 기회를 제공한다.

군산은 우리나라에서 근대 문화유산을 가장 많이 간직한 도시로 손꼽힌다. 1899년 개항한 군산항을 중심으로 많은 근대 문화유산이 남아 있다. 일제강점기 군산에는 조선 사람보다 일본인이 더 많았고, 상당수의 토지가 일본인들의 소유였다. 엄청난 양의 쌀이 군산항을 통해 일본으로 흘러갔으며 조선인들은 굶주렸다. 일제강점기의 아픈 역사를 간직한 군산의 근대 문화유산을 탐방해보자. 군산 근대 문화유산 탐방의 중심에 근대역사박물관이 있다.

이곳에서 군산의 근대 역사를 먼저 살펴본 후 근대 문화유산 탐방에 나서는 게 좋다. 해양물류역사관과 독립영웅관, 근대생활관, 어린이체험관 등의 전시관으로 구성되는데 1930년대 군산의 모습을 재현한 근대생활관이 특히 흥미롭다. 당시의 잡화점, 인력거 조합, 군산역, 임피역, 내항 등을 재현해 마치 타임머신을 타고 과거로 되돌아간 듯한 기분을 선사한다.

◆ **사전 조사를 해봐요** ◆

도서 《지리쌤과 함께하는 우리나라 도시 여행》: 우리나라 대표 도시 24곳의 지리, 역사, 문화를 친절하게 소개한다. '역사의 탁류를 건너 서해안 시대를 열어가는 군산'이라는 내용이 포함된다.

◆ **엄마, 아빠랑 배워요** ◆

등록문화재가 뭐예요?
군산 근대 문화 역사 탐방 시 등록문화재를 여럿 만나게 된다. 문화재의 종류로는 우리가 흔히 아는 국보, 보물, 천연기념물 같은 국가지정문화재를 비롯해 시도지정문화재, 문화재자료, 등록문화재, 비지정문화재가 있다. 문화청에 따르면, 등록문화재는 지정문화재가 아닌 근현대 시기에 형성된 건조물 또는 기념이 될 만한 시설물 형태의 문화재 중에서 보존가치가 큰 것을 말한다. 군산에서는 동국사 대웅전, 신흥동 일본식 가옥, 구 조선은행 군산지점, 구 일본 제18은행 군산지점 등이 등록문화재로 등록되어 있다.

주소 전라북도 군산시 해망로 240 | **전화** 063-454-7870 | **시간** 3~10월 09:00~18:00, 11~2월 09:00~17:00 | **휴무일** 월요일, 1월 1일 | **입장료** 어른 2000원, 청소년 1000원, 어린이 500원, 만 6세 이하·65세 이상 무료 | **홈페이지** museum.gunsan.go.kr

군산근대건축관 01

구 조선은행 군산지점이었던 건물로, 일제강점기 수탈을 상징하는 공간이다. 당시 일본 상인들에게 특혜를 제공하면서 일제가 지역 상권을 장악하는 데 일조한 은행이다. 채만식의 소설 《탁류》에서 고태수가 다니던 은행으로 묘사되기도 했다. 2008년 복원 과정을 거쳐 군산 근대건축관으로 이용되고 있다.

주소 전라북도 군산시 해망로 214 | **전화** 063-446-9811

군산근대미술관 02

구 일본제18은행 군산지점 건물이다. 광복 후에는 대한통운 지점으로 사용되다 2008년 복원 과정을 통해 군산근대미술관으로 변모했다. 일제 수탈사를 사진으로 살펴볼 수 있으며, 금고동 건물에는 안중근 의사가 투옥된 여순 감옥을 재현한 전시장이 있다.

주소 전라북도 군산시 해망로 230 | **전화** 063-446-9812

군산 빈해원 03

1950년대 초 화교가 창업한 중국 음식점으로, 현재까지 영업 중이다. 1층과 2층의 개방형 공간이 특징적이며, 이러한 독특한 분위기 때문에 영화와 드라마 촬영지로 사용되기도 했다. 당시 군산에 정착했던 화교의 문화를 엿볼 수 있는 건축물로 평가받으며 등록문화재로 지정됐다.

주소 전라북도 군산시 동령길 57 | **전화** 063-445-2429

군산 신흥동 일본식 가옥 04

군산 신흥동 일대는 일제강점기 부유층 거주지였다. 당시 포목점을 운영하던 히로쓰 게이샤부로가 지은 주택이라 히로쓰 가옥이라고도 부른다. 목조 2층 주택으로, 건축 당시 모습을 잘 유지하고 있어 등록문화재로 지정됐다. <장군의 아들>, <타짜> 등 여러 영화와 드라마를 이곳에서 촬영하기도 했다.

주소 전라북도 군산시 구영1길 17 | **전화** 063-454-3923

동국사 05

일제강점기에 창건된 국내 유일의 일본식 사찰이다. 일본인 승려 우치다가 금강사라는 이름으로 창건했으나, 광복 후 동국사로 사찰 이름을 변경했다. 우리나라에 유일하게 남아 있는 일본식 사찰로, 한국 전통 사찰과는 다른 건축양식을 보인다. 동국사 대웅전은 등록문화재로 지정되었다.

주소 전라북도 군산시 동국사길 16 | **전화** 063-462-5366

진포해양테마공원 06

고려 말 최무선이 화포로 왜구를 물리쳤던 진포대첩의 의의를 기리는 뜻에서 조성한 해양 공원이다. 4200톤급 위봉함을 체험 위주 전시 공간으로 조성해 특별한 즐길 거리를 제공한다. 해경정, 수륙 양용 장갑차, 전투기 등 퇴역 군장비도 야외에 전시되어 있다.

주소 전라북도 군산시 내항2길 32 | **전화** 063-454-7873

093

한반도 분단 현실을
보여주는 자연 비경
두타연

POINT 민간인출입통제선 안에 위치한 두타연을 돌아보며 우리나라 분단 현실을 가까이에서 느껴보는 기회를 갖는다.

두타연은 오염되지 않은 깨끗한 자연환경으로 유명한데 역설적으로도 이런 환경이 유지된 데는 한국전쟁과 분단이라는 아픈 우리의 역사가 배경이 됐다. 두타연 계곡물은 금강산에서 흘러오고 두타연에서 금강산까지 가는 옛길도 있다. 하지만 남북을 연결하는 이 물길과 옛길은 한국전쟁 이후 단절됐다. 남북 분단으로 두타연은 50여 년 동안 민간인 출입이 통제되다가 2004년에야 일반인에 개방됐으나 이마저도 사전 출입 신청이 필수였다. 이후 2013년부터는 당일 출입 신청 및 관광이 가능해졌다. 물론 지금도 신청서와 서약서, 신분증을 제출한 후에야 두타연에 들어갈 수 있다. 두타연을 돌아보는 몇 코스가 있는데, 아이들을 동반한 경우에는 1시간짜리 기본 코스를 추천한다. 1부터 10번까지 화살표를 따라 걸으면 된다. 길도 완만하고 다양한 볼거리가 있어 아이들과 걷기에 좋다. 계곡과 폭포, 그 주변을 둘러싼 기암괴석 등 수려한 풍광에 빠져 걷다가도 산책로 옆으로 종종 보이는 '지뢰 주의'라는 문구에서 전쟁의 상흔과 분단의 아픔을 떠올리게 된다. 아이들도 말로만 듣던 분단의 현실을 실감하게 되는 현장이다.

주소 강원도 양구군 방산면 두타연로 297 | **전화** 033-480-7266 | **시간** 3~10월 09:00~17:00, 11~2월 09:00~16:00 | **휴무일** 월요일(월요일이 공휴일인 경우는 예외), 설날·추석 당일 오전 | **입장료** 만 19~64세 6000원, 만 7~18세 3000원 | **홈페이지** stour.ticketplay.zone

TIP
01 두타연은 민간인출입통제선 안에 위치하기 때문에 출입 시 금강산가는길안내소에 들러 출입신청서와 서약서, 신분증을 함께 제출해야 한다.
02 신청자들에게는 출입증을 제공하는데, 두타연에 머무는 동안 꼭 휴대해야 한다. 위치 추적용 출입증으로, 안전 문제 때문이다.
03 두타연 전 지역은 지뢰 지대다. 지정된 산책로에서 벗어나지 않도록 주의하자.
04 두타연 내 음식물 반입이 금지된다.

알차게 돌아보기

01 두타연조각공원

산책로 1코스에서 만나는 조각공원이다. 너른 잔디밭에 여러 작가의 작품과 탱크 등 군사 장비가 전시되어 있다. 전쟁을 모티브로 한 조각 작품을 찬찬히 살펴보며 그 의미를 생각해 보자.

02 두타사 옛터

두타연의 이름은 두타사라는 절에서 유래한 것으로 알려져 있다. 안내판에 따르면 두타사는 고려시대에 창건됐으며, 1723년 이전에 폐사된 것으로 추정된다. 현재 두타사의 원형을 확인할 만한 흔적은 거의 남아 있지 않다. 두타연 내에 자리한 보덕굴은 회정선사가 관음보살을 친견했다는 전설이 깃든 곳이다.

03 지뢰체험장

지뢰 종류와 그 특징에 대해 설명해 놓은 지뢰체험장이 있다. 모형 지뢰를 직접 밟아보도록 설치해 지뢰의 위력을 간접적으로나마 경험해볼 수 있다.

◆ **사전 조사를 해봐요** ◆

도서 《신나는 교과연계 체험 학습 시리즈 25 – 비무장지대》 : 한국전쟁 전후의 우리나라 역사에 대해 살펴본다. 휴전선이 왜 생겨났는지, 비무장지대란 무엇인지 설명해준다.

도서 《초등학생을 위한 맨처음 근현대사 3》 : 분단부터 민주주의 완성까지의 역사를 다룬다. 분단과 한국전쟁, 민주주의 등에 대해 아이들 눈높이에 맞춰 설명한다.

◆ **엄마, 아빠랑 배워요** ◆

비무장지대와 민간인출입통제선은 뭐가 달라요?
비무장지대는 흔히 DMZ, 민간인출입통제선은 민통선이라고 부른다. 휴전선인 군사분계선(MDL)을 중심으로 남북으로 각각 약 2km의 지대가 비무장지대다. 비무장지대 안에는 군대나 무기, 군사 시설 배치가 금지된다. 민통선은 비무장지대 밖 남방한계선에서 남쪽으로 5~20km 거리의 민간인 통제 구역이다. 민간인 통제 구역이지만 일반인들이 거주하는 마을도 일부 있다.

주변 여행지 돌아보기

01 양구수목원

비무장지대(DMZ)와 양구 일대에서 자생하는 희귀식물을 만나볼 수 있다. DMZ야생동물생태관, DMZ야생화분재원, DMZ무장애나눔숲길, 생태탐방로 등이 어우러져 있다. 금강산가는길 안내소에서 자동차로 20분.

주소 강원도 양구군 동면 숨골로310번길 132 | **전화** 033-480-7391 | **시간** 09:00~18:00 | **휴무일** 월요일(월요일이 공휴일인 경우는 예외), 1월 1일, 설날·추석 당일 오전(13:00부터 개장) | **입장료** 만 19~64세 6000원(양구사랑상품권 3000원 환급), 만 7~18세 3000원 | **홈페이지** www.yg-eco.kr

02 펀치볼

양구군 해안면에 위치한 분지로, 위에서 내려다 본 모습이 마치 펀치용 그릇(Punch Bowl)처럼 생겼다 하여 붙인 이름이다. 을지전망대에 오르면 펀치볼을 제대로 조망할 수 있다. 금강산가는길 안내소에서 을지전망대까지 자동차로 30분.

주소 강원도 양구군 해안면 후리 621 | **전화** 033-481-2674(을지전망대) | **시간** 을지전망대 3~10월 09:00~18:00, 11~2월 09:00~17:00 | **휴무일** 을지전망대 월요일(월요일이 공휴일인 경우는 예외), 1월 1일, 설날·추석 당일 오전 | **입장료** 을지전망대 19~64세 6000원(양구사랑상품권 3000원 환급), 만 7~18세 3000원

03 국토정중앙천문대

80cm 반사망원경과 여러 대의 망원경을 통해 별자리를 볼 수 있고 천체투영실에서 디지털 가상 밤하늘도 감상할 수 있다. 금강산가는길 안내소에서 자동차로 30분.

주소 강원도 양구군 남면 국토정중앙로 127 | **전화** 033-480-7257 | **시간** 4~9월 14:00~23:00, 10~3월 14:00~22:00 | **휴무일** 월요일(월요일이 공휴일인 경우는 예외), 1월 1일 | **입장료** 어른 6000원(양구사랑상품권 3000원 환급), 초·중·고등학생 3000원

094

목포에서 만나는
생생한 근대사

목포 근대역사관

POINT 일제강점기에 식민 거점 도시로 활용되며 급속하게 성장했던 목포에 남아 있는 근대 문화유산을 통해 당대의 역사를 생생하게 되짚어본다.

목포근대역사관은 1관과 2관으로 이뤄지는데 독특하게 각각 다른 곳에 위치한다. 두 곳 모두 의미 깊은 근대 건축물에 터를 잡고 있으며 1관에서 2관까지 걸어서 5분 정도 걸린다.

목포근대역사관 1관은 구 목포 일본영사관을, 2관은 구 동양척식주식회사 목포지점을 보수해 사용 중이다. 유달산 기슭에 위치한 구 목포 일본영사관 건물은 1900년에 건립돼 1907년까지 일본영사관으로 사용되었고, 이후에는 목포부청사, 목포시립도서관, 목포문화원 등으로 활용되었다. 일제강점기 수탈 기관이던 동양척식주식회사의 목포지점은 1920년경 르네상스 양식으로 설립됐다. 현재 남한에는 목포와 부산에만 동양척식주식회사 지점 건물이 남아 있다는 점에서 역사적 의의가 있다.

주소 전라남도 목포시 영산로29번길 6(1관), 전라남도 목포시 번화로 18(2관) | **전화** 061-242-0340(1관), 061-270-8728(2관) | **시간** 09:00~18:00 | **휴무일** 월요일, 1월 1일 | **입장료** 어른 2000원, 14~19세 1000원, 8~13세 500원, 7세 이하 무료 | **홈페이지** tour.mokpo.go.kr

◆ 사전 조사를 해봐요 ◆

도서 《나는 수요일의 소녀입니다》: 일제강점기에 일본군 위안부로 끌려간 수많은 여성들의 이야기를 담고 있다.
도서 《땅도 쌀도 빼앗기고》: 일제강점기의 여러 역사 중 경제 수탈이라는 주제를 심화해 정리했다.

도서 《아! 그렇구나 우리 역사 13 - 일제강점기》: 일제강점기에 대한 전반적인 내용을 소개한다. 무단통치, 3·1운동, 문화통치, 독립운동, 사회 환경과 의식의 변화 등 일제강점기에 대해 자세히 다룬다.

알차게 돌아보기

구 목포 일본영사관 01

2층 규모 르네상스 양식 건물로, 붉은 벽돌이 인상적이다. 당시의 흔적이 곳곳에 남아 역사적으로 보존할 가치가 있다. 중앙 바깥쪽에 현관이 있고 내부 바닥은 나무로 이루어졌다. 대리석으로 된 벽난로를 비롯해 거울, 천장 장식 등이 그대로 보존되어 있다.

평화의 소녀상 02

목포근대역사관 1관 앞에 평화의 소녀상이 있다. 일제 수탈의 현장인 구 목포 일본영사관 터에 평화의 소녀상이 위치해 더욱 의미 깊다. 아이들과 위안부 문제에 대해 얘기를 나눈 후 함께 평화의 소녀상의 의미에 대해 생각해보는 시간을 가져도 좋겠다.

방공호 03

목포근대역사관 1관 뒤쪽으로 방공호가 있다. 일제는 태평양전쟁 시 장기전에 대비해 남부 지방을 중심으로 곳곳에 방공호를 만들었는데 이곳도 그 중 하나. 방공호 근처에 있는 서고 건물은 일제강점기 목포 일본영사관을 이 목포부청으로 사용할 때 문서고로 세운 것이다. 구 목포부청 서고 및 방공호는 등록문화재로 지정되어 있다.

TIP
01 하나의 입장권으로 1, 2관 모두 관람 가능하다.
02 목포근대역사관 1관에는 한복과 소품을 갖춘 독립 만세운동 포토존이 있다.
03 문화관광해설 프로그램을 운영하니 시간을 확인하고 이용하자.

주변 여행지 돌아보기

김대중노벨평화상 기념관 01

김대중 전 대통령의 생애와 한국인 최초 노벨평화상 수상이라는 업적에 대해 소개한다. 다채로운 전시와 체험을 통해 민주주의, 인권, 평화, 그리고 화해와 용서로 대표되는 김대중 정신을 공유하고자 한다. 목포근대역사관 1관 또는 2관에서 자동차로 6분.

주소 전라남도 목포시 삼학로92번길 68 | **전화** 061-245-5660 | **시간** 09:00~18:00 | **휴무일** 월요일(월요일이 공휴일인 경우 그다음 날), 1월 1일 | **입장료** 무료 | **홈페이지** www.kdjnpmemorial.or.kr

국립해양유산연구소 해양유물전시관 02

국립해양유산연구소에서 해양유물전시관을 운영한다. 해양유물전시관은 해양 역사와 문화를 느끼고 체험하는 공간이다. 고려선실, 신안선실, 세계의 배 역사실, 한국의 배 역사실로 구성된 상설 전시관과 어린이해양문화체험관, 야외 전시장 등의 시설을 갖췄다. 목포근대역사관 1관 또는 2관에서 자동차로 10분.

주소 전라남도 목포시 남농로 136 | **전화** 061-270-3001 | **시간** 09:00~18:00 | **휴무일** 월요일 | **입장료** 무료 | **홈페이지** www.seamuse.go.kr

목포자연사박물관 03

지구의 신비한 자연사를 체험해보는 공간이다. 자연사관과 문예역사관에서 다양한 전시품을 관람할 수 있는데, 특히 놓치지 말아야 할 포인트는 신안 압해도 수각류 공룡알 둥지 화석(천연기념물)이다. 목포근대역사관 1관 또는 2관에서 자동차로 12분.

주소 전라남도 목포시 남농로 135 | **전화** 061-270-8367 | **시간** 09:00~18:00(6~8월 주말과 공휴일은 1시간 연장 운영) | **휴무일** 월요일(월요일이 공휴일인 경우 그다음 날), 1월 1일 | **입장료** 어른 3000원, 청소년 2000원, 초등학생 1000원, 유치원생 500원 | **홈페이지** museum.mokpo.go.kr

095

겨레의 스승
아름다운 나라를 꿈꾸다
백범김구 기념관

POINT 한국의 정치가이자 독립운동가인 김구 선생(1876~1949)의 일대기와 활약상을 알아본다.

근대 인물 중 많은 사람들이 존경하는 백범 김구 선생의 일생에는 우리나라 근현대사가 담겨 있다. 백범김구기념관은 조국을 위해 일생을 헌신한 백범 김구 선생과 여러 순국선열의 이야기를 담은 장소다. 정문으로 들어서면 대형 태극기 앞에 백범 선생의 좌상이 있다. 1층 전시실은 백범의 연보와 근현대사 연표, 김구의 유년 시절부터 독립운동까지 활동을 전시한다. 2층 전시실은 대한민국 임시정부와 광복군 활동, 광복에서 서거에 이르는 주요 사건을 정리해놓았다. 전시실 한쪽에는 추모 공간이 있으며 창문 너머 백범의 묘소가 보인다. 잠시 묵념을 하며 김구 선생의 삶을 되새겨본다.

주소 서울시 용산구 임정로 26 | **전화** 02-799-3400 | **시간** 3~10월 09:00~17:00, 11~2월 09:00~16:00(마감 1시간 전까지 입장 가능) | **휴무일** 월요일, 1월 1일, 설날·추석 당일 | **입장료** 무료 **홈페이지** www.kimkoomuseum.org

◆사전 조사를 해봐요◆

도서 《쉽게 읽는 백범일지》: 백범 선생이 민족운동을 하며 기록한 자서전이다. 1947년 책으로 만들었으며 우리나라 독립운동의 역사를 알려주는 귀중한 자료다. 《백범일지》의 해설자 도진순 교수가 수년간의 수정 집필을 거쳐 엮었다.

도서 《청소년을 위한 백범일지》: 신경림 시인이 청소년의 눈높이에 맞춰 풀어쓴 김구 선생의 일대기. 선생의 어린 시절부터 청년기, 일제강점기와 대한민국 임시정부 시절, 해방기 이후까지 활동을 정리했다.

영화 〈대장 김창수〉: 청년 김창수는 1896년 황해도 치하포에서 일본인을 죽이고 체포된다. 평범한 청년이 대장으로 거듭나기까지 이야기를 그린 영화다. 12세 관람가.

◆엄마, 아빠랑 배워요◆

백범 김구의 원래 이름은 무엇인가요?
김구의 옛 이름은 '창암'이었다. 동학에 입문하면서 이름을 '창수'로 바꿨다. 그는 20~30대에 세 차례에 걸쳐 7년간 옥살이를 했는데 감옥에서 호와 이름을 '백범 김구'라 정했다. 백범(白凡)은 '백정(천민)'과 '범부(보통 사람)'에서 한 글자씩 따왔다. 평범한 일상을 살아가는 우리 모두가 '백범'이다. 평범한 사람들이 깨어나 역사를 바꿀 수 있다는 뜻을 담고 있다.

알차게 돌아보기

01 백범 김구 선생의 일대기

김구 선생의 주요 일대기(교육 활동, 의병 투쟁, 독립운동, 임시정부, 구국 운동 등)를 사진 패널로 전시한다.

02 백범 김구 선생의 서적

김구 선생은 1947년 자서전 《백범일지》를 발간했다. 선생의 삶과 가치관은 물론이고, 한국의 근현대사를 담고 있다. 집필 저서 외에도 김구 선생에 대한 다양한 서적을 전시한다.

03 백범 김구 선생의 유품

김구 선생이 사용했던 신발, 인주함, 도장, 시계 등을 전시한다. 김구 선생과 윤봉길 의사 시계가 나란히 전시된 것이 눈길을 끈다. 이는 윤봉길 의사가 한인애국단 입단 선서 후 시계를 구입해 간직하다가 훙커우공원으로 떠나던 날 아침 김구 선생의 시계와 맞바꾼 것이다. 전시된 유품 중 일부는 복제품이다.

TIP
01 전시실에서 사진, 동영상 촬영을 할 수 없다.
02 백범김구기념관이 있는 효창공원에는 임시정부 요인과 백범 김구 선생의 유해를 모시고 있다.
03 1층에 백범 김구 선생의 자동차와 기념품점이 있다.
04 역사문화 교육프로그램을 운영한다.

주변 여행지 돌아보기

01 효창공원

조선 22대 왕 정조의 맏아들인 문효세자의 무덤이 있어 효창원이라고 불렀다. 현재는 공원으로 조성해 김구 선생 묘역, 안중근, 윤봉길, 이봉창, 백정기 의사 등이 잠든 삼의사묘, 연못, 어린이놀이터, 자연 학습 공간 등이 있다. 백범김구기념관에서 도보 3분.

주소 서울시 용산구 효창동

02 전쟁기념관

호국정신을 배우며 순국선열을 추모하는 공간이다. 전쟁에 관련된 사건과 유물 등을 전시한다. 9개의 실내 전시실과 대규모 옥외 전시실, 기념 조형물 등으로 이루어졌다. 평화를 기원하는 마음으로 전시를 관람한다. 백범김구기념관에서 도보 30분 또는 자동차로 15분.

주소 서울시 용산구 이태원로 29 | **전화** 02-709-3139 | **시간** 09:30~18:00 | **휴무일** 월요일 | **입장료** 무료 | **홈페이지** www.warmemo.or.kr

03 서울로7017

1970년에 조성된 서울역 고가도로가 보행 전용 산책로로 거듭났다. 서울역 주변 17개 진입로를 통해 올라갈 수 있다. 만리동광장, 남대문시장 등 주변 관광 명소와 이어진다. 서울로 안내소, 서울로 가게 등이 있으며 다양한 공연과 문화 행사가 열린다.

전화 120 | **홈페이지** seoullo7017.seoul.go.kr

096

독립운동가를 찾아서

도산공원 & 도산안창호 기념관

POINT 일제강점기에 활약한 독립운동가 안창호 선생의 생애를 통해 당시 역사를 이해하고 그의 업적과 정신을 기린다.

서울 신사동 한복판에 도산공원이 있다. 공원 이름에서 짐작할 수 있듯 안창호 선생의 애국 정신을 기리고자 조성한 공원이다. 정문으로 들어가면 안창호 선생 부부의 유해를 합장한 묘소가 나온다. 공원에는 산책하기 좋은 길이 이어지는데 산책로를 따라 안창호 동상, 기념관, 말씀비, 체육 시설 등이 있다. 나무와 숲이 우거져 사계절 변하는 자연을 느낄 수 있으며 특히 단풍이 물드는 가을 풍경이 아름답다. 공원 안에 있는 안창호기념관은 선생의 일대기와 유품 등을 전시한다. 활동사진 71점과 이동휘 선생이 미국에 있는 안창호 선생에게 보낸 편지, 임시정부 사료집, 《도산 안창호 일기》 등이 주요 전시물이다. 터치스크린을 통해 도산 어록과 연보, 사진 자료도 볼 수 있다.

주소 서울시 강남구 도산대로45길 20(도산전시관) | **전화** 02-541-1800 | **시간** 11:00~18:00 | **휴무일** 1월 1일, 설·추석 연휴 | **입장료** 무료 | **홈페이지** www.ahnchangho.or.kr

◆ 사전 조사를 해봐요 ◆

도서 《도산 안창호》: 흥사단 창립 100주년을 기념해 펴낸 책이다. 해방 직후 당대 최고의 문인 춘원 이광수가 집필했다. 안창호의 삶과 애국정신을 담아냈으며 독립을 위해 일생을 바친 안창호의 진면목을 그린다.

도서 《안창호의 여권》: 안창호 선생은 독립운동을 하면서 30년간 지구 한 바퀴를 넘는 거리를 돌아다니며 우리 민족을 교육하고 조직을 결성했다. 세계를 무대로 활동한 안창호의 파란만장한 활동을 살펴본다.

◆ 엄마, 아빠랑 배워요 ◆

도산 안창호가 누구예요?

도산 안창호 선생은 일제강점기에 활동한 독립운동가이자 교육자다. 독립협회 활동을 시작으로 신민회를 결성해 국권 회복 운동에 앞장섰다. 1919년 상하이에 수립된 임시정부에서는 내무총장 겸 국무총리 대리를 맡았다.

도산 안창호 선생 생애 알아보기

미국에서의 독립운동 01

안창호는 1878년 평안남도 강서에서 태어났다. 1897년 독립협회에 가입해 활동하면서 민족의 계몽과 교육의 중요성에 대해 연설했다. 이후 대한제국 정부에 의해 독립협회가 강제로 해산되었고, 1902년 미국으로 유학을 떠났다. 미국에서는 교포들의 권익 보호와 생활 향상을 위해 한인공동협회를 조직했고, 한인 민족운동 단체를 만들어 활동했다.

국내 독립운동 활동 02

1906년 국내로 돌아온 안창호는 신채호 등과 함께 신민회를 만들어 독립운동을 이어나갔다. 또 대성학교를 세워 교육 운동을 펼쳤고, 민족 지도자를 양성하기 위해 청년 학우회 등을 조직했다. 이후 일제의 핍박이 심해지자 1911년 다시 미국으로 망명했다.

대한민국 임시정부 수립 03

신민회와 청년학우회가 해체된 후 1913년 민족운동 단체인 흥사단을 만들었다. 1919년 미국에서 3·1운동 소식을 듣고, 독립운동 자금을 모아 대한민국 임시정부로 갔다. 임시정부에서는 내무총장, 국무총리 대리 등을 역임하며 독립신문을 창간했다. 이후 중국과 미국을 오가며 독립운동을 하다가 1932년 일본 경찰에게 붙잡혔다. 이후 감옥살이를 하면서 병이 악화되어 1938년 세상을 떠났다.

TIP
01 도산공원 안에 안창호기념관이 있다.
02 공원 내에는 주차 시설이 없다(주변 공영 주차장 이용).
03 매년 3월 10일에 추모 기념행사가 열린다.
04 도산공원 주변에 트렌디한 카페와 식당이 많다.

주변 여행지 돌아보기

호림박물관 신사분관 01

도산공원 입구 도자기와 빗살무늬를 모티브로 지은 호림박물관 신사분관이 있다. 호림박물관은 우리의 전통 문화유산을 전시한다. 수준급 컬렉션으로 구성된 전시가 특징이며 1년에 3~4회 특별전을 교체한다. 도산 안창호 기념관에서 도보 3분.

주소 서울시 강남구 도산대로 317 | **전화** 02-541-3523~5 | **시간** 10:30~18:00 | **휴무일** 일요일, 1월 1일, 설·추석 연휴 | **입장료** 어른 8000원, 청소년 5000원 | **홈페이지** horimmuseum.org/sinsa

K현대미술관 02

주목받는 동시대 작가들의 작품을 전시하는 현대미술관이다. 회화 작품부터 미디어아트, 대형 설치 작품까지 다양한 장르의 전시가 열린다. 로비에 있는 카페는 전시를 관람하지 않아도 이용할 수 있다. 도산안창호기념관에서 도보 7분.

주소 서울시 강남구 선릉로 807 | **전화** 02-2138-0952 | **시간** 10:00~19:00 | **휴무일** 월요일 | **입장료** 어른 1만5000원, 어린이 1만 원 | **홈페이지** www.warmemo.or.kr

케이스타로드 (KstarROAD) 03

압구정로데오역부터 청담사거리까지 1km 남짓 케이스타로드(한류스타거리)가 이어진다. 한류 문화와 아이돌을 사랑하는 관광객을 위한 프로젝트로 조성했다. 거리에는 K-팝 스타를 대형 아트 토이로 캐릭터화한 '강남돌'이 서 있다. 출발점은 압구정동 갤러리아백화점 앞에 있는 강남돌하우스다. 도산안창호기념관에서 도보 15분.

위치 분당선 압구정로데오역~청담사거리 | **전화** 120 | **시간** 24시간

097

평화를 꿈꾸며
역사를 되새기며

임진각 국민관광지

POINT 임진각 국민관광지를 둘러보며 세계 유일의 분단국가인 우리나라의 현실을 체감하고 평화통일을 기원한다.

임진각 국민관광지는 북한 군사분계선에서 불과 7km 떨어져 있다. 우리나라에서 일반인이 자유롭게 갈 수 있는 가장 북쪽 지역이다. 1972년 실향민을 위해 세운 임진각 전망대에 오르면 비무장지대의 해마루촌이 손에 닿을 듯 가까이 보인다. 임진각 주변에는 자유의 다리와 망배단, 증기기관차 등이 있다. 망배단은 실향민이 북한에 있는 가족에게 차례를 지내는 곳이다. 한국전쟁 중 피폭·탈선한 후 비무장 지대에 방치되었던 증기기관차 화통은 당시의 긴박함을 보여준다. 군사시설 지하 벙커 전시관 BEAT 131은 전쟁 때 사용했던 총, 총알, 철모 등 각종 군사 장비를 전시한다. 자유의 다리는 1953년 한국전쟁 당시 포로 1만 2773명이 다리를 건너 귀환한 장소다. 2016년 12월에 새 단장을 마친 독개다리 스카이워크 '내일의 기적소리'도 놓치지 말고 들러보자.

주소 경기도 파주시 문산읍 임진각로 177 | **전화** 031-953-4744 | **휴무일** 연중무휴 | **입장료** 무료(주차료 2000원)

◆사전 조사를 해봐요◆

도서 《놀아도 괜찮아, 딱친구야(남북 아이들의 통일 교실 이야기)》: 갑작스럽게 통일이 된 대한민국의 상황을 상상해 쓴 소설이다. 북쪽 소년 영춘이는 한국 생활에 적응하려 노력하는데 그 과정에 얽힌 에피소드를 소재로 엮었다.

영화 《국제시장》: 한국전쟁 이후 현재에 이르는 격변의 시대를 살아온 우리시대 아버지의 이야기다. 하루 아침에 피란민이 된 덕수네 가족을 통해 당시 생활상을 이해할 수 있다. 12세 관람가.

◆엄마, 아빠랑 배워요◆

한반도는 왜 남한과 북한으로 나뉘었어요?
일제강점기 이후 1945년 우리나라는 해방을 맞았다. 해방의 기쁨도 잠시 북쪽에는 구소련이, 남쪽에는 미국이 들어와 정치에 개입했다. 남쪽은 자유 민주주의를 북쪽은 사회주의를 내세웠다. 1950년 6월 25일 북한 공산군이 남북분계선을 남침해 전쟁이 시작됐고, 3년 동안 이어진 전쟁으로 한반도는 폐허가 됐다. 결국 남북은 휴전을 했고, 휴전선을 경계로 지금까지 분단되어 있다.

이곳도 놓치지 말자

독개다리 스카이워크 '내일의 기적소리' 01

독개다리는 남과 북을 잇는 경의선 상행선 철도였다. 한국전쟁 당시 폭격으로 기둥만 남은 다리에 길이 105m, 폭 5m 규모의 교각 스카이워크를 복원했다. 과거, 현재, 미래 3개의 구간으로 나뉜다. 뚝 끊긴 교각을 마주하는 순간, 많은 생각이 든다.

TIP
01 임진각 입구 주차장 근처 매점에서 간식 등을 구입할 수 있다.
02 지하 벙커 전시관 BEAT131과 독개다리 입장은 유료이다. 두 곳 모두 갈 계획이라면 통합권으로 구매하는 것이 좋다.
03 독개다리 스카이워크 다리 양쪽의 군사 지역은 사진 촬영을 금지한다.
04 임진각 통일기원 느린우체통에 편지를 써서 넣으면 1년 후에 받아볼 수 있다.

평화누리공원 02

화해와 상생, 평화와 통일의 뜻을 담아 만든 복합 문화 공간이다. 잔디언덕과 수상 야외 공연장 등으로 이루어졌다. 수천 개의 바람개비가 돌아가는 바람의 언덕은 한반도를 오가는 자유로운 바람의 노래를 표현한 작품이다. 카페안녕에서는 다양한 차를 마실 수 있으며 너른 잔디공원은 평화로운 휴식을 제공한다.

임진각 평화곤돌라 03

임진각 관광지 내 승강장에서 출발해 임진강을 건너 민통선 안으로 들어간다. 약 850m(왕복 1.7km) 구간에 10인용 캐빈 26대가 운행 중이다. (일반 캐빈 17대, 투명유리 바닥 크리스탈 캐빈 9대) 곤돌라 탑승 후 5분만에 북쪽 상부 승강장에 도착하며 승강장에는 기념품점과 카페, 옥상 전망대 등이 있다. 완만한 언덕 길을 따라 올라가면 제1전망대와 제2전망대가 나온다.

TIP
탑승권 구매 시 보안동의서를 작성하고, 신분증을 제시해야 한다. 요금은 일반 캐빈 왕복 기준 어른 1만1000원, 어린이 9000원. 평일 10:00~18:00, 주말·공휴일 09:00~18:00

주변 여행지 돌아보기

반구정 01

황희 정승이 관직에서 물러나 여생을 보낸 곳이다. 반구정은 '갈매기를 벗 삼아 즐기는 곳'이라는 뜻을 담고 있다. 정자인 반구정을 비롯해 황희 묘, 기념관과 사당인 방촌영당이 있다. 반구정 아래 황희기념관에서 황희 관련 유적과 유물을 살펴볼 수 있다. 임진각 국민관광지에서 자동차로 8분.

주소 경기도 파주시 문산읍 반구정로85번길 3

헤이리예술마을 02

1998년 예술가들이 모여 만든 마을. 박물관, 갤러리, 공연장, 공방, 카페 등이 있다. 자연환경을 훼손하지 않고 조성한 것이 특징이다. '헤이리'는 파주 지역에 전해 내려오는 전통 농요 '헤이리 소리'에서 유래된 순 우리 말이다(헤이는 즐겁다는 뜻). 임진각 평화누리공원에서 자동차로 20분.

주소 경기도 파주시 탄현면 헤이리마을길 82-105 | **전화** 031-946-8551 | **시간** 장소마다 다름 | **휴무일** 장소마다 다름 | **가격** 장소마다 다름 | **홈페이지** www.heyri.net

파주출판도시 (파주북시티) 03

파주 자유로에 책과 관련된 다양한 시설(출판사, 도서관, 서점, 뮤지엄, 북카페 등)이 있다. 50만여 권의 책을 소장한 지혜의 숲, 납 활자 인쇄 공정으로 책을 찍는 활판 공방, 빛을 느껴볼 수 있는 미메시스 아트 뮤지엄, 피노키오의 컬렉션을 전시하는 피노키오 뮤지엄 등이 주요 볼거리다. 임진각 평화누리공원에서 자동차로 27분.

주소 경기도 파주시 문발동 | **시간** 장소마다 다름 | **휴무일** 장소마다 다름 | **가격** 장소마다 다름 | **홈페이지** www.ibookcity.org/2012

098

전쟁과 평화의 역사를 만나다
고성통일전망대

> **POINT** 강원도 고성군은 한국전쟁과 휴전 이후 남북으로 허리가 잘렸다. 분단 역사의 아픔을 간직한 땅, 그곳에 통일전망대가 있다

대한민국은 지구상에서 유일한 분단국가다. 분단과 전쟁의 역사는 우리가 잊어서는 안 될 중요한 역사적 사실이다. 휴전선과 남방 한계선이 만나는 지점, 동해안 최북단에 고성 통일전망대가 있다. 1984년 2층 규모로 지어진 통일전망대(통일관) 바로 옆에 2018년 12월 높이 34m 규모 통일전망타워가 들어섰다. DMZ의 D를 형상화한 건물로 기존 통일전망대보다 20m나 더 높다. 전망타워에 오르면 유리창 너머 북한 땅이 손에 잡힐 듯 가깝게 보인다. 금강산을 따라 오른쪽으로 시선을 옮기면 아홉 신선이 바둑을 두었다는 구선봉, 선녀와 나무꾼 전설이 깃든 감호, 아름다운 섬인 해금강이 펼쳐진다. 이곳에서 북한 고성까지 고작 3.8km, 금강산까지 약 16km 거리다. 휴전선이 없다면 걸어갈 수 있을 만큼 가깝다.

주소 강원도 고성군 현내면 금강산로 481 | **전화** 033-682-0088 | **시간** 09:00~16:30 | **휴무일** 연중무휴 | **입장료** 어른 3000원, 학생 1500원 | **홈페이지** www.tongiltour.co.kr

◆ 사전 조사를 해봐요 ◆

영화 《인천상륙작전》: 1950년 6월 25일 북한의 남침으로 사흘 만에 서울이 함락되었고, 한 달 만에 낙동강 지역을 제외한 전 지역을 빼앗길 위기에 처했다. 국제연합군 최고사령관 더글러스 맥아더는 인천 상륙 작전을 계획했다. 12세 관람가.

도서 《특종! 20세기 한국사》: 한국사 시리즈 어린이 도서. 3권은 해방과 한국전쟁을 주제로 다룬다. 1945년부터 1950년대까지 우리 민족의 현대사를 정리했다. 남북 대립과 분단의 역사를 고학년 어린이 눈높이에서 설명한다.

◆ 엄마, 아빠랑 배워요 ◆

남과 북은 왜 분단되었나요?
1945년 8월 15일 해방 이후 같은 해 12월, 모스크바에서는 미국, 영국, 소련이 모인 3상 회의가 열렸다. 이들은 5년간 한반도 신탁통치와 미소공동위원회 설치를 내용으로 협정을 체결했다. 우리나라 국민은 협정에 반대하는 반탁운동을 했지만 소련의 지시를 받은 공산주의자들이 신탁통치를 지지하면서 단일 정부 수립에 실패했다. 1948년 5월 10일 남한은 단독 총선거를 통해 대한민국 정부를 수립했고, 북한은 이 무렵 공산정권을 세웠다.

이곳도 놓치지 말자

01 통일전망대 (통일관)

기존 통일전망대 1층에는 북한 주민의 생활을 알 수 있는 자료를 전시한다. 2층은 실내 전망대와 야외 전망대가 이어져 있으며 두 곳 모두 망원경을 마련해두어 금강산과 해금강 풍경을 볼 수 있다. 리모델링 작업을 거쳐 북한 음식 전문관으로 활용할 예정이다.

02 통일전망타워

1층 카페와 특산품 판매장, 2층 통일 홍보관과 전망교육실, 라운지, 3층 전망대와 포토존으로 꾸몄다. 2층 전망교육실에서 일대 시설과 전망 브리핑을 들을 수 있다. 테라스로 나가면 시원한 바람을 맞으며 전망을 감상할 수 있다.

03 6·25전쟁 체험전시관

통일전망대 주차장 한쪽에 있는 전시관이다. 한국전쟁의 참상과 당시 상황을 사진과 영상, 유물 등을 통해 간접적으로 체험해볼 수 있다. 영상체험실과 전쟁체험실, 전사자 유해발굴실 등을 차례로 관람하다 보면 전쟁의 참상을 실감하게 된다.

TIP
01 통일전망대는 민간인 출입이 금지된 민통선 안에 위치해 소정의 절차를 마친 후 입장이 가능하다.
02 통일안보공원에서 출입신고서를 작성, 접수한 후 민통선 차량 출입증을 받는다. 차량으로 민통선 검문소를 지나면서 출입신고서를 제출한다. 검문소를 지나 자동차로 2~3분 정도 길을 따라가면 통일전망대가 나온다
03 성모마리아상, 미륵불상은 모두 북한을 바라보며 통일을 기원하고 있다.

주변 여행지 돌아보기

01 DMZ박물관

휴전 협정 당시 남, 북한은 휴전선에서 각각 2km 거리에 군대를 배치하지 않기로 했다. 이 지역이 바로 비무장지대(DMZ, Demilitarized Zone)다. 한국전쟁 발발 전후 모습과 휴전선의 역사적 의미, DMZ의 생태 환경 등을 전시한다. 통일전망대에서 자동차로 3분.

주소 강원도 고성군 현내면 통일전망대로 369 | **전화** 033-681-0625 | **시간** 09:00~17:00 | **휴무일** 월요일 | **입장료** 무료 | **홈페이지** www.dmzmuseum.com

02 화진포

동해안에서 가장 큰 자연 석호로 둘레만 16km에 이른다. 호수 주변을 소나무 숲이 둘러싸고 있어 예로부터 경관이 빼어났다. 수려한 풍경을 배경으로 이승만, 김일성, 이기붕 등 정치 인사의 별장이 남아 있다. 화진포해수욕장은 물이 맑고 수심이 얕아 여름에 해수욕을 즐기기에 좋다. 통일전망대에서 자동차로 18분.

주소 강원도 고성군 거진읍 화포리

03 고성 해변

강원도 고성군에는 27개의 해수욕장이 있다. 동해안 최북단이라는 지리적 특성으로 고성 해변의 물은 유난히 맑고 차다. 매년 7월이면 해수욕장을 개장하는데 속초나 강릉 해변보다 한가한 편이다. 일부 해변을 중심으로 카페가 하나둘씩 들어서 탁 트인 바다 풍경을 바라보며 차 한잔의 여유를 즐길 수 있다.

주소 강원도 고성군 가진해변, 아야진해변 등

099
축소된 역사의 현장
신문박물관

우리나라 최초의 신문박물관에서 신문의 역사와 제작 과정을 살펴본다.

종이 신문은 점점 사라지고 있지만 뉴스 기사는 여전히 중요한 정보 공급원이다. 신문박물관은 신문이 어떻게 만들어지고 변해왔는지에 대한 궁금증을 풀어준다. 전시실에 들어서면 가장 먼저 2000년 1월 1일자 세계의 신문을 볼 수 있는데 66개 나라에서 발행된 1면을 모아놓았다. '신문의 역사' 코너는 우리나라 최초의 신문인 한성순보가 창간(1993년)된 이래 한국 신문의 역사와 문화를 전시한다. 과거 신문 제작에 쓰던 납 활자, 목제 카메라, 윤전기 등도 눈길을 끈다. '신문과 문화' 코너에서는 신문 디자인, 광고, 만화, 사진, 연재소설 등을 살펴볼 수 있다. 6층 전시실에서는 미디어 월 영상을 통해 세계 주요 도시에서 발행하는 신문을 볼 수 있으며 신문 퀴즈, 나만의 신문 만들기 등의 체험 활동이 열린다.

주소 서울시 종로구 세종대로 152 | **전화** 02-2020-1880 | **시간** 10:00~18:00 | **휴무일** 월요일, 1월 1일, 설·추석 연휴, 정기 휴관일(3·9월 첫째 주 화~일요일) | **입장료** 어른 4000원, 학생 3000원 | **홈페이지** presseum.or.kr

◆사전 조사를 해봐요◆

도서 《똥 눌 때 보는 신문》: 한 권의 책으로 엮은 어린이 신문이다. 똥에 얽힌 이야기부터 역사, 경제, 문화, 스포츠 등 초등학생이 알아야 할 알찬 상식을 수록했다. 화장실 벽에 붙여놓고 뽑아서 볼 수 있는 방식이 재밌다.

도서 《통 역사 신문》: 선사시대부터 근대까지 한국의 역사를 신문기사 형식으로 엮었다. 신문을 읽듯 재미있게 역사를 공부할 수 있다. 역사의 현장을 담은 사진과 일러스트, 시대상을 보여주는 가상 광고 등의 구성이 돋보인다.

◆엄마, 아빠랑 배위요◆

신문의 날은 언제예요?
1957년 결성된 한국신문편집인협회는 우리나라 최초의 민간 신문인 독립신문 창간일인 4월 7일을 신문의 날로 제정했다. 매년 기념행사를 개최하고 신문의 사회적인 사명과 책임을 다짐한다.

알차게 돌아보기

01 신문의 제작 과정

활판 위에 잉크를 바르고 종이를 얹어 찍어내는 방식에서 고속으로 회전하는 윤전기에 둥근 연판을 걸어 인쇄하는 방식으로 발전했다. 1990년대 초까지 신문사에서는 활자 주조기, 문선대, 조판대, 지형 건조기와 압축기, 연판 주조기, 납 가마, 릴 스탠드, 마리노리식 윤전기 등을 사용했다.

02 신문과 문화

신문은 시대의 문화적 특성을 반영한다. 신문 디자인, 해부도, 사진, 만화, 광고, 어린이 신문, 소설과 삽화 등을 통해 어떻게 변화되어왔는지 살펴본다. 1900년대부터 오늘날에 이르는 신문 광고와 만화 등이 흥미롭다.

03 내가 만드는 신문

6층 신문 제작 체험 코너에서 신문을 만들어볼 수 있다. 디지털 화면을 통해 배경화면을 고르고 사진을 찍은 후 기사를 작성한다. 편집을 거쳐 나만의 신문을 완성한다. 이곳에서는 누구나 신문 1면의 주인공이 될 수 있다.

TIP
01 신문박물관은 일민미술관 건물 5, 6층에 있다. 5층에 주요 전시 공간이 있고 6층은 체험 위주의 시설로 구성된다.
02 건물 1층에 음료와 식사를 즐길 수 있는 카페 이마(Ima)가 있다.
03 신문과 관련된 다양한 주제의 교육 프로그램이 열린다. 자세한 정보는 홈페이지 참조.

주변 여행지 돌아보기

01 청계천

서울 도심 한복판 종로구와 중구를 가로지르는 하천이다. 광교에 있는 청계광장부터 산책로가 시작된다. 정릉천이 합류하는 고산지교까지 5.8km에 거쳐 청계천의 주요 볼거리인 청계팔경이 있다. 4~10월 매주 주말 저녁 서울밤도깨비 야시장이 열린다. 신문박물관 바로 옆에 위치.

주소 서울시 종로구 서린동 14 | **홈페이지** www.sisul.or.kr/open_content/cheonggye

02 광화문광장

광화문에서 세종로사거리와 청계광장으로 이어지는 길이 555m, 너비 34m의 광장이다. 이순신 장군, 세종대왕 동상이 있고 연중 다양한 행사가 열린다. 광장 지하에는 충무공이야기, 세종이야기 상설전시관이 있다. 신문박물관에서 도보 3분.

주소 서울시 중구 태평로1가 | **홈페이지** plaza.seoul.go.kr/gwanghwamun

03 한국금융사박물관

1997년 신한은행에서 설립한 금융사 전문 박물관이다. 3층과 4층에 전시실이 있으며 우리나라에 금융을 도입한 이후의 문서, 서적, 유가증권, 사진 등의 자료를 전시한다. 어린이들을 위한 금융 경제 교육과 체험을 운영한다. 신문박물관에서 도보 3분.

주소 서울시 중구 세종대로 135-5 | **전화** 02-738-6806 | **시간** 10:00~18:00 | **휴무일** 일요일, 공휴일, 근로자의 날 | **입장료** 무료 | **홈페이지** www.shinhanmuseum.co.kr

100

1920~1980년대로
떠나는 시간 여행

합천영상테마파크

> **POINT** 전국 최대 규모 시대물 오픈세트장에서 전시를 관람하고, 생태숲, 목재문화, 한옥숙박 등 다양한 체험을 할 수 있다.

합천영상테마파크는 1920~1980년대를 배경으로 만든 오픈세트장으로 160여 개의 건물로 구성된 부지가 넓고 볼거리가 많아 한 바퀴를 돌아보려면 최소 2시간 이상이 걸린다. 테마파크 중앙에 경성역(서울역)을 중심으로 1950년대 광복 전후 시기 서울을 재현한 세트장이 있다. 경교장, 이화장, 서민촌, 적산가옥, 동화백화점, 반도호텔, 총독부 등을 재현한 건물이 눈길을 끈다. 1970~80년대 서울 명동과 종로의 배재학당, 원구단, 국도극장, 피맛골, 한국은행 등도 볼 수 있다. 복고의상실에서 개화기 의상, 옛날 교복 등을 대여해 입고, 사진을 남겨 봐도 좋다. 모노레일을 타고 산을 오르면 나오는 청와대 세트장은 실제 청와대를 68%로 축소해 만들었다. 이밖에 일본식 저택 세트장과 한옥에서 하룻밤을 묵어 갈 수 있다.

주소 경상남도 합천군 용주면 합천호수로 757 | **전화** 055-930-3743 | **시간** 11~2월 09:00~17:00, 3~10월 09:00~18:00 | **휴무일** 월요일(월요일이 공휴일일 경우 그다음 날) | **입장료** 어른 5000원, 초·중·고등학생 3000원(모노레일 탑승 별도) | **홈페이지** www.hc.go.kr/06572/06699/06737.web

◆사전 조사를 해봐요◆

도서 《10대에 영화감독이 되고 싶은 나, 어떻게 할까》: 제작부터 상영까지 영화의 모든 과정을 담아낸 책이다. 촬영, 조명, 음향, 홍보 등 복잡하고 전문적인 내용을 쉽고 재밌게 설명한다. 영화 제작 과정에서 협업의 중요성을 강조한다.

도서 《영화와 함께하는 한국사》: 12편의 한국영화를 선정해 영화 속에 숨어 있는 한국사를 살펴본다. 영화를 보며 궁금했던 실제 역사의 이야기를 재밌게 풀어낸다. 영화에 나오는 팩트를 체크하며 역사의 배경이 되는 곳을 소개한다.

◆엄마, 아빠랑 배워요◆

청와대 세트장을 68% 크기로 축소해 지은 이유는 무엇인가요?
청와대 세트장을 지을 때 수많은 영화 관계자의 자문을 받았는데 실제로 카메라 앵글에 가장 잘 나오는 비율이 68%라고 한다.

알차게 돌아보기

01 청와대 세트장

청와대 건설지 내용을 토대로 실제와 유사하게 재현했다. 1층 세종실은 회의실과 다목적실, 2층 대통령 집무실은 실제로 각종 영화, 드라마 촬영지로 쓰인다. 대통령 집무공간이 최고의 포토존으로 손꼽힌다.

02 합천영상테마파크 호도리 관람차

전기차를 타고 합천영상테마파크를 한바퀴 둘러볼 수 있다. 주요 건물에 대한 재미있는 설명은 보너스. 운행 코스는 약 20분이며 청와대 세트장 가는 모노레일까지 운행한다. 어른 5000원, 어린이 3000원.

03 한옥 카페 & 펜션 우비정

청와대 세트장 옆에 있는 한옥은 카페와 숙소로 구성된다. 깨끗한 시설과 한옥의 운치가 더해져 아이와 함께하기에도 만족스럽다. 숲으로 둘러싸여 있어 새소리, 풀벌레 소리를 느낄 수 있다.

TIP
01 신청와대 세트장 가는 길에 목재문화체험장이 있다. 필통, 문패, 자동차 만들기 등 다양한 체험을 진행하며 VR 체험을 통해 하늘에서 합천을 내려다 볼 수 있다.
02 테마파크 내 체험 거리가 많고 야외에도 둘러볼 포인트가 많으므로 시간을 넉넉하게 잡고 방문하자.
03 영화나 드라마 촬영 시에는 세트장 출입을 통제하니 방문 전 홈페이지 공지사항을 체크한다.

주변 여행지 돌아보기

01 대장경 테마파크

2011년 고려대장경 간행 천 년을 기념해 대장경테마파크를 조성했다. 유네스코 세계문화재에 등록된 대장경의 역사, 의미와 가치를 전한다. 미디어 아트와 인터렉티브 콘텐츠를 활용해 지루할 틈이 없다. 합천영상테마파크에서 자동차 40분.

주소 경상남도 합천군 가야면 가야산로 1160 | **전화** 055-930-4801 | **시간** 09:00~18:00 | **휴무일** 월요일 | **입장료** 어른 3000원, 중·고등학생 2000원, 초등학생 1500원 | **홈페이지** www.hc.go.kr/themeparktripitaka

02 황매산 군립공원

봄에는 철쭉, 가을에는 억새가 유명한 합천의 명산. 광활한 황매평원을 배경을 영화와 드라마 등이 다수 촬영됐다. 해발 850m 황매산 오토캠핑장까지 차를 타고 올라 갈 수 있으며 무장애 나눔길이 조성되어 있다. 합천영상테마파크에서 자동차 20분.

주소 경상남도 합천군 가회면 둔내리 1319 | **전화** 055-930-4758 | **입장료** 무료 | **홈페이지** www.hwangmaesan.kr

03 정양늪생태공원

정양늪은 황강의 지류인 아천천의 배후습지다. 수생식물 255종, 육상 및 수상 동물 208종을 포함해 멸종위기 1급인 금개구리가 서식할 만큼 맑고 깨끗한 환경을 자랑한다. 늦가을에는 청둥오리, 큰기러기, 큰고니 등 철새가 날아온다. 합천영상테마파크에서 자동차 12분.

주소 경상남도 합천군 대양면 정양리 151 | **전화** 055-930-3344 | **시간** 09:00~18:00(생태학습관) | **휴무일** 월요일(생태학습관) | **입장료** 무료 | **홈페이지** www.hc.go.kr/jungyang.web

Science & Nature

Part 02
몸으로 체험하고 배우는 과학&자연 영역

지식보다 중요한 것은 상상력이다.
지식에는 한계가 있지만
상상력은 이 세계를 몇 바퀴 돌 수 있다.
- 아인슈타인

101

대한민국 항공 역사와 과학을 만나는 공간
국립항공박물관

POINT 우리나라 항공의 역사와 문화를 전시한다. 과학기술 발전이 가져올 미래 생활 모습도 함께 살펴본다.

2020년 7월에 개관한 국립항공박물관은 대한민국 항공 역사를 체계적으로 정리해 항공 산업에 대한 이해를 돕는다. 항공기 엔진을 형상화한 건물 외관이 독특한데, 지하 1층, 지상 4층 규모로 지은 박물관 건물에 전시관, 체험관, 도서관 등을 갖췄다. 전시는 총 3개의 주제로 이루어진다(1층 항공역사, 2층 항공산업, 3층 미래생활). 하늘을 날고 싶어 하는 사람들의 꿈은 오래전부터 이어져왔다. 하늘을 날기 위한 인류의 도전과 성공의 역사, 대한민국 항공 역사와 문화 등을 전시한다. 항공 분야 전문가로 구성된 도슨트 프로그램에 참여하면 전시를 더욱 알차게 관람할 수 있다. 다양한 체험관도 놓치지 말 것! 항공박물관 관람 공간 중 40%가 체험 교육 공간으로 활용된다.

주소 서울시 강서구 하늘길 257 | **전화** 02-6940-3198 | **시간** 10:00~18:00 | **휴무일** 월요일, 1월 1일, 설날·추석 당일 | **입장료** 무료 | **홈페이지** www.aviation.or.kr

◆사전 조사를 해봐요◆

도서 《어린이 비행기 대백과》 : 하늘에는 여객기뿐 아니라 전투기, 수송기, 등 다양한 비행기가 다닌다. 비행기의 탄생부터 다양한 비행기의 각 특징을 설명한다. 또 '더 알고 싶어요' 코너를 통해 비행기에 대한 궁금증을 풀어본다.

도서 《비행기 사고에서 살아남기》 : 서바이벌 만화 과학 상식 시리즈. 비행기는 편리하고 안전한 교통수단이지만 난류, 화산폭발, 비행기 납치 등의 위험에 노출되어 있다. 이러한 비상 상황에 대처하는 방법을 전한다.

◆엄마, 아빠랑 배워요◆

항공의 날은 언제인가요?
항공의 날은 10월 30일이다. 1948년 10월 30일 대한국민항공사(KNA)의 국내 첫 민간 항공기(미국 스틴슨 단발 경비행기) '서울-부산' 노선 취항을 기념해 지정했다. 1981년 항공의 날이 지정됐으며 매년 기념식이 열린다.

우리나라에는 총 몇 개의 공항이 있을까요?
대한민국에는 인천·김포·김해·제주·대구·광주·청주·양양·무안·울산·여수·사천·포항·군산·원주 등 15개 공항이 있다(2020년 기준).

알차게 돌아보기

1층 항공역사관

세계 항공사의 발전 과정, 대한민국 항공 역사를 이끈 위인과 사건을 시대순으로 전시한다. 16세기 임진왜란 당시 정평구가 만든 하늘을 나는 수레 '비거', 라이트 형제의 복엽기 '플라이어'호부터 대한민국 임시정부 한인비행학교의 훈련기 '스탠더드 J-1', 항공 선구자 안창남의 비행기 '금강호' 등 실물 비행기가 눈길을 끈다. 천장에 달아놓은 항공기는 2층으로 이어지는 경사로를 따라 올라가며 자세히 볼 수 있다.

2층 항공산업관

대한민국 항공 산업의 현황과 전망, 항공운송과 공항 내 다양한 종사자들의 업무 소개, 항공기 개발과 과학 원리를 전시한다. 여객과 화물 운송 세계 최고 수준을 유지하는 인천공항의 입출국 관리, 스마트 공항 시스템도 살펴본다.

항공생활관

항공 기술 발전에 따라 변화하는 현재와 미래의 모습을 소개한다. 인명구조, 소방, 농약 살포 등에 쓰이는 각종 드론은 물론이고 자율주행이 가능한 미래형 자가용 항공기도 볼 수 있다.

> **TIP**
> 01 상설전시관을 꼼꼼히 관람하려면 1시간~1시간 30분 정도 소요된다.
> 02 3층 피크닉존에서 식음료를 먹을 수 있다.
> 03 체험 시설 이용은 사전 예약을 해야 하며 시설별로 체험 대상이 다르니 미리 확인할 것 (기내훈련체험 : 1학년 이상, 조종관제체험 : 5학년 이상, 어린이공항체험 : 5~8세, 항공레포츠체험 : 신장 140cm 이상, 블랙이글스탑승체험 : 신장 130cm 이상).
> 04 지상, 지하 주차장은 오전 8시부터 오후 8시까지 이용할 수 있으며 유료로 운영된다.

주변 여행지 돌아보기

서울식물원

서울을 대표하는 대규모 식물원이다. 여의도공원의 2.2배. 축구장 70개 크기에 달하는 면적에 식물원과 공원이 조성되어 있다. 열린숲, 주제원, 호수원, 습지원 등으로 구성되며 세계 12개 도시의 식물과 식물 문화를 전시한다. 국립항공박물관에서 자동차로 15분.

주소 서울시 강서구 마곡동로 161 | **전화** 02-120 | **시간** 주제원(주제정원, 온실) 3~10월 09:30~18:00, 11~2월 09:30~17:00 | **휴무일** 월요일 | **입장료** 어른 5000원, 어린이 2000원 | **홈페이지** http://botanicpark.seoul.go.kr

허준박물관

조선 중기 의학자 허준의 생애와 업적을 기리는 박물관이다. 허준이 집필한 《동의보감》은 유네스코 세계기록유산이자 국보로 지정되었다. 허준기념실, 동의보감실, 약초약재실, 의약기실 등으로 이루어지며 다양한 체험 활동을 운영한다. 국립항공박물관에서 자동차로 20분.

주소 서울시 강서구 허준로 87 | **전화** 02-3661-8686 | **시간** 09:00~18:00 | **휴무일** 월요일 | **입장료** 어른 1000원, 어린이·청소년 500원 | **홈페이지** http://www.heojun.seoul.kr

겸재정선미술관

조선 후기 화가 겸재 정선의 예술적 업적을 기리고 영인본(원본을 사진으로 찍어 복제한 인쇄물)을 통해 그의 독창적인 화풍을 소개한다. 국립항공박물관에서 자동차로 15분.

주소 서울시 강서구 양천로47길 36 | **전화** 02-2659-2206 | **시간** 3~10월 10:30~18:30, 11~2월 10:30~17:00, 토·일요일·공휴일 10:00~17:00 | **휴무일** 월요일, 1월 1일, 설날추석 당일 | **입장료** 어른 1000원, 어린이·청소년 500원, 7세 이하 무료 | **홈페이지** http://gjjs.or.kr

102

신비로운 과학 세계

국립중앙과학관

 POINT 다양한 분야의 과학을 체험하며 원리를 터득한다. 전시와 체험, 교육프로그램을 통해 창의력과 상상력을 기른다.

국립중앙과학관은 우리나라 최대 규모의 종합 과학관이다. 과학기술 자료를 수집·보존·연구하고, 전시와 교육 프로그램을 운영한다. 화학, 생물, 물리, 우주, 지구과학 등 다양한 분야의 과학을 전시하는 거대한 과학 놀이터다. 전시를 꼼꼼하게 보려면 최소 3시간 이상은 잡아야 할 만큼 규모가 크다. 모든 전시관을 둘러봐도 좋지만 연령 또는 관심사에 맞춰 일부 전시관을 선택해 관람하기를 추천한다. 시간 여유가 없다면 과학기술관과 자연사관 위주로 둘러본다. 정문을 기준으로 왼쪽에 무한상상실, 창의나래관이 있고, 오른쪽에 생물탐구관이 있다. 이 밖에 과학기술관과 자연사관, 사이언스홀, 꿈아띠체험관, 천체관 등으로 구성된다. 과학관 내에 있던 자기부상 열차는 2008년 4월 개통 이후 지난 2021년 가을 역사 속으로 사라졌다.

주소 대전시 유성구 대덕대로 481 | **전화** 042-601-7894~6 | **시간** 09:30~17:30 | **휴무일** 월요일, 설날·추석 당일, 연휴 다음 날 | **입장료** 무료(일부 전시관 유료) | **홈페이지** www.science.go.kr

◆사전 조사를 해봐요◆

도서 《과학탐험대 신기한 스쿨버스》 : 뉴욕타임스가 인정한 어린이 과학책. 아이들의 관심사를 바탕으로 과학적 지식과 원리를 알아본다. 그림 동화로 이루어져 재미있게 읽을 수 있다. 생물, 환경, 인체, 우주 등 다양한 분야를 시리즈로 다룬다.

도서 《접고 오리고 붙이고 실험하는 인체 과학책》 : 초등학교 저학년을 대상으로 한 과학책. 과학 도구를 직접 만들며 과학 원리를 이해할 수 있다. 뼈와 근육, 감각기관과 뇌를 통해 우리의 몸이 어떻게 움직이는지 알려준다.

◆엄마, 아빠랑 배워요◆

드론이 뭐예요?

무선전파로 조정할 수 있는 무인 비행기. 사람이 탑승하지 않은 상태에서 원격 조종으로 움직이는 비행체를 말한다. 군사용도로 개발 했지만 고공 촬영, 배달 등의 역할을 한다. 국립중앙과학관 창의나래관에서 드론 관련 전시를 볼 수 있다.

알차게 돌아보기

과학기술관 01

국립중앙과학관의 주요 상설 전시관인 2층 근현대과학기술에서는 한국의 과학기술력과 발전사를 전시한다. 겨레과학기술에서는 거북선과 거중기 등 전통과학을 볼 수 있다. 1층 기초과학, 첨단과학기술체험관에서는 원심력 자전거, 대형 만화경, 3D 가상해부 테이블 등을 통해 과학 원리를 체험한다. 지하 1층에는 로봇세상으로 초대, 생애주기체험관이 있다. 세대별로 진화하는 로봇의 변천사가 흥미롭다.

자연사관 02

한반도의 자연사를 주제로 생물의 진화를 전시한다. 10억 년 된 화석과 25억 년 전 암석을 볼 수 있으며 한반도의 탄생과 한반도 지형, 생물의 다양성 등으로 구성된다. 자연사연구실과 오픈수장고, 자연탐구실도 눈길을 끈다. 디노홀에서는 공룡의 특징을 증강현실을 통해 체험할 수 있다.

창의나래관 03

호기심을 자극하는 체험 전시관이다. 1층 사이언스 그라운드에서는 전기쇼, 롤링볼 체험, 레이저쇼, 드론 공연 등이 열린다. 2층 테크놀로지 그라운드에서는 미디어월, 가상현실 라이더, 모션캡처, 증강현실 등 최신 과학기술을 체험할 수 있다. 3층에는 미래과학자의 실험 공간인 크리에이티비티 그라운드가 있다.

TIP
01 차량 500여 대를 수용할 수 있는 넓은 주차장이 있다.
02 대중교통을 이용할 경우 버스를 타고 국립중앙과학관 정류장에서 내려 과학관 입구까지 100m 정도 걸어가야 한다.
03 과학관에는 식당, 매점, 기념품점, 카페, 물품보관함, 수유실, 휴게실 등의 편의 시설이 있다.
04 어린이 과학관은 어린이 전용 과학놀이터로 꾸며졌다. 호기심과 상상력을 자극하는 과학탐험전시로 구성된다. 중학생 이상은 입장할 수 없다.

주변 여행지 돌아보기

한밭수목원 01

대전의 심장으로 불리는 도심형 인공수목원이다. 대전 인근에 분포하는 식물과 계룡산에 서식하는 식물을 볼 수 있다. 목련원, 약용식물원, 암석원, 유실수원 등 다양한 테마로 구성된다. 수목원 카페에서 잠시 쉬어 가도 좋다. 국립중앙과학관에서 자동차로 6분.

주소 대전시 서구 둔산대로 169 | **전화** 042-270-8452~5 | **시간** 동원서원 08:00~19:00, 열대식물원 09:00~18:00 | **휴무일** 동원열대식물원 월요일, 서원 화요일 | **입장료** 무료 | **홈페이지** www.daejeon.go.kr/gar/index.do

대전예술의전당 02

클래식, 뮤지컬 등 연중 다양한 장르의 공연과 문화 예술 프로그램이 열린다. 국립중앙과학관에서 자동차로 5분.

주소 대전시 서구 둔산대로 135 | **전화** 042-270-8335 | **시간** 공연마다 다름 | **입장료** 공연마다 다름 | **홈페이지** www.djac.or.kr

대전시립미술관 03

현대미술 전시가 주를 이루며 매년 신소장품전이 열린다. 미술관 앞에는 조각공원이 있다. 국립중앙과학관에서 자동차로 5분.

주소 대전시 서구 둔산대로 155 | **전화** 042-270-7370 | **시간** 3~10월 10:00~19:00, 11~2월 10:00~18:00 | **휴무일** 월요일, 1월 1일, 설날·추석 당일 | **입장료** 어른 500원, 어린이 300원(기획전 또는 특별전은 유료) | **홈페이지** dmma.daejeon.go.kr/main.do

이응노미술관 04

이응노(1904~1989)는 장르와 소재를 넘나들며 동양의 전통 회화 방식에 서양의 방식을 접목해 독창적인 작품 활동을 했다. 이응노 화백을 기리는 미술관에서는 소장품전과 다양한 문화 행사가 열린다. 국립중앙과학관에서 자동차로 5분.

주소 대전시 서구 둔산대로 157 | **전화** 042-611-9800 | **시간** 3~10월 10:00~19:00, 11~2월 10:00~18:00 | **휴무일** 월요일, 1월 1일, 설날·추석 당일 | **입장료** 어른 500원, 어린이 300원 | **홈페이지** www.leeungnomuseum.or.kr

103

체험하며 터득하는
과학 놀이터

국립어린이 과학관

> 우리나라 제1호 어린이 전용 국립 과학관이다. 어린이의 눈높이에 맞춘 체험형 전시가 열린다.

대한민국 국공립 과학관이 달라졌다. 서울과학관을 리모델링한 국립어린이과학관은 2017년 12월에 개관한 어린이(7~12세) 전용 과학관이다. 놀이터 콘셉트로 전시관을 구성했으며 놀이를 통해 과학을 배울 수 있도록 유도한다. 유아기는 뇌가 민감하게 발달하는 시기인 만큼 관찰하고 실험하는 과정을 통해 과학에 대한 흥미를 일으키는 것이 중요하다. 어릴 때부터 과학을 체험한 아이는 과학을 공부라기보다는 호기심이나 놀이 대상으로 인식한다. 국립어린이과학관은 또래 친구들과 함께 과학 놀이를 즐기는 공간이다. 도구를 사용해 체험 활동을 할 수 있는 3개의 놀이터와 천체투영관, 천체관측소, 4D영상관, 생태온실로 구성된다. 과학 도구를 만지고, 놀이를 즐기는 과정에서 자연스럽게 과학 원리를 터득한다. 상상이 현실이 되는 곳, 신나는 과학 세상이 펼쳐진다.

주소 서울시 종로구 창경궁로 215 | **전화** 02-3668-3450 | **시간** 09:30~17:30 | **휴무일** 월요일, 1월 1일, 설날·추석 당일 | **입장료** 어른 2000원, 어린이 1000원, 7세 이하 유아 무료 | **홈페이지** www.csc.go.kr

◆ 사전 조사를 해봐요 ◆

도서 《창의력 팡팡! 신기한 과학 실험실》: 창의적이고 재미있는 과학 실험을 소개하고 우리 주변에 숨어 있는 과학 원리를 찾아본다. 과학을 어려워하는 아이들을 위해 기상천외한 실험 50가지를 쉽고 재밌게 설명한다.

도서 《초등학생을 위한 자연과학 365》: 교과서와 연계한 과학 이야기. 생물 과학자가 쓰고, 초등학교 선생님이 감수했다. 신기한 탐구 주제로 호기심을 자극한다.

◆ 엄마, 아빠랑 배워요 ◆

4차 산업혁명이란 무엇인가요?
인공지능(AI), 사물인터넷(IoT), 드론, 빅데이터, 모바일 등 지능정보 기술 등이 기존 산업과 서비스에 '융합'된 형태를 말한다. 모든 제품과 서비스를 네트워크로 연결하고 사물을 지능화하는 기술이다. 4차 산업혁명 시대가 다가옴에 따라 과학기술 분야가 더욱 중요해지고 있다.

알차게 돌아보기

01 감각놀이터 & 상상놀이터

감각놀이터는 영유아를 대상으로 하는 오감 자극 공간이다. 성장 시기별 발달 특성을 고려한 체험 시설을 갖추었다. 모래를 만지거나 물레를 돌리는 등 감성 놀이 활동을 통해 인지 능력을 향상시킨다. 상상놀이터는 백악기 생태계를 재현한 디오라마, 생물 화석, 암석 관찰, 식물 퍼즐 맞추기, 생물 관찰 코너로 이루어진다. 관성, 자석 놀이, 바람 세기, 도르래 등도 함께 체험할 수 있다.

02 어린이 천체관측소 & 4D영상관

천체망원경을 사용해 태양의 흑점 및 홍염을 관측한다. 11시부터 14시 15분까지 4회 운영하며 해가 긴 여름에는 시간을 변경해 탄력 운영한다. 4D영상관에서는 심해저 생물과 공룡을 만나본다.

03 천체투영관 & 옥상전시관

11m 원형 돔 스크린과 4K 레이저 프로젝터를 통해 별자리와 천문 영상을 상영한다. 옥상전시관은 양철 나무꾼, 그물 오르기, 징검다리 건너기, 대형 블록 등으로 구성된다. 안전을 위해 동절기에는 개방하지 않는다.

04 창작놀이터(제작 공방)

아트 스튜디오, DIY공방, 디자인랩, 도예 체험 공방으로 구성된다. 직접 그림을 그리고 작품을 만들면서 예술적 감각과 창의성을 터득한다.

TIP

01 정해진 시간에만 입장할 수 있다. 쾌적한 관람을 위해 예약 시스템을 운영한다. 입장을 원하는 회차를 온라인에서 사전예약한다. 상설전시관 입장권 예매 비율은 온라인 예약 70%, 현장 판매 30%이다.

02 천체투영관, 4D영상관은 인터넷 사전 예약을 해야 입장할 수 있다. 천체투영관은 7세 미만, 4D영상관은 초등학생 이상부터 관람 가능.

03 과학관 내 주차 공간이 없으므로 대중교통을 이용한다. 주변에 창경궁 주차장이 있지만 그곳 역시 협소하다.

주변 여행지 돌아보기

01 창경궁

1418년 왕위에 오른 세종이 태종을 모시기 위해 지은 궁이다. 홍화문에 들어서면 옥천교를 지나 명정전이 나온다. 문정전, 숭문당, 함인정 등을 두루 살펴본다. 함양문을 통해 창덕궁까지 갈 수 있다. 국립어린이과학관에서 도보 3분.

주소 서울시 종로구 창경궁로 185 | **전화** 02-762-4868 | **시간** 2~5월·10월 09:00~18:00, 6~8월 09:00~18:30, 11~1월 09:00~17:30 | **휴무일** 월요일 | **입장료** 내국인 만 25~64세 1000원, 외국인 만 19~64세 1000원만 7~18세 500원

02 아르코미술관

대학로 마로니에공원에 자리 잡은 붉은 벽돌 건물. 동시대를 살아가는 현대 작가의 작품을 전시한다. 연중 다양한 기획 전시가 열린다. 전시를 관람하고, 대학로 일대를 함께 구경해도 좋다. 국립어린이과학관에서 도보 10분.

주소 서울시 종로구 동숭길 3 | **전화** 02-760-4850 | **시간** 11:00~19:00 | **휴무일** 월요일, 1월 1일, 설날·추석·성탄절 당일 | **입장료** 무료 | **홈페이지** www.arko.or.kr/infra/pm1_01/m2_05/m3_01.do

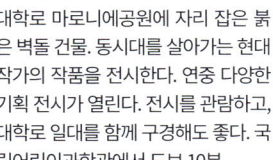

03 서울한양도성 낙산구간

한양도성은 서울을 둘러싸고 있는 조선시대 도성이다. 총 6개의 구간 중 낙산구간은 혜화문에서 시작해 낙산공원, 한양도성박물관, 동대문성곽공원을 지나 흥인지문까지 이어진다. 약 2.1km 코스. 혜화문 또는 낙산공원 일부 코스만 걸어도 한양도성의 분위기를 느낄 수 있다. 국립어린이과학관에서 도보 20분.

전화 120 | **홈페이지** seoulcitywall.seoul.go.kr

104 서울시립과학관

일상을 과학처럼, 과학을 일상처럼

POINT 기초과학의 이해와 응용을 기반으로 우리 일상에 숨어 있는 과학적 원리를 체계적으로 알아본다.

서울시립과학관은 청소년을 위한 기초과학관이다. 머리로만 하는 과학이 아닌 손으로 만지고 몸으로 익히며 실제로 과학을 '하는 것'을 추구한다. 전시관은 크게 R, B, O, G 등 알파벳으로 구분했는데 이는 그린, 오렌지, 블루, 레드의 약자이자 순환, 연결, 생존, 공존 등을 뜻한다. 이 밖에 야외전시장, 다목적실, 실험실, 강의실 등을 갖췄다. 광물을 분석하는 편광 분석기와 구강 상피세포로 DNA를 분석하는 원심분리기 등 최신식 실험 기구를 통해 실험을 진행하며 과학 원리를 이해할 수 있도록 돕는다. 어디서부터 어떻게 관람해야 할지 모르겠다면 전시 연계 무료 해설 프로그램의 도움을 받아보는 것도 방법이다. 현장 선착순 발권을 통해 참여할 수 있으며 고학년 이상에게 추천한다.

주소 서울시 노원구 한글비석로 160 | **전화** 02-970-4500 | **시간** 09:30~17:30 | **휴무일** 월요일, 1월 1일, 설날·추석 당일 | **입장료** 어른 2000원, 어린이 1000원 | **홈페이지** science.seoul.go.kr

◆사전 조사를 해봐요◆

도서 《왜 그럴까 과학의 불가사의》: 일상생활에서 원리를 알지 못한 채 무심하게 지나치던 이야기를 소개한다. 우리가 몰랐던 생물의 세계, 우리 몸에 관한 지식, 지구·우주의 신비, 생활 주변에 관한 지식 등 재미있는 소재를 통해 과학 원리를 알기 쉽게 설명한다.

도서 《초등학생을 위한 맨 처음 과학》: 중등 과학 교과서 집필 교사가 쓴 과학 만화. 생생하고 유쾌한 이야기를 통해 물리, 화학, 생명과학, 지구과학에 대한 이야기를 풀어나간다.

◆엄마, 아빠랑 배워요◆

신체 나이는 어떻게 알아볼 수 있어요?
서울과학관 2층 생존관에는 인간의 생명을 둘러싼 과학적 현상을 전시한다. 사진을 찍으면 나이에 따른 신체 변화를 보여주는 신체 변화 영상 코너가 있다. 신체 나이는 일반적인 신체 검사 항목 외에 기능 평가, 영양 상태, 인지 기능, 운동 기능 등을 함께 평가해 산정한다. 보통 운동량이 저조하면 신체 연령도 높게 나온다.

알차게 돌아보기

01 1층 G전시실

생태 환경과 도시 구조 속 과학 원리를 전시한다. 자연과 도시, 사람과 인공물이 상생하는 가치를 생각해본다. 서울에서 발견할 수 있는 생물을 살펴보고, 도시의 미세 먼지, 기온 등 환경 이슈를 확인한다.

02 2층 O전시실

인간의 생명현상과 생활 모습을 통해 과학적 현상을 살펴본다. 유전, DNA 정보, 미생물 등 인간을 둘러싼 물질의 특성과 변화를 관찰할 수 있다. 신체 나이 변화, 카페인, 술 등이 인체에 끼치는 영향 등을 전시한다.

03 B전시실

구성 요소 간의 네트워크를 주제로 한다. 교통수단의 원리, 인체 기관의 연결 등을 통해 과학 원리와 사례를 살펴본다. 국내 최초 L자형 스크린 상영관 3D 스페이스에서는 3D 영상을 상영한다.

04 3층 R전시실

흐름과 순환을 주제로 생활 속 과학 원리를 소개한다. 에너지를 바탕으로 생산 및 이동, 재생산에 대한 원리를 터득한다. 과학과 관련된 직업 세계도 탐방할 수 있다.

> **TIP**
> 01 과학관 입장 티켓은 자동판매기에서 구입한다. 입장권은 팔찌 형태로 되어 있다.
> 02 서울시립과학관 홈페이지에서 활동지를 제공한다(무료 다운로드).
> 03 3D스페이스에서는 우주의 신비를 느껴볼 수 있다. 8세 이상 누구나 관람 가능.
> 04 지하 2층 커뮤니티 스페이스에서 간단한 식사를 할 수 있다(도시락만 가능).
> 05 대중교통을 이용할 경우 중계역, 서울시립 북서울미술관, 하계역 3·4번 출구에서 셔틀버스를 탑승한다(하루 8회 운행).

 주변 여행지 돌아보기

01 태강릉

중종의 세 번째 왕비인 문정왕후와 그의 아들 조선의 13대 임금인 명종의 무덤이다. 태강릉 입구에 조선왕릉 전시관이 있다. 조선 왕릉의 역사와 조선의 왕실 장례 문화를 전시한다. 서울시립과학관에서 자동차로 13분.

주소 서울시 노원구 화랑로 681 | **전화** 02-972-0370 | **시간** 2~5·9~10월 09:00~18:00, 6~8월 09:00~18:30, 11~1월 09:00~17:30 | **휴무일** 월요일 | **입장료** 개인(만 25~64세) 1000원, 단체(10인 이상) 800원 | **홈페이지** royaltombs.cha.go.kr

02 서울시립 북서울미술관

등나무 근린공원 작은 동산 위에 북서울미술관이 있다. 연중 다양한 기획전과 특별전이 열린다. 지하 1층 어린이 갤러리에서는 어린이의 눈높이에 맞춘 쉽고 재밌는 전시가 열린다. 서울시립과학관에서 도보 20분.

주소 서울시 노원구 동일로 1238 | **전화** 02-2124-5248 | **시간** 화~금요일 10:00~20:00 / 주말·공휴일 3~10월 10:00~19:00, 11~2월 10:00~18:00 | **휴무일** 월요일, 1월 1일 | **입장료** 무료 | **홈페이지** sema.seoul.go.kr

03 노원우주학교

우주, 지구, 생명, 인류 진화를 다루는 과학 전시관으로 야간 관측 프로그램을 운영한다. 태양 관측, 천체투영실 해설은 온라인으로 예약한다. 빅히스토리관, 코스모스관 등은 현장 매표로 관람할 수 있다. 서울시립과학관에서 도보 20분.

주소 서울시 노원구 동일로 205길 13 | **전화** 02-971-6232 | **시간** 일반 관람 09:30~17:30 / 천문대 야간 관측 19:30~21:00 | **휴무일** 월요일, 설·추석 연휴, 국가 공휴일 | **입장료** 어른 2000원, 어린이 1000원 | **홈페이지** nowoncosmos.or.kr

105 서울하수도과학관

하수도와 과학이 만나다

 우리가 매일 사용하는 물은 어디로 흘러갈까? 서울하수도과학관에서 물의 순환 과정에 대해 알아본다.

하수도는 땅 아래로 흐르는 물길이다. 가정이나 공장 등 여러 곳에서 배출된 물을 처리한다. 서울하수도과학관 지하에는 서울 동북 지역에서 발생하는 하수와 분뇨를 정화해 하천으로 배출하는 하수처리장이 있다. 기피 시설로 여겨온 하수처리장 시설을 지하로 옮기고 지상에는 하수도 과학관을 오픈했다. 우리나라 하수도의 변천사를 전시하고 다양한 환경 교육 프로그램을 운영한다. 영상, 모형, 디오라마, 터치보드 등을 통해 하수도의 역사와 원리를 알기 쉽게 설명한다. 1층 하수구 모양 공간으로 들어가면 본격적인 관람동선이 이어진다. 하수도 내부 탐사를 통해 하수도의 생김새와 기능을 알 수 있다. 2층에는 캐릭터 전시물을 활용한 체험 공간이 있다. 다목적 물 놀이터인 물순환테마파크도 함께 들러보자.

주소 서울시 성동구 자동차시장3길 64 | **전화** 02-2211-2540 | **시간** 09:30~17:00 | **휴무일** 월요일, 1월 1일, 설날·추석 당일 | **입장료** 어른 2000원, 어린이 1000원 | **홈페이지** sssmuseum.org

◆ 사전 조사를 해봐요 ◆

도서 《장난감 오리의 탐험기》 : 주인공이 하수도에 빠진 후 오리를 따라 하수도 탐험을 떠난다. 하수도 처리에 관한 내용을 소개하며 하수도의 물길과 시설을 소재로 풀어낸 과학 동화다.

영화 《괴물》 : 한강에 독극물 오염으로 생긴 돌연변이 괴물이 나타난다. 사람들은 괴물 사진을 찍다가 괴물에게 참변을 당한다. 주인공 현서도 괴물에게 낚여 한강 속으로 사라지는데, 현서 가족은 폐쇄된 한강에 침투해 사투를 벌인다. 컴퓨터 그래픽을 통해 박진감 넘치는 상황을 연출한다. 12세 관람가.

◆ 엄마, 아빠랑 배워요 ◆

수세식 변기는 어떻게 탄생했나요?
중세 유럽에는 건물 안에 화장실이 없어 길거리에 오물을 버렸다. 도시의 골목은 오물과 악취로 오염됐고, 오물이 옷에 닿지 않게 굽이 높은 신발을 신었다. 그것이 오늘날의 하이힐이다. 비위생적인 분뇨 처리는 17세기 유럽 전역의 페스트와 18세기 영국의 콜레라를 유행시켰다. 이처럼 도시 인구가 급증하고 전염병이 번지자 하수도 체계를 대폭 정비했다. 오늘날의 하수도 시설을 기반으로 한 수세식 화장실은 1889년 보스텔이 만들었다.

알차게 돌아보기

01 영상실
물의 순환 과정과 하수처리 과정을 영상으로 상영한다. 하수처리 시설의 구역별 명칭과 역할, 신기술을 도입한 하수처리 시설을 설명한다.

TIP
01 미취학 아동, 초등학생, 가족을 대상으로 상설 교육 프로그램을 운영한다. 프로그램 예약은 서울하수도과학관 홈페이지 참조.
02 2층 정보도서관에서 하수도 관련 서적을 자유롭게 볼 수 있다.
03 2층에는 불풀장, 미끄럼틀 등 유아 놀이 시설이 있다.
04 하수도과학관 관람을 마치고 하수처리장 서쪽 물순환 테마파크도 함께 둘러본다.
05 대중교통을 이용할 경우 장한평역 8번 출구, 답십리역 1번 출구에서 순환 셔틀버스를 탑승한다(30분 간격).

02 아랫물 길, 역사를 흐르다
하수도 역사를 연표, 영상, 모형을 통해 살펴본다. 청동기시대, 삼국시대의 하수 유적에 대한 소개와 서울의 아랫물길 역사를 전시한다.

03 아랫물 길, 기술을 말하다
하수도의 종류(합류식, 분류식)와 하수처리 방법(물리적, 화학적, 생물학적 처리 방법), 중랑물재생센터의 발전 과정을 소개한다.

04 아랫물 길, 미래를 향하다
하수처리 과정에 재생에너지 기술을 적용해 에너지 자립률을 높일 수 있다. 재생에너지 기술도 살펴본다.

05 아랫물 길, 문화를 품다
영화에 등장하는 다양한 하수도의 모습을 전시한다.

06 아랫물 길 지키기
생활하수, 산업 폐수 등 하수가 발생하는 원인을 파악하고, 물 절약 방법에 대해 알아본다.

07 다시 태어나 아랫물
중랑물재생센터 재이용수 처리 과정을 모형을 통해 설명한다.

주변 여행지 돌아보기

01 서울새활용플라자
새활용은 버려진 물건을 새로운 가치를 지닌 제품으로 재탄생 시킨다는 뜻이다. 디자인이나 활용 방법을 바꿔 새로운 물건으로 다시 태어난 아이템을 전시한다. 새활용 아카데미, 어린이 새활용 토요장터, 페스티벌 등 즐길 거리가 많다. 서울하수도과학관에서 도보 3분.

주소 서울시 성동구 자동차시장길 49 | **전화** 02-2153-0400 | **시간** 10:00~18:00 | **휴무일** 월요일 | **입장료** 무료 | **홈페이지** www.seoulup.or.kr

02 수도박물관
우리나라 최초 정수장인 뚝도수원지 제1정수장을 복원·정비해 만든 박물관이다. 상수도 기술 변천사를 전시한다. 본관, 완속여과지, 별관, 물과환경전시관, 야외전시장, 뚝도아리수정수센터로 구성된다. 서울하수도과학관에서 자동차로 10분.

주소 서울시 성동구 성수동1가 642-1 | **전화** 02-3146-5921 | **시간** 3~10월 평일 10:00~20:00, 주말 10:00~19:00 / 11~2월 평일 10:00~19:00, 주말 10:00~18:00 | **휴무일** 월요일, 1월 1일, 설날·추석 당일 | **입장료** 무료 | **홈페이지** arisumuseum.seoul.go.kr

03 장안평 자동차산업 종합정보센터
장안평 중고차시장은 자동차 수리와 정비, 중고차 매매의 전통을 40년 가까이 이어오고 있다. 자동차산업종합정보센터는 지역 주민과 산업 종사자를 위한 공간이다. 자동차 문화 체험장을 관람하고, 교육, 문화 프로그램에 참여할 수 있다. 서울하수도과학관에서 도보 10분.

주소 서울시 성동구 용답동 234-1 | **전화** 02-2213-1370 | **시간** 09:00~18:00 | **휴무일** 일·월요일 | **입장료** 무료 | **홈페이지** www.jac.or.kr

106

우리나라 최초
상수도 생산 시설
수도박물관

우리나라 최초의 상수도 전문 박물관인 수도박물관에서 상수도의 역사와 문화를 살펴본다. 또 점차 심각해지는 물 부족과 수질 오염의 실태를 파악하고, 물의 소중함을 일깨운다.

우리나라 최초의 정수장은 어디일까? 정답은 서울 성수동 뚝도수원지. 당시 제1정수장 송수실 건물이 현재의 수도박물관 본관이다. 1903년 고종은 미국인 헨리 콜브란과 해리 보스트윅에게 상수도 부설 경영을 허가했다. 이후 1908년 9월, 우리나라 최초의 수돗물이 공급됐다. 수도박물관은 1908년부터 현재까지 서울 수돗물의 역사를 소개한다. 수도박물관 본관, 별관, 물과 환경전시장은 실내 전시로 이루어지며 완속여과지와 체험장은 야외에 있다. 수도박물관 본관 건물은 근대 건축의 특징을 잘 보존하고 있어 완속여과지와 함께 서울시 유형문화재로 지정됐다. 수도시설을 자세히 살펴보고 싶다면 서울시 수돗물, 아리수의 생산 과정 현장 견학 프로그램에 참여해봐도 좋다.

주소 서울시 성동구 성수동1가 642-1 | **전화** 02-3146-5921 | **시간** 3~10월 평일 10:00~20:00, 주말 10:00~19:00 / 11~2월 평일 10:00~19:00, 주말 10:00~18:00 | **휴무일** 월요일, 1월 1일, 설날·추석 당일 | **입장료** 무료 | **홈페이지** arisumuseum.seoul.go.kr

◆사전 조사를 해봐요◆

도서 《수돗물은 어디서 왔을까?》 : 수돗물은 어떻게 만들어질까? 강물이 수돗물로 만들어지는 과정과 물에 대한 이야기를 담았다. 상수도 시설과 하수처리 과정도 함께 알아본다.

도서 《입 다문 수도꼭지》 : 초등 교사가 직접 쓴 동화책이다. 주인공의 에피소드를 통해 환경문제를 재조명한다. 지구를 살리는 물 절약의 메시지를 전한다.

◆엄마, 아빠랑 배워요◆

세계 물의 날은 언제인가요?
UN은 1992년 12월 22일 리우환경회의 의제 21의 18장(수자원의 질과 공급 보호)의 권고를 받아들여 '세계 물의 날 준수(Observance of World Day for Water) 결의안'을 채택했으며 매년 3월 22일을 '세계 물의 날'로 제정했다.

우리나라도 물 부족 국가인가요?
우리나라도 물 부족 국가다. 연간 강수량은 많지만 국토의 70% 정도가 산지로 이루어져 있고, 강수량 중 대부분이 여름철에 몰려 많은 양이 바다로 흘러가기 때문이다.

알차게 돌아보기

본관 & 별관 01
실내 전시관에서는 서울의 상수도 100년의 역사(수도 역사와 문화, 관련 유물)를, 별관에서는 상수도 관련 문화와 기술의 발전 과정을 전시한다. 미래의 수돗물을 담은 영상을 볼 수 있다.

TIP
01 전시관마다 스탬프가 비치되어 있다.
02 제1코스(80분) 뚝도아리수정수센터 → 물과 환경 전시관 → 별관 → 박물관 본관 → 완속여과지
제2코스(40분) 물과 환경 전시관 → 별관 → 박물관 본관 → 완속여과지
03 교육 프로그램 참여는 인터넷 및 전화 접수를 통해 수시로 신청을 받는다.
04 뚝도아리수정수센터는 보안 시설이기 때문에 담당자가 동행해야 관람 가능하다. 인터넷이나 전화로 사전 예약을 받는다.

물과 환경전시관 02
물과 환경, 물과 인체, 물과 생활 등의 전시를 통해 물의 소중함을 일깨운다. 수분 측정기를 이용해 내 몸속 수분량을 측정할 수 있다.

야외 전시장 03
각종 펌프류와 수도관류 등 1920년대부터 최근까지 사용하던 기계 설비를 전시한다. 우물에서 두레박을 사용해 물을 길어보고, 작두 펌프로 물을 퍼 올린 후 물지게 체험을 할 수 있다.

완속여과지 04
환경 친화적인 방식으로 수돗물을 걸러내던 여과 시설이다. 우리나라에 현존하는 철근 콘크리트 구조물 중 가장 오래된 것이다. 지형적으로 낮은 곳을 파내 물이 흐르도록 했고, 바닥의 모래층과 자갈층을 통과해 물을 여과시켰다. 1908년부터 1990년까지 실제로 사용된 시설이다.

주변 여행지 돌아보기

서울숲 01
계절의 흐름을 간직하며 숨 쉬는 공원이다. 문화예술공원, 체험학습원, 생태숲, 곤충식물원, 습지생태원 등으로 구성된다. 사슴 먹이 주기, 숲속공방 등 체험 프로그램을 운영한다. 반려동물과 동반 출입이 가능하다. 수도박물관에서 도보 5분.

주소 경상북도 영덕군 영덕읍 대탄리 서울시 성동구 뚝섬로 273 | **전화** 02-460-2905 | **시간** 24시간(생태숲 07:00~20:00, 방문자센터 10:00~18:00) | **입장료** 무료 | **홈페이지** seoulforest.or.kr

성수동 수제화거리 02
지하철 2호선 성수역 주변에 수제화거리가 있다. 서울 염천교와 명동을 중심으로 형성됐던 수제화 매장들이 임대료가 저렴한 곳을 찾아 1990년대에 성수동으로 옮겨 왔다. 지금은 500개가 넘는 수제화 관련 업체가 모여 있다. 구두의 역사, 한국 수제화의 발자취, 수제화 제작 도구 등을 볼 수 있다. 수도박물관에서 자동차로 6분.

주소 서울시 성동구 아차산로 100 성수역 일대

서울하수도박물관 03
우리나라 최초의 하수도 테마 과학관이다. 우리나라 하수도의 과거와 현재, 미래를 담고 있다. 하수도의 변천사 전시 외에도 다양한 체험 교육 프로그램이 열린다. 수도박물관에서 자동차로 10분.

주소 서울시 성동구 자동차시장3길 64 | **전화** 02-2211-2540 | **시간** 09:30~17:00 | **휴무일** 1월 1일, 설날추석 당일 | **입장료** 어른 2000원, 어린이 1000원 | **홈페이지** sssmuseum.org

107 국립기상박물관

재미있는 날씨 이야기

 POINT 일상생활 속 날씨와 관련한 기상 과학을 전시와 체험을 통해 쉽고 재미있게 배울 수 있다.

국립기상박물관은 1932년 건축한 서울기상관측소 건물을 복원해 문을 열었다. 1층과 2층에 거쳐 총 6개의 전시실로 구성되며 우리나라 기상관측의 역사와 문화를 전한다. 특히 1837년에 만든 공주 충청감영 측우기는 세계에서 현존하는 가장 오래된 측우기인 동시에 국보로 지정되어 있다. 영상 자료를 통해 측우기에 대한 이해를 돕는다. 2층에서는 실제 기상관측소에서 관측한 기상 기록과 근대 일기도 등을 전시해 1900년대 이후 기상 관측 활동의 이해를 돕는다. 근대 기상 관측 데이터를 수집하고 활용하는 방법과 예보에 대해서도 알려준다. 실시간 인공위성, 레이더 등을 통해 전송하는 기상 데이터를 조회해 현재 날씨를 살펴볼 수 있는 것도 흥미롭다. 1층 100년 쉼터 코너에서는 내가 태어난 날의 날씨를 검색할 수 있어 아이들의 관심을 끌어낸다.

주소 서울특별시 종로구 송월길 52 | **전화** 070-7850-8493 | **시간** 10:00~18:00 | **휴무일** 월요일, 1월 1일, 설·추석 연휴 | **입장료** 무료 | **홈페이지** science.kma.go.kr/museum

◆ 사전 조사를 해봐요 ◆

도서 《날씨 이야기》: 그림엽서 처럼 아름다운 색채로 날씨에 따른 대기의 특성을 그렸다. 다양한 날씨를 그림으로 표현한 책. 볼로냐 라가치 상 논픽션 부문 수상작, 아침독서 추천도서로 선정된 책이다.

기상청 유튜브: 기상청에서 운영하는 공식채널. 날씨 정보, 위험기상 대응요령, 기상현상, 기후변화 궁금증 등 다양한 정보를 제공한다.

◆ 엄마, 아빠랑 배워요 ◆

날씨는 어떻게 예측하나요?
현재 우리나라는 전국에 600여대의 지상관측장비를 설치해 기압, 기온, 바람, 강수 등을 자동으로 관측한다. 이밖에 기상위성, 해양기상부이, 기상레이더, 레윈존데 등의 관측장비를 통해 실시간으로 관측한 기상자료를 전 세계와 공유하고, 슈퍼컴퓨터를 활용해 수치예측 자료를 생산한다. 예보관들은 전문지식과 경험을 토대로 의견을 교환해 일기예보를 전한다.

알차게 돌아보기

01 6전시실

계절별 기상현상을 소리로 들어보는 청음공간이다. 봄·여름·가을·겨울의 바람, 소나기, 천둥, 새 등 자연생활 속에서 느낄 수 있는 소리를 영상과 함께 상영한다. 대한민국의 사계절을 전달한다.

02 계절 관측목

기상관측소 마당에 식재한 계절 관측목의 상태를 보고 개화일을 정한다. 기상박물관 마당에 있는 벚꽃이 개화하면 봄이 왔다는 신호, 단풍잎이 물들면 가을이 깊어간다는 뜻이다. 이 밖에 매화, 개나리, 진달래 등이 있다.

03 100년 쉼터 & 기획전시관

기상관련 책자와 정보를 열람할 수 있는 아카이브. 기획전시관에서는 주기적으로 기상과 관련한 다양한 주제의 전시가 열린다.

TIP
01 전시 해설 서비스를 이용하면 알찬 관람이 가능하다.
02 1932년 지어진 당시 건축양식을 살펴보는 것도 기상박물관의 또 다른 재미다.
03 박물관 앞 마당에는 실제 기상을 측정하는 도구가 있다.
04 주차시설이 협소해 대중교통을 이용하는 것이 좋다. 기 때문에 담당자가 동행해야 관람 가능하다. 인터넷이나 전화로 사전 예약을 받는다.

주변 여행지 돌아보기

01 돈의문박물관마을

서울 한복판에서 살아있는 근현대 역사를 만나보는 장소다. 돈의문 안쪽 새문안 동네의 역사를 바탕으로 1900년대 중반에 지어진 건축물을 활용해 조성했다. 돈의문 역사관, 마을 전시관, 체험교육관 등으로 구성된다. 국립기상박물관에서 도보 5분.
주소 서울시 종로구 송월길 14-3 | **전화** 02-7390-6994 | **시간** 10:00~19:00 | **휴무일** 월요일 | **입장료** 무료 | **홈페이지** dmvillage.info

02 경희궁

경희궁은 조선후기 인조 이후 철종에 이르기까지 10대의 임금이 머물렀다. 원래 규모는 약 7만 여평, 100여 동의 건물이 있었지만 일제강점기 때 강제 철거되어 궁궐로서의 가치를 상실했다. 이후 꾸준히 복원공사를 진행해 다시 조선 궁궐의 아름다움을 되찾았다. 국립기상박물관에서 도보 8분.
주소 서울시 종로구 새문안로 45 | **전화** 02-724-0274 | **시간** 09:00~18:00 | **휴무일** 월요일 | **입장료** 무료

03 서울역사박물관

서울의 역사를 전시하는 도시역사박물관이다. 조선시대부터 대한제국, 일제강점기를 거쳐 오늘날에 이르기까지 서울의 역사와 문화를 한눈에 살펴볼 수 있다. 서울 역사와 관련해 다양한 기획전이 열린다. 국립기상박물관에서 도보 10분.
주소 서울특별시 종로구 새문안로 55 | **전화** 02-724-0274~6 | **시간** 09:00~18:00 | **휴무일** 월요일, 1월 1일 | **입장료** 무료 | **홈페이지** www.museum.seoul.kr

108 국립밀양기상과학관

날씨와 친해지는 시간

POINT 날씨와 관련한 기상 과학을 전시와 체험을 통해 쉽고 재미있게 배울 수 있다.

기상청에서 운영하는 기상과학관으로 밀양, 충주, 대구, 전북에 있다. 각 지역의 기상과학관 마다 특화된 주제에 맞춰 다양한 체험 거리를 제공하는데, 국립밀양기상과학관에서는 국내 최대 토네이도 시뮬레이션을 선보인다. 기상현상관, 기상예보관, 기후변화관, 영상관 등을 갖추고 기상과 기후 관련 다채로운 이야기를 들려준다. 날씨의 시작인 빛의 이야기를 시작으로 바람, 지진과 화산, 구름, 비, 눈, 우박, 천둥과 번개 등 여러 기상 현상에 대해 배울 수 있다. 기상 관측 데이터를 수집하고 활용하는 방법과 예보 종류에 대해서도 알려준다. 그리고 인터랙티브 퀴즈 게임 체험 코너를 통해 아이들이 재미있게 기상 과학을 배울 수 있다. 딱딱하게 느껴질 수 있는 기상 과학에 재미난 체험이 더해져 아이들과 방문하기 좋다.

주소 경상남도 밀양시 밀양대공원로 84 | **전화** 055-981-7370~3 | **시간** 10:00~17:30 | **휴무일** 월요일, 1월 1일, 설·추석 연휴 | **입장료** 어른 2000원, 초·중·고등학생 1000원 | **홈페이지** http://science.kma.go.kr/science/

◆사전 조사를 해봐요◆

도서 《보고 듣고 생각하는 날씨의 과학》: 기상학자 할아버지와 손녀의 날씨 여행을 통해 날씨를 움직이는 과학의 원리를 쉽고 재미있게 알려준다. 기상학자인 할아버지는 손녀에게 날씨를 과학의 눈으로 바라볼 수 있도록 도와준다.

기상청 어린이 기상 교실 웹사이트 www.weather.go.kr/kids: 기상청에서 운영하는 어린이 기상 교실. 어린이 눈높이에 맞춰 날씨, 기후, 지진 등의 다양한 정보를 소개한다.

◆엄마, 아빠랑 배워요◆

기상과 기후는 다른가요?

기상청 기후 백과에 따르면 기상과 기후의 차이는 다음과 같다. '대기 현상은 지구를 둘러싸고 있는 대기의 규칙적인 일변화 및 연변화현상과 일시적으로 불규칙한 현상과의 복합적인 현상이다. 기후도 기상도 모두 같은 대기 현상이므로 많은 공통점을 가지고 있으나, 기후는 장기간의 대기 현상을 종합한 것이고 기상은 시시각각으로 변하는 순간적인 대기 현상을 가리킨다.'

알차게 돌아보기

기상현상관 01

전향력, 토네이도 등 놓치지 말아야 할 체험 코너가 있다. 회전하는 공간에서 공을 던지며 전향력을 체험하고 대형 전시물을 통해 토네이도의 움직임과 생성 과정을 직접 관찰할 수 있다. 밀양의 신비로운 자연 현상으로 유명한 얼음골을 재현한 코너도 있다.

기상예보관 02

국가기상센터를 재현해 기상예보가 어떤 일을 하는지 알려준다. '나도 기상캐스터' 코너에서는 기상캐스터처럼 날씨 예보 방송을 체험해 볼 수 있다.

기획전시관 03

주기적으로 다양한 주제의 기획 전시를 진행한다. 전시 내용에 맞춘 인터랙티브 체험 코너가 함께 있어 아이들이 좋아한다.

TIP
01 전시 해설 서비스를 이용하면 알찬 관람이 가능하다.
02 등록 키오스크에 RFID 카드를 저장하고 체험을 즐길 수 있다.
03 아이들의 호기심을 자극하는 '시크릿 노트'를 활용해 재미있게 관람할 수 있다.
04 바로 옆 밀양아리랑우주천문대와 통합권 이용이 가능하다.

 주변 여행지  돌아보기

밀양아리랑우주천문대 01

우리나라에서 유일한 외계 행성과 외계 생명에 특화된 천문대이다. 주간, 야간 프로그램과 천체투영 프로그램을 운영한다. 국립밀양기상과학관 바로 맞은편.

주소 경상남도 밀양시 밀양대공원로 86 | **전화** 055-359-4734 | **시간** 주간 10:00~17:30, 야간 4~8월 20:00 개관, 9~3월 19:00 개관 | **휴무일** 월요일(월요일이 공휴일일 경우 그다음 날), 1월 1일, 설날·추석 당일 | **입장료** 어른 4000원, 초중고등학생 2000원 / 천체투영관 이용료 별도 | **홈페이지** www.miryang.go.kr/astro

밀양시립박물관 02

밀양의 역사와 문화를 한눈에 살펴볼 수 있는 곳으로 상설전시실에서 역사, 민속, 유학, 서화를 주제별로 전시한다. 독립기념관과 화석전시실도 한 건물에 있어 함께 둘러보기 좋다. 국립밀양기상과학관에서 자동차 2분.

주소 경상남도 밀양시 밀양대공원로 100 | **전화** 055-359-6060 | **시간** 09:00~18:00 | **휴무일** 월요일(월요일이 공휴일일 경우 그다음 날), 1월 1일, 설날·추석 당일 | **입장료** 19~64세 1000원, 13~18세 700원, 6~12세 500원 | **홈페이지** www.miryang.go.kr/msm

밀양 관아지 03

조선시대 밀양관아가 있던 곳에 관아를 복원했다. 동헌 등 옛 관아 건물에 모형이 더해져 생동감 넘친다. 각종 체험 거리와 포토존도 있어 아이들과 흥미로운 조선시대 여행을 즐길 수 있다. 국립밀양기상과학관에서 자동차 3분.

주소 경상남도 밀양시 중앙로 348 | **전화** 055-359-5580 | **시간** 09:00~18:00 | **휴무일** 연중무휴 | **입장료** 무료

109
아름다운 빛의 세계
조명박물관

 POINT 빛이 만들어지는 원리와 빛의 성질을 이해하고, 빛 장식물을 통해 아름다운 빛의 세계를 느껴본다.

조명기업 KH 필룩스가 운영하는 대한민국 유일의 조명박물관이다. 전시, 교육, 체험, 공연, 축제 등 다양한 문화 활동이 열린다. 추천 관람 동선은 지하 1층에서 시작해 지상 1층으로 올라가는 코스이며 조명의 역사와 빛을 테마로 다양한 볼거리를 제공한다. 지하 1층 전시는 빛상상공간, 과학이 들려주는 빛 이야기, 라이팅 빌리지, 크리스마스 빌리지, 체험학습실, 착시 휴게실 등으로 구성된다. 미로처럼 구성된 공간을 걸어가며 빛의 성질을 체험해 볼 수 있다. 조명박물관 인기 스폿은 안데르센의 동화 〈눈의여왕〉을 테마로 꾸민 빛 크리스마스 빌리지다. 알록달록한 장식으로 꾸며진 곳에서 동화 속 주인공이 되어보는 시간이다. 주말과 공휴일에는 소극장에서 창작극, 뮤지컬, 음악극 등 다양한 장르의 공연이 열린다.

주소 경기도 양주시 광적면 광적로 235-48 | **전화** 070-7780-8911 | **시간** 10:00~17:00 | **휴무일** 월요일, 1월 1일, 설·추석 연휴, 필룩스 창립기념일(6월 20일) | **입장료** 어른 5000원, 어린이 4000원 | **홈페이지** www.lighting-museum.com

◆사전 조사를 해봐요◆

도서 《빛과 소리의 세계 드라큘라의 비밀수업》 : 드라큘라 사냥꾼을 피해 인간과 함께 살아 온 10살 드까망은 할아버지에게 편지를 받고 드블랙 백작이 살고 있는 성으로 간다. 진정한 드라큘라가 되기 위해 빛과 소리의 세계에 대해 공부한다.
도서 《깜짝! 과학이 이렇게 쉬웠어? 02 빛과 색 편》 : 빛의 원리를 이용한 망원경과 카메라, 전구 등에 대해 알아본다. 빛과 관련된 여러가지 호기심을 이해하기 쉽게 풀어냈다.

◆엄마, 아빠랑 배워요◆

빛은 얼마나 빠른가요?
빛은 진공 상태에서 1초에 30만 km를 갈 수 있다. 서울에서 부산까지 자동차로 약 5시간이 걸리는 것을 생각하면 (방해물이 없다는 전제로) 빛은 1초 동안에 같은 거리를 300번 왕복할 수 있고, 달까지도 약 1초 만에 갈 수 있다.

알차게 돌아보기

빛 상상공간 01
다양한 빛 탐험을 할 수 있는 체험 공간이다. RGB방, 거울방, 폭풍 전야방, 댄싱 라이트, 빛으로 그린 그림, 빛의 통로 등 빛을 활용한 공간으로 꾸며졌다.

라이팅 빌리지 02
교구를 직접 만지고 조합하며 빛을 이해할 수 있는 놀이공간이다. 우드 라이트 테이블, 미러 테이블 벽면 놀이터 등으로 구성된다.

> **TIP**
> 01 인터넷 사전예약을 통해 방문 가능하다.
> 02 조명 놀이, 만들기 체험, 공연 등을 다채롭게 즐길 수 있다.
> 03 소극장에서 열리는 공연은 유료로 관람 가능하다.
> 04 박물관 내에 식당과 카페 시설이 없다.

조명역사관 03
1만 년 전 인류의 횃불부터 2000년대 조명까지 조명기구의 역사를 시간 순서대로 전시한다. 전통 조명관, 근현대조명관, 엔틱관으로 구성된다. 중세시대 유럽에서 제작한 우아하고 예쁜 조명 장식이 눈길을 사로잡는다.

주변 여행지 돌아보기

회암사지 01
1964년 국가 사적으로 지정된 후 1997년부터 20여년에 걸쳐 발굴조사, 박물관 건립, 유적정비 등을 마치고 일반에 공개했다. 회암사는 화재로 인해 터만 남았지만 1만여평에 달하는 유적에서 궁궐 건축 요소가 확인됐다. 조명박물관에서 자동차 25분.

주소 경기 양주시 회암사길 11 | **전화** 031-8082-4187 | **시간** 09:00~18:00 | **휴무일** 월요일, 1월 1일, 설날, 추석 | **입장료** 어른 2000원, 중고등학생 1500원, 초등학생 1000원 | **홈페이지** www.yangju.go.kr/museum

가나아트파크 02
작가의 창작 공간, 미술관, 피카소어린이미술관, 야외공연장, 조각공원 등으로 구성된다. 각 공간에서는 연중 다양한 장르의 전시가 열린다. 어린이미술관에는 판화, 드로잉, 도자기, 피카소 인물 사진 등 100여 점을 전시한다. 조명박물관에서에서 자동차 25분.

주소 경기도 양주시 장흥면 권율로 117 | **전화** 031-877-0500 | **시간** 10:00~18:00 | **휴무일** 월요일 | **입장료** 어른 9000원, 어린이·청소년 8000원 | **홈페이지** www.artpark.co.kr

장욱진 미술관 03
한국 근현대 서양화가 장욱진은 김환기, 박수근, 이중섭 등과 동시대를 살았다. 그는 나무, 집, 새, 아이, 가족 등 일상적인 소재를 기교 없이 그린 것이 특징이다. 양주시립 장욱진미술관에서 그의 작품을 전시한다. 조명박물관에서에서 자동차 25분.

주소 경기도 양주시 장흥면 권율로 193 | **전화** 031-8082-4245 | **시간** 10:00~18:00입장 마감 17:00) | **휴무일** 월요일, 1월 1일, 설날·추석 당일 | **입장료** 어른 5000원, 어린이 1000원 | **홈페이지** changucchin.yangju.go.kr

110

스펀지처럼 쏙쏙
과학의 원리를 받아들여요
인천어린이 과학관

POINT 국내 최초 어린이 전문 과학관으로 연령대별 다양한 체험을 통해 과학에 친밀감을 느낄 수 있다.

인천어린이과학관은 놀이와 체험을 통해 과학을 쉽고 재미있게 알아가는 공간이다. 몸으로 부딪치면서 과학 원리를 자연스럽게 흡수할 수 있다. 미취학 아동부터 초등학교 고학년까지 다양한 연령대 아이들이 즐길 수 있는 공간으로 꾸몄으며 과학 체험 전시실은 크게 무지개마을, 인체마을, 지구마을, 도시마을, 비밀마을로 이뤄진다. 자연환경을 주제로 한 무지개마을은 미취학 전용이며, 우리 몸의 각 기관이 하는 일을 재미있게 체험하는 인체마을은 초등학교 저학년까지 이용하기 알맞다. 지구상의 모든 생물이 지구와 함께 어떻게 상호작용을 하며 살아가는지와 지구환경에 대해 알아보는 지구마을은 초등 저학년 수준에, 자동차와 비행기, 건축 등 일상 속 과학 원리에 대해 배우는 도시마을은 초등 고학년 수준에 맞춰 전시물이 구성되어 있다. 비밀마을은 2층은 저학년, 3층은 고학년에 적합하다. 각 전시관의 권장 연령을 확인하고 아이의 나이에 맞춰 전시관을 이용하면 만족도가 더욱 높아진다.

주소 인천시 계양구 방축로 21 | **전화** 032-550-2500 | **시간** 09:00~18:00 | **휴무일** 월요일(월요일이 공휴일인 경우 그 다음 날), 1월 1일, 설날추석 당일 | **가격** 어른 4000원, 만 7~19세 2000원, 만 6세 이하 무료(4D 영상관 요금 어른 3000원, 만 7~19세 1000원) | **홈페이지** www.insiseoul.or.kr/culture/icsmuseum

TIP

01 인천어린이과학관은 사전 예약제로 운영한다. 1일 6회 차로 운영하며, 1시간 30분 이용 기준이다. 홈페이지에서 관람일과 관람 시간을 선택해서 예약하면 된다. 잔여 자리가 있을 경우 당일 예약도 가능하다.

02 전시관별로 권장 연령 안내가 되어 있다. 나이별로 전시관 입장을 제한하지는 않지만, 무지개마을은 영·유아 전용 공간으로 취학 아동의 입장을 제한한다.

03 4D 영상관은 상설 전시관 관람객만 입장 가능하다.

알차게 돌아보기

01 꿈꾸는 어린이

과학관에서 즐기는 소소한 직업 체험 코너다. 방송국에서 아나운서가 되어 보고 레스토랑에서 요리를 하고 소방대원이 되어 불을 꺼보는 체험도 가능하다. 혹은 건축가가 되어 건물을 짓거나 과학자가 되어 실험을 할 수도 있다. 비밀마을 2층에 위치하며 초등학교 저학년에 적합한 체험이다.

02 수와 도형의 비밀

수와 도형에 숨은 비밀을 재미있게 풀어보는 코너. 자신의 나이와 키를 이진법으로 표현해보고 주사위를 던져 무작위 악보를 연주하는 모차르트가 되어보기도 한다. 네모난 바퀴가 달린 자전거를 타면서 도형의 비밀을 이해하는 코너도 아이들이 좋아한다. 비밀마을 2층에 위치하며 고학년에 적합한 전시다.

03 무지개를 품은 나팔버섯

나팔 모양의 조형물은 신재생에너지에 대한 이해를 돕기 위한 것이다. 낮 동안 축적한 태양에너지를 이용해 빛과 음악이 나오는 조형물이다. 독특한 모양으로 아이들의 호기심과 상상력을 자극하며 동시에 신재생에너지와 환경에 대해 생각해볼 기회를 제공한다. 야외 전시장에 위치.

주변 여행지 돌아보기

01 경기도 어린이식품안전체험관 부천센터

체험형 놀이, 게임, 프로그램을 통해 아이들이 식품 영양과 식품에 대한 지식을 배우고 궁극적으로 올바른 식습관을 형성하도록 도와준다. 인천어린이과학관에서 자동차로 10분.

주소 경기도 부천시 오정구 벌말로 122 | **전화** 032-684-6590~1 | **시간** 10:00~17:00(개인 관람은 평일 15:00 이후 가능) | **휴무일** 토·일요일·공휴일 | **입장료** 무료 | **홈페이지** www.bcfoodsafety.or.kr

02 부천로보파크

로봇을 테마로 하는 체험형 전시관. 마술로봇, VR로봇, 변신로봇 등 다양한 로봇이 펼치는 흥미로운 공연을 관람할 수 있다. 로봇을 직접 조작하는 코너도 있어 아이들이 좋아한다. 4D영상도 관람 가능. 인천어린이박물관에서 자동차로 17분.

주소 경기도 부천시 평천로 655 | **전화** 070-7094-5479 | **시간** 10:00~17:00 | **휴무일** 월요일, 1월 1일, 설·추석 연휴 | **입장료** 어른 5000원, 중고등학생 4000원, 초등학생 3000원 | **홈페이지** www.robopark.org

03 한국만화박물관

만화를 테마로 한 복합 문화 공간으로, 만화박물관, 만화도서관, 애니메이션상영관, 만화캐릭터공원 등의 시설을 갖췄다. 만화와 관련한 다양한 전시 관람과 체험이 가능하다. 인천어린이과학관에서 자동차로 16분.

주소 경기도 부천시 원미구 길주로 1 | **전화** 032-310-3090~1 | **시간** 10:00~18:00 | **휴무일** 월요일, 1월 1일, 설·추석 연휴 | **입장료** 일반권 5000원, 36개월 미만 무료, 가족권(어른 2+어린이 2) 1만5000원 | **홈페이지** www.komacon.kr/comicsmuseum

국립 대구과학관

아이부터 어른까지
다양한 눈높이를
만족시키다

POINT 다양한 과학적 원리를 적용한 실내 및 야외 공간을 갖춰 아이들이 놀이처럼 즐겁게 과학에 접근할 수 있다.

국립대구과학관은 실내외 공간이 적절하게 조화를 이룬다. 아이들은 과학관에서 체험과 전시를 즐기다 밖에 나와서 마음껏 뛰놀기도 한다. 물론 밖에서 뛰노는 공간에도 과학이 접목되어 있다. 공간적 기능을 기반으로 기초 과학 원리를 자연스럽게 깨우치도록 조성한 어울림놀이터, 자연 소재를 모티브로 한 놀이 시설에서 신체 활동을 즐기는 자연놀이터 등 야외 공간이 있다. 과학관 실내 전시도 야외만큼 흥미롭다. 상설전시1관은 자연과 발견을 테마로 한다. 지구온난화 등 환경문제를 이해하고 친환경 사회를 만들기 위한 실천 방법을 알아보는 한편, 자연 생태계와 물의 순환, 지구계의 전반적인 상호작용에 대해 배운다. 과학기술과 산업을 소개하는 상설전시2관에서는 에너지 문제와 과학기술의 발전, 우리 생활 속 과학기술에 대해 알아간다. 과학관에서 아이들은 전시물 체험을 통해 과학적 사고방식을 이해하는 시간을 갖는다.

주소 대구시 달성군 유가읍 테크노대로6길 20 | **전화** 053-670-6114 | **시간** 09:30~17:30 | **휴무일** 월요일(월요일이 공휴일인 경우 그다음 날), 1월 1일, 설날·추석 당일, 법정 공휴일 다음 날, 법정 선거일은 13:00부터 개관 | **입장료** 어른 3000원, 만 7~19세 2000원, 만 6세 이하 무료 / 4D영상관 및 천체투영관 관람료 별도 | **홈페이지** www.dnsm.or.kr

◆ 사전 조사를 은해봐요 ◆

도서 《어린이 대학 : 과학 세트》 : 초등학교 5, 6학년을 대상으로 직접 설문 조사해 아이들이 궁금해하는 점을 알아보고 우리나라 대표 석학들이 이에 대해 답해주는 형태. 과학 세트는 생물과 물리로 이뤄진다.

도서 《초등학생이 알아야 할 과학 100가지》 : 과학 전반에 대한 기본 개념부터 최신 이슈까지 100가지 토픽을 담아낸다. 간결한 글과 생생한 이미지로 구성해 아이들이 편하게 읽기 좋다.

알차게 돌아보기

디지털 성덕대왕신종 01

야외에 설치된 디지털 성덕대왕신종은 사물인터넷, 맥놀이 현상, 태양광 에너지를 접목한 융합 예술 전시품이다. 신종 옆 벤치에 있는 QR코드를 찍어 앱을 깔면 원하는 글자를 벤치 전광판에 띄우고 증강현실 체험할 수 있다. 종각 지붕에 설치된 태양에너지 시스템을 통해 신종 운영에 필요한 전력의 반 정도를 자체 생산한다.

체험 전시물 02

상설 전시관에는 체험 전시물이 있다. 최첨단 달기지 우주농장 대모험, 에어하키, 춤추는 로봇, 레인보우용광로 등 다양하다. 체험 전시물은 무료 선착순 이용 가능하며 정해진 시간에 운영하므로 미리 확인한 후 알차게 활용하자.

4D영상관 03

계절별, 테마별로 다양한 과학 관련 영상물을 상영한다. 시간대별로 여러 수준별 영상물을 볼 수 있다. 키 110cm 이상 관람 가능. 이용 신청 방법은 온라인 예약과 현장 발권이다. 평일은 온라인 예약 70%, 현장 발권 30%, 주말은 온라인 50%, 현장 50%로 배정한다.

천체투영관 04

돔 스크린 천체 시뮬레이션을 통해 밤하늘의 별과 천체 현상을 관찰한다. 요일과 시간별로 다채로운 프로그램을 운영한다. 이용 신청 방법은 4D영상관과 동일.

> **TIP**
> 01 전시 해설 프로그램이나 스마트폰 전시물 정보 안내 서비스를 이용하면 알찬 관람이 가능하다.
> 02 시기별로 체험, 교육 프로그램을 운영한다. 홈페이지에서 미리 확인하자.
> 03 푸드코트, 카페, 매점, 기념품점 등의 시설을 갖춰 불편함이 없다.
> 04 영·유아를 위한 전시관을 따로 운영한다. 보호자 동반 만 6세까지 이용 가능.

 주변 여행지 돌아보기

달성 현풍석빙고 01

돌을 쌓아 만든 얼음 창고. 밖에서 보면 마치 고분처럼 보이기도 한다. 석빙고는 개울과 산을 끼고 있는데 출입구는 산 쪽으로 나 있다. 조선 영조 6년(1730년)에 축조됐음을 알리는 건성비가 발견된 바 있으며 보물로 지정되어 있다. 국립대구과학관에서 자동차로 7분.

주소 대구시 달성군 현풍면 상리1길 36 | **전화** 053-627-8900(대구관광정보센터) | **시간** 24시간 | **휴무일** 연중무휴 | **입장료** 무료

비슬산자연휴양림 02

가족과 함께 삼림욕을 즐기기 좋은 코스. 특히 봄이면 진달래꽃이 흐드러지게 피어올라 장관을 연출한다. 시원한 계곡과 유가사, 용연사 등의 고찰도 함께 돌아볼 수 있다. 반딧불이 전기차를 운행하며 캠핑장 등 숙박 시설도 갖췄다. 국립대구과학관에서 자동차로 10분.

주소 대구시 달성군 유가면 일연선사길 99 | **전화** 053-659-4400~1 | **시간** 24시간 | **휴무일** 기상 여건에 따라 통제 가능 | **입장료** 무료 | **홈페이지** www.dssiseol.or.kr

달성 도동서원 03

조선시대 유림 김굉필을 추모하기 위해 세운 서원. 조선 중기 서원의 건축적 특성을 잘 보여준다. 도동서원 중정당·사당·담장은 보물 제350호로 지정·보호받고 있다. 국립대구과학관에서 자동차로 25분.

주소 대구시 달성군 구지면 구지서로 726 | **전화** 053-617-7620 | **시간** 10:00~18:00 | **휴무일** 연중무휴 | **입장료** 무료

112

과학이 놀이처럼 즐거워진다!
국립 부산과학관

POINT 아이들의 과학적 호기심과 흥미를 자극할 만한 다채로운 체험 거리와 알찬 프로그램을 갖췄다.

국립부산과학관은 체험 위주로 조성한 과학관으로 190여 개의 전시물 가운데 직접 만지고 체험하는 코너가 86% 정도에 이른다. 부산, 울산, 경남 지역의 주력 산업인 자동차, 항공우주, 선박, 에너지, 방사선의학을 주요 테마로 삼는다. 지역적 특성을 반영하면서 기초 과학을 융합한 전시를 구성했다. 국립부산과학관은 상설전시관, 어린이관, 야외 전시관, 천체투영관, 천체관측소 등의 시설로 이뤄진다. 과학관의 중심이 되는 상설전시관은 1관이 자동차·항공우주관, 2관이 선박관, 3관이 에너지·방사선의학관이다. 단순히 만져보는 전시물 외에 직접 탑승해 조작해보는 체험물도 여럿 있어 아이들이 좋아한다. 어린이관은 미취학 아동을 위한 코너다. 커다란 바퀴로 만든 집, 알쏭달쏭 비밀의 마을, 물과 바람의 마을 등의 테마 아래 놀이터처럼 흥미롭게 공간을 꾸몄다. 야외전시장에는 꼬마기차, 워터플레이 그라운드, 싸이언스 에코 파크, RC카 서킷장을 조성했다. 천체투영관에서는 별자리

해설과 영상물 시청, 천체관측소에서는 천문 수업과 태양 관측 프로그램을 운영한다. 물론 이게 전부가 아니다. 시기별로 특별기획전을 열고 가족과 함께하는 1박 2일 캠프, 오감으로 즐기는 꼬마과학교실 같은 유료 프로그램 및 과학 드라마, 현미경 속 작은 세상 관찰, 물로 켓이나 드림카 만들기 등의 무료 프로그램도 다양하게 운영한다. 국립부산과학관의 전시와 프로그램을 알차게 이용하려면 하루 종일 머물러도 시간이 부족할 정도다.

주소 부산시 기장군 기장읍 동부산관광6로 59 | **전화** 051-750-2300 | **시간** 09:30~17:30 | **휴무일** 월요일(월요일이 공휴일인 경우 그다음 날), 1월 1일, 설날·추석 당일 | **입장료** 상설전시관 어른 3000원, 초·중·고등학생 2000원, 미취학 무료(천체투영관, 새싹누리관, 꼬마기차 이용료 별도) | **홈페이지** www.sciport.or.kr

◆ **사전 조사를 해료봐요** ◆

도서 《왜왜왜 어린이 과학책 시리즈 - 어린이 자동차교실》 : 자동차의 구조와 작동 원리, 제작 과정을 소개하는 그림책이다. 자동차의 기본 구조와 바퀴가 움직이고 서는 원리도 배울 수 있다.

도서 《교과서 속 융합 지식 박물관 - 과학과 기술》 : 우리 주변에서 볼 수 있는 과학과 기술에 대한 기본 지식을 알기 쉽게 설명한다. 여러 가지 과학 현상과 원리를 그림과 사진으로 함께 보여준다.

도서 《Why+ 기술 과학》 : 만화, 그림, 사진, 알찬 정보 등으로 우리 주변의 과학 원리를 쉽게 풀어낸다. 비행기의 구조, 부력의 원리와 배의 종류, 환경을 생각한 첨단 자동차 등 여러 분야를 다룬다.

알차게 돌아보기

01 상설전시관 탑승 체험물

상설전시관에는 월면 걷기, 자이로스코프, 화성탐사선, 안전띠 시뮬레이터, 4D 영화관, 모터보트 등의 흥미진진한 체험물이 있다. 정해진 시간에 맞춰 운영하며 일부 체험은 티켓 발권이 필요하다. 1인 1매 선착순 발권이므로 2층 안내 데스크에서 먼저 티켓을 발권한 후 전시관을 관람하는 게 좋다. 추가 이용료는 없으며 체험물에 따라 키나 나이 조건을 충족해야 한다.

02 시연 프로그램

상설전시관 내 세 군데 시연실에서는 전시물과 연계한 실험 수업이 이뤄진다. 과학관 전시물을 관람하는 데 그치지 않고 이와 관련한 실험까지 진행해 아이들의 과학에 대한 흥미를 끌어올려 준다. 프로그램 내용은 분기별로 달라진다. 운영 시간 확인 후 선착순으로 이용할 수 있다.

03 다이나믹 슬라이드

국립부산과학관에 들어서면 가장 먼저 아이들의 눈에 들어오는 게 대형 슬라이드다. 2층과 1층을 잇는 짜릿한 슬라이드는 아이들에게 인기 폭발. 정해진 시간에만 이용 가능하므로 운영 시간을 미리 확인할 것. 키 110cm 이상만 탑승 가능하다.

04 천체투영관

과학관 본 건물 옆으로 공처럼 생긴 천체투영관이 있다. 이곳에서는 간단한 별자리 해설을 듣고 시간대별로 다양한 영상물을 상영한다. 아인슈타인의 위대한 유산, 폴라리스, 코코몽 우주탐험, 우리는 외계인 등 여러 프로그램 중 선택해서 관람 가능하다. 관람료 1500원.

05 로봇 댄스 공연

1층 중앙홀에서 귀여운 로봇 댄스 공연이 펼쳐진다. 인기 동요와 가요에 맞춰 로봇들이 칼 군무를 선보이면 갈채가 쏟아진다. 1일 3회 공연을 진행한다.

06 사이언스파크

야외에 위치한 놀이터 같은 사이언스파크도 아이들이 좋아한다. 마법의 지렛대, 인간 요요, 회전 체험 등 과학 원리를 이용한 놀이 시설을 즐길 수 있다. 특히 인간 도르래처럼 날아보는 '하늘다람쥐' 놀이 기구가 인기.

TIP

01 상설전시관 입장권을 끊으면 대부분 체험 시설을 무료로 이용할 수 있다. 단, 천체투영관과 어린이관, 꼬마기차는 별도 이용료를 지불해야 한다.

02 상설전시관에서는 주제가 있는 해설 프로그램을 운영한다. 온라인 예매 또는 현장 접수 가능하다.

03 과학관 안에 대형 푸드코트가 있다. 한식, 분식, 양식 등 메뉴가 다양해 아이들과 식사하기에 좋다.

04 편안한 관람을 위해 짐은 물품보관함에 넣어두자. 1층 입구 왼쪽과 오른쪽에 물품보관함이 마련되어 있다.

05 매점과 기념품점이 있어 간단한 먹거리 등을 구입할 수 있다.

06 천체관측소 프로그램은 초등학생 이상 참가 가능하며, 비용은 1인 3000원이다.

07 매표소에서 상설전시관, 천체투영관, 천체관측소 이용권을 각각 끊을 수 있다. 어떤 프로그램을 이용할지 결정하지 못했다면 우선 상설전시관 입장권을 사서 돌아보다가 나중에 추가 구입 가능하다.

주변 여행지 돌아보기

국립수산과학원 수산과학관

국내 최초 해양수산 종합 과학관이다. 해양수산과 관련한 본 전시관 외 기획전시실인 선박전시관, 전망대 등의 시설을 완비했다. 최신 과학관에 비해 세련미는 떨어지지만 꼼꼼하게 둘러보면 해양수산과 관련해 알차게 배울 수 있다. 국립부산과학관에서 자동차로 7분.

주소 부산시 기장군 기장읍 기장해안로 216 | **전화** 051-720-3061~6 | **시간** 09:30~17:30 | **휴무일** 월요일(월요일이 공휴일인 경우 예외), 설·추석 연휴 | **입장료** 무료 | **홈페이지** www.fsm.go.kr

해동용궁사

바다를 끼고 위치한 사찰로, 우리나라 3대 관음 성지로 손꼽힌다. 뛰어난 풍광 때문에 여행자들이 많이 들르는 명소이기도 하다. 1376년 나옹 혜근이 창건했으며 임진왜란 때 소실됐다가 1930년대에 중창했다. 원래 절 이름은 보문사였으나 1970년대 해동용궁사로 변경했다. 국립부산과학관에서 자동차로 6분.

주소 부산시 기장군 기장읍 용궁길 86 | **전화** 051-722-7744 | **시간** 24시간 | **휴무일** 연중무휴 | **입장료** 무료(주차비 유료) | **홈페이지** www.yongkungsa.or.kr

송정역 폐역

일제강점기에 건립된 송정역(등록문화재)은 동해남부선 복선 전철화로 폐역됐다. 현재 옛 송정역사는 해운대 블루라인파크 송정 정거장으로 이용되고 있어 이곳에서 해변열차나 스카이캡슐 탑승이 가능하다. 국립부산과학관에서 자동차로 7분.

주소 부산시 해운대구 송정중앙로8번길 60 | **전화** 051-749-5800(송정관광안내소) | **시간** 24시간 | **휴무일** 연중무휴 | **입장료** 무료

씨라이프 부산아쿠아리움

해운대해수욕장에 자리한 아쿠아리움으로, 250종, 1만여 마리의 해양 생물을 전시한다. 다채로운 해양 생물 관람 외 흥미진진한 공연도 함께 즐길 수 있다. 국립부산과학관에서 자동차로 17분.

주소 부산시 해운대구 해운대해변로 266 | **전화** 051-740-1700 | **시간** 월~목요일 10:00~20:00, 금~일요일공휴일 09:00~22:00(시기별로 변동 가능하므로 홈페이지에서 미리 확인할것) | **휴무일** 연중무휴 | **입장료** 만 13세 이상 3만1000원, 만 3~12세 2만6500원 | **홈페이지** www.busanaquarium.com

부산시립미술관

어린이미술관이 있어 가족이 함께 방문하기 좋다. 별관에는 이우환 작가의 작품을 전시하는 공간도 있어 볼거리가 풍성하다. 시기별로 다양한 장르의 전시를 진행하며 아이들을 위한 체험 프로그램도 운영한다. 국립부산과학관에서 자동차로 11분.

주소 부산시 해운대구 APEC로 58 | **전화** 051-744-2602 | **시간** 10:00~18:00(금·토요일은 본관만 21:00까지) | **휴무일** 월요일(월요일이 공휴일인 경우는 그다음 날), 1월 1일 | **입장료** 기획전에 따라 변동 | **홈페이지** art.busan.go.kr

송정해수욕장

부산 대표 해수욕장 중 하나로, 해운대해수욕장이나 광안리해수욕장에 비해서는 덜 붐비는 편이다. 깨끗한 백사장이 이어져 아이들과 잠시 바다를 보며 쉬어 가기 좋다. 서핑 명소라 바다를 수놓는 서퍼들의 모습을 보는 것도 재미 중 하나. 해변 끝 쪽에는 죽도공원이 있다. 국립부산과학관에서 자동차로 8분.

주소 부산시 해운대구 송정해변로 62 | **전화** 051-749-5800

113

만지고 체험하는
신나는 과학

부산과학체험관

100% 체험으로 이뤄진 과학관이라 아이들이 놀이터처럼 놀면서 재미있게 과학적 원리에 접근할 수 있다.

이름 그대로 과학을 체험을 통해 배우는 곳. 기초 과학에서 미래 기술 과학까지 다양한 분야를 100% 체험 전시로 구성했다. 박물관은 지상 4층 규모로 빛, 전자기, 소리 & 파동, 지구 & 생명, 열 & 역학, 수학 & 융합이라는 테마로 이뤄진다. 2층부터 본격적인 과학 체험이 시작되는데 2층은 빛과 전자기를 테마로 하며 눈에 보이는 자기장, 착시 원판, 편광 스테인드글라스, 굴절, 오목거울 등의 체험을 즐길 수 있다. 3층의 테마는 소리 & 파동, 지구 & 생명이다. 파이프로 보는 두 눈의 결합, 촉각 극장, 꿀벌의 눈으로 관찰하기, 드라이아이스로 혜성의 고리 만들기 등의 체험물을 접할 수 있다. 4층에서는 친밀도 측정하기, 전자액자 속 그림 바꾸기, 대형 역학 시계, 대칭화 등을 체험하며 수학 & 융합과 열 & 역학에 대해 배운다. 각 층은 탁 트인 넓은 공간으로 이뤄져 있고 각 전시물 사이 공간도 충분히 확보해 아이들이 주변의 방해 없이 체험에 집중할 수 있다.

주소 부산시 동구 중앙대로260번길 11 | **전화** 051-792-3000~2 | **시간** 09:30~12:00, 14:00~16:30 / 개인 관람은 주말, 공휴일, 방학 기간 중 가능 | **휴무일** 월요일(월요일이 공휴일인 경우 그다음 날), 1월 1일, 설·추석 연휴, 대체 공휴일 | **입장료** 무료 | **홈페이지** scinuri.pen.go.kr

◆ 사전 조사를 해봐요 ◆

도서 《초등학생을 위한 과학 실험 380》: 실험을 통해 과학에 흥미를 갖도록 구성한 책. 일상에서 쉽게 구할 수 있는 재료로 간단하게 실험을 하며 과학의 원리를 배운다.

부산과학체험관 홈페이지(scinuri.pen.go.kr): 홈페이지 전시 부분에 각 전시물에 대한 안내와 과학 원리, 연계 교과 과정까지 상세하게 나와 있다. 미리 홈페이지를 훑어보면서 내용을 살펴보고 우리 아이 학년에 맞는 체험물 위주로 체크해서 이용해도 좋다.

알차게 돌아보기

테슬라코일 01

테슬라코일은 고전압을 만드는 장치를 말한다. 네온튜브를 이용해 테슬라코일에 의해 생성된 전기장을 확인하는 체험. 초등학교 5학년 과학 '물체의 속력', 6학년 '빛, 에너지, 일기예보' 교과 과정과 연계된다. 테슬라코일 체험은 1일 2회 정해진 시간에만 참여 가능하다.

미끄럼틀 02

높이에 따라 속도가 달라지면서 위치에너지가 운동에너지로 전환되는 과학 원리를 체험하는 코너. 초등학교 저학년 과학 '물질과 에너지', '힘과 운동' 교과과정과 연계 가능. 4층에서 1일 3회 정해진 시간에 체험을 진행한다.

어지럼 체험 의자 03

의자에 앉아 빙글빙글 돌다가 멈춘다. 회전이 멈춘 후 신체가 균형 감각을 찾는 과정을 이해하는 코너. 회전성 어지럼은 대부분 전정기관이나 세반고리관과 연결됨을 배운다. 초등 5학년 과학 '우리 몸' 교과과정과 연계. 3층에 위치.

장의 길이는 얼마나 될까요? 04

우리 몸속 대장의 길이는 약 1.5m, 소장은 약 6~7m에 이른다는 사실을 체험을 통해 배우는 코너. 체험물의 항문 모형에서 장을 끌어당겨서 그 길이를 눈으로 확인해본다. 초등학교 5학년 과학 '우리 몸' 교과과정과 연계. 3층에 위치.

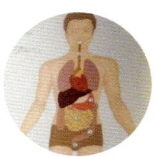

공이 잘 튀어 오르려면? 05

바닥의 재질이 각기 다른 농구장에서 공을 튀겨본다. 재질에 따라 튀어 오르는 정도가 다르다는 점을 알게 된다. 초등 4학년 과학 '무게 재기'와 초등 6학년 '에너지와 도구' 교과과정과 연계. 3층에 위치.

TIP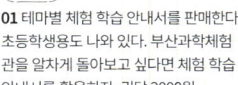

01 테마별 체험 학습 안내서를 판매한다. 초등학생용도 나와 있다. 부산과학체험관을 알차게 돌아보고 싶다면 체험 학습 안내서를 활용하자. 권당 2000원.

02 과학 시연, 가족 수학 체험, 과학수학 창의교실 등 다채로운 체험 프로그램을 운영한다. 미리 홈페이지에서 내용을 확인하고 예약하자.

03 1층에 물품보관함이 있다. 체험 위주 공간이니 짐을 넣어놓고 가볍게 다니자.

04 체험 활동 시 안전을 위해 보호자가 동반하자.

05 스마트폰 앱을 통해 체험물의 정보를 확인할 수 있다.

114

미지의 세계로 떠나는
흥미로운 여행

제주항공
우주박물관

POINT 제주 여행 중 아이들과 방문하기 좋은 박물관으로, 항공 우주라는 테마를 알차고 재미있게 접할 수 있다. 규모가 큰 만큼 배우고 즐길 거리가 많다.

제주항공우주박물관은 미국 스미스소니언재단의 자문을 받아 전시를 기획했으며 전시관은 크게 항공역사관과 천문우주관, 테마관 등으로 이뤄진다. 1층 항공역사관은 세계 항공의 역사, 대한민국 공군갤러리, 항공기에 숨겨진 비밀, 세상을 바꾸는 항공기술, 항공원리체험관(How Things Fly) 등 5개 존으로 구성된다. 항공역사관은 항공 역사적으로 의미를 지닌 크고 작은 항공기를 대거 전시하며 최첨단 항공기와 기구, 글라이더, 비행선, 헬리콥터 등의 구조와 비행 원리에 대해 알려준다. 항공 시뮬레이터와 드론 체험 게임기처럼 흥미진진한 체험 거리도 제공한다. 2층 천문우주관은 우주를 향한 인류의 파노라마를 담아내며 한국의 천문학 역사, 인공위성과 국제우주정거장(ISS), 태양계, 우주망원경 등에 대해 소개한다. 항공역사관과 천문우주관을 중심으로, 흥미진진한 테마관과 각종 항공기를 전시한 야외 전시장, 생생한 체험 프로그램을 즐겨보자.

주소 제주도 서귀포시 안덕면 녹차분재로 218 | **전화** 064-800-2000 | **시간** 09:00~18:00 | **휴무일** 셋째 주 월요일(월요일이 공휴일인 경우 그다음 날) | **입장료** 어른 1만 원, 만 13~18세 9000원, 만 3~12세·65세 이상 8000원 | **홈페이지** www.jdc-jam.com

◆ 사전 조사를 해봐요 ◆

도서 《How so? 교통과 항공》 : 자동차, 기차, 비행기의 역사와 종류, 원리 등을 어린이 눈높이에 맞게 설명한다.

한국항공우주연구원 블로그(blog.naver.com/karipr)
: 누리호 등 우주개발 전담 연구기관인 한국항공우주연구원에서 운영하는 공식 블로그로, 항공우주 관련 다양한 이야기를 살펴볼 수 있다.

알차게 돌아보기

플라이어호 01

항공역사관에 들어서면 가장 먼저 라이트 형제의 플라이어호가 보인다. 비록 모형이지만 실물 그대로 복원한 것으로 인류 최초 유인 동력 비행에 성공한 의미 있는 순간을 재현한 것.

How Things Fly 02

미국 스미소니언 국립항공우주박물관의 인기 전시관인 항공 원리 체험관 'How Things Fly'를 제주항공우주박물관에서 그대로 체험할 수 있다. 다채로운 체험 콘텐츠를 통해 항공 원리에 대해 배워보자.

화성 탐사 로봇 모형 03

2층 천문우주관에 화성 탐사 로봇 '큐리오시티' 실제 크기 모형이 전시되어 있다. 인류의 화성 탐사 계획과 화성에서 활동한 로봇들을 한눈에 살펴볼 수 있다.

테마관 04

과학에 엔터테인먼트 요소를 가미한 체험 공간을 운영한다. 테마관은 폴라리스, 캐노푸스, 프로시온, 아리어스로 구성되며 대형 스크린에 펼쳐지는 5D 입체 영상, 최첨단 돔 형태의 영상, 가상의 공간을 통한 인터랙티브 체험 등을 즐길 수 있다.

TIP

01 전문가의 해설을 들으며 항공역사관과 천문우주관을 돌아보는 전시관 해설 프로그램을 적극 추천한다. 재미있고 알찬 설명에 전시 내용이 머릿속에 쏙쏙 들어온다. 아이는 물론 부모에게도 유익하다. 현장에서 선착순 접수 가능.
02 테마관은 정해진 시간별로 프로그램을 운영한다. 리플릿에 자세한 시간이 나와 있으므로 시간을 잘 계획해서 모든 테마관을 이용하자. 관람권으로 전 테마관 이용이 가능하다.
03 체험, 교육 프로그램도 운영한다. 홈페이지에서 미리 확인한 후 참여하자.
04 박물관 내에 푸드코트와 카페가 있고, 인근 오설록티뮤지엄과 신화월드에서도 먹거리를 구입할 수 있다.

주변 여행지 돌아보기

이니스프리 제주하우스 01

오설록티뮤지엄 바로 옆에 위치한다. 제주 식재료를 활용한 특색있는 음식과 음료를 맛볼 수 있고 제주 천연 재료를 이용한 비누 만들기 체험도 가능하다. 제주항공우주박물관에서 자동차로 3분.

주소 제주도 서귀포시 신화역사로 15 | **전화** 064-794-5351 | **시간** 09:00~18:00 | **휴무일** 연중무휴 | **가격** 비누 만들기 체험 키트 2만 3000원

제주곶자왈도립공원 02

제주에서 화산활동으로 형성된 독특한 지형으로 북방계와 남방계 식물이 공존하며 신비로운 분위기를 연출한다. 탐방안내소, 전망대, 탐방로 등의 시설을 갖췄다. 제주항공우주박물관에서 자동차로 8분.

주소 제주도 서귀포시 대정읍 에듀시티로 178 | **전화** 064-792-6047 | **시간** 3~10월 09:00~18:00, 11~2월 09:00~17:00 | **휴무일** 연중무휴 | **입장료** 만 25~64세 1000원, 만 13~24세 800원, 만 7~12세 500원 | **홈페이지** jejugotjawal.or.kr

용머리해안 03

오랜 세월에 걸쳐 층층이 쌓인 사암층 암벽으로, 퇴적과 침식작용에 의해 용의 머리처럼 보인다. 지형적 가치를 인정받아 천연기념물로 지정됐다. 제주항공우주박물관에서 자동차로 18분.

주소 제주도 서귀포시 안덕면 사계남로216번길 28(용머리해안주차장) | **전화** 064-794-2940 | **시간** 24시(조수 간만의 영향과 일출, 일몰 등에 따라 변동 가능) | **휴무일** 연중무휴(만조 및 기상 악화 시 통제) | **입장료** 어른 2000원, 청소년·어린이 1000원

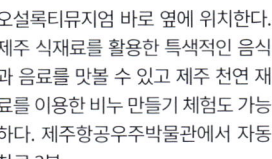

115

'어메이징한'
재미가 가득한 과학 공간
포천 어메이징파크

POINT 다양한 도구의 발전을 이끈 과학적 기본 원리에 대해 생각해보는 공간이다. 흥미진진한 체험과 청정 자연이 결합돼 다채로운 재미를 선사한다.

과학과 자연, 휴식이 어우러진 테마파크로 크게 사이언스존, 네이처존, 릴랙스존으로 구성된다. 사이언스존의 대표 시설은 과학관(과학공학기구관)으로 200여 가지 공학 기구가 전시되어 있다. 톱니바퀴와 기어 등으로 이뤄진 신기한 전시물이 가득한데 단순히 전시물을 관람하는 데 그치지 않고 버튼을 누르거나 손잡이를 움직이며 기구의 움직임을 관찰한다. 각 전시물에는 작동 원리가 간단히 설명돼 있다. 이곳에 전시된 기구의 원리가 자동차, 항공기, 우주선 제작의 기본이 된다는 사실이 흥미롭다. 200여 가지를 모두 꼼꼼히 둘러보겠다는 욕심은 버리자. 초등학생 수준에 맞게 적당히 둘러본 후 아이들이 지루해하면 야외로 나가보자. 과학관 안에만 과학이 담겨 있는 게 아니다. 야외에서도 산책을 하며 신기한 전시물을 관람할 수 있다. 공학 기구 기본 원리를 적용한 23m 높이의 자이언트 분수, 중력과 회전 운동의 연관 관계를 이용한 진자 펌프, 수력 에너지로 움직이는 솔라 시스템 등 웅장하고 흥미로운 전시물이 눈길을 사로잡는다.

주소 경기도 포천시 신북면 탑신로 860 | **전화** 031-532-1881 | **시간** 10:00~18:00 | **휴무일** 월·화요일(공휴일은 예외) | **입장료** 만 36개월 이상 8000원(시기별로 변동 가능) | **홈페이지** www.amazingpark.co.kr

◆ 사전 조사를 해봐요 ◆

도서 《도구와 기계의 원리 Now》: 기계가 움직이는 기본 원리와 그 원리를 적용한 여러 도구와 기계를 그림으로 소개한다. 아이와 부모가 함께 봐도 좋다.

도서 《두근두근 과학 탐험 4-도구와 기계의 원리》: 아이들이 일상에서 접하는 도구와 기계에 관한 궁금증 50가지를 그림으로 풀어낸다.

알차게 돌아보기

서스펜션 브리지 01

총 130m 길이의 현수교. 국내 산악에 설치된 현수교 중 제일 긴 보도 교량으로 알려져 있다. 시원한 풍광을 내다보며 흔들흔들 걷는 기분이 짜릿하면서도 재미있다.

히든 브리지 02

잣나무 숲속 상공을 누비는 재미난 체험 공간이다. 나무와 나무를 연결해 상공에 조성한 300m 길을 따라 거닐며 자연과 호흡한다. 피톤치드를 듬뿍 마시고 하늘 길을 걷는 짜릿함도 만끽한다.

어메이징 스윙 03

어메이징파크에서 가장 인기 있는 코너다. 일반 그네가 아니라 특별한 그네다. 높이 4.5m, 폭 1m, 길이 5m에 설치된 105개의 밸브에서 물줄기가 떨어지고 그 사이로 그네를 타고 왔다 갔다 한다. 물에 젖지 않도록 프로그래밍되어 있다는 것을 알면서도 물줄기가 쏟아질 때면 혹시나 젖지 않을까 손에 땀을 쥐게 된다. 물줄기 사이를 그네를 타고 높이 올라갔다 내려왔다를 반복한다. 놀이 기구만큼 스릴감 넘치는 체험 기구다.

> **TIP**
> 01 과학관 내 전시물에 대한 친절한 해설이 없다고 느껴질 수 있다. 이곳의 콘셉트 자체가 '보세요, 느끼세요, 돌려보세요, 그리고 생각하세요!'이기 때문이다. 즉, 아이들에게 설명으로 가르치기보다는 자연스럽게 상상해보게 한다는 취지다.
> 02 외부 음식물 반입이 금지된다. 어메이징파크 내 간단한 식사가 가능한 카페 등의 시설이 있다.

주변 여행지 돌아보기

허브아일랜드

각종 허브와 아기자기한 볼거리로 꾸며놓은 허브 테마파크다. 허브박물관, 허브식물박물관은 기본, 미니동물원, 산타마을, 베네치아마을, 공룡마을 등 다양한 코너를 갖췄다. 어메이징파크에서 자동차로 8분.

주소 강원도 포천시 신북면 청신로947번길 35 | **전화** 031-535-6494 | **시간** 10:00~21:00토일공휴일은 22:00까지) | **휴무일** 수요일(수요일이 공휴일인 경우는 예외) | **입장료** 평일 기준 17세 이상 1만 원, 37개월~16세 8000원 | **홈페이지** herbisland.co.kr

포천아트밸리

채석장이던 곳을 복합 문화 공간으로 탈바꿈시켰다. 물빛이 신비로운 천주호와 조각공원, 돌문화전시관 등 관람 시설과 함께 천문과학관, 교육전시센터 등의 문화 시설도 갖췄다. 어메이징파크에서 자동차로 30분.

주소 강원도 포천시 신북면 아트밸리로 234 | **전화** 031-538-3485 | **시간** 월~목요일 09:00~19:00, 금~일요일 09:00~22:00(동절기에 변동 가능) | **휴무일** 매월 첫째 화요일 | **입장료** 어른 5000원, 청소년 3000원, 어린이 1500원, 미취학 무료 (모노레일 이용료는 별도) | **홈페이지** artvalley.pocheon.go.kr

국립수목원

흔히 광릉수목원으로 불린다. 드넓은 자연림 속에 여러 테마의 전시원과 산림박물관, 산림생물표본관, 산림동물보전원, 난대온실 등이 있다. 산림동물보전원에서는 우리나라 산야에 서식하는 동물 중 멸종되었거나 멸종 위기에 처한 백두산호랑이, 늑대, 반달가슴곰, 고라니, 독수리 등을 만나볼 수 있다. 어메이징파크에서 자동차로 55분.

주소 강원도 포천시 소흘읍 광릉수목원로 415 | **전화** 031-540-2000 | **시간** 4~10월 09:00~18:00, 11~3월 09:00~17:00(사전 예약 차량만 주차장 이용 가능) | **휴무일** 월요일, 1·2·12월 일요일, 1월 1일, 설·추석 연휴 | **입장료** 어른 1000원, 청소년 700원, 어린이 500원, 미취학 무료 | **홈페이지** kna.forest.go.kr

116

유네스코 세계기록유산
직지를 찾아서

청주 고인쇄박물관

POINT 고인쇄는 '옛날 인쇄'라는 뜻으로 예로부터 우리나라는 인쇄 기술이 뛰어났다. 직지의 고장 청주에서 우리나라 인쇄 역사와 문화를 알아본다.

직지는 세계에서 가장 오래된 금속활자본이다. 1377년 청주 흥덕사에서 만들어졌으며 〈백운화상초록불조직지심체요절〉을 줄여 직지라고 한다. 백운화상이 선불교에서 내려오는 이야기를 모아 엮은 것을 그의 제자들이 금속활자로 인쇄했다. 직지는 독일의 금속활자본 〈구텐베르크 42행 성서〉보다 78년이나 앞섰다. 직지는 원래 상·하 두 권이었는데 현재 우리나라에 하권만 남아 있고, 상권은 프랑스 국립도서관에 있다. 직지는 인류 문화사에 끼친 가치를 인정받아 2001년 9월 유네스코 세계기록유산으로 등재됐다. 청주고인쇄박물관은 신라, 고려, 조선시대의 목판본, 금속활자본, 목활자본 등의 고서와 인쇄기구, 흥덕사지 출토유물 등 3000여 점의 유물을 소장·전시한다. 우리나라 인쇄역사와 문화를 한눈에 살펴볼 수 있다.

| **주소** 충청북도 청주시 흥덕구 직지대로 713 | **전화** 043-201-4266 | **시간** 09:00~18:00 | **휴무일** 월요일, 1월 1일, 설날·추석 당일 | **입장료** 무료
| **홈페이지** jikjiworld.cheongju.go.kr

◆ 사전 조사를 해봐요 ◆

도서 《우리 책 직지의 소원》 : 직지가 들려주는 고려시대 이야기. 고향으로 돌아오고 싶은 직지의 간절한 소망을 담아 만든 동화책이다. 프랑스 국립도서관이 직지를 소장하게 된 과정과 세계기록유산에 등재하기까지의 이야기를 전한다.

영화 〈직지코드〉 : 고려시대 금속활자의 비밀을 밝히는 여정을 그린 다큐멘터리 영화다. 프랑스 국립도서관에서 제작진은 알 수 없는 이유로 열람을 거부당한다. 제작진은 동양과 서양 금속활자 발명의 숨겨진 관계를 밝히기 위해 프랑스부터 바티칸까지 총 5개국 7개 도시로 향한다.

◆ 엄마, 아빠랑 배워요 ◆

직지의 행방이 궁금해요!
조선 말 주한 프랑스 공사를 지낸 콜랭 드 플랑시가 직지를 수집했고, 1911년 앙리 베베르가 소장했다. 이후 직지는 1953년 프랑스 국립도서관에 기증됐다. 도서관 사서로 있던 고(故) 박병선 박사가 직지를 발견하고, 금속활자 인쇄본이라는 사실을 밝혀냈다. 직지가 해당 국가(대한민국)에 있지 않았음에도 세계유산으로 인정된 것은 최초다. 청주고인쇄박물관은 직지 금속활자 3만여 자를 전통 활자 주조법으로 상·하권 모두 복원했다.

알차게 돌아보기

세계기록유산 직지와 고려금속활자 01

고려의 금속활자 인쇄술과 청주 흥덕사 관련 자료를 전시한다. 복원된 직지 활자판, 직지영인본, 직지 능화판을 비롯해 흥덕사의 출토 유물을 볼 수 있다.

고려와 조선의 인쇄 문화 02

고려의 목판인쇄술부터 19세기 말까지 전통 인쇄 문화를 소개한다. 신라시대 석가탑에 봉안되어 있던 '무구정광대다라니경', 고려시대 해인사의 '팔만대장경', 조선시대 한글을 찍기 위해 만든 최초의 한글 활자 '월인천강지곡' 등이 주요 전시물이다.

동서양의 인쇄 문화 03

동서양의 옛 인쇄 문화를 소개한다. 일본, 중국, 유럽의 인쇄 문화를 만나본다. 구텐베르크 인쇄기 축소 모형도 볼 수 있다.

흥덕사지 04

고인쇄박물관을 정면으로 두고 왼쪽에 흥덕사 터가 있다. 흥덕사는 사라지고 터만 남았다. 정면 5칸, 측면 3칸 팔작지붕의 금당과 3층 석탑이 복원되었다.

근현대인쇄전시관 05

19세기 말 서양의 납활자 인쇄 기술을 도입한 이후 우리나라 근대 인쇄술의 발전사를 전시한다. 2층에서는 근대 납활자 인쇄, 레터프레스 인쇄, 저사인쇄 체험을 할 수 있다. 옛날 방식으로 인쇄되는 모습이 신기하다. 청주고인쇄박물관에서 도보 3분.

체험 운영 시간 10:00~17:00(점심시간 12:00~13:00 제외)

TIP
01 박물관 전시 해설이 필요할 경우 현장 요청 또는 전화 예약으로 신청한다.
02 직지 체험, 인쇄체험교실 등 교육 프로그램을 운영한다.
03 박물관 관람을 마치고 흥덕사지, 근현대인쇄전시관, 금속활자전수관 등을 함께 둘러본다 (도보 1~2분 거리).
04 금속활자전수교육관 기념품 판매소에서 기념품을 판매한다.

주변 여행지 돌아보기

수암골벽화마을 01

한국전쟁 때 피란민이 모여 살던 동네다. 2007년부터 공공 미술 프로젝트의 일환으로 담장에 그림이 그려졌다. 드라마 <제빵왕 김탁구> 촬영지로 유명해지면서 청주의 대표적인 명소로 거듭났다. 수암골 전망대에 오르면 청주 시내의 전경이 한눈에 펼쳐진다. 전망대 아래 카페골목도 놓치지 말 것. 청주고인쇄박물관에서 자동차로 8분.

주소 충청북도 청주시 상당구 수동로 15-4

청주시립미술관 02

1978년부터 2002년까지 청주 KBS방송국으로 사용했던 건물을 리모델링해 미술관으로 재탄생했다. 상설전과 초대전, 기획전 등 다양한 전시가 열린다. 청주고인쇄박물관에서 자동차로 5분.

주소 충청북도 청주시 서원구 충렬로18번길 50 | **전화** 043-201-2650 | **시간** 10:00~18:00 | **휴무일** 월요일, 1월 1일, 설날·추석 당일 | **입장료** 어른 1000원, 어린이 500원 | **홈페이지** cmoa.cheongju.go.kr

동부창고 03

청주 옛 연초제조창의 담뱃잎 창고가 문화 공간으로 거듭났다. 건물은 1960년대 공장 창고의 원형을 유지하고 있다. 적벽돌과 목조 트러스(금강송)로 지은 것이 특징이다. 다양한 문화 예술 프로그램이 열린다. 청주고인쇄박물관에서 자동차로 8분.

주소 충청북도 청주시 청원구 덕벌로 30 | **전화** 043-715-6861 | **시간** 행사에 따라 다름 | **입장료** 무료 | **홈페이지** dbchangko.org:5016

117

자연, 역사, 환경, 생태, 놀이, 모두 완비한 종합 선물 세트

청주랜드

POINT 기후변화체험교육관과 통일관, 신재생에너지체험관 등의 여러 체험 시설과 함께 놀이동산과 동물원을 갖춰 교육과 놀이를 모두 즐길 수 있다.

청주시에서 운영하는 청주랜드는 알찬 시설을 두루 갖춘 알짜배기 스폿이다. 청주랜드 내에서 과학, 사회, 문화, 우주, 자연, 생태 등 다방면의 체험 활동이 가능하다. 게다가 규모는 크지 않지만 놀이동산까지 갖추어 놀고 싶은 아이들의 욕구까지 모두 채울 수 있다. 청주랜드는 크게 우암어린이회관과 동물원 구역으로 나뉜다. 우암어린이회관에는 다양한 시설이 들어서 있다. 본관 건물에는 기후변화체험교육관과 통일관이 함께 위치한다. 본관 건물 외 1·2·3전시관과 나비를 테마로 한 생태체험관, 다섯 가지 놀이 기구를 갖춘 놀이동산도 있다. 1전시관 2층의 신재생에너지체험관과 2관의 어린이체험관, 3전시관의 공룡관은 놓치지 말고 돌아보자. 우암어린이회관과 도로를 사이에 두고 위치한 동물원까지 돌아보면 교육부터 놀이, 휴식까지 모든 요소를 만족하는 가족 나들이 완성!

주소 충청북도 청주시 상당구 명암로 171 | **전화** 043-201-4863 | **시간** 09:00~18:00 | **휴무일** 월요일, 1월 1일, 설날·추석 당일 | **입장료** 무료 (동물원, 놀이 기구 등 일부 시설은 유료) | **홈페이지** www.cheongju.go.kr/land/index.do

◆ 사전 조사를 해봐요 ◆

도서 《재미있는 날씨와 기후변화 이야기》 : 일기 예보와 생활, 물의 순환과 날씨 변화, 태양의 남중 고도와 계절, 지구온난화 등 날씨 관련 지식과 과학 원리를 소개한다.

도서 《우리가 알아야 할 북한 문화재》 : 석천산 고인돌, 동명왕릉, 안악 3호분, 평양성 등 북한에 있는 중요한 역사 유적, 유물과 그에 얽힌 이야기를 소개한다.

도서 《어린이를 위한 기후 보고서》 : 지구환경과 기후변화가 생태계와 인간 생활에 미치는 영향을 깊이 있게 다루면서 아이들이 지구온난화와 기후변화를 막기 위해 생활 속에서 스스로 실천할 수 있는 방안을 찾아내게 한다.

도서 《네 손가락의 피아니스트 희아의 소원도 통일》 : 네 손가락의 피아니스트로 유명한 이희아는 통일을 간절히 염원한다. 그를 통해 통일에 대해 고민해본다.

알차게 돌아보기

기후변화체험교육관 01

교육관에 입장하기 전에 목걸이형 카드를 발급해준다. 실천존에서 직접 체험을 하며 포인트를 쌓으면 마지막 코너에서 그린 수치를 확인하고 수료증을 발급해준다. 인터랙티브 미디어를 통한 체험을 즐기며 전시관을 돌아보기 때문에 아이들의 흥미도와 집중도가 향상된다.

통일관 02

'신나게 놀면서 꿈꾸는 통일 한국'이라는 주제 아래 2017년 상반기에 재개관했다. 한반도의 역사를 알아보는 코너부터 평양으로 가는 소풍, 우리나라 자연 이야기, 통일 체험 코너 등으로 꾸몄다. 아기자기한 볼거리와 체험을 통해 통일이라는 주제를 흥미롭게 풀어낸다. 체험 활동지와 평화통일 어린이 서약서도 놓치지 말고 챙겨보자.

어린이체험관 03

2018년 7월, 2관이 어린이체험관으로 변신했다. 이곳은 물, 바람, 빛, 소리, 힘을 테마로 아이들이 통합적인 활동을 할 수 있는 복합 문화 체험 시설이다. 체험관은 환영의 나라, 상상의 씨앗, 변신의 물, 환상의 빛, 모험의 땅으로 이뤄진다. 어린이체험관은 유료 시설로 홈페이지 예약이나 현장 발권 후 이용 가능하다. 1일 3회(1회당 2시간) 운영하며 영·유아부터 초등학교 저학년이 이용하기에 적합하다.

입장료 36개월 이상 4000원 | 홈페이지 cjlandkids.kr

공룡전시관 04

공룡전시관은 3관 1층에 있다. 3관은 2017년 하반기에 재개관해 시설이 깨끗하다. 공룡전시관에는 여러 공룡에 대한 전시와 설명이 이뤄진다. 오늘날 발견되는 공룡 발자국에 관련된 이야기도 전시한다. 공룡전시관 옆에는 나비전시관이 있으며 이 밖에도 디지털체험실, 탈전시관, 천문관 등 여러 시설이 있다.

동물원 05

저렴한 입장료 때문에 뭐 볼 게 있을까 생각하면 오산이다. 동물원에서 기대하는 웬만한 동물은 다 볼 수 있다. 반달가슴곰, 불곰, 표범, 사자, 호랑이, 하이에나 등 큰 동물부터 사막여우, 미어캣, 프레리도그 등 앙증맞은 동물도 서식한다. 이외에도 여러 조류와 파충류도 있다.

입장료 어른 1000원, 어린이 500원

TIP

01 놀이 시설 규모는 크지 않다. 우주전투기, 회전목마, 공중자전거, 박치기차, 미니기차 등 5종의 놀이 기구가 있다(이용료는 기구에 따라 다름).
02 어린이회관 내에 식당이 없다. 음료와 과자 등 주전부리를 판매하는 매점이 있다. 싸 온 도시락을 휴게 공간에서 먹을 수도 있다.

118

우리 몸에 대해 알고
발효도 배우고~

제천한방
엑스포공원

 POINT 한방 생명과학, 발효, 한의학, 약초 등에 대해 배우는 동시에 마음껏 뛰놀 야외 공간도 갖췄다. 놀면서 체험하다 보면 많은 것을 배울 수 있는 곳이다.

제천은 조선시대부터 알아주던 약초 생산지로 약령시가 개설됐던 지역이다. 지금도 제천은 우리나라 대표 약초 생산지이며, 한방 자원을 다채롭게 활용한 한방 산업 메카로 자리 잡았다. 이러한 지역적 특색을 살려 2010 국제한방엑스포를 개최하면서 제천한방엑스포공원을 조성했고 드넓은 야외 공간과 여러 시설을 갖췄다. 제천한방엑스포공원의 중심이 되는 한방생명과학관은 전체 3층으로 이뤄지며 2층과 3층이 중심 전시장이다. 2층에는 건강한 내 몸 만들기, 내 몸속 분비물, 우리 가족 건강하우스 같은 체험 위주 전시와 실내 놀이터가 있다. 아이들이 재미있는 체험을 통해 우리 몸에 대해 배우는 공간이다. 3층은 인류의학역사문화실, 한의학과학원리실, 한의학 도시 제천, 면역원리실 등을 갖췄다. 우리 몸과 관련된 의학, 한의학에 대해 알려준다. 또 한방생명과학관 외 국제발효박물관, 한방체험놀이터, 약초판매장 등의 시설도 함께 즐길 수 있다.

주소 충청북도 제천시 한방엑스포로 19 | **전화** 043-647-1011 | **시간** 3~10월 09:00~18:00, 11~2월 09:00~17:00 | **휴무일** 월요일(월요일이 공휴일인 경우 그다음 날), 1월 1일, 설날·추석 당일 | **입장료** 무료 | **홈페이지** www.expopark.kr

◆ 사전 조사를 해봐요 ◆

도서 《Why? 인체》 : 우리 몸의 다양한 구조와 기능에 대해 상세하게 설명해주는 학습 만화. 정교한 세밀화와 생생한 사진 자료를 통해 효과적으로 정보를 전달한다.

도서 《이 선비, 한의학을 펼치다》 : 옛사람들의 전통 의학을 통해 우리 역사와 문화를 소개한다. 창작 동화에 한의학에 대한 소개를 함께 담았다.

알차게 돌아보기

01 한방생명과학관 VR 체험

한방생명과학관에서 VR 체험을 할 수 있다. 제천의 아름다운 풍광을 감상하며 패러글라이딩과 수상스키를 즐기는 체험이다. 마치 실제로 청풍호 위를 날고, 달리는 기분으로 패러글라이딩과 수상스키를 체험할 수 있다. 무료 이용.

02 국제발효박물관

발효에 대해 배우는 공간. 우리나라와 세계 각국의 발효 음식과 발효 방법, 발효 과정 등에 대해 설명해준다. 재미난 캐릭터와 인터랙티브 전시를 활용해 아이들의 흥미를 유발한다. 지하 1층에는 발효 식품과 관련한 재미난 영상 게임 코너도 있다.

03 약초판매장

약초판매장의 제천한방마을에서는 다양한 약초 관련 체험을 진행한다. 한방 약초 비누, 약초 향기 주머니 등을 만들 수 있다. 아이들이 체험을 즐기는 동안 엄마, 아빠는 한방 마사지를 받아도 된다. 체험과 마사지는 유료, 족욕은 무료다.

> **TIP**
> 01 제천한방바이오박람회 개최 기간에 한방엑스포공원을 방문하면 더욱 알찬 프로그램을 이용할 수 있다. www.hanbangbiofair.org
> 02 행사 기간이 아닐 때는 일부 운영하지 않는 시설도 있다. 그렇지만 상시 운영 중인 전시관만 둘러봐도 만족스럽다.
> 03 한방생명과학관은 1층부터 올라가며 관람해도 되지만, 보통 엘리베이터를 타고 3층으로 올라가 내려오는 순으로 관람하면 편하다.

주변 여행지 돌아보기

01 배론성지

천주교 박해시대의 교우촌으로 배론은 이곳의 지형이 배 밑바닥처럼 생겼다 하여 붙은 이름이다. 황사영 백서 토굴, 최양업 신부 묘소, 성요셉 신학당 같은 역사적 공간이 있다. 제천한방엑스포공원에서 자동차로 10분.

주소 충청북도 제천시 봉양읍 배론성지길 296 | **전화** 043-651-4527 | **시간** 09:00~18:00 | **휴무일** 연중무휴 | **입장료** 무료 | **홈페이지** www.baeron.or.kr

02 의림지

밀양 수산제, 김제 벽골제와 함께 삼한시대에 축조된 것으로 알려진 역사 깊은 저수지다. 조선시대 산수화에 등장하던 명승지이기도 하다. 지금도 수려한 풍광을 연출해 많은 사람들이 산책과 휴식을 즐기러 찾아온다. 의림지역사박물관도 문을 열어 아이들과 방문하면 좋다. 제천한방엑스포공원에서 자동차로 10분.

주소 충청북도 제천시 의림지로 33 | **전화** 043-651-7101 | **시간** 24시간 | **휴무일** 연중무휴 | **입장료** 무료(박물관은 유료)

03 교동민화마을

제천향교가 위치한 마을에 그 특색을 살려 민화마을을 조성했다. 미로같이 이어지는 좁은 골목 사이로 전통 민화와 정겨운 벽화가 가득하다. 민화마을의 중심이 되는 공방촌에서는 민화 관련 다양한 체험도 진행한다. 제천한방엑스포공원에서 자동차로 15분.

주소 충청북도 제천시 용두천로20길 18 | **전화** 043-648-7769 | **시간** 24시간(주거지이므로 이른 시간과 늦은 시간 방문은 삼갈 것) | **휴무일** 연중무휴 | **입장료** 무료

119

새로운 로봇 세상
부천 로보파크

POINT 점점 다양화, 실용화되고 있는 여러 가지 로봇을 가까이에서 체험해볼 수 있다.

다양한 로봇을 만날 수 있어 아이들이 좋아하는 공간이다. 총 3개 층으로 이뤄지며 1층에는 4D 영화 상영관이, 2층에는 인터랙티브존과 스포츠존, 로봇빌리지 등이, 3층에는 로봇역사관과 기획전시실 등이 자리한다. 산업용 로봇은 물론 변신 로봇, 마술 로봇, 오케스트라 로봇, 로봇 물고기 등 각양각색의 로봇들이 아이들을 즐겁게 한다. 부천로보파크의 장점은 단순히 로봇 자료를 전시하는 게 아니라, 로봇과 관련한 체험 코너가 많다는 것. 일상에서 흔히 접하기 힘든 로봇을 가까이에서 보고 직접 조작할 수 있어 아이는 물론 어른들도 만족도가 높다. 로봇이 기계적인 움직임을 선보이는 것을 넘어 마술, 연극, 공연 등을 펼쳐 아이와 부모가 함께 흥미롭게 관람할 수 있다.

주소 경기도 부천시 평천로 655 | **전화** 032-716-6442 | **시간** 10:00~17:00 | **휴무일** 월요일, 1월 1일, 설날·추석 전날과 당일 | **입장료** 어른 5000원, 중고등학생 4000원, 만 36개월~초등학생 3000원 | **홈페이지** www.robopark.org

◆ 사전 조사를 해봐요 ◆

TV 프로그램 〈SBS 스페셜 – 내 아이가 살아갈 로봇 세상〉 : 4차 산업혁명과 인공지능, 로봇 기술, 그리고 새로운 세상을 살아갈 우리 아이들에 대한 이야기를 담아낸다.

도서 《미래가 온다, 로봇》 : 로봇이 무엇인지, 어떻게 만들어지는지, 로봇의 뇌는 어떠한지 등 로봇과 관련한 전반적인 이야기를 재미있게 풀어낸다.

알차게 돌아보기

로봇 스포츠존 01

로봇과 함께 스포츠를 체험하는 존은 인기 코스 중 하나. 로봇을 조작하며 축구 등의 게임을 즐길 수 있다.

로봇 인터랙티브존 02

슈팅모션, 피싱모션, 스케치아쿠아리움 등 흥미로운 체험이 가득하다.

그림 그리는 로봇 03

원하는 그림을 선택하면 로봇이 펜으로 그림을 그려준다. 로봇이 완성한 스케치에 아이들이 색칠할 수 있다.

4D 영화 04

부천로보파크 1층 상영관에서 4D 영화를 상영한다. 보통 매 시간 정각과 30분에 시작한다. 상영 시간은 16분 정도.

> **TIP**
> 01 부천로보파크를 제대로 즐기려면 전시 투어를 활용하자. 안내자의 해설을 들으며 여러 로봇 공연을 관람할 수 있다.
> 02 식음 관련 부대시설은 없다. 식사를 한 후 부천로보파크를 방문하자.

주변 여행지 돌아보기

부천자연생태공원 01

자연 속 휴식과 생태 학습, 체험이 가능한 생태 공원이다. 무릉도원수목원, 부천식물원, 자연생태박물관, 농경유물전시관, 튼튼유아숲체험원 등 다채로운 시설을 이용할 수 있다. 부천로보파크에서 자동차로 15분.

주소 경기도 부천시 길주로 660 | **전화** 032-320-3000 | **시간** 수목원·야외 시설 3~10월 09:00~21:00, 11~2월 09:00~19:00 / 식물원박물관 3~10월 09:30~18:00, 11~2월 09:30~17:00 | **휴무일** 1월 1일, 설날·추석 당일, 식물원과 박물관은 월요일도 휴무(월요일이 공휴일인 경우 그다음 날) | **입장료** 수목원 어른 1000원, 중·고등학생 700원, 초등학생 500원, 11~2월 무료 / 자연생태박물관·식물원 어른 2000원, 중·고등학생 1500원, 초등학생 1000원 / 여러 시설 함께 이용 시 요금 할인 | **홈페이지** ecopark.bucheon.go.kr

부천천문과학관 02

천문학 교육에 중점을 둔 시민 천문대. 실내 강의와 야외 관측이 함께 이뤄진다. 낮에는 태양, 야간에는 별자리를 관측할 수 있다. 도심 가까운 곳에서 천문 관측 체험이 이뤄져 이용하기 편하다. 부천로보파크에서 자동차로 12분.

주소 경기도 부천시 부천로264번길 117 | **전화** 032-674-7057 | **시간** 화~목요일 09:30~17:30(11:30~12:30은 이용 불가), 금·토요일 09:30~21:30(11:30~12:30, 17:30~18:30은 이용 불가) | **휴무일** 월요일, 법정 공휴일 다음 날, 설날·추석 당일 | **입장료** 어른 4000원, 8~19세 3000원, 5~7세 2000원 | **홈페이지** www.astrobucheon.or.kr

인천어린이과학관 03

어린이 전문 과학관으로, 놀이와 체험을 통해 과학에 접근하는 흥미로운 공간이다. 인체, 건축, 생활 과학, 지구 등과 관련한 전시가 다양한 연령대에 맞춰 이뤄진다. 부천로보파크에서 자동차로 12분.

주소 인천시 계양구 방축로 21 | **전화** 032-456-2500 | **시간** 09:00~18:00 | **휴무일** 월요일(월요일이 공휴일인 경우 그다음 날), 1월 1일, 설날·추석 당일 | **입장료** 어른 4000원, 만 7~19세 2000원, 만 6세 이하 무료 | **홈페이지** www.insiseol.or.kr/culture/icsmuseum

120

신기한 로봇 세계
로보라이프 뮤지엄

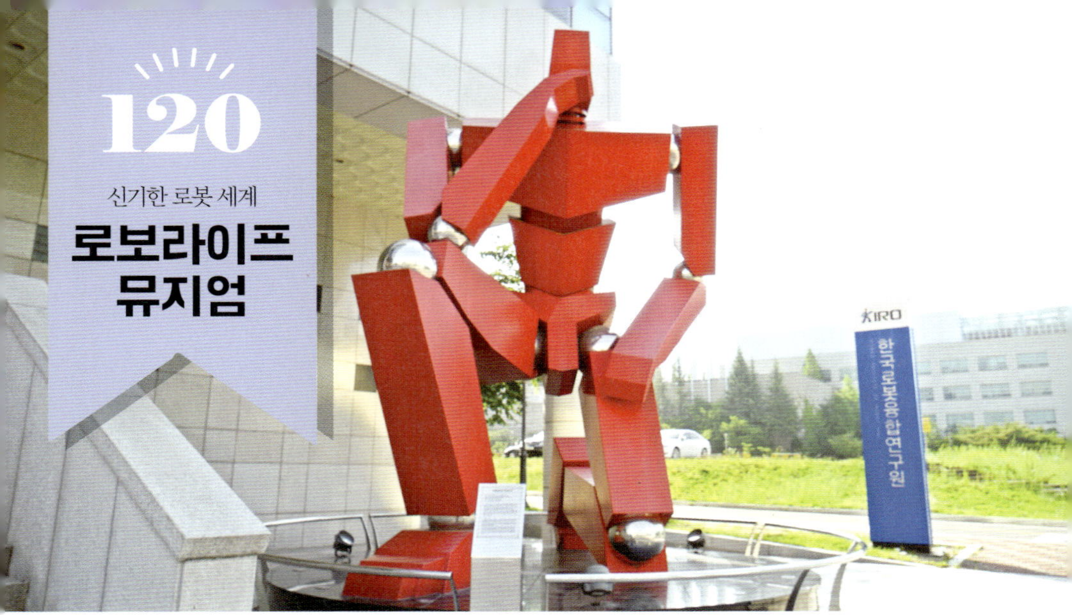

POINT 실생활에 활용하는 다양한 지능로봇을 전시한다. 직접 만져보고 조작해볼 수 있어 흥미롭다.

로봇은 스스로 작업하는 능력이 있는 기계다. 반복적이고 위험한 현장에서 인간을 대신하기 위해 만들었다. 로보라이프뮤지엄은 다양한 로봇을 전시하는 박물관이다. 지능로봇 흥미관, 지능로봇 체험관, 홍보관, 화상강의실, 로봇교육실, 3D 프린팅존 등을 갖췄다. 관람객은 예약한 시간에 집결해 해설사와 함께 전시를 관람한다. 영상을 시청하며 로봇을 활용한 산업 분야를 살펴보고, 로봇의 섬세한 동작을 통해 로봇 기술의 발전을 확인한다. 제1 전시실에서는 음악에 맞춰 춤을 추는 로봇 공연이 열린다. 공연이 끝나면 3전시실로 이동해 산업 현장에서 쓰이는 다양한 로봇을 만난다. 마지막으로 놀이와 게임 등을 통해 로봇을 체험한다. 전시 중인 로봇은 한국로봇융합연구원이 만든 로봇이며 시기별로 전시물을 교체한다.

주소 경상북도 포항시 남구 지곡로 39(생명공학연구센터) **전화** 054-279-0427 **시간** 10:00~18:00 **휴무일** 월요일, 설, 추석 연휴 **입장료** 5000원(어른, 어린이 동일) **홈페이지** m.kiro.re.kr

◆사전 조사를 해봐요◆

도서 《내일은 로봇왕》: 로봇의 역사와 원리를 설명하는 과학 로봇 만화. 주제별로 연재하는 시리즈물이다. 과거와 현재, 미래의 로봇이 우리 생활에 어떻게 쓰이는지 알 수 있다. 책에는 로봇 키트가 들어 있다. 설명서를 보고 순서대로 조립한다.

영화 《로봇, 소리》: 주인공은 사라진 딸을 찾기 위해 10년 동안 전국을 찾아 헤매다 세상의 모든 소리를 기억하는 로봇 '소리'를 만난다. 목소리를 통해 위치를 추적할 수 있는 로봇의 특별한 능력을 믿고 딸 유주를 찾기 위해 길을 나선다.

◆엄마, 아빠랑 배워요◆

로봇에는 어떤 종류가 있나요?
로봇(robot)은 '일하다'라는 뜻의 체코어 로보타(robota)에서 유래했다. 로봇은 산업용과 지능형으로 나뉜다. 공업용, 의료용, 가정용, 농업용, 전투용 로봇 외에도 혈류를 타고 다니면서 손상된 세포를 살리는 나노로봇, 청소, 설거지처럼 가정생활에 도움을 주는 생활 로봇, 노약자나 장애인을 위한 복지형 로봇 등이 있다. 사람을 닮은 로봇을 지능형 로봇이라고 한다.

알차게 돌아보기

지능로봇 흥미관 01

유비쿼터스 홈 기반의 URC 로봇과 엔터테인먼트 로봇을 전시한다. 강아지를 닮은 지능형 애완 로봇, 제니보가 음악에 맞춰 춤을 춘다. 사람처럼 생긴 로봇을 휴머노이드라고 하는데, 제니보는 보다 많은 모터를 장착해 다양한 동작 표현이 가능하다. 휴머노이드의 댄스 퍼포먼스도 볼 수 있다.

지능로봇 홍보관 02

인간 척추를 모방해 직립보행이 가능한 휴머노이드, 말의 움직임을 표현하는 승마 로봇, 유리창을 닦는 청소 로봇 등 실생활에서 널리 쓰이는 로봇을 전시한다. 시연을 통해 로봇이 움직이는 모습을 볼 수 있다.

지능로봇 체험관 03

지능로봇을 활용한 다양한 에듀테인먼트를 체험한다. 스마트폰을 연결해 작동하는 로봇, VR 체험, 줄다리기, 축구 경기 등 다양한 체험이 흥미롭다. 로봇교육실에서는 로봇 제품을 구매한 후 직접 조립해볼 수 있다.

> **TIP**
> 01 전시 관람은 인터넷 사전 예약 또는 전화 예약을 원칙으로 한다. 자유 관람 불가. 예약 후 방문이 어렵다면 하루 전에 취소한다.
> 02 해설사의 안내에 따라 전시관 투어를 진행한다(1회당 관람 정원 40명).
> 03 로봇 작동 시 파손에 주의해 조작한다.

주변 여행지 돌아보기

포스코 포항제철소 01

우리나라 대표 종합 제철소다. 홈페이지를 통해 포항제철소, 포스코역사관 견학을 신청할 수 있다. 제철소 견학은 버스를 타고 이동하며 공장을 둘러본다. 7세 이하 어린이는 부모와 동행해야 한다. 로보라이프뮤지엄에서 자동차로 20분.

주소 경상북도 포항시 남구 동해안로 6261 | **전화** 054-220-7220 | **시간** 평일 09:00~18:00, 토요일 10:00~17:00 | **휴무일** 일요일, 1월 1일, 설날추석 연휴 | **입장료** 무료(견학 예약) | **홈페이지** museum.posco.co.kr

국립등대박물관 02

우리나라 등대의 역사와 문화를 전시하는 박물관이다. 장비도 볼 수 있다. 유물관, 체험관, 등대 역사관, 분수정원, 야외전시장, 테마공원을 코스로 둘러본다. 규모가 꽤 커서 꼼꼼히 관람하려면 1시간 이상이 걸린다. 로보라이프뮤지엄에서 자동차로 40분.

주소 경상북도 포항시 남구 호미곶면 해맞이로150번길 20 | **전화** 054-284-4857 | **시간** 09:00~18:00 | **휴무일** 월요일, 설날추석 당일 | **입장료** 무료 | **홈페이지** www.lighthouse-museum.or.kr

포항 구룡포과메기 문화관 03

포항 특산물인 과메기에 대한 자료를 전시한다. 1층(기획전시실), 2층(해양체험관, 가상해저체험관), 3층(과메기홍보관, 과메기문화관), 4층(해양생태계관, 영상관, 카페) 등으로 이루어졌으며 4층 전망대 카페에서 탁 트인 바다 풍경을 감상할 수 있다. 로보라이프뮤지엄에서 자동차로 35분.

주소 경상북도 포항시 남구 구룡포읍 구룡포길 117번길 28-8 | **전화** 054-270-2861 | **시간** 09:00~18:00 | **휴무일** 월요일, 1월 1일, 추석 당일 | **입장료** 무료 | **홈페이지** gmg.pohang.go.kr/gwamegi

121

에너지의 소중함을
느껴보는 시간

영덕 신재생 에너지전시관

POINT 태양, 바람, 물, 지열, 바이오매스 등을 이용한 신재생에너지의 원리와 특성을 알아보고, 에너지를 적용한 전시물을 체험한다.

신재생에너지는 환경을 이용한 차세대 에너지원이다. 주로 화석연료를 재활용하거나 재생 가능한 에너지로 변환시켜 에너지를 만든다. 햇빛, 바람, 물, 지열 등을 이용한 에너지가 신재생에너지에 해당한다. 영덕 신재생에너지관은 바람이 불어오는 길목에 자리한다. 전시관 주변에 풍력발전기 24기가 우뚝 서 있다. 과거 이곳에 산불이 난 적이 있었는데 바람이 많이 부는 탓에 나흘이나 불길을 잡지 못할 정도였다. 그 후 화마가 지나간 자리에 풍력발전단지가 들어섰다. 신재생에너지전시관은 1층 편의 시설, 2층 전시관으로 구성된다. 2층 전시관 입구에서는 자전거 타기 체험을 할 수 있다. 페달을 밟으며 에너지 생산 원리를 체험해본다. 전시관 규모는 그리 큰 편은 아니지만 전시물을 직접 만지고 작동할 수 있는 것이 장점이다. 환경을 살리는 신재생에너지의 소중함도 함께 배워 볼 수 있다. 전시관 주변으로 조성된 공원은 산책을 즐기기에 좋다.

주소 경상북도 영덕군 영덕읍 해맞이길 254-20 | **전화** 054-730-7025 | **시간** 09:00~18:00 | **휴무일** 월요일, 설날·추석 당일 | **입장료** 어른 1500원, 청소년·어린이 800원 | **홈페이지** www.yd.go.kr/?page_id=9302

◆ **사전 조사를 해봐요** ◆

도서 《지구와 생명을 지키는 미래 에너지 이야기 동화로 보는 신재생에너지》 : 공부가 되고 상식이 되는 시리즈 9편. 우리가 사는 세상에 에너지가 없다면 어떻게 될까? 에너지 위기에 처한 현실 속에서 에너지 불평등과 자립, 에너지 공학자, 에너지 과학기술에 대해 알아본다.

◆ **엄마, 아빠랑 배워요** ◆

화석연료를 대체할 수 있는 에너지는 무엇인가요?
태양풍력지열에너지가 대표적이다. 이 밖에 에너지로 활용 가능한 모든 생물뿐만 아니라 가축의 배설물, 음식물 쓰레기도 에너지로 이용할 수 있다. 발효된 배설물과 음식물 쓰레기에서 나오는 메탄가스를 연료로 이용하기도 한다.

알차게 돌아보기

1층 01

안내 데스크, 휴게 카페, 세미나실, 사무실이 있다.

> **TIP**
> 01 체험 전시물을 소중히 다룬다.
> 02 전시관 주변에 따로 식사할 만한 장소가 없다.
> 03 날씨가 좋다면 야외 놀이터와 공원도 함께 돌아보자.
> 04 계단을 따라 바람정원에 오르면 거대한 풍력발전기 너머 푸른 바다가 보인다.
> 05 신재생에너지전시관 주변에 야외 비행기전시장과 정크 & 트릭아트 전시관이 있다.

2층 신재생에너지 체험 02

지열·태양열·풍력에너지 등 신재생에너지를 체험할 수 있다. 지구는 얼마나 뜨거울까? 지구 내부의 지열이 어느 정도 되는지 직접 만져본다. 솔라셀이 장착된 해바라기는 조명을 따라 움직인다. 터치스크린을 통해 태양광에너지로 자동차를 움직여본다. 버튼을 눌러 파력을 일으키거나 펌프를 움직여 물을 낙하시키는 등 신재생에너지가 생산되는 원리를 이해한다.

2층 석탄가스, 수소연료 03

자동차 모형을 통해 연료전지의 구성 원리를 설명한다. 자동차의 시동 버튼을 누르면 모니터를 통해 수소에너지 발전 영상이 나온다. 다양한 모양의 풍력발전기 프로펠러도 호기심을 자극한다. 프로펠러를 직접 돌려보며 풍력발전의 원리를 익힌다. 폐기물 무게 측정하기 등의 체험을 통해 생활 폐기물 재활용 시스템을 알아본다. 스크린을 터치하며 신재생에너지 캡슐을 모으는 게임도 인기다.

 주변 여행지 돌아보기

영덕해맞이공원 01

영덕의 랜드마크인 창포말 등대가 있다. 대게 집게가 등대를 휘감고 있는 모양이 독특하다. 바로 앞에는 눈이 시리도록 푸른 바다가 한눈에 펼쳐진다. 해돋이 시간에 맞춰 가면 멋진 일출을 볼 수 있다. 신재생에너지전시관에서 자동차로 4분.

주소 경상북도 영덕군 영덕읍 대탄리

삼사해상공원 02

9m 높이의 인공폭포를 비롯해 연못, 망향탑, 경북대종 등이 있다. 영덕의 해맞이 명소로 손꼽히며 새해에는 타종 행사가 열린다. 경북대종은 경상북도 개도 100주년을 기념해 만든 종이다. 영덕어촌민속전시관도 함께 가볼 만하다. 신재생에너지전시관에서 자동차로 19분.

주소 경상북도 영덕군 강구면 해상공원길 120-11

강구항 03

영덕대게 산지인 강구항 주변에 대게 식당이 즐비하다. 대나무 마디처럼 생긴 게 다리 모양과 누르스름한 빛깔이 대나무와 닮아 '대게'라는 이름을 붙였다. 매년 3월에는 영덕대게축제가 열린다. 껍질이 얇고 게살의 담백한 맛이 일품이다. 신재생에너지전시관에서 자동차로 11분.

주소 경상북도 영덕군 강구면 강구리

122

세계에서 에디슨 발명품이 가장 많은 곳!

참소리축음기·에디슨 과학박물관

POINT 소리와 빛, 영상, 과학이 어우러진 박물관이다. 여러 전시품을 통해 이동, 의사소통 수단의 발달 과정과 빛의 세계에 흥미를 느낄 수 있다.

박물관 설립자 손성목 관장은 어릴 때 아버지에게 '콜롬비아 G241'이라는 축음기를 선물 받고 그 소리에 매료됐다. 이후 그는 세계 60여 개국을 돌며 축음기를 비롯해 에디슨의 발명품까지 수천 점을 수집했다. 축음기에 빠진 손성목 관장이 축음기 발명가인 에디슨의 발명품까지 수집하게 된 건 지극히 자연스러운 과정인 듯하다. 참소리축음기박물관에서는 세계 각국의 다양한 축음기를, 에디슨과학박물관에서는 에디슨의 수많은 발명품과 유품을 전시하고 있다. 참소리축음기·에디슨과학박물관은 개인의 열정으로 세운 박물관이지만, 소장품 면에서는 타의 추종을 불허한다. 특히 에디슨 발명품과 관련해서는 세계 최대의 박물관으로 알려져 있다. 덕분에 발명가 에디슨의 업적을 제대로 살펴볼 수 있는 기회의 장이 된다. 영화와 관련한 모든 자료를 전시하는 손성목영화박물관까지 한 코스로 관람할 수 있다.

주소 강원도 강릉시 경포로 393 | **전화** 033-655-1130~2 | **시간** 10:00~15:30(입장 가능 시간) | **휴무일** 화요일 | **입장료** 어른 1만5000원, 중·고등학생 1만2000원, 초등학생 9000원, 36개월 이상~미취학 6000원

◆사전 조사를 해봐요◆

도서 《Why? People 토머스 에디슨》 : 위대한 천재 발명가 에디슨의 생애와 발명품에 대한 이야기를 담아낸다.

도서 《Why? 빛과 소리》 : 빛과 소리와 관련된 다양한 정보를 전달한다. 렌즈와 빛에너지, 악기, 공명 등 다양한 내용을 배울 수 있다.

축음기

시대별, 국가별 다양한 축음기를 전시 중인데 그중 에디슨이 1877년 처음 발명한 틴포일(Tinfoil) 축음기는 절대 놓치지 말고 관람하자. 주석 포일을 얇게 입힌 원통을 돌리면서 나팔형 송화기에 대고 노래를 부르면 진동판이 흔들리면서 바늘이 움직여 홈이 새겨지고 다시 핸들을 돌리면 바늘이 홈을 따라 움직이면서 소리가 재생됐다. 이것이 바로 에디슨이 발명한 세계 최초의 축음기 원리였다.

발명왕 에디슨

에디슨의 이름으로 등록된 미국 특허권만 1093개이며, 다른 나라에서 낸 특허까지 합치면 2000개가 훨씬 넘는다. 발명왕이라는 이름이 아깝지 않은 이유다. 이곳 박물관을 돌다 보면 에디슨이 만든 물건이 얼마나 다양하고 많은지 실감하게 된다. 널리 알려진 축음기나 발전기, 전구 같은 품목 외에 커피포트, 타자기, 전기다리미, 주식 시세 표시기, 재봉틀, 헤어 컬링기 등 에디슨이 만든 수많은 물건을 볼 수 있다.

에디슨 전기 자동차

1910년대 초에 에디슨이 만든 전기 자동차가 전시되어 있다. 배터리로 움직이는 자동차인데, 당시에는 휘발유차에 비해 성능이 떨어져 외면당했다. 하지만 100여 년이 흐른 요즈음 환경 문제로 다시 전기 자동차가 주목받고 있으니, 에디슨이 그만큼 시대를 앞서갔음을 알 수 있다. 당시 헨리 퍼드가 한 대를 구입해 그의 부인에게 선물했다. 전 세계에 몇 대 없는 에디슨 전기 자동차를 이곳에서 만나볼 수 있다.

음악감상실

보통 참소리박물관 투어 마지막 코스로 음악감상실에 들른다. 독특한 스피커 여러 대가 설치되어 있다. 간단한 설명을 들은 후 영상과 함께 음악을 감상한다. 축음기의 역사와 발전에 대한 설명을 들은 후 스피커를 통해 음악을 감상하니 더 귀를 집중하게 된다. 영화박물관 투어 마지막 코스인 영화관도 놓치지 말자. 오래된 흑백영화와 최근 영화를 일부분씩 감상할 수 있다.

손성목영화박물관

입장권 한 장으로 손성목영화박물관까지 관람 가능하다. 이 박물관은 에디슨이 만든 영사기를 비롯해 각종 영화 제작 카메라와 세계 각국의 라디오와 TV 등을 전시한다. 1, 2층 전시관과 각 층을 잇는 경사로에까지 전시품이 가득해 볼거리가 풍성하다. 영화관과 음악감상실도 운영한다.

> **TIP**
>
> 01 참소리축음기·에디슨과학박물관은 해설자의 안내를 받으며 관람할 수 있다. 일정 인원이 모이면 수시로 해설을 시작한다. 각 전시품에 대한 설명과 시연이 이뤄져 흥미진진하다. 개별 관람하지 말고 꼭 해설을 들으며 돌아보길 권한다. 영화박물관 해설 프로그램도 따로 운영한다.
>
> 02 박물관에 식당은 없다. 하지만 경포호 쪽이라 인근에 음식점이 많다. 초당순두부마을도 자동차 7분 거리 정도에 위치한다.
>
> 03 박물관 기념품점에서 다양한 가격대의 오르골을 판매한다.

123

도심 속 초록 힐링
서울식물원

POINT 식물 문화와 생물종 다양성의 중요성을 알리는 서울 최초 도시형 식물원이다. 식물 전시관람과 숲 산책을 통해 정서적인 안정감을 느낄 수 있다.

사계절 언제나 푸른 식물을 만날 수 있는 서울식물원은 여의도 공원 2.2배에 이르는 규모를 자랑한다. 식물원과 공원이 함께 조성되어 있으며 열린숲, 주제원, 호수원, 습지원 등 네 구역으로 나뉜다. 서울식물원의 하이라이트는 주제원이다. 주제원은 다시 식물문화센터(온실)와 주제정원으로 구성된다. 온실은 오목한 접시처럼 중앙부가 움푹 파인 것이 특징이다. 온실 안으로 들어가면 숲 향기가 퍼진다. 온실에는 열대와 지중해성기후 도시에서 옮겨 온 식물 500여 종이 살고 있다. 부처님이 깨달음을 얻었다는 보리수나무, 소설 《어린 왕자》에 나오는 바오바브나무 등 지상 5m 높이의 스카이워크를 산책하며 키 큰 열대식물을 가까이에서 볼 수 있다. 주제정원과 숲길을 따라 거닐며 계절에 따라 변하는 식물의 모습을 관찰해보자.

주소 서울시 강서구 마곡동로 161 | **전화** 02-120 | **시간** 주제원(주제정원, 온실) 3~10월 09:30~18:00, 11~2월 09:30~17:00 | **휴무일** 월요일 | **입장료** 어른 5000원, 어린이 2000원 | **홈페이지** http://botanicpark.seoul.go.kr

◆ **사전 조사를 해봐요** ◆

도서 《내가 좋아하는 식물원》 : 식물원에서 소개하는 세계의 식물을 섬세한 세밀화와 삽화로 표현했다. 식물도감이지만 그림책처럼 쉽고 재밌게 볼 수 있다.

영화 《식물도감》 : 자연에서 얻은 제철 재료로 요리를 만들며 일상 속 행복을 발견해나가는 스토리. 순수하고 애틋한 주인공의 마음이 느껴지는 영화다. 12세 이상 관람가.

◆ **엄마, 아빠랑 배워요** ◆

온실의 기온은 몇 도인가요?
열대관은 28℃에 습도 60~70%, 지중해관은 25℃에 습도 50~60%를 유지한다. 이는 식물이 잘 적응할 수 있는 조건에 맞춘 것이다. 추운 겨울에도 식물이 피해를 입지 않도록 최저 온도 15℃ 이상을 유지한다. 겨울에도 살짝 더울 수 있으니 실내에서는 옷을 가볍게 입어 감기에 걸리지 않도록 조심하는 것이 좋다.

알차게 돌아보기

01 열대관 & 지중해관
지구 생물종 절반이 적도 근처 열대 지역에 분포한다. 열대관에서는 하노이, 자카르타, 상파울루, 보고타의 대표 식물을 전시한다. 지중관은 열대관보다 2배쯤 넓다. 바르셀로나, 샌프란시스코, 로마, 이스탄불, 케이프타운 등에서 자라는 대표 식물을 만나볼 수 있다.

02 씨앗도서관
다양한 식물의 씨앗을 전시한다. 씨앗을 빌려 가 심은 다음, 훗날 씨를 받아 자율적으로 반납하는 씨앗 대출 프로그램을 운영한다. 대출 씨앗은 1인 1개(종) 3~10립을 제공한다.

03 식물전문도서관
식물, 생태, 정원, 조경 등 국내외 식물 관련 서적을 열람할 수 있다. 도서 자료는 열람과 복사만 가능하며 대출은 할 수 없다. 아동 및 유아는 보호자와 동반 입실해야 한다. 식물문화센터 2층.

TIP
01 주제원 내에는 반려동물 출입, 식물 채취, 음식물 섭취, 그늘막·돗자리·삼각대 설치, 킥보드 등 놀이 기구 소지를 금지한다.
02 주제원 식물문화센터 지하에 주차장이 있다. 주차 요금은 10분당 200원.
03 다양한 식물 문화 프로그램을 운영한다. 서울시 공공 예약 시스템을 통해 누구나 신청하고 참여할 수 있다.
04 물놀이터는 7~8월, 호수분수는 5~9월 운영한다.

주변 여행지 돌아보기

01 겸재정선미술관
겸재 정선은 1740년부터 1745년까지 양천현령으로 지내면서 걸작을 남겼다. 정선의 예술적 업적을 기리고 영인본(원본을 사진으로 찍어 복제한 인쇄물)을 통해 그의 독창적인 화풍을 소개한다. 서울식물원에서 도보 8분.

주소 서울시 강서구 마곡동 243-1 | **전화** 02-2659-2206 | **시간** 3~10월 10:30~18:30, 11~2월 10:00~17:00, 토·일요일·공휴일 10:00~17:00 | **휴무일** 월요일, 1월 1일, 설날·추석 당일 | **입장료** 어른 1000원, 어린이·청소년 500원, 7세 이하 무료 | **홈페이지** http://gjjs.or.kr

02 허준박물관
조선 중기 의학자이다. 허준의 생애와 업적을 기리는 박물관. 허준 선생이 《동의보감》을 집필하고 생을 마감한 가양동에 위치한다. 《동의보감》은 유네스코 세계기록유산이자 국보이다. 서울식물원에서 도보 20분.

TIP. 겸재정선미술관과 허준박물관 통합 관람 시 어른 1300원, 학생 700원

주소 서울시 강서구 허준로 87 | **전화** 02-3661-8686 | **시간** 09:00~18:00 | **휴무일** 월요일 | **입장료** 어른 1000원, 어린이·청소년 500원 | **홈페이지** www.heojun.seoul.kr

03 난지캠핑장
한강을 배경으로 피크닉과 캠핑을 즐길 수 있다. 텐트를 이용하지 않는 피크닉 이용객은 예약 없이 당일 이용 가능하고, 피크닉존에서 자유롭게 취사와 바비큐를 할 수 있다. 캠핑의 경우 인터넷 예약을 통해 신청할 수 있다. 서울식물원에서 자동차로 15분.

주소 서울시 마포구 한강 난지로 28 한강시민공원 | **전화** 02-304-0061~3 | **시간** 피크닉 10:30~ / 캠핑 10:30~다음 날 09:30 | **휴무일** 1월 1일, 설날·추석 당일 | **가격** 텐트에 따라 다름(2만3000원~7만 원) | **홈페이지** www.nanjicamp.com

124
작은 지구를 만나다!
국립 생태원

 POINT 국립생태원은 한반도 생태계는 물론, 세계 5대 기후대와 그곳에서 서식하는 동식물을 함께 관찰·체험할 수 있다. 책이 아닌 실제 자연 속에서 교육과 체험이 가능해, 어린이들이 보다 흥미롭게 자연과 생태계라는 문제에 접근할 기회를 제공한다.

환경문제가 화두로 떠올라 자연과 생태계에 대한 관심이 더 깊어지고 있다. 생활과 밀접한 이슈인 만큼 우리 아이들이 어릴 때부터 흥미롭게 접근할 기회를 제공해야 한다. 그런 의미에서 국립생태원은 부모와 아이가 함께 손잡고 방문하기 좋은 생태 교육 공간이다. 국립생태원은 한반도 생태계는 물론, 세계 5대 기후대와 그곳에서 서식하는 동식물을 한눈에 관찰하고 체험해볼 수 있는 배움의 장이다. 국립생태원은 크게 에코리움(Ecorium)과 야외 전시장으로 구분된다. 국립생태원의 랜드마크인 에코리움은 자연과 조화를 이루는 건축물부터 눈길을 사로잡는다. 에코리움은 '2013 대한민국녹색건축대전' 최우수상 등 각종 건축상을 수상한 바 있다. 열대관, 사막관, 지중해관, 온대관, 극지관으로 구성되며 세계 5대 기후대별 생태계를 재현해 기후와

생물의 관계를 피부로 체험·이해할 수 있도록 조성했다. 약 21000m² 공간에 식물 1900여 종과 동물 230여 종을 전시한다. 그 밖에도 생태계의 기본 개념을 배우는 상설전시관과 기획전시관, 다양한 이야기를 보여주는 4D영상관 등의 공간을 갖췄다. 또 야외 전시장은 아이들에게 훌륭한 놀이터이자 체험 학습 공간이 되어준다. 크게 금구리구역, 에코리움구역, 하다람구역, 고대륙구역, 나저어구역으로 나뉜다. 금구리구역은 생태원에서 가장 큰 못인 용화실못을 중심으로 조성했으며, 우리나라의 대표적인 습지 생태계 특징을 관찰할 수 있는 공간이다. 에코리움구역에는 에코리움과 함께 최첨단 재배 온실을 갖췄다. 하다람구역에는 우리나라 기후대별 삼림 식생을 재현하는 한편, 고산에 자생하는 희귀식물도 심었다. 또 놀이터와 편의점, 쉼터 등을 갖춘 하다람광장이 있어 아이들이 쉬어 가기 좋다. 고대륙구역에서는 노루와 고라니를, 나저어구역에서는 황새와 백로, 오리류를 가까이에서 만나볼 수 있다. 그 밖에도 생태와 관련한 다양한 전시와 행사, 교육, 체험 프로그램을 운영한다.

주소 충청남도 서천군 마서면 금강로 1210 | **전화** 041-950-5300 | **시간** 3~10월 09:30~18:00, 11~2월 09:30~17:00 | **휴무일** 월요일(월요일이 공휴일인 경우 그다음 날), 설날·추석 전날과 당일 | **입장료** 어른 5000원, 만 13~18세 3000원, 만 5~12세 2000원 | **홈페이지** www.nie.re.kr

---

◆ 사전 조사를 해봐요 ◆

도서 《사라져가는 동물들》 : 멸종 위기 동물 40종을 직접 오리고 접고 만들어보는 놀이 부분과 동물에 대한 정보와 사진으로 구성된 생태 도감이 함께 포함되어 있다.

도서 《와글와글 세계 어린이 환경 뉴스》 : '생물 다양성 협력'이라는 업무를 주제로 한 창작 동화.

도서 《황금쌀과 슈퍼 연어의 비밀》 : 생명공학 연구를 주제로 한 창작 동화로, 유전자 변형 생물(GMO)을 조사발표하면서 생기는 이야기를 다룬다.

도서 《여보세요, 생태계 씨! 안녕하신가요?》 : 18종 동물이 생명과 자연을 이야기하면서 생태계의 안부를 묻는 흥미로운 내용을 담았다. 인간 중심의 관점이 아니라 동물의 눈으로 자연과 생명을 바라본다.

도서 《세계 동물 지도책》 : 전 세계 자연과 동물을 망라한 그림책. 전 세계 200여 종 동물의 서식지와 환경, 생활 모습을 생생한 지도와 함께 실었다.

01 에코리움 둠벙

에코리움 앞에 둠벙이 있다. 에코리움 둠벙은 산에서 내려온 물이나 빗물, 지하수가 모여 자연 습지를 이루는 현상을 재현한 곳이다. 자연 습지인 둠벙은 생물 다양성이 높고 여러 종류의 수생식물이 자라면서 물을 깨끗하게 정화한다. 옛 선조들은 둠벙을 만들어 농사에 필요한 물을 저장하고 홍수를 조절했다. 이곳에서 둠벙의 의미와 자연 습지, 수생식물에 대해 배운다.

02 어린이 생태글방

에코리움 로비 중앙에 어린이 생태글방이 위치한다. 영·유아, 어린이, 청소년 대상 생태 도서 1만 2000여 권을 구비했으며 오디오 북 코너도 이용 가능하다. 영·유아 전용 열람 공간을 갖추었고, 생태 동화 읽어주기, 생태 동화 작가 초청 북 콘서트 등의 다양한 프로그램도 운영한다.

03 생태해설 프로그램

에코리움을 중심으로 다채로운 생태해설 프로그램을 진행한다. 생태해설사의 전문 해설을 들으며 국립생태원을 돌아보면 더욱 의미 있다. 5대 기후대관 둘러보기, DMZ 생태이야기, 개미탐험전 등 프로그램 내용이 다양하다. 프로그램별로 운영 시간이 다르므로 미리 확인하자.

04 제인 구달 길

2014년 11월, 세계적인 영장류 학자이자 환경운동가 제인 구달 박사가 국립생태원을 방문했다. 그녀의 방문을 기념해 국립생태원 내에 약 1km의 산책길을 조성했다. 산책길에는 제인 구달이 아프리카 곰베 밀림에서 사용한 것과 유사한 모양의 텐트, 침팬지 둥지, 흰개미굴 모형 등을 재현해 놓았다. 산책길을 걸으며 한평생 동물 사랑을 실천한 제인 구달의 업적을 되새겨보자.

05 찰스 다윈 그랜트 부부 길

수십 년 동안 진화론을 연구해온 영국의 진화생물학자 다윈과 그랜트 부부의 업적을 기리는 2.2km 구간의 산책길이 국립생태원 내에 조성돼 있다. 산책길에는 다윈의 비글호 항해기, 진화론에 영향을 끼친 인물들의 사상과 연구 업적, 핀치새 연구에 대한 내용 등 20개 테마 코너가 있다.

TIP

01 국립생태원은 규모가 꽤 크다. 주어진 시간에 따라 동선을 미리 잘 짜서 이동해야 한다. 가능한 한 하루 정도 시간을 넉넉하게 잡고 방문하길 권한다.

02 아이가 어리다면 국립생태원 내 전기자동차를 타고 이동해도 된다. 들어갈 때는 걸어가고 나올 때는 전기 자동차를 이용하는 것도 방법이다.

03 생태해설 프로그램 이용이 불가할 때는 음성 안내기나 활동지를 활용하자. 활동지는 초등학생용으로 저학년용과 고학년용이 준비되어 있다.

04 에코리움 2층에 식당이 있고 하다람 쉼터나 에코리움 옥상 정원에 도시락을 먹을 수 있는 공간도 마련되어 있다. 그밖에 카페와 편의점이 있다.

05 숲 놀이터, 꼬마친구 놀이터, 물 놀이터로 구성된 어린이 놀이 공간인 '하다람 놀이터'가 있다. 놀이터는 13세 이하만 이용 가능하다.

06 에코리움 생태해설 프로그램 참가 시 생태교육관 숙박 시설을 이용할 수 있다.

주변 여행지 돌아보기

국립해양생물자원관 01

해양 생물 자원에 대한 연구, 전시, 교육이 이뤄진다. 1층 로비의 씨드뱅크에는 우리나라에 서식하는 해양생물 표본 51000여 점이 전시되어 있다. 국립생태원에서 자동차로 15분.

주소 충청남도 서천군 장항읍 장산로101번길 75 | **전화** 041-950-0600 | **시간** 09:30~18:00(3~10월 토요일·공휴일은 1시간 연장 운영) | **휴무일** 월요일(월요일이 공휴일인 경우 그다음 날), 1월 1일, 설날·추석 당일 | **입장료** 어른 3000원, 만 13~18세 2000원, 만 5~12세 1000원 | **홈페이지** www.mabik.re.kr

한산모시관 02

1500년 동안 이어져 내려온 한산모시 짜기는 유네스코 세계무형문화유산에 등재됐다. 한산모시관에는 모시각, 전통공방, 전통교육관 등 한산모시와 관련된 시설과 함께 한산소곡주 제조장도 갖췄다. 국립생태원에서 자동차로 22분.

주소 충청남도 서천군 한산면 충절로 1089 | **전화** 041-951-4100 | **시간** 3~10월 10:00~18:00, 11~2월 10:00~17:00 | **휴무일** 연중무휴 | **입장료** 무료 | **홈페이지** www.seocheon.go.kr/mosi.do

장항스카이워크 03

솔숲과 갯벌이 어우러진 장항송림산림욕장에 들어선 스카이워크로, 기벌포 해전 전망대라고도 한다. 높이 15m, 길이 250m 규모이며 아름다운 전망을 즐기기 좋다. 국립생태원에서 자동차로 15분.

주소 충청남도 서천군 장항읍 장항산단로34번길 74-45 | **전화** 041-956-5505 | **시간** 4~9월 09:30~18:00, 10~3월 09:30~17:00(시기별로 변동 가능) | **휴무일** 월요일(월요일이 공휴일인 경우 그다음 날), 1월 1일, 설날·추석 당일 | **입장료** 2000원(동일 금액 서천사랑상품권 교부)

문헌서원 04

이곡과 이색의 학문과 덕행을 추모하기 위해 창건했다. 이후 몇 차례 복원과정을 거치며 이종학, 이개, 이자, 이종덕을 추가 배향했다. 숙박 프로그램도 운영하므로 하룻밤 고즈넉하게 쉬어 가기 좋다. 국립생태원에서 자동차로 22분.

주소 충청남도 서천군 기산면 서원로172번길 66 | **전화** 041-953-5895 | **시간** 3~10월 09:00~18:00, 11~2월 09:00~17:00 | **휴무일** 월요일(월요일이 공휴일인 경우 그다음 날), 1월 1일, 설날·추석 당일 | **입장료** 무료 | **홈페이지** www.munheon.org

군산근대역사박물관 05

군산 근대문화유산 탐방의 기본이 되는 곳으로 1930년대 군산 모습을 재현한 근대생활관이 흥미롭다. 군산근대역사박물관과 그 주변의 근대 건축물을 함께 방문해도 좋겠다. 국립생태원에서 자동차로 10분.

주소 전라북도 군산시 해망로 240 | **전화** 063-454-7870 | **시간** 09:00~18:00 | **휴무일** 월요일, 1월 1일 | **입장료** 어른 2000원, 청소년 1000원, 어린이 500원, 만 6세 이하·65세 이상 무료 | **홈페이지** museum.gunsan.go.kr

신성리 갈대밭 06

우리나라 대표 갈대밭 중 하나로, 사진 촬영 명소이자 자연 학습 명소이기도 하다. 다른 계절도 나름의 운치가 있지만 가을날 풍경이 최절정에 달한다. 여유롭게 산책을 즐기며 가을의 낭만을 만끽하기 좋은 코스다. 갈대체험관도 이용 가능하다. 국립생태원에서 자동차로 25분.

주소 충청남도 서천군 한산면 신성리 125-1 | **전화** 041-950-4256

125

살아 있는 생물 교과서

국립 생물자원관

우리나라에는 어떤 생물이 살고 있을까? 한반도에 서식하는 생물을 관찰하고 자연 생태의 신비를 느껴본다.

생태계란 특정 공간에서 생물과 환경이 서로 영향을 주고받는 자연 상태를 말한다. 생물은 생태계의 구성원으로서 지구환경을 조절하고, 생활에 필요한 자원이 된다. 국립생물자원관은 생물 다양성을 보전하고 지속적으로 이용하는 방법을 연구하는 국가 기관이자 전시, 교육관이다. 아주 작은 세균부터 우리나라에만 서식하는 생물, 멸종 위기에 처한 동식물까지 생물자원 1600여 종, 6000여 점을 전시한다. 상설전시실은 총 3개의 전시실과 곶자왈생태관, 체험학습실로 구성된다. 기획전시실에서는 생물자원과 관련한 기획전이 열리고, 야외에서는 식물의 용도, 분리학적 특성, 생육 특성에 따라 주제별로 심어놓은 식물을 관찰할 수 있다. 한반도의 생물을 총체적으로 살펴본다.

주소 인천시 서구 환경로 42 | **전화** 032-590-7000 | **시간** 3~10월 09:30~17:30, 11~2월 09:30~17:00 | **휴무일** 월요일, 1월 1일, 설날·추석 전날과 당일, 기타 관장이 별도로 정하는 날 | **입장료** 무료 | **홈페이지** www.nibr.go.kr

◆사전 조사를 해봐요◆

도서 《최강왕 위험 생물 대백과》, 《최강왕 괴기 생물 대백과》, 《최강왕 놀라운 생물 대백과》 : 일러스트와 사진으로 다양한 생물을 만날 수 있는 시리즈. 우리가 잘 알고 있는 생물부터 보기 힘든 생물까지 다양한 생물을 통해 상식을 넓힌다.

도서 《세상을 바꾼 생물》 : 기본적인 생물 이론을 이해하기 위해서는 생물학의 역사를 알아야 한다. 고대 그리스부터 현재까지, 생명의 신비를 탐구하는 과학자들이 흥미로운 생물 이야기를 전한다.

◆엄마, 아빠랑 배워요◆

전시관에 박제되어 있는 생물은 진짜인가요?
조류, 포유류 박제 전시물은 진짜 생물로 만든다. 살아 있는 동물을 죽여 만드는 것이 아니라 교통사고나 질병 등으로 죽은 동물을 활용해 전시물로 제작한다. 머리부터 꼬리까지 실물과 똑같지만 진짜가 아닌 부분이 한 곳 있다. 바로 눈이다. 동물이 죽으면 눈은 쉽게 썩으므로 특수 제작한 인공 눈을 사용한다.

알차게 돌아보기

01 한반도의 생물종

한반도에 살고 있는 생물을 생물분류학에 따른 5계의 무리로 구분해 전시한다. 원핵생물계, 원생생물계, 진균계, 식물계, 동물계 등으로 구성된다.

02 한반도의 생태계

우리나라 산림과 동굴, 하천, 갯벌, 해양 등에서 살아가는 생물 표본을 전시한다. 생물의 서식지를 알아볼 수 있다.

03 한반도의 생물자원

생물이 우리에게 주는 혜택과 생물자원의 가치를 전시한다. 우리는 질병, 자원 고갈 등에 대비해 생물자원을 활용한다. 국립생물자원관의 수장고 내부를 축소해놓은 코너가 눈길을 끈다.

04 곶자왈생태관 & 체험학습실

곶은 '숲', 자왈은 나무와 덩굴 등이 엉클어진 '덤불'을 뜻한다. 제주도에서만 볼 수 있는 특이한 숲 형태인 곶자왈을 재현했다. 곶자왈은 제주도 전체 면적의 6.1%밖에 되지 않지만, 제주도 식물의 45%에 이르는 896종류의 식물이 서식하고 있다. 체험학습실은 유치원, 초등학생 저학년의 눈높이에 맞춘 전시 공간이다. 직접 보고, 듣고, 만지는 체험 중심 전시가 열린다.

TIP
01 권장 관람 순서 제1·2·3전시실 - 곶자왈생태관 - 기획전시실 - 체험학습실 - 야외(주제산림원, 야생화단지)
02 국립생물자원관은 종합환경연구단지 안에 있다.
03 푸드코트와 카페, 편의점이 있다. 도시락은 1층 식당 또는 야외 그늘막과 잔디광장에서 먹을 수 있다.
04 전시 해설은 해당 시간에 전시관 1층 중앙 로비에서 시작한다. 음성 안내기는 안내 데스크에서 신분증을 맡기고 무료로 대여할 수 있다.
05 1층 생물자원 어린이도서관에는 어린이용 자연 관찰 도감, 우수 환경 도서가 마련되어 있다.

주변 여행지 돌아보기

01 드림파크 야생화단지

수도권 매립지 드림파크는 안전 관리를 위해 평소 일반인 출입을 금지한다. 봄과 가을 특별 기간(봄꽃축제, 국화축제)에 맞춰 야생화 단지를 개방한다. 개방 시기에 국립생물자원관에 방문한다면 함께 들러볼 만하다. 드림파크 가을축제는 보통 10월에 열린다. 국립생물자원관에서 자동차로 14분.

주소 인천시 서구 백석동 | **입장료** 무료 | **홈페이지** www.dreampark.or.kr

02 경인아라뱃길

길이 18km, 폭 80m, 수심 6.3m의 아라뱃길은 인천 앞바다와 한강을 연결하는 운하다. 아라뱃길 주변에 자전거 도로와 공원이 있다. 거대한 인공 폭포인 아라폭포, 수면 50m 위에 설치된 스카이워크인 아라마루, 아라 서해갑문 옆에 있는 71m 높이의 아라타워 등이 볼거리다. 국립생물자원관에서 자동차로 12분.

주소 인천시 서구 시천동, 오류동 일대 | **입장료** 무료 | **홈페이지** www.giwaterway.kr

03 청라호수공원

청라호수를 중심으로 수상 보트, 카누, 놀이터, 음악 분수 등의 즐길 거리가 많다. 또 가볍게 산책을 즐기기에 좋고 자전거 라이딩 코스를 따라 경인아라뱃길까지 이어진다. 초고층 아파트가 병풍처럼 서 있고, 호수 안쪽에는 인공 섬 2개가 있다. 국립생물자원관에서 자동차로 13분.

주소 인천시 서구 경서동 627-1 | **전화** 032-715-6430

126

바다를 배우고 즐기다

국립 해양박물관

국내 최대 규모 해양 문화 공간으로, 바다와 관련한 다채로운 주제의 전시가 진행된다. 전시 내용이 다양하고 체험과 즐길 거리가 어우러져 모든 연령대의 아이들에게 흥미를 불러일으키는 공간이다.

국립해양박물관은 단순히 바다에 사는 물고기에 대해 이야기하는 곳이 아니다. 바다에 대한 모든 이야기를 나누는 공간이다. 바다에 사는 생물뿐 아니라 항해 선박, 해양 역사와 인물, 해양 문화, 해양 산업, 해양 과학, 해양 영토 등 바다와 관련한 많은 내용을 전시한다. 또 우리 배의 생김새, 선조들의 기술과 해양력, 해양을 통한 교류 기록과 유물, 시대별 해양 의식 변화와 발전 과정을 살펴본다. 국립해양박물관은 부산 영도 매립지에 건물을 지어 관람 도중 언제나 바다를 바라볼 수 있도록 했다. 박물관은 지하 1층, 지상 4층 규모로 2층에는 기획전시실과 어린이박물관이, 3층과 4층에는 상설전시실이 있는데 3층의 수족관이 인기 포인트다. 돔 터널처럼 조성한 구간을 지나며 여러 해양 생물을 관찰할 수 있다. 바다와 관련된 재미난 이야기가 가득한 국립해양박물관은 어린이박물관부터 해양도서관, 상설전시실, 기획전시실 등 다채로운 즐길 거리를 갖춰 미취학 어린이부터 초등학교 고학년까지 다양한 연령대의 눈높이를 맞출 수 있다.

주소 부산시 영도구 해양로301번길 45 | **전화** 051-309-1900 | **시간** 평일 09:00~18:00, 토·일요일·공휴일 09:00~19:00(5~8월 토요일은 21:00까지) | **휴무일** 월요일(월요일이 공휴일인 경우 그다음 날) | **입장료** 무료(4D영상관, 유료 특별 전시 체험료 별도) | **홈페이지** www.mmk.or.kr

◆사전 조사를 해봐요◆

도서 《상위 5%로 가는 역사 탐구교실 9 – 해양사》 : 우리나라 해양사를 설명하는 책으로, 아이들의 이해를 돕기 위한 풍부한 그림과 사진을 수록했다.

도서 《과학 도둑 17》 : 해양과 선박, 과학 핵심 개념과 원리를 실험으로 배우고 즐기는 과학 학습 만화.

알차게 돌아보기

해양도서관

박물관 1층에 대규모 도서관이 위치한다. 해양 문화 및 박물관 관련 도서 4만 5000여 권, 어린이 해양 도서 4500여 권이 비치돼 있다. DVD 등 바다를 소재로 한 비도서 관람물도 2000여 점이나 갖추었다. 관외 대출은 불가하나, 복사는 가능하다. 필요한 자료를 촬영할 수 있도록 접사대도 구비했다.

어린이박물관

바다와 환경이라는 주제로 다양한 전시와 체험이 이뤄진다. 손으로 만지고 몸으로 놀면서 바다와 환경에 대해 배워간다. 어린이박물관에서는 교육 프로그램도 진행한다. 재미난 이야기를 통해 우리나라 바다에 대해 알아보는 코너와 해양 생물 종이접기, 마술 쇼를 진행한다. 어린이박물관 앞에 일정표가 나와 있으므로 미리 확인한 후 시간에 맞춰 이용하면 된다.

수족관 먹이 주는 시간

하루 세 차례 수족관에서 먹이 주는 모습을 관람할 수 있다. 오전과 오후에는 수족관 상부에서 먹이를 뿌려주는 형태로 진행하고, 점심 무렵에는 아쿠아리스트가 직접 물속에서 손으로 먹이를 준다. 15분 정도 소요되며 무료로 관람 가능하다.

주변 여행지 돌아보기

태종대유원지

기암괴석으로 이뤄진 해식 절벽과 울창한 숲, 짙푸른 바다가 어우러진 풍광이 아름다워 명승으로 지정됐다. 걸어서 돌아봐도 좋고 '다누비열차'라는 꼬마열차를 타고 한 바퀴 돌아도 좋다. 국립해양박물관에서 자동차로 7분.

주소 부산시 영도구 전망로 24 | **전화** 051-405-2004 | **시간** 3~10월 04:00~24:00, 11~2월 05:00~24:00(등대자갈마당 등 해안가는 군 작전 구역이라 20:00 이후 민간인 출입 통제) | **홈페이지** taejongdae.bisco.or.kr

삼진어묵 본점

부산에서 가장 오래된 부산 어묵 제조업체로 알려진 삼진어묵 본점에는 베이커리 형태의 매장과 어묵체험역사관이 있다. 대표 상품인 어묵고로케 등 다양한 어묵을 맛볼 수 있고, 어묵 만들기 체험도 즐길 수 있다. 국립해양박물관에서 자동차로 15분.

주소 부산시 영도구 태종로99번길 36 | **전화** 051-412-546 | **시간** 09:00~18:00 | **휴무일** 연중무휴(체험관은 월요일 휴무, 기타 휴관일은 홈페이지 사전 공지) | **가격** 어묵 만들기 체험 2만 원(사전 예약 필수) | **홈페이지** www.samjinfood.com

흰여울문화마을

바닷가 절벽에 자리한 소박한 동네다. 웅장한 바다와 오래된 건물들이 어우러진 풍광이 이색적이다. 독특한 풍광 때문에 영화와 드라마 촬영지로도 인기다. 특히 영화 <변호인> 촬영지로 유명하다. 국립해양박물관에서 자동차로 15분.

주소 부산시 영도구 해안산책길 52 일대 | **전화** 051-419-4048(영도웰컴센터) | **시간** 24시간(주거지이므로 이른 시간과 늦은 시간 방문을 삼갈 것) | **휴무일** 연중무휴 | **입장료** 무료 | **홈페이지** www.yeongdo.go.kr/tour.web

127
우리나라 바닷속 이야기
국립 수산과학관

우리나라 해양 수산에 대해 배우는 공간으로 아쿠아리움과 선박조종체험실 등을 갖췄다.

국립수산과학관은 15개 주제 아래 다양한 해양 수산 관련 전시물을 선보인다. 핵심 볼거리는 본관과 선박전시관이다. 아이들이 좋아하는 본관의 고래테마관에는 참고래 실물 뼈와 참고래 및 참돌고래 입체 모형, 고래학습패널, 영상물 등이 있다. 한편 해양자원실은 해저지형과 대륙 생성 과정, 우리나라 근해 해류도, 염분, 수온 분포도 등과 관련한 다양한 자료를 전시한다. 수산과학관답게 현대 어업 방식이나 등대, 미래의 어촌 모형 등에 대한 내용도 소개한다. 아쿠아리움까지 둘러보고 본관을 빠져나오면 바다가 내다보이고 그 옆으로 배 모양을 한 선박전시관이 있다. 국립수산과학원의 원양 시험 조사선인 탐구1호를 1/2로 축소 제작해 전시관을 만들었다. 총 2층으로 구성되며 1층에는 물고기 관련 문화 예술품 전시실과 기획전시실이, 2층에는 선박조종체험실이 있다. 오래된 시설이라 곳곳에서 세월의 흔적이 느껴지기도 하지만, 아이들과 찬찬히 둘러보면 우리나라 해양 수산에 대해 이해하는 데 큰 도움이 된다. 거기에 시원한 바다 전망은 덤이다.

주소 부산시 기장군 기장읍 기장해안로 216 | **전화** 051-720-3061~6 | **시간** 09:30~17:30 | **휴무일** 월요일(월요일이 공휴일인 경우는 예외, 설·추석 연휴) | **입장료** 무료 | **홈페이지** www.fsm.go.kr

◆사전 조사를 해봐요◆

도서 《Why? 바다》: 바다의 탄생과 모습, 그곳에서 살아가는 해양 생물 등에 대해 설명한다. 바다의 흐름, 바다 생물의 종류, 양식업과 바다 목장 등 바다의 생태를 이해하는 데 도움이 된다.

도서 《내가 좋아하는 바다 생물》: 그림책처럼 보는 세밀화 도감. 바다 생물에 대한 이야기를 친절하게 설명하고, 우리 바다에서 쉽게 접할 수 있는 바다 생물을 소개한다.

알차게 돌아보기

참고래 뼈 실물 01

고래테마관에 참고래 뼈를 실물 크기로 전시한다. 이는 1996년 9월 인천 송도 해안에서 죽은 채 발견된 참고래의 실제 뼈다. 이 참고래는 당시 길이 10m, 몸무게 7톤이었다. 고래 실물 뼈를 보며 고래의 어마어마한 크기를 실감할 수 있다.

아쿠아리움 02

국내 다른 화려한 아쿠아리움에 비해 규모나 시설은 떨어지지만 무료로 즐길 수 있는 시설이니 만족스럽다. 규모는 크지 않아도 아이들이 재미나게 여러 물고기를 구경할 수 있다. 해양 생물을 직접 만져보는 '터치 풀'존도 마련되어 있다.

선박조종체험실 03

선박전시관 2층에서 시뮬레이션으로 배를 조종해볼 수 있다. 전시관인 탐구1호를 조종해보는 체험이다. 체험실이 뱃머리에 있어 실제 배를 조종하는 듯한 느낌을 준다.

퀴즈 풀기 04

전시관 안에 퀴즈를 푸는 모니터가 있다. 각자 수준에 맞는 레벨을 선택할 수 있다. 문제를 풀다 보면 전시를 좀 더 집중해서 관람하게 된다.

TIP
01 평일 1일 3회, 주말 및 공휴일 1일 5회 전시 해설 프로그램을 운영한다. 선착순 현장 접수 가능하다.
02 영화 상영, 만들기 등 시기별로 다양한 체험 프로그램을 운영한다. 미리 확인한 후 이용하자.
03 식사를 판매하는 공간은 없다. 도시락을 싸 가면 야외와 실내 휴게소에서 먹을 수 있다. 실내 휴게소에는 작은 매점이 있다.

주변 여행지 돌아보기

해동용궁사 01

바다를 끼고 위치한 사찰로, 우리나라 3대 관음성지로 손꼽힌다. 1376년 나옹 혜근이 창건했으며 임진왜란 때 소실됐다가 1930년대에 중창했다. 원래 이름은 보문사였으나 1970년 해동용궁사로 변경했다. 뛰어난 풍광 때문에 여행자들이 많이 들리는 명소다. 수산과학관에서 자동차로 3분.

주소 부산시 기장군 기장읍 용궁길 86 | **전화** 051-722-7744 | **시간** 24시간 | **휴무일** 없음 | **입장료** 무료 | **홈페이지** www.yongkungsa.or.kr

국립부산과학관 02

체험 위주로 조성된 흥미진진한 과학관이다. 자동차, 항공우주, 선박, 에너지, 방사선의학 분야의 기술 과학에 기초 과학을 접목한 전시를 선보인다. 수산과학관에서 자동차로 6분.

주소 부산시 기장군 기장읍 동부산관광6로 59 | **전화** 051-750-2300 | **시간** 09:30~17:30 | **휴무일** 월요일(월요일이 공휴일인 경우 그다음 날), 1월 1일, 설날·추석 당일 | **입장료** 상설전시관 어른 3000원, 초중·고등학생 2000원. 미취학 무료(천체투영관, 새싹누리관, 꼬마기차 이용료 별도) | **홈페이지** www.sciport.or.kr

대변항 03

멸치로 유명한 항구로, 해마다 기장대변멸치축제가 열린다. 고기잡이 어선이 오가는 어촌의 정취와 등대와 포구, 어선이 어우러진 소박한 풍광을 감상할 수 있다. 항구에는 멸치 요리를 파는 음식점이 많다. 수산과학관에서 자동차로 12분.

주소 부산시 기장군 기장읍 기장해안로 | **전화** 051-709-4501

128

몸도 마음도 편한 힐링 숲 산책
국립수목원 & 산림박물관

POINT 숲을 산책하는 것만으로도 정서적 안정을 얻고 면역력을 높일 수 있다. 국립수목원에서 몸과 마음에 힐링을 주는 숲길을 산책해보자.

1468년 세조가 세상을 떠난 후 현재 남양주 진접읍에 왕릉을 조성했다. 당시 왕릉 주변 숲을 왕릉의 부속림으로 지정해 출입을 통제했다. 이후 이곳은 일제강점기와 한국전쟁 때에도 피해를 입지 않았다. 국립수목원은 우리나라 산림생물 종에 대한 조사·수집·보전·관리·교육 활동을 한다. 지난 2010년에는 광릉 숲이 유네스코 생물권보존지역으로 지정됐다. 광릉숲은 자연 생태의 보물 창고라 불릴 만큼 다양한 식물이 서식하고 있는데 식물 6800여 점 중 광릉숲 자생식물이 938종에 이른다. 이 밖에 4300여 종의 동물(곤충, 조류, 어류 포함)과 천연기념물, 광릉특산식물이 있다. 한국 전통 건축양식으로 지은 산림박물관은 우리나라 산림의 역사와 현황, 미래에 관한 자료를 전시한다.

주소 경기도 포천시 소흘읍 광릉수목원로 415 | **전화** 031-540-2000 | **시간** 09:00~17:00 | **휴무일** 일·월요일, 1월 1일, 설·추석 연휴 | **입장료** 어른 1000원, 어린이 500원 | **홈페이지** www.kna.go.kr

◆사전 조사를 해봐요◆

도서 《식물도감: 세밀화로 그린 보리 어린이 도감》: 세밀화 그림으로 보는 식물도감. 초등학교 전 학년, 전 과목 교과서에 나오는 1607가지 식물을 세밀화로 보여준다. 잎맥이나 꽃잎 등의 섬세한 묘사가 특징이다.

도서 《파브르 식물 이야기》: 곤충학자 파브르가 들려주는 식물 이야기. '식물과 동물은 형제다'라는 말로 식물 이야기를 시작한다. 식물을 관찰하고 연구한 내용뿐 아니라 세상살이의 다양한 모습을 식물에 비추어 표현했다.

◆엄마, 아빠랑 배워요◆

유네스코 생물권보전지역이 뭐예요?
2010년 6월 2일에 열린 유네스코 인간과 생물권계획(Man and the Biosphere Orogramme, MAB) 국제조정이사회에서 광릉숲이 유네스코 생물권보전지역으로 선정됐다. 생물권보전지역은 유네스코가 주관하는 보호 지역(생물권보전지역, 세계유산) 중 하나다. 생물 다양성의 보전과 지속 가능한 이용을 위해 지정한다. 유네스코 생물권보전지역은 핵심 지역, 완충 지역, 전이 지역 등 3개 구획으로 구분해 관리한다.

알차게 돌아보기

전문전시원 01

식물의 용도, 분류학적 특성 또는 생육 특성에 따라 22개의 전문 수목원으로 구성된다(관상 가치가 높은 나무를 모아놓은 관상수원, 꽃이 아름다운 나무를 전시하는 화목원, 습지에 생육하는 식물을 모아놓은 습지식물원, 수생식물원, 식·약용식물원, 희귀·특산식물보존원, 소리정원, 덩굴식물원, 난대식물 온실 등). 각 식물의 특징을 자세히 관찰해보자.

수목원 명소 02

오대산 월정사 전나무 종자를 증식해 조림한 전나무숲, 산속에 있는 작은 호수인 육림호, 숲을 있는 그대로 만나보는 생태관찰로 외에도 수목원 곳곳에 조형물, 기념비, 벤치 등이 있다. 역대 대통령의 기념식수도 볼 수 있다. 대통령마다 심은 나무의 종류가 다르다.

산림박물관 03

우리나라 산림과 임업의 역사를 전시한다. 임업 사료와 유물, 목제품 등을 볼 수 있다. 산림생물표본관은 국내외 식물 및 곤충 표본, 야생동물 표본, 식물종자 등 94만 점 이상을 저장·관리한다.

> **TIP**
> 01 국립수목원은 예약제로 운영한다. 예약한 사람에 한해 화~금요일(1일 5000명), 토요일 및 공휴일(1일 3000명) 입장이 가능하다. 무료 관람 인원도 예약해야 한다(6세 이하, 65세 이상).
> 02 예약 및 예약 인원 변경은 입장 예정일 1개월 전부터 당일 관람 마감 1시간 전까지 가능하다.
> 03 반려동물, 채집 도구, 자전거, 운동 기구 등의 반입을 금지한다.
> 04 수목원에서는 취사 행위를 할 수 없다(인화성 물질 반입 금지).
> 05 매시 정각 수목원 입구 숲해설센터에서 수목원 해설을 시작한다(소요 시간 1시간, 1회 20명 내외, 무료).

주변 여행지 돌아보기

광릉 01

광릉은 조선 7대 세조와 정희왕후 윤씨의 능이다. 좌우 언덕에 왕과 왕비를 따로 모시고, 능 중간 지점에 하나의 정자각을 세웠다. 정자각 왼쪽에 세조, 오른쪽에 정희왕후의 능이 있다. 자연의 형세를 거스르지 않고 간소하게 만들었다. 국립수목원에서 도보 10분.

주소 경기도 남양주시 진접읍 246-5 | **전화** 031-527-7105 | **시간** 2~5월·10월 09:00~18:00, 6~8월 09:00~18:30, 11~1월 09:00~17:30 | **휴무일** 월요일 | **입장료** 어른 1000원, 어린이 500원 | **홈페이지** royaltombs.cha.go.kr

아프리카예술박물관 02

아프리카의 문화, 예술을 소개하는 박물관이다. 아프리카 대륙 30개국에서 수집한 유물과 예술 작품, 민예품을 전시한다. 야외 조각공원에서는 아프리카의 영혼을 담은 예술품 쇼나 조각을 볼 수 있다. 캠핑장과 셀프 바비큐장을 운영해 가족과 함께 가볼 만하다. 국립수목원에서 자동차로 12분.

주소 경기도 포천시 소흘읍 광릉수목원로 967 | **전화** 031-543-3600 | **시간** 10:00~17:30 | **휴무일** 월요일 | **입장료** 어른 5500원, 어린이 4500원 | **홈페이지** amoa8332.modoo.at

베어스타운 03

골프장, 수영장, 눈썰매장, 레스토랑, 카페, 바비큐장, 사우나, 탁구장 등 다양한 부대시설과 콘도, 타운 하우스를 갖춘 종합 레저 시설이다. 수도권에서 가까워 접근성이 좋다. 2017년 콘도 등 숙박 시설을 리모델링했다. 국립수목원에서 자동차로 20분.

주소 경기도 포천시 내촌면 금강로2536번길 27 | **전화** 031-540-5000 | **홈페이지** bearstown.com

129

온가족 힐링산책 명소
화담숲

사계절 아름다운 자연을 품고 있는 화담숲에서 맑은 공기를 마시며 다양한 식물을 관찰한다. 느긋한 산책을 통해 몸도 마음도 쉬어가는 시간을 가져보자.

화담숲은 경기도 광주시 도척면 노고봉을 품고 있는 생태수목원이다. 화담숲의 화담(和談)은 '정답게 이야기를 나누다'라는 뜻이다. 멸종위기 동식물을 복원해 자연에 자리잡게 하는 연구 시설이기도 하다. 약 5.3km로 이어진 길을 따라 전 구간이 완만한 길로 정비되어 있어 산책을 즐기기에 좋다. 매표소를 지나 천년 화담송을 보고, 약속의 다리를 건너면 숲 산책코스가 시작된다. 철쭉 진달래 길, 자작나무 숲, 양치식물원, 소나무정원, 분재원, 암석 하경정원, 전통담장 길, 추억의 정원 등 17개의 테마 산책로가 이어진다. 화담숲은 자연 그대로 식생을 보존하고, 친환경적인 생태공간으로 조성해 계절 마다 다양한 꽃이 피고 진다. 새소리, 물소리, 바람소리를 느끼며 숲길을 산책하는 것만으로도 힐링이다. 특히 꽃이 피기 시작하는 봄과 단풍이 물드는 가을에 방문객이 많다.

주소 경기 광주시 도척면 도척윗로 278-1 | **전화** 031-8026-6666 | **시간** 평일 09:00~18:00, 주말 08:30~18:00 | **휴무일** 홈페이지 공지 | **입장료** 어른 1만 원, 청소년 8000원, 어린이 6000원 | **홈페이지** www.hwadamsup.com

◆사전 조사를 해봐요◆

도서 《아낌없이 주는 나무》 : 1964년에 출판된 쉘 실버스타인의 대표 명작. 나무는 소년이 필요로 하는 모든 것을 아낌없이 내어 주며 행복해한다. 세월이 지난 후 할아버지가 된 소년이 찾아오자 나무는 자신의 밑동을 소년에게 내어 준다
도서 《라면을 먹으면 숲이 사라져》 : 우리가 사는 지구는 유기적으로 연결되어 있다. 오늘 내가 먹은 컵라면은 숲에 어떤 영향을 끼칠까? 기후변화의 심각성을 알려주는 환경 책이다.

◆엄마, 아빠랑 배워요◆

숲은 우리에게 어떤 도움을 주나요?
숲에 있는 나무와 식물은 이산화탄소를 흡수해 산소로 바꾸어 공기를 정화한다. 물의 양을 조절해 홍수나 가뭄의 피해를 줄여 주며 나무가 내뿜는 피톤치드는 살균 작용과 마음을 안정시키는 작용을 한다.

알차게 돌아보기

봄 추천 테마원 01

철쭉 진달래원(진달래, 산철쭉, 영산홍, 복사꽃), 탐매원(토종매화나무, 살구나무, 사과나무, 배나무), 자작나무숲(수선화, 자작나무), 암석 하경정원(팥꽃나무, 조팝나무, 참꽃나무, 앵초), 장미원(장미, 줄장미, 붉은찔레), 추억의 정원길(매화, 살구꽃, 모과나무)로 구성된다.

여름 추천 테마원 02

수국원(산수국, 나무수국, 큰잎수국, 미국수국), 수련연못(수련, 어리연, 개연, 열대수련), 반딧불이원(야간 반딧불이 관찰체험), 암석 하경정원(노루오줌, 비비추, 바위솔)으로 구성된다.

가을 추천 테마원 03

이끼원(솔이끼, 서리이끼, 산수유), 자작나무숲(맥문동, 자작나무, 억새), 분재원(모과나무, 소사나무, 주목, 국화분재), 암석 하경정원(구절초, 벌개미취, 한라구절초)이 가을을 전한다.

> **TIP**
> 01 테마원 전체를 둘러 보는데는 약 2시간이 걸린다. 무더운 여름이라면 모노레일을 타는 것도 방법이다.
> 02 계절 및 기상 상황에 따라 운영 시간이 변경 될 수 있으니 방문 전 홈페이지를 확인한다.
> 03 돗자리 및 음식물 반입을 할 수 없다. 물품보관함에 보관하거나 매표소 광장에 있는 지정된 식사 장소를 이용한다.

주변 여행지 돌아보기

곤지암 도자공원 01

경기도자박물관, 조각공원, 한국정원, 장작가마, 엑스포 조각 공원, 스페인 조각 공원 등으로 이루어진다. 조각공모전에 출품된 국내외 작가들의 작품을 전시한다. 여름에는 물놀이장이 열리고, 광장에서 킥보드나 자전거를 탈 수 있다. 화담숲에서 자동차 14분.

주소 경기도 광주시 곤지암읍 경충대로 727 | **전화** 031-799-1500 | **시간** 상시 / 경기도자박물관은 09:00~18:00(월요일 휴관) | **입장료** 공원입장 무료, 도자박물관 입장 유료

닻미술관 02

자연을 느끼며 내면적인 성찰을 제안하는 작은 미술관이다. 주황색 지붕과 흰 벽, 아치형 대문 등 스페인의 건축물을 옮겨 놓은 듯 이국적이다. 매년 한 가지 주제를 선정해 3~4회의 기획전, 초대전 등이 열린다. 카페, 나무공방, 흙공방, 온실 등이 있다. 화담숲에서 자동차 20분.

주소 경기도 광주시 초월읍 진새골길 184 | **전화** 031-798-2581 | **시간** 11:00~18:00 | **휴무일** 월, 화요일 | **입장료** 어른 4000원, 청소년 3000원 | **주차** 무료

중대물빛공원 03

1957년 농업용수 공급을 위해 만든 홍중저수지가 기능을 잃고 2012년 수변공원으로 거듭났다. 저수지를 둘러싸고 약 2km 산책로가 이어진다. 바닥분수와 놀이시설, 운동기구, 벤치, 작은 도서관 등 다양한 시설을 갖췄다. 화담숲에서 자동차 25분.

주소 경기도 광주시 중대동 91 | **전화** 031-762-1039 | **시간** 상시 | **휴무일** 연중무휴 | **입장료** 무료

130

고생대로 떠나는 탐험 여행

태백고생대 자연사 박물관

POINT 박물관에서 자연사 관련 다양한 전시와 체험을 즐기는 동시에, 일대에 남아 있는 고생대 흔적을 살펴보며 생생한 체험 학습을 할 수 있다.

고생대 화석의 보고라고 불리는 태백 구문소는 '태백 구문소 오르도비스기 지층과 제4기 하식지형'이라는 이름으로 천연기념물에 지정되어 있다. 태백고생대자연사박물관은 이 지역 지형과 지질 특성에 대해 알려주는 곳이다. 박물관은 입체적인 전시와 흥미로운 체험 코너를 통해 누구나 쉽게 고생대 자연사에 다가갈 수 있도록 꾸몄다. 1층 체험전시실에서는 화석을 발굴하는 과정을 체험하는 한편 화석을 테마로 하는 여러 활동을 체험할 수 있다. 2층 전시실은 선캄브리아시대와 전기·중기 고생대, 3층은 후기 고생대와 중생대, 신생대의 다양한 생명체와 화석을 전시한다. 공룡 모형과 뼈를 비롯한 생동감 넘치는 전시물이 많아 아이들이 지루하지 않게 관람하기 좋다. 실내 전시관과 더불어 야외에 생생하게 남아 있는 고생대 퇴적 환경까지 꼼꼼하게 살펴보면 아주 먼 고생대의 이야기가 가깝게 다가온다.

주소 강원도 태백시 태백로 2249 | **전화** 033-581-8181 | **시간** 09:00~18:00 | **휴무일** 월요일 | **입장료** 어른 2000원, 중·고등학생 1500원, 초등학생 1000원 | **홈페이지** https://tour.taebaek.go.kr/tpmuseum

◆ 사전 조사를 해봐요 ◆

도서 《또 이유가 있어서 멸종했습니다 : 고생대에서 현대까지》 : 고생대부터 현대까지 68종 생물의 멸종 이유를 전해준다. 고생대부터 시대순으로 정리되어 멸종과 진화의 역사에 대해 알기 쉽다.

도서 《Why? 와이 화석》 : 화석의 형태, 화석이 되는 과정 등 화석에 대한 기초적인 지식에서부터 화석에 얽힌 중요한 일화를 담아낸다. 화석을 실제 사진으로 보고 배우면서 지구의 자연사를 배울 수 있다.

강원고생대국가지질공원 웹사이트 www.paleozoicgp.com : 태백, 정선, 영월, 평창 일대는 우리나라의 대표적인 고생대 퇴적암류를 보여주는 장소이다. 그리고 국내에서 가장 뛰어난 하천 지형 및 카르스트 지형을 갖춰 국가지질공원으로 인증되었다. 웹사이트에서는 이에 대한 다양한 정보를 제공하며 구문소 내용도 포함되어 있다.

알차게 돌아보기

고생대 콘텐츠 체험관 01

고생대를 테마로 하는 재미난 체험 시설로 이뤄진 공간이다. 태백시를 배경으로 상대 공룡과 달리기 대결을 하는 게임, 아기 브라키오사우루스에게 엄마를 찾아주는 게임 등 다채롭다.

실감 영상체험관 02

고생대로 떠나온 듯한 실감 나는 입체 영상을 즐길 수 있다. 신비한 고생물들이 등장해 재미를 더한다. 영상을 본 후에는 고생대에 살았던 생물을 찾는 게임도 즐겨보자.

구문소 03

박물관 야외에 다양한 볼거리가 있는데 그중 구문소가 대표적이다. 구문소는 여러 종류의 암석과 지층의 모습, 층서 관계 등을 살펴보기 좋은 훌륭한 지질 과학 체험 학습장이다. 박물관 둘레산책길을 따라 구문소까지 걸어 갈 수 있다.

> **TIP**
> 01 관람 동선은 2층→3층→1층 순이다.
> 02 박물관 내 체험 거리가 많고 야외에도 둘러볼 포인트가 많으므로 시간을 넉넉하게 잡고 방문하자.
> 03 체험물은 폐장 시간보다 빨리 마감한다.

   주변 여행지 돌아보기

365세이프타운 01

교육과 놀이를 융합한 안전 체험 테마파크. 종합안전체험관, 소방안전체험관, 챌린지월드, 365케이블카, 키즈랜드를 갖췄다. 종합안전체험관 내 산불·설해·풍수해·지진·대테러 체험관은 필수 코스다. 태백고생대자연사박물관에서 자동차 4분.

주소 강원도 태백시 평화길 15 | **전화** 033-550-3101~4 | **시간** 09:00~18:00 | **휴무일** 월요일(월요일이 공휴일일 경우 그다음 날) | **입장료** 자유이용권 2만 2000원(태백사랑상품권 2만 원 환원) | **홈페이지** www.taebaek.go.kr/365safetown

철암탄광역사촌 02

과거 우리나라 석탄 산업 중심지였던 태백 철암의 탄광촌을 활용한 생활사 박물관이다. 슈퍼, 식당 등 옛 건물을 갤러리, 전망대, 복합문화공간으로 탈바꿈시켜 석탄 산업 시대의 역사를 보여준다. 태백고생대자연사박물관에서 자동차 5분.

주소 강원도 태백시 동태백로 408 | **전화** 033-582-8070 | **시간** 10:00~17:00 | **휴무일** 첫째, 셋째 주 월요일 | **입장료** 무료

통리탄탄파크 & 오로라파크 03

통리탄탄파크에서는 갱도와 IT 콘텐츠 기술을 접목한 독특한 볼거리를, 오로라파크에서는 세계 5개국의 고원 지대 기차역을 즐길 수 있다. 태백 일대의 아름다운 산세를 한눈에 볼 수 있는 오로라파크의 눈꽃전망대도 놓칠 수 없는 포인트다. 태백고생대자연사박물관에서 통리탄탄파크까지 자동차 19분, 오로라파크까지 17분.

주소 통리탄탄파크 강원도 태백시 통골길 116-44 / 오로라파크 태백시 통리길 72 | **전화** 통리탄탄파크 033-554-8853 / 오로라파크 033-554-8850 | **시간** 09:00~18:00 | **휴무일** 월요일(월요일이 공휴일일 경우 그다음 첫 번째 평일) | **입장료** 통리탄탄파크 어른 8000원, 청소년 6000원, 어린이 4000원, 오로라파크 무료

131

자연과 생명이 전하는
흥미로운 이야기

서대문 자연사박물관

POINT 자연을 구성하는 생물과 자연현상을 관찰하고 과학 탐구 활동에 참여하며 종합적인 사고 능력을 향상시킨다.

서대문자연사박물관은 자연을 체험하고, 자연의 역사를 익힐 수 있는 종합 자연사 박물관이다. 자연사에서 '생명의 역사'는 곧 '멸종의 역사'이기도 하다. 멸종은 새로운 생명이 등장할 수 있도록 자리를 비켜주는 자연스러운 현상이다. 생물은 기후와 환경 변화를 통해 끊임없이 멸종과 탄생을 반복한다. 로비 중앙에 있는 아크로칸토사우루스의 골격이 시선을 사로잡는다. 상설주제관은 세계 곳곳에서 발견된 화석, 입체 모형으로 만들어놓은 고생물 디오라마, 영상 자료 등을 전시한다. 이 밖에 자연과 관련한 흥미로운 기획전이 열린다. 전시 관람을 통해 생명의 역사뿐만 아니라 인간의 미래까지 함께 생각해본다.

주소 서울시 서대문구 연희로32길 51 | **전화** 02-330-8899 | **시간** 3~10월 평일 09:00~18:00, 토요일·공휴일 09:00~19:00 / 11~2월 평일 09:00~17:00, 토요일·공휴일 09:00~18:00 | **휴무일** 월요일, 1월 1일, 설날·추석 당일 | **입장료** 어른 6000원, 어린이 2000원 | **홈페이지** namu.sdm.go.kr

◆사전 조사를 해봐요◆

도서 《자연사 박물관 생명 관찰 실험실》 : 생물에 대한 질문을 던지고 자료를 통해 생명의 원리를 답한다. 지구에는 얼마나 다양한 생물이 살고 있는지, 어떻게 살아가는지 등에 대한 궁금증을 해결한다.

영화 《박물관이 살아 있다: 비밀의 무덤》 : 밤마다 모든 것이 살아나는 뉴욕 자연사박물관. 매일 밤 살아나는 전시물과 함께 박물관 재개장 전야 이벤트가 열린다. 하지만 마법의 기운을 잃어가는 황금 석판 때문에 전시물이 다시 살아나지 못할 위기에 처한다. 황금 석판의 비밀을 밝혀내기 위해 주인공들은 영국 런던 대영박물관으로 떠난다.

◆엄마, 아빠랑 배워요◆

화석이 뭐예요?
과거에 살았던 생물이 죽어서 몸체나 흔적이 암석 또는 지층에 남게 되는 것을 화석이라 한다. 화석은 주로 퇴적암에서 찾을 수 있다. 수액이 암석으로 굳은 것을 호박이라고 하는데 호박 속에 갇힌 생물도 화석이다. 공룡 뼈는 골격 화석에 해당한다. 골격 화석은 갑작스러운 자연재해로 순식간에 묻혀 원래 모습을 그대로 유지하는 경우가 많다. 공룡 발자국은 흔적 화석이다. 발자국이 생긴 이후 오랜 시간 형태가 유지된 것인데, 특별한 자연현상 없이 안정적인 곳에서 발견된다.

알차게 돌아보기

3층 지구환경관 01

지구의 탄생부터 현재에 이르는 과정을 탐험한다. 특수 안경을 쓰고 3D입체 영상을 시청한다. 태양계의 행성, 지진, 화산 등의 지질현상, 동굴의 형성 과정, 광물과 암석 등 기초 지구과학을 살펴본다.

2층 생명진화관 02

언제부터 지구에 생명체가 나타났을까? 고생대의 삼엽충, 중생대의 공룡, 신생대의 인류에 이르기까지 끊임없이 발전해온 생명의 진화 과정을 전시한다. 현재 지구에 살고 있는 육상 생물(포유류, 조류, 양서류, 파충류, 곤충), 해양 생물 등을 관찰한다.

1층 인간과 자연관 03

환경보호의 중요성을 일깨우는 공간이다. 한강에서 서식하는 민물고기를 관찰하고, 맹꽁이, 참매미, 왕귀뚜라미의 소리를 들어보며 자연을 체험한다.

TIP

01 1층 중앙홀을 둘러본 후 3층부터 시작해 한 층씩 내려가며 관람한다.
02 시청각실과 가상체험실에서 입체영화를 상영한다(가상체험실 유료, 시청각실 무료).
03 1층 자연사 도서관에서 자연사 관련 도서, 과학 도서 등을 열람할 수 있다.
04 1층에 매점과 기념품 숍이 있다. 도시락은 지하 나무홀 공간에서 먹을 수 있다.
05 전시 해설은 하루 2~3회 열린다. 1층 중앙홀 전시 설명 대기 장소에서 시작하며 사전 예약 없이 참여할 수 있다.
06 전시 학습지는 유료로 구입하거나 박물관 홈페이지에 접속해 무료로 다운로드 받는다.

주변 여행지 돌아보기

서대문형무소역사관 01

한국 최초 근대식 감옥이자 일제강점기 수많은 독립운동가를 수용한 역사의 현장이다. 역사관, 중앙사 12옥사, 11옥사, 공작사, 한센병사, 순국선열 추모비, 사형장 등을 차례로 둘러본다. 서대문자연사박물관에서 자동차로 15분.

주소 서울시 서대문구 통일로 251(독립공원) | **전화** 02-360-8590 | **시간** 3~10월 09:30~18:00, 11~2월 09:30~17:00 | **휴무일** 월요일, 1월 1일, 설날·추석 당일 | **입장료** 어른 3000원, 어린이 1000원 | **홈페이지** www.sscmc.or.kr/newhistory/index_culture.asp

연세대학교 박물관 02

우리나라 최초의 대학 박물관이다. 1928년에 개관했으며 연세대학교 내 백주년기념관에 있다. 역사 유적과 학교사 유물 등 약 14만 점의 유물을 소장·전시한다. 박물관 전시실과 연세역사의 뜰(수경원, 광혜원)을 관람할 수 있다. 서대문자연사박물관에서 자동차로 9분.

주소 서울시 서대문구 연세로 50 | **전화** 02-2123-3335 | **시간** 09:30~17:00 | **휴무일** 일요일, 공휴일, 2월 8일 토요일 | **입장료** 무료 | **홈페이지** museum.yonsei.ac.kr/museum

이화여자대학교 박물관 03

이화여자대학교 박물관은 1935년 개관한 대학 박물관이다. 회화, 도자, 공예, 민속품 등 22만 5000점의 유물을 소장, 전시한다. 기획전시관, 기증전시관, 담인복식미술관, 옹기갤러리로 구성된다. 이화여자대학교 자연사박물관에서는 동물, 식물, 광물, 암석, 화석 등 다양한 표본과 실제 자연 생태계를 재현한 디오라마를 볼 수 있다. 초등학생을 대상으로 과학 프로그램을 운영한다. 서대문 자연사박물관에서 자동차로 15분.

주소 서울시 서대문구 이화여대길 52(이화여자대학교) | **전화** 02-3277-3152 | **시간** 09:30~17:00 | **휴무일** 일요일, 공휴일, 1·2월 전시 교체기 | **입장료** 무료 | **홈페이지** museum.ewha.ac.kr

132 강화자연사박물관

자연의 신비와 감동을 만나다

POINT 태양계의 탄생부터 지구를 구성하는 광물과 생물까지 자연의 역사와 다양한 자연현상을 탐구한다.

강화 자연사박물관은 지구의 탄생, 생물의 진화, 인류의 출현 등 자연의 역사를 종합적으로 전시한다. 화석, 광물, 동식물, 곤충 등 실물 표본을 관찰하며 자연의 변화를 폭넓게 이해할 수 있다. 전시를 통해 우리 인류가 자연의 일부라는 사실을 깨닫게 된다. 강화도의 소중한 자연과 풍부한 생물자원을 전시한 코너도 놓치지 말자. 기증기탁실에는 강화 출신 박제원 선생이 기증한 곤충 표본을 전시한다. 같은 곤충이라도 지역별, 기후별로 생김새가 다르다는 점이 신비롭다. 초등학생뿐만 아니라 중고등 학생에게도 추천할 만한 박물관이다.

주소 인천시 강화군 강화읍 강화대로 994-33 | **전화** 032-930-7090 | **시간** 09:00~18:00 | **휴무일** 1월 1일, 설날·추석 당일 | **입장료** 어른 3000원, 어린이 2000원(강화역사박물관 포함) | **홈페이지** www.ganghwa.go.kr

◆사전 조사를 해봐요◆

도서 《초등학생을 위한 자연과학 365: 1~2학기 세트》
: 교과서 속 생물 이야기를 알기 쉽게 설명한다. 365일 하루 10분씩 읽을 수 있는 신기한 생물 이야기를 통해 자연과학에 대한 흥미를 유도한다. 자연사 전문가와 초등학교 교사가 함께 엮었다.

영화 〈인터스텔라〉 : 세계 각국의 정부와 경제가 완전히 붕괴됐다. 세계는 식량 부족 문제에 시달리고, NASA도 해체됐다. 이때 시공간에 불가사의한 틈이 생긴다. 주인공에게 이곳을 탐험해 인류를 구해야 하는 임무가 주어진다. 인간이 더 이상 살 수 없는 지구를 떠나 새로운 행성을 찾아가는 모험을 그린 영화다. 12세 관람가.

◆엄마, 아빠랑 배워요◆

인간은 언제부터 지구에 살았나요?
약 400만 년 지구에 인류가 등장했다. 최초의 인류로 인정되는 종은 '오스트랄로피테쿠스(Australopithecus)'로 '남방의 원숭이'라는 뜻이다. 아프리카 남부 지방에서 출토된 오스트랄로피테쿠스 화석에서 두 발로 곧게 서서 걸어 다닌 흔적이 발견됐다.

• **인류 진화 과정**
오스트랄로피테쿠스 – 호모하빌리스 – 호모에렉투스 – 호모사피엔스 – 호모사피엔스사피엔스

알차게 돌아보기

01 로비 전시

거대한 향유고래 화석이 관람객을 맞이한다. 전체 길이 14.5m, 무게 20톤. 2009년 1월 강화군 서도면 볼음도에서 좌초된 고래를 해체·건조해 골격을 제작했다.

TIP
01 한 장의 티켓으로 강화자연사박물관과 강화역사박물관을 통합해 관람할 수 있다.
02 교육 프로그램은 박물관 홈페이지를 참조한다.
03 강화자연사박물관 홈페이지 자료실에서 체험 활동지를 무료로 제공한다.
04 강화자연사박물관 홈페이지 자료실>발간 도서에서 전시품 도록, 곤충 도록, 식물도감 등을 다운로드할 수 있다.

02 1층 전시실

태양계의 탄생, 다양한 생물로 가득 찬 지구, 환경에 적응하는 생물, 인류의 진화로 구성된다. 종합적으로 자연사를 이해할 수 있다.

03 2층 전시실

지구상의 모든 생물은 밀접하게 연결되어 있다. 생태 환경 속에서 생물이 어떻게 자연에 적응하고 진화해가는지 궁금증을 풀어본다. 생물은 생존율을 높이기 위해 위장과 모방을 하는데 그 모습이 신기하다.
강화갯벌코너에서는 강화도에 찾아오는 철새를 전시한다.

주변 여행지 돌아보기

01 강화고인돌 & 강화역사박물관

강화도의 고인돌은 2000년 12월 고창, 화순의 고인돌 유적과 함께 유네스코 세계문화유산에 등재됐다. 실제 고인돌을 살펴보고, 강화역사박물관에서 고인돌의 역사와 문화를 알아보자. 강화자연사박물관에서 도보 2분.

주소 인천시 강화군 하점면 강화대로 994-19 | **전화** 032-934-7887 | **시간** 09:00~18:00 | **휴무일** 1월 1일, 설날·추석 당일 | **입장료** 어른 3000원, 어린이 2000원(고인돌광장 무료) | **홈페이지** www.ganghwa.go.kr/open_content/museum_history

02 강화화문석문화관

강화 화문석은 고려 중엽부터 가내수공업으로 발전해 오늘날까지 이어지고 있다. 다양한 도안 개발과 제조 기술로 전국 유일의 왕골공예품을 생산한다. 화문석과 왕골공예품의 변천 과정을 살펴보고 화문석을 체험할 수 있다. 강화자연사박물관에서 자동차로 8분.

주소 인천시 강화군 송해면 장정양오길 413 | **전화** 032-930-7060 | **시간** 09:00~17:00 | **휴무일** 1월 1일, 설날·추석 당일 | **입장료** 어른 1000원, 어린이 500원 | **홈페이지** www.ghss.or.kr/src/article.php?menu_cd=0804010100

03 강화문학관

1층 전시실에서는 이규보, 정철, 정제두 등 강화도와 관련 있는 옛 문인들의 작품을 소개한다. 2층 수필문학관에서는 강화 출신 수필가 조경희 선생의 육필 원고와 유품을 전시한다. 세미나실과 북 카페를 갖췄다. 강화자연사박물관에서 자동차로 15분.

주소 인천시 강화군 강화읍 관청길 40 | **전화** 032-933-0605 | **시간** 09:00~18:00 | **휴무일** 월요일 | **입장료** 무료 | **홈페이지** www.ganghwa.go.kr/open_content/museum_literature

133

새와 나누는
흥미로운 대화
서산 버드랜드

 POINT 다양한 새의 생김새와 생활 방식에 대해 살펴보고, 천수만의 철새도 관찰할 수 있다.

서산버드랜드는 우리나라 대표 철새 도래지인 천수만에 조성한 철새 생태 공원으로, 철새박물관, 둥지전망대, 오리기러기 관찰 덱, 야생동물치료센터 등 다채로운 시설을 갖췄다. 철새박물관에는 큰기러기, 가창오리, 노랑부리저어새 등 천수만에 서식하는 철새를 비롯해 수많은 새의 표본과 영상 자료 등을 전시한다. 또 독수리와 매 등 쉽게 접할 수 없는 새 표본도 전시해 흥미를 더한다. 박물관 2층에 위치한 체험학습방에서는 새 모형 만들기 등 체험 프로그램을 진행한다. 철새박물관 뒤편에는 둥지전망대가 있는데 배 모양을 본뜬 하부 구조물과 회오리처럼 역동적인 상부 구조물이 조화를 이루는 멋스러운 건축물이다. 전망대에 오르면 서산버드랜드와 천수만이 시원하게 눈에 들어온다. 전망대 망원경을 통해 새들의 모습을 가까이에서 관찰할 수 있다.

주소 충청남도 서산시 부석면 천수만로 655-73 | **전화** 041-661-8054 | **시간** 3~10월 10:00~18:00, 11~2월 10:00~17:00 | **휴무일** 월요일(월요일이 공휴일인 경우 그다음 날), 설날·추석 당일, 공직 선거일 | **가격** 어른 3000원, 청소년 2000원, 초등학생 이하 무료 | **홈페이지** www.seosanbirdland.kr

알차게 돌아보기

01 생태 해설 프로그램

철새박물관 2층 전시실을 생태해설사와 함께 돌아보는 프로그램을 이용하자. 시간별로 어린이, 어른, 청소년 등 대상을 달리하는 생태 해설을 진행한다. 새의 특성과 천수만에 서식하는 새에 대한 이해를 도와준다. 20분 정도 소요되며 무료다.

02 4D 영상 체험

철새박물관과 구름다리로 이어지는 피라미드 모양 건축물이 4D 영상관이다. 천수만을 배경으로 새들의 이야기를 담았다. 작품에 따라 11~17분 정도 소요된다. 관람료는 어른 2000원, 청소년은 1000원, 어린이는 무료이다.

03 재미난 야외 공간

서산버드랜드에는 야외 공간이 잘 조성돼 있다. 둥지전망대 뒤쪽에는 아이들이 좋아하는 숲속놀이터가 있고, 곳곳에 생태학습장, 산책로, 쉼터 등이 있다. 아이들과 여유롭게 거닐며 자연 생태에 대해 얘기를 나눠보자.

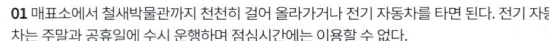

TIP

01 매표소에서 철새박물관까지 천천히 걸어 올라가거나 전기 자동차를 타면 된다. 전기 자동차는 주말과 공휴일에 수시 운행하며 점심시간에는 이용할 수 없다.
02 철새 기행, 철새 탐조는 물론 숲속 생태 체험 등 다채로운 교육 프로그램을 진행한다. 시기별로 다양한 프로그램을 운영하므로 홈페이지에서 미리 확인 후 이용하자.
03 철새박물관 1층에 주전부리를 파는 매점이 있을 뿐, 식당은 없다.
04 철새를 테마로 한 공간이다 보니 조류인플루엔자 경보에 영향을 받는다. 조류인플루엔자가 심각 수준에 이를 때는 탐조 프로그램이 취소되거나 서산버드랜드 자체가 임시 휴관에 들어가기도 하므로 방문 전 확인하자.
05 서산버드랜드를 방문하기 전 아이와 함께 홈페이지를 살펴보자. 천수만과 철새에 관련된 다양한 설명이 나와 있다. 미리 한번 읽어보고 가면 더 알차게 전시를 즐길 수 있다.

◆ 사전 조사를 해봐요 ◆

도서 《천수만에 겨울 철새 보러 가요》: 천수만의 역사와 자연환경을 소개하는 한편, 이곳에서 살아가는 생물에 대해 알려준다. 생태와 환경의 중요성도 이야기한다.

도서 《브리태니커 만화 백과 : 조류》: 새에 관련된 기본 정보와 함께 다양한 새 종류, 멸종 위기에 처한 새 등을 소개한다. 텃새와 철새에 대한 이야기에 천수만이 등장한다.

영화 《아름다운 비행》: 엄마를 잃은 10대 소녀가 야생에서 가져온 거위 알을 부화시키고 아기 새를 키우면서 함께 성장하는 내용을 담고 있다. 철새인 거위를 추위가 몰아닥치기 전에 따뜻한 곳으로 떠나보내기 위한 소녀의 노력과 철새 서식지 개발에 대한 내용을 함께 다룬다.

◆ 엄마, 아빠랑 배워요 ◆

천수만이 어디예요?
동쪽으로는 서산시와 홍성군, 보령시가, 서쪽으로는 안면도가 둘러싼 남북으로 긴 만이다. 천수만은 원래 수심이 얕고 조수 간만의 차가 크며, 수초와 생물에게 필요한 영양염류가 풍부해 다양한 어류가 서식했다. 1980년대 대규모 간척 사업과 방조제 공사로 2개의 인공 호수(간월호와 부남호)가 생겨났다. 과거 갯벌이던 공간에 대단위 농경지도 조성됐다. 담수호에 물고기가 많고, 중간중간에 모래톱과 갈대밭이 있으며 추수 후 곡식이 남아 있어 겨울철새들이 모여드는 철새 도래지가 됐다.

주변 여행지 돌아보기

01 간월암

간월도의 작은 섬에 자리한 암자로, 조선시대에 무학대사가 창건한 것으로 전해진다. 섬으로 들어가려면 물때를 잘 맞춰야 한다. 물이 들어오면 섬이 됐다가 물이 빠지면 길이 생긴다. 간월암은 낙조 명소로도 유명하다. 서산버드랜드에서 자동차로 10분.

주소 충청남도 서산시 부석면 간월도1길 119-29 | **전화** 041-668-6624 | **시간** 24시간(물때 확인) | **휴무일** 연중무휴 | **입장료** 무료

134

갯벌과 염전, 해수 족욕,
즐길 거리가 가득

소래습지 생태공원

POINT 소래습지생태공원 일대는 습지라는 자연 생태에 대한 학습과 염전, 어시장, 어촌의 발달, 이동 수단의 발달, 일제강점기 수탈 과정 등 사회, 과학과 관련된 다양한 분야를 배우는 살아 있는 교육의 장이 되어준다.

소래습지생태공원이 위치한 소래갯벌은 무려 8000여 년의 역사를 자랑한다. 소래갯벌은 육상화되어가는 펄 갯벌에 속한다. 소래포구 주변이 개발되면서 수로 폭이 좁아진 탓에 갯벌이 바닷물에 잠기는 것은 고작 한 달에 두어 번 정도가 전부다. 하루 두 차례 갯벌까지 바닷물이 드나들기는 하지만 갯벌 위까지 덮일 정도로 들어오지는 않는다는 얘기다. 이런 갯벌의 특성에 맞게 조개류는 없고 갯벌 상부에 서식하는 동식물을 볼 수 있다. 과거에 일본인들이 이곳에 염전을 만들었고, 소금을 나르는 배가 들어오기도 했다. 지금도 천일염 생산 시설과 자료를 볼 수 있다. 잘 조성된 덱 산책로를 따라 걸으며 갯벌을 관찰하고, 생태전시관과 생태조류관찰대도 돌아본다. 하절기에는 소금 생산 과정을 보고 갯벌 체험도 할 수 있다. 거기에 소금 창고와 풍차가 어우러진 근사한 풍광까지 덤으로 제공된다.

주소 인천시 남동구 소래로154번길 77 | **전화** 032-435-7082(관리 사무소), 032-435-7076(전시관) | **시간** 전시관 3~10월 10:00~18:00, 11~2월 10:00~17:30 | **휴무일** 전시관 월요일(월요일이 공휴일인 경우 그다음 날), 공휴일 다음 날, 1월 1일, 설추석 연휴 | **입장료** 무료 | **홈페이지** park.incheon.go.kr

◆사전 조사를 해봐요◆

도서 《Why? 와이 갯벌》: 갯벌의 종류와 생성 과정을 보여주는 한편, 우리나라 유명 갯벌의 특성을 소개한다. '염전을 생태 공원으로 바꾼 소래 갯벌'이라는 챕터도 포함되어 있다.

도서 《소금이 온다》: 서해 염전에서 소금이 어떤 과정을 통해 생산되는지 보여준다.

도서 《갯벌이 좋아요》: 갯벌에서 살아가는 다양한 생물의 모습을 보여준다. 꽃발게의 모험을 통해 신비로운 생태계를 간접 체험한다.

소래습지생태전시관 01

습지와 갯벌에 대한 전시가 이뤄진다. 1층 전시실에서는 습지 생태와 갯벌 상태, 복원 염전, 소금의 다양한 용도, 자연환경 보호의 중요성 등에 대한 내용을 소개한다. 눈으로 보는 전시와 함께 아이들이 몸으로 느끼는 체험 공간도 준비되어 있다. 전시실을 돌아본 후 3층 전망대에 올라 갯벌과 소래포구를 한눈에 담아보자.

해수 족욕장 02

여유롭게 공원을 둘러본 후 생태전시관 옆 해수 족욕장에서 피로를 풀어보자. 지하 150m 깊이의 바닷물을 끌어 올려 만든 족욕장으로 평균 수온은 40°C 정도다. 규모도 널찍해 가족이 모두 함께 이용하기에 부족함이 없다. 이용료는 무료이며 겨울에는 운영하지 않는다.

TIP

01 11월부터 이듬해 3월까지는 소금 생산이 중단돼 소금 생산 과정을 볼 수 없다. 4월에서 10월 사이에 방문하면 알찬 관람이 가능하다.
02 입장료는 없지만 주차비는 유료다.
03 공원 내 매점이 있고, 소래습지생태공원전시관 2층에 카페가 있다.
04 자전거 대여소를 운영한다.

 주변 여행지 돌아보기

소래역사관 01

소래습지생태공원과 함께 돌아보면 이 지역의 특징을 이해하는 데 큰 도움이 된다. 소래 지역의 유래와 갯벌에서의 삶, 국내 대표 천일염 생산지였던 소래염전 등에 대해 살펴볼 수 있다. 소래습지생태공원에서 자동차로 4분.

주소 인천시 남동구 아암대로 1605 | **전화** 032-460-0590 | **시간** 10:00~18:00 | **휴무일** 월요일(월요일이 공휴일인 경우 그다음 날), 1월 1일, 설날·추석 당일 | **입장료** 어른 500원, 만 13~18세 300원, 만 6~12세 200원 | **홈페이지** museum.namdongcmc.co.kr

소래포구 02

소래포구는 1930년대 초, 염전이 생기면서 주목받았다. 이후 내항이 준공되면서 새우잡이 배들이 소래포구로 모여들기 시작했다. 1970년대에는 많은 사람들이 수인선을 타고 수산물을 사러 소래포구로 찾아들었다. 이후 소래포구는 우리나라 대표 어시장이자 관광 명소로 자리 잡았다. 꽃게 철과 새우 철이면 찾는 이들이 많아진다. 소래습지생태공원에서 자동차로 4분.

주소 인천시 남동구 소래역로 12

송도 센트럴파크 03

모던한 건축물과 공원이 어우러져 이국적인 분위기를 자아낸다. 수변 산책로를 따라 걷거나 자전거를 탈 수 있다. 낮 풍경도 아름답지만 야경은 더 매력적이다. 특히 트레이드마크인 '트라이볼' 건축물이 야경을 더욱 빛나게 한다. 소래습지생태공원에서 자동차로 20분.

주소 인천시 연수구 테크노파크로 196 | **전화** 032-721-4405 | **홈페이지** www.insiseol.or.kr

135

장애인, 노약자, 유아까지
누구나 즐기는 열린 숲

국립횡성 숲체원

POINT 국립횡성숲체원에는 경사가 완만한 산책로가 있어 휠체어나 유모차를 끌고도 숲을 탐방할 수 있다. 장애인도 즐길 수 있는 숲을 돌아보며 더불어 사는 세상에 대해 생각해본다.

국립횡성숲체원에는 해발 920m 정상까지 길이가 약 1km에 이르는 덱이 조성돼 있다. 이 길은 완만한 경사로로 이루어져 장애인이나 노약자, 임신부 등 누구나 편안하고 쉽게 숲을 체험할 수 있다. 경사가 완만하기 때문에 휠체어나 유모차를 끌고 충분히 올라갈 수 있다. 이 길을 걸으며 아이들은 단순히 숲을 체험하는 의미를 넘어 사회적 약자에 대한 배려, 함께 사는 세상에 대해 생각해보게 된다. 경사가 완만한 코스를 조성해 몸이 불편한 사람들도 함께 숲을 즐기도록 배려할 수 있다는 사실을 몸소 체득하는 것이다. 국립횡성숲체원에는 완만한 덱로드 외에도 여러 코스가 있다. 힐링 숲길, 맨발치유 숲길 등 여러 탐방로를 비롯해 어린이와 장애인, 노약자 등 모든 사람이 자연 속에서 여러 감각을 체험하는 오감체험장, 야생화와 버섯 등을 관찰하는 생태체험장 등의 시설을 두루 이용할 수 있다.

주소 강원도 횡성군 둔내면 청태산로 777 | **전화** 033-340-6300 | **시간** 4~10월 09:00~17:00, 11~3월 09:00~16:00 | **휴무일** 연중무휴 | **입장료** 무료 | **홈페이지** hoengseong.fowi.or.kr

---

◆ 사전 조사를 해봐요 ◆

도서 《나의 첫 생태도감 식물 편 : 풀》 : 주변에서 쉽게 접할 수 있는 풀을 소개한다. 초등 교과서에 실린 풀, 독이 있는 풀, 생태 교란 야생식물 등을 기호로 표시했다. 이를 통해 풀 한 포기도 관심 있게 들여다보며 자연과 교감하는 법을 배운다.

도서 《누가 숲을 사라지게 했을까?》 : 도시화, 산업화된 환경에서 살아가는 요즘 아이들에게 자연, 특히 숲의 소중함을 이야기한다.

도서 《신나는 교과 연계 체험 학습 시리즈-숲》 : 숲의 사계절 특징을 보여주고 우리나라 대표 숲도 소개한다. 숲이 만들어지는 과정, 숲이 주는 혜택 등도 다룬다.

알차게 돌아보기

01 오감체험장

청각, 시각, 후각 등 오감 체험을 하는 다양한 시설이 설치되어 있다. 숲속거울, 나무실로폰, 나무차임벨, 새소리·곤충 소리 체험 등을 통해 치유와 즐거움을 맛볼 수 있다.

02 산림 치유 프로그램

가족, 개인 방문객을 위한 산림 치유 프로그램(유료)을 운영한다. 숲길 걷기, 산림 체조, 아로마세러피, 명상 등을 통해 산림에서 치유의 시간을 갖는다. 프로그램 운영 일정과 내용은 홈페이지를 통해 공지한다. 참여를 원할 경우 전화로 최소 일주일 전에 예약하면 된다.

전화 033-340-6451

03 숲속 하룻밤

자연 속에서 하루쯤 묵어 가면 어떨까. 숲체원에는 통나무형 숙박 시설이 있다. 객실에 TV가 없어 아이들이 자연을 온전히 느낄 수 있다. 한여름에도 시원해서 에어컨도 없다. 하룻밤 묵으면서 아이들과 자연, 환경보호에 대해 얘기하는 시간을 가져보자.

가격 3~12만 원

> **TIP**
> 01 국립횡성숲체원 내 식당은 숙박 고객만 이용 가능하다. 숲체원 인근에는 음식점이 없고 음식물 반입도 금지된다. 미리 식사를 하고 방문하자.
> 02 춘천, 칠곡, 장성, 대전, 청도에도 국립 숲체원이 있다.

주변 여행지 돌아보기

01 이효석문학관

《메밀꽃 필 무렵》의 작가 이효석의 생애와 문학 세계를 기리는 뜻에서 세운 문학관이다. 문학관과 함께 '효석달빛언덕'이라는 테마 공간도 관람할 수 있다. 숲체원에서 자동차로 25분.

주소 강원도 평창군 봉평면 효석문학길 73-25 | **전화** 033-330-2700 | **시간** 5~9월 09:00~18:30, 10~4월 09:00~17:30 | **휴무일** 월요일(월요일이 공휴일인 경우 그다음 날), 1월 1일, 설날·추석 당일 | **입장료** 2000원. 미취학 무료(효석달빛언덕 입장료 별도) | **홈페이지** www.hyoseok.net

02 청태산자연휴양림

청태산(1200m)을 주봉으로 천연림과 인공림이 조화를 이루고 있다. 키 큰 잣나무가 무성해 삼림욕을 즐기기에 좋다. 다양한 야생 동식물이 서식하는 깨끗한 숲에서 맑은 공기를 마시며 쉬어보자. 숲 해설 프로그램도 운영한다. 숲체원에서 자동차로 5분.

주소 횡성군 둔내면 청태산로 610 | **전화** 033-343-9707 | **시간** 09:00~18:00(숙박 시설 이용은 15:00~다음 날 12:00) | **휴무일** 화요일(화요일이 공휴일인 경우 성수기 화요일은 예외) | **가격** 어른 1000원, 청소년 600원, 어린이 300원(12~3월은 입장료 면제) | **홈페이지** www.foresttrip.go.kr

03 안흥찐빵마을

따끈따끈하게 쪄낸 찐빵 냄새가 맛있게 번지는 마을. 전국적으로 유명한 안흥찐빵을 맛볼 수 있다. 이곳에서 만드는 빵에는 모두 횡성에서 나는 국산 팥을 이용한다. 막걸리로 발효시킨 쫄깃한 반죽과 달콤한 팥소가 잘 어우러진다. 숲체원에서 자동차로 30분.

주소 강원도 횡성군 안흥면 서동로 1088 | **전화** 033-340-2303

136

살아 숨 쉬는 자연사 박물관
우포늪

우포늪은 살아 있는 자연사 박물관이라고 불릴 정도로 자연 생태학적으로 큰 의미를 지닌다. 습지의 의미와 인간과 자연이 상생해야 하는 이유에 대해 생각해보게 만드는 곳이다.

국내 최대 자연 늪지인 우포늪은 약 1억 4000만 년 전에 형성된 것으로 알려져 있다. 우포늪의 규모는 원래 지금보다 더 컸으나 무분별한 개발로 규모가 축소됐다. 1997년 생태계보존지역으로 지정되고 1998년 람사르조약에 따라 국제보호습지로 지정되면서 우포늪은 이제 개발의 폐해를 피해 보호받고 있다. 우포늪이 생명력을 유지해온 세월만큼 수많은 식물과 조류, 곤충, 양서류, 포유류가 이곳에서 공생한다. 우포늪을 따라 걷다 보면 형형색색의 나비와 잠자리, 이름 모를 들꽃들이 인사를 건넨다. 늪 위로 날아드는 크고 작은 새들과 소박하게 얼굴을 내민 수생식물도 만날 수 있다. 작고 소박하지만 이 모든 요소가 어우러져 얼마나 아름다운 자연풍경을 만들어내는지 눈으로 확인하게 된다. 왜 습지가 중요한지, 왜 자연을 보호해야 하는지, 왜 자연과 인간이 상생하는 게 중요한지 굳이 설명하지 않아도 아이들 스스로 깨닫는 계기가 되는 곳, 바로 우포늪이다.

주소 경상남도 창녕군 유어면 우포늪길 220 | **전화** 055-530-1556 | **시간** 우포늪은 24시간, 생태관은 09:00~18:00 | **휴무일** 연중무휴, 생태관은 월요일(월요일이 공휴일인 경우 그다음 날), 1월 1일 | **입장료** 무료 | **홈페이지** cng.go.kr/tour.web

◆ 사전 조사를 해봐요 ◆

도서 《우포늪엔 공룡 똥구멍이 있다》 : 우포늪 근처에서 태어나고 자란 작가가 우포늪을 배경으로 쓴 장편 동화. 책에 우포늪 주변 생물들의 세밀화가 함께 실려 있다.

도서 《나는 습지에서 살아요》 : 습지의 생명력과 습지에서 살아가는 생물들의 모습을 생생하게 담아낸다. 습지의 중요성을 일깨워준다.

알차게 돌아보기

우포늪생태관 01

우포늪 입구에 우포늪자연생태관이 있다. 늪을 돌기 전에 먼저 방문하면 우포늪을 이해하는 데 큰 도움이 된다. 우포늪에 대한 설명과 함께 습지의 중요성과 습지에서 서식하는 동식물에 관련된 다양한 자료를 전시한다.

따오기 02

따오기는 한때 우리나라에 많이 서식했으나 1970년대 이후 멸종한 것으로 추정된다. 청정 지역인 우포늪이 따오기 복원 최적지로 평가되면서 2008년 우포늪에 따오기복원센터를 만들고 복원 사업을 진행 중이다.

대대제방과 전망대 03

우포늪 전체를 보기 힘들다면 대대제방과 전망대가 있는 코스를 돌아보자. 가장 기본적인 코스로 도보로 1시간 정도 소요된다. 대대제방에는 군데군데 망원경도 설치되어 있어 늪에서 노니는 조류를 관찰하기 좋다. 따오기복원센터로 가는 길에 위치한 전망대에 오르면 우포늪이 한눈에 들어온다. 이곳에도 망원경이 설치되어 있다.

> **TIP**
> 01 우포늪은 도보나 자전거로 돌아볼 수 있다. 우포늪 입구에 자전거 대여소가 있다.
> 02 우포늪 도보 탐방 코스는 다양하다. 전체를 돌아보려면 3시간에서 3시간 30분 정도 소요되지만, 시간과 상황에 따라 30분, 1시간, 2시간 코스도 선택할 수 있다.
> 03 따오기복원센터 관람이 가능하다. 단 방문일 최소 1일 전까지 예약해야 한다.
> 04 우포늪 탐방로에는 그늘이 별로 없다. 여름철에 방문할 때는 모자나 양산, 선크림 등을 잘 챙기자.

주변 여행지 돌아보기

산토끼노래동산 01

창녕의 한 초등학교에 재직하던 고 이일래 선생이 1928년 학교 뒷산에서 뛰노는 산토끼를 보며 나라 잃은 우리 민족도 하루빨리 자유를 되찾길 바라는 마음에서 '산토끼' 노래를 만들었다고 전한다. 이 노래의 발상지라는 의미를 담은 생생한 체험 학습장인 산토끼노래동산은 산토끼동요제를 비롯해 다채로운 체험과 볼거리를 갖췄다. 우포늪에서 자동차로 22분.

주소 경상남도 창녕군 이방면 이방로 623 | **전화** 055-533-1400 | **시간** 09:00~18:00 | **휴무일** 월요일(월요일이 공휴일인 경우 그다음 날), 1월 1일, 설날·추석 당일 | **입장료** 어른 2000원, 청소년 1500원, 어린이 1000원, 만 3세 미만 무료

창녕박물관 02

창녕 일대에서 유적이 많이 발굴됐다. 창녕박물관은 이 지역에서 출토된 고고 유물을 대거 전시해 군 단위 박물관이지만 볼거리가 풍성하다. 박물관 주변의 창녕 교동과 송현동 고분군까지 함께 둘러보자. 우포늪에서 자동차로 20분.

주소 경상남도 창녕군 창녕읍 창밀로 34 | **전화** 055-530-1500 | **시간** 09:00~18:00 | **휴무일** 월요일, 1월 1일, 설날·추석 당일 | **입장료** 무료

창녕 신라 진흥왕 척경비 03

진흥왕이 당시 빛벌가야였던 창녕을 신라로 편입한 후 이를 기념하며 세운 비로 국보로 지정되어 있다. 비문은 많이 닳아 판독이 어려우나 후반부는 선명한 편이다. 가야 진출을 꾀한 진흥왕의 의도를 엿볼 수 있다. 우포늪에서 자동차로 20분.

주소 경상남도 창녕군 창녕읍 교상리 28-1 | **전화** 055-530-1473 | **시간** 24시간 | **휴무일** 연중무휴 | **입장료** 무료

137 지리가 재밌어지는 시간
호야지리 박물관

평생 지리 교사로 활동해온 개인이 세운 지리 전문 박물관이다. 독도 관련 고지도와 대동여지도, 광개토대왕릉비 비문 실물 탁본 등 귀한 자료가 많다.

박물관 관람은 '지리란 무엇인가'라는 코너에서 시작된다. 다양한 고지도와 자료, 설명을 통해 재미있게 지리에 접근한다. 지구 다른 편에 사는 사람들이 수상 가옥과 이글루라는 저마다 다른 형태의 집을 짓고 살게 된 것은 기후 때문이라는 이야기를 들려준다. 지리학이란 어려운 게 아니라, 이렇듯 세계 여러 지역의 각기 다른 환경에 대해 종합적으로 연구하고, 그 환경과 사람의 관계에 대해 연구하는 재미난 학문이라는 사실을 알려주는 코너다. 다음 코너에서는 박물관이 위치한 영월을 지리적 관점으로 살펴본다. 특히 영월은 다양한 지리적 현상이 집약된 곳이라 지리학적으로 흥미로운 공간이다. 영월을 통해 다양한 지리 현상에 대해 배운 후 폭을 넓혀 지리 속 넓은 세상을 관찰한다. 각종 광물과 암석을 보면서 지형과 지질에 대한 개괄적 개념을 이해하는 시간을 갖는다. 세계 각국의 민속품과 민속 의상도 관람하며 지리학이 우리 생활과 얼마나 밀접한 관계를 맺고 있는지 깨닫게 된다.

주소 강원도 영월군 수주면 무릉법흥로 303 | **전화** 033-372-8872 | **시간** 09:00~18:00 | **휴무일** 월·화요일 / 사전 예약 시에는 휴무일에도 이용 가능한 경우도 있음. 명절 등 임시 휴관일은 홈페이지 통해 공지 | **입장료** 어른 5000원, 초중고등학생 4000원, 유치원생 3000원, 5세 이하 무료 | **홈페이지** www.geomuseum.co.kr

◆ 사전 조사를 해봐요 ◆

도서 《초등 지리 바탕 다지기》 : 지도 편, 국토 지리 편, 세계 지리 편, 총 3권으로 구성된다. 지도, 국토 지리, 세계 지리 편 순으로 읽으면 지리의 기초를 다질 수 있다.

도서 《실물 크기 유물로 보는 역사 도감》 : 초등 교과서에 실린 주요 유물을 깊이 있게 다룬다. 최대한 실물 크기와 흡사한 사진으로 유물을 소개하고 그 시대 배경과 의미, 역사적 관련성 등을 함께 설명한다.

알차게 돌아보기

광개토대왕릉비 비문 탁본

호야지리박물관이 소장한 귀한 전시품 중 하나가 바로 고구려 광개토대왕릉비 비문 실물 탁본이다. 탁본 크기만 봐도 광개토대왕릉비의 웅장함을 알 수 있다. 사면 전체의 탁본을 볼 수 있는 귀한 기회다.

독도는 우리 땅

독도가 한국령임을 증명하는 귀한 고지도가 호야지리박물관에 있다. 1895년 일본 군용 지도인데, 이 지도를 보면 명확하게 독도와 울릉도가 한국 국경 안에 표기된 것을 확인할 수 있다.

대동여지도

대동여지도 실사본이 전시되어 있다. 박물관에서 대동여지도를 마주하는 사람들은 대부분 그 크기에 놀란다. 대동여지도의 실물 크기가 세로 약 6.7m, 가로 약 3.8m라는 사실. 대동여지도에 독도가 나와 있지 않은 이유 등에 대한 설명을 들을 수 있다.

> **TIP**
> 01 호야지리박물관은 해설을 들으며 관람할 수 있어 좋다. 그냥 훑어보면 모르고 지났을 내용을 설명을 통해 자세히 배우게 된다. 해설이 가능한 시간을 방문 전 확인하자.
> 02 광개토대왕 비문 탁본과 독도 관련 고지도는 특별관(지오토피아관)에서 전시 중이다. 추가 요금(1000원)을 내야 하지만 꼭 관람하길 추천한다.
> 03 영월 관내 박물관 세 곳 이상 방문 계획이라면 50% 할인이 적용되는 패키지권을 이용하자.

주변 여행지 돌아보기

영월화석박물관

시기별로 다양한 화석을 전시한다. 책에서만 보던 화석을 직접 만지며 체험할 수 있어 유익하다. 교과서에 나오는 화석의 실물 표본 중 이곳에서 촬영한 게 많다. 호야지리박물관에서 자동차로 12분.

주소 강원도 영월군 주천면 평창강로 137 | **전화** 033-375-0088 | **시간** 3~10월 09:00~18:00, 11~2월 10:00~17:00 | **휴무일** 월요일(여름 성수기 예외), 11~2월 월·화요일 | **입장료** 어른 5000원, 초·중·고등학생 4000원, 유치원생 3000원, 5세 이하 무료 | **홈페이지** www.ywmuseum.com

선암마을 한반도 지형

영월 하안단구에 위치한 선암마을 강 건너편에 한반도 지형이 있다. 강의 침식과 퇴적작용으로 형성된 지형이 한반도 모양과 아주 흡사해 한반도 지형이라고 불린다. 명승 제75호로 지정되어 있다. 호야지리박물관에서 자동차로 25분.

주소 강원도 영월군 한반도면 한반도로 555 | **전화** 1577-0545 | **시간** 24시간(야간 산행은 제한) | **휴무일** 연중무휴 | **입장료** 무료

청령포

단종의 유배지였던 곳으로, 삼면이 강으로 둘러싸이고 나머지 한 면은 험준한 암벽이라 마치 섬처럼 고립되어 있다. 천연기념물 제349호인 관음송이 있는데, 단종이 이 나무에 걸터앉아 쉬었다는 이야기가 전해진다. 호야지리박물관에서 자동차로 35분.

주소 강원도 영월군 남면 광천리 산67-1 | **전화** 1577-0545 | **시간** 09:00~18:00 | **휴무일** 연중무휴 | **입장료** 어른 3000원, 초·중·고등학생 2500원, 미취학 2000원(도선료 포함)

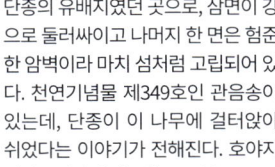

138

오늘 하루,
공룡과 마음껏 놀아보자!

고성공룡박물관

공룡 전문 박물관과 공룡발자국화석지를 함께 돌아볼 수 있는 알찬 곳이다.

아주 오래전 이 땅의 지배자였던 공룡은 백악기가 끝나면서 사라져버렸다. 이제 현실에서는 더 이상 공룡을 만날 수 없지만 영화나 책, 박물관에서는 공룡을 만날 수 있다. 그리고 공룡이 남겨놓은 흔적을 통해 간접적으로 그들과 조우한다. 우리나라에서도 공룡의 흔적을 찾아볼 수 있는데 그중 대표적인 곳이 경상남도 고성이다. 고성군 전역에서 수천 점의 공룡 발자국 화석이 발견됐다. 이런 지역적 특성을 살려 고성군은 국내 최초의 공룡 전문 박물관을 설립했다. 박물관은 총 3개 층으로 구성되며, 실물 크기 공룡 골격 화석과 부분 화석, 공룡 계통도, 고성의 공룡 발자국, 각 시대 대표 화석 등을 전시한다. 백악기 공룡의 삶을 디오라마로 설치한 3전시실은 생동감이 넘쳐 아이들이 특별히 흥미로워한다. 실내 전시관을 관람한 후에는 꼭 야외의 공룡공원과 공룡발자국 화석지까지 돌아보자. 실내외에서 공룡과 실컷 놀다 보면 오늘 하루만큼은 공룡이 되살아난 듯한 기분이 든다.

주소 경상남도 고성군 하이면 자란만로 618 | **전화** 055-670-4451 | **시간** 3~10월 09:00~18:00, 11~2월 09:00~17:00 | **휴무일** 월요일(월요일이 공휴일인 경우 그다음 날), 1월 1일, 설날·추석 | **입장료** 어른 3000원, 만 13~18세 2000원, 만 3~12세 1500원 | **홈페이지** museum.goseong.go.kr

TIP
01 박물관에서 상족암으로 갔다가 재입장할 때 관람권을 보여줘야 한다. 상족암 이동 시 관람권을 잘 챙겨두자.
02 주차장 입구에서 관람료와 주차비를 결제한다. 주차장에서 박물관 입구까지 오르막길을 따라가야 하는데 에스컬레이터가 설치되어 있어 편하다. 올라갈 때는 에스컬레이터, 내려올 때는 미끄럼틀을 이용하면 된다.

알차게 돌아보기

01 공룡발자국 화석지 (상족암)

상족암은 기암절벽과 해안이 어우러져 자연경관이 수려한 동시에 공룡 발자국 화석이 밀집한 명소다. 일대에서 선명한 공룡 발자국을 볼 수 있는데 실제 공룡 발자국을 본다는 건 아이와 어른 모두에게 신비함 그 자체다. 상족암 일대는 군립 공원으로 보호받고 있으며, 자연사적 가치를 인정받아 '고성 덕명리 공룡과 새 발자국 화석 산지'라는 이름으로 천연기념물로 지정됐다. 박물관에서 산책로를 따라 상족암까지 갈 수 있다.

02 공룡공원

박물관 야외에 공룡공원이 조성되어 있다. 여러 종류의 대형 공룡 조형물이 곳곳에서 아이들을 반긴다. 신나게 뛰놀 만한 공룡 놀이터를 비롯해 꽃동산, 산책로 등이 있다. 가족이 소풍 나온 기분으로 즐기기 좋다.

03 만들기 체험

체험장에서 다양한 만들기 프로그램을 운영한다. 공룡 모자이크 아트, 조립하는 공룡알, 공룡 비누 만들기 등을 즐길 수 있다. 현장에서 신청 후 이용 가능하다.

◆ 사전 조사를 해봐요 ◆

전국과학관길라잡이 홈페이지(smart.science.go.kr/scienceSubject/main/list.action) : 전국 과학관의 전시, 교육 내용 등을 보여주는 웹사이트로, 공룡을 포함한 다양한 과학학습 콘텐츠도 소개한다.

◆ 엄마, 아빠랑 배워요 ◆

왜 남해안에 유독 공룡 발자국 화석이 많지요?
경상남도 고성을 시작으로 남해안 일대에서 공룡 발자국 화석이 집중적으로 발견됐다. 백악기에 대규모 지각변동으로 아주 큰 호수가 생기면서 이 일대에 공룡들이 서식한 것으로 추정한다. 지금 공룡 발자국 화석이 대거 발견된 고성 덕명리 해안가가 약 1억 2000만 년 전에는 그 호수의 가장자리였던 것으로 알려져 있다.

주변 여행지 돌아보기

01 당항포관광지

이순신 장군과 공룡이라는 테마를 함께 체험할 수 있는 공간. 고성자연사박물관, 당항포해전관, 거북선체험관, 공룡엑스포주제관, 공룡캐릭터관 등 볼거리가 다양하다. 고성공룡박물관에서 자동차로 55분.

주소 경상남도 고성군 회화면 당항만로 1116 | **전화** 055-670-4505 | **시간** 3~10월 09:00~18:00, 11~2월 10:00~17:00 | **휴무일** 월요일(월요일이 공휴일인 경우 그다음 날) | **입장료** 어른 7000원, 청소년 5000원, 어린이 4000원, 만 65세 이상 3500원, 만 3세 미만 무료 | **홈페이지** dhp.goseong.go.kr

02 고성생태학습관

고성의 새로운 체험 학습 명소. 하수처리장의 방류수를 재활용한 자연 친화적인 생태 학습장이다. 생태계에 관련된 자료 전시와 야외 휴식 공간이 잘 조성되어 있어 가족이 함께 방문하기 좋다. 고성공룡박물관에서 자동차로 38분.

주소 경상남도 고성군 고성읍 송학리 134-1 | **전화** 055-670-4407 | **시간** 09:00~17:00 | **휴무일** 연중무휴 | **입장료** 무료

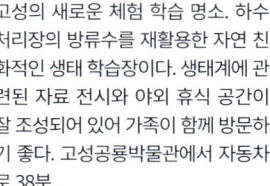

03 고성박물관

소가야의 역사를 품은 고성. 선사시대부터 삼국시대까지 고성의 역사를 살펴볼 수 있다. 7기의 가야 무덤이 군집한 고성 송학동 고분군과 함께 돌아보면 좋다. 고성공룡박물관에서 자동차로 34분.

주소 경상남도 고성군 고성읍 송학로113번길 50 | **전화** 055-670-5822~4 | **시간** 3~10월 09:00~18:00, 11~2월 09:00~17:00 | **휴무일** 월요일(월요일이 공휴일인 경우 그다음 날), 1월 1일, 설날·추석 당일 | **입장료** 무료 | **홈페이지** www.goseong.go.kr

139

소금이 이렇게
우리에게 오는구나!
신안 증도 태평염전

POINT 단일 염전으로는 국내 최대 규모를 자랑하는 태평염전에서 소금이 생산되는 과정을 살펴보고 직접 체험도 한다.

신안군 증도에 가면 새하얀 눈이 내린 듯 펼쳐진 소금밭을 볼 수 있다. 바로 태평염전인데, 단일 염전으로는 우리나라 최대 규모다. 한국전쟁 이후 피란민을 정착시키고, 소금 생산도 늘릴 목적으로 이곳에 염전을 조성했다. 정부가 민간 사업자에게 영업권을 넘기고 몇 차례 주인이 바뀐 후 지금의 태평염전으로 자리 잡았다. 총면적은 108만 9088m^2에 이르며 소금 밭과 소금 창고가 끝도 없이 펼쳐진 모습이 인상적이다. 염전과 함께 목조 소금 창고, 석조 소금 창고 등의 건축물이 있다. 1980년대 중반부터 생산 시설을 현대화해 지금은 소금밭에서 나온 소금을 컨베이어 벨트로 소금 창고까지 이동한다. 아이들은 소금밭을 돌아보며 우리 일상에서 빼놓을 수 없는 중요한 역할을 하는 소금이 어떤 과정을 통해 생산되는지 배운다. 또 자연 그대로의 때 묻지 않은 갯벌도 함께 볼 수 있어 일석이조다. 염전과 갯벌 습지를 간직한 신안 일대는 유네스코 생물권보전지역으로 지정되어 있으며 신안 증도 태평염전은 등록문화재로 보호받고 있다. 소금밭, 소금박물관, 전망대, 갯벌 탐방로를 두루 살펴보며 염전과 갯벌에 대해 제대로 알아보자.

주소 전라남도 신안군 증도면 증동리 1930 | **전화** 061-275-1596 | **시간** 상시 관람 가능하나 체험은 3월 중순~10월 중순 | **휴무일** 11월~3월 초 염전 체험 불가 | **가격** 염전 체험 어른 1만5000원, 청소년·어린이 1만3500원, 유치원생 1만2000원 | **홈페이지** www.taepyungsalt.com

◆ 사전 조사를 해봐요 ◆

도서 《소금이 온다》 : 서해 염전에서 소금이 생산되는 과정을 그린 책. 바닷가 염전에서 소금이 나는 모습을 살펴볼 수 있다.

알차게 돌아보기

소금박물관

소금 창고를 개조해 소금박물관으로 개관했다. 이 건축물은 석조 소금 창고 초기 모습을 그대로 간직해, 염전 역사와 석조 건축사에서 중요한 의미를 지닌다. 현재 '신안 증도 석조소금 창고'라는 이름으로 등록문화재로 지정돼 있다. 소금의 역사에 대한 전시와 체험 프로그램을 운영한다.

소금밭 낙조전망대

해발 50m 높이의 동산에 전망대가 있다. 계단을 올라 전망대에 이르면 태평염전과 증도가 한눈에 들어온다. 잠깐의 수고를 들여 최고의 전망을 맛볼 수 있는 셈. 무료 망원경을 통해 염전을 자세히 내려다볼 수 있다.

소금밭 체험

태평염전에서 소금 만드는 체험을 해보자. 전통 방식으로 천일염을 만드는 방법을 체험해본다. 체험은 소금 생산 기간인 3월 중순부터 10월 중순까지 가능.

문의 061-275-0829

> **TIP**
> 01 태평염전 입구에 소금항카페가 있다. 천일염과 함초를 이용한 빵과 아이스크림을 판매한다.
> 02 태평염전에서 생산한 천일염을 판매하는 소금 가게도 둘러보자.
> 03 10월 말부터 3월 초까지는 소금 생산이 이뤄지지 않아 볼거리가 덜하다. 이 기간을 피해서 방문하자.

주변 여행지 돌아보기

짱뚱어다리

갯벌 위에 떠 있는 나무 다리로, 길이가 470m에 이른다. 다리를 걸으며 갯벌을 가까이에서 관찰할 수 있다. 이곳에 짱뚱어가 많이 살기 때문에 이런 이름을 붙였다. 물이 빠졌을 때 갯벌에서 살아 움직이는 수많은 생명체를 바라보면 감동이 밀려온다. 갯벌의 소중함을 다시금 깨닫게 되는 시간이다. 태평염전에서 자동차로 10분.

주소 전라남도 신안군 증도면 증동리 산221 | 전화 061-240-8976(증도 관광안내소)

우전해수욕장

이국적인 풍광이 돋보이는 해수욕장이다. 길이 4km, 폭 100m에 이르는 해변이 그림처럼 펼쳐져 있다. 해변 앞에는 작은 섬들이 점점 떠 있어 더욱 아름답다. 태평염전에서 자동차로 10분.

주소 전라남도 신안군 증도면 지도증도로 1684 | 전화 061-240-8976(증도 관광안내소) | 시간 24시간 | 휴무일 연중무휴 | 가격 무료

신안갯벌센터

갯벌과 관련한 다양한 내용을 전시한다. 갯벌전시실, 갯벌체험학습실, 갯벌교육실, 전망대 등의 시설을 갖췄다. 증도를 본격적으로 여행하기 전에 기본 학습을 위해 잠시 들르면 좋다. 태평염전에서 자동차로 10분.

주소 전라남도 신안군 증도면 지도증도로 1766-4 | 전화 061-275-8400 | 시간 09:00~17:00 | 휴무일 월요일 | 가격 무료

140

누가 바닷가에 책을 쌓아놓았을까?
채석강

POINT 부안 채석강·적벽강 일원은 훌륭한 지질 교육 현장이자 명승 제13호로 지정될 정도로 수려한 풍광을 뽐낸다.

채석강의 가장 큰 특징은 켜켜이 쌓인 층리다. 누구는 수많은 책을 쌓아 놓은 듯하다, 누구는 층층이 쌓은 시루떡 같다고 묘사한다. 그만큼 인상적인 풍경을 그려낸다. 변산반도에서 바다 쪽으로 돌출된 지역에 위치한 채석강은 파도와 조류의 침식, 풍화작용으로 형성된 해식애다. 해식 작용(바다의 파도나 바닷물의 흐름 등을 통해 지표면이 깎이는 작용)으로 생성된 동굴도 채석강의 대표 볼거리 중 하나. 썰물 때를 맞춰 해안을 따라 걸으며 해식 절벽과 해식 동굴을 가까이서 살펴보자. 지각 변동과 바닷물의 작용으로 만들어진 독특한 퇴적층을 자세히 관찰할 수 있다. 채석강 위쪽의 적벽강까지 함께 둘러보면 더 알차다.

주소 전북 부안군 변산면 격포리 301-1 일원 | **전화** 063-583-2064 | **시간** 24시간 | **휴무일** 연중무휴 | **입장료** 무료

◆ 사전 조사를 해봐요 ◆

도서 《초등학생을 위한 개념 한국 지리 150》 : 한국 지리를 재미난 이야기와 체험 활동을 통해 풀어낸다. 전국 각지에 대한 지리 이야기에 채석강도 포함된다.

도서 《손영운의 우리 땅 과학 답사기》 : 우리나라 대표 지역의 역사와 문화, 과학적 지식을 제공한다. 전북 부안의 채석강, 적벽강, 곰소염전 등을 '퇴적 지형의 종합 전시장'이라는 테마와 함께 소개한다.

◆ 엄마, 아빠랑 배워요 ◆

채석강은 강이 아니라고요?

채석강은 서해안에 자리한 바다다. 밀물과 썰물이 있는 분명한 바다인데 왜 강이라고 부를까? 중국 당나라 유명 시인 이태백(이백)이 즐겨 찾던 중국의 아름다운 채석강과 닮았다 하여 같은 이름을 붙였기 때문이다. 인근의 적벽강도 마찬가지다. 역시 바다지만 중국의 문장가 소동파가 좋아하던 중국의 적벽강과 비슷하다고 붙인 이름이다. 그 때문에 채석강과 적벽강은 바다지만 강이란 이름을 달고 있다.

알차게 돌아보기

01 전북서해안권 국가지질공원

국가지질공원은 지구과학적으로 중요하고 경관이 우수한 지역을 보전·활용하기 위해 지정한 곳으로 전북서해안권은 고창, 부안 지역에 속한다. 부안은 채석강, 적벽강, 솔섬, 직소폭포, 모항, 위도가 지질공원에 해당한다.

홈페이지 http://jwcgeopark.kr/

02 적벽강

채석강과 함께 지질학적으로 중요한 장소다. 오랜 침식과 풍화작용으로 형성된 지질 환경이 특별하다. 붉은빛을 띠는 절벽과 맑은 바닷물이 한 폭의 그림처럼 아름답다. 채석강에서 격포해수욕장을 거쳐 걸어갈 수 있다. 번잡한 채석강에 비해 호젓하다.

03 수성당

적벽강 쪽에 위치한 문화재(전라북도 유형문화재). 서해를 다스리는 바다 여신과 그의 딸들을 모신 제당으로 조선 순조 때 지은 것으로 전한다.

TIP

01 채석강의 층리를 제대로 살펴보려면 물때를 미리 알아보고 썰물 때 방문하자. 물때는 국립해양조사원 스마트 조석예보(www.khoa.go.kr/swtc), 바다타임닷컴(www.badatime.com) 등에서 미리 확인할 수 있다.
02 채석강에는 격포해수욕장이 있어 물놀이를 즐기기도 좋다.
03 채석강 주변으로 음식점, 숙소 등 편의 시설이 많다.
04 썰물 때 돌 위로 걸어가면 미끄러울 수 있으므로 주의하자.

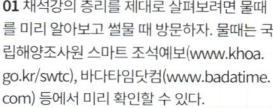

주변 여행지 돌아보기

01 곰소염전

조선시대부터 소금을 생산해온 염전. 일제강점기에 곰소 일대가 간척지가 되면서 넓은 염전지대가 형성됐다. 드넓은 염전에서 천일염이 생산되는 모습을 볼 수 있다. 채석강에서 자동차로 30분.

주소 전북 부안군 진서면 염전길 18 | **전화** 063-580-4434(부안관광안내소)

02 부안청자박물관

부안은 전남 강진과 함께 고려 중기 청자 생산의 중심지였다. 이런 역사를 보여주는 곳으로 청자역사실, 청자명품실, 청자제작실, 청자체험실의 시설을 갖췄다. 채석강에서 자동차로 36분.

주소 전북 부안군 보안면 청자로 1493 | **전화** 063-580-3964 | **시간** 3~10월 10:00~18:00, 11~2월 10:00~17:00 | **휴무일** 월요일, 1월 1일, 설날·추석 당일 | **입장료** 일반 3000원, 중·고등학생 2000원, 초등학생 1000원 / 영상 관람 및 체험료 별도 | **홈페이지** www.buan.go.kr/buancela

03 내소사

백제 때 창건한 천 년 고찰. 중심이 되는 부안 내소사 대웅보전(보물), 고려시대 동종 양식을 잘 보여주는 내소사 동종(보물) 등 눈여겨볼 문화재가 많다. 채석강에서 자동차로 27분.

주소 전북 부안군 진서면 내소사로 243 | **전화** 063-583-7281 | **시간** 일출~일몰 | **휴무일** 연중무휴 | **입장료** 무료 | **홈페이지** www.naesosa.kr

141

인간과 습지의 공존에 대해 생각해본다

경포가시연습지

POINT 경포가시연습지에서는 습지의 생태적인 측면과 생태계 복원이라는 환경적인 측면에 대해 배울 수 있다.

경포호는 원래 전체 둘레가 12km로 지금보다 훨씬 컸다. 1960~1970년대 경포호 주변 습지를 농경지로 개간하고 경포호로 들어오던 물길(경포천과 안현천)을 바다로 나가도록 돌렸다. 그 결과 경포호 규모가 축소되는 한편, 물 순환 체계의 비정상화로 경포호에서 악취가 나고 물고기가 죽는 등 주변 생태계에 문제가 생겼다. 2000년대 초반 무렵 경포호의 원형과 생태계를 복원해야 한다는 의견이 대두됐다. 결국 수생 생태계 건강성 회복을 위한 환경부의 생태 하천 복원 사업의 일환으로 경포호 복원 사업이 시작됐고, 7년여의 기간을 거쳐 경포가시연습지를 복원했다. 습지 복원 후 경포호 생태계는 달라지기 시작했다. 가시연꽃(멸종 위기 2급)이 피어나고 수달(멸종 위기 1급)을 포함한 다양한 동식물이 되돌아왔다. 탐방로와 탐조대를 따라 습지를 관찰해보자. 다양한 생태 탐방 코스가 있으며, 가시연발원지와 나룻배, 보행 덱, 연꽃정원, 생태학습장, 수질정화습지 등을 돌아볼 수 있다.

주소 강원도 강릉시 경포로 330(경포가시연습지 방문자센터) | **전화** 033-640-4450 | **시간** 24시간(방문자센터 09:30~17:30) | **휴무일** 연중무휴 | **입장료** 무료 | **홈페이지** www.gnecotour.com

◆ 사전 조사를 해봐요 ◆

도서 《연우와 함께하는 습지 이야기》 : 주인공 연우가 여러 습지를 여행하며 습지의 역할과 종류, 국내 대표 습지에 대해 알아가는 과정을 담았다.

국립습지센터 웹사이트(www.wetland.go.kr) : 국립환경과학원에서 운영하는 웹사이트로 우리나라 습지에 대한 다양한 정보를 제공한다.

알차게 돌아보기

01 경포가시연습지 방문자센터

요일별로 습지해설사가 상주하며 생태 해설을 한다. 습지 해설, 단체를 위한 탐방, 교육 프로그램을 운영한다. 원할 경우 현장에서 간단한 생태 해설도 들을 수 있다. 경포가시연습지를 돌아보기 전에 방문하면 좋다.

> **TIP**
> 01 습지를 알차게 돌아보려면 해설 프로그램을 사전 신청하자.
> 02 습지 보호를 위해 탐방로를 벗어나거나 식물을 훼손하는 행위는 금지한다.
> 03 방문자센터 앞에 주차장이 마련되어 있다. 강릉녹색도시체험센터(e-zen), 경포대 등지의 주차장도 이용 가능.

02 경포호

우리나라 대표 석호 중 하나로 손꼽힌다. 석호란 사주 때문에 바다와 격리되면서 생겨난 호수를 일컫는다. 석호는 주변에 습지가 발달해 다양한 생물이 서식하기 좋은 환경이다. 그만큼 생태계적, 환경적 가치가 높다. 하지만 무분별한 개발로 석호가 많이 사라진 요즘 경포호는 여러 면에서 높은 가치를 지닌다. 아름다운 풍광, 생태학적 가치 등을 되뇌며 경포호를 한 바퀴 돌아보자. 자전거를 대여해 돌아볼 수도 있다.

03 나룻배 체험

경포가시연습지 산책로를 따라 걷다 보면 나룻배가 보인다. 다리를 건너도 되지만 이왕이면 나룻배를 한번 타보자. 노를 젓는 배가 아니라 줄을 당기며 이동하는 나룻배다. 거리는 길지 않지만 색다른 체험이라 아이들에게 인기가 많다.

주변 여행지 돌아보기

01 경포아쿠아리움

경포호의 담수 어류와 경포 앞바다 생물은 물론, 국내외 다양한 어류와 수생식물을 전시한다. 해저 터널, 터치풀, 펭귄 수족관 등이 인기 코너. 수질정화습지, 연꽃정원 부근에서 연결로를 통해 도보 이동 가능.

주소 강원도 강릉시 난설헌로 131 | **전화** 033-645-7887 | **시간** 10:00~18:00(성수기는 19:00까지) | **휴무일** 연중무휴 | **입장료** 어른 1만8000원, 청소년 1만6000원, 어린이 1만4000원, 36개월 미만 무료 | **홈페이지** www.gg-aqua.com

02 경포대

관동팔경 중 하나로 손꼽히는 누각으로 고려시대에 건립돼 여러 차례 수리된 것으로 전한다. 경포대에 오르면 경포호 일대 풍경이 한눈에 들어온다. 달맞이 장소로 유명하며 벚꽃 피는 봄에 찾으면 더욱 아름답다. 방문자센터에서 도보 7분.

주소 강원도 강릉시 경포로 365 | **전화** 033-640-5119 | **시간** 24시간 | **휴무일** 연중무휴 | **입장료** 무료

03 참소리축음기·에디슨과학박물관

세계 각국에서 수집한 명품 축음기와 뮤직박스, 라디오, TV는 물론, 에디슨의 수많은 발명품도 함께 전시한다. 안내자의 해설을 들으며 돌아볼 수 있어 유익하다. 방문자센터에서 도보 10분.

주소 강원도 강릉시 경포로 393 | **전화** 033-655-1130 | **시간** 09:00~15:30(입장 가능 시간) | **휴무일** 화요일 | **입장료** 어른 1만5000원, 중·고등학생 1만2000원, 초등학생 9000원, 36개월 이상~미취학 6000원

142

철새와 수많은 동식물의 낙원
주남저수지

POINT 창원 도심에서 멀지 않지만 습지 생태계를 제대로 학습할 수 있는 자연 늪지. 이동하기 편하고 늪지도 알차다.

주남저수지는 산남저수지, 주남(용산)저수지, 동판저수지, 이렇게 3개의 저수지가 연결된 드넓은 늪지대로, 낙동강의 범람으로 생겨난 배후습지성 호수로 알려져 있다. 저수지에는 갈대, 물억새 등이 자생하며 연중 저수량이 거의 일정한 편이다. 또 겨울에도 저수지가 잘 얼지 않는다. 이런 자연환경 덕에 겨울이면 많은 철새가 모여든다. 그렇다고 겨울 철새만 찾아드는 건 아니다. 여름 철새와 텃새도 많이 볼 수 있다. 주남저수지는 자연 늪지의 모습을 간직한 채 생태학습관, 람사르문화관, 전망대 등의 시설을 갖췄다. 탐방로를 따라 저수지를 돌아볼 수도 있는데 각자의 체력에 맞는 코스를 선택하면 된다. 가볍게 생태학습관에서 출발해 전망대, 연꽃단지를 보고 돌아오는 800m 코스부터 철새 촬영지, 낙조대, 주남돌다리, 주남수문까지 탐방하는 4.1km 코스, 저수지 주변과 마을 길까지 돌아보는 6.4km 코스 등 다양하다.

주소 경상남도 창원시 의창구 동읍 주남로101번길 26(람사르문화관) | **전화** 055-225-2798, 055-225-3491 | **시간** 생태학습관·람사르문화관 09:30~17:30 | **휴무일** 생태학습관·람사르문화관 4~9월 월요일 | **입장료** 무료 | **홈페이지** junam.changwon.go.kr

◆ 사전 조사를 해봐요 ◆

도서 〈나는 습지에서 살아요〉 : 2008년 창원에서 열린 람사르협약 당사국 총회를 계기로 방송된 KBS 〈환경 스페셜〉 내용을 아이들이 이해하기 쉽게 재구성했다.

KBS 1TV 〈인간과 습지〉 : 1편은 '초록의 영토 우포늪', 2편은 '공존의 땅, 낙동강 하구'로 이뤄진다. 습지와 인간의 공존에 대해 다시금 생각해보는 기회를 마련해준다.

알차게 돌아보기

람사르문화관 01

람사르총회 창원 개최를 기념해 건립했다. 1층에는 람사르기념실과 기획전시실이, 2층에는 영상실, 어린이람사르습지실, 도서자료실, 전망대가 있다. 람사르협약과 람사르총회에 대한 내용 및 습지의 중요성과 주남의 가치 등에 대한 전시를 살펴볼 수 있다.

생태학습관 02

주남저수지를 찾아오는 새, 이곳에서 서식하는 곤충과 식물 등 생태계에 대한 전시가 이뤄진다. 크게 주남탐험실과 습지학습실로 구분된다. 규모는 크지 않지만 주남저수지를 돌아보기 전에 저수지 생태계를 한눈에 살펴보기 좋은 코스다.

연꽃단지와 코스모스길 03

주남저수지의 또 다른 볼거리가 바로 꽃이다. 여름이면 연꽃단지에 연꽃이 소담스럽게 피어오르고, 가을이면 탐방로를 따라 코스모스와 갈대가 만개해 환상적인 풍광을 연출한다.

TIP

01 원색 옷을 피할 것. 원색 옷을 입으면 인간보다 시력이 뛰어난 새들이 놀랄 수 있으니 주변 자연환경에 맞춰 봄이나 여름에는 녹색, 가을, 겨울에는 갈색 옷을 입자.

02 새는 가까이 가면 위협을 느껴 날아가므로 멀리서 바라보는 게 좋다. 새를 자세히 보고 싶다면 군데군데 설치된 망원경을 이용하자. 휴대용 쌍안경을 챙겨 가도 좋다.

03 새들의 먹이가 될 만한 풀, 나무, 열매 등을 함부로 채취하지 말 것. 먹이가 사라지면 새들도 사라질 수 있다.

주변 여행지 돌아보기

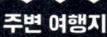

클레이아크김해관 01

도자와 건축이 어우러진 다양한 시도가 이뤄지는 공간이다. 전시는 물론 알찬 체험 프로그램이 있어 가족 단위로 방문하기 좋다. 주남저수지(람사르문화관)에서 자동차로 22분.

주소 경상남도 김해시 진례면 진례로 275-51 | **전화** 055-340-7000 | **시간** 10:00~18:00 | **휴무일** 월요일(월요일이 공휴일인 경우 그다음 날). 1월 1일, 설날·추석 당일 | **입장료** 어른 2000원, 중·고등학생 1000원, 초등학생 500원 (특별전은 변동) | **홈페이지** www.clayarch.org

봉하마을 02

고 노무현 대통령의 고향이자 퇴임 후 터전이었다. 노무현 대통령 생가, 대통령 사저, 대통령 묘역, 추모의 집, 기념관 등을 돌아볼 수 있다. 주남저수지(람사르문화관)에서 자동차로 25분.

주소 경상남도 김해시 진영읍 봉하로 107 | **전화** 055-344-1301 | **시간** 묘역 참배 시간 3~10월 08:00~19:00, 11~2월 09:00~18:00 | **휴무일** 연중무휴 | **입장료** 무료 | **홈페이지** www.knowhow.or.kr/web/bongha/main.php

창원과학체험관 03

체험과 참여형 위주로 구성된 과학관. 기초과학존, 생명과학존, 환경에너지존, 기계소재존으로 이뤄진 사이언스테이션과 항공우주존, 정보통신존, 특별존으로 구성된 사이언스테마파크를 비롯해 특수영상관, 플라네타리움 등의 시설이 있다. 주남저수지(람사르문화관)에서 자동차로 25분.

주소 경상남도 창원시 성산구 충혼로72번길 16 | **전화** 055-267-2676, 2681, 2682 | **시간** 10:00~18:00 | **휴무일** 월요일(월요일이 공휴일인 경우 그다음 날), 1월 1일, 설날·추석 당일 | **입장료** 어른 3000원, 중·고등학생 2500원, 초등학생 2000원 | **홈페이지** www.cwsc.go.kr

143

수억 년 전 비밀을 찾아
떠나는 여행

안면도 쥬라기박물관

POINT 국내 최대 진품 공룡 화석 표본을 관찰하며 공룡에 대한 호기심을 풀어본다.

영화나 책에서 보던 공룡을 실제로 만난다면 어떤 기분일까? 안면도 쥬라기박물관에서 실물 크기 공룡 모형을 전시한다. 티라노사우루스, 알렉트로사우루스, 스피노사우루스 등 다양한 공룡 모형을 볼 수 있으며 전시품 중 일부는 진품이다. 공룡이 살던 시대는 중생대다. 중생대(약 2억 2800만~6500만 년 전)는 다시 트라이아스기, 쥐라기, 백악기로 나뉜다. 공룡은 트라이아스기에 지구상에 등장해 백악기에 가장 많이 살았지만 백악기 말에 모두 사라졌다. 이 시기 바다에서 번성했던 해양 파충류 중 모사사우루스의 화석을 통해 해양 파충류의 특징을 살펴본다. 박물관 야외에는 놀이 기구와 쉼터 등으로 이루어진 쥬라기공원이 있다.

주소 충청남도 태안군 남면 곰섬로 37-20 | **전화** 041-674-5660 | **시간** 09:30~17:30(여름 성수기 09:30~18:00) | **휴무일** 월요일, 설날·추석 당일 | **입장료** 어른 1만2000원, 어린이 9000원 | **홈페이지** www.anmyondojurassic.com

◆ **사전 조사를 해봐요** ◆

도서 《National Geographic 공룡대백과》: 다양한 종의 공룡을 소개한다. 육식공룡, 초식공룡, 수생파충류 등에 대한 설명과 생동감 넘치는 일러스트가 재미를 더한다.

영화 《쥬라기 월드: 폴른 킹덤》: 스릴 넘치는 블록버스터 영화. 지상 최대의 테마파크 '쥬라기 월드'가 폐쇄된 후 화산 폭발 조짐이 보인다. 주인공은 공룡 멸종을 막기 위해 이슬라 누블라 섬으로 떠난다. 한편에서는 진화된 공룡을 이용하려는 음모가 드러나고, 위협적인 공룡이 세상 밖으로 등장한다. 12세 관람가.

◆ **엄마, 아빠랑 배워요** ◆

공룡은 왜 사라졌을까요?
공룡이 사라진 원인에 대해 뚜렷하게 밝혀진 것은 없지만 여러 요인이 동시에 작용했을 것이라고 추측한다. 공룡이 살던 시기에 무수히 많은 운석이 떨어졌고, 지진과 화산 폭발 등으로 유독 가스가 발생해 공룡이 멸종했을 것이라고 짐작한다.

알차게 돌아보기

1층 01
초식공룡, 아시아공룡, 육식공룡 등 중생대 백악기 후기의 공룡을 전시한다. 곡룡류와 각룡류를 비교 관람해본다. 공룡 화석과 발자국 화석 발굴 모습을 디오라마로 생생하게 재현했다. 지질연대표와 공룡 계통도, 세계 공룡 발굴 지역을 통해 공룡의 역사를 종합적으로 파악할 수 있다.

2층 02
중생대 백악기 수각류 공룡, 중생대 해양 파충류를 비롯해 신생대 포유류와 익룡, 고생대 파충류를 전시한다. 움직이는 공룡 코너는 음향효과까지 더해져 옛 모습을 생생하게 재현했다.

3층 03
공룡 외에 전반적인 자연사를 전시한다. 고생대, 중생대 화석, 광물과 현생 육상동물과 해양 생물을 볼 수 있다. 인류의 기원과 이동, 지구의 역사도 함께 알아본다. 기획전시관에서는 자연사와 관련한 특별 전시가 열린다.

> **TIP**
> 01 미디어영상관에서 공룡과 관련한 콘텐츠를 상영한다(유료 관람).
> 02 AR 증강현실과 VR 체험 등을 통해 생생하게 공룡을 관람할 수 있다.
> 03 쥬라기박물관 미션지를 받아 체험 활동을 할 수 있다. 미션지 정답 확인은 홈페이지>참여마당>질문과 답변
> 04 특별 강연등 교육 프로그램을 운영한다.
> 05 기념품 숍, 식당, 카페 등의 편의 시설이 있다.
> 06 야외 놀이터에서는 안전에 유의한다.

주변 여행지 돌아보기

드르니항 & 백사장항 01
서해안에 있는 작고 한적한 항구이다. 드르니항의 이름은 '들르다'라는 말에서 유래했다. '대하랑 꽃게랑'이라는 인도교를 건너면 백사장항까지 걸어갈 수 있다. 백사장항에는 수산시장과 횟집 등이 모여 있다. 매년 가을 백사장항에서는 대하축제가 열린다. 안면도 쥬라기박물관에서 자동차로 5분.

주소 충청남도 태안군 남면 신온리

안면도자연휴양림 & 안면도수목원 02
수령 100년 내외의 소나무 천연림이 울창하다. 삼림욕을 즐기다 보면 어느새 정신이 맑아진다. 산림전시관과 안면도수목원, 숙박 시설로 이루어졌다. 수목원은 한국전통정원과 각종 테마원으로 구성된다. 안면도 쥬라기박물관에서 자동차로 23분.

주소 충청남도 태안군 안면읍 안면대로 3195-6 | **전화** 041-674-5019 | **시간** 3~10월 09:00~18:00, 11~2월 09:00~17:00 | **입장료** 어른 1000원, 어린이 400원 | **홈페이지** www.anmyonhuyang.go.kr

태안해변길 03
아름다운 경관과 독특한 해안 생태계가 살아 숨 쉬는 태안해안국립공원. 충남 태안군 원북면부터 고남면까지 굽이굽이 리아스식 해안이 이어진다. 바라길, 소원길, 파도길, 솔모랫길, 노을길, 샛별길, 바람길이 약 100km에 거쳐 이어진다. 해 질 녘 바다 위로 붉게 타오르는 노을이 장관이다.

주소 충청남도 태안해안 국립공원 해안가 일원(원북면-고남면 100km) | **전화** 041-672-9737(태안해안국립공원사무소) | **홈페이지** www.knps.or.kr/portal/dulegil/haebyeongil

144
시간을 담은 땅의 기록
지질 박물관

POINT 땅이 생겨난 원리와 변화 과정을 전시하는 국내 유일의 지질박물관에서 지구의 역사를 만나본다

46억 년 전 지구가 탄생한 이후 지구 껍데기는 끊임없이 움직이면서 새로운 지형을 만들었다. 화산과 지진은 지구가 계속 변화하고 있다는 증거다. 지질이란 지각을 구성하는 암석과 분포를 뜻한다. 지질박물관은 암석, 광물, 화석 등 다양한 지질 표본을 수집·연구·전시한다. 우리가 서 있는 땅, 우리가 사는 동네는 어떤 지질로 이루어져 있을까? 지질 변화에 따라 땅에서 생물이 어떻게 진화해왔는지에 대한 궁금증을 풀어본다. 박물관은 크게 중앙홀, 전시관, 지질과학탐험실, 지질과학교육실 등으로 이루어지며 지질시대에 따라 생물을 전시한다. 야외 전시장에는 각종 암석과 광물 표본이 있다. 지구가 들려주는 옛날이야기에 귀 기울여보자.

주소 대전시 유성구 과학로 124(한국지질자원연구원) | **전화** 042-868-3798 | **시간** 10:00~17:00 | **휴무일** 월요일, 법정 공휴일 다음 날, 1월 1일, 설·추석 연휴 | **입장료** 무료 | **홈페이지** museum.kigam.re.kr

◆사전 조사를 해봐요◆

도서 《우리 땅 지질 여행》 : 우리나라 땅 모양에 관심이 많은 준수는 엄마와 함께 전국으로 지질 탐사 여행을 떠난다. 우리나라 지형은 어떤 특색이 있는지, 어떻게 만들어졌는지 전국의 지리적 특징을 알기 쉽게 전한다.

영화 《잃어버린 세계를 찾아서 2: 신비의 섬》 : 쥘 베른의 소설 《해저 2만 리》를 바탕으로 한 영화다. 주인공은 수수께끼 같은 메시지를 추적해 신비의 섬으로 향한다. 도마뱀을 시작으로 미니어처 코끼리, 공룡 등 다양한 생물을 만난다. 모든 장면을 3D 카메라로 촬영해 관심을 끌었다. 전체 관람가.

◆엄마, 아빠랑 배워요◆

지질학이 뭐예요?
암석과 지층을 연구하는 학문이다. 지층은 수만 년에 걸쳐 퇴적물이 쌓여 생성되었다. 지층이 쌓인 순서를 관찰하거나 지층에 포함된 암석층을 분석해 연대를 측정한다. 암석에 포함된 방사성 원소가 붕괴된 속도를 계산하면 지질 연대를 알 수 있다. 지각변동이 일어나 지층의 순서가 바뀌는 경우에는 지층으로만 판단하기 힘들다. 이럴 때는 지층에서 발견된 화석을 연구해 연대를 측정한다.

알차게 돌아보기

제1전시관 `01`

지구, 화석과 진화, 지질 탐사를 다룬다. 지구 내부 모형과 대륙의 이동 영상 자료를 통해 지구과학에 대한 이해를 돕는다. 국내외에서 수집한 진귀한 화석과 복원 모형을 통해 생명 진화의 역사를 알 수 있다. 무척추동물 화석 코너에서는 복원도를 배경으로 캠브리아기와 고생대 후반에 번성했던 동물 화석 57점을 전시한다. 한반도 입체 지질도를 통해 우리나라의 지질 분포를 알 수 있다.

제2전시관 `02`

암석, 지질·암석 구조, 광물을 주제로 한 전시관이다. 암석의 분류와 생성 장소, 연대 측정 방법 등을 소개한다. 암석을 구성하는 광물의 종류와 쓰임은 물론이고 보석과 그 원석도 함께 전시한다.

지질과학탐험실 & 지질과학교육실 `03`

첨단 영상 장비를 활용한 가상 체험 시설을 갖췄다. 스크린 속 영상을 통해 지구과학에 관련한 자료를 볼 수 있다. 이밖에 공룡 화석 뼈 맞추기, 지구 증강현실 등의 체험에 참여해보자. 지질과학교육실은 암석, 광물 표본을 직접 관찰할 수 있는 공간이다. 돋보기나 현미경을 통해 자세히 들여다본다.

TIP

01 홈페이지에서 체험 학습지를 다운로드받을 수 있다(유아용, 초등용, 중등용). 현장에서는 제공하지 않으므로 미리 출력해 준비한다.
02 2층 영상실 앞에 있는 기념품 숍에서는 체험 키트, 캐릭터용품, 기념품 등 지구과학 관련 제품과 한국지질자원연구원에서 발간한 도서를 판매한다.
03 맞춤형 전시 해설을 제공한다. 초급과 중급, 2개의 레벨로 나뉘고 한국어, 영어, 중국어 등 언어를 선택할 수 있다. 앱을 다운받아 스마트폰 음성 안내 서비스를 이용하거나 현장에서 음성 안내기를 대여한다.
04 영상상영관에서는 매월 두 편의 영상을 상영한다.

주변 여행지 돌아보기

화폐박물관 `01`

돈의 역사와 문화를 체험하는 한국 최초의 화폐 박물관이다. 4000여 점의 화폐 자료를 시대별, 종류별로 전시한다. 위조화폐 식별 방법 코너가 흥미롭다. 우리나라 화폐뿐만 아니라 외국의 화폐, 기념주화, 우표도 볼 수 있다. 지질박물관에서 도보 19분.

주소 대전시 유성구 과학로 80-67 | **전화** 042-870-1200 | **시간** 10:00~17:00 | **휴무일** 월요일, 1월 1일, 설추석 연휴, 정부 지정 임시 공휴일 | **입장료** 무료 | **홈페이지** hmuseum.komsco.com

국립중앙과학관 `02`

과학 원리와 기술을 전시, 교육하는 종합 과학관으로 다양한 전시관과 체험 공간을 갖췄다. 레일 위를 떠다니는 자기부상열차 체험도 추천한다(유료). 전체 시설을 꼼꼼히 둘러보려면 한나절 이상 걸린다. 지질박물관에서 자동차로 7분.

주소 대전시 유성구 대덕대로 481 | **전화** 042-601-7894~6 | **시간** 09:30~17:30 | **휴무일** 월요일, 설날·추석 당일, 연휴 다음 날 | **입장료** 무료(일부 전시관 유료) | **홈페이지** www.science.go.kr

대전엑스포과학공원 `03`

1993년 8월 7일부터 11월 7일까지 93일 동안 대전엑스포가 열렸던 곳이다. 지금은 테크노피아관, 우주탐험관, 에너지관, 자연생명관, 영상관 등을 갖춘 과학 공원이다. 지질박물관에서 자동차로 7분.

주소 대전시 유성구 대덕대로 480 | **전화** 042-250-1115 | **시간** 수시 입장(대전엑스포기념관세계엑스포기념품박물관 관람 종료 17:40) | **휴무일** 월요일 | **입장료** 어른 2500원, 청소년 2000원, 어린이 1500원 | **홈페이지** www.expopark.co.kr

145

대한민국 생태 도시에서
살아 있는 자연을 만나다
순천만국가정원
& 순천만습지

POINT 순천만 습지는 수백 종의 동식물이 살아가는 생태의 보고다. 살아 있는 자연을 만나보자.

대한민국 국가정원 1호 순천만국가정원. 2013년 순천만국제정원박람회가 폐막한 후 2014년 4월부터 순천만정원이라는 이름으로 관람객을 맞이한다. 세계 정원은 순천만국가정원의 하이라이트. 각 나라의 정원을 재현했는데 서로 다른 특징으로 꾸민 모습이 흥미롭다. 세계 정원 외에도 힐링정원, 길 위의 정원, 슬로우정원, 실내정원, 참여정원 등이 있다. 친환경 전기차로 운행하는 관람차를 타고 해설을 들으며 정원을 한 바퀴 돌아볼 수 있다. 2.7km의 거리를 도는 데 약 25분이 걸린다. 순천만국가정원은 봄꽃축제, 물빛축제, 갈대축제, 국화분재 전시회, 별빛 축제 등 사계절 내내 다양한 행사가 끊이지 않는다.

주소 전라남도 순천시 국가정원1호길 47(순천만국가정원), 전라남도 순천시 순천만길 513-25(순천만습지) | **전화** 1577-2013(순천만국가정원), 061-749-6052(순천만습지) | **시간** 순천만국가정원 1~2월·11~12월 08:30~17:00, 3~4월·10월 08:30~18:00, 5~9월 08:30~19:00 / 순천만습지 08:00~일몰 | **입장료** 어른 1만 원, 어린이 5000원 | **홈페이지** garden.sc.go.kr(순천만국가정원), www.suncheonbay.go.kr(순천만습지)

◆사전 조사를 해봐요◆

도서 《나의 순천만 이야기》 3권 세트 : 순천만의 다양한 이야기를 담은 에세이. 1권 하늘이 내린 정원 순천만, 2권 2013 순천만 국제정원박람회 사람이 만든 정원, 3권 에코 프롬나드로 나뉜다. 순천만에 대한 총체적인 설명을 실었다.

도서 《하늘이 내린 선물, 순천만》 : 강병국 교수가 순천만을 답사하며 관찰한 흥미로운 이야기를 전한다. 순천만의 생성부터 순천만의 생태, 순천만과 함께하는 사람들의 이야기까지, 순천만의 모든 것을 한 권에 담았다.

◆엄마, 아빠랑 배워요◆

람사르 협약이 뭐예요?

세계적으로 습지를 보호하기 위한 국제 협약이다. 국경을 초월해 이동하는 물새를 국제 자원으로 규정해 가입국의 습지를 보전하는 정책을 의무화한다. 1971년 이란의 람사르에서 채택했으며 세계 1600여 개국이 가입했고, 우리나라는 1997년, 세계에서 101번째로 가입했다. 순천만은 2006년 국내 연안 습지 최초로 람사르습지에 등록됐다.

알차게 돌아보기

01 순천만의 지형

순천만은 오랜 시간 자연이 만든 작품이다. 남북으로 길게 뻗은 여수반도와 고흥반도 사이 거꾸로 놓인 항아리 모양의 순천만이 자리한다. 강 하구와 갯벌의 원형을 잘 간직하고 있다. 해 질 무렵 S자 물길을 따라 붉은 기운이 퍼지는 일몰이 장관이다. 순천만 퇴장 시간은 따로 정해져 있지 않지만 해가 지면 가로등이 없어 관람하기 힘들다.

02 순천만의 생태

희귀 조류인 흑두루미, 검은머리갈매기 등의 철새와 염습지에서 서식하는 염생식물과 짱뚱어 등의 다양한 갯벌 생물이 모습을 드러낸다. 갯벌에 펼쳐진 갈대 군락지는 순천만의 신비로움을 더한다.

03 순천만습지의 기능과 시설

순천만은 오염 정화 기능은 물론이고, 해양생물의 서식지, 홍수와 태풍 등 자연재해 조절 등의 기능을 한다. 자연생태관, 천문대, 자연의 소리 체험관, 순천만역사관, 순천문학관, 흑두루미 소망터널 등으로 구성된다. 순천만 선상 투어, 천문대 하늘체험도 운영한다.

> **TIP**
> 01 순천시 직영 관광지 6개 소에 한해 통합 입장권을 이용할 수 있다(순천만국가정원, 순천만습지, 낙안읍성, 드라마촬영장, 뿌리깊은나무 박물관, 자연휴양림). 1박 2일간 관람 가능.
> 02 입장료 외에 관람차, 스카이큐브, 수상 자전거, 생태 체험선은 별도의 이용료가 있다.
> 03 해설 신청을 하면 정원해설사와 함께하는 동행 해설에 참가할 수 있다. 1일 3회 진행, 소요 시간은 약 1시간~1시간 30분.
> 04 순천만국가정원과 순천만습지 간 이동은 차량 또는 스카이큐브를 이용한다. 스카이큐브는 무인 궤도 차량으로 차량 1대당 6~9명이 탑승할 수 있다. 순천만정원 꿈의 다리부터 순천문학관까지 약 4.6km 구간을 왕복 운행한다. 소요 시간은 8~12분.

주변 여행지 돌아보기

01 순천 문화의 거리

순천 지역의 문화 예술인이 하나둘 모여 문화의 거리를 조성했다. 순천향교, 순천한옥글방(복합 문화 공간), 향수공방, 독립 서점, 갤러리, 카페 등 문화 시설이 모여 있다. 아기자기한 구경거리에 시간 가는 줄 모르는 곳. 순천만정원에서 자동차로 10분.

주소 전라남도 순천시 행동(금곡길, 향교길)

02 순천드라마촬영장

39669m²(1만 2000평) 규모에 시대별로 3개의 마을이 이어진다. 1950년대 순천 읍내, 1960~1980년대 서울의 달동네, 1980년대 서울의 번화가 등을 돌아보며 추억을 소환한다. 아이들에게는 신기한 구경거리. 순천만정원에서 자동차로 14분.

주소 전라남도 순천시 비례골길 24 | **전화** 061-749-4003 | **시간** 09:00~18:00 | **휴무일** 연중무휴 | **입장료** 어른 3000원, 어린이 1000원

03 순천 철도문화마을 (순천철도마을박물관)

일제강점기 순천 철도사무소 종사자의 주거를 위해 계획적으로 조성한 주택단지다. 기관사와 승무원 숙소 등이 남아 있어 우리나라 철도 역사와 당시 생활상을 엿볼 수 있다. 마을 곳곳에 그려진 철도 관련 벽화도 볼거리. 순천철도마을박물관에서는 철도 관사 마을의 유래와 철도 관련 물품을 전시한다. 순천만정원에서 자동차로 14분.

주소 전라남도 순천시 조곡동 일대

146

다시는 더럽히지 말고
자연과 상생해요!

태화강 국가정원

 POINT

죽음의 강에서 국가정원으로 변신한 태화강 국가정원은 환경적 측면에서 좋은 학습의 장이자 자연·생태적으로 훌륭한 체험 공간이다.

순천만에 이은 우리나라 2호 국가정원이다. 울산시를 관통해 동해로 흘러가는 태화강은 과거 산업화로 오염이 심했고 2000년도에는 물고기 떼죽음 사건이 발생하기도 했다. 이후 지역사회에 문제의식이 대두됐고 태화강살리기운동이 본격적으로 추진됐다. 많은 이의 노력 끝에 태화강 생태가 회복되기 시작해 2009년에는 '한국의 아름다운 하천 100선'에, 2019년에는 국가정원에 선정되었다. 죽음의 강이라 불리던 태화강이 국가정원이 되기까지의 과정은 아이들에게 환경 오염과 그 극복 과정을 보여주는 좋은 사례로 손꼽힌다. 태화강 국가정원에는 생태, 대나무, 계절, 수생, 무궁화, 참여라는 6가지 주제로 꾸민 20개 이상의 테마 정원이 있다. 계절별로 다양한 식물과 조류를 관찰할 수 있어 찾는 시기에 따라 색다른 재미가 펼쳐진다. 피크닉을 즐길 수 있는 잔디밭을 비롯해 전망대, 놀이터 등 다양한 시설도 갖춰 가족 나들이 장소로도 좋다.

주소 울산시 중구 태화강국가정원길 154 | **전화** 052-229-3147~8 | **시간** 상시 | **휴무** 연중무휴 | **입장료** 무료 | **홈페이지** www.ulsan.go.kr/s/garden

◆ **사전 조사를 해봐요** ◆

EBS 〈하나뿐인 지구 : 6급수에서 1급수로, 생태하천 태화강〉 : 〈하나뿐인 지구〉 시리즈에서 태화강을 다룬 내용. 물고기가 죽던 강이 깨끗한 강으로 거듭나기까지의 이야기를 들려준다.

유튜브 〈다시 살아난 울산의 젖줄, 태화강〉 : 한국향토문화전자대전 채널에서 제공하는 내용으로 오염된 강에서 자연생태 휴식처로 다시 태어난 태화강에 대해 이야기한다.

도서 《이제 전쟁 난민보다 환경 난민이 많대요》 : 초등학교 고학년 이상 아이들에게 추천하는 환경 교육 도서. 건강한 지구를 위해 어린이가 일상에서 실천할 수 있는 일들을 소개한다. 아이와 태화강 환경 문제를 이야기한 후 이 책을 읽으며 함께 실천 방안까지 구체적으로 논의해보자.

알차게 돌아보기

01 태화강 국가정원 안내센터

태화강 국가정원 탐방에 앞서 안내센터에 먼저 들르자. 태화강의 변화 과정을 보여주는 전시를 볼 수 있고 안내데스크에서 탐방 관련 정보도 얻을 수 있다. 옥상 하늘정원에 오르면 시원한 전망이 펼쳐진다.

02 십리대숲

태화강 국가정원의 랜드마크로, 강을 따라 십리(약 4km)에 걸쳐 대숲이 이어진다. 대숲 내 산책로가 조성되어 있고 재미난 체험도 많아 아이들과 걷기 좋다. '십리대숲AR' 앱을 내려받으면 다양한 AR 체험을 즐길 수 있다. 야간에는 색색의 조명이 불을 밝혀 은하수길로 변신한다.

03 태화강전망대

1963년 준공된 취수탑을 리모델링해 전망대로 운영 중이다. 전망대에서 태화강과 십리대숲이 시원하게 내려다보인다. 3층에는 회전형 카페가 있어 음료와 디저트를 먹으며 여유롭게 국가정원을 감상할 수 있다.

> **TIP**
> 01 태화강 국가정원의 자연생태와 환경에 대한 이야기를 들려주는 정원해설사 서비스를 운영한다. 홈페이지 사전 예약 또는 현장 당일 신청 가능하다.
> 02 자전거 대여소가 있다. 태화강 국가정원은 규모가 크므로 자전거를 타고 돌아봐도 좋다.
> 03 국가정원 내 잔디정원(소풍마당)에는 오전 9시부터 오후 6시까지 소형 그늘막 텐트를 설치할 수 있다.

주변 여행지 돌아보기

01 태화강동굴피아

일제강점기 때 일본이 지역 주민들을 강제 동원해 만든 인공 동굴을 역사·관광 공간으로 재정비했다. 4기의 동굴을 각각 역사체험, 어드벤처, 스케치 아쿠아리움, 이벤트 공간으로 꾸몄다. 태화강 국가정원(태화강전망대)에서 도보 13분.

주소 울산시 남구 남산로 314번길 | **전화** 052-226-0077 | **시간** 09:00~18:00 | **휴무** 월요일, 1월 1일, 설날·추석 당일 | **입장료** 만 19~64세 2000원. 만 13~18세 1500원. 만 3~12세 1000원 | **홈페이지** www.uncmc.or.kr

02 울산시립미술관

2022년 1월 개관한 울산의 새로운 문화예술 공간이다. 다양한 장르의 전시와 함께 미디어아트 체험 전용관과 어린이 체험 전시관도 갖춰 아이들도 신나게 즐길 수 있는 미술관이다. 태화강 국가정원에서 자동차 10분.

주소 울산시 중구 도서관길 72 | **전화** 052-211-3800 | **시간** 10:00~18:00 | **휴무** 월요일(월요일이 공휴일인 경우는 그다음 날), 1월 1일, 설날·추석 당일 | **입장료** 만 19~64세 1000원 | **홈페이지** www.ulsan.go.kr/s/uam

03 고래문화마을

포경이 합법이었던 시절의 옛 장생포마을을 재현한 테마 공간. 선장의 집, 선원의 집, 고래 해체장, 학교 등 옛 마을 풍경이 그대로 재현돼 과거로 여행을 떠나온 듯한 기분이 든다. 태화강 국가정원에서 자동차 23분.

주소 울산시 남구 장생포고래로 271-1 | **전화** 052-226-0980 | **시간** 09:00~18:00 | **휴무** 월요일(월요일이 공휴일이거나 여행주간, 성수기일 경우에는 정상 운영할 수도 있으므로 홈페이지 미리 확인), 설날·추석 당일 | **입장료** 만 3~64세 2000원 | **홈페이지** www.whalecity.kr

147 천곡 황금박쥐 동굴

황금박쥐를 만나게 될지도 몰라요!

POINT 도심에 위치해 접근성이 좋고 종유석, 석순, 석주 등 석회동굴의 특성을 보여주는 생성물이 많아 지구과학의 산 교육장이 되어준다.

동굴은 대부분 도심에서는 떨어진 외진 곳에 위치하기 마련. 그런데 천곡황금박쥐동굴은 우리나라에서 유일하게 시내 중심부에 자리 잡고 있다. 그만큼 접근성이 좋다. 게다가 4억~5억 년 전에 생성된 동굴이라 교육적 가치도 높다. 동굴의 총 길이는 1,510m이며 이 중 관람 구간은 810m 정도다. 동굴 안에는 종유석, 석순, 석주 등 석회동굴의 특성을 나타내는 생성물이 가득하다. 책에서 보던 생성물을 하나하나 실물로 관찰하니 신기하다. 동굴에 물이 차면서 굴곡을 형성하는 천정용식구(天井溶蝕溝)도 볼 수 있는데 국내에서 가장 규모가 크다고 알려져 있다. 일부 구간은 마치 용이 승천하는 모습을 띠고 있어 특이하다. 비교적 최근에 개방된 저승굴 구간은 탐방로가 좁고 어두워 진짜 동굴을 탐험하는 기분이 든다.

주소 강원도 동해시 동굴로 50 | **전화** 033-539-3610 | **시간** 9~6월 09:00~18:00, 7~8월 08:00~20:00(여름철 운영 시간은 유동적이므로 사전 문의 요망) | **입장료** 어른 5000원, 청소년 3000원, 어린이 2000원, 미취학·만 65세 이상 무료

◆사전 조사를 해봐요◆

도서 《동굴 : 작은 물방울이 만든 깊고 넓은 세계》 : 충청북도 단양의 고수동굴을 중심으로 동굴 생성 원리와 동굴 생물 형성 원리 등 동굴에 대한 전반적인 내용을 다룬다. 박쥐에 대한 자세한 설명도 들어 있다.

도서 《Why? 동굴》 : 동굴을 탐험하며 동굴 생성물과 동굴 생물 등에 대해 이야기한다. 석회암과 카르스트지형을 시작으로 국내외 대표 동굴까지 동굴과 관련한 흥미로운 이야기를 담았다.

◆엄마, 아빠랑 배워요◆

종유석, 석순, 석주가 뭐예요?

종유석과 석순, 석주는 석회동굴에서 나타나는 동굴 생성물이다. 종유석은 동굴 천장에 고드름처럼 매달린 생성물로 석회암을 녹인 지하수가 천장에 매달려 쌓이면서 만들어진다. 크기도 모양도 다양해 종유벽, 종유폭포 등의 형태로 나타나기도 한다. 석순은 천장에서 석회질 물질이 든 물방울이 떨어지면서 생성되는데 종유석과는 반대로 바닥에서 위로 자란다. 이렇게 긴 시간에 걸쳐 종유석과 석순이 자라다가 서로 만나 기둥을 이룬 생성물을 석주라고 부른다. 종유석과 석순은 반드시 쌍을 이루며 자라는 것이 아니므로 꼭 석주라는 결과물을 낳지는 않는다.

알차게 돌아보기

황금박쥐 01

황금박쥐의 정식 명칭은 붉은박쥐이며 천연기념물로 지정되었다. 서식지 파괴로 개체 수가 많이 남지 않아 멸종 위기 야생생물 1급으로 지정되어 보호받고 있다. 이 동굴에서 몇 차례 황금박쥐가 발견됐고 2019년 개·보수 후 재개관하면서 본래의 명칭인 천곡천연동굴에서 천곡황금박쥐동굴로 이름을 바꿨다. 운이 좋다면 황금박쥐를 만나는 행운을 누리게 될지도 모른다.

돌리네 탐방로 02

돌리네란 석회암 지대의 지표면에 생기는 타원형 와지를 일컫는다. 석회암 지대의 아래쪽에 석회동굴이 만들어진다면 지표면에 돌리네가 형성되는 것. 돌리네는 배수가 잘 되고 토양이 비옥해 농사짓기 좋다. 천곡황금박쥐동굴 위쪽에도 돌리네가 형성되어 있다. 탐방로를 따라 산책하며 돌리네를 관찰해보자.

GG파크 03

가상현실 체험관을 운영한다. 규모는 크지 않지만 VR 체험이 가능해 아이들이 좋아한다. VR로 천곡황금박쥐동굴과 황금박쥐에 대한 다양한 내용을 알려준다.

TIP
01 천장이 낮은 구간이 있으므로 동굴 입장 시 반드시 안전모를 착용해야 한다. 안전모는 동굴 입구에 준비되어 있다.
02 동굴 내부는 미끄러우므로 아이들과 걸을 때 주의시키자.
03 문화관광해설사의 안내를 받을 수 있다. 전화로 사전 예약하거나 현장에서 확인하자(033-533-2552).

주변 여행지 돌아보기

논골담길 01

1940년대 묵호항이 개항하면서 언덕에 마을이 형성됐다. 세월이 흐르면서 활기를 잃은 마을의 담장에 주민들의 삶을 담은 벽화를 그려 넣으면서 관광명소로 다시 태어났다. 좁은 골목을 걸으며 벽화를 감상하고 바다도 조망할 수 있다. 천곡황금박쥐동굴에서 자동차로 10분.

주소 강원도 동해시 논골1길 2 | **전화** 033-530-2231

추암촛대바위 02

우리나라 대표 해돋이 명소이자 애국가 영상 첫 소절에 등장하는 명소이기도 하다. 촛대처럼 솟은 독특한 형상 때문에 촛대바위라는 이름을 얻게 됐다. 주변에 추암해변, 출렁다리 등 즐길 거리가 다양하다. 천곡황금박쥐동굴에서 자동차로 13분.

주소 강원도 동해시 촛대바위길 28 | **전화** 033-530-2801 | **시간** 24시간 | **휴무일** 연중무휴 | **입장료** 무료

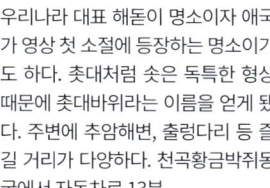

무릉계곡 03

두타산과 청옥산을 배경으로 펼쳐지는 약 4km 길이의 계곡으로 풍광이 수려해 명승으로 지정되었다. 쌍폭포, 용추폭포, 선녀탕 등 볼거리도 많다. 그중 수많은 명필가와 시인 묵객이 음각해놓은 널따란 무릉반석은 놓칠 수 없는 포인트. 천곡황금박쥐동굴에서 자동차로 17분.

주소 강원도 동해시 삼화로 538 | **전화** 033-539-3700 | **시간** 09:00~18:00(하절기는 20:00까지) | **휴무일** 연중무휴 | **입장료** 어른 2000원, 청소년 1500원, 어린이 700원

Language & Literature

Part 03

책 잘 읽는 아이로 성장하는 언어＆문학 영역

하루라도 책을 읽지 않으면 입안에 가시가 돋는다.

- 안중근

148

책 읽기 좋은 날
도서관 나들이

국립중앙
도서관

독서의 중요성은 아무리 강조해도 지나치지 않다. 책을 많이 읽으면 종합적인 사고력과 표현력, 이해력, 공감 능력이 향상된다.

도서관은 누구나 편하게 들러 책을 볼 수 있는 문화 휴식처이자 복합 문화 공간이다. 도서 자료 대출뿐 아니라 문화강좌, 취미교실, 전시회, 세미나 등에 참여할 수 있다. 국립중앙도서관은 1945년에 개관했으며 우리나라 최고 수준의 소장 자료를 갖췄다. 우리나라에서 발행한 출판물과 각종 지식 정보를 수집·보존·정리해 국민에게 제공한다. 본관, 자료보존관, 사서연수관, 디지털도서관 등 4개 동으로 이루어진다. 단행본, 연속 자료, 멀티미디어, 장애인 자료, 웹 정보, 지도, 악보, 해외 기록물 등 다양한 자료를 소장, 대출한다. 본관 도서자료실은 현대화된 시설과 차분한 인테리어로 꾸몄다. 한적한 도서관 정원은 잠시 머리를 식히며 산책을 즐기기에 좋다. 우리나라 대표 도서관인 국립중앙도서관으로 책 나들이를 떠나보자.

주소 서울시 서초구 반포대로 201 | **전화** 02-535-4142, 02-590-0500 | **시간** 09:00~22:00 | **휴무일** 둘째·넷째 주 월요일, 일요일을 제외한 관공서 공휴일 | **입장료** 무료 | **홈페이지** www.nl.go.kr

알차게 돌아보기

본관 1, 2층 01
문학실, 상설전시관, 통합안내서비스, 서점, 카페, 이용자 커뮤니티 등이 있다. 2층 문화마루에서 다양한 전시가 열린다.

TIP
01 도서관 입장 시 이용증을 발급해야 한다. 신분증 발급 대상이 아닌 미취학 어린이, 초등학생일 경우 등본 등의 서류로 신분 확인, 보호자 동반 시 출입 가능하다.
02 뛰거나 큰 소리를 내지 않는다.
03 휴대폰은 진동 모드로 바꾼다.
04 주차장 운영 시간은 09:00~22:00이며 지하 217대, 지상 97대 주차 면이 있다(유료 주차).
05 본관 3층 연속간행물실에서 전문 사서와의 1 대 1 상담 서비스를 운영한다.
06 본관 1층에 북 카페와 서점, 사서연수관 1층에 식당과 편의점이 있다.

본관 3층 (연속간행물실) 02
신문과 잡지, 간행물을 볼 수 있다. 연구정보실은 전문 분야 연구원이 연구 활동에 집중하도록 전용 좌석이 마련되어 있다.

본관 3층(인문·사회· 자연과학 도서자료실) 03
최근 6개월 이내 인문·사회·자연과학 등 단행본을 비치한다. 노트북과 휴대폰을 편리하게 사용할 수 있는 공간과 방해 없이 자료를 이용할 수 있는 비소음 열람 공간으로 나뉜다.

디지털 도서관 04
디지털 자료의 열람, 창작, 교류, 체험을 할 수 있다. 디지털열람실, 세미나실, 복합상영관, 미디어자료이용실, 미디어 편집실, 영상스튜디오, 음향스튜디오 등 다양한 시설을 갖췄다(예약 후 이용). 지하 3층 기록매체박물관에서는 기록과 매체의 발자취를 전시한다. 옛날 인쇄술, 타자기 등을 통해 기록 방식과 매체 역사를 체험하고, 기록 매체의 미래를 모색한다.

주변 여행지 돌아보기

몽마르뜨공원 01
국립중앙도서관 주차장 입구에서 공원으로 올라가는 산길이 있다. 인근 서래마을에 프랑스인이 많이 거주해 '몽마르뜨공원'이라는 이름이 붙었다. 넓은 잔디밭과 놀이터 등이 있어 가족 나들이 장소로 제격이다. 여기저기 뛰어노는 토끼를 볼 수도 있다. 국립중앙도서관에서 도보 10분.
주소 서울시 서초구 반포동 | **전화** 02-2155-6860

강남고속버스터미널 꽃시장(꽃 상가) 02
서울고속버스터미널 3층에는 꽃 도매상가가 있다. 사계절 내내 생화를 판매한다. 조화, 리본, 포장, 소품 등도 저렴한 가격에 구입할 수 있다. 꽃을 구경하는 것만으로도 정서적인 안정을 얻을 수 있다. 국립중앙도서관에서 자동차로 9분.
주소 서울시 서초구 신반포로 194 강남고속버스 터미널 3층 | **전화** 점포마다 다름 | **시간** 생화시장 23:30~12:00, 조화 시장 24:00~18:00 | **휴무일** 일요일

예술의전당 03
1988년 개관한 이래 꾸준히 사랑받고 있는 대한민국 대표 문화 시설이다. 음악, 미술, 연극, 무용 등 다양한 장르의 예술 전시와 공연이 열린다. 장르별 특징을 고려해 지은 공간이 특징이다. 국립중앙도서관에서 자동차로 10분.
주소 서울시 서초구 남부순환로 2406 | **전화** 02-580-1300 | **시간** 전시, 공연마다 다름 | **휴무일** 월요일 | **가격** 전시, 공연마다 다름 | **홈페이지** www.sacticket.co.kr

149

교실 밖에서 만나는 한글

국립한글박물관

 세상에서 단 하나뿐인 한글 박물관. 한글의 과학적 창제 원리와 한글에 대한 역사와 문화를 알 수 있다.

세종대왕이 한글을 창제하지 않았다면 우리는 지금 어떤 문자를 쓰고 있을까? 국립한글박물관은 한글의 가치를 알리기 위해 2014년 10월 9일, 한글날 문을 열었다. 한글과 관련한 유물 전시를 통해 한글의 역사와 문화를 살펴본다. 한글 창제 원리와 사용법을 설명한 한글 해례본, 정조대왕의 친필 편지와 명성황후의 한글 편지 등 1만여 점의 자료를 소장·전시한다. 또 멀티미디어 교육 자료를 활용해 한글을 자세히 이해할 수 있다. 시간 여유가 있다면 1층에 있는 한글누리(한글문화 전문 도서관)도 둘러보자. 어린이 한글 교육 교재와 한글 관련 자료를 통해 쉽게 한글을 익힐 수 있다. 한글박물관의 관람객은 어린이를 동반한 가족과 외국인이 대부분이지만 중고생과 어른도 가볼 만하다.

주소 서울시 용산구 서빙고로 139 | **전화** 02-2124-6200 | **시간** 10:00~18:00 | **휴무일** 1월 1일, 설날·추석 당일 | **입장료** 무료 | **홈페이지** www.hangeul.go.kr

◆사전 조사를 해봐요◆

도서 《한글 탐정 기필코》 : 한글의 소중함을 깨닫고 유쾌하게 읽을 수 있는 추리 동화다. 아이들을 위한 한글 만화를 만들던 국립국어원장의 납치됐다. 모든 단서는 '한글'에 있다. 원장을 구하기 위한 작전을 시작한다.

◆엄마, 아빠랑 배워요◆

훈민정음 해례본이 무엇인가요?
훈민정음은 크게 '예의'와 '해례'로 구성된다. 예의는 세종이 직접 지었는데 한글을 만든 이유와 한글 사용법에 대해 간략히 설명한 글이다. 해례는 성삼문, 박팽년 등 집현전 학사들이 한글의 자음과 모음을 만든 원리와 용법을 상세하게 설명한 글이다. 예의와 해례가 모두 실려 있는 훈민정음 정본은 1940년에 발견되었다.

알차게 돌아보기

상설전시관 01
2014년 한글날 개관한 국립한글박물관은 2022년 1월 상설전시를 전면 개편했다. 보물 등 문화재급 소장자료를 인터렉티브 영상 등을 통해 쉽게 전달한다. 한글 이전의 문자부터 현대의 한글 자료까지 다양한 한글문화 유물을 볼 수 있다.

상설전시관 02
1443년 세종은 훈민정음을 만들었다. 상설전시는 훈민정음 머리말의 문장에 따라 7개의 공간으로 구성됐다. 훈민정음을 상징하는 조형물이 관람객을 맞이한다. 한글 창제부터 지금까지 한글이 어떻게 사용되고 변했는지 한눈에 볼 수 있다. 한글의 우수성과 과학성, 아름다움을 느껴본다.

한글놀이터 03
미취학 어린이나 저학년 아이들을 위한 공간이다. 한글의 원리를 배우고, 놀이를 통해 한글을 자연스럽게 익힐 수 있다. 한글배움터는 한글이 익숙하지 않은 외국인을 위한 공간이다. 한글 자음과 모음, 글자의 종류와 구조 등 합자 방법과 발음 등을 설명한다.

TIP
01 박물관의 소장 유물을 기반으로 언어 교육을 접목한 교육 프로그램을 운영한다.
02 공연, 영화 상영 등 가족이 함께 할 수 있는 행사가 열린다.
03 박물관 2층 카페에서 간식과 음료를 즐길 수 있다.
04 2층 카페 옆에 기념품점이 있다. 한글을 소재로 만든 기념품을 판매한다.

주변 여행지 돌아보기

국립중앙박물관 01
구석기시대부터 근대에 이르기까지 우리나라 역사와 문화를 총망라한다. 6개의 상설전시관과 어린이박물관, 기획전시실, 극장 등으로 구성된다. 모든 전시를 꼼꼼히 관람하려면 일주일이 넘게 걸릴 만큼 거대한 규모다. 국립한글박물관에서 도보 3분.
주소 서울시 용산구 서빙고로 137 | **전화** 02-2077-9045~7 | **시간** 월·화·목·금요일 10:00~18:00, 수토요일 10:00~21:00, 일요일 10:00~19:00 | **휴무일** 1월 1일, 설날·추석 당일 | **입장료** 무료 | **홈페이지** www.museum.go.kr

용산가족공원 02
미 8군 골프장 부지였던 곳이 공원으로 거듭났다. 잔디밭과 연못, 산책로 등이 어우러진다. 곳곳에 조각 작품을 설치해 작품을 감상하며 산책할 수 있다. 날씨가 좋은 날에는 가족 나들이 장소로 추천한다. 국립한글박물관에서 도보 9분.
주소 서울시 용산구 서빙고로 185 | **전화** 02-792-5661 | **시간** 24시간 | **입장료** 무료

전쟁기념관 03
우리나라 유일의 전쟁사 종합 박물관이다. 상설전시실, 옥외 전시장, 어린이박물관으로 구성된다. 전쟁의 교훈을 되새기고 평화를 염원하며 한국 전쟁사를 돌아본다. 전쟁 관련 영화를 무료로 상영한다. 국립한글박물관에서 자동차로 10분.
주소 서울시 용산구 이태원로 29 | **전화** 02-709-3139 | **시간** 09:30~18:00(마지막 주 토요일 09:30~20:00) | **휴무일** 월요일 | **입장료** 무료 | **홈페이지** www.warmemo.or.kr

150 한국근대문학관

옛 창고에 퍼지는 문학의 향기

일제강점기에 지은 창고에서 문학의 향기가 피어난다. 근대에 활동했던 작가의 문학 작품을 만나보며 그 시대를 이해하고 삶의 의미를 깨닫는다.

개항기 물류 창고를 리모델링해 한국근대문학관을 탄생시켰다. 우리나라 근대 문학을 총망라하며 1890년대부터 1940년대 후반까지 근대문학 자료를 보존·전시한다. 근대 희귀 문학 자료를 포함해 3만여 점의 문학 자료를 소장한다. 한국 근대문학사의 주요 사건을 정리해놓은 연표가 눈길을 끈다. 상설전시실에서는 근대문학의 변천사와 주요 작품을 전시한다. 근대문학의 태동기부터 해방기까지 시대별 문학의 특징과 흐름을 정리해 놓았다. 김소월, 현진건, 염상섭 등 당시 독자들의 감정을 쥐락펴락했던 인기 문학 작품을 만나 볼 수 있다. 근대문학가의 대표작을 실물 책 또는 복각본(원형을 모방해 다시 판각)도 전시한다. 오랜 세월을 머금은 공간에서 만나는 한국 근대문학은 더욱 깊이 있게 다가온다.

주소 인천시 중구 신포로15번길 76 | **전화** 032-773-3800 | **시간** 10:00~18:00 | **휴무일** 월요일 | **입장료** 무료 | **홈페이지** lit.ifac.or.kr

◆ 사전 조사를 해봐요 ◆

도서 《1900-1930 한국 명작 소설 1: 근대의 고독한 목소리》: 제목 정도는 누구나 알고 있지만 읽어보지 못한 한국문학 작품을 실었다. 시대별 대표 작품으로 구성된 근대소설 모음집. 초등 고학년이라면 한국문학 읽기를 추천한다. 문학 읽기의 즐거움을 느낄 수 있다.

도서 《첫걸음 한국사》: 한국의 근대에는 어떤 일이 있었을까. 초등학교 교사와 대학교수가 함께 쓴 근대사 이야기. 초등학생 눈높이에 맞춘 쉬운 글과 재미있는 일러스트가 재미를 더한다.

◆ 엄마, 아빠랑 배워요 ◆

문학이란 무엇인가요?

시, 소설, 수필, 희곡 등 사람의 생각이나 느낌을 나타낸 글을 문학이라고 한다. 언어의 형태에 따라 운문문학(시)과 산문문학(소설)으로 나뉘며 언어의 전달 방식에 따라 구비문학(입에서 입으로 전해져 내려오는 이야기)과 기록문학(문자로 기록된 글)으로 나뉜다. 표현 양식에 따라서 시, 소설, 희곡, 수필 등의 장르로 구분한다.

알차게 돌아보기

01 상설전시실

근대 계몽기(1894~1910)부터 해방기(1945~1948)까지 한국 근대문학을 전시한다. 영상으로 만나는 근대문학, 키오스크(작가와 작품 검색 코너), 복각본 체험 코너, 인천 근대문학 코너로 구성된다. 우리나라 역사적 격변기인 근대의 문학 작품을 통해 인간의 고뇌와 당시 시대상을 엿볼 수 있다.

02 기획전시실

근대문학과 관련한 기획 전시가 열린다. 1년에 2~3회 정도 전시를 교체한다. 2020년 〈인천 문학 기행 : 인천, 이야기가 되다〉, 2021년 〈한국의 탐정들〉 2021년 등이 열렸으며 쉽고, 재미있게 한국문학을 즐길 수 있다.

03 작은전시실

한국근대문학관 로비에 마련된 전시 공간이다. 분기별로 다양한 주제의 문학 자료를 만날 수 있다.

TIP
01 10세 이하 어린이는 보호자와 함께 동반 입장한다.
02 상설전시실 2층 체험 공간에는 주요 작가의 모습을 새긴 스탬프가 있다. 시간을 추억하는 우편엽서도 마련되어 있다.
03 인천 중구 일대는 근대 문화가 남아 있다. 문학관 관람을 마치고 주변 명소를 탐방한다(인천아트플랫폼, 인천개항박물관, 인천개항장근대건축전시관, 일본 제58은행 인천지점 등).

주변 여행지 돌아보기

01 인천아트플랫폼

개항기 근대건축물을 리모델링해 만든 복합 문화 공간이다. 공방, 자료관, 교육관, 전시장, 공연장 등 총 13개 동이 있다. 전시와 공연, 교육 등이 열린다. 작가에게 작업실을 지원하는 레지던시 프로그램을 운영한다. 국내외 작가들이 상주하며 다양한 작품 활동을 한다. 한국근대문학관에서 도보 2분.
주소 인천시 중구 제물량로218번길 3 | **전화** 032-760-1000 | **시간** 10:00~17:00(장소마다 오픈 시간 다름) | **휴무일** 월요일 | **입장료** 무료 | **홈페이지** www.inartplatform.kr

02 차이나타운

1883년 개항 이후 근대 문물이 유입된 곳이다. 과거에는 일본, 중국 등 각국의 조계지와 영사관이 있었다. 지금은 박물관과 음식점, 상점 등이 즐비하다. 자유공원, 청일조계지 경계계단, 삼국지벽화거리 등 볼거리가 많다. 한국근대문학관에서 도보 8분.
주소 인천시 중구 차이나타운로59번길 12 일대 | **전화** 032-760-7537 | **홈페이지** www.ichinatown.or.kr

03 배다리 헌책방거리

과거 이 마을에는 바닷물이 들어오는 수로가 있었다. 작은 배가 철교 밑까지 드나들어 '배다리'라 불렸다. 한국전쟁 이후 배다리 일대에 헌책방이 들어섰고, 2019년 현재 아벨서점, 한미서점, 삼성서림 등 5개의 책방이 운영 중이다. 점포별 오픈 시간과 휴무일이 다르니 영업시간을 미리 확인하고 방문하자. 한국근대문학관에서 도보 25분.
주소 인천시 동구 금곡로 5 일대

151

건강한 즐거움을 찾아서

서울한방진흥센터

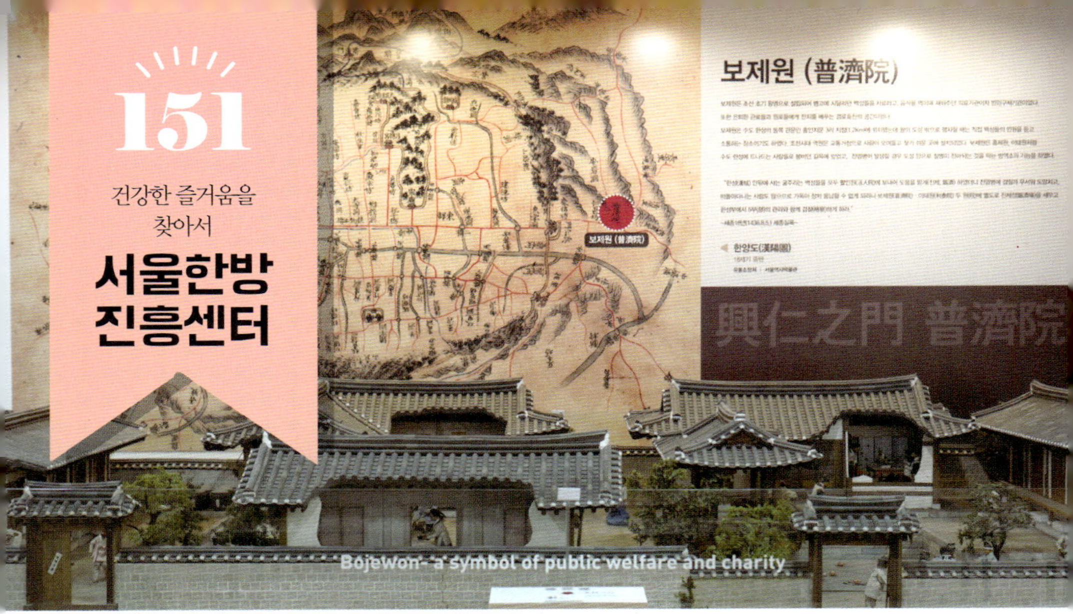
보제원 (普濟院)
보제원 (普濟院)
한양도(漢陽圖)
興仁之門 普濟院
Bojewon- a symbol of public welfare and charity

POINT

한의약 박물관 전시를 관람하고, 족욕, 보제원, 약선음식 등을 체험해 본다.

우리 선조들은 건강을 지키고 질병을 예방하고자 일상에서 한의약을 활용했다. 우리나라 한약재 거래량의 약 70%를 차지하는 국내 최대 한약재 전문시장이 서울 동대문구 제기동에 있다. 약 8만 평 부지에 한의원, 한약국, 한약재상 등이 모여 있는데 이곳을 서울 약령시라고 부른다. 서울 약령시 한복판에 있는 서울한방진흥센터는 한의학을 주제로 한 박물관뿐만 아니라 족욕, 약선 음식 체험 등 다양한 한방 문화를 경험할 수 있는 복합문화시설이다. 대형 한옥으로 지어져 멀리서부터 존재감을 드러낸다. 건물 안으로 들어가면 은은한 한약재 향이 코 끝에 와 닿는다. 1층에는 매표소, 전통의상 체험실, 영상 체험실이 있고, 2층에는 서울약령시한의약박물관, 한방공작소, 약초 족욕 체험장이 있다. 3층에는 약선음식 체험관, 보제원 (한방체험, 이동진료)이 있어 더욱 다채로운 체험이 열린다. 한방을 주제로 한 전시, 교육, 체험을 즐기며 선조들의 지혜를 배워본다.

주소 서울시 동대문구 약령중앙로 26 서울한방진흥센터 | **전화** 02-969-9241 | **시간** 10:00~18:00 | **휴무일** 설날, 추석 당일 | **입장료** 박물관 관람 어른 1만 원, 어린이 청소년 500원 | **홈페이지** http://kmedi.ddm.go.kr

◆사전 조사를 해봐요◆

드라마 〈허준〉 : 1999년에 방영한 사극 드라마. 동의보감의 저자 허준을 주인공으로 그린 드라마다. 2013년에 〈구암 허준〉이라는 작품으로 리메이크 됐다.

도서 《THE HISTORY 한국사 인물 허준》 : 유네스코 기록문화유산에 등재된 동의보감의 저자 허준의 일대기를 담은 책이다.

◆엄마, 아빠랑 배워요◆

서울약령시의 유래가 된 곳은 어디인가요?

원래 이곳은 조선시대 때 보제원이 있던 곳이다. 보제원은 '널리 구제한다'는 뜻으로 병고에 시달리던 조선시대 백성들에게 의술을 베풀던 의료기관이다. 우리 조상의 지혜를 계승하며 명맥을 이어간다. 옛날부터 보제원 주변에는 한약재를 파는 약재 상인이 많았다.

알차게 돌아보기

01 서울약령시 한의약박물관

우리나라 전통의약인 한의약 관련 유물과 350여종에 이르는 다양한 약재를 종류별로 전시한다. 사상체질을 알아보고, 한방 기체조도 배워볼 수 있다.

02 약초족욕체험

전통 한옥 누각 야외공간에서 족욕 체험이 열린다. 따뜻한 물에 약쑥, 감초 등 계절별 약재를 넣고, 물에 발을 담그고 있으면 절로 피로가 풀린다. 동의보감의 건강 비법인 두한족열을 체험하는 시간이다.

03 보제원 체험

아로마 향이 나는 아늑한 공간으로 들어가면 온열 안마 매트가 있다. 매트에 누워 경락, 경혈을 체험하고, 동백 오일 손 팩과 손발 지압을 받으며 편안한 휴식을 취한다.

> **TIP**
> 01 약초족욕과 보제원 체험은 정해진 시간에 입장 가능하며 체험은 유료로 운영한다.(1층 데스크에 문의)
> 02 1층 전통의상체험실에서 조선시대 의관, 의녀복을 대여해 준다. 전통 옷을 입고 서울한방진흥센터를 관람할 수 있다.
> 03 별관에는 한방차와 전통 간식 등을 선보이는 한방카페가 있다.

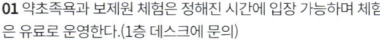

주변 여행지 돌아보기

01 경동시장

서울 동쪽에 있어 경동시장이라는 이름이 붙었다. 채소, 과일, 수산물, 건어물, 한약재 등 다양한 품목을 취급하며 서울에 있는 전통시장 중 가장 큰 규모를 자랑한다.

주소 서울 동대문구 고산자로36길 3 | **전화** 02-967-8721 | **시간** 점포마다 다름

02 스타벅스 경동1960점

경동시장 4번 게이트(광성상가) 앞. 스타벅스와 LG전자가 협력해 1960년대 실제 극장이었던 곳을 리모델링했다. 경동극장의 계단식 좌석 구조를 그대로 살렸고, 벽면에는 영화 크레딧처럼 주문번호가 표시된다.

주소 서울 동대문구 고산자로36길 3 | **시간** 09:00~21:00 | **휴무일** 비정기적 휴무

03 홍릉시험림(홍릉숲)

일반 공원이나 수목원과 달리 산림과학연구시험림으로 지정받아 다양한 연구를 진행한다. 평일에는 제한적으로 숲해설 예약만 가능하고, 자유 관람은 주말(토,일)에 열린다. 한 번 돌아보는데 1~2시간이 걸린다.

주소 서울시 동대문구 회기로 57 | **전화** 02-961-2777 | **시간** 09:00~18:00 | **휴무일** 월~금요일 | **입장료** 무료

152

한국가사 문학관

우리의 시가를 찾아 떠나는 낭만 여행

한국 가사 문학의 산실, 담양에서 600년 전 가사 문학의 향기를 느껴보며 그 의미와 유래를 알아본다.

'가사'는 고려 말에 발생해 조선 초기 사대부 계층에 자리 잡은 문학의 한 갈래다. 3·4조 또는 4·4조의 율격에 맞춰 지은 글로 서정, 서사 등의 성격을 지닌다. 시조나 한시처럼 처음부터 고정된 형식으로 나타난 장르가 아니다. 오랜 세월을 거쳐 고유의 민요적 율격 위에 고려가요나 한시 등의 내용이 더해졌다. 고려시대 불교 교리 전파에 이용했던 가사는 조선 후기에 이르러 사대부는 물론 서민과 부녀자에게도 널리 퍼졌다. 한국가사문학관은 본관과 자미정, 세심정, 산방 등으로 구성된다. 본관으로 들어가는 길에 한국식 정원과 정자 등이 있다. 단출한 기와집이 한국가사문학관 본관이다. 본관에는 송순의《면앙집》, 정철의《송강집》과 친필 유묵 등 가사 문학 자료 2000여 점을 전시한다.

주소 전라남도 담양군 남면 가사문학로 877 | **전화** 061-380-2701~3 | **시간** 09:00~18:00 | **휴무일** 연중무휴 | **입장료** 어른 2000원, 청소년·군인 1000원 | **홈페이지** www.gasa.go.kr

◆사전 조사를 해봐요◆

도서《고대 가요와 가사 문학》: 교과서에 나오는 작품을 중심으로 고대 가요와 가사 문학을 소개한다. 삽화가 어우러져 재미있게 읽을 수 있다.

도서《이토록 친절한 문학 교과서 작품 읽기 : 한시·가사 편》: 중고등학교 교과서에 수록된 고전 운문을 총망라했다. 조상들의 지혜와 통찰이 담긴 고전의 가치를 재발견해본다. 감수성을 자극하는 세밀화 일러스트도 볼거리다.

◆엄마, 아빠랑 배워요◆

조선시대 가사 문학은 어떻게 변화했나요?
조선 전기 가사의 창작층은 주로 양반 사대부 계급이었다. 정극인의 '상춘곡', 송순의 '면앙정가', 정철의 '관동별곡' 등이 대표적인 작품이다. 아름다운 자연 풍경과 생활의 흥취를 한문과 한글을 섞어 표현했다. 조선 후기에는 중인, 농민, 상공업자의 의식이 성장해 집권층을 비판하거나 양반을 풍자하는 내용이 등장했다. 여성 작자층은 억눌린 욕망과 애정을 담담하게 표현했다.

알차게 돌아보기

1전시실 01

담양에서 창작된 18가사 자료, 송순의 《면앙집》, 《분재기》, 《시호장》, 《표문》 등과 정철의 《송강집》 등 친필 유묵 자료를 전시한다. 천천히 관람하며 가사 문학의 향기를 느껴본다.

2전시실 02

양반 부녀자층에 의해 향유된 규방가사와 여러 종류의 가사 작품, 가사의 작가를 소개한다. 또 조선시대에 유행한 가사의 특징을 살펴본다.

3전시실 03

눌재 박상의 영정, 석천 임억령, 소쇄처사 양산보 등 조선 중기 선비들의 문집과 목판 등을 볼 수 있다. 조선시대 선비가 쓴 작품을 통해 당시 시대상을 추측해본다.

> **TIP**
> 01 한국가사문학관 영상관에서는 한국 가사 문학의 이해를 돕는 영상을 상영한다.
> 02 한국가사문학관 스마트 가이드(n.gasa.go.kr)에 접속하면 전시 안내 음성 가이드를 무료로 다운로드할 수 있다.
> 03 매표소 앞과 전시실 입구에 설치된 안내 배너에서 NFC를 활성화한 후 터치하거나 QR코드를 스캔하면 스마트 가이드를 이용할 수 있다.
> 04 송강 정철이 '사미인곡' 등을 남긴 송강정, 경치가 아름다워 그림자도 쉬어 간다는 식영정, 송순이 면앙정가를 지은 면앙정 등 가사문학 여행지를 함께 둘러봐도 좋다.

주변 여행지 돌아보기

소쇄원 01

한국 최고의 민간 정원으로 손꼽힌다. 1530년경에 양산보가 세운 별서 원림이다. 당대 최고 선비들이 이곳에서 풍류를 즐겼다. 한국가사문학관에서 도보 14분.

주소 전라남도 담양군 남면 소쇄원길 17 | **전화** 061-381-0115 | **시간** 3·4·9·10월 09:00~18:00, 5~8월 09:00~19:00, 11~2월 09:00~17:00 | **휴무일** 연중무휴 | **입장료** 어른 2000원, 청소년 1000원, 어린이 700원 | **홈페이지** www.soswaewon.co.kr

송강정 02

조선 중기 문신 겸 시인, 송강 정철이 은거 생활을 했던 곳이다. 이곳에서 '사미인곡'과 '속미인곡'을 지었다. 정철이 머물렀던 곳을 당시에는 죽록정이라 불렸지만 1770년 후손들이 정자를 세우고 송강정이라 했다. 한국가사문학관에서 자동차로 15분.

주소 전라남도 담양군 담양읍 죽향문화로 378 | **전화** 061-380-3151

죽녹원 03

담양군이 조성한 대나무 숲이다. 담양천을 낀 향교를 지나면 왼쪽에 죽녹원이 있다. 산책길을 따라 걷다 보면 몸과 마음이 상쾌해진다. 주변 식당에서 죽통 밥 정식을 맛봐도 좋다. 한국가사문학관에서 자동차로 33분.

주소 전라남도 담양군 담양읍 죽녹원로 119 | **전화** 061-380-2680 | **시간** 3~10월 09:00~19:00, 11~2월 09:00~18:00 | **휴무일** 연중무휴 | **입장료** 어른 3000원, 청소년 1500원, 초등학생 1000원 | **홈페이지** www.juknokwon.go.kr

153 한국시집 박물관

어느새 나도 시인~

POINT 한국 근현대 시와 대표 시인을 만나보며 시와 가까워진다. 시집을 대여해서 읽고 시 낭송 체험도 하면서 시의 매력에 빠져들 수 있다.

한국시집박물관은 강원도 인제군 용대리의 조용한 자연 속, 시 한 수 읊기에 딱 좋은 환경에 위치한다. 한국 근현대기 시집을 체계적으로 전시·교육하기 위해 설립한 공간으로, 아이들이 시라는 문학 장르에 대해 한 발 가까이 다가서는 기회를 제공한다. 박물관은 300여 명의 시인과 소장가가 기증한 시집 1만 여 권을 소장하고 있으며, 이 중에는 1950년대 이전에 발행된 희귀 시집 100여 권도 포함된다. 상설전시실에는 1900~1970년대 한국 시집이 연대기로 전시되어 있다. 이광수, 최남선부터 김소월, 한용운, 윤동주, 조지훈, 박두진, 박목월 등 누구나 한 번쯤은 이름을 들어봤을 법한 유명한 시인들과 그들의 시를 한자리에서 만나볼 수 있다. 우리나라 시의 역사와 시대별 시의 특징에 대해서 배우고, 시와 시인의 삶에 대해 생각해보는 시간을 가질 수 있다. 아이들이 흥미를 느낄 만한 터치스크린 등 디지털을 활용한 전시물도 많아 관람 시간이 지루하지 않다.

주소 강원도 인제군 북면 만해로 136 | **전화** 033-463-4082 | **시간** 3~10월 09:00~18:00, 11~2월 09:00~17:30 | **휴무일** 월요일, 1월 1일, 설날·추석 당일 | **입장료** 무료 | **홈페이지** 한국시집박물관.org

◆ 사전 조사를 해봐요 ◆

도서 《우리 모두 시를 써요》: 아동문학가이자 교육자 이오덕이 쓴 책이다. 시가 무엇인지, 시를 어떻게 써야 하는지 이론으로 가르치는 게 아니라 다른 아이들의 시를 통해 전달한다.

도서 《똑똑한 시 읽기》: 시를 어렵게 생각하는 아이들을 위해 재미있는 방식으로 시에 접근하도록 안내한다.

알차게 돌아보기

01 내가 만드는 시 낭송 비디오

나만의 시 낭송 비디오를 만드는 코너가 있다. 디지털 화면을 통해 마음에 드는 시를 고르고 배경 영상과 음악을 선택한 후 시를 낭송하며 녹음한다. 이렇게 완성된 시 낭송 비디오를 본인 메일로 보낼 수 있다. 조용히 시 하나를 낭송해보는 그 시간 자체가 의미가 있다.

02 내가 만드는 시작(詩作)

자신의 시를 지어 시문학 나무로 전송하는 체험 코너가 있다. 글을 전송하면 시문학 나무라는 스크린에 나타난다. 짧은 글귀라도 고심해서 적어보는 시간이 시의 세계를 이해하는 또 하나의 바탕이 된다.

03 국민 애송시 vs 시인 애송시

설문 조사로 선정한 국민 애송시와 시인 애송시를 소개한다. 각각 1위부터 10위까지 선정했는데, 국민 애송시 1위는 김소월의 '진달래꽃', 시인 애송시 1위는 윤동주의 '서시'다. 국민 애송시에는 윤동주의 '서시'와 '별 헤는 밤', 천상병의 '귀천' 등이 뽑혔다. 시인 애송시에는 김춘수의 '꽃', 한용운의 '님의 침묵' 등이 포함되어 있다. 순위에 있는 애송시를 헤드폰을 끼고 들어볼 수 있다.

> **TIP**
> 01 한국시집박물관은 한적한 곳에 위치한다. 박물관 내 식당이나 카페도 없다. 식사는 인근 용대리 황태마을이나 백담사 입구 식당가에서 해결할 수 있다. 박물관에서 자동차 1~2분 거리에 위치한 '슈네화덕피자'라는 곳과 만해마을 내 북 카페도 추천할 만하다.
> 02 시 낭송 대회, 시 낭송 발표 체험, 백일장 등 다양한 행사를 진행한다. 문학에 관심이 있다면 한국시집박물관 홈페이지를 확인해 행사에 참여해보자.

주변 여행지 돌아보기

01 만해마을

독립운동가이자 시인, 승려였던 만해 한용운의 사상과 정신을 느끼고 체험하는 공간을 조성했다. 만해문학박물관, 만해광장을 비롯해 숙박 시설과 북 카페 등이 들어서 있다. 여유롭게 사색하며 만해의 삶과 정신에 대해 생각해보자. 한국시집박물관에서 자동차로 1분.

주소 강원도 인제군 북면 만해로 91 | **전화** 033-462-2303 | **시간** 09:00~17:00(만해문학박물관) | **휴무일** 월요일, 1월 1일, 설날·추석 당일 | **입장료** 무료 | **홈페이지** manhae2003.dongguk.edu

02 여초김응현서예관

우리나라 근현대 서단의 최고 대가로 인정받아온 여초 김응현의 작품을 전시하는 공간이다. 자연과 어우러진 건축물 또한 아름다워 2012년 '한국건축문화대상 우수상'과 '올해의 건축 베스트 7'에 선정된 바 있다. 한국시집박물관 바로 옆에 위치.

주소 강원도 인제군 북면 만해로 154 | **전화** 033-461-4081 | **시간** 3~10월 09:00~18:00, 11~2월 09:00~17:30 | **휴무일** 월요일, 1월 1일, 설날·추석 당일 | **입장료** 무료 | **홈페이지** yeochomuseum.kr

03 백담사

강원도 인제 쪽 설악산에 아늑하게 자리한 천년 고찰. 신라 진덕왕 1년(647년) 자장이 창건했다. 만해 한용운이 머물며 '님의 침묵'과 《조선불교유신론》 등을 집필한 곳으로도 유명하다. 사찰 내 만해기념관이 있다. 한국시집박물관에서 마을버스 정류장까지 자동차로 7분.

주소 강원도 인제군 북면 백담로 746 | **전화** 033-462-6969 | **시간** 24시간 | **휴무일** 연중무휴 | **입장료** 무료

154

근대 문화를
가까이 느껴보는 시간
향촌문화관 &
대구문학관

POINT
대구 근대 문화와 문학을 통해 우리나라 근대 모습을 살펴본다. 옛 모습을 재현한 공간으로 꾸며 아이들도 흥미롭게 관람할 수 있다.

향촌문화관과 대구문학관은 한 건물에 위치한다. 이 건물은 1912년 대구 최초의 일반 은행인 선남상업은행이 있던 곳이다. 이후 한국상업은행 대구 지점 등으로 쓰이다 2014년 지금의 공간으로 변모했다. 향촌문화관은 대구의 역사를 품은 향촌동의 흔적을 담아냈다. 향촌동은 경상감영의 화약고가 있던 곳이자 문인들의 정신적 고향이었고 예술인들의 거리였다. 또 1970년대까지 다방, 술집, 음악 감상실 등이 밀집한 대구 최고의 번화가였다. 향촌문화관은 당시 풍경을 재현해 흥미롭다. 근대 대구 최고의 상업지인 중앙로, 대구 제조업의 기반이 됐던 북성로 공구골목, 교통 중심지였던 대구역, 피란민에게 삶의 터전이 되어준 교동시장의 옛 모습을 재현했다. 또 지역 문화 예술인들의 아지트이던 다방, 음악감상실, 주점의 정취도 되살려놓았다. 재현 공간과 전시를 통해 대구의 근대 역사와 문화를 살펴볼 수 있다. 3층과 4층은 대구문학관이다. 대구는 우리나라 근대 문학의 꽃을 피운 걸출한 문인을 배출해낸 도시다. 대구문학관은 그 위상을 보여주는 곳으로, 당대 유명 작가들의 활약상과 작품을 전시한다. 책을 읽고 다양한 체험도 즐길 수 있어 알차다.

주소 대구시 중구 중앙대로 449 | **전화** 053-219-4555(향촌문화관), 053-430-1231~2(대구문학관) | **시간** 4~10월 09:00~19:00, 11~3월 09:00~18:00 | **휴무일** 월요일(월요일이 공휴일인 경우 그다음 날), 1월 1일 | **입장료** 향촌문화관 어른 1000원, 8~19세 500원, 7세 이하 무료 / 대구문학관 무료 | **홈페이지** www.hyangchon.or.kr(향촌문화관), www.modl.or.kr(대구문학관)

◆ **사전 조사를 해봐요** ◆

대구광역시 중구 문화관광 홈페이지(www.jung.daegu.kr/new/culture/pages/main) : 대구 근대 문화 역사의 중심지가 되는 중구의 역사와 문화재, 대표 인물, 골목 등에 대해 두루 소개한다.

알차게 돌아보기

녹향 01

우리나라에서 가장 오래된 음악 감상실로 손꼽히는 '녹향'을 재구성한 공간. 영화음악, 교향곡, 협주곡, 오페라 전곡 등을 감상할 수 있다. 차분한 마음으로 음악을 감상하기 좋다. 듣고 싶은 음악을 신청해도 된다. 향촌문화관 지하 1층에 위치.

희로애락 부스 02

희로애락이라는 4개의 부스가 있다. 원하는 부스에 들어가면 각 감정에 맞는 시 낭독을 감상할 수 있다. 혼자 조용한 부스에서 시를 듣다 보면 마음이 차분해진다. 대구문학관에 위치.

책 읽기 03

4층에 올라가면 책과 책상이 구비된 서재가 있다. 조용하게 책 읽기 좋은 분위기다. 대구 출신 문인들의 작품을 포함 다양한 문학 서적을 구비했다. 책을 읽은 후 그 감상을 엽서에 적어 보낼 수도 있다.

TIP

01 향촌문화관 입장료는 유료, 대구문학관은 무료다. 대구문학관만 이용하고 싶다면 바로 3층으로 올라가면 된다.
02 시설 내 식사할 공간은 없다. 대구 번화가에 위치하므로 주변에 음식점과 카페가 많다.
03 향촌문화관과 대구문학관 모두 관람 해설 프로그램을 진행한다. 현장에서 시간을 확인하고 참여하자.

주변 여행지 돌아보기

경상감영공원 01

조선 선조 34년(1601년)에 경상감영이 설치됐던 자리. 1910년부터 1965년까지 경상북도 청사로 사용되기도 했다. 청사가 이전한 후 공원으로 조성했다. 관찰사가 공무를 보던 선화당, 살림채로 쓰던 징청각 등의 문화재가 남아 있다. 향촌문화관에서 도보 5분.

주소 대구시 중구 경상감영길 99 | **전화** 053-254-9404 | **시간** 24시간 | **휴무일** 연중무휴 | **입장료** 무료

대구근대역사관 02

대구 근현대사를 한눈에 살펴볼 수 있는 공간이다. 역사관 건물은 1932년 조선식산은행 대구지점으로 건립된 근대문화유산이기도 하다. 대구 근대 문화 역사 탐방 전 관람하면 큰 도움이 된다. 향촌문화관에서 도보 7분.

주소 대구시 중구 경상감영길 67 | **전화** 053-606-6430 | **시간** 4~10월 09:00~19:00(토·일요일공휴일은 18:00까지), 11~3월 09:00~18:00 | **휴무일** 월요일(월요일이 공휴일인 경우 그 다음 날), 1월 1일, 설날·추석 당일 | **입장료** 무료 | **홈페이지** daegu.artcenter.or.kr/dmhm

진골목 03

조선시대부터 역사를 이어온 골목으로, 근대문화재와 전통 한옥이 많이 살아 있는 근대 문화 역사 체험이 가능하다. 미도다방, 진골목식당, 정소아과의원 등 눈여겨볼 만한 근대 문화 유산이 가득하다. 향촌문화관에서 도보 9분.

주소 대구시 중구 진골목길 26 | **전화** 053-661-3323, 053-661-3327(중구 관광안내소)

155

《봄·봄》에서
《동백꽃》까지

김유정
문학촌

> **POINT** 한국 대표 작가인 김유정의 삶과 작품 세계를 친근하게 접할 수 있다.

경춘선이 지나는 춘천시 신동면 증리의 역 이름은 김유정역이다. 그 역 앞의 대로 이름은 김유정로다. 금병산을 끼고 아담하게 자리한 이 동네는 바로 한국 대표 작가인 김유정이 태어난 곳이다. 실레마을이라고도 불리는 이 동네는 단순히 김유정의 고향을 넘어 그의 소설 속 터전이다. 김유정의 여러 작품이 실레마을을 무대로 삼고 있다. 그래서 실레마을 여행은 더 특별하다. 김유정역에서 걸어서 5분 거리에 김유정문학촌이 위치한다. 문학촌의 중심 시설은 김유정생가와 김유정기념전시관이다. 김유정생가는 생가터에 그의 조카와 제자들의 고증을 바탕으로 복원한 것이다. 생가 주변에는 작은 연못과 정자가 있고 소설 속 장면을 표현한 조형물도 서 있다. 김유정기념전시관에서는 그의 삶과 작품을 살펴볼 수 있다. 보고 만지는 디지털 전시가 가미된 김유정이야기집과 다양한 체험 시설도 이용 가능하다.

주소 강원도 춘천시 신동면 김유정로 1430-14 | **전화** 033-261-4650 | **시간** 3~10월 09:30~18:00, 11~2월 09:30~17:00 | **휴무일** 월요일, 1월 1일, 설날·추석 당일 | **입장료** 초등학생 이상 2000원 | **홈페이지** www.kimyoujeong.org

◆ 엄마, 아빠랑 배워요 ◆

동백꽃이 왜 노랗죠?
김유정의 소설 《동백꽃》을 보면 '한창 피어 퍼드러진 노란 동백꽃 속으로 폭 파묻혀버렸다'라고 나온다. 동백꽃이 노랗다고 표현한 것이다. '알싸한, 그리고 향긋한 그 내음새에 나는 땅이 꺼지듯이 왼 정신이 고만 아찔하였다.' 소설 속 동백꽃의 향기는 알싸하다고 묘사된다. 《동백꽃》에 나오는 동백꽃은 우리가 흔히 아는 빨간색 동백꽃이 아니다. 바로 생강나무를 일컫는다. 강원도에서는 생강나무를 동백나무나 동박나무라고도 부른다. 3월 무렵 김유정문학촌을 찾으면 노랗게 피어오른 생강나무 꽃을 볼 수 있다.

알차게 돌아보기

김유정이야기집 01
아직 《봄·봄》이나 《동백꽃》을 읽어 보지 못한 아이들이라면 이곳에서 상영하는 애니메이션을 관람하자. 소설의 일부나마 살펴볼 수 있어 좋다. 그 밖에도 흥미로운 콘텐츠가 많다.

실레이야기길 02
실레마을은 김유정의 고향이자 여러 작품의 무대가 되었던 곳이다. 그의 소설 속 이야기와 연관된 공간을 중심으로 실레이야기길을 만들었다. '점순이가 나를 꼬시던 동백숲길', '장인 입에서 할아버지 소리 나오던 데릴사위길' 등 재미난 이야기 16마당이 펼쳐진다. 실레마을을 바로 뒤로 이어지는 금병산까지도 올라갈 수 있다. 실레이야기길과 금병산을 따라 한 바퀴 돌며 김유정의 소설에 빠져보자.

체험방 03
민화, 한지공예, 도자기, 한복 등을 체험하는 공간이 따로 마련되어 있다. 한복 체험방에서는 김유정 소설 속 주인공인 '점순이' 한복도 입어볼 수 있다. 체험을 원할 경우 홈페이지를 통해 사전 예약하자.

TIP
01 입장권 1장으로 김유정생가, 김유정기념전시관, 김유정이야기집을 모두 관람할 수 있다.
02 관람 해설 프로그램을 운영한다. 해설 시간에 맞춰 이용 가능.
03 다양한 행사가 많이 열린다. 미리 홈페이지에서 일정을 확인한 후 시기에 맞춰 방문해도 좋다.

주변 여행지 돌아보기

옛 김유정역 01

김유정역은 우리나라에서 최초로 인물 이름을 철도역 이름으로 쓴 경우다. 원래 신남역이었으나 2004년 김유정역으로 역명을 바꿨다. 경춘선 복선화로 새 역이 생기면서 옛 역은 폐역됐지만, 지금은 아기자기한 포토존을 갖춘 관광 명소로 탈바꿈했다. 김유정문학촌에서 도보 4분.

주소 강원도 춘천시 신동면 김유정로 1435 | **전화** 033-250-4300(관광안내소) | **시간** 탄력 운영(야외는 24시간) | **휴무일** 월요일(야외는 연중무휴) | **입장료** 무료

강촌레일파크 김유정역 02

폐선된 옛 경춘선 구간을 레일바이크를 타고 달려볼 수 있다. 김유정역에서 강촌역까지 이어지는 총 8.5km 구간으로, 레일바이크와 낭만열차를 타고 달린다. 김유정문학촌에서 도보 8분.

주소 강원도 춘천시 신동면 김유정로 1383 | **전화** 033-245-1000~2 | **시간** 3~10월 09:00~17:30, 11~2월 09:00~16:30 | **휴무일** 연중무휴(폭우 등 천재지변 시 운행 중단) | **가격** 2인승 4만 원, 4인승 5만6000원 | **홈페이지** www.railpark.co.kr

책과인쇄박물관 03

우리나라의 자랑스러운 인쇄 문화와 책 문화에 대한 이해의 폭을 넓혀주는 공간이다. 활판 인쇄 역사를 보여주는 인쇄전시실과 다양한 고전과 근현대 서적을 간직한 책전시실을 관람할 수 있다. 수동 활판기를 이용하는 체험 프로그램이 인기. 김유정문학촌에서 도보 7분.

주소 강원도 춘천시 신동면 풍류1길 156 | **전화** 033-264-9923 | **시간** 4~10월 09:00~18:00, 11~3월 09:30~17:00 | **휴무일** 월요일(기타 변동 사항은 홈페이지에 공지) | **입장료** 어른 7000원, 초·중·고등학생 6000원, 36개월~미취학 5000원 | **홈페이지** www.mobapkorea.com

156

만해 한용운의
정신을 기리다
만해마을

POINT 독립운동가, 시인, 승려로 활동했던 만해 한용운의 삶과 정신, 문학을 살펴볼 수 있는 의미 있는 공간이다.

만해 한용운은 시대의 정의를 위해 일생을 바쳤으며 셀 수 없이 많은 업적을 남겼다. 만해는 한국 불교계 개혁 방안을 제시한 《조선불교유신론》을 출간했고, 수백 개 경전의 문구를 뽑아 《불교대전》을 간행했다. 또 3·1운동 때 민족 대표 33인으로 활약하는 한편, 일제강점기에 민족운동을 꾸준히 이끌어갔다. 그뿐 아니라 '님의 침묵' 같은 저항시를 집필하기도 했다. 한평생을 불의와 맞서 살았던 만해는 결국 조국 광복을 보지 못한 채 1944년 입적했다. 이후 민족의 스승인 만해의 정신을 계승하기 위해 2003년 만해마을을 조성했다. 만해마을은 만해의 수행 공간이자 집필 공간이었던 백담사 인근에 자리 잡았다. 만해마을 안에는 만해의 문학과 철학 사상을 포괄적으로 소개하는 만해문학박물관, 《조선불교유신론》과 무소유의 정신을 담은 법당인 서원보전을 비롯해 님의침묵광장과 산책로, 북 카페 등의 시설을 갖췄다. 인근 백담사의 만해기념관까지 함께 돌아보며 만해 한용운의 삶과 가르침을 되살려보자.

주소 강원도 인제군 북면 만해로 91 | **전화** 033-462-2303 | **시간** 09:00~19:00(만해문학박물관 09:00~17:00) | **휴무일** 만해마을 연중무휴 / 만해문학박물관 월요일, 1월 1일, 설날·추석 당일 | **입장료** 무료 | **홈페이지** manhae2003.dongguk.edu

◆ 사전 조사를 해봐요 ◆

도서 《큰작가 조정래의 인물이야기 – 한용운》 : 조정래 작가가 만해 한용운의 삶과 그의 행적, 그가 남긴 빛나는 문학 작품에 대해 이야기해준다.

도서 《님의 침묵》 : 부모와 아이들이 함께 한용운의 시집을 읽어보자. 아이들의 눈높이에 맞춰 해설을 가미한 시집도 있으니 취향에 따라 골라 선택하자.

알차게 돌아보기

만해문학박물관 01

1층은 상설전시관, 2층은 기획전시실이다. 1층 로비 벽면에는 만해의 친필로 쓴 '풍상세월 유수인생(風箱歲月流水人生)'과 '만해연대기'가 전시되어 있다. 만해의 친필 서예와 작품집, 주제로 본 만해선사의 삶 등의 전시를 볼 수 있다.

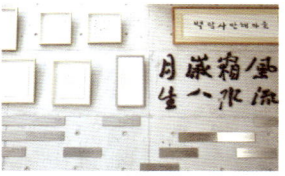

만해평화지종 02

세계 유일의 분단국가인 우리나라의 통일과 만민의 안녕을 염원하는 범종루. 일반 사찰에서 만나는 범종루는 누각 형태를 띠지만 만해평화지종은 비를 가릴 지붕만 있고 열린 형태라 독특하다.

평화의 시벽 03

2005년 세계평화시인대회에 참가한 국내외 시인들의 시를 동판에 담아 시벽을 꾸몄다. 찬찬히 걸으며 평화에 대한 세계 시인들의 염원을 담은 시를 하나하나 음미해보자.

> **TIP**
> 01 잠시 쉬어 갈 만한 북 카페가 있다.
> 02 수련 시설과 가족 호텔 등 숙박 시설을 이용할 수 있다.
> 03 해마다 8월 무렵 만해축전이 열린다. 백일장, 시낭송대회, 어린이창작캠프 등 다채로운 행사를 진행한다.

주변 여행지 돌아보기

한국시집박물관 01

우리나라 근현대기 시집을 연대기로 전시한다. 단순히 눈으로만 시집을 보는 게 아니라 시를 낭송하고 체험해보는 코너도 마련되어 있다. 박물관 1층에는 자유롭게 시집을 읽을 수 있는 공간도 있다. 만해마을에서 자동차로 1분.

주소 강원도 인제군 북면 만해로 136 | **전화** 033-463-4082 | **시간** 3~10월 09:00~18:00, 11~2월 09:00~17:30 | **휴무일** 월요일, 1월 1일, 설날·추석 당일 | **입장료** 무료 | **홈페이지** 한국시집박물관.org

여초김응현서예관 02

근현대 한국 서예의 대가로 손꼽히는 여초 김응현의 작품과 유품, 국내외 서법 관련 자료, 서적 등을 전시·보존한다. 빼어난 건축미를 자랑하는 서예관 건축물이 또 하나의 볼거리를 제공한다. 만해마을에서 자동차로 1분.

주소 강원도 인제군 북면 만해로 154 | **전화** 033-461-4081 | **시간** 3~10월 09:00~18:00, 11~2월 09:00~17:30 | **휴무일** 월요일, 1월 1일, 설날·추석 당일 | **입장료** 무료 | **홈페이지** yeochomuseum.kr

백담사 03

수려한 경관과 함께 만해와 관련한 역사를 간직한 사찰로 유명하다. 만해는 이곳에 머물며 《조선불교유신론》, 《님의 침묵》 등을 집필했다. 백담사 내에 만해기념관이 있다. 만해마을에서 백담주차장(버스 승차장)까지 자동차로 6분.

주소 강원도 인제군 북면 백담로 746 | **전화** 033-462-6969 | **시간** 24시간 | **휴무일** 연중무휴 | **가격** 무료

157
박경리 문학공원

한국문학의 대모 박경리 작가의 숨결을 느끼다

POINT 대하소설 《토지》를 집필한 작가의 집과 작품을 살펴보고 문학의 향기를 느껴본다.

대하소설 《토지》는 한국 현대문학의 기념비적인 작품이다. 원주 박경리문학공원에는 《토지》를 집필한 박경리 작가의 자취가 남아있다. 소설가 박경리는 1980년 서울을 떠나 강원도 원주 단구동으로 이사했다. 이곳에서 소설 《토지》 4부와 5부를 집필했고, 1994년 대단원의 막을 내렸다. 박경리 문학공원은 옛집을 중심으로 박경리 문학의 집, 북 카페, 야외(용두레벌, 홍이동산, 평사리마당), 옛집(집필실) 등으로 구성된다. 박경리 문학의 집에서 작가의 다양한 서적을 살펴보고, 토지의 주요 시대 배경을 나타낸 특별 전시를 관람할 수 있다. 소설에 등장하는 평사리 마당, 홍이동산, 용두레벌 등을 꾸며놓은 야외도 함께 둘러보자. 《토지》는 초등학생에게 다소 어렵게 느껴질 수 있으므로 어린이의 눈높이에 맞춰 일부 문장을 함께 낭독해보거나 토지에 등장하는 인물을 살펴본다.

주소 강원도 원주시 토지길 1 | **전화** 033-762-6843 | **시간** 10:00~17:00 | **휴무일** 넷째 주 월요일, 1월 1일, 설날·추석 당일 | **입장료** 무료 | **홈페이지** www.tojipark.com

◆ 사전 조사를 해봐요 ◆

도서 《토지》 : 평사리 대지주인 최 참판 댁의 흥망성쇠를 중심으로 이야기를 전개한다. 동학혁명, 식민지시대, 해방에 이르는 우리 민족의 한 많은 근현대사를 폭넓게 담았다. 생동감 넘치는 인물과 사건 묘사, 생생한 언어로 격동의 시기를 그렸다.

도서 《동화 토지》 : 어린이 눈높이에 맞춰 원작을 재구성했다. 이해를 돕는 그림과 따뜻한 문체가 특징이다. 우리 민족이 걸어온 이야기를 덤덤하게 풀어낸다. 어린이가 읽어도 충분히 내용을 이해할 수 있다.

◆ 엄마, 아빠랑 배워요 ◆

《토지》는 어떤 작품인가요?

구한말에서 일제강점기를 거쳐 해방에 이르기까지 역사적 사건과 민중의 삶을 나타낸 소설이다. 1969년부터 연재를 시작해 1994년에 마무리했다. 박경리 선생은 26년 동안 원고지 4만여 장에 이르는 방대한 분량을 집필했다.

알차게 돌아보기

박경리 문학의 집 2층 01

박경리 선생의 일생을 연표와 사진을 통해 전시한다. 육필 원고와 초판본을 포함해 바느질 도구, 필통, 안경, 호미와 장갑, 모자 등 선생이 남긴 유품도 볼 수 있다.

박경리 문학의 집 3층 02

《토지》의 역사적, 공간적 이미지와 등장인물 관계도, 주요 장면 하이라이트를 전시한다. 작품에 등장하는 소재를 함께 전시해놓아 눈길을 끈다. 영상 자료를 통해 소설 《토지》를 만나본다.

박경리 문학의 집 4, 5층 03

박경리 선생의 작품 세계를 전시한다. 청소년 토지학교가 열리는 곳이기도 하다. 5층에서 박경리 선생에 관련한 전시와 영상을 상영한다.

TIP

01 《토지》에 대한 배경지식을 미리 알고 가면 좋다.
02 북 카페에서 다양한 서적을 볼 수 있다.
03 문학공원 안에는 수령 200년이 넘는 느티나무가 있다.
04 옛집 앞마당 돌 의자에는 박경리 선생의 동상과 키우던 고양이 동상이 있다.
05 박경리 문학의 집을 관람할 때는 엘리베이터를 타고 5층으로 올라가 한 층씩 내려가며 전시를 관람한다. 계단과 복도에 박경리 선생의 사진이 걸려 있다.

주변 여행지 돌아보기

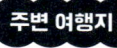 

원주한지테마파크 01

원주 한지를 전시하는 복합 문화 공간이다. 한지의 역사, 제작 과정을 소개하는 한지역사실을 관람하고 한지 아트, 한지 뜨기 등의 체험 프로그램에 참여해본다. 매년 가을에는 원주한지문화제가 열린다. 박경리문학공원에서 자동차로 10분.

주소 강원도 원주시 한지공원길 151 | **전화** 033-734-4739 | **시간** 09:00~18:00 | **휴무일** 월요일, 1월 1일, 설날·추석 당일 | **입장료** 1층 한지역사실 무료, 2층 기획전시실 유료 | **홈페이지** www.hanjipark.com

뮤지엄 산 02

웰컴센터, 뮤지엄 본관, 제임스터렐관으로 구성된다. 본관에는 종이박물관(페이퍼갤러리)과 미술관이 있다. 세계적인 건축가 안도 다다오가 설계한 건축물로 유명하다. 박경리문학공원에서 자동차로 34분.

주소 강원도 원주시 지정면 오크밸리2길 260 | **전화** 033-730-9000 | **시간** 뮤지엄 10:00~18:00, 제임스터렐관 10:30~17:30 | **휴무일** 월요일 | **입장료** 뮤지엄권 어른 2만3000원, 초·중·고등학생 1만5000원 | **홈페이지** www.museumsan.org

소금산그랜드밸리 03

수려한 풍광과 함께 출렁다리, 소금잔도, 스카이워크, 울렁다리 같은 액티브한 체험을 즐길 수 있는 곳. 높은 산 위에 설치된 200m 길이 출렁다리와 404m 길이 울렁다리가 압권이다. 박경리문학공원에서 자동차로 20분.

주소 강원 원주시 지정면 간현리 소금산길 12 | **전화** 033-749-4860 | **시간** 5~10월 09:00~18:00, 11~4월 09:00~17:00 | **휴무일** 월요일(공휴일일 경우 그다음 날) | **입장료** 중학생 이상 9000원, 초등학생 5000원 | **홈페이지** cms.wfmc.kr

158

한국인이 가장 사랑하는 시인 윤동주의 발자취를 찾아서

윤동주 문학관

POINT
화려하게 꾸미는 대신 담백하게 써 내려간 윤동주의 시는 많은 사람의 가슴을 울린다. 윤동주 시인의 삶과 문학 작품을 깊이 들여다본다.

윤동주는 성찰의 시인이다. 일제 치하 암울한 상황 속에서도 시에 대한 열정을 쉽게 내려놓지 않았다. 끊임없이 자신을 반성하고, 마음을 다독이는 시를 썼다. 그는 일본 유학 중 독립운동과 한글 창작 혐의로 체포되어 감옥에서 스물아홉 나이로 생을 마감했다. 시인 윤동주를 기리는 문학관이 서울 종로구 인왕산 자락에 자리한다. 버려진 청운수도 가압장과 물탱크를 리모델링해 문학관이 탄생했다. 이곳에서는 한국인이 사랑하는 시인, 윤동주의 생애와 문학 작품을 전시한다. 3개의 전시관과 카페 겸 휴식 공간으로 이루어졌는데 공간이 주는 무게감과 시인의 작품 세계가 어우러져 잔잔한 감동을 선사한다. 문학관 주변으로 이어진 '시인의 언덕'을 산책하며 한가로운 풍경을 즐겨보자.

주소 서울시 종로구 창의문로 119 | **전화** 02-2148-4175 | **시간** 10:00~18:00 | **휴무일** 월요일, 1월 1일, 설추석 연휴 | **입장료** 무료 | **홈페이지** www.jfac.or.kr/site/main/content/yoondj01

◆ 사전 조사를 해봐요 ◆

도서 《동주에게서 온 편지: 윤동주 탄생 100주년 기념 세트》 : 1940년대 경성에서 배달 온 소포를 재현했다. 《하늘과 바람과 별과 시》 초판본과 1955년 10주기 기념 유고 시집 초판본, 윤동주의 대표작 19편이 수록된 육필 원고지, 윤동주 사진, 엽서, 책갈피, 연필, 노트 등이 들어 있다.

영화 〈동주〉 : 일제강점기 시인 윤동주의 삶을 다룬 영화다. 흑백 화면에 그의 삶과 작품 세계를 담았다. 윤동주의 외사촌 형 송몽규의 이야기도 인상적이다. 12세 관람가.

◆ 엄마, 아빠랑 배워요 ◆

윤동주 시인의 대표작은 어떤 작품이 있나요?
윤동주 시인은 '서시', '별 헤는 밤', '자화상', '참회록' 등 여러 편의 시를 남겼다. 그가 남긴 동시로는 '겨울', '조개껍질', '버선본', '햇빛·바람' 등이 있다. 필사를 하며 시의 맥락을 천천히 짚어본다.

알차게 돌아보기

1전시실 시안채 01
인간 윤동주를 만나보는 시간. 윤동주의 일생을 살펴볼 수 있는 출판물과 표지, 친필 원고, 관련 자료 등을 전시한다.

2전시실 열린우물 02
'자화상'에 등장하는 우물에서 영감을 받아 조성했다. 버려진 물탱크의 윗부분을 개방해 중정을 만들었다. 수도 가압장 시절, 물이 흘렀던 자국이 그대로 남아 있어 시간의 흐름이 느껴진다.

3전시실 닫힌우물 03
침묵하고 사색하는 공간이다. 어두운 실내에 의자가 놓여 있다. 폐기된 물탱크를 원형 그대로 보존했으며 지금은 상영관으로 쓰인다. 시인의 일생과 작품 세계를 담은 영상을 상영한다.

> **TIP**
> 01 2012 대한민국 공공건축상, 2014 서울시 건축상을 수상했고, 2015 현충시설로 지정됐다.
> 02 윤동주문학제, 토크 콘서트, 시화 전시회 등 문화 행사 프로그램이 열린다.
> 03 1전시실은 사진, 동영상 촬영 불가, 2·3전시실은 사진만 촬영 가능하다.
> 04 문화관 내부에는 화장실이 없다(문학관에서 100m 거리에 있는 청운공원 공중화장실 이용).
> 05 휴식 공간 별뜨락 카페에서 차를 마시며 쉬어 갈 수 있다.

주변 여행지 돌아보기

청운문학도서관 01
윤동주문학관에서 청운공원을 지나면 언덕 아래쪽에 한옥도서관이 있다. 한옥채와 누정(연못), 지하 열람실로 구성된다. 시, 소설, 수필 위주의 다양한 문학 도서를 만나볼 수 있다. 인문학 강연, 시 낭송회 등 문화 행사가 열린다. 윤동주문학관에서 도보 4분.

주소 서울시 종로구 자하문로36길 40 | **전화** 070-4680-4032 | **시간** 10:00~19:00 | **휴무일** 월요일, 1월 1일, 설추석 연휴 | **입장료** 무료 | **홈페이지** lib.jongno.go.kr

초소책방 02
50년 전 지은 청와대 방호목적 경찰초소가 북카페로 거듭났다. 철제문, 초소 외벽, 보일러 시설 등 옛 모습이 곳곳에 남아 있다. 서점과 카페 공간으로 이루어져 있으며 테라스, 야외 등에서 자유롭게 차를 마실 수 있다. 윤동주문학관에서 도보 15분.

주소 서울시 종로구 인왕산로172 | **전화** 02-735-0206 | **시간** 08:00~22:00 | **휴무일** 연중무휴

석파정 서울미술관 03
인왕산 자락 비스듬한 언덕에 자리한 석파정은 흥선대원군 별서 앞에 있는 작은 정자다. 미술관 3층에서 이어지는 길이 있다. 미술관 관람을 마치고 석파정도 함께 둘러보자. 윤동주문학관에서 도보 8분.

주소 서울시 종로구 창의문로11길 4-1 | **전화** 02-395-0100 | **시간** 실내 전시 10:00~18:00, 석파정 12:00~17:00 | **휴무일** 월요일 | **입장료** 어른 1만5000원, 청소년 1만2000원, 어린이 9000원, 미취학 8000원 | **홈페이지** seoulmuseum.org

159

메밀꽃 피는 봉평에서
그를 만나다

이효석 문학관

POINT 가이드 우리나라 대표 단편소설 《메밀꽃 필 무렵》의 배경이자 이효석의 고향인 평창군 봉평에서 이효석과 그의 소설에 대해 제대로 알아본다.

'산허리는 온통 메밀밭이어서 피기 시작한 꽃이 소금을 뿌린 듯이 흐뭇한 달빛에 숨이 막힐 지경이다.' 우리나라 대표 단편소설인 이효석의 《메밀꽃 필 무렵》에 나오는 문구다. 이효석의 고향인 강원도 평창군 봉평면에는 지금도 흐드러지게 메밀꽃이 피어오른다. 이효석의 고향이자 《메밀꽃 필 무렵》의 배경지인 봉평면에서 이효석의 생애와 문학 세계를 살펴본다는 건 의미 깊은 일이다. 문학관은 봉평이 한눈에 들어오는 산 중턱에 위치한다. 메밀꽃이 피는 계절에 찾는다면 '소금을 뿌린 듯' 숨 막히는 풍광을 내려다볼 수 있다. 문학관 건축물은 주변 자연환경과 운치 있게 어우러진다. 전시실에서는 이효석의 출생부터 죽음에 이르기까지의 자료, 그의 문학 세계를 보여주는 육필 원고와 문학 자료, 이효석 작품에 나타난 평창 등을 살펴볼 수 있다. 1930년대 봉평장을 미니어처로 그대로 재현한 코너가 흥미롭다. 전시관 밖에는 오솔길, 쉼터, 북 카페 '동'이 있다.

주소 강원도 평창군 봉평면 효석문학길 73-25 | **전화** 033-330-2700 | **시간** 5~9월 09:00~18:30, 10~4월 09:00~17:30 | **휴무일** 월요일(월요일이 공휴일인 경우 그다음 날), 1월 1일, 설날·추석 당일 | **입장료** 초등학생 이상 2000원(효석달빛언덕 입장료 별도 3000원, 이효석문학관+효석달빛언덕 통합권 4500원) | **홈페이지** www.hyoseok.net

◆ **사전 조사를 해봐요** ◆

도서 《메밀꽃 필 무렵》 : 어린이를 위한 버전도 여러 권 나와 있다. 문학관을 방문할 때쯤 꼭 읽어보고 가자.

알차게 돌아보기

효석달빛언덕 01

《메밀꽃 필 무렵》의 배경과 등장인물 등을 재현한 테마 관광지로, 2018년 8월 개관했다. 나귀광장, 근대문학체험관, 이효석생가, 달빛나귀 전망대 등 다채로운 테마 공간을 갖추었다.

이효석생가 & 푸른집 02

효석달빛언덕 안에는 이효석생가와 푸른집이 있다. 이효석생가는 고증을 바탕으로 원래 생가를 재현한 곳이고 푸른집은 이효석이 평양에서 지냈던 집을 재현했다. 두 곳을 비교하며 그의 작품 세계를 살펴봐도 좋다.

이효석 문학의숲 03

《메밀꽃 필 무렵》을 떠올리며 걷는 숲 속 산책로. 소설 속 장터, 물레방아, 충주집 등을 재현했다. 청정 자연 속에서 문학을 즐기는 코스다.

TIP
01 해마다 9월 초, 평창효석문화제가 열린다. 메밀꽃이 만개하는 이 기간에 방문하면 다양한 재미를 맛볼 수 있다.
02 전시실 옆에 카페가 있다. 커피나 차를 마시며 쉬어 갈 수 있고 기념품 구입도 가능하다.

주변 여행지 돌아보기

무이예술관 01

폐교된 무이초등학교를 개조한 예술관. 서양화가, 조각가, 서예가 등이 모여 각자의 작품 세계를 펼친다. 작가들이 이곳에서 작업도 하고 전시도 하며 체험 프로그램도 운영한다. 이효석문학관에서 자동차로 5분.

주소 강원도 평창군 봉평면 사리평길 233 | **전화** 033-335-4118 | **시간** 3~10월 09:00~18:30, 11~2월 10:00~17:00 | **휴무일** 수요일 | **입장료** 만 6~64세 3000원, 만 65세 이상 2000원 | **홈페이지** https://mooee.modoo.at

허브나라농원 02

흥정계곡을 끼고 자리한 천혜의 자연 환경 속에서 여러 테마 정원과 문화 공간, 레스토랑, 카페 등의 시설을 갖췄다. 이효석문학관에서 자동차로 12분.

주소 강원도 평창군 봉평면 흥정계곡길 225 | **전화** 033-335-2902 | **시간** 5~10월 09:00~18:00, 11~4월 09:00~17:30 | **휴무일** 11~4월 화요일 | **입장료** 5~10월 어른 8000원, 초등학생만 65세 이상 5000원, 11~4월 어른 5000원, 초등학생만 65세 이상 3000원 | **홈페이지** www.herbnara.com

월정사 03

신라시대 자장율사가 창건한 천년 고찰. 월정사 팔각 구층석탑(국보)과 석조보살좌상(국보), 피톤치드 가득한 월정사 전나무숲길, 상원사까지 이어지는 선재길 등 보고 즐길 거리가 많다. 이효석문학관에서 자동차로 38분.

주소 강원도 평창군 진부면 오대산로 374-8 | **전화** 033-339-6800 | **입장료** 어른 3000원, 청소년 1500원, 어린이 500원(주차료 별도) | **홈페이지** www.woljeongsa.org

160 최명희 문학관

혼불의 작가 최명희의
발자취를 찾아서

POINT 콕! 소설가 최명희 선생의 대하소설 《혼불》을 살펴보고, 작가의 문학 정신을 기린다.

최명희 선생은 전주 경원동에서 태어나 한평생 국어 교사와 작가의 삶을 살았다. 난소암에 걸려 투병하면서도 집필에 매달려 7년 만에 대하소설 《혼불》을 완성했다. 그는 글을 쓰는 일을 '손가락으로 바위를 뚫는 일'이라고 했다. 창작은 그만큼 고된 작업이다. 최명희 문학관은 독락재(전시실), 비시동락지실(세미나실), 평토제(체험프로그램)으로 구성된다. 독락재에는 육필 원고와 지인에게 보낸 편지, 작가 인터뷰 영상 등이 있다. 그중에서도 어른 허리 높이로 쌓인 원고가 인상적이다. 1년 후에 받아보는 느린우체통 편지 쓰기, 혼불 필사하기, 헌책 판매 등 다양한 프로그램을 운영한다. 초등학생이 《혼불》을 이해하기에는 조금 어려울 수 있지만 문학가의 삶을 돌아보는 시간만으로 방문할 가치가 충분하다.

주소 전라북도 전주시 완산구 최명희길 29 | **전화** 063-284-0570 | **시간** 10:00~18:00 | **휴무일** 월요일 | **입장료** 무료 | **홈페이지** www.jjhee.com

◆사전 조사를 해봐요◆

도서 《혼불》 : 최명희 선생이 지은 장편소설. 1988년 9월부터 월간 《신동아》에 연재하기 시작해 1995년 10월까지 이어졌다. 국내 월간지 사상 최장기 연재 기록을 수립했다.

"사람이 무슨 일을 할 때는 큰일이든 작은 일이든 자기 속에 심중을 가지고 할 것입니다. 심중을 가지고 한 일이라면 남이 무어라고 한다 해서 쉽사리 부화뇌동, 주견도 없이 남의 의견을 따라 이리저리 흔들리는 것은 아예 처음부터 하지 않음만 못합니다."

– 《혼불》 1권 82쪽

◆엄마, 아빠랑 배워요◆

한국문학에서 혼불은 어떤 역할을 했나요?
《혼불》은 격변하는 근대에 전통적 삶의 방식을 지켜나간 한민족의 삶을 담았다. 1930년대 전라북도 남원, 몰락해가는 한 양반가의 이야기를 통해 당시 힘겨웠던 우리 민족의 모습을 그렸다. 구한말과 일제강점기 조선 사람들의 비극적인 삶과 민족혼 회복의 염원을 담았으며 작품을 통해 당시 시대상과 민족정신을 생생하게 표현해 한국문학의 수준을 높였다.

알차게 돌아보기

최명희길 & 생가터 01

전주한옥마을 동학혁명기념관에서 경기전 뒷담으로 이어지는 좁은 길에 생가터가 있다. 생가터와 최명희문학관 사이 골목 길이름이 '최명희길'이다. 생가터에는 표지석이 서 있다.

혼불문학공원 02

전주시 덕진동 선생의 묘역에 혼불문학공원이 있다. 묘소 주변으로 10개의 안내석이 있다. 《혼불》의 문장과 선생의 어록을 새겼다.

TIP

01 전시관 규모가 작아 10분 정도면 다 둘러볼 수 있지만, 천천히 작품의 의미를 되새기며 관람한다.

02 문학 강연, 토론회, 세미나, 문학 기행 등 다양한 문학 프로그램에 참여해봐도 좋다.

03 1년 후에 받는 편지, 엽서 쓰기, 서체 따라 쓰기, 필사 등 체험 프로그램이 열린다.

전주한옥마을 느린우체통

주변 여행지 돌아보기

교동아트미술관 & 교동아트스튜디오 01

과거 메리야스 공장이 미술관으로 탈바꿈했다. 작가와 대중이 소통하는 장이자 작품을 선보이는 전시장으로 활용한다. 연중 다양한 초대전과 기획전이 열린다. 최명희문학관에서 도보 2분.

주소 전라북도 전주시 완산구 경기전길 89(교동아트미술관) | **전화** 063-287-1245 | **시간** 4~9월 10:00~19:00, 10~3월 10:00~18:00 | **휴무일** 월요일, 1월 1일, 설날·추석 당일 | **입장료** 무료 | **홈페이지** www.gdart.co.kr

전주 경기전 (어진박물관) 02

'경사스러운 터에 지은 궁궐'이라는 뜻으로 태조 이성계의 영정을 봉안하기 위해 지었다. 이성계의 어진을 모신 본전, 《조선왕조실록》을 보관하던 전주사고 등이 남아 있다. 최명희문학관에서 도보 5분.

주소 전라북도 전주시 완산구 태조로 44(경기전 내) | **전화** 063-231-0090, 0190 | **시간** 3~10월 09:00~19:00, 11~2월 09:00~18:00 | **휴무일** 월요일, 1월 1일 | **입장료** 어른 3000원, 어린이 1000원 | **홈페이지** www.eojinmuseum.org

전주부채문화관 03

전주에는 과거 선자청(부채를 만들고 관리하는 관청)이 있었다. 전주는 예로부터 단단한 대나무와 질 좋은 한지를 이용한 부채가 발달했다. '나만의 부채 그리기' 체험도 할 수 있다. 최명희문학관에서 도보 2분.

주소 전라북도 전주시 완산구 경기전길 93 | **전화** 063-231-17744(경기전 경내) | **시간** 09:00~18:00 | **휴무일** 월요일 | **입장료** 무료 (부채 그리기 단선 7000, 접선 1만 원) | **홈페이지** blog.naver.com/jeonjufan

161

매일 소나기가 쏟아지는
소설 같은 공간

황순원 문학촌 소나기마을

POINT 한국 대표 작가인 황순원과 한국 대표 단편소설 《소나기》를 만날 수 있는 공간이다. 실내외에 흥미로운 전시와 체험이 가득하다.

시골 소년과 도시 소녀의 풋풋한 감정을 담은 《소나기》는 작가 황순원의 대표작이자 많은 국민들이 아는 한국 대표 단편소설이다. 황순원문학촌은 《소나기》를 테마로 조성해 소나기마을이라고도 불린다. 보통 작가의 고향에 그를 기리는 문학관을 조성하는데 황순원의 고향은 평안남도 대동이다. 양평에 황순원문학촌이 건립된 것은 《소나기》가 인연이 되었기 때문이다. 소설 《소나기》에는 '소녀네가 양평읍으로 이사 간다'라는 내용이 나온다. 소설 속 이런 설정이 연결 고리가 되어 양평에 황순원문학촌 소나기마을을 조성했다. 소나기마을의 규모는 약 4만 7640m²이며, 3층짜리 문학관과 야외 공간으로 이뤄져 있다. 야외에는 《소나기》속 장면과 연관된 소나기광장, 송아지들판, 수숫단오솔길 등 테마 공간이 있다. 소나기광장 한쪽에 자리한 황순원문학관은 원뿔형 외관이 독특하다. 《소나기》에서 소년과 소녀가 소나기를 피해 들어간 수숫단 모양을 형상화한 것이다. 문학관 안에는 황순원의 삶과 작품 세계를 보여주는 전시실과 황순원의 작품 속 장면을 재현한 전시실이 있다.

주소 경기도 양평군 서종면 소나기마을길 24 | **전화** 031-773-2299 | **시간** 3~10월 09:30~18:00, 11~2월 09:30~17:00 | **휴무일** 월요일(월요일이 공휴일인 경우 그다음 날), 1월 1일, 설날·추석 당일 | **입장료** 어른 2000원, 청소년 1500원, 어린이 1000원, 만 6세 이하·65세 이상 무료 | **홈페이지** https://www.yp21.go.kr/museumhub

◆ 사전 조사를 해봐요 ◆

도서 《길벗어린이 작가 앨범 01 - 소나기》: 황순원의 아름다운 단편소설 《소나기》에 강요배 화백의 그림을 더한 동화책이다.

도서 《소나기 - 황순원 단편집》: 《소나기》와 《산골아이》, 《별》 등 황순원의 단편소설 5편과 삽화를 함께 실었다.

알차게 돌아보기

01 소나기광장

황순원문학촌 소나기마을에는 겨울을 제외하고 매일 소나기가 내린다. 소설 《소나기》 속 장면을 체험할 수 있도록 매일 정해진 시간에 인공 소나기를 뿌린다. 주변에 원두막과 수숫단 등 소나기를 피할 곳도 마련되어 있다. 황순원문학촌을 방문하면 꼭 시간을 확인해 소나기가 쏟아지는 순간을 체험할 것.

02 실감콘텐츠 영상체험관

《소나기》를 주제로 하는 실감나는 영상으로 채운 공간이다. 소설 속 소년, 소녀의 만남 장면을 상징화한 영상이 시연되고 소설에 나오는 개울가 모습도 실제처럼 표현된다. 관람객이 개울가 물길 위에 서면 물 파장이 일고 물고기들이 움직이기도 한다. 요즘 아이들이 좋아하는 영상이 더해져 《소나기》 이야기에 친근하게 다가가게 한다.

03 공부 안 해도 되는 문학교실

옛 초등학교 교실을 재현한 공간에서 전시관을 돌며 느낀 소설적 영감을 직접 표현해볼 수 있다. 터치식 디지털 칠판 등 아이들이 좋아할 만한 요소가 많다.

TIP
01 문학관에 어린이를 위한 활동지가 준비되어 있다. 활동지를 들고 문학관을 돌아보면 좀 더 알차게 관람할 수 있다.
02 야외 소나기광장에 AR 체험 콘텐츠가 설치되어 있다. 스마트폰 앱을 이용해 AR 체험을 즐겨보자.
03 해마다 다양한 체험 프로그램을 진행한다. 미리 확인한 후 이용하자.

주변 여행지 돌아보기

01 중미산자연휴양림

울창한 숲과 남한강이 조화를 이루는 아름다운 자연 속에 위치한다. 숲 해설 프로그램과 오리엔티어링 프로그램을 통해 숲을 즐기도록 도와준다. 중미산천문대도 있어 다양한 체험이 가능하다. 황순원문학촌에서 자동차로 15분.

주소 경기도 양평군 옥천면 중미산로 1152 | **전화** 031-771-7166 | **시간** 09:00~18:00(숙박 시설은 15:00~다음 날 12:00) | **휴무일** 화요일(성수기 화요일·수요일이 공휴일인 경우 예외) | **입장료** 어른 1000원, 청소년 600원, 초등학생 300원, 만 6세 이하 무료(12~3월에는 무료입장) | **홈페이지** www.foresttrip.go.kr

02 두물머리

북한강과 남한강, 두 물줄기가 합쳐지는 곳이라 두물머리라고 불린다. 나루터로 유명했던 곳이나 지금은 나루터 기능은 하지 않는다. 옛 나루터와 물안개, 수양버들이 어우러진 풍광이 아름다워 영화, 광고, 드라마 촬영 장소로 애용된다. 바로 옆이 세미원이라 함께 여행하기 좋다. 황순원문학촌에서 자동차로 20분.

주소 경기도 양평군 양서면 두물머리길 125 일대 | **전화** 031-775-8700 | **시간** 24시간 | **휴무일** 연중무휴 | **입장료** 무료

03 다산유적지

조선 후기 대표 실학자인 다산 정약용의 유적지로, 그의 생가와 묘, 다산문화관, 다산기념관 등이 모여 있다. 주변으로 실학박물관과 다산생태공원이 있어 나들이 코스로 안성맞춤이다. 황순원문학촌에서 자동차로 25분.

주소 경기도 남양주시 조안면 다산로747번길 11 | **전화** 031-590-2481 | **시간** 시설별로 다름 | **휴무일** 기념관, 박물관 등은 월요일, 1월 1일, 설날·추석 당일 | **입장료** 무료(일부 시설은 유료)

162
책에 파묻혀 놀아볼까?
파주 출판도시

pajubookcity 지혜의 숲

info

POINT

책이 주인공이 되는 도시. 책을 만드는 수많은 업체가 모여 있는 공간에서 책과 관련한 다양한 재미를 맛보자. 아이들이 자연스럽게 책과 가까워진다.

파주출판도시는 국내 유수 출판사와 인쇄업체, 디자인업체 등 책과 관련한 기업이 대거 모여 있다. 그야말로 책의 도시이자 건축의 도시다. 천편일률적인 건축물로 이뤄진 일반 도시 풍경과는 다르게 똑같은 것이 하나도 없다. 유명 건축가들이 설계한 건물들이 주변 자연환경과 조화롭게 어우러진다. 그 덕분에 건축 투어 장소로도 인기다. 또 파주출판도시는 단순히 책을 만드는 공간을 넘어 많은 사람에게 책을 접할 기회를 제공한다. 일반인이 이용 가능한 서점, 북 카페, 갤러리, 공연장 등 다양한 시설이 있으며 어린이부터 성인까지 각 연령대의 요구를 충족시킨다. 어디서부터 어떻게 돌아봐야 할지 모르겠다면, 파주출판도시 랜드마크와도 같은 아시아출판문화정보센터부터 방문하자. 출판도시 대표 시설인 '지혜의 숲'을 비롯해 숙박 시설, 문화 시설, 전시장, 카페, 책방 등을 갖춰 알찬 시간을 보낼 수 있다.

주소 경기도 파주시 회동길 245 | **전화** 031-955-0050 | **시간** 시설마다 다름 | **휴무일** 시설마다 다름 | **입장료** 시설마다 다름 | **홈페이지** www.pajubookcity.org

◆ 사전 조사를 해봐요 ◆

앱 '파주북시티투어' : 파주출판도시에 대한 소개, 건축물 안내, 산책 코스 정보 등 다양한 내용을 담고 있다. 미리 훑어보면 출판도시에 대해 제대로 이해할 수 있다. 여행 계획을 짜는 데도 도움이 된다. 지도도 나와 있어 현장에서도 유용하다.

도서 《Job? 나는 출판사에서 일할 거야!》 : 출판 기획, 북 디자인, 인쇄, 제본, 판매, 영업 등 책이 우리에게 오기까지의 모든 과정을 자세히 설명해준다. 이와 관련된 다양한 직업에 대해서도 알아볼 수 있다.

알차게 돌아보기

지혜의 숲

누구나 편안하게 이용 가능한 친근한 도서관이다. 1·2·3관으로 이뤄지며 각 분야의 학자와 지식인, 출판사 등에서 기증한 책이 가득하다. 지혜의 숲 2에는 어린이 책 코너, 카페, 서점 등의 시설이 있어 아이들과 방문하기 좋다. 별도 입장료가 없으며 아시아출판문화정보센터 1층에 위치한다.

홈페이지 www.forestofwisdom.or.kr

북 카페 투어

커피(아이들은 우유나 주스) 한잔 음미하며 마음에 드는 책을 읽는 시간. 파주출판도시에서 놓치지 말아야 할 힐링 포인트다. 출판사에서 운영하는 북 카페가 많아 더욱 특별하다. 보리출판사에서 운영하는 '보리책놀이터', 효형출판사의 '눈' 등 곳곳에 북 카페가 많다. 어린이책방과 북 카페를 겸비한 '밀크북'도 아이들과 방문하기 좋다.

출판도시 인문학당

파주출판도시 일대와 여러 지역에서 진행하는 인문학 강좌 프로그램. 인문학, 예술, 건축, 신화, 음악 등 다양한 분야의 강연을 들을 수 있다. 홈페이지에서 미리 강좌 내용을 확인하고 예약한 후 이용 가능.

홈페이지 www.inmunclub.org

주변 여행지 돌아보기

헤이리 예술마을

여러 분야의 문화 예술인이 모여 작업실, 미술관, 박물관, 갤러리, 공연장 등을 짓고 마을을 조성했다. 저마다 특색 있는 건축물이 원래의 자연과 어우러져 멋진 풍광을 연출한다. 파주출판도시에서 자동차로 약 12분.

주소 경기도 파주시 탄현면 헤이리마을길 일대 | **전화** 031-946-8551(헤이리사무국), 070-7704-1665~6(헤이리 공식 매표소) | **시간** 공간마다 다름 | **휴무일** 공간별로 다름(상당수 공간이 월요일 휴뮤) | **입장료** 무료(개별 공간은 대부분 유료) | **홈페이지** www.heyri.net

오두산통일전망대

오두산 정상에 위치한 오두산통일전망대에 오르면 가까이는 임진강이, 저 멀리로는 북한까지 내다보인다. 통일에 대한 다양한 전시가 이뤄지는 한편, 전망대도 갖췄다. 파주출판도시에서 자동차로 15분.

주소 경기도 파주시 탄현면 필승로 369 | **전화** 031-945-3171 | **시간** 10:00~17:00 | **휴무일** 월요일(월요일이 공휴일인 경우 그다음 날) | **입장료** 무료 | **홈페이지** www.jmd.co.kr

임진각

우리나라 분단의 아픔과 평화, 통일의 염원을 담아낸 현장. 망배단, 자유의 다리, 무기전시장, 증기기관차, 평화의 종, 임진각철교 등 둘러볼 만한 곳이 많다. 3000여 개의 바람개비가 돌아가는 '바람의 언덕'도 함께 둘러보자. 파주출판도시에서 자동차로 23분.

주소 경기도 파주시 문산읍 임진각로 148-40 | **전화** 031-953-4744 | **시간** 시설마다 다름 | **휴무일** 연중무휴 | **입장료** 무료

163
비행기 없이 떠나는 해외여행
경기 미래교육 파주캠퍼스

POINT 영어를 처음 시작하는 아이들에게 재미있고 생생한 체험 기회를 제공한다.

영어 울렁증을 없애려면 영어 공부의 첫 단추를 잘 끼는 것이 중요하다. 영어를 단순히 학습 대상으로 생각하는 게 아니라, 일상 속 하나의 요소로 대하는 태도를 심어주는 게 중요하다. 아이들에게 영어를 배워야 하는 이유를 생각해볼 시간과 기회를 줄 필요가 있다. 경기미래교육 파주캠퍼스에서는 외국처럼 꾸민 공간에서 외국인들과 대화를 나눌 수 있다. 경기미래교육 파주캠퍼스라는 이름이 생소할지도 모르겠다. 기존에 파주영어마을이라는 이름으로 널리 알려졌던 공간에 영어 교육과 미래 교육 프로그램을 접목해 경기미래교육 파주캠퍼스로 재탄생시켰다. 파주영어마을의 이국적인 분위기를 그대로 유지한 채 프로그램을 더욱 다양화했고, 단체뿐 아니라 개인을 위한 교육 프로그램도 운영한다. 영어로 진행하는 스낵 만들기, 공공시설 이용 체험, 가족이 함께 즐기는 프로그램 등 다양하다. 외국 같은 분위기 속에서 영어로 다양한 체험을 즐기다보면 영어가 학습보다는 재미있는 놀이처럼 느껴진다.

주소 경기도 파주시 탄현면 얼음실로 40 | **전화** 1588-0554, 031-956-2000 | **시간** 09:00~22:00(개인 체험 프로그램은 주말만 운영) | **휴무일** 연중무휴(명절 및 연휴 운영 일정은 홈페이지에 공지) | **입장료** 무료(체험료 별도) | **홈페이지** www.gcampus.or.kr

알차게 돌아보기

01 영어 뮤지컬
에듀테이너들이 꾸미는 영어 뮤지컬 공연을 즐겨보자. 아이들이 영어를 이해하지 못해도 재미있게 관람할 수 있다. 개인 방문객은 주말에 관람 가능하다. 주기적으로 공연 내용이 바뀌므로 홈페이지를 통해 미리 확인한 후 이용하자.

02 일일 체험 프로그램
개인과 가족을 위한 다양한 일일 체험 프로그램을 운영한다. 색칠하기, 티파티, 홈베이킹, 과학 등을 테마로 하는 여러 프로그램을 통해 관련 영어 표현을 익히게 된다. 호텔, 경찰서, 슈퍼마켓으로 이뤄진 체인지업타운에서는 원어민과 함께 상황극을 하며 실생활 영어를 배울 수 있다. 개인 일일 체험 프로그램은 주말만 이용 가능.

03 TV 속 장면 찾아보기
체인지업캠퍼스는 이국적인 분위기 덕에 CF, 뮤직비디오, 드라마 등에 단골로 등장한다. EXO, 소녀시대, 슈퍼주니어, 이승환 등 많은 유명 가수들이 이곳에서 뮤직비디오를 찍었다. '한류트레이닝센터'에서 오디션 프로그램 〈프로듀스 101〉을 촬영해 주목받기도 했다. 곳곳에서 TV 속 장면을 찾아보는 재미도 쏠쏠하다.

> **TIP**
> 01 매표소에서 공연과 체험 프로그램 일정표를 확인한 후 체험권을 미리 구입하자.
> 02 3~4인용 가족체험권을 이용하면 요금이 할인된다.
> 03 카페나 상업 시설이 조금 있지만 바로 인근의 헤이리나 파주 통일동산 쪽에 카페나 음식점 시설을 이용해도 좋다.
> 04 평화 교육, 인성 교육, 창의 교육, 미래 교육 등 여러 분야의 프로그램도 운영한다.

주변 여행지 돌아보기

01 오두산통일전망대
오두산 정상에 조성한 전망대로 우리나라 분단의 역사와 현실, 통일 문제에 대한 다양한 전시가 이뤄진다. 전망대 망원경을 통해 북한 땅도 볼 수 있다. 체인지업캠퍼스에서 자동차로 7분.

주소 경기도 파주시 탄현면 필승로 369 | **전화** 031-956-9600 | **시간** 3~10월 09:00~17:00(4~9월 주말공휴일은 18:00까지), 11~2월 09:00~16:30(주말공휴일은 17:00까지) | **휴무일** 월요일(월요일이 공휴일인 경우 그다음 날) | **입장료** 어른 3000원, 초중고등학생 1600원, 미취학 무료 | **홈페이지** www.jmd.co.kr

02 헤이리 예술마을
독특한 건축물들이 자연과 어우러진 마을이다. 천천히 걸으며 건축물을 구경하는 재미가 있다. 다양한 박물관, 미술관, 공방, 카페, 레스토랑 등이 자리한다. 공간마다 개성이 강해 가족 취향에 맞는 동선을 짜서 즐기면 된다. 체인지업캠퍼스에서 도보 8분.

주소 경기도 파주시 탄현면 헤이리마을길 59-6 일대 | **전화** 031-946-8551 | **시간** 공간마다 다름 | **휴무일** 요일에 문 닫는 곳 많음 | **입장료** 공간마다 다름 | **홈페이지** www.heyri.net

03 반구정
황희가 영의정 자리에서 물러난 후 여생을 보낸 조선시대 누정으로, 경기문화재자료로 지정되었다. 임진강변에 위치해 유유자적한 풍광이 매력적이다. 반구정 옆에는 황희의 영정을 모신 영당이 있다. 체인지업캠퍼스에서 자동차로 12분.

주소 경기도 파주시 문산읍 반구정로85번길 3 | **전화** 031-954-2170 | **시간** 3~10월 09:00~18:00, 11~2월 09:00~17:00 | **휴무일** 월요일(월요일이 공휴일인 경우 그다음 날) | **입장료** 어른 1000원, 만 6~18세 500원

164

애니메이션 캐릭터와
로봇과 함께 놀다

애니메이션 박물관

POINT 애니메이션 제작 과정을 부분적으로 살펴보는 한편, 우리나라에서 제작한 애니메이션 캐릭터의 활용에 대해서도 알아본다.

의암호를 끼고 있는 애니메이션박물관은 〈구름빵〉을 중심으로 다양한 애니메이션 캐릭터가 가득해 남녀노소 누구에게나 친근하게 다가가는 박물관이다. 박물관 1층은 애니메이션의 기원과 탄생, 발전 및 애니메이션의 종류, 제작 기법, 제작 과정, 애니메이션 관련 기기 발달사, 한국 애니메이션의 역사 등에 대해 소개한다. 엄마, 아빠에게 친숙한 태권브이와 홍길동 같은 캐릭터도 만나볼 수 있다. 2층은 세계 여러 나라의 애니메이션을 소개하는 코너와 다양한 체험 코너로 이뤄진다. 〈뽀로로〉나 〈아기 공룡 둘리〉 같은 애니메이션 속 주인공이 되어보는 코너, 애니메이션의 소리와 제작 도구를 체험하는 코너, 애니메이션 그림을 그려보는 코너 등 다채롭다. 그 밖에도 로봇을 테마로 한 토이로봇관을 비롯해 4D 체험관, 야외 잔디밭을 갖추어 아이들이 신나게 하루를 보낼 수 있다.

주소 강원도 춘천시 서면 박사로 854 | **전화** 033-245-6470 | **시간** 10:00~18:00 | **휴무일** 월요일(월요일이 공휴일인 경우 그다음 날), 1월 1일 | **입장료** 24개월 이상 7000원 | **홈페이지** http://www.gica.or.kr/Ani/index

TIP
01 한 장의 관람권으로 애니메이션박물관과 토이로봇관을 함께 이용할 수 있다.
02 카페와 카페테리아 등의 편의 시설을 갖췄다.
03 애니메이션박물관과 토이로봇관에 각각 뮤지엄 숍이 있다.
04 애니메이션박물관에서 구름다리를 건너면 창작개발센터 건물이 나온다. 야외 계단은 하늘정원으로 이어진다. 올라가는 길에 캐릭터 조형물을 설치해 볼거리를 더한다.

◆ **사전 조사를 해봐요** ◆

도서 《Why? 영화》: 영화의 의미, 역사, 원리, 제작 과정, 배급까지 전반적인 내용을 소개하며 애니메이션과 3D 기술까지 두루 다룬다.

알차게 돌아보기

애니메이션 더빙 체험 01

다양한 애니메이션 체험이 가능한데, 그중에도 더빙 체험이 특별하다. 흔히 해볼 수 없는 체험이라 아이들도 관심을 보인다. 〈구름빵〉, 〈달려라 하니〉, 〈뽀로로〉 등 애니메이션 더빙을 해볼 수 있다. 가족이 함께 역할을 맡아 더빙을 하면 재미있다.

토이로봇관 02

로봇과 장난감을 주제로 다양한 전시와 체험, 놀이를 접목한 시설이다. 로봇축구, 로봇복싱 등 직접 로봇을 조종하며 게임을 즐기는 코너가 인기다. 로봇들이 음악에 맞춰 춤을 추는 공연도 놓치지 말아야 할 볼거리다.

야외에서 놀기 03

야외에 여러 캐릭터가 전시되어 있다. 〈구름빵〉 집 등 아기자기한 전시가 곳곳에서 이루어진다. 애니메이션 등장인물이 어떻게 캐릭터로 활용되는지 알아볼 수 있다. 유아숲체험원도 들어서서 즐길 거리를 더한다.

주변 여행지 돌아보기

강원특별자치도립화목원 01

멸종 위기 식물을 비롯해 여러 가지 산림자원을 알아볼 수 있는 공간이다. 여러 야외 주제원과 함께 유리온실로 된 반비식물원, 어린이들의 체험 공간인 어린이정원, 강원도 산림 문화에 대해 보여주는 산림박물관 등이 있다. 4D 입체 영상과 여러 체험도 즐길 수 있다. 애니메이션박물관에서 자동차로 10분.

주소 강원도 춘천시 화목원길 24 강원도산림과학연구원 내 | **전화** 033-248-6684~5 | **시간** 3~10월 09:00~18:00, 11~2월 09:00~17:00 | **휴무일** 첫째 주 월요일(첫째 주 월요일이 공휴일인 경우 그다음 날), 1월 1일, 설날·추석 당일 | **입장료** 어른 1000원, 만 13~18세 700원, 만 7~12세 500원 | **홈페이지** www.gwpa.kr

소양강댐 02

국내 대표 다목적댐이자 점토와 모래, 자갈, 암석 등으로 만든 사력댐이다. 주변 풍광이 아름다워 관광지로도 인기를 얻고 있다. 댐 정상부를 걸어볼 수 있으며, 댐 주변에는 물문화관이 있다. 애니메이션박물관에서 자동차로 25분.

주소 강원도 춘천시 신북읍 신샘밭로 1128 | **전화** 033-242-2455 | **시간** 24시간(댐 정상길은 0:00~17:00) | **휴무일** 연중무휴(댐 정상길은 기상 악화 시 통제) | **입장료** 무료

소양강스카이워크 03

전체 길이가 174m이며, 그중 바닥이 투명 유리로 된 구간이 156m다. 바닥에는 특수 강화유리 3장을 겹쳐 깔았다. 아찔한 기분을 만끽하며 호반의 도시 춘천의 아름다움을 조망하기 좋은 명소다. 애니메이션박물관에서 자동차로 15분.

주소 강원도 춘천시 영서로 2675 | **전화** 033-240-1695~6 | **시간** 10:00~18:00 | **휴무일** 연중무휴(기상 악화 시 운영 중지) | **입장료** 2000원(동일 금액 춘천사랑상품권 교부), 만 6세 이하 무료

165
흥미진진한 상상 여행
한국만화박물관

POINT 만화를 통해 상상력을 키우고 글을 요약해서 표현하는 방법을 배워본다.

한국만화박물관은 우리 만화 자료를 수집·보존하고 소중한 문화유산으로 계승하기 위해 설립됐다. 단순히 만화 관련 자료를 전시하는 정적인 공간이 아니라, 보고 만지는 체험이 가능한 동적인 공간이다. 상설전시관에서는 한국 만화 관련 자료를 시대별로 전시하는데, 추억의 만화방이나 골목 등을 재현해 아기자기한 재미를 선사한다. 4D상영관과 만화영화상영관에서는 애니메이션, 영화, 캐릭터 공연을 관람하고 상상놀이터 체험마당에서는 만화를 활용한 다양한 체험도 즐길 수 있다. 또 만화도서관에서 좋아하는 만화책에 흠뻑 빠져볼 수도 있다. 만화도서관은 일반열람실, 아동열람실, 영상열람실로 구분해 각자의 목적에 맞게 이용 가능하다. 하루 종일 만화의 세계에서 상상의 나라를 펼쳐보자.

주소 경기도 부천시 길주로 1 | **전화** 032-310-3090~1 | **시간** 10:00~18:00 | **휴무일** 월요일, 1월 1일, 설·추석 연휴 | **입장료** 일반권 5000원, 가족권(어른 2인+어린이 2인) 1만6000원, 36개월 미만 무료 | **홈페이지** www.komacon.kr/comicsmuseum

TIP
01 3층과 4층을 먼저 관람한 후 2층의 만화도서관과 1층의 체험마당을 이용하는 게 좋다.
02 만화도서관만 이용할 경우는 무료이며, 만화영화상영관과 4D상영관은 입장료 외 별도 요금이 추가된다.
03 박물관 내 식당과 카페가 있다.
04 영상열람실은 당일 선착순 방문 예약제로 운영한다.

알차게 돌아보기

01 만화 체험존

4층에 만화 체험존이 있다. 잠든 만화가의 머릿속에 들어가 만화가의 생각을 엿보는 '만화가의 머릿속' 코너를 비롯해 크로마키 기술을 이용해 만화 속 캐릭터들과 함께 사진을 찍는 공간, 조선시대 왕들과 메신저로 대화하는 공간 등이 있다.

02 상상놀이터 체험마당

1층에 체험마당이 있다. 만화 가게 만들기, 텀블러 만들기, 홈잔상애니(조트로프) 만들기, 거울잔상애니(프락시노스코프) 만들기 등 만화와 관련한 다채로운 체험 프로그램이 마련되어 있다. 오전 10시부터 오후 6시까지 체험 가능하며, 오후 5시까지는 접수해야 한다.

03 만화도서관

국내 최대 규모 만화 전문 도서관. 국내외 만화 단행본, 비도서류와 이론서 등 관련 자료가 가득하다. 일반열람실은 초등학교 4학년부터 이용 가능하며, 19세 이상 열람 가능한 성인 코너도 있다. 아동열람실에는 어린이 학습 만화와 그림책이 있으며 14세 미만 아동과 그 보호자가 이용 가능하다. 복도에는 누구나 열람 가능한 오픈 라이브러리와 국내외 애니메이션 영상 자료를 구비한 영상열람실도 있다.

주변 여행지 돌아보기

01 부천한옥체험마을

한국만화박물관 옆에 아담한 한옥체험마을이 자리한다. 규모는 크지 않지만 신응수 대목장이 참여해 건축한, 제대로 된 한옥을 관람할 수 있다. 주말에는 전통혼례를 치르기도 한다. 한국만화박물관에서 도보 2분.

주소 경기도 부천시 길주로 1 | **전화** 032-326-1542 | **시간** 09:30~18:00 | **휴무일** 연중무휴 | **입장료** 무료 | **홈페이지** www.bucheonculture.or.kr

02 부천자연생태공원

도심 속 자연생태 체험학습 공간으로 식물원, 수목원, 자연생태박물관, 농경유물전시관 등의 시설을 두루 갖췄다. 푸른 숲에서 산책하고 박물관에서 다양한 체험도 하면 하루가 알차다. 한국만화박물관에서 자동차로 17분.

주소 경기도 부천시 길주로 660 | **전화** 032-325-3000 | **시간** 공원 내 시설 3~10월 09:30~18:00, 11~2월 09:30~17:00 | **휴무일** 월요일(월요일이 공휴일인 경우는 그다음 날), 1월 1일, 설날·추석 당일 | **입장료** 시설별로 다름 | **홈페이지** ecopark.bucheon.go.kr

03 인천어린이과학관

놀이와 체험을 통해 과학에 접근한다. 인체, 건축, 생활 과학, 지구 등과 관련한 전시가 이뤄진다. 다양한 연령대에 맞춘 전시와 체험이 있어 미취학 아동부터 초등학교 고학년까지 모두 이용하기에 적합하다. 한국만화박물관에서 자동차로 13분.

주소 인천시 계양구 방축로 21 | **전화** 032-550-2500 | **시간** 09:00~18:00 | **휴무일** 월요일(월요일이 공휴일인 경우 그다음 날), 1월 1일, 설날·추석 당일 | **입장료** 어른 4000원, 만 7~19세 2000원, 만 6세 이하 무료 | **홈페이지** www.insiseol.or.kr/culture/icsmuseum

166

어린이를 위한
도서관 나들이

국립어린이 청소년도서관

POINT 도서관은 다양한 체험을 즐길 수 있는 문화 공간이자 정보 교류 공간이다. 지성과 감성을 채우며 도서관 나들 이를 즐겨본다.

서울 강남역 인근에 사람과 책, 세상이 만나는 국립어린이청소년도서관이 있다. 도서관 이름처럼 청소년과 어린이를 위한 도서관이다. 국내외에서 발행하는 어린이 청소년 분야의 도서와 자료를 갖추었다. 청소년, 어린이 권장 도서, 교양 자료, 부모 교육 자료 등의 폭넓은 자료열람이 가능하다. 외국 자료의 경우 세계 아동문학상 수상작, 주요 아동 작가의 대표작이 주를 이룬다. 특히 어린이 청소년 분야의 문학, 교육, 심리와 관련된 책이 많다. 국립어린이청소년도서관은 지역 공공 도서관과는 달리 국내외 자료 수집과 보존이 주목적이기에 도서관 소장 자료는 관외 대출을 하지 않는다. 도서는 자료실(도서관) 내에서만 열람할 수 있다. 체험형 동화 구연, 영상 프로그램, 외국문화여행, 독서교실 등 다양한 프로그램을 운영한다.

주소 서울시 강남구 테헤란로7길 21 | **전화** 02-3413-4800 | **시간** 09:00~18:00 | **휴무일** 둘째·넷째 주 월요일 | **입장료** 무료 | **홈페이지** www.nlcy.go.kr

◆사전 조사를 해봐요◆

도서 《도서관에 간 외계인》 : 외계인과 함께 도서관의 하루를 살펴본다. 외계인은 지구에 도착해 가장 먼저 도서관에 들른다. 지구에 관한 정보를 쉽게 얻을 수 있기 때문이다. 도서관을 처음 방문한 사람의 시선으로 도서관 곳곳을 둘러본다.

도서 《만날 이용하면서도 몰랐던 도서관 이야기》 : 도서관의 역사를 그림책으로 만나본다. 과거부터 현재까지의 도서관 변천사, 도서분류법 등 도서관에 감춰진 이야기를 전한다.

◆엄마, 아빠랑 배워요◆

도서관 책 분류법
도서관에 있는 책은 각각의 이름표가 있다. 숫자와 문자가 혼용되어 있는데 맨 앞자리 숫자는 모든 자료를 0에서 9까지 10개로 분류한다. 듀이십진분류법(DDC)과 한국십진분류법(KDC)이 있다.

알차게 돌아보기

1층 01
도서관 안내 데스크, 어린이자료실(이야기방, 그림책나라), 청소년자료실, 물품보관실이 있다. 유아 및 초등학교 저학년은 어린이자료실을, 고학년 이상은 청소년자료실 이용을 추천한다.

2층&3층 02
2층에는 체험형 동화구연실, 영상음향실, 서고자료신청실, 전시실, 멀티미디어실이 있으며 어린이를 위한 다양한 전시가 열린다. 3층에는 연구자료실·외국자료실, 서고, 사무실이 있다. 외국자료실에는 세계 여러 나라의 그림책과 교과서 등이 있다.

4층&지하 1층 03
4층에는 독서토론실, 세미나실, 강당이 있으며 다양한 문화 행사가 열린다. 지하 1층에는 어린이 독도체험관, 그림책방, 식당이 있다. 그림책방은 어린이와 부모가 함께할 수 있는 독서체험 공간이다.

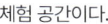

TIP
01 도서관 이용객 차량에 한해 무료 주차가 가능하다(승용차 요일제에 따라 주차 제한).
02 개인 책을 소지하고 도서관에 들어갈 수 없다. 개인 소지품은 1층 물품보관실에 보관한다. 필기도구와 노트북은 도서관에서 제공하는 투명한 비닐 가방에 담고 들어갈 수 있다.
03 홈페이지에서 회원 가입 후 도서관 1층에서 이용증을 받는다(신분증 지참).

주변 여행지 돌아보기

역삼공원 & 국기원 01
국립어린이청소년도서관 옆에 있는 역삼공원에는 배드민턴장, 체력 단련시설 등이 있다. 공원 옆쪽으로 국기원이 이어진다. 국기원은 태권도 중앙도장이다. 태권도 승품, 단 심사 외에 태권도 발전을 위한 다양한 일을 한다. 태권도에 관심이 많다면 국기원기념관에 들러볼 만하다. 국립청소년어린이도서관에서 도보 1분.

주소 서울시 강남구 역삼동 | **시간** 09:00~17:30

카카오프렌즈 강남점 02
라이언, 네오, 무지, 튜브, 프로도, 어피치 등 카카오 캐릭터가 한자리에 모였다. 문구, 잡화, 패션, 뷰티용품까지 다양한 캐릭터 상품을 판매한다. 매장 곳곳에 마련된 포토존에서 사진을 남길 수 있다. 3층 라이언 카페에서는 카카오 캐릭터를 활용한 음료와 디저트를 판매한다.

주소 서울시 서초구 강남대로 429 | **전화** 02-6494-1100 | **시간** 10:30~22:00 | **휴무일** 연중무휴 | **홈페이지** store.kakaofriends.com

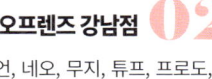

삼성딜라이트 (삼성전자 홍보관) 03
삼성전자 서초 사옥에 있는 홍보관이다. 지하 1층에서는 스마트폰, 노트북 등 IT 기기를 전시한다. 직접 만져보고 체험할 수 있다. 2층 마이라이프(Mylife)존에서는 최신 기술을 활용한 미래 생활을 만나본다. 국립청소년어린이도서관에서 도보 12분.

주소 서울시 서초구 서초대로74길 11 | **전화** 02-2255-2277 | **시간** 10:00~19:00 | **휴무일** 일요일, 공휴일 | **입장료** 무료 | **홈페이지** www.samsungdlight.com/k

Art & Athletic

Part 04
창의력을 키우는 오감 자극 예체능 영역

아이들은 누구나 예술가다.
문제는 성인이 되어도 예술가로
있을 수 있는지 여부다.
- 파블로 피카소

167
현대미술과 친해지는 시간
국립 현대미술관 (과천관)

POINT EQ(Emotional Quotient)·감성 지수가 중요한 요즘이다. 예술 작품을 감상하고 공감하며 감성을 키운다.

근현대미술의 흐름을 한눈에 볼 수 있는 한국 최고의 현대미술관이다. 화강암으로 지은 미술관 건물이 특징적이다. 미술관 건물은 성곽과 봉화대, 담장과 계단 등 한국 전통 양식의 요소를 나타낸다. 1층에서 3층까지 총 9개의 전시실과 카페테리아, 뮤지엄 숍 등을 갖추었다. 특히 3층 높이로 탁 트인 중정은 개방감을 준다. 이 공간에는 세계적인 비디오 아티스트 백남준의 작품 '다다익선'을 전시한다. 각각의 전시관에서 국경을 초월한 다양한 장르의 현대미술 전시가 열린다. 현대미술은 어른이 이해하기에도 어려운 작품이 많지만 작품을 이해하려고 애쓰기보다는 있는 그대로를 느껴본다. 1층 어린이미술관과 야외조각공원도 함께 관람한다.

주소 경기도 과천시 광명로 313 | **전화** 02-2188-6000 | **시간** 3~10월 화~금요일·일요일 10:00~18:00, 토요일 10:00~21:00 / 11~2월 화~금요일·일요일 10:00~17:00, 10:00~21:00 | **휴무일** 월요일, 1월 1일, 추석 당일 | **가격** 전시에 따라 다름(어린이미술관은 무료) | **홈페이지** www.mmca.go.kr

◆사전 조사를 해봐요◆

도서 《김충원 미술교실 세트》 : 기본 도형을 활용한 다양한 그리기 방법과 채색 방법을 소개한다. 유아부터 초등학생까지 활용할 수 있는 미술 교과서. 그리기의 기초를 쌓고, 미술과 자연스레 친해질 수 있다.

도서 《현대미술이란 무엇일까》 : 어린이와 청소년을 위한 현대미술 입문서. 현대미술 작품을 감상하며 그 속에 담긴 의미를 풀어본다. 또 현대 작가의 실험 정신과 열정, 감성을 소개한다.

◆엄마, 아빠랑 배워요◆

MMCA가 뭐예요?
MMCA는 국립현대미술관의 영문명인 '내셔널 뮤지엄 오브 모던 앤드 컨템퍼러리 아트, 코리아(National Museum of Modern and Contemporary Art, Korea)'의 줄임말이다. 국립현대미술관은 현재 과천관, 서울관, 덕수궁관, 청주관이 있다.

알차게 돌아보기

1 & 2층 전시실 01
동시대를 살아가는 현대미술 작가의 작품을 전시한다. 각 전시실에서는 건축, 공예, 사진, 회화, 조각, 미디어 등 분야별 전문성을 살린 전시가 열린다.

1층 어린이미술관 02
어린이 관람객이 현대미술을 쉽고 재밌게 체험할 수 있도록 다양한 프로그램이 열린다. 놀이 중심 공간과 조형 요소의 특징을 이해할 수 있는 공간으로 구성된다. 현대미술의 특징을 발견하고, 체험하는 공간이다.

편의 시설과 야외조각장 03
도록, 디자인 문화 상품, 공예품 등을 판매하는 아트존과 간단한 음료와 간식을 즐길 수 있는 카페테리아, 야외 매점 솔바람 뜰이 있다. 야외조각장에서 자연과 어우러진 조각을 감상해보자. 전시물 중에는 스스로 움직이며 소리를 내는 멀티미디어 작품도 있다.

> **TIP**
> 01 교육에 참여하려면 국립현대미술관 홈페이지 '교육 및 관람 예약'에서 예약을 한다. 상시 프로그램은 예약 없이 현장에서 자율적으로 참여할 수 있다.
> 02 서울대공원 입구에서 코끼리열차를 타고 미술관 입구에서 하차하거나 서울대공원역 4번 출구에서 미술관 셔틀버스를 이용한다.

주변 여행지 돌아보기

서울랜드 01
범퍼카, 트레인, 급류 타기, 타임머신 5D 등 놀이 기구를 즐길 수 있다. 여름에는 야외 풀장을, 겨울에는 눈썰매장을 운영한다. 캐릭터 페스티벌, 물축제, 핼러윈축제, 크리스마스파티 등 다양한 축제가 열린다.

주소 경기도 과천시 광명로 181 | **전화** 02-509-6000 | **시간** 평일 10:00~18:00, 주말 09:30~19:00 | **휴무일** 연중무휴 | **입장료** 어른 2만5000원, 청소년 2만2000원, 어린이 2만원 | **홈페이지** www.seculland.co.kr

서울동물원 02
약 333종 3700여 마리의 동물이 살고 있다. 천연기념물로 지정된 동물과 CITES(멸종 위기에 처한 동식물 교역에 관한 국제 협약) 3단계 등급에 속하는 판다, 반달가슴곰, 북극곰, 사자 등도 있다.

주소 경기도 과천시 대공원광장로 102 | **전화** 02-500-7335 | **시간** 3~10월 09:00~19:00, 11~2월 09:00~18:00 | **휴무일** 연중무휴 | **입장료** 어른 5000원, 청소년 3000원, 어린이 2000원 | **홈페이지** grandpark.seoul.go.kr

렛츠런파크 서울 03
주말에는 경마가 열리고, 평일에는 테마파크로 운영한다. 놀라운 놀이 공간 놀라운지, 어린이, 청소년, 가족을 위한 체험 견학 프로그램, 말의 숨겨진 세상을 보는 시크릿웨이 투어 등을 운영한다. 말의 역사와 문화를 전시하는 말박물관도 무료로 관람할 수 있다.

주소 경기도 과천시 경마공원대로 107 | **전화** 1566-3333 | **시간** 10:00~18:00 | **휴무일** 월요일, 1월 1일, 설날·추석 당일 | **입장료** 경마일 2000원, 비경마일 무료 | **홈페이지** park.kra.co.kr/seoul_main.do

168

우리나라 공연 예술의 1번지
국립극장 & 공연예술박물관

POINT 한국을 대표하는 전통문화 공연이 열린다. 우리나라 공연 예술의 역사와 문화를 전시하는 공연예술박물관도 함께 관람하자.

아시아 최초의 국립극장이 서울 장충동에 있다. 1950년 설립 이후 다양한 공연을 이어간다. 국립극장에는 국립창극단, 국립무용단, 국립국악관현악단 3개의 전속 단체가 머무르며 단체마다 자체 공연을 제작해 선보인다. 국립극장 레퍼토리 시즌제를 도입해 자체 공연의 비중을 높였다. 매년 여름이면 국악 축제인 여우락페스티벌('여기 우리 음악(樂)이 있다'의 줄임말)이 열린다. 국립극장 안에 있는 공연예술박물관은 한국 최초의 공연 예술 전문 박물관으로 2009년 12월에 개관했다. 극장 설립 이후 현재까지 우리나라 공연 예술 자료를 전시한다.

주소 서울시 중구 장충단로 59 | **전화** 02-2280-5804 | **시간** 공연마다 다름(공연예술박물관 10:00~18:00) | **휴무일** 월요일 | **가격** 공연마다 다름(공연예술박물관 무료) | **홈페이지** www.ntok.go.kr

◆ 사전 조사를 해봐요 ◆

도서 《칸트 아저씨네 연극반》 : 연극반을 소재로 한 인성 교육 동화책이다. 언제 어디서나 주인공이 되어야 직성이 풀리는 채리가 방과 후 연극반 수업에서 칸트 아저씨를 만나 겪는 이야기를 담았다.

도서 《연극이랑 놀자》 : 연극의 개념을 이해하고 예술 활동을 경험할 수 있도록 꾸민 어린이 연극 교육 입문서다. 연극은 배우, 무대, 관객, 희곡 외에도 조명, 음악, 음향, 무대장치 등 여러 분야가 결합된 종합예술이다. 연극 놀이를 통해 다른 사람의 감정을 이해하고, 주변과 소통하는 법을 배운다.

◆ 엄마, 아빠랑 배워요 ◆

창극이 뭐예요?
노래와 춤, 연기로 표현하는 종합예술이다. 판소리를 기반으로 발생했다. 판소리는 소리꾼이 혼자서 춘향이도 되고 이 도령도 된다. 창극은 여러 소리꾼이 역할을 나누어 맡아 노래와 연기를 한다. 판소리의 가사와 가락을 그대로 살려 부르는 '전통 창극'과 새로운 이야기에 가락을 붙여서 만든 '창작 창극'이 있다.

공연예술박물관 알차게 돌아보기

공연 예술사 전시 공간 01

시대별로 세 공간으로 나누어 우리나라 공연 예술사를 설명한다. 옛 벽화에서 찾아보는 공연 예술의 기원부터 개화기 공연 예술, 한국전쟁 이후 현대의 공연 예술까지 차례대로 둘러본다. 공연을 할 때 사용했던 실제 무대장치도 전시한다.

공연 주제 전시 공간 02

예술인의 방, 무대 뒤 이야기, 무대의상 전시로 구성된다. 연극의 방, 음악의 방, 무용의 방으로 꾸민 예술인의 방은 실제 예술가들의 방을 구경하는 것처럼 흥미롭다. 무대의상 코너에서는 공연에 쓰인 다양한 무대의상을 입어볼 수 있다.

TIP

01 매년 7월 여우락 (여기 우리 음악이 있다) 페스티벌이 열린다.
02 극장 내에서는 사진 촬영, 음식물 반입을 금지한다.
03 기계동 3층에 구내식당이 있다. 국립극장 직원 식당으로 운영하며 관람객에게도 오픈한다.
04 국립극장 내에는 은하수쉼터, 무지개쉼터, 무지개길, 조각공원 등 녹지가 있다.
05 아동극 공연을 제외하고 만 7세 이상부터 공연 입장이 가능하다. 미취학 자녀를 동반할 경우 전문 보육교사를 배치한 어린이 놀이방을 무료로 이용할 수 있다. 36개월에서 7세까지 이용 가능.
06 공연 전후로 동대입구역에서 국립극장까지 무료 셔틀버스를 운행한다 (공연 1시간 전~20분 전까지 10분 간격 5회 운행).

주변 여행지 돌아보기

서울한방진흥센터 01

약 8만 평 부지에 한의원, 한약방, 한약재상 등이 모여 있는데 이곳을 서울약령시라고 부른다. 서울 약령시 한복판에 있는 서울한방진흥센터는 박물관뿐만 아니라 족욕, 약선 음식 체험 등 다양한 한방 문화를 경험할 수 있다. 국립극장에서 자동차로 25분.

주소 서울시 동대문구 약령중앙로 26 서울한방진흥센터 | **전화** 02-969-9241 | **시간** 10:00~18:00 | **휴무일** 설날, 추석 당일 | **입장료** 박물관 관람 어른 1만 원, 어린이 청소년 500원 | **홈페이지** http://kmedi.ddm.go.kr

N서울타워 02

남산 정상에 있는 복합 문화 공간이다. 1969년 TV와 라디오 방송을 송출하기 위해 세운 한국 최초의 종합 전파탑이다. 헬로키티아일랜드, 전망대, 식당, 카페 등 다양한 시설을 갖췄다. 서울의 풍경을 한눈에 내려다볼 수 있다. 국립극장에서 버스로 10분.

주소 서울시 용산구 남산공원길 105 | **전화** 02-3455-9277 | **시간** 10:00~23:00(토요일은 24:00까지, 일요일은 23:00까지) | **휴무일** 연중무휴 | **입장료** 전망대 어른 1만 원, 어린이 8000원 | **홈페이지** www.nseoultower.com

북파크 03

책을 읽을 수 있는 공간과 300석 규모의 행사 공간, 전시가 열리는 갤러리 등을 갖춘 대형 서점이다. 과학, 예술에 특화된 도서를 전면에 배치했다. 다양한 융합 학문 양서도 볼 수 있다. 누구나 자유롭게 책을 보고, 구입할 수 있다. 국립극장에서 도보 20분.

주소 서울시 용산구 이태원로 294 | **전화** 02-6367-2018 | **시간** 10:00~22:00 | **휴무일** 설날·추석 당일 | **가격** 무료 | **홈페이지** www.bookpark.com

169
대한민국 문화 예술 1번지
예술의 전당

POINT 예술의전당에서는 다양한 문화 공연이 열린다. 공연과 전시 관람은 아이들의 감성 발달에도 도움을 준다.

서울 서초구 우면산 기슭에 있는 예술의전당은 오페라하우스, 음악당, 서예관 등 문화 시설을 갖춘 복합 예술 센터다. 시간과 공간, 장르를 초월한 다양한 예술 공연과 전시가 열린다. 마음에 드는 공연이나 전시를 관람하고 주변을 산책하며 여유를 즐겨본다. 오페라하우스와 음악당에서는 세계적인 수준의 음악회와 오페라, 뮤지컬, 연극, 무용 공연 등이 열린다. 오페라하우스와 서예관 사이 광장에서 열리는 분수쇼는 저녁이 되면 은은한 조명이 더해져 멋진 분위기를 연출한다. 전시 공간으로는 한가람미술관과 한가람디자인미술관, 서예박물관이 있다. 도예전, 사진전, 회고전, 조각전, 디자인전, 아트 페어, 해외 국립미술관전 등 여러 장르의 예술 전시가 거의 매일 쉬지 않고 열린다.

주소 서울시 서초구 남부순환로 2406 | **전화** 02-580-1300 | **시간** 공연마다 다름(한가람미술관 3~10월 11:00~20:00, 11~2월 11:00~19:00) | **휴무일** 공연마다 다름 | **입장료** 공연마다 다름 | **홈페이지** www.sacticket.co.kr

◆사전 조사를 해봐요◆

도서 《어린이가 꼭 알아야 할 오페라 이야기》 : 오페라의 역사, 오페라와 뮤지컬의 차이점, 세계적 오페라 작곡가와 작품, 오페라 극장과 용어, 공연 관람 시 예절 등을 친절하게 설명한다.

도서 《어린이를 위한 클래식 음악 수업 100》 : 오케스트라, 악기, 음악의 종류와 기초를 소개한다. 수백 년이 흘러도 사랑받는 작곡가 33명의 흥미로운 이야기도 함께 만나본다.

◆엄마, 아빠랑 배워요◆

어린이예술단은 어떤 단체인가요?
어린이예술단은 예술의전당이 만든 전속 예술 단체다. 국악과 기악, 합창 단원 등 총 100여 명으로 구성된다. 정기 공연과 전국 투어 특별 공연 등 다채로운 무대를 선보인다.

알차게 돌아보기

한가람미술관 01

1층부터 3층까지 총 6개의 전시실로 이루어진다. 하절기(3~10월)에는 저녁 8시까지, 동절기(11~2월)에는 저녁 7시까지 운영한다. 1층에 예술의전당 기념품 숍과 아트 숍이 있다.

오페라하우스 02

예술의전당의 랜드마크이자 메인공간이다. 원형 건물에 갓머리를 상징하는 지붕이 특징이다. 지하 1층, 지상 5층의 웅장한 규모로 오페라극장, CJ토월극장, 자유소극장으로 구성된다.

음악당 03

1988년 개관 이후 연주자와 관객에게 사랑받는 공간이다. 세계적으로 유명한 연주자의 초청 공연이 열린다. 대규모 공연을 위한 콘서트홀과 실내악 전용 연주홀인 IBK챔버홀, 독주회나 실내악 공연이 열리는 리사이트홀로 구성된다. 1층에는 간단한 음료와 스낵을 즐길 수 있는 카페가 있다.

> **TIP**
> 01 예술의전당 홈페이지 연간 일정을 클릭하면 1년간 공연, 전시 스케줄을 열람할 수 있다.
> 02 음악광장에는 음악분수쇼가 열린다(동절기 제외).
> 03 정문 비타민스테이션에서 티켓 예매와 발권, 회원 가입을 할 수 있다.
> 04 레스토랑과 카페, 편의점, 코인로커 등의 편의 시설이 있다.
> 05 공연 내용에 따라 관람 연령 제한이 있으니 어린이 동행 시 미리 확인할 것.

주변 여행지 돌아보기

국립국악원 01

정통성을 바탕으로 전승해온 궁중 음악과 민간 음악, 춤 등 전통문화 예술 자원을 보유한다. 정악단, 민속악단, 무용단, 창작 악단 등이 전통 음악과 춤 등을 선보인다. 유아 국악 체험, 청소년 국악 체험, 외국인 국악 체험 등의 프로그램을 운영한다. 예술의전당에서 도보 7분.

주소 서울시 서초구 남부순환로 2364 | **전화** 02-580-3300 | **시간** 09:00~18:00 | **휴일** 공연마다 다름 | **가격** 공연마다 다름 | **홈페이지** www.gugak.go.kr

양재꽃시장 (aT 화훼공판장) 02

서울에서 규모가 가장 큰 꽃 시장이다. 꽃대나 가지를 자른 꽃을 판매하는 절화 시장, 화분에 심은 식물을 판매하는 분화 코너, 꽃문화체험관 등이 있다. 예술의전당에서 자동차로 14분.

주소 서울시 서초구 강남대로 27 | **전화** 02-579-8100 | **시간** 생화 도매시장 24:00~13:00, 분화 온실 07:00~19:00, 화환 점포 06:00~20:00, 기타 점포 07:00~19:00 | **휴무일** 생화 도매시장 일요일, 분화 온실 일요일 1동만 영업, 화환 점포 격주 일요일

국립중앙도서관 03

대한민국을 대표하는 공공 도서관이다. 도서 자료 외에도 멀티미디어 콘텐츠를 열람할 수 있다. 문화 강좌, 취미교실, 전시회나 세미나 등이 열린다. 도서 대출도 가능하다. 예술의전당에서 자동차로 10분.

주소 서울시 서초구 반포대로 201 | **전화** 02-535-4142, 02-590-0500 | **시간** 09:00~22:00 | **휴무일** 둘째·넷째 주 월요일, 일요일을 제외한 관공서의 공휴일 | **입장료** 무료 | **홈페이지** www.nl.go.kr

170

손으로 빚은 예술 결정체
서울공예박물관

POINT 공예품뿐만 아니라 공예를 둘러싼 지식, 사람, 환경, 기록 등을 연구하고 공유함으로써 공예의 가치를 다양하게 경험할 수 있다.

풍문여고 건물 5개 동을 리모델링해 한국 최초의 공립 공예박물관이 탄생했다. 공예박물관 터는 과거 세종의 아들 영응대군의 집, 순종의 가례를 위해 건축된 안국동 별궁 등 왕가의 저택이었으며 공예품을 만들어 관에 납품했던 조선의 장인 '경공장'들이 있던 유서 깊은 지역이다. 각 전시관마다 공예 역사, 현대 공예, 지역 공예, 어린이 공예 등 다양한 주제로 2만여 점의 공예품과 공예자료를 소장, 전시한다. 도자기, 금속, 섬유, 목, 칠공예 등의 공예작품과 국가 지정문화재, 서울시 지정문화재 등이 눈길을 사로잡는다. 안내 데스크와 천장조명, 관람객 휴게공간의 의자 등도 공예작가의 공예품이며 전시 관람을 다감각으로 느껴볼 수 있는 점자, 촉각 모형도 있다. 일상의 쓰임새와 아름다움이 깃든 공예품은 감동을 선사한다.

주소 서울시 종로구 율곡로3길 4 | **전화** 02-6450-7000 | **시간** 10:00~18:00 | **휴무일** 월요일, 1월 1일 | **입장료** 무료 | **홈페이지** craftmuseum.seoul.go.kr

◆사전 조사를 해봐요◆

도서 《단아한 멋과 예술혼이 깃든 전통 공예》 : 멋과 기능을 살린 우리 선조들의 전통 공예를 소개한다. 종이, 나무, 대나무, 흙, 돌, 자수, 나전 등의 재료를 이용해 만든 전통 공예품의 특징과 아름다움을 살펴본다.

도서 《짚신 신고 도롱이 입고 동네 한 바퀴》 : 짚풀에 깃든 선조들의 지혜로운 삶을 전한다. 수백 년간 이어온 전통으로 만든 짚풀 공예품의 우수성과 실용성을 재발견 할 수 있다.

◆엄마, 아빠랑 배워요◆

장인은 무엇을 하는 사람이에요?
장인은 공예품을 전문적으로 만드는 사람이다. 오랜 세월에 걸쳐 열심히 기술을 익히고, 물건을 쓰는 사람의 마음을 헤아려 정성스럽게 공예품을 만든다. 공예품 하나하나에 깃든 장인들의 마음과 정성을 알게 된다면 하찮게 여겼던 물건들이 새롭게 보일 수 있다.

알차게 돌아보기

전시1동 상설전시실 01

조선의 장인들은 체계적인 관리 아래 국가 행사에 동원되어 공예품을 제작했다. 조선 왕실뿐만 아니라 민간에서 필요한 의식주와 관련한 다양한 일상 용품을 전시한다.

전시3동 상설전시실 02

자수병풍과 향낭, 옷, 보자기 등 일상생활 구석구석을 수놓은 장인들의 솜씨를 소개한다. 정성이 담긴 공예품에서 생활 속 한국의 멋을 발견할 수 있다.

어린이박물관 03

교육동에서 예약 확인 후 입장한다. 공예마을 2~3층은 철물공방, 가구공방, 그릇공방, 모두공방, 옷공방 등으로 구성된다. 12세 이하 어린이는 보호자와 함께 관람한다.

TIP
01 안내동 및 전시3동 로비에서 박물관 전시관람 입장확인 후 관람한다.
02 어린이박물관은 홈페이지 사전예약 필수.
03 전시투어, 공연 등 다양한 프로그램을 운영한다.
04 박물관 전용 주차장이 없어 대중교통 이용을 추천한다. 주변 주차장은 정독도서관, 국립현대미술관 서울관 주차장 등이 있다.

주변 여행지 돌아보기

경복궁 01

태조 4년(1395년)에 창건한 조선 임금이 살았던 궁궐이다. 광화문을 시작으로 흥례문, 근정문, 근정전, 사정전, 강녕전, 교태전을 잇는 중심부가 핵심공간이다. 격조 높은 조선 왕실 문화를 엿볼 수 있다. 서울공예박물관에서 도보 11분.

주소 서울시 종로구 사직로 161 | **전화** 02-3700-3900 | **시간** 09:00~17:30 또는 18:30(매월 관람시간이 변동) | **휴무일** 화요일 | **입장료** 어른 3000원, 어린이청소년 1500원, 만 6세 이하만 65세이상장애인국가유공자한복 착용자 무료 | **홈페이지** www.royalpalace.go.kr

북촌한옥마을 02

예로부터 북촌에는 사대부 양반이 살았다. 그 영향으로 오랜 역사를 간직한 한옥이 많이 남아 있다. 조선시대 권력가들이 살았던 삼청동, 가회동, 계동을 중심으로 근대 한옥양식을 간직한 한옥이 즐비하다. 서울공예박물관에서 도보 5분.

주소 서울시 종로구 계동길 3 | **전화** 02-2133-1372 | **시간** 상시 | **홈페이지** hanok.seoul.go.kr

국립현대 미술관 03

현대 미술계의 흐름을 한눈에 볼 수 있는 미술관이다. 쉽고 재밌게 현대미술을 관람할 수 있도록 문턱을 낮췄다. 다양한 주제의 현대미술 전시가 열리며 강의실, 멤버십 라운지, 디지털 도서관, 카페 등의 편의시설을 갖췄다. 서울공예박물관에서 에서 도보 9분.

주소 서울시 종로구 삼청로 30 | **전화** 02-3701-9500 | **시간** 10:00~18:00(수·토요일 21:00까지) | **휴무일** 1월 1일, 설날·추석 | **입장료** 4000원 | **홈페이지** www.mmca.go.kr

171-1

미술특화 공공 도서관

의정부 미술도서관

POINT 미술과 책이 융합된 새로운 형태의 공공 도서관에서 미술 전문 도서를 만나볼 수 있다.

의정부 미술도서관은 미술, 건축, 사진 등과 관련한 4만 5000여 권의 국내외 도서를 소장한 국내 최초 미술전문도서관이다. 눈길을 사로잡는 나선형 계단을 중심으로 1층부터 3층까지 이어지는 열린 공간 구성이 특이하다. 도서관 서가는 모던한 느낌의 조명과 인테리어로 꾸며져 전시관에 와있는 듯하다. 1층 중앙에는 화이트 톤의 테이블과 의자를 중심으로 10여 개의 서가가 방사형태로 퍼져 있다. 전면 유리창 너머로 보이는 공원의 숲 풍경은 한폭의 그림을 펼쳐 놓은 듯하다.

주소 경기도 의정부시 민락로 248 | **전화** 031-828-8370 | **시간** 평일 10:00~21:00, 주말 10:00~18:00 | **휴무일** 월요일 | **입장료** 무료 | **홈페이지** www.uilib.go.kr/art

알차게 돌아보기

1층 아트 그라운드

미술, 건축, 패션, 사진, 디자인 등 다양한 예술관련 도서와 국립현대미술관 전시 도록뿐만 아니라 국내에선 쉽게 접하기 힘든 외국 희귀도서도 볼 수 있다.

2층 제너럴 그라운드

모든 연령층을 아우르는 컬렉션을 갖춘 중심공간

3층 멀티 그라운드

강연, 체험, 전시 공간으로 활용하는 가변형 공간. 신진 작가를 발굴, 지원하기 위해 마련된 오픈스튜디오 작업실이 있다.

TIP

01 1층 전시관에서 기획전이 열린다.
02 기증존에는 미술 분야 전문가들이 기증한 도서 뿐만 아니라 BTS(RM-김남준) 기증도서, 하와이 호놀룰루미술관 소장 도서 등이 있다.
03 하늘능선 근린공원으로 나가 산책을 즐겨봐도 좋다.

171-2

음악특화 공공 도서관
의정부 음악도서관

POINT 음악과 책이 융합된 새로운 형태의 공공 도서관에서 미술 전문 도서를 만나볼 수 있다.

책과 음악 공간이 융합된 음악전문 도서관. 리듬감 있는 공간 구성과 세련된 가구 등을 통해 편안함과 역동성을 표현했다. CD, LP, DVD, 악보 등 다양한 음악 자료를 빌릴 수 있으며 힙합과 R&B, 재즈 등을 모티브로 한 블랙뮤직 등 차별화된 콘텐츠를 갖췄다. 음악 감상을 위한 고품질의 오디오룸도 마련돼 있다. 악기 배우기, 뮤직 테라피, 강연, 음악 공연 등 다양한 프로그램에 참여해 볼 것을 추천한다.

주소 경기도 의정부시 장곡로 280 | **전화** 031-828-4850 | **시간** 평일 10:00~21:00, 주말 10:00~18:00 | **휴무일** 월요일 | **입장료** 무료 | **홈페이지** www.uilib.go.kr/music

1층 북스테이지 01
일반도서와 아동도서가 주를 이루며 오픈스테이지에 그랜드피아노가 있다.

메자닌 (중간층)  02
음악전공자와 입문자를 위한 악보, 매거진이 있으며 시 컬렉션, 고전문학을 갖췄다.

3층 뮤직스테이지 03
뮤직홀, 오디오룸, 블랙뮤직 컬렉션 등이 있으며 CD, LP, DVD를 감상하며 시간을 보낼 수 있다. 뮤직홀에 있는 스타인웨이 스피리오 피아노는 자동 연주를 선보인다.(연주 시간 확인 필요)

TIP
01 자동 기기화로 셀프 도서 대출, 반납을 할 수 있다.
02 CD 플레이, LP 턴테이블 등의 기기를 이용할 때에는 기기 이용법을 숙지한 후 이용한다. 음반은 지문이 남지 않게 끝부분을 잡는다.
03 주차공간이 협소해 대중교통 이용해 방문할 것을 권한다.(만차 시 도보 7분 거리 공영주차장 이용)

172

전통과 현대, 동양과 서양 예술의 만남
리움미술관

 POINT 국보와 보물을 포함한 한국 전통미술과 현대미술을 아우르는 세계적인 수준의 컬렉션이 펼쳐진다.

삼성미술관 리움은 크게 3개 동으로 나뉜다. 서로 다른 건축미를 뽐내는 각각의 건물은 세계적인 건축가인 마리오 보타, 장 누벨, 렘 콜하스 등 3명이 설계했다. 각각의 건물은 서로 다른 건축미를 뽐낸다. 코로나19 확산으로 인해 휴관했던 리움은 2021년 10월, 로고 교체와 로비 공간을 리뉴해 재개관 했다. 상설 전시도 7년만에 전면 개편했다. 고미술 상설전은 네 가지 주제로 나눠 고미술 154점을 전시하고, 현대미술 상설전 역시 회화, 조각, 설치 작품 76점을 선보인다. 지금까지 공개된 적 없는 작품도 포함된다. 전시를 통해 전통과 현대, 동서양의 예술적 교감을 느낄 수 있다.

주소 서울시 용산구 이태원로55길 60-16 | **전화** 02-2014-6901 | **시간** 10:30~18:00 | **휴무일** 월요일, 1월 1일, 설·추석 연휴 | **입장료** 고미술 상설전 무료 | **홈페이지** leeum.samsungfoundation.org

---

◆사전 조사를 해봐요◆

도서 《교과서 속 국보 이야기》 : 교과서에 실린 우리 국보에 대한 이야기를 모았다. 숭례문, 성덕대왕 신종, 해인사 대장경판 등 대표적인 대한민국 국보를 한눈에 확인할 수 있다. 국보에 얽힌 설화나 이야기를 곁들여 재미를 더한다.

도서 《동생을 데리고 미술관에 갔어요》 : 미술관을 소재로 한 창작 동화. 은이는 동생을 데리고 '시각장애 아동을 위한 미술관 나들이'에 간다. 동생은 손으로 작품을 만지며 상상의 나래를 펼친다. 똑같은 작품을 각자의 방식으로 감상하고 감정을 공유한다.

◆엄마, 아빠랑 배워요◆

국보와 보물은 어떻게 다른가요?
국보는 우리나라의 문화재 중 역사적, 학술적, 예술적, 기술적인 가치를 인정해 특별히 보호해야 하는 문화재를 말한다. 보물은 건조물, 서적, 고문서, 회화, 조각, 공예품, 고고 자료 등 유형문화재 중 중요한 것을 문화재청장이 문화재위원회 심의를 거쳐 지정한다. 보물에 해당하는 문화재 중 인류 문화 관점에서 가치가 크고 유례가 드문 것을 국보로 지정한다. 우리나라 국보 제1호는 숭례문, 보물 제1호는 흥인지문이다.

알차게 돌아보기

뮤지엄 1 (시대교감)

선사시대부터 조선시대까지 우리나라 역사를 대표하는 회화, 도자, 불교미술 등 한국 고미술 소장품을 전시한다. 국보, 보물급 문화재도 여럿 포함하고 있다. 4층 고려청자를 포함한 국보급 문화재, 3층 조선백자와 분청사기, 2층 회화, 1층 금속공예와 불교미술 전시로 이루어진다.

뮤지엄 2 (동서교감)

1910년대 이후 한국 미술을 대표하는 작품과 1945년 이후 외국 현대미술의 주요 작품을 전시한다. 지역과 연대에 따른 구분 대신 동시대 동서양 간의 예술적 교감을 지향한다. 리움 개관 이래 가장 새로운 모습으로 탈바꿈한 뮤지엄2 는 세 가지 독특한 주제로 전시가 펼쳐진다. 〈검은 공백〉, 〈중력의 역방향〉, 〈이상한 행성〉 전은 예술을 통한 상상과 사유의 시간으로 안내한다.

> **TIP**
>
> **01** 디지털 가이드 단말기는 작품 앞에 다가가면 자동으로 작품을 해설한다.
> **02** 하루 두 차례 도슨트 전시 해설이 열린다. 시간에 맞춰 미술관 로비에 가면 참여할 수 있다(소요 시간 약 90분).
> **03** 리움 숍과 카페, 물품보관소 등을 갖추었다.
> **04** 가로세로 21×30cm(A4 용지)가 넘는 사이즈의 소지품은 전시장 반입이 금지된다. 물품보관소에 짐을 맡기고 입장해야 한다.
> **05** 리움 숍에서는 공예품, 도자기, 미술서적 등을 판매한다.
> **06** 전시 연계 강연과 토크 등 문화 행사에 참여해봐도 좋다.
> **07** 엘리베이터를 타고 4층까지 올라간 후 나선형 계단을 내려가며 차례대로 전시를 관람한다.

주변 여행지 돌아보기

블루스퀘어

대한민국 최대규모 뮤지컬 전문 공연장이다. 1,766석의 신한카드홀과 1,400석 규모의 마스터카드홀로 구성된다. 뮤지컬과 콘서트에 최적화된 무대와 음향 시스템을 갖췄으며 연중 다양한 공연이 열린다.

주소 서울시 용산구 이태원로 294 | **전화** 1544-1591 | **홈페이지** www.bluesquare.kr

북파크

책을 읽을 수 있는 공간과 300석 규모의 행사 공간, 각종 전시가 열리는 갤러리 등을 갖춘 대형 서점이다. 과학, 예술 관련 도서를 전면에 배치했다. 누구나 도서를 자유롭게 열람할 수 있고, 구입할 수 있다. 카페에서 차 한잔을 즐기며 쉬어 가도 좋다. 리움에서 도보 8분.

주소 서울시 용산구 이태원로 294 | **전화** 02-6367-2018 | **시간** 10:00~22:00 | **휴무일** 설날·추석 당일 | **입장료** 무료 | **홈페이지** www.bookpark.com

이태원 세계음식거리

세계 여행을 떠나지 않아도 세계 미식을 즐길 수 있다. 파스타, 타코, 양꼬치, 케밥, 수제 버거 등 여행하는 기분으로 세계 음식을 맛본다. 외국인이 많은 거리라 마치 해외여행을 떠나온 듯하다. 리움에서 도보 11분.

주소 서울시 용산구 이태원동 108-3

173

자연과 예술이 함께하는 곳
호암미술관

POINT 예술 작품과 탁 트인 정원을 동시에 즐기며 한국 미술의 살아 숨 쉬는 아름다움을 발견한다.

1982년 호암 이병철 선생은 30여 년 동안 수집한 한국 미술품 1200여 점을 기반으로 호암미술관을 열었다. '호암'은 호수처럼 맑은 물과 바위처럼 흔들리지 않는 준엄함을 뜻한다. 매표소를 지나 길을 따라가면 덕수궁의 유현문을 본떠 만든 보화문이 나온다. 보화문의 '보(葆)'는 모든 것을 거둬 보존한다는 뜻이며 '화(華)'는 꽃과 인간의 예술을 나타낸다. 전통 정원의 이름은 희원이다. 법연지, 삼층석탑 등을 둘러보며 자연과 정원의 조화를 느껴본다. 잔디밭 안쪽으로 보이는 2층 한옥 건물이 호암미술관이다. 주요 전시품은 공예, 불교미술, 서화, 청자, 분청사기, 백자 등이다. 2022년 상반기 리노베이션 공사를 진행중이며 재개관 일정은 2022년 가을 홈페이지를 통해 공지한다.

주소 경기도 용인시 처인구 포곡읍 에버랜드로562번길 38 | **전화** 031-320-1801 | **시간** 10:00~18:00(마감 1시간 전까지 매표 가능) | **휴무일** 월요일, 1월 1일, 설·추석 연휴 | **입장료** 전통정원 희원 어른 1만 원, 청소년(7~24세) 5000원 | **홈페이지** hoam.samsungfoundation.org

◆ 사전 조사를 해봐요 ◆

도서 《신통방통 고려청자》 : 흙을 반죽해 굽기까지 청자 제작 과정을 글과 그림으로 설명한다. 다양한 청자의 쓰임과 고려 생활상을 알아본다. 또 청자를 향한 고려 도공의 열정을 느껴본다.

도서 《단아한 멋과 예술혼이 깃든 전통 공예》 : 멋과 기능을 살린 조각과 공예품을 소개한다. 필통, 그릇, 부채, 옷장 등 일상생활에 필요한 물건을 아름답게 만드는 것을 '공예'라고 한다. 장인은 오랜 세월에 걸쳐 기술을 익히고, 물건을 쓰는 사람의 마음을 헤아려 공예품을 만든다.

◆ 엄마, 아빠랑 배워요 ◆

한국의 전통 정원은 어떤 특징이 있나요?
한국 정원의 특성은 '터'다. 정원을 조성하기 위해 일부러 터를 만들지 않고, 원래 있던 자연을 활용해 정원을 꾸민다. 자연을 거스르지 않는 순응의 원리와 소박한 마음이 깃들어 있다. 정원의 유형은 공간의 특성에 따라 달라진다. 소재 사용에 따라 유교, 도선, 풍수사상 등이 담겨 있다.

알차게 돌아보기

한국근대미술 01

근대인의 삶과 꿈이라는 테마를 통해 근대미술을 소개한다. 박수근, 장우성, 천경자, 이대원, 이인성 등 한국 근현대 작가의 작품을 만나볼 수 있다. 작품 보존을 위해 주기적으로 전시 작품을 교체한다.

목가구와 도자기

문방 소품을 정리하는 문방 가구, 책 도자기, 수석을 놓아 장식하는 가구, 탁자, 종이를 꽂아 보관하는 죽제지통, 의복을 넣어두는 목가구 등을 전시한다. 가구 디자인에서 우리 고유의 멋이 느껴진다. 도자기 코너에서는 고려청자, 조선백자, 분청사기 등 우리나라의 전통 자기를 볼 수 있다.

민화와 불교미술

조선시대 정통 회화의 조류를 모방해 그린 그림 민화와 파격적이고 자유분방한 민중의 그림을 전시한다. 불교미술은 교리와 신앙을 바탕으로 하며 불상과 사리장엄구(불탑에 사리를 봉안할 때 갖추어 사용하는 용기)등이 있다.

> **TIP**
> **01** 벚꽃이 만개하는 봄과 단풍이 물드는 가을 풍경이 멋지다. 정원 해설은 봄(4~5월), 가을(9~10월)에 한해 운영한다.
> **02** 아이와 함께라면 미술관 주변에 있는 에버랜드와 삼성화재 교통박물관도 함께 둘러볼 만하다.
> **03** 전시 해설은 미술관 로비에서 시작해 기획 전시와 상설 전시에서 소개하는 주요 작품을 설명한다. 소요 시간은 약 50분.

주변 여행지 돌아보기

백남준아트센터

세계적인 비디오아트 거장 백남준 작가의 예술혼을 기리기 위해 지었다. 작품에 관련된 자료, 문화 예술, 문학, 철학, 사회학 등 다양한 분야의 정보를 제공한다. 호암미술관에서 자동차로 20분.
주소 경기도 용인시 기흥구 상갈동 85 | **전화** 031-201-8500 | **시간** 9~6월 10:00~18:00, 7~8월 10:00~09:00 | **휴무일** 월요일, 1월 1일, 설날·추석 당일 | **입장료** 무료 | **홈페이지** njp.ggcf.kr

경기도박물관

경기도의 역사와 문화를 전시한다. 기획전시실, 기증유물실, 민속생활실 등으로 구성된다. 경기도박물관과 이어진 경기도 어린이박물관은 국내 최대 규모의 어린이 전용 박물관으로 함께 둘러볼 만하다. 호암미술관에서 자동차로 20분.
주소 경기도 용인시 기흥구 상갈로 6 | **전화** 031-288-5300 | **시간** 9~6월 10:00~18:00, 7~8월 10:00~19:00 | **휴무일** 월요일, 1월 1일, 설날·추석 당일 | **입장료** 무료 | **홈페이지** musenet.ggcf.kr

한국민속촌

조선 후기 조상들의 풍습과 생활을 옮겨놓았다. 지방별로 특색을 갖춘 민가와 관아, 서당, 저잣거리가 이어진다. 전통 가옥, 전통 의례, 민속신앙 등을 전시한다. 농악, 줄타기, 국악 비보이 등의 공연도 볼거리다. 호암미술관에서 자동차로 25분.
주소 경기도 용인시 기흥구 민속촌로 90 | **전화** 031-288-0000 | **시간** 09:30~17:30(주말은 18:00까지) | **휴무일** 연중무휴 | **입장료** 어른 1만8000원, 청소년 1만5000원, 아동 1만3000원 | **홈페이지** www.koreanfolk.co.kr

174

타박타박
제주 예술 여행

이중섭 미술관

POINT 때로는 대담하고 거칠게, 때로는 경쾌하고 부드럽게 작품 활동을 펼친 이중섭의 다양한 작품을 만나본다.

초등 미술 교과서와 중등 국어 교과서에 한국 근현대미술가 이중섭의 이름과 작품이 등장한다. 작가는 생전에 일제강점기와 한국전쟁을 겪었고 원산을 떠나 제주로 피난 왔다. 그는 가족과 함께 제주 서귀포에 자리를 잡고 11개월을 함께 살았다. 서귀포시 이중섭길을 따라 걸으면 이중섭 미술관이 나온다. 작가의 대표작 '아름다운 서귀포'를 비롯해 드로잉, 은지화, 엽서화, 편지화, 유품 등을 소장, 전시한다. 그림에 자주 등장하는 아이, 새, 게, 섬 등은 제주생활을 모티브로 했다. 자유분방한 선묘각 특징이다. 미술관 근처에 있는 이중섭 거주지는 불우한 시대를 살아간 천재 예술가의 발자취를 느낄 수 있는 공간이다.

주소 제주도 서귀포시 이중섭로 27-3 | **전화** 064-760-3567 | **시간** 10~6월 09:00~18:00, 7~9월 09:00~20:00 | **휴무일** 월요일, 1월 1일, 설날·추석 당일 | **입장료** 어른 1500원, 청소년 800원, 어린이 400원 | **홈페이지** culture.seogwipo.go.kr/jslee

◆사전 조사를 해봐요◆

도서 《이중섭의 편지와 그림들》 : 이중섭이 직접 쓰고 그린 것을 시인 박재삼이 우리말로 번역했다. 대표 작품 90여 점과 아내와 아이들을 향한 이야기를 담았다. 유화, 수채화, 스케치, 은종이 그림 등은 물론이고, 아내와 아들에게 보낸 편지, 아내가 이중섭에게 보낸 편지 등을 수록했다. 당시 궁핍했던 생활상과 가족에 대한 사랑과 그리움, 예술에 대한 집착 등이 느껴진다.

도서 《한국이 낳은 정직한 화공, 이중섭》 : 이중섭 탄생 100주년을 기념해 펴낸 걸작선이다. 대표 작품 133점을 실었다. 1부 소, 2부 아이들, 3부 가족, 4부 풍경, 5부 동물 등으로 구성된다.

◆엄마, 아빠랑 배워요◆

이중섭은 어떤 화가였나요?

이중섭(1916~1956)은 일제강점기 평안남도 평원에서 태어나 해방, 한국전쟁, 분단을 겪었다. 뛰어난 화가였지만 생전에 제대로 평가받지 못했다. 보통의 서양화가와 달리 캔버스 작품은 거의 없다. 전쟁 시기 물자 부족 탓도 있지만 작가의 선택으로 보인다. 생활고 때문에 사랑하는 아내와 두 아들과 떨어져 지내야 했기에 가족에 대한 그리움이 깊었다. 그림을 팔아 일본에 가려고 했지만, 가족과 재회하지 못한 채 신경쇠약과 영양실조로 끝내 40년에 불과한 짧은 생을 마감했다.

알차게 돌아보기

상설전시실(1층) 01

이중섭은 서귀포에 거주할 당시 가장 많은 작품을 남겼다. 이중섭의 예술과 삶을 살펴볼 수 있는 작품과 연표, 초상화와 바다가 보이는 풍경 등 대표작을 전시한다. 엽서화, 양면화, 은지화 등 다양한 재료와 기법이 특징이다. 이중섭이 부인에게, 부인이 이중섭에게 보낸 편지도 볼 수 있다.

기획전시실(2층) 02

이중섭미술관 소장품을 중심으로 연중 다양한 현대미술 기획전이 열린다. 이중섭 작품 외에 현대 작가들의 전시회를 열기도 한다.

전망대 03

옥상 전망대에 오르면 서귀포 일대가 한눈에 펼쳐진다. 탁 트인 바다 풍경을 볼 수 있다.

> **TIP**
> 01 미술관 앞쪽에 이중섭이 서귀포에서 실제 피란살이를 했던 집이 원형 그대로 복원되어 있다.
> 02 이중섭거리에는 아기자기한 공방과 카페 등이 있다. 그 아래로 더 내려가면 이중섭이 아이들과 자주 나가 놀던 자구리해변이 나온다.
> 03 작가의 산책 코스를 따라 산책을 즐겨본다.
> **추천 코스** 이중섭미술관 → 동아리 창작공간 → 기당미술관 → 칠십리시공원 → 자구리해안 → 서복전시관 → 정방폭포 → 소라의성 → 소암기념관

주변 여행지 돌아보기

서귀포매일올레시장 01

서귀포 지역의 상설 전통시장으로 시장 주변에 맛집이 많다. 횟집이나 고깃집에서 식사를 해도 좋다. 오메기떡, 모닥치기(떡볶이, 전, 튀김, 김밥), 통닭 등 시장 음식을 맛볼 수 있다. 이중섭미술관에서 도보 7분.

주소 제주도 서귀포시 중앙로62번길 18 | **전화** 064-762-2925 | **시간** 점포마다 다름 | **휴무일** 연중무휴 | **홈페이지** xn--hh0b08q1obf3ndkclthgtcqj988g.com

기당미술관 02

제주 전통 가옥을 모티브로 지은 기당미술관은 화가 변시지의 작품을 상설 전시한다. 변시지(1926~2013)는 삶의 터전 제주를 생생하게 표현했다. 절벽과 바다, 집, 나무, 사람, 말, 배 등을 소재로 한 작품이 많다. 이중섭미술관에서 자동차로 6분.

주소 제주도 서귀포시 남성중로153번길 15 | **전화** 064-733-1586 | **시간** 10~6월 09:00~18:00, 7~9월 09:00~20:00 | **휴무일** 월요일, 1월 1일, 설날·추석 당일 | **입장료** 어른 1000원, 청소년 500원, 어린이 300원 | **홈페이지** culture.seogwipo.go.kr/gidang

천지연폭포 03

서귀포의 대표 관광 명소다. 천연기념물 제379호 천지연폭포는 하늘과 땅이 만나 이룬 연못이라는 뜻을 담고 있다. 높이 22m의 폭포가 힘차게 떨어진다. 폭포 주변에 희귀성 식물이 자라 울창한 숲을 이룬다. 이중섭미술관에서 자동차로 3분.

주소 제주도 서귀포시 천지동 667-7 | **전화** 064-733-1528 | **시간** 09:00~22:00 | **입장료** 어른 2000원, 청소년 1000원 | **홈페이지** www.visitjeju.net

175

따뜻한 그림, 편안한 미술관
박수근미술관

POINT 한국을 대표하는 화가 박수근의 생애와 작품을 접할 수 있는 특별한 공간이다. 실내 전시관과 넓은 야외 공간이 있어 아이들과 돌아보기에도 무리가 없다.

"나는 인간의 선함과 진실함을 그려야 한다는 예술에 대한 대단히 평범한 견해를 가지고 있다." 우리가 일상에서 접하는 평범한 사람들을 즐겨 그렸던 우리나라 대표 화가 박수근의 예술관이다. 박수근은 1914년 강원도 양구에서 태어났다. 어릴 때부터 그림에 남다른 재능을 보였으나, 집안 사정 때문에 중학교에 진학하지 못했다. 그러나 선생님의 격려로 독학을 결심하고 산과 들로 다니며 그림을 그렸고, 성인이 되어서도 꾸준히 작품 활동에 매진했다. '조선미술전람회'와 '대한민국미술전'에 여러 차례 입선하며 어려운 생활 속에서도 꾸준히 그림을 그리다 1965년 간경화가 악화돼 사망했다. 그로부터 한참 후인 2002년, 박수근 생가 터에 박수근미술관이 개관했다. 미술관의 건축물 하나, 길 하나에도 박수근의 감성을 담았다. 박수근 라키비움, 박수근 파빌리온, 어린이미술관 등을 천천히 둘러보며 화가 박수근에 한 발짝 가까이 다가가는 시간을 가져보자.

주소 강원도 양구군 양구읍 박수근로 265-15 | **전화** 033-480-7226 | **시간** 09:00~18:00 | **휴무일** 월요일(월요일이 공휴일인 경우 그다음 날), 1월 1일, 설날·추석 당일 오전 | **입장료** 6000원(양구사랑상품권 3000원 환급), 초·중·고등학생 3000원, 미취학·만 65세 이상 무료 | **홈페이지** www.parksookeun.or.kr

◆ 사전 조사를 해봐요 ◆

도서 《박수근, 나무가 되고 싶은 화가》 : 박수근의 일생과 작품 세계를 어린이 눈높이에 맞춰 소개한다.
도서 《박수근 아내의 일기》 : 박수근의 삶을 가장 가까이에서 지켜본 그의 아내가 들려주는 이야기.

도서 《나목》 : 박완서는 미8군 PX에서 일할 때 그곳에서 초상화를 그리던 박수근을 알게 됐고, 그를 모델로 이 소설을 썼다. 한국전쟁과 분단의 아픔을 담은 반자전적 소설이다.

알차게 돌아보기

어린이미술관 01

어린이들이 박수근의 작품 세계를 쉽게 이해하도록 돕는 한편 상상의 나래를 펼칠 수 있도록 조성한 공간이다. 박수근의 어린 시절 이야기를 만나보는 코너, 박수근 부부가 직접 만든 동화책을 영상으로 만나보는 코너, 박수근 작품을 샌드아트와 미디어아트로 재구성한 코너, VR과 미로 체험 코너 등이 마련되어 있다.

파빌리온 02

2014년 개관한 파빌리온이 박수근미술관의 볼거리를 더한다. 파빌리온은 국내 유명 작가들의 작품과 박수근미술관에 기증된 여러 작품을 전시한다. 이 건축물은 박수근미술관을 설계한 건축가 고 이종호의 유작이다. 고 이종호는 박수근미술관을 짓는 데 온 정성을 쏟았다. 그는 '대지에 미술관을 새겨나간다'는 마음으로 박수근미술관을 설계했다. 파빌리온은 박수근과 이종호라는 두 거장을 만나는 특별한 공간이다.

라키비움 03

도서관, 기록관, 박물관 등 다양한 기능을 수행하는 복합문화공간. 박수근의 작품을 활용한 실감형 콘텐츠를 선보여 아이들과 함께 즐기기 좋다. 가족이 함께 놀이하듯 박수근의 작품을 즐길 수 있는 흥미로운 공간이다.

Park Sookeun Larchiveum

주변 여행지 돌아보기

양구방짜식기전시관 01

우리 전통 식기인 방짜 식기에 대해 소개한다. 방짜 식기의 아름다움부터 수저의 탄생과 시대별 수저, 세계의 식기와 식문화를 테마로 전시가 이뤄진다. 방짜 수저 제작 과정을 소개하는 코너도 있다. 박수근미술관에서 도보 4분.

주소 강원도 양구군 박수근로257번길 2-7 | **전화** 033-481-7268 | **시간** 09:00~18:00 | **휴무일** 월요일, 1월 1일, 설날·추석 당일 오전 | **입장료** 무료 | **홈페이지** ygongbang.kr

양구인문학박물관 02

철학과 시가 있는 박물관으로 2개 관으로 구성된다. 1관에서는 우리나라 대표 시인 10인에 관련된 전시가 이뤄지고, 2관에서는 한국 철학계의 거장이라 불리는 안병욱과 김형석의 발자취를 따라간다. 박수근미술관에서 자동차로 8분.

주소 강원도 양구군 양구읍 파로호로869번길 101 | **전화** 033-482-9800 | **시간** 10:00~18:00 | **휴무일** 월요일(월요일이 공휴일인 경우 예외), 1월 1일, 설날·추석 당일 오전 | **입장료** 만 7~64세 3000원(양구사랑상품권 3000원 환급) | **홈페이지** www.ymunhak.or.kr

양구선사박물관 03

양구를 중심으로 북한강 유역에서 발굴·조사한 선사 유적을 소개하는 박물관이다. 상설전시실 외 삼엽충화석전시실과 근현대사박물관이 있고 야외에는 고인돌공원이 조성되어 있다. 박수근미술관에서 자동차로 5분.

주소 강원도 양구군 양구읍 금강산로 439-52 | **전화** 033-480-2677 | **시간** 09:00~18:00 | **휴무일** 월요일(월요일이 국가 공휴일인 경우 예외), 1월 1일, 설날·추석 당일 오전 | **입장료** 무료 | **홈페이지** www.ygpm.or.kr

176
순수의 예술가 장욱진의 그림 세계
장욱진 미술관

POINT 동심의 눈으로 세상을 보고 그림을 그린 화가 장욱진의 생애를 돌아보고 작품을 감상한다.

한국 근현대 서양화가 장욱진(1917~1990)은 김환기, 박수근, 이중섭 등과 동시대를 살았다. 그는 나무, 집, 새, 아이, 가족 등 일상적인 소재를 기교 없이 그렸다. 언덕 위에 자리한 장욱진미술관은 네모난 몸체에 삼각지붕, 커다란 창이 특징이다. 마치 그의 그림을 옮겨놓은 듯하다. 독립된 방으로 구성된 전시실은 각 공간이 벽과 문으로 구분되어 있지 않아 개방감이 느껴진다. 도시를 벗어나 한적한 미술관에서 만난 장욱진의 그림은 잔잔한 감동을 전한다. 어린아이처럼 순수함을 간직한 그의 그림은 진실한 예술이 무엇인지 일깨워준다. 미술관과 개울 사이에 조각공원이 있어 미술관 관람과 함께 피크닉을 즐기기에도 좋다.

주소 경기도 양주시 장흥면 권율로 193 | **전화** 031-8082-4245 | **시간** 10:00~18:00 | **휴무일** 월요일, 1월 1일, 설날·추석 당일 | **입장료** 어른 5000원, 어린이 1000원 | **홈페이지** changuchin.yangju.go.kr

◆사전 조사를 해봐요◆
도서 《장욱진, 단순함의 아름다움》: 양주시립장욱진미술관 관장인 변종필 미술 평론가가 쓴 책이다. 장욱진의 대표작인 자화상과 까치를 중심으로 다양한 그림을 살펴본다. 시기별로 덕소-수안보-신갈로 이어지는 아틀리에의 이동에 따라 작품의 특징을 살펴본다. 사진 자료를 곁들어 쉽게 설명한다.
도서 《장욱진, 나는 심플하다》: 장욱진과 오랜 사제 관계였던 원로 조각가 최종태가 장욱진의 삶과 작품 세계를 이야기한다. 장욱진의 대표작 41점을 수록했다.

◆엄마, 아빠랑 배워요◆
장욱진은 어떤 사람인가요?
1917년 11월 26일 충청남도 연기군에서 태어났다. 1930년대 도쿄 제국미술학교에서 서양화를 공부하고 돌아와 해방 직후 국립중앙박물관에서 근무했다. 1954년부터 1960년까지 서울대학교 미술대학 교수로 활동했으며 한적한 시골에 화실을 마련해놓고 그림에만 전념했다. 동양화와 서양화의 장르를 넘나들며 전통을 현대에 접목했다.
왜 양주에 장욱진미술관을 지었나요?
장욱진은 1960년 서울대 교수를 사임하고 덕소(1963~1975)와 수안보(1980~1985) 등에서 작품 활동을 했다. 장욱진의 덕소 화실은 당시 양주군에 속해 있었다.

알차게 돌아보기

전시관 01

전시관은 2층으로 구성된다. 1층과 2층을 이어주는 계단을 유심히 보면 모양이 조금씩 다르다. 미술관 2층 한쪽에는 장욱진 작가의 소박한 작업실을 재현해놓았다.

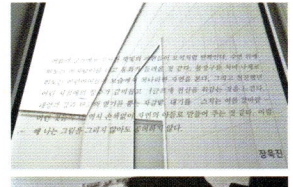

장흥조각공원 02

산책로를 따라 형형색색 다양한 조각품을 전시한다. 이 중에는 유명 조각가 문신과 구상의 작품도 있다. 너른 잔디밭을 마음껏 뛰놀 수 있어 좋다. 조각을 배경으로 멋진 사진을 남겨보자.

TIP

01 미술관 매표소를 가로질러 나가면 조각공원이 이어진다.
02 미술관 야외무대에서 음악회 등의 행사가 열린다.
03 미술관 1층에 있는 카페에서 커피와 차를 판매한다. 햇살이 잘 드는 유리창 너머 잔디광장이 시원스레 펼쳐진다.
04 양주시는 장흥조각공원과 장욱진미술관을 통합 운영한다. 매표소에서 입장권을 구입하면 조각공원과 미술관을 모두 입장할 수 있다. 미술관으로 향하는 길에는 망원경을 보고 있는 키 큰 남자의 조각(나점수 작 'HERE') 등 22점의 작품이 있다.

주변 여행지 돌아보기

미술관옆캠핑장 01

캐러밴, 오토 캠핑장, 일반 캠핑장을 갖추었다. 캠프사이트와 샤워실, 실내 개수대 등의 편의 시설도 수준급이다. 캠핑장 주변에는 미술관과 조각공원, 장흥계곡 등이 있어 힐링 캠프를 즐길 수 있다. 장욱진미술관에서 도보 2분.

주소 경기도 양주시 장흥면 석현리 400-6 | **전화** 031-828-9881 | **시간** 24시간 | **휴무일** 연중무휴 | **입장료** 일반 캠핑 1만5000~2만5000원, 캐러밴(6인용) 9만~15만 원

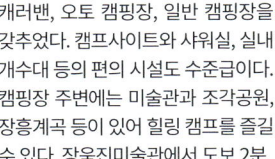

가나아트파크 02

전시와 체험이 어우러진 복합 문화 공간이다. 작가의 창작 공간, 미술관, 피카소어린이미술관, 아틀리에, 야외 공연장, 조각공원 등으로 구성된다. 피카소 어린이미술관은 판화, 드로잉, 도자기, 피카소 인물 사진 등을 전시한다. 장욱진 미술관에서 도보 14분.

주소 경기도 양주시 장흥면 권율로 117 | **전화** 031-877-0500 | **시간** 10:00~18:00 | **휴무일** 월요일 | **입장료** 어른 8000원, 청소년 7000원, 어린이 6000원 | **홈페이지** www.artpark.co.kr

송암스페이스센터 03

천문대, 스페이스센터, 케이블카, 스타하우스(숙박 시설) 등의 시설을 갖추었다. 천체망원경으로 우주의 모습을 관측할 수 있다. 국제 기준에 맞춰 진행하는 우주과학 교육도 열린다. 장욱진미술관에서 도보 15분.

주소 경기도 양주시 장흥면 권율로185번길 103 | **전화** 031-894-6000 | **시간** 11:00~21:00(토요일은 21:30까지) | **휴무일** 일·월요일 | **입장료** 스타이용권 어른 3만2000원, 청소년 2만8000원, 유치원생 2만5000원 / 천문대 이용권 어른 2만5000원, 청소년 2만3000원, 유치원생 2만1000원 / 플라네타리움 어른 1만 원, 청소년 9000원, 유치원생 8000원 | **홈페이지** www.starsvalley.com

177

창의력이 샘솟는
예술 공간

백남준 아트센터

POINT 한국을 대표하는 현대 예술가 백남준의 작품을 관람하며, 새로운 아이디어와 상상력을 얻을 수 있다.

백남준을 한마디로 설명하기 어렵다. 한국이 낳은 세계적인 천재 아티스트, 비디오아트 창시자, 전위음악가, 퍼포먼스 예술가 등. 그는 자유로운 영혼을 바탕으로 열정적인 예술을 세상에 남겼다. 백남준아트센터 건립에 대한 논의는 그가 별세하기 전인 2001년부터 시작됐다. 당시 백남준은 아트센터의 이름을 '백남준이 오래 사는 집'이라고 지었다. 백남준전과 기획전으로 구성되며 보통 1년에 한두 차례 전시를 교체한다. 회화, 드로잉, 비디오아트 등 장르를 넘나드는 백남준 작가의 작품을 전시한다. 예측할 수 없을 만큼 독특한 작품은 호기심을 자극한다. 시대를 앞선 상상력으로 서로 다른 영역의 주제를 결합한 것이 특징이다.

주소 경기도 용인시 기흥구 백남준로 10 | **전화** 031-201-8500 | **시간** 9~6월 10:00~18:00, 7~8월 10:00~19:00 | **휴무일** 월요일, 1월 1일, 설날·추석 당일 | **입장료** 무료(특별 기획전의 경우 전시에 따라 관람료 다름) | **홈페이지** njp.ggcf.kr

◆ **사전 조사를 해봐요** ◆

도서 《나의 사랑 백남준》 : 백남준의 아내 구보타 시게코가 들려주는 백남준의 삶과 사랑, 예술 이야기를 담고 있다. 광범위한 예술 세계에 숨겨진 비하인드 스토리를 공개한다.

도서 《후 who? 아티스트 백남준》 : 백남준의 생애와 작품 세계를 알기 쉽게 소개한다. 비디오아트 작가라는 직업을 통해 진로를 탐색할 수 있다.

◆ **엄마, 아빠랑 배워요** ◆

백남준이 누구예요?
1932년 서울에서 태어나 서울과 홍콩, 일본에서 학창 시절을 보냈다. 도쿄대학교에서 미학을 전공한 후, 1956년에 독일에서 유럽 철학과 현대음악을 공부했다. 그는 새로운 미디어를 이용한 표현 방식을 모색했고, 1963년 TV 내부 회로를 변형해 만든 작품을 선보였다. 1964년 미국으로 이주해 비디오아트 활동을 했다. 2006년 마이애미에서 별세할 때까지 활발한 작품 활동을 했다.

알차게 돌아보기

01 백남준아트센터의 건축

2003년 국제 공모전 유니온 오브 인터내셔널 아티스트의 대상을 차지한 독일 건축가 크르슈텐 셰멜(Kirsten Schemel)과 독일 베를린 KSMS 셰멜 스탄코빅 건축 사무소의 마리나 스탄코빅(Marina Stankovic)이 공동으로 디자인했다. 여러 겹의 거울을 이용해 만든 건물 외관이 특징적이다. 건물 형태는 그의 작품에 자주 등장하는 그랜드 피아노 형상과 그의 성, Paik(백)의 이니셜 'P' 모양을 활용했다.

02 백남준 라이브러리

아트센터가 소장한 예술 도서, 미디어, 아카이브 자료를 열람할 수 있다. 투명한 유리창 안으로 실내가 훤히 들여다보이는 공간으로 책장 디자인마저 감각적이다.

03 아트 숍 & 카페테리아

백남준의 대표 작품 '나의 파우스트'를 연상시키는 목조 구조물 안에 아트 숍이 있다. 백남준 관련 서적과 기념품(티셔츠, 가방, 머그잔, 엽서, 수첩 등)을 판매한다. 현대 예술과 디자인을 위트 있게 해석한 다양한 디자인 상품이 눈길을 사로잡는다. 카페에서 음료와 간식을 곁들이며 잠시 쉬어 가도 좋다.

> **TIP**
> **01** 도슨트 투어는 하루에 2~4차례 열리며 1층 로비에 모여 시작한다. 전시관 규모가 커서 꼼꼼히 둘러보려면 1시간 이상 걸린다.
> **02** 작품 촬영은 가능하지만 플래시 사용과 동영상 촬영은 금지한다.
> **03** 다양한 교육 프로그램이 열린다. 홈페이지를 통해 공지하며 예약제로 운영한다.

주변 여행지 돌아보기

01 경기도박물관 & 경기도어린이박물관

석기시대부터 현대에 이르는 경기도의 역사와 문화를 전시한다. 경기도박물관 바로 옆에 경기도어린이박물관이 있다. 국내 최대 규모의 어린이 전용 박물관으로 다양한 체험 활동이 열린다. 초등학생 저학년 이하의 어린이에게는 경기도 어린이박물관을 추천한다. 백남준아트센터에서 도보 7분.

주소 경기도 용인시 기흥구 상갈로 6 | **전화** 031-201-8500(경기도박물관), 031-270-8600(경기도어린이박물관) | **시간** 9~6월 10:00~18:00, 7~8월 10:00~19:00 | **휴무일** 월요일, 1월 1일, 설날추석 당일 | **입장료** 경기도박물관 무료, 12개월 미만 무료, 12개월 이상 4000원 | **홈페이지** njp.ggcf.kr(경기도박물관), gcm.ggcf.kr(경기도어린이박물관)

02 한국민속촌

조선 후기 생활 모습을 그대로 옮겨놓았다. 민가, 관아, 서당, 저잣거리 등을 둘러본다. 시즌마다 열리는 축제가 재미를 더한다. 사물놀이, 줄타기, 전통혼례, 국악 비보이 등 무료 공연 관람도 놓치지 말자. 백남준아트센터에서 자동차로 10분.

주소 경기도 용인시 기흥구 민속촌로 90 | **전화** 031-288-0000 | **시간** 평일 09:30~18:00, 주말 09:30~18:30 | **휴무일** 연중무휴 | **입장료** 어른 1만8000원, 어린이 1만3000원 | **홈페이지** www.koreanfolk.co.kr

03 장욱진고택

장욱진 화백이 1986년부터 작고할 때까지 머물던 집이다. 국가지정 등록문화재 제404호로 지정받았다. 안채와 사랑채, 광으로 구성된다. 언덕 위에 있는 양옥은 1953년 '자동차가 있는 풍경'에 그린 벽돌집을 바탕으로 지었다. 백남준아트센터에서 자동차로 15분.

주소 경기도 용인시 기흥구 마북로 119-8 | **전화** 031-283-1911 | **시간** 11:00~17:00 | **휴무일** 월요일 | **입장료** 2000원 | **홈페이지** www.ucchinchang.org

178

민화를 읽다
조선민화박물관

POINT 민화를 전문으로 전시하는 박물관에서 선조들의 생활 문화를 느껴본다.

2000년 개관한 조선민화박물관은 국내 최초의 민화 전문 박물관으로 다양한 조선시대 진본 민화를 전시한다. 민화의 정확한 정의에 대해서는 다양한 의견이 있지만, 일반적으로는 주로 민중이 그리고 사용하던 실용화를 일컫는다. 주로 이름 없는 서민 화가들이 생활공간을 장식하거나 민속적인 관습에 따라 그린 그림을 민화로 본다. 민화는 특히 조선 후기 서민층에서 유행했는데 선조들의 생활 문화에서 중요한 부분을 차지했다. 한 쌍의 새와 꽃이 있는 화조도는 신혼부부의 신방이나 안방을 장식했고, 까치와 호랑이가 함께 있는 작호도는 잡귀나 액을 막는 용도로 사용되기도 했다. 민화는 그렇게 서민들의 삶과 함께해왔다.

주소 강원도 영월군 김삿갓면 김삿갓로 432-10 | **전화** 033-375-6100~1 | **시간** 3~10월 09:00~18:00, 11~2월 10:00~17:00 | **휴무일** 월·화요일(여름 성수기는 예외) | **입장료** 어른 5000원, 초중고등학생 4000원, 유치원생 3000원 | **홈페이지** minhwa.co.kr

◆ 사전 조사를 해봐요 ◆

도서 《만화보다 재미있는 민화 이야기》 : 그림과 이야기를 통해 민화를 소개한다. 민화에 대한 설명과 함께 풍속화와의 차이점에 대해서도 알려준다.

도서 《소원을 담은 그림, 민화》 : '까치와 호랑이', '어변성룡도', '모란도', '책가도' 등 여덟 가지 민화의 쓰임과 의미에 대해 배울 수 있다.

도서 《문화유산으로 보는 역사 한마당 3-조선시대》 : 성리학과 유교에 기반한 조선시대 문화에 대해 이야기한다. 조선백자, 훈민정음, 유교와 선비는 물론 민화, 화조화, 사군자 등에 대한 내용도 다룬다.

◆ 엄마, 아빠랑 배워요 ◆

'어변성룡도'가 뭐예요?
조선민화박물관에서 가장 인기 있는 그림 중 하나. 중국 황하의 '용문'이라는 급류를 거슬러 올라간 잉어가 용이 되어 하늘로 간다는 설화를 바탕으로 한다. 어변성룡도는 예부터 과거시험을 앞둔 선비들이 급제를 기원하며 몸에 지니거나 공부방에 두고 보던 그림이다. 지금도 시험을 앞둔 사람들에게 이 그림을 선물하기도 한다. 출세하기 위해 단순히 요행을 바라는 게 아니라, 거센 물길을 거슬러 올라가는 잉어의 고난과 노력을 함께 기억하라는 의미를 담고 있다.

알차게 돌아보기

01 민화 체험

다양한 체험과 함께 민화와 가까워지는 시간을 갖는다. 에코 숄더백, 에코 백팩, 부채, 목함 등에 민화를 그리거나 채색한다. 아이들과 함께라면 박물관 관람과 민화 체험을 함께 즐기는 패키지권을 이용해도 좋다.

02 전문 해설

조선민화박물관의 최대 장점이라면 전문 해설가에게 민화에 대한 설명을 들을 수 있다는 점이다. 민화에 대해 조목조목 설명해주니 그림을 보는 재미가 배가된다. 민화에 담긴 뜻을 이해하면 민화를 대하는 태도나 보는 눈도 달라진다.

03 민화 책 읽기

박물관을 재미있게 돌아본 후 민화에 대해 더 깊이 알고 싶어졌다면 기념품점에서 판매하는 민화 관련 도서를 살펴보자. 조선민화박물관에서 발간한 《우리 그림, 민화 속으로》 등 여러 책을 판매한다.

TIP
01 영월 관내 사립 박물관 세 곳 이상 방문 계획 시 통합권을 끊으면 입장료 50% 할인 요금이 적용된다.
02 기념품점에서 민화를 활용한 다양한 아이템과 체험 재료를 판매한다.
03 2층에는 성인만 관람 가능한 춘화방이 있다. 여기는 아이들이 민화 체험을 하는 동안 엄마, 아빠만 다녀올 것!

주변 여행지 돌아보기

01 김삿갓유적지

조선 후기 방랑 시인 김삿갓(김병연)의 삶과 문학 세계를 살펴볼 수 있는 공간이다. 산과 계곡이 어우러진 수려한 자연 속에서 김삿갓과 만나본다. 김삿갓문학관과 시비공원, 묘 등이 있다. 조선민화박물관에서 자동차로 7분.

주소 강원도 영월군 김삿갓면 김삿갓로 216-22 일대 | **전화** 033-375-7900 | **시간** 09:00~18:00 | **휴무일** 연중무휴(김삿갓문학관 월요일, 공휴일 다음 날, 1월 1일, 설날·추석 당일) | **입장료** 무료 (김삿갓문학관 어른 2000원, 청소년 1500원, 어린이 1000원)

02 고씨굴(고씨동굴)

천연기념물로 지정된 석회암 동굴이다. 종유석, 석순, 석주가 장관을 이룬다. 임진왜란 때 고씨 가족이 여기로 피신했다 하여 고씨굴이라 불린다. 동굴 맞은편에는 영월동굴생태관이 자리한다. 조선민화박물관에서 자동차로 15분.

주소 강원도 영월군 김삿갓면 영월동로 1117(매표소) | **전화** 033-372-6871 | **시간** 3~10월 09:00~18:00, 11~2월 09:00~17:00 | **휴무일** 연중무휴 | **입장료** 어른 4000원, 청소년 3000원, 어린이 2000원

03 장릉

어린 나이에 즉위했으나 숙부인 수양대군에게 왕위를 빼앗기고 영월에서 생을 마감한 단종의 무덤이다. 묘 아래쪽에는 단종을 위해 순절한 충신들의 위패를 모신 배식단사와 단종의 시신을 수습한 엄흥도의 정려비 등이 있다. 조선민화박물관에서 자동차로 27분.

주소 강원도 영월군 영월읍 단종로 190 | **전화** 033-374-4215 | **시간** 3~10월 09:00~19:00, 11~2월 09:00~18:00 | **휴무일** 연중무휴 | **입장료** 어른 2000원, 청소년 1500원, 어린이 1000원

179

재미있게 놀고~
예술 감성 키우고~

가나아트 파크

 POINT 아이들이 재미있게 놀고 즐겁게 체험하면서 예술적 감성을 키울 수 있다.

가나아트파크에 들어서면 넓은 야외 정원이 단숨에 아이들의 마음을 사로잡는다. 이곳은 국내외 유명 작가들의 작품을 전시하는 조각 공원이다. 아이들은 야외에서 놀면서 지극히 자연스럽고 친근한 방식으로 예술 작품에 다가가게 된다. 아이들의 예술 감성을 깨우는 놀이는 여기에서 끝나지 않는다. 여러 실내 전시관에서도 예술 놀이가 이어진다. 전시관은 어린이미술관, 블루스페이스, 레드스페이스, 옐로우스페이스, 어린이체험관 등으로 구성된다. 빨강, 파랑, 노랑 같은 원색으로 된 건축물 3동이 눈길을 끄는데 블루스페이스라고 불리는 파란 건물은 어린이를 위한 피카소 박물관이고 레드스페이스는 기획 전시관이다. 옐로우스페이스는 화려한 색감의 에어포켓으로 채워져 있다. 이곳에 설치된 에어포켓은 섬유 작가 도시코 맥애덤의 작품이자 아이들을 위한 놀이터다. 아이들이 에어포켓에서 균형감을 키우며 놀 수 있다. 옐로우스페이스 건물 앞 야외 그물놀이터도 아이들에게 인기다.

주소 경기도 양주시 장흥면 권율로 117 | **전화** 031-877-0500
| **시간** 10:30~18:00(주말·공휴일 변동) | **휴무일** 월요일(월요일이 공휴일인 경우 그 다음 날) | **입장료** 24개월 이상 1만2000원 | **홈페이지** www.artpark.co.kr

알차게 돌아보기

가나 어린이미술관 01

어린이들을 위한 현대미술 작품을 전시한다. 공간이 널찍해서 아이들이 편하게 관람할 수 있다. 관람만 하기 지겨워할 아이들을 배려해 볼풀 놀이장도 마련했다.

어린이체험관 02

아이들을 위한 다채로운 전시와 체험이 이뤄진다. 블록팩토리라는 놀이 공간도 있다. 시기별로 여러 가지 체험을 즐길 수 있으니 방문 시 프로그램을 확인하자. 체험료는 프로그램에 따라 다르다.

목마놀이터 03

야외에 마련한 또 하나의 놀이 공간. 김진송 작가가 '목마와 책벌레 이야기'라는 테마로 만든 특별한 놀이터다. 목마 미끄럼틀, 시소의자, 기린그네, 책벌레의자 등 상상력 넘치는 요소로 꾸며져 있다.

> **TIP**
> 01 음식물, 바퀴가 달린 놀이 기구나 운동 기구는 반입을 금지한다.
> 02 옐로우스페이스는 시간마다 이용 인원 제한이 있다. 미리 어린이체험관에 문의하자.
> 03 가나어린이미술관 1층에 카페가 있다. 커피와 주스를 비롯해 여러 가지 음료와 간식을 판매한다.
> 04 가나어린이미술관 1층 아트 숍에서는 작가들이 만든 공예품, 디지털 프린트 등의 아트 상품을 판매한다.

주변 여행지 돌아보기

양주시립 장욱진미술관 01

한국 근현대 미술을 대표하는 화가 중 한 명인 장욱진의 업적과 정신을 기리는 미술관이다. 미술관 건축물은 중정과 여러 개의 방으로 이뤄진 구조가 독특하다. 넓은 야외 조각공원도 있어 아이들과 함께 방문하기 좋다. 가나아트파크에서 자동차로 3분.

주소 경기도 양주시 장흥면 권율로 193 | **전화** 031-8082-4245 | **시간** 10:00~18:00 | **휴무일** 월요일, 1월 1일, 설날·추석 당일 | **입장료** 어른 5000원, 초·중·고등학생 1000원 | **홈페이지** www.yangju.go.kr/changucchin/index.do

송암스페이스센터 02

양주 개명산 자락에 자리한 사설 천문대. 주 관측실에는 국내 최초로 국산화에 성공한 600mm 망원경이 있다. 돔 스크린이 설치된 플라네타리움과 케이블카, 레스토랑 등의 시설을 완비했다. 가나아트파크에서 자동차로 5분.

주소 경기도 양주시 장흥면 권율로185번길 103 | **전화** 031-894-6000 | **시간** 11:00~19:00 입장권 구매 가능(일반 관람은 토요일만 가능) | **휴무일** 일·월요일 | **입장료** 스타 이용권(천문대+케이블카 왕복+플라네타리움+스페셜 프로그램) 어른 2만5000원, 36개월~고등학생 2만2000원 / 천문대 이용권(천문대+케이블카 왕복) 어른 1만6000원, 36개월~고등학생 1만3000원 / 단순입장권 5000원 | **홈페이지** www.starsvalley.com

장흥자생수목원 03

개명산 자연림을 자연 생태 수목원으로 조성했다. 기존의 자연림 상태를 최대한 그대로 보존한 채 수목원을 만들었다. 자연체험학습장과 삼림욕장 기능에 초점을 맞춘 수목원이다. 가나아트파크에서 자동차로 7분.

주소 경기도 양주시 장흥면 권율로309번길 167-35 | **전화** 031-826-0933 | **시간** 4~9월 09:00~19:00, 10~3월 09:00~17:30 | **휴무일** 연중무휴 | **입장료** 중학생 이상 6000원, 4세~초등학생 5000원 | **홈페이지** www.sumokwon.net

180

미술과 예술이
재미있어지는 시간

양평군립 미술관

 POINT 어린아이의 눈높이에 맞춘 양평군립미술관은 어린아이부터 엄마, 아빠까지 모두 흥미롭게 예술을 즐길 수 있다.

어린아이들에게 미술관은 자칫 따분한 공간이 될 수도 있다. 엄숙한 분위기에 제약이 많기 때문이다. 하지만 양평군립미술관은 다르다. 자유롭고 재미난 분위기에서 미술에 접근할 수 있다. 양평군립미술관에 들어서면 무겁고 차분한 분위기 대신 활기차고 밝은 기운이 느껴진다. 아이들은 종종걸음으로 미술관을 활보하며 미술관을 놀이터처럼 재미있게 이용한다. 2011년 개관한 양평군립미술관은 유독 가족 단위 관람객이 많다. 어린아이부터 어른까지 모두의 눈높이를 맞춘 전시를 선보인다는 뜻이다. 창의적이며 참여하는 전시를 통해 흥미롭고 유익한 시간을 제공한다. 또 전형적이지 않은 내용과 구조로 이뤄지는 전시는 아이들의 눈을 사로잡기에 충분하다. 1층의 1전시실은 평면이 아닌 슬로프 구조로 이루어져, 천천히 오르며 작품을 감상할 수 있다. 야트막한 언덕을 오르는 듯한 느낌이다. 이런 독특한 구조는 아이들의 호기심을 자극한다. 전시에 맞춘 다양한 체험 프로그램도 진행해 미술관 관람이 놀이처럼 즐거워진다. 아이들이 뛰놀 만한 야외 공간과 편안히 쉬어 갈 수 있는 카페도 자리해 가족이 함께 방문하기에 딱 좋은 미술관이다.

주소 경기도 양평군 양평읍 문화복지길 2 | **전화** 031-775-8513, 8515 | **시간** 10:00~18:00 | **휴무일** 월요일(월요일이 공휴일인 경우 그다음 날), 1월 1일, 설날·추석 당일 | **입장료** 어른 1000원, 청소년 700원, 어린이 500원 | **홈페이지** www.ymuseum.org

알차게 돌아보기

01 주말 어린이 예술학교

양평군립미술관의 대표 교육 프로그램으로, 아이들에게 인기가 높다. 주말마다 전시와 연계한 체험 교육 프로그램을 운영한다. 5~7세 유치부와 8~13세 초등부를 별도 개설한다. 유치부는 보호자 동반하에 수업이 이뤄지고, 초등부는 아이 혼자 참여한다. 수업은 일반적으로 주말마다 1일 2회 진행한다. 전화 예약 우선이며, 빈자리가 있을 경우 현장 접수도 가능하다. 수강료 별도.

02 체험 활동지

미술관 입구 안내 데스크에 체험 활동지가 비치되어 있다. 활동지를 보며 미술관을 한 바퀴 돌면 좀 더 재미있고 꼼꼼하게 관람할 수 있다. 에듀케이터와 함께 활동지를 들고 미술관을 관람하는 '미술관 탐험대' 프로그램도 이용 가능하다. 단, 예약 필수.

> **TIP**
> 01 양평군에서 운영하는 미술관이라 입장료가 저렴하다. 그나마도 체험 프로그램 이용 시에는 입장료가 면제된다.
> 02 체험 프로그램은 사전 예약 우선이므로, 미리 확인한 후 방문하자. 예약 없이 당일 참여하고자 한다면 프로그램 시작 시간까지 조금 기다려보자. 예약자가 오지 않을 경우에 현장 접수자에게 기회가 주어진다.
> 03 미술관 1층에 작은 유아 놀이방이 있다. 규모는 크지 않지만 아이들이 잠시 뛰어놀기 좋다.
> 04 미술관에 연락처를 등록해두면 다양한 문화 예술 행사가 있을 때 문자로 알려준다.

03 컨테이너 아트랩

미술관 야외 공간에 컨테이너를 활용한 전시 공간, 아트랩을 운영한다. 양평 지역에 거주하는 청년 작가들을 대상으로 전시 기회를 제공한다. 아이들과 또 하나의 미술관을 즐길 수 있다.

주변 여행지 돌아보기

01 들꽃수목원

남한강변에 위치한 수목원으로, 야생화단지, 허브정원, 자연생태박물관, 식물원, 연꽃연못 등으로 이뤄진다. 멸종 위기에 처한 우리나라 토종 야생화와 여러 허브를 전시한다. 양평군립미술관에서 자동차로 3분.

주소 경기도 양평군 양평읍 수목원길 16 | **전화** 031-772-1800 | **시간** 4~11월 09:30~18:00, 11~3월 09:30~17:00(날씨나 기타 상황에 따라 운영 시간 변경 가능) | **휴무일** 연중무휴 | **입장료** 어른 9000원, 중·고등학생 7000원, 36개월~초등학생 6000원 | **홈페이지** www.nemunimo.co.kr

02 용문사

신라시대에 창건한 고찰로, 천연기념물로 지정된 은행나무가 유명하다. 용문사로 향하는 길은 편안하고 풍광이 아름다워 아이들과 함께 걷기 좋다. 용문사 주변으로 용문산관광지가 조성돼 있다. 양평군립미술관에서 자동차로 20분.

주소 경기도 양평군 용문면 용문산로 782 | **전화** 031-773-3797 | **시간** 24시간 | **휴무일** 연중무휴 | **입장료** 무료 | **홈페이지** www.yongmunsa.biz

03 양평곤충박물관

양평 지역을 포함, 국내외 각지에 서식하는 곤충의 생태에 대해 배워보는 공간이다. 살아 있는 곤충도 전시돼 아이들이 흥미를 느낀다. 양평군립미술관에서 자동차로 5분.

주소 경기도 양평군 옥천면 경강로 1496 | **전화** 031-775-8022 | **시간** 3~10월 09:30~18:00, 11~2월 09:30~17:00 | **휴무일** 월요일(월요일이 공휴일인 경우 그다음 날), 1월 1일, 설날추석 당일 | **입장료** 어른 3000원, 어린이청소년 2000원, 만 6세 이하 무료 | **홈페이지** www.yp21.go.kr/museumhub

181

얼씨구 좋다~
우리의 소리를 찾아서

난계국악박물관 & 국악체험촌

POINT 영동은 난계 박연 선생의 탄생지이자 국악의 고장이다. 국악을 감상하며 우리 음악의 우수성을 체험한다.

난계 박연은 1378년 충청북도 영동에서 태어났다. 고구려 왕산악, 신라 우륵과 함께 우리나라 3대 악성으로 손꼽힌다. 그는 조선시대 궁중 음악을 정비해 국악의 기반을 구축했으며, 악보와 악기를 정리한 악서를 편찬했다. 영동 고당리 마을에는 박연의 생가와 사당, 묘소가 있다. 그의 업적을 기리고 예술혼을 계승하고자 난계국악박물관, 난계 국악기체험전수관, 영동국악체험촌이 들어섰다. 난계국악박물관은 국악의 역사와 국악기를 전시한다. 박물관 바로 옆에 국악기 체험전수관이 있다. 영동국악체험촌은 전통 음악을 보고, 듣고, 느끼며 체험하는 공간이다. 난타, 전통 놀이, 국악기 제작 체험, 연주 체험 등이 열린다. '세계에서 가장 큰 북'으로 기네스북에 오른 천고를 쳐볼 수 있다.

주소 충청북도 영동군 심천면 국악로 9(난계국악박물관), 충청북도 영동군 심천면 국악로1길 33(영동국악체험촌) | **전화** 043-742-2655(난계국악박물관), 043-740-5946, 3891(영동국악체험촌) | **시간** 09:00~18:00(난계국악박물관), 24시간(영동국악체험촌) | **휴무일** 난계국악박물관 월요일·1월 1일, 설·추석 연휴, 공휴일 다음 날 / 영동국악체험촌 연중무휴 | **가격** 난계국악박물관 어른 2000원, 청소년·군인·어린이 1500원. 객실 / 영동국악체험촌 체험에 따라 다름 | **홈페이지** nangye.yd21.go.kr(난계국악박물관), gugak.yd21.go.kr(영동국악체험촌)

◆사전 조사를 해봐요◆

도서 《초등학생을 위한 국악의 모든 것》: 클래식과 국악을 모두 전공한 저자가 들려주는 음악 이야기. 우리 음악의 역사와 장단 등을 알려준다. 국악에 대한 상식을 배울 수 있다.

도서 《옛이야기 들썩, 우리 음악 얼쑤!》: 가야금 할머니가 들려주는 옛이야기 열 편을 수록했다. 우리 음악의 유래와 발전 과정을 알아보고, 아름다움을 발견한다.

◆엄마, 아빠랑 배워요◆

국악기는 어떤 악기인가요?
국악에 쓰는 악기를 통틀어 국악기라고 한다. 거문고나 가야금처럼 옛날부터 전해져 오는 악기도 있고, 편종이나 편경처럼 중국에서 들어와 국악기로 자리 잡은 것도 있다. 줄을 이용해 소리를 내는 현악기, 관을 불어서 소리를 내는 관악기, 두드려서 소리를 내는 타악기로 구분한다.

알차게 돌아보기

난계국악박물관 1·2존　01

1층에는 우리나라 국악기를, 2층에는 세계의 민속 악기를 전시한다. 1층은 다시 4개의 존으로 나뉜다. 1존에는 충북 영동의 소개 영상을 상영한다. 2존에는 3대 악성(왕산악, 우륵, 박연)의 업적과 역사적 의의를 살펴보는 애니메이션을 상영한다. 국악기 미디어 테이블을 통해 우리 악기에 대한 정보를 알 수 있다. 악공 복식(악기를 연주하는 악공의 옷)도 흥미롭다.

난계국악박물관 3·4존　02

3존은 12율명과 7음계, 정간보와 오선보를 통해 국악과 서양악의 차이점을 설명한다. 4존은 재료에 따라 분류한 국악기를 전시한다. 민속자료전시실에는 국악 녹음 자료와 국악 공연 실황 자료를 보관한다.

국악체험촌　03

300석 규모의 공연장을 갖춘 우리소리관이다. 국악 연주 및 명상을 체험할 수 있는 소리창조관, 숙박 시설인 국악누리관, 세계 최대의 북 천고가 안치된 천고각 등이 있다. 국악누리관에 숙박하며 국악 체험 프로그램에 참여할 수 있다.

TIP
01 대중교통으로는 찾아가기 힘들다. 자동차를 타고 가는 것을 추천한다(영동역에서 9km, 영동시외버스터미널에서 10km).
02 매년 가을 난계국악축제가 열린다. 전통 국악을 보고, 배우고, 즐길 수 있다.
03 난계국악박물관을 관람한 후 국악체험촌으로 이동한다. 국악 공연을 감상하고, 국악기를 배워보는 체험에 참여한다.
04 세계 최대 규모의 북 '천고'를 직접 쳐볼 수 있다(타북 체험료 별도).

주변 여행지 돌아보기

영동포도축제　01

영동은 밤낮의 일교차가 크고 일조량이 풍부해 과수 농업이 발달했다. 전국 최대 면적을 자랑하는 포도의 주산지로 매년 8월 영동포도축제가 열린다. 포도 따기, 포도 밟기, 와인 족욕 등의 포도 체험 행사가 열린다.
주소 영동체육관 일원 와인코리아, 농촌체험마을 등 | **홈페이지** www.ydpodo.co.kr

황간역　02

영동역과 추풍령역 사이에 있는 간이역. 1905년 1월 보통 역으로 영업을 시작했다. 현재는 하루 15편의 경부선 무궁화호가 정차한다. 손님이 줄어 한때 폐역 위기까지 갔지만 역장님과 마을 주민의 노력으로 관광 명소로 거듭났다. 황간마실 카페에서 차를 마시며 쉬어 가도 좋다. 난계국악박물관에서 자동차로 30분.
주소 충청북도 영동군 황간면 하옥포2길 14

옥계폭포　03

영동과 옥천에 걸쳐 있는 달이산 남쪽 끝 영동군 옥계리에 옥계폭포가 있다. 난계 박연이 즐겨 찾았고, 시인 묵객의 발길이 끊이지 않았다. 옥계폭포에서 시작되는 월이산 등산 코스를 따라 올라가면 영동군 심천면과 옥천군 이원면 일대의 풍경을 내려다볼 수 있다. 난계국악박물관에서 자동차로 4분.
주소 충청북도 영동군 심천면 고당리 산75-1

182
우리나라 예술의 모든 것
세종문화회관

POINT 클래식, 뮤지컬, 콘서트, 미술 전시 등을 감상하며 문화생활을 즐길 수 있다.

대한민국을 대표하는 복합 문화 공간으로 40년이 넘는 역사를 자랑하며 크고 작은 공연과 전시가 끊임없이 열린다. 국내외 예술가가 장르를 불문하고 이곳 무대에 오르기를 희망한다. 세종문화회관 로비에 들어서면 백남준 작가의 비디오아트 작품이 눈길을 끈다. 비파와 첼로를 본떠 만든 작품으로 동서양 문화의 만남을 상징한다. 3000명의 관객을 수용하는 대극장, 클래식 전용 극장인 체임버홀, 소규모 공연이나 연극이 열리는 M씨어터, 지상 1관과 지하 2관으로 이어지는 미술관으로 구성된다. 동선과 공간을 효율적으로 활용해 작품에 집중할 수 있도록 했다. 세종문화회관은 주요 공간을 관람하는 견학 프로그램, 세종투어를 운영한다. 투어 매니저의 안내에 따라 로비, VIP룸, 대극장, 역사자료관, 무대, 분장실 등을 둘러보며 세종문화회관에 깃든 다양한 이야기를 전한다.

주소 서울시 종로구 세종대로 175 | **전화** 02-399-1114 | **시간** 10:00~20:00(전시, 공연에 따라 다름) | **휴무일** 연중무휴 | **입장료** 전시, 공연에 따라 다름 | **홈페이지** www.sejongstory.or.kr

◆ 사전 조사를 해봐요 ◆

도서 《베토벤이 들려주는 두근두근 오케스트라》: 이탈리아 라벤나 시립 오케스트라 지휘자 마티유 만타누스가 쓴 동화책이다. 오케스트라 연주를 보며 느꼈던 궁금함을 해결할 수 있다. 책을 읽고 나면 연주회에서 즐겁고 재미있게 음악을 즐길 수 있다. 아름다운 동화 삽화는 책을 읽는 즐거움을 선사한다.

◆ 엄마, 아빠랑 배워요 ◆

오케스트라가 뭐예요?
목관악기, 금관악기, 타악기, 현악기가 함께 연주하는 형태를 말한다. 오케스트라를 관현악이라고도 한다. 규모에 따라 심포니 오케스트라(대관현악)과 체임버 오케스트라(실내 관현악)으로 구분한다. 심포니 오케스트라는 100명 정도의 연주자로 구성된 연주단이다.

알차게 돌아보기

대극장 01

3000개의 객석을 갖춘 다목적 공연장이다. 규모 면에서도 압도적이다. 무대 위에는 무대 전환이 가능한 장치와 리프트 등이 있다. 1978년 재개관 당시 파이프오르간을 설치했는데 당시 국내 최고, 최초의 오르간이었다. 8000여 개가 넘는 파이프와 9옥타브를 오르내리는 건반으로 이루어졌다.

세종 M씨어터 & 체임버홀 02

세종 M씨어터는 1~2층 609석 중극장 규모의 전문 공연장이다. 체임버홀은 실내악 전용 극장으로 독주, 독창회, 실내악 등 연주 다양한 연주회가 열린다. 벽과 천장을 굴곡 있게 설계해 음악적 잔향을 고려했다.

세종 S씨어터 & 미술관 03

세종 S씨어터는 다양한 장르의 예술 무대를 꾸밀 수 있는 가변형 공연장이다. 공연장 주변에는 전문 연습실이 있다. 세종문화회관 미술관은 1관과 2관, 2개의 전시관이 이어진다. 대형 작품 및 미디어 아트 등의 전시도 열린다.

> **TIP**
> 01 지하에는 세종, 충무공이야기 전시실이 있다(무료 관람).
> 02 4~11월에는 첫째·셋째 주 토요일에 예술 플리마켓이 열린다.
> 03 공연, 전시 라인업을 1년 전에 확정 짓고, 시즌제 티켓을 할인된 가격에 판매한다.
> 04 공연 내용에 따라 관람 가능 연령이 정해져 있으니 미리 확인한다(관람 연령에 따라 입장이 불가한 경우 어린이 놀이방 이용).
> 05 세종예술아카데미에서는 시민을 대상으로 다양한 문화 예술 강좌를 진행한다.

주변 여행지 돌아보기

세종이야기 & 충무공이야기 01

세종문화회관에서 운영하는 역사문화 공간이다. 우리나라에서 가장 존경받는 위인으로 손꼽히는 세종대왕과 충무공 이순신의 생애를 전시한다. 두 위인의 업적을 살펴보고, 역사적인 교훈을 생각해본다. 세종문화회관 지하에 있다.

주소 서울시 종로구 세종대로 175 | **전화** 02-399-1114 | **시간** 10:00~20:00 | **휴무일** 월요일 | **입장료** 무료 | **홈페이지** www.sejongstory.or.kr

대한민국역사박물관 02

우리나라 최초로 근현대사 역사를 종합적으로 조명한 박물관이다. 대한민국의 어제, 오늘, 내일을 담고 있다. 대한민국의 태동, 기초 확립, 성장과 발전, 선진화, 세계로의 도약 등 시대순서대로 대한민국의 역사를 살펴본다. 세종문화회관에서 도보 5분.

주소 서울시 종로구 세종대로 198 | **전화** 02-3703-9200 | **시간** 10:00~18:00(수·토요일은 21:00까지) | **휴무일** 1월 1일, 설날·추석 당일 | **입장료** 무료 | **홈페이지** www.much.go.kr

일민미술관 03

광화문 사거리에 있는 근대건축물인 동아일보 옛 사옥에 들어선 미술관이다. 시사성, 대중성, 동시대성에 기반한 전시가 주를 이루고, 인문학적 연계 프로그램이 열린다. 세종문화회관에서 도보 5분.

주소 서울시 종로구 세종대로 152 | **전화** 02-2020-2050 | **시간** 11:00~19:00 | **휴무일** 월요일, 설날·추석 당일, 정기 휴관일(3/9월 첫째 주 화~일요일) | **입장료** 어른 7000원, 학생 5000원 | **홈페이지** ilmin.org

183

장금이처럼 떡을 만들어요
떡박물관

떡 만들기 체험을 통해 우리 음식의 우수성에 대해 알아본다.

떡박물관은 사라져가는 전통 음식 문화를 체험할 수 있는 전시관이다. 선조들이 쓰던 부엌 살림살이와 떡을 만들 때 사용했던 기구 등 약 2000점의 민속자료를 소장·전시한다. 우리 조상들의 지혜롭고 슬기로운 식문화를 살펴본다. 2층에서 주요 전시를 관람하고, 3층에서 떡만들기 체험이 열린다. 1관에는 장독대, 시절 음식, 부엌 모형, 김치, 지역별 떡 등이 있다. 떡살, 다식판, 약과 틀, 떡메, 시루, 절구 등 떡을 만들 때 사용하던 기구가 정겹다. 2관에서는 출생에서 제의까지 통과의례마다 상차림에 빠지지 않는 다양한 떡을 볼 수 있다. 우리 민족의 생활에는 왕실 연회부터 서민들의 잔칫상까지 떡이 함께했다. 박물관 규모는 작은 편이지만 전통 음식을 살펴보고, 떡 만들기 체험을 하다보면 어느새 시간이 훌쩍 지나간다.

주소 서울시 종로구 돈화문로 71 | **전화** 02-741-5447 | **시간** 10:00~18:00 | **휴무일** 설날·추석 당일 | **입장료** 어른 3000원, 어린이 2000원 | **홈페이지** www.tkmuseum.or.kr

◆사전 조사를 해봐요◆

도서 《역사가 보이는 별별 우리 떡》 : 선사시대부터 오늘날까지 이어지는 떡의 역사를 알아본다. 떡을 만드는 데 필요한 도구, 떡 달력 만들기 등 삽화와 그림을 통해 알기 쉽게 설명한다. 책에 나오는 알록달록하고 먹음직스러운 떡이 식욕을 자극한다.

북 아트 《열두 달 우리떡 / 우리나라 전통문화 만들기》 : 예로부터 우리 조상은 1월부터 12월까지 다양한 떡을 만들어 먹었다. 재철 재료를 사용하거나 특별한 뜻을 담아 이웃과 나누어 먹던 떡. 돌림판을 돌리며 다양한 전통 떡의 이름과 특징을 익혀본다.

◆엄마, 아빠랑 배워요◆

우리 조상들은 절기마다 어떤 떡을 만들어 먹었나요?
- 음력 초하루(음력 1월 1일) : 가래떡, 조랭이떡
- 정월보름(음력 1월 15일) : 약식, 달떡
- 3월 삼짇날(음력 3월 3일) : 화전, 쑥단자, 절편
- 5월 단오(음력 5월 5일) : 수리취 절편, 쑥 절편, 쑥 인절미
- 8월 한가위(음력 8월 15일) : 송편, 시루떡
- 12월 동지 : 팥죽

알차게 돌아보기

떡의 유래 01

떡의 어원은 '찌다'의 옛말 '떠기'에서 비롯됐다. 우리나라의 떡은 삼국이 정립되기 이전에 시작된 것으로 추측한다(청동기시대 유적지인 나진초도패총과 삼국시대 고분에서 시루가 출토됐다). 통일신라시대 쌀 생산량이 늘어나 다양한 떡을 만들었다. 고려시대에는 세시 풍속, 제사 음식 외에도 별식으로 널리 보급되었다. 조선시대에는 혼례, 상례, 제례 등 각종 행사와 연회에 떡이 자리 잡았다.

떡의 종류 02

떡은 만드는 방법에 따라 찐떡, 친떡, 지진떡, 삶은떡으로 구분한다. 찐떡은 곡물을 가루로 만들어 시루에 찐다. 시루떡, 두텁떡, 깨찰편이 이에 속한다. 친떡은 곡물을 탈각해 가루로 만들어 찐 후, 절구에서 친다. 절편, 인절미 등이 있다. 지진떡은 찹쌀가루를 반죽해 기름에 지진다. 전병, 화전, 부꾸미 등이 있다. 삶은떡은 찹쌀반죽으로 빚어 끓는 물에 삶아 고물을 묻힌다. 경단, 오메기떡, 율무단지 등이 있다.

TIP
01 떡박물관은 한국전통음식연구소 2~3층에 있다.
02 떡 만들기 체험을 위해 편안하게 활동할 수 있는 옷을 입는다. 체험은 만 4세 이상 가능하며 전화로 예약한다. 개인 떡 체험의 경우 수업 시간과 메뉴는 예약 시 협의하여 진행한다.
03 1층에 있는 떡 카페에서 다양한 떡을 구입할 수 있다.
04 건물 내 주차 공간이 없다. 대중교통을 이용하는 것이 좋다.

주변 여행지 돌아보기

낙원동 떡골목 01

낙원동 일대에는 100년 역사를 간직한 떡집이 여럿 모여 있다. 조선 왕조가 몰락하면서 궁중을 나온 상궁과 나인(왕족의 생활을 돕던 궁인)이 현재의 낙원동 일대에서 떡 장사를 했다. 정성을 가득 담아 만든 떡이 먹음직스럽다. 일부 떡 가게는 떡과 음료를 함께 즐길 수 있는 떡 카페로 운영한다. 떡박물관에서 도보 5분.

주소 서울시 종로구 낙원동

낙원상가 02

1969년에 지은 우리나라 최초의 주상 복합 건물이다. 시장과 악기점, 극장, 공연장, 아파트 등이 있다. 2층과 3층에는 우리나라에서 가장 오래된 악기 상가가 있다. 피아노, 바이올린, 엠프, 오디오 콘솔 등 음악 관련 장비와 악기를 판매한다. 떡박물관에서 도보 5분.

주소 서울시 종로구 삼일대로 428

인사동 03

골동품가게, 필방, 전통 공예 판매점, 전통 찻집과 음식점, 갤러리, 미술관이 있다. 복합 문화 공간 쌈지길은 경사로를 따라 상점이 이어진다. 구경거리가 많아 들러볼 만하다. 떡박물관에서 도보 10분.

주소 서울시 종로구 인사동길 44 쌈지길

익선동 한옥마을 04

5호선 종로3가역 4번 출구로 나가면 익선동이 있다. 좁은 골목길을 사이에 두고 오래된 한옥이 즐비하다. 면적 대비 서울에서 가장 높은 한옥 비율을 자랑한다. 소규모 카페, 식당, 소품 숍 등이 있다. 떡박물관에서 도보 5분.

주소 서울시 종로구 익선동

Experience

Part 05
아이와 함께 온몸으로 노는 체험 학습지

소중한 것을 깨닫는 장소는 언제나
컴퓨터 앞이 아니라 파란 하늘 아래였다.
- 여행작가 다카하시 아유무

184

암벽 등반 체험부터
VR 체험까지 다양한 재미

국립산악박물관

POINT 우리나라 산악 역사를 이해하고 다양한 산악 관련 체험을 즐길 수 있다.

우리나라는 국토의 상당 부분이 산으로 이루어져 있다. 그만큼 우리 생활은 산과 밀접한 관계가 있다. 서울 같은 대도시에서도 곳곳에서 크고 작은 산을 마주하는 것이 대한민국이다. 이에 산림청은 우리 산에 대한 자긍심을 고취하고 산악 문화를 대중화하기 위해 국립산악박물관을 건립했다. 국립산악박물관은 우리나라 대표 명산 중 하나인 설악산에서 멀지 않은 곳에 위치하며 3개 관에서 상설전시를 한다. 1전시실에서는 우리나라 근대 등반의 역사를, 2전시실에서는 우리나라 대표 산악인의 업적을, 3전시실에서는 우리나라 산악 문화와 산을 통한 사회 변화를 소개한다. 전시관 외 다양한 체험 프로그램을 운영해 가족 단위로 이용하기 좋다. 또 암벽 체험, 고산 체험, VR 체험 및 산악교실 교육 프로그램을 진행한다.

주소 강원도 속초시 미시령로 3054 | **전화** 033-638-4459 | **시간** 09:00~18:00 | **휴무일** 월요일(월요일이 공휴일인 경우는 예외), 1월 1일, 추석 연휴 | **입장료** 무료 | **홈페이지** nmm.forest.go.kr

국립산악박물관 체험

고산 체험
고산 지대의 저산소 환경을 체험해보는 특별한 코너. 해발 3000m와 5000m의 환경 속에서 혈중 산소량과 심박 수가 어떻게 변화하는지 알아볼 수 있다. 10세 이상 체험 가능하며 초등학생은 보호자 동반하에 체험 가능하다.

산악 체험
자유롭게 실내 클라이밍 체험을 할 수 있는 공간이 마련되어 있다. 낮은 클라이밍 단계로 구성해 아이들도 체험 가능하다. 클라이밍 신발도 준비되어 있다. 복도에 마련된 클라이밍 체험 기구도 아이들에게 인기.

산악 교실
아이들을 위한 산악 관련 활동지와 만들기 키트를 제공한다. 산악 교실 내 비치된 준비물로 자유롭게 체험 가능하다.

VR 체험
세계적인 명산을 등반하는 VR 체험은 남녀노소 모두에게 인기. VR 기기를 통해 고산 등반을 생생하게 체험해볼 수 있다. 6세 이상 누구나 이용 가능하며 미취학 아동은 보호자가 동반해야 한다.

> **TIP**
>
> **01** 고산 체험과 VR 체험은 온라인 사전 예약제로 운영한다. 예약한 시간 5분 전에 체험실 앞에서 대기해야 한다. 국립산악박물관 홈페이지에서 예약 가능하다.
> **02** 산악 체험과 산악 교실은 예약 없이 자유롭게 이용할 수 있다.

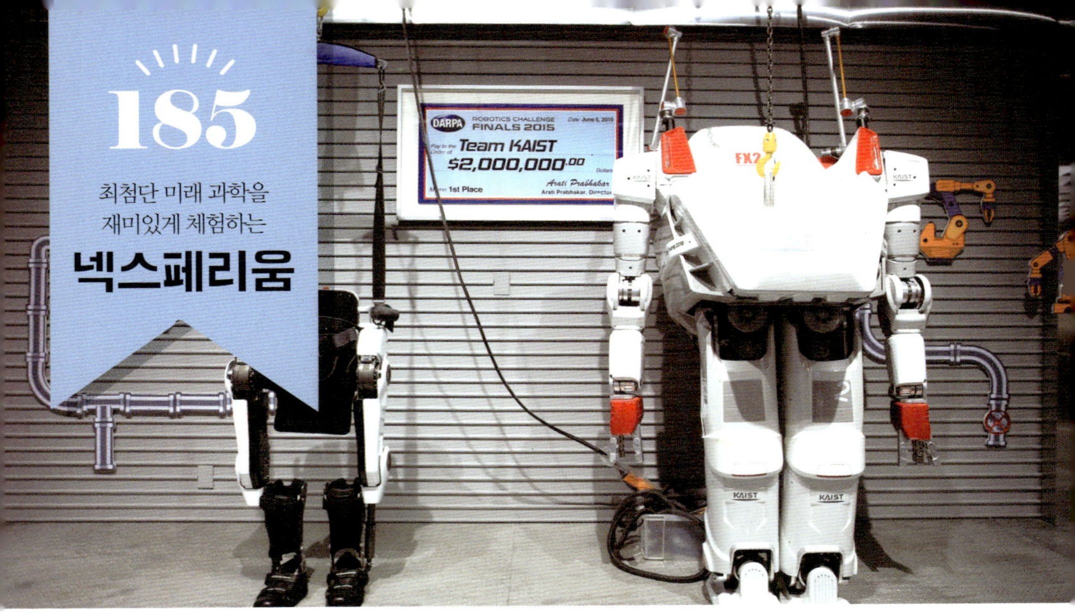

185

최첨단 미래 과학을
재미있게 체험하는

넥스페리움

POINT 인공 지능 기술, 우주 탐험 기술 등 미래 분야 관련 최첨단 과학을 재미있고 쉽게 체험하고 배우는 공간이다.

카이스트(KAIST)와 신세계가 협력해 만든 특별한 에듀테인먼트 공간으로, 로봇, 우주, 바이오 등 미래 분야 최첨단 과학을 실습과 놀이로 즐기는 전시관이다. 카이스트 교수진이 직접 개발한 특별한 과학 관련 전시물을 자유롭게 살펴보고 체험할 수 있다. 자칫 어렵고 무겁게 느껴질 수 있는 분야를 전문 도슨트의 친절한 해설과 흥미로운 체험을 통해 아이들에게 쉽게 알려준다. 인간과 산업, 인간과 우주, 인간과 신체 등을 주제로 전시가 이뤄지며 이와 연계한 최신 전시물이 아이들의 호기심을 자극한다. 전시관 내에는 다양한 과학 원리를 쉽고 재미있게 배우는 사이언스 스튜디오도 3곳 있다. 로봇을 체험하는 스튜디오, 카이스트 생명공학 연구실의 연구 내용을 체험하는 스튜디오, 과학 관련 실험을 해보는 스튜디오 등이다. 아이들이 지루하지 않도록 미션 게임 등 소소한 즐길 거리도 중간중간 준비해뒀다.

TIP
01 넥스페리움은 대전신세계 내 위치한다. 대전신세계 안에는 아쿠아리움, 갤러리, 대전홍보관 등 아이들과 즐길 거리가 많다.
02 5세 미만 아동은 출입이 불가하다.
03 사이언스 랩에서는 과학 관련 다양한 강좌를 진행한다.

주소 대전시 유성구 엑스포로 1(신세계백화점 6층) | **전화** 042-607-1620 | **시간** 10:30~20:00(회차별로 입장) | **휴무일** 홈페이지 확인 | **입장료** 7세 이상 2만2000원 | **홈페이지** www.shinsegae.com/science/index.do

로봇 만들기 체험

① 로봇을 만드는 과정, 조작, 조종 방법 등 전반에 대한 설명을 듣는다.

② 여러 종류의 로봇을 살펴보고 만들고 싶은 로봇을 정한다.

③ 패드에서 안내하는 과정대로 관절을 연결해 로봇을 완성한다.

④ 플레이존에서 완성된 로봇을 패드를 이용해 마음대로 조작해본다.

그 밖의 다양한 체험

① 최첨단 기기를 착용하고 오로지 집중력을 이용해 자동차 레이싱을 즐겨보자. 손은 사용하지 않고 두뇌 활동만으로 모니터의 자동차를 달리게 하는 이색 체험.

② 흥미롭고 간단한 실험을 통해 자연스럽게 과학적 원리를 체득하는 체험도 진행한다.

③ 조이스틱으로 몰봇을 조작해 희귀 광석을 찾아보는 체험도 재미있다.

④ 흐릿한 영상을 선명하게 해주는 디헤이징 기술을 직접 체험을 통해 습득한다.

186
온 가족이 함께 즐기는
동굴 테마파크
광명동굴

POINT 여름엔 시원하고 겨울엔 따뜻한 동굴 체험. 자연의 신비를 느낄 수 있어 가족 나들이 장소로 제격이다.

우리나라는 국토 면적의 70%가 산지로 이루어져있어 동굴이 흔한편이다. 석회암 동굴, 용암 동굴, 해식 동굴 등 종류도 다양하다. 요즘에는 다양한 볼거리로 꾸민 테마 동굴이 주목받고 있다. 광명동굴은 1912년부터 광물 채굴을 시작했다. 일제강점기 강제징용과 자원 수탈의 가슴 아픈 역사의 현장이기도 하다. 1950년대 한국전쟁 당시에는 피란처로 이용했다. 광산 폐광 후 1978년부터 새우젓 창고로 쓰였는데 소래포구에서 만든 새우젓을 이곳에 보관했다. 드럼통 3000여 개가 동굴을 가득 메울 정도로 규모가 컸다고 전해진다. 2011년 1월까지 새우젓 숙성 장소로 쓰이다 방치되던 공간을 새 단장해 문화 예술 공간으로 탈바꿈했다. 광명동굴은 총 연장 길이 7.8km, 깊이가 275m에 이른다. 이 중 1km가 문화 예술 공간이다. 흥미로운 이야깃거리를 따라 걷다 보면 1시간이 훌쩍 지나간다. 궂은 날씨와 미세 먼지 걱정 없이 거뜬하게 이색 나들이를 즐길 수 있다.

주소 경기도 광명시 가학로85번길 142 | **전화** 070-4277-8902 | **시간** 09:00~18:00 |
휴무일 월요일 | **가격** 어른 6000원, 군인 4000원, 청소년 3500원, 어린이 2000원 | **홈페이지** www.gm.go.kr/cv

광명동굴 체험

01

동굴 입구에 광부 포토존이 있다. 광차 안에 있는 황금 하트는 1년 후 배달되는 느린 우체통이다. 마음을 담은 편지를 써서 황금 우체통에 넣어보자.

02

동굴 안에는 바람길, 빛의 공간, 식물공장, 예술의전당, 아쿠아월드, 황금길, 황금패 소망의 벽, 지하 호수, 갤러리 등 다양한 볼거리가 이어진다.

03

동굴 예술의전당 코너에서는 미디어 파사드 쇼가 열린다. 동굴 암벽에 영상을 투사해 화려한 빛과 음악이 어우러진다. 09:10~17:10 매시 10분, 30분, 50분에 상영한다

눈부신 빛과 음악의 세계로!

04

동굴 아쿠아월드에서는 다양한 수중 생물이 살고 있다. 천연 암반수를 이용해 수조를 꾸며놓았다.

05

황금패 소망의 벽에서는 황금패에 소원을 써서 벽에 달아보는 체험을 할 수 있다. 네 가지 황금패 중 선택할 수 있으며 유료 체험이다.

06

마지막 코스로 광명와인동굴이 나온다. 1년 내내 평균온도가 12°C로 유지되어 와인 보관과 숙성에 최적의 환경을 갖추었다. 광명동굴에는 우리나라 60개 와이너리에서 생산한 와인 200종을 보관하고 있다.

TIP

01 동굴로 올라가는 길 주변으로 광명누리길이 이어진다. 풍경을 즐기며 산책하기에 좋다.

02 광명동굴 후문(소하 2동)에서 코끼리열차를 타고 광명동굴 정문까지 갈 수 있다. 친환경 전기차로 운행하며 오전 9시 20분부터 오후 5시까지 운행한다.

03 안전을 위해 헬멧을 착용한다. 바닥이 미끄러운 구간이 있으니 뛰지 말고 천천히 걸어 다닌다.

187

진짜 바다를 만나다

아쿠아플라넷 제주

POINT 바다로 둘러싸인 섬 제주에서 제주 바다와 해양 생물에 대해 배우고 해녀 물질, 수중 뮤지컬 등 다양한 체험도 즐긴다.

우리나라에서 가장 큰 섬인 제주도에 위치한 아쿠아플라넷은 국내 최대 규모 아쿠아리움으로 손꼽힌다. 제주 바다에서 사는 해양 생물을 비롯해 전 세계 500여 종 4만 8000여 마리의 생물을 전시한다. 지하 1층, 지상 2층 규모에 다양한 전시 시설을 갖추었으며 그중 제주의 바다를 재현한 '제주의 바다'라는 메인 수조가 하이라이트다. 가로 23m, 세로 8.5m의 초대형 관람창을 통해 바닷속을 들여다볼 수 있으며 해녀 물질 시연을 해 더욱 특별하다. 2016년 11월 '제주 해녀 문화'가 유네스코 인류무형문화유산에 등재된 만큼 더 의미 있는 프로그램이다. 일반적으로 바다에서는 해녀들이 물로 들어가고 나오는 겉모습만 볼 수 있는데, 아쿠아플라넷에서는 바닷속에서 해녀가 물질을 하는 장면을 자세히 관찰할 수 있다. 그 밖에도 물범, 펭귄, 수달, 펠리컨에 대한 생태 설명회를 진행하고 터치풀에서는 설명을 들으며 해양 생물을 만져볼 수 있다. 수중 뮤지컬, 가오리에게 먹이 주는 장면 관람 등 다양한 볼거리와 해저지형, 해수 구성, 바다의 운동등에 대해 알아보는 코너도 마련돼 있다. 규모가 큰만큼 다양한 볼거리, 즐길 거리, 배울 거리를 제공한다.

주소 제주도 서귀포시 성산읍 섭지코지로 95 | **전화** 064-780-0900 | **시간** 09:30~18:00 | **휴무일** 연중무휴 | **가격** 종합권 어른 4만3700원, 중·고등학생·만 65세 이상 4만1800원, 36개월~초등학생 3만9700원 | **홈페이지** www.aquaplanet.co.kr/jeju/index.jsp

수중 뮤지컬 관람
싱크로나이즈드 스위밍, 하이 다이빙, 애크러배틱 등을 활용한 화려한 퍼포먼스를 즐길 수 있다. 스토리와 함께 진행해 아이들도 재미있게 관람한다.

생태 설명회
바다사자와 돌고래의 생태와 습성에 대해 알아보는 시간. 아쿠아리스트와 바다사자, 돌고래가 함께하는 알차고도 재미있는 설명회다.

가오리 먹이 주기
초대형 메인 수조에서 아쿠아리스트가 가오리에게 먹이를 주는 신비한 장면을 볼 수 있다. 생태 설명도 함께 진행한다.

> **TIP**
> **01** 공연 프로그램은 시간이 정해져 있으므로 미리 확인한 후 계획을 짜서 알차게 이용하자.
> **02** 푸드코트와 카페 등 편의 시설이 있다.
> **03** 관광지, 항공사, 신용카드 등을 이용해 제휴 할인을 받을 수 있다.
> **04** 사진 촬영은 가능하나 플래시 사용은 금지한다.

터치풀
해양 생물을 직접 만져보는 코너. 물속에 사는 여러 생물을 손으로 만져본다. 1일 2회 아쿠아리스트의 생태 설명회도 진행한다.

188

작은 갯벌 생명체와
만나는 소중한 시간
선도리 갯벌체험마을

 POINT 직접 갯벌에 들어가 조개, 게, 소라 등 작은 생명체를 살펴보면서 갯벌의 소중함과 역할에 대해 생각해본다.

갯벌은 수많은 생명체가 살아가고 있는 생명의 터전이다. 갯벌에서는 대충 혹은 얼핏 봐서는 안 된다. 자세히 꼼꼼히 봐야 갯벌의 진면목을 알 수 있다. 갯벌 체험을 하려면 서해안이 제격이다. 서해안을 따라 곳곳에 갯벌 체험이 가능한 마을이 있는데, 서천군의 선도리 갯벌 체험마을은 그중에도 인기가 높다. 시스템을 잘 갖추어 갯벌 체험을 즐기려는 사람들이 많이 찾는다. 갯벌에서 노는 자체로 아이들은 좋아하는데 바지락까지 캐니 더 재미있어한다. 물론 초보자는 바지락을 많이 못 캘 수도 있다. 쉽게 바지락을 잡았다 싶은데 잘 보면 이미 죽은 녀석들도 있다. 안에 살 대신 모래가 가득 차 있기도 하다. 바지락을 많이 잡지 못하면 어떠리. 갯벌에 숨어 있는 작은 게, 바다고둥, 소라 등을 찾는 재미도 쏠쏠하다. 갯벌에 발을 담그고 그 속에서 살아가는 작은 생명체들과 인사를 나누는 것만으로도 의미 깊은 시간이다. 여름에는 물놀이와 갯벌 체험을 함께 즐길수 있으니 일석이조. 아이들은 갯벌에서 뛰고 뒹구는 것만으로 마냥 행복해한다.

주소 충청남도 서천군 비인면 갯벌체험로 428-13 | **전화** 041-952-5212 | **시간** 물때에 따라 다름 | **휴무일** 물때에 따라 다름 | **가격** 19세 이상 8000원, 18세 이하 5000원, 장비 대여료 별도(호미·갈고리·장화 각 1000원) | **홈페이지** seondori.com

갯벌 체험

01 바다 입구 매표소에서 체험료를 지불하고 장화, 호미 등 갯벌 체험에 필요한 장비를 대여한다.

02 트랙터를 타고 갯벌로 이동한다. 트랙터가 울퉁불퉁한 바닷길을 달리면서 엉덩이가 들렸다 떨어졌다, 몸이 옆으로 기울어졌다 난리다. 여기저기서 웃음소리와 환호가 이어진다.

바지락 찾았어요!

03 갯벌에 자리를 잡고 본격적으로 체험 시작!

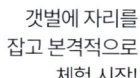

04 바지락을 하나둘 잡으면 즐거움도 커진다.

05 체험을 마친 후 다시 트랙터를 타거나 걸어서 갯벌을 빠져나올 수 있다.

바지락 이만큼 캤어요!

06 잡은 바지락은 집에 가져갈 수 있다.

TIP

01 갯벌 체험에서 가장 중요한 건 물때다. 물때가 맞아야 갯벌 체험이 가능하기 때문이다. 방문 전 체험장에 미리 전화해 물때를 확인하고 여행 일정을 짜도록 하자. 선도리 갯벌체험마을은 온라인에 물때를 공지한다.

02 갯벌 체험에 꼭 필요한 준비물은 장화와 장갑, 호미, 그리고 바지락이나 조개를 담을 통이다. 선도리갯벌마을 경우 장화와 호미는 유료로 대여하나 장갑과 통은 개인이 준비해 가야 한다. 옷이 젖을 수 있으므로 여벌 옷을 준비하자.

03 갯벌 체험 장소에서 화장실이 꽤 멀다. 갯벌로 들어가기 전에 미리 매표소 인근에 있는 화장실에서 볼일을 보고 가자.

04 마을 내 간단한 식사가 가능한 음식점이 몇 곳 정도 있다. 또 횟집과 해산물 전문점이 많은 홍원항과 마량포구가 자동차로 15분 정도 거리에 위치한다.

189

기차 타고
제주 곶자왈 여행
에코랜드 테마파크

 POINT 제주의 특수한 자연 생태를 보여주는 곶자왈과 화산송이를 재미있게 체험하고, 아이들이 좋아하는 기차 여행도 즐긴다.

곶자왈은 북방한계 식물과 남방한계 식물이 공존하는 제주도만의 특별한 지형이다. 에코랜드 테마파크는 교래 곶자왈에 위치해 제주의 특수한 자연환경을 이해하기 좋은 시설로 기차 여행이라는 재미있는 테마를 통해 곶자왈을 탐방할 수 있다. 에코랜드 테마파크에는 메인역, 에코브리지역, 레이크사이드역, 피크닉가든역, 라벤더·그린티 & 로즈가든역이 있다. 각 역에서 기차를 타고 내리며 주변 볼거리를 즐긴다. 에코브리지역에서는 커다란 호수 위에 놓인 수상 덱을 거닐고, 레이크사이드역에서는 드넓은 초지와 풍차, 탐험선이 어우러진 이국적인 풍광을 감상할 수 있다. 피크닉가든역은 이름처럼 피크닉을 즐길 수 있는 곳으로, 아이들이 뛰놀기 좋은 키즈타운과 화산송이가 깔려 있는 곶자왈 숲길 에코로드가 포인트다. 라벤더·그린티 & 로즈가든역에는 각종 허브, 장미, 녹차, 라벤더가 피어난다. 기차를 타고 각 역을 돌아보자. 노는 재미, 생태 탐방의 즐거움을 두루 만끽할 수 있다.

주소 제주도 제주시 조천읍 번영로 1278-169 | **전화** 064-802-8020 | **시간** 기차 운행 3~11월 08:30~17:50, 12~2월 08:30~16:30 | **휴무일** 연중무휴 | **입장료** 어른 1만4000원, 만 13~18세 1만3000원, 36개월~만 12세 1만1000원 | **홈페이지** ecolandjeju.co.kr

에코로드 걷기 체험

01 피크닉가든역 에코로드는 전 구간이 화산송이로 포장한 생태 탐방로다. 화산송이는 화산이 폭발하면서 생긴 화산재 알갱이로 제주도 보존자원이다.

02 단거리 코스는 약 10분, 장거리 코스는 약 40분이 소요된다. 에코로드를 제대로 체험하기 위해서는 장거리 코스를 추천한다.

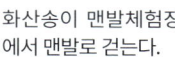

04 화산송이 맨발체험장에서 맨발로 걷는다.

03 걷다가 놀고, 놀다가 걷고~

05 화산송이를 손으로 만지며 질감을 느껴본다.

숲길을 걷기 위해 편안한 신발을 착용하자. 제주 중산간 지역은 기후 변화가 심한 편이므로 여름에도 얇은 긴팔을 챙기는 게 좋다.

06 청정한 숲의 기운을 만끽하며 쉰다.

07 편백나무와 화산송이, 지하 암반수가 어우러진 에코테라피 족욕을 즐긴다.

> **TIP**
>
> **01** 관람 티켓으로 1회 순환이 가능하다. 각 역에서 충분히 즐긴 후 다음 역으로 이동하자.
>
> **02** 무료 숲 힐링 프로그램을 운영한다. 피크닉가든역에서 출발하므로 미리 시간을 확인한 후 이용하자.
>
> **03** 숲길을 걷기 위해 편안한 신발을 착용하자.
>
> **04** 메인역에 레스토랑과 스낵바가 있고, 피크닉가든역에도 간단한 요기가 가능한 스낵바와 카페가 있다.

08 기분 좋게 에코로드 걷기 체험을 마무리한다. 몸과 마음이 상쾌해진다.

190

목장에서 뛰놀며
과학을 배운다

은아목장

POINT 여러 가축을 접해보고 직접 먹이를 주면서 목장 생활 모습을 살펴보는 한편, 아이스크림 만들기, 치즈 만들기를 통해 액체의 상태 변화를 관찰할 수 있다. 재미있게 놀고 체험하면서 학습적 효과도 얻는다.

가족이 함께 젖소를 키우고 우유를 짜고 치즈를 만드는 은아목장에 들어서는 순간, 푸른 초원에 시선과 마음을 빼앗긴다. 아이들은 자동반사적으로 뜀박질을 한다. 넓은 초원은 아이들에게도 어른들에게도 편안한 휴식처가 되어준다. 일반인을 대상으로 다양한 체험 프로그램을 운영하는데 낙농 체험을 중심으로 치즈, 피자, 소시지를 만들어볼 수 있다. 덜컹거리는 트랙터를 타고 목장을 돌아보고 가축들의 생태에 대해 설명도 듣는다. 은아목장에서는 가족처럼 지내는 가축에 대한 애정과 배려에 대한 당부를 항상 놓치지 않는다. 아이들은 이 과정에서 동물과 함께하는 체험이 단순히 흥미와 재미의 대상이 아니라는 것을 알게 된다. 이를 통해 동물과 사람이 행복하게 공생해야 한다는 사실을 배운다. 동물과의 교감이 끝이 아니다. 젖소에게 얻은 우유를 이용해 치즈도 만들고 아이스크림도 만들어본다. 아이들은 좋아하는 피자와 밀크 소시지, 쿠키도 직접 만들어 먹어볼 수 있어 행복해한다. 드넓은 초원 위에서 뛰놀고 동물들과 시간을 보내고 요리도 하고 맛있는 음식도 먹는, 은아목장에서의 하루는 마냥 즐겁다.

주소 경기도 여주시 가남읍 금당5길 139 | **전화** 031-882-5868 | **시간** 체험 시작 10:30 | **휴무일** 월요일은 체험 예약 불가 | **가격** 낙농 체험 2만 원, 치즈 만들기 2만2000원, 낙농+피자 3만 원 | **홈페이지** www.eunafarm.com

은아목장 체험

01 젖소 젖 짜기
체험 진행자는 소의 이름과 지금의 상태에 대해 설명해준다. 그리고 젖소가 스트레스를 받지 않도록 부드럽게 젖을 짜야 한다고 당부한다. 유선을 어루만지고 "예쁘다"는 말을 해주며 최대한 부드럽게 쭉 눌러 젖을 짠다. 젖소 한 마리가 매일 약 30L의 우유를 생산하고 어미 젖소는 사람보다 체온이 2℃가량 높아 갓 짜낸 젖이 따뜻하게 느껴진다는 등의 사실을 알게 된다.

맛있게 많이 먹으렴!

02 송아지 우유 주기
귀여운 송아지에게 우유를 먹여보자. 갓 태어난 송아지의 무게는 40kg 정도다. 우유병을 물리면 빠는 힘이 워낙 세서 놀라게 된다. 송아지는 2개월 정도 우유를 먹고 이후에는 차츰 다른 음식도 먹는다.

내 손으로 만든 아이스크림이라 더 맛나요!

03 우유 아이스크림 만들기
소금의 흡열 반응을 이용해 우유와 얼음으로 손쉽게 아이스크림을 만든다. 아이들이 좋아하는 아이스크림을 만들면서 과학 원리까지 배울 수 있는 재밌고도 알찬 시간이다. 액체의 상태 변화, 어는 점 변화 등에 대해 배우며 맛있는 아이스크림도 만들어보자.

04 치즈 만들기
목장에서 생산한 우유로 다양한 치즈를 만들 수 있다. 우유에 렌넷을 넣어 우유 속 단백질이 응고되는 과정을 지켜보며 치즈를 만든다. 조물조물 재미나게 치즈를 만들며 단백질 응고 등에 대해 배울 수 있다.

05 피자와 소시지 만들기
목장에서 생산한 우유를 넣은 반죽과 직접 만든 치즈, 지역에서 생산한 채소를 이용해 피자를 만든다. 그리고 목장 우유와 지역에서 생산한 돼지고기를 이용해 소시지도 만든다. 천연 식재료로 직접 만드는 소시지와 피자는 담백하면서도 맛있다.

> **TIP**
> 01 은아목장에서는 다양한 체험 프로그램을 운영한다. 낙농 체험, 치즈 만들기, 피자 만들기, 버터 쿠키 만들기 등 여러 프로그램이 있다. 프로그램을 개별로 하나씩만 이용하거나 패키지로 몇 가지를 함께 이용할 수도 있다.
> 02 점심 식사 경우, 피자 만들기를 신청한 사람들은 피자로 대신할 수 있다. 피자 만들기를 하지 않는다면 도시락을 싸 가거나 목장 인근 식당을 이용하면 된다.
> 03 아이들끼리 체험은 불가능하며 보호자가 1명 이상 반드시 동반해야 한다.

191

치즈 만들기부터
5G 체험까지
의야지
바람마을

 치즈 만들기, 양 먹이 주기, 피자 만들기, 아이스크림 만들기 등 다채로운 체험이 가능하다.

청정 지역인 대관령에 위치한 의야지바람마을은 다양한 체험 프로그램을 즐길 수 있어 여행자들도 많이 찾는 동네다. 조용한 시골 마을이지만 수려한 자연환경과 알찬 콘텐츠를 품고 있어 언제 찾아도 매력적이다. '의로운 사람들이 모여 사는 곳'이라 해서 의야지라는 이름이 붙었고, 바람이 불어오는 곳이라 해서 이름에 바람을 더했다. 대관령 초지 위에서 뛰노는 양들에게 먹이를 주고 마을에서 생산하는 신선한 우유를 이용해 치즈, 아이스크림과 피자도 만들어본다. 의야지바람마을이 재미있는 것은 이렇듯 농촌 체험을 즐기는 동시에 최신 기술인 5G 기술을 함께 체험할 수 있기 때문이다. 의야지바람마을은 KT 5G 빌리지로 선정돼 5G 네트워크를 적용한 첨단 정보 통신 기술을 곳곳에 도입했다. 마을 내 '꽃밭양지 카페'에 가면 누구나 5G 첨단 기술을 체험할 수 있다. 대관령 산골짜기에서 AR(증강현실), MR(혼합현실) 등의 첨단 기술을 즐길 수 있다는 게 신기하다.

주소 강원도 평창군 대관령면 사부랑길 8, 대관령면 꽃밭양지길 174(치즈 체험장) | **전화** 033-336-9812, 033-335-0633(치즈 체험장) | **시간** 09:00~17:00(체험에 따라 사전 확인 요망) | **휴무일** 연중무휴(체험에 따라 사전 확인 요망) | **가격** 체험마다 다름 | **홈페이지** windvil.invil.org

치즈 만들기 체험

01 큰 그릇에 우유를 붓고 끓인다.

02 우유가 끓는 동안 치즈에 대한 설명을 듣는다.

03 우유가 끓으면서 거품이 생기면 치즈 응고액(GDL)을 서서히 붓고 불을 아주 약하게 줄인 후 식초를 골고루 넣는다.

04 치즈 틀 바닥을 꽃잎으로 예쁘게 장식한다.

05 끓어서 몽글몽글해진 치즈를 국자로 떠 틀에 옮긴다.

06 치즈 틀의 뚜껑을 덮고 힘껏 눌러 물기를 뺀다.

젖 먹던 힘까지 모아 꾹~

07 틀을 뒤집어 치즈를 빼내면 맛있고 예쁜 치즈 완성!

08 과자와 잼을 곁들여 가족과 맛있게 치즈를 냠냠~

((5G 체험))

공간 인식 스마트폰을 활용한 대관령면 관광지 가상 체험, 모션 인식 게임이 가능한 미디어월, 스마트폰으로 제어하는 힐링 체어 등 재미난 5G 체험이 가능하다.

TIP

01 체험에 따라 장소가 다르므로 미리 확인하자.
02 체험에 따라 연중무휴로 진행하거나 계절에 따라 변동이 있기도 하다. 전화로 사전 확인하면 좋다.
03 음식점 등이 밀집한 대관령 면소재지에서 자동차 5분 이내 거리라 편의 시설을 이용하기 편리하다.

192

제주 감귤을 이용한
다채로운 체험

감귤 박물관

 POINT 제주 특산물인 감귤을 활용한 여러 체험 프로그램을 운영해, 제주 여행 분위기를 살리는 동시에 온 가족이 알 찬 경험을 할 수 있다.

제주 대표 특산물인 감귤을 테마로 한 박물관이다. 감귤은 한때 제주에서 '대학나무'라고 불릴 만큼 산업의 중요한 역할을 담당했다. 감귤 농사로 자식을 키워낸 사람이 많았다는 얘기다. 이처럼 감귤은 제주에서는 단순한 과일, 그 이상의 의미를 지니고 있으며 감귤박물관은 제주 감귤의 역사와 문화는 물론, 산업적, 지역적 의미도 함께 소개한다. 박물관에는 테마전시실, 영상실, 민속유물전시실, 기획전시실, 세계감귤원, 아열대식물원, 감귤체험학습장, 산책로 등 다채로운 시설이 있다. 박물관 메인 건물에는 감귤에 대한 다양한 정보를 제공하는 테마전시실과 제주도의 농기구와 전통 민속 유물을 소개하는 민속유물전시실이 있다. 박물관 야외에는 다양한 감귤 종류와 아열대식물을 식재한 세계감귤원과 아열대식물원 등이 있다. 감귤이나 다른 제주 특산품으로 만든 메뉴와 제품을 판매하는 카페와 뮤지엄 숍도 이용 가능하다.

주소 제주도 서귀포시 효돈순환로 441 | **전화** 064-767-3010~1 | **시간** 10~6월 09:00~18:00, 7~9월 09:00~19:00(체험 프로그램 운영 시간은 홈페이지에서 확인 요망) | **휴무일** 1월 1일, 설날·추석 당일 | **입장료** 만 25~64세 1500원, 만 13~24세 1000원, 만 7~12세 800원(체험료 별도) | **홈페이지** culture.seogwipo.go.kr/citrus

감귤박물관 체험

01 감귤 쿠키 만들기
감귤을 넣은 맛있는 쿠키를 직접 만들어보자. 준비된 감귤 쿠키 반죽을 납작하게 밀어 여러 쿠키 틀을 이용해 모양을 낸 뒤, 팬에 가지런히 놓고 오븐에서 구워내면, 감귤 쿠키 완성! 체험료는 1인당 1만 원.

색도 모양도 예쁜 감귤 쿠키

02 감귤 따기 체험
감귤밭에서 싱싱한 감귤을 직접 따서 맛보자. 새콤달콤한 감귤 맛에 매료된다. 1kg 정도는 봉투에 담아 가져갈 수도 있다. 보통 11월부터 다음해 1월까지 진행하나, 기상 상황에 따라 변동 가능하다.

조심조심, 싱싱한 감귤을 따보자!

03 감귤 족욕 체험
따뜻한 물에 감귤 정유와 진피 분말을 넣고 족욕을 즐겨보자. 남녀노소 누구나 이용 가능하다. 감귤박물관 주변 산책로를 걸은 후 족욕을 하면 더 좋다. 체험료 1인 6000원.

04 기념사진 남기기
감귤박물관 로비에 감귤을 비롯해 여러 가지 과일 탈이 준비되어 있다. 앙증맞은 과일 탈을 쓰고 추억할 만한 사진을 남겨보자.

상큼한 과일이 되어볼까?

> **TIP**
>
> **01** 머핀, 쿠키 만들기 체험은 온라인 사전 예약제로 운영한다.
>
> **02** 족욕 체험은 뜨거운 물을 이용하므로 아이들의 안전에 특히 유의하자.
>
> **03** 박물관 내에는 식당은 없고 카페만 있다. 식사를 미리 하고 방문할 것.

193 한국잡월드

내가 하고 싶은 일은 뭘까?

 POINT 아이들이 궁금해하는 다양한 직업을 실제 체험하고 탐색해보는 기회를 제공한다.

세상에 어떤 다양한 직업이 있는지, 그 직업은 구체적으로 무슨 일을 하는지 경험해보지 못한 아이들에게 놀이처럼 여러 직업에 대해 알아가는 기회를 제공하는 것은 의미 있는 일이다. 그런 면에서 한국잡월드는 놀이 같은 체험, 그 이상의 의미를 갖는다. 한국잡월드는 어린이와 청소년에게 다양한 직업 체험과 탐색의 기회를 제공하는 공간으로, 지하 1층, 지상 5층 규모로 이루어진다. 시설은 크게 어린이체험관, 청소년체험관, 숙련기술체험관, 진로설계관으로 구성된다. 어린이체험관은 만 4세부터 초등학교 4학년까지, 청소년체험관은 초등학교 5학년부터 고등학교 3학년까지 이용하기 적합하다.

주소 경기도 성남시 분당구 분당수서로 501 | **전화** 1644-1333 | **시간** 09:00~18:30(시설마다 다름) | **휴무일** 월요일, 1월 1일, 설추석 연휴 |
입장료 어린이체험관 만 4세~초등학생 1만8000원, 보호자 9000원 / 청소년체험관 9000원 | **홈페이지** www.koreajobworld.or.kr

TIP

01 어린이체험관과 청소년체험관은 해당 연령에 한해 입장 가능하다. 단, 초등학교 5-6학년은 어린이체험관과 청소년체험관 중 선택할 수 있다.

02 청소년체험관은 체험자만 입장 가능하고 어린이체험관은 보호자나 인솔자가 동반해야 한다.

03 홈페이지 사전 예약을 우선으로 하며, 현장 방문객은 당일 잔여석에 한해 입장 가능하다.

04 어린이체험관은 1일 2부, 청소년체험관은 5부제로 운영한다. 어린이체험관 1, 2부 연속 이용, 청소년체험관 당일 체험실 추가 이용 가능. 단, 추가 요금 발생.

05 어린이체험관에서는 '조이'라는 화폐가 통용된다. 실제로 직업을 통해 돈을 벌고 쓰는 법도 체험한다. 체험에 따라 조이를 내야 하는 경우와 버는 경우가 있다. 아이가 조이를 벌고 쓰면서 또 다른 재미를 맛볼 수 있다.

06 정해진 시간 내에 가능한 많은 체험을 하고 싶다면 원하는 체험 코너의 스케줄을 잘 확인하고 동선을 짜야 한다. 아이와 함께 미리 지도를 보면서 원하는 체험과 동선을 계획해보자. 인기 체험은 금방 인원이 마감되므로 이 점 또한 고려해야 한다.

07 한국잡월드 내에 푸드코트와 매점을 갖추었다.

어린이체험관 직업 체험

01 꽃집
플로리스트가 되어
꽃바구니, 화관 등을 만들어보자.
향기로운 꽃 속에서 보내는 행복한 시간!

02 소방서
소방대원이 되어
화재 현장에 직접
출동해 불을 끄고
동물을 구조하는
체험을 해본다.

03 한식요리연구소
우리 쌀로 맛있는 강정을 만들어보자.

04 카페
바리스타가 되어 나만의
라테 아트 완성~

05 택배 회사
택배 기사가 되어
곳곳에 택배를
배달해본다.

06 미용실
손님의 머리를
예쁘게 다듬어볼까?

오늘은 나도 화가!

07 화가의 작업실
세계 유명 화가들의 작품을
나만의 스타일로 재탄생시킨다.

194

내 손으로 만들어 먹는
막국수 한 그릇~

춘천막국수
체험박물관

POINT 막국수 면 반죽, 면 뽑기 등 모든 과정을 직접 재미나게 체험한 후 맛있게 시식까지 할 수 있다.

춘천에 가면 꼭 먹어봐야 할 대표 향토 음식이 바로 춘천닭갈비와 춘천막국수다. 전문 음식점에서 그냥 사 먹어도 되지만, 아이들과 조금 특별하게 춘천 대표 음식을 즐기고 싶다면 춘천막국수체험박물관으로 향하자. 춘천막국수체험박물관은 막국수를 테마로 한 박물관으로 건축물 자체도 막국수를 뽑는 틀 모양이다. 박물관 1층은 전시실, 2층은 체험장이다. 막국수라는 음식에 대해 조금이나마 지식을 쌓을 수 있는 1층 전시실에 들어서면 가장 먼저 대형 맷돌이 눈에 들어온다. 아담한 전시실에서 막국수의 원료가 되는 메밀에 대한 소개와 함께 막국수의 유래, 막국수와 관련한 전통 기구, 막국수 전통 조리 과정 등에 대해 전시한다. 2층 체험장은 막국수를 만들고 맛보는 공간이다. 막국수 틀을 직접 눌러 면을 뽑아 막국수를 조리해 먹을 수 있어 아이부터 어른까지 모두 좋아하는 체험이다. 아이들은 신나는 체험 덕에 춘천에서 먹은 가장 맛있는 막국수로 이곳을 뽑게 될지도 모른다.

주소 강원도 춘천시 신북읍 신북로 264 | **전화** 033-244-8869 | **시간** 10:00~17:00(체험장은 16:30까지) | **휴무일** 월요일, 설추석 연휴 | **가격** 막국수 체험 개인 5000원(2인 이상 체험 가능) / 막국수 체험 시 1층 전시장 관람료 무료 | **홈페이지** makkuksu.modoo.at

TIP

01 1층 전시실에서는 문화관광해설사의 해설을 들을 수 있다. 안내 데스크에서 확인한 후 이용하자.

02 체험은 최소 2인 이상부터 진행하며 한 팀에 반죽 그릇 1개를 제공한다.

03 아이들만 체험하는 것은 불가하며 부모가 함께 참여해야 한다.

04 이곳은 체험이 중심이다. 즉, 막국수 양은 식사로는 부족할 수 있다는 점을 참고하자. 추가는 가능하다.

05 체험 시간이 정해져 있지 않다. 자리가 부족하지 않으면 그때그때 체험에 참여할 수 있다.

막국수 만들기 체험

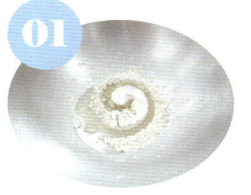

01 커다란 반죽 그릇에 메밀가루와 약간의 물을 준비한다.

02 가루를 잘 섞어 반죽한다. 이때 손가락만 이용해 가루를 계속 한 방향으로 돌리며 몽글몽글하게 골고루 섞은 후 손바닥으로 꾹꾹 눌러 반죽해야 한다.

03 완성한 반죽은 체험지도사의 도움을 받아 막국수 틀에 넣는다.

04 이제 막국수 틀을 누를 차례. 젖 먹던 힘까지 모두 발휘해야 할 순간이다. 틀이 의외로 묵직해서 웬만한 팔 힘으로는 움직이지 않는다. 아예 철봉처럼 대롱대롱 매달려야 한다.

05 온몸을 틀에 실어 힘을 주면 드디어 면이 나오기 시작한다. 이때 면은 아래 바로 연결된 끓는 물에 퐁당~ 떨어진다.

06 면이 익으면 꺼내 찬물에서 씻어낸다. 면을 그릇에 담고 체험지도사의 도움 아래 맛있게 양념한다.

((맷돌 돌리기))

체험장 한쪽에 있는 맷돌을 신나게 돌려보자.

08 장갑을 끼고 손으로 막국수를 맛있게 비빈다.

09 내 손으로 만든 막국수를 가족들과 함께 맛있게 냠냠~~

내가 만든 막국수가 세계 최고!

195

여유롭게 거닐며
전통문화를 체험하다

창평 슬로시티

 POINT 창평슬로시티는 슬로시티라는 개념에 대해 배우고 다양한 전통문화 체험도 가능한 곳이다.

슬로시티는 1999년 이탈리아에서 '슬로푸드 먹기와 느리게 살기' 운동에서 시작됐다. 전 세계 각지에 슬로시티가 많이 생겨났고, 우리나라도 10여 개 지역이 슬로시티에 가입돼 있다. 그중 하나가 담양군에 위치한 창평슬로시티다. 창평슬로시티의 또 다른 이름은 삼지내마을이다. 마을 아래에서 월봉천, 운암천, 유천 등 3개의 물길이 만난다 해서 삼지내라는 이름이 붙었다. 창평슬로시티 하면 가장 먼저 떠오르는 이미지가 운치 있는 옛 담장이다. 골목길을 따라 돌과 흙으로 만든 담장이 부드럽게 이어지는데 조선시대부터 내려오는 이 담장은 등록문화재로 지정되었다. 담장을 따라 걷다 보면 여러 고택을 만나게 된다. 창평슬로시티의 특산품인 쌀엿과 한과, 각종 농산물, 기념품 등을 판매하는 달팽이가게와 옛 창평현청 자리인 창평면사무소도 놓치지 말아야 할 볼거리다. 마을을 구경한 후에는 한과 만들기, 떡메 치기, 쌀엿 만들기 등 다채로운 체험 프로그램도 즐겨보자.

주소 전라남도 담양군 창평면 돌담길 56-24 | **전화** 061-383-3807 | **시간** 마을 탐방은 정해진 시간 없으나, 체험은 프로그램별로 다름 | **휴무일** 마을 탐방은 연중무휴 | **가격** 무료입장(체험료 별도)

한과 만들기 체험

01 한과 만들기에 필요한 재료가 준비된다. 팬과 튀밥, 밀대 등이 필요하다.

02 조청을 팬에 넣고 끓인다. 이때 색상을 내기 위해 백년초 가루, 치자 가루, 녹차 가루 등을 넣기도 한다.

03 조청이 끓으면 튀밥을 넣고 조청이 골고루 묻도록 잘 젓는다.

무슨 모양으로 만들어볼까?

04 조청으로 버무린 튀밥을 틀에 올린다. 이때 틀에 넣지 않고 손으로 조물조물 여러 모양을 내볼 수도 있다. 동그란 모양, 별 모양 등으로 만들어도 된다.

05 네모난 틀에 맞추어 튀밥을 평평하게 편다.

06 밀대로 다시 한번 눌러 평평하게 한다.

07 고르게 편 한과를 틀에서 빼낸다.

08 먹기 좋은 크기로 자를 차례. 부서지지 않도록 조심조심 칼질을 하자. 칼질은 위험할 수도 있으므로 부모님의 도움을 받아도 좋다

09 다양한 색상의 달콤한 한과 완성!

> **TIP**
>
> **01** 창평슬로시티 마을 탐방은 정해진 입장 시간은 없으나, 주거 지역이므로 이른 시간과 늦은 시간 방문은 삼가자.
>
> **02** 창평면 일대 한과 전문점에서 만들기 체험을 겸하기도 한다. 담양한과명진식품(www.damyang.co.kr), 수정한과(010-5547-3430) 등이 있다. 체험 일정에 대해서는 미리 문의해보자.
>
> **03** 담양시티투어버스를 이용해 창평슬로시티도 방문할 수 있다.

196

레일 위를 달리는 자전거

정선레일바이크 & 스카이바이크

POINT 기차가 더 이상 운행하지 않는 철로에 자전거가 다니기 시작했다. 레일바이크를 타고 철로 위를 달리며 자연을 느껴본다. 옛 간이역도 놓쳐서는 안 될 볼거리다.

폐선 구간을 활용한 레일바이크가 인기다. 2005년 강원도 정선에서 우리나라 최초의 레일바이크가 운행을 시작했다. 지금은 전국 각지에서 레일바이크를 체험할 수 있다. 정선 레일바이크는 구절리역에서 아우라지역까지 약 7.2km 구간을 잇는다. 철길을 따라 페달을 밟다 보면 스쳐 지나가는 풍경과 바람에 기분이 상쾌해진다. 페달을 밟는 수고를 잊을 만큼 수려한 자연경관이 감동으로 다가온다. 아우라지역에서 구절리역으로 돌아올 때는 풍경열차를 타고 이동한다. 2018년 8월, 정선레일바이크 옆에 정선벅스랜드 스카이벅스가 오픈했다. 스카이바이크에 탑승해 VR을 시청하며 곤충 세계를 탐방하는 국내 최초 모노레일 VR 놀이 시설이다. 일정 구간을 지나면 VR을 내려놓고, 직접 페달을 밟아 하늘 위 레일을 달린다. 레일바이크와는 또다른 재미를 선사한다.

주소 강원도 정선군 여량면 노추산로 749 | **전화** 033-563-8787 | **시간** 08:30~15:00 | **휴무일** 부정기 | **가격** 2인승 3만원, 4인승 4만원 | **홈페이지** www.railbike.co.kr

◆ 사전 조사를 해봐요 ◆

전국 레일바이크 정보를 한눈에 볼 수 있는 전국 레일바이크 앱을 이용하면 전국의 레일바이크를 포함해 기차 펜션을 실시간 조회·예약·결제할 수 있다. 구글플레이, 앱스토어에서 '레일바이크' 검색.

레일바이크 체험

레일바이크 의자에 앉은 후 안전띠를 맨다. 페달을 밟으면 앞으로 나간다.

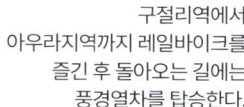

구절리역에서 아우라지역까지 레일바이크를 즐긴 후 돌아오는 길에는 풍경열차를 탑승한다.

TIP

01 레일바이크를 탑승하기 위해서는 출발 20분 전까지 구절리역 매표소에 도착해 예약 티켓을 발권해야 한다(홈페이지, 전국 레일바이크앱, 현장 예약, 출발 시간 이후 탑승 불가).
02 앞뒤 간격을 조절해 안전거리를 확보한다.
03 소지품이 떨어질 수 있으니 잘 챙길 것.
04 반드시 안전띠를 착용하고 어린이는 어른과 동승한다.
05 폭우와 폭설 등 천재지변 시 운행이 중단된다.
06 겨울철에 이용할 때는 장갑, 모자, 핫팩 등 방한용품을 준비한다.
07 총 소요 시간은 1시간 30분이며 레일바이크 탑승 시간 40~50분, 풍경열차 탑승 시간 20~25분이다. 우천 시에도 정상 운행하며 우비는 개별 지참해야 한다.

스카이바이크 체험

매표 후 스카이바이크 탑승장으로 올라간다.

순서에 따라 스카이바이크에 탑승한 후 VR을 머리에 맞게 쓴다.

스카이바이크는 출발 후 일정 구간 자동 운행한다. VR을 시청하며 곤충의 세계를 탐험한다.

안내에 따라 VR을 내려놓고, 램프에 불이 켜지면 페달을 밟는다. 페달을 밟아 만든 전기로 운행한다.

197

한방 테마 놀 거리,
즐길 거리가 가득~
산청 동의보감촌

 POINT 아이들이 쉽게 흥미를 느끼기 어려운 한의학과 한방이라는 주제를 재미있고 흥미로운 방식으로 풀어낸 곳으로, 다채로운 놀이와 체험을 운영해 신나는 경험을 선사한다.

한방을 테마로 조성한 동의보감촌은 다양한 전시관과 체험장, 공원 등을 갖춘 가족 친화적인 공간이다. 메인 전시관에 속하는 주제관과 한의학박물관은 우리 전통 의학을 흥미롭게 소개한다. 주제관에는 한의학과 세계 전통 의학에 대한 전시와 함께, 아이스맨전시관과 곤충전시관, 4D라이더 영상관이 위치한다. 아이스맨전시관에서는 5300여 년 전 얼음 속에서 발견한 미라 '아이스맨(외찌)'을 통해 고대의 의학 비밀을 확인해볼 수 있다. 한의학박물관은 동의보감관과 한방체험관으로 이뤄지는데, 특히 한방체험관은 재미난 체험이 더해져 아이들도 좋아한다. 동의보감촌은 규모가 크고 시설이 다양하다. 야외에도 한방테마공원, 한방약초체험테마공원, 한방미로공원, 사슴사육장, 약초목욕장 등이 있다. 여름에는 야외 수영장도 문을 연다. 모든 시설을 알차게 이용하려면 하룻밤 묵어도 좋다. 동의보감촌은 자연휴양림 숙소와 한옥스테이, 가족호텔과 여러 음식점까지 갖춰 1박 2일 여행에도 부족함이 없다.

주소 경상남도 산청군 금서면 동의보감로555번길 45-6 | **전화** 055-970-7216 | **시간** 24시간(주제관과 한의학박물관 09:00~18:00) | **휴무일** 연중무휴 / 주제관과 한의학박물관은 월요일, 1월 1일, 설날·추석 당일 | **입장료** 무료(주제관과 한의학박물관은 어른 2000원, 만 13~18세 1500원, 만 7~12세 1000원) / 체험료 별도 | **홈페이지** donguibogam-village.sancheong.go.kr

동의보감촌 체험

오늘은 의녀가 되어볼래요!

의녀, 어의 복식 입어보기

드라마 <대장금>에서 보던 의녀복과 어의복을 입고 동의보감촌을 돌아보자. 일반 한복과는 다른 분위기라 색다른 체험이다. 성인용과 어린이용이 고루 준비되어 있다. 주제관에서 체험 가능.

생생한 한의학 체험 코너

한의학박물관에는 아이들이 한의학에 쉽게 접근할 수 있도록 흥미로운 체험 코너를 꾸며놓았다. 터치스크린 등을 이용해 게임처럼 직접 만지고 조작하며 즐길 수 있다. 조선시대에 한의학을 실생활에 어떻게 접목했는지 재현한 코너도 흥미롭다.

향기 복주머니 만들기

한의사의 조언에 따라 자신의 몸 상태에 맞는 약초를 담아 복주머니를 만드는 체험. 약초와 건강에 대해 배우고 집에 가져가서 활용할 수 있어 일석이조. 체험은 동의보감한의원에서 진행한다. 약첩 싸기, 한방 치약 만들기 등 한방 관련 다양한 체험이 이뤄지며, 부모님들은 배꼽 왕뜸을 받을 수도 있다.

약초 냄새가 폴폴~

미로 체험하기

동의보감 산기슭에 한방미로공원이 있다. 미로 중간중간에 우리 장기의 역할에 대한 안내판이 설치되어 있다. 편백나무로 된 미로에서 피톤치드도 마시고 우리 몸에 대해 배우고 재미도 챙길 수 있다.

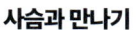

> **TIP**
>
> 01 동의보감촌은 규모가 꽤 크다. 내부에서 차량으로 이동할 수 있고 산책하듯 걸어서 이동할 수도 있다.
> 02 동의보감촌 입구에 식당, 카페, 농특산물 판매점 등 다양한 편의 시설을 갖추었다.
> 03 여름철에 방문한다면 수영장 이용을 고려해 수영복을 챙겨 가자.
> 04 동의보감촌에는 돌아볼 만한 시설이 많으므로 시간을 여유 있게 잡고 방문할 것.

사슴과 만나기

동의보감촌 내 사슴 사육장이 있다. 사슴생태체험로를 따라 거닐며 가까이서 사슴을 볼 수 있다. 꽃사슴과 함께 하얀 사슴도 관찰 가능해 특별하다.

198

한지로 조물조물,
나만의 작품을 만들다

원주한지 테마파크

 POINT 디지털시대를 살면서 종이를 접할 일이 점점 적어지는 우리 아이들이 한지의 역사와 우수성에 대해 실감 나게 배우고 체험하는 공간이다.

원주한지테마파크는 우리 전통 종이인 한지와 관련한 알찬 전시와 체험을 즐길 수 있는 한지 문화 복합 공간이다. 전체 2층 규모로 이뤄지며 핵심 공간은 한지역사실과 한지체험실이다. 한지역사실은 삼국시대부터 현대에 이르기까지 한지의 역사를 소개하는 한편, 원주라는 도시와 한지의 연관성, 한지 제작 과정, 한지의 특성, 한지의 종류에 대해 이야기한다. 또 다채로운 한지공예품도 전시한다. 한지 제작 과정은 닥종이 인형으로 재미있게 설명해 아이들이 쉽게 이해할 수 있도록 했다. 한지역사실을 돌아본 후에는 한지공예를 체험하자. 한지체험실에서는 나팔, 머리띠, 머리핀, 저금통, 필통, 보석함 등 다채로운 만들기 체험 프로그램을 이용할 수 있다. 나이와 취향에 따른 선택의 폭이 다양하다. 난이도에 따라 시간은 15분부터 50분 정도까지 소요된다. 원주한지테마파크를 좀 더 재미나게 즐기고 싶다면 원주한지문화제 기간에 방문하자. ※ 2024년 말까지 리모델링 공사 중.

주소 강원도 원주시 한지공원길 151 | **전화** 033-734-4739 | **시간** 09:00~18:00 | **휴무일** 월요일, 1월 1일, 설·추석 연휴 | **입장료** 무료, 체험료 별도 | **홈페이지** www.hanjipark.com

한지공예 체험

01 체험 품목을 선택하면 담당자가 재료를 준비해주고 만드는 방법을 설명해준다.

02 한지에 꼼꼼하게 풀칠을 한다.

03 틀의 각 면에 한지를 정확하게 붙인다.

한지가 울지 않게 잘 붙여야지!

04 마지막에 장식할 한지를 예쁘게 붙인다.

05 작품이 완성되면 풀이 마르도록 드라이어로 바람을 골고루 쏘인다.

06 나만의 한지공예품 완성!

TIP
01 주말 오후 1시부터 5시 사이에는 한지 뜨기 체험(유료)이 가능하다.
02 방학에는 학생들을 위한 특강 프로그램도 운영하므로 잘 활용하자.

((한지 뜨기 시연 관람))

원주한지문화제 기간(매년 5월 개최)에 원주한지테마파크를 방문하면 한지 뜨는 모습을 생생하게 관람할 수 있다. 한지가 완성되는 과정을 눈앞에서 지켜보면 마냥 신기하다.

199

한천으로 과일 젤리 &
양갱 만들기

밀양한천 테마파크

POINT 바다에서 나는 해조류가 한천이 되기까지의 과정을 배우고, 한천을 이용해 다양한 요리 체험도 한다.

한천? 이게 뭐야? 아이들이 낯선 이름에 심드렁해할지도 모른다. 이때 아이들의 관심을 확 사로잡는 한마디, "한천으로 젤리를 만들 수 있어!" 젤리라는 소리에 귀가 번쩍 뜨일 것이다. 거짓말이 아니다. 밀양한천테마파크에 가면 아이들이 직접 한천을 이용해 젤리를 만들어볼 수 있다. 한천은 우무를 건조시킨 식품이며 우무는 우뭇가사리 같은 홍조류 해초로 만든다. 여기서 궁금한 점. 한천의 주원료인 우뭇가사리는 바다에서 나는데, 밀양은 바다와 접하지 않은 내륙 지역이다. 왜 이곳에 한천테마파크가 위치하는 걸까? 밀양 산내면은 우리나라 대표 한천 생산지로 공기가 깨끗하고 일교차가 커서 한천을 만들기 좋은 환경이다. 바로 그 한천 생산지에 밀양한천테마파크가 자리한 것. 테마파크 내에는 한천의 역사와 변천 과정 등에 대해 보여주는 한천박물관, 한천을 이용한 다양한 체험이 이뤄지는 한천체험관, 갖가지 한천 제품을 구비한 한천판매장, 다채로운 한천 요리를 맛볼 수 있는 식당 등이 있다.

주소 경상남도 밀양시 산내면 봉의로 58-31 | **전화** 1577-6526 | **시간** 09:00~18:00 | **휴무일** 연중무휴 | **가격** 체험별로 다름 | **홈페이지** www.miryangagaragar.com

한천 과일 젤리 만들기

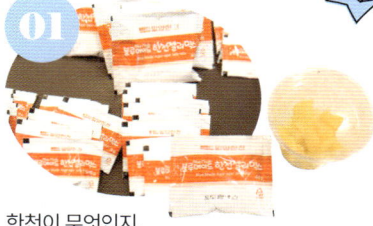

01 한천이 무엇인지, 제주도에서 채취한 우뭇가사리가 어떻게 한천이 되는지, 자세한 설명을 들은 후 원하는 맛의 한천 젤리 믹스를 고른다. 포도 맛, 블루베리 맛, 감귤 맛 등이 있다.

02 과일을 먹기 좋은 크기로 자르고, 한천 젤리 물을 끓인다.

파인애플도 자르고, 바나나도 자르고~

03 과일을 컵에 담고 끓인 한천 젤리 물을 붓는다. 한천이 굳을 때까지 잠깐 기다리며 한천박물관을 돌아본다.

04 한천이 굳으면서 탱글탱글한 과일 젤리 완성!

TIP
01 푸딩, 양갱, 구슬양갱 만들기 등 다양한 체험 프로그램을 운영한다.
02 체험 신청은 홈페이지 또는 현장 접수 가능. 현장 접수 경우 체험 시간 10분 전까지 가능하다.
03 한천 판매장 1층 안내 데스크에서 체험 신청을 할 수 있다.
04 체험 후 수료증을 제공한다.

양갱 만들기

01 한천으로 만든 색색의 얇은 양갱과 틀이 준비된다.

TIP
한천 액은 응고력이 좋고 잘 부패하지 않는 동시에 수분을 일정한 형태로 유지하는 효과가 있어 젤리, 양갱, 잼 등을 만들 때 많이 사용한다.

02 양갱을 색종이라고 생각하고 틀과 칼을 이용해 모양을 낸다.

03 바탕이 되는 큰 양갱 판에 모양낸 양갱을 붙여서 나만의 작품을 만든다.

200
한 덩이의 흙이 하나뿐인 작품으로 변신~
이천 예스파크

 POINT 우리나라 대표 도자기 도시인 이천에서 다양한 자기 작품을 감상하고 직접 물레를 이용해 나만의 도예품을 만들어볼 수 있다.

수백 개에 달하는 공방, 요장 등이 모여 있는 이천은 우리나라의 대표적인 도자기 도시 중 하나다. 그중에서도 예스파크는 이천을 대표하는 도자기 마을이다. 이천도자예술마을이라고도 불리는 이곳에는 40만m^2가 넘는 드넓은 부지에 수백 개의 공방이 들어서 있다. 도자기를 중심으로 유리공예, 목공예, 섬유공예 등 다양한 분야의 공방이 어우러진다. 자연과 멋진 건축물이 어우러진 공간을 산책하듯 거닐며 전통적인 도자기부터 현대적인 감각의 도자기까지 다양하게 감상할 수 있다. 또한 여러 공방에서 다양한 체험도 진행한다. 직접 물레를 이용해 도자기를 만드는 체험은 아이들에게 인기 만점. 도예가의 지도하에 이뤄지므로 초보자라도 참여할 수 있다.

주소 경기도 이천시 신둔면 도자예술로5번길 109 | **전화** 031-638-1994 | **시간** 공방마다 다름 | **휴무일** 공방마다 다름 | **가격** 체험별로 다름

도자기 만들기 체험

먼저 어떤 형태의 작품을 만들지 선택한다. 컵, 항아리, 꽃병, 그릇, 접시 중 선택 가능하다.

와, 흙이 너무 보드랍고 촉촉하네.

도예가의 도움을 받아 흙을 물레에 올리고 기본 틀을 잡는다.

손과 도구를 이용해 도자기 형태를 만들어간다.

완성된 도자기를 물레에서 분리한다.

나무를 그려볼까? 꽃을 그려볼까?

나무 막대로 도자기에 원하는 그림과 글자를 조심조심 그려 넣는다.

완성된 작품은 가마에서 구워 집으로 배송해준다. 집에서 잘 사용해보자.

TIP
01 입구에 관광안내소가 마련되어 있다. 워낙 규모가 크고 공방이 많으므로 이곳에 들러 지도라도 챙겨 돌아보자.
02 이천도자기축제가 열리는 기간에 방문하면 체험거리가 더욱 다양하다.
03 앞치마를 착용하지만 옷에 흙이 묻을 수도 있으므로 편안한 옷을 입자.

201 온 가족이 함께 마법의 세계로~
수상한 마법학교

 남녀노소 누구나 신기해하는 마술을 가까이에서 체험하는 공간. 온 가족이 함께 즐길 수 있어 좋다.

요즈음 아이들에게 마술은 폭발적인 인기를 누린다. 엄마, 아빠가 어릴 때는 마술은 그저 바라만 보는 대상이었는데, 요즈음에는 아이들이 마술을 체험할 기회가 많다. 학교 방과 후 프로그램이나 문화센터, 행사장 등 다양한 곳에서 마술을 배우고 체험할 수 있다. 마술 체험은 사실 아이뿐 아니라 부모에게도 신기하고 재미난 경험이다. 가족이 함께 마술을 즐기고 싶다면 강릉의 수상한마법학교를 찾아가보자. 수상한 마법학교는 마술 대중화라는 목적 아래 설립된 곳으로 마술 체험과 공연 관람이 가능하다. 메인 체험관에는 여러 가지 마술 장치가 설치되어 있다. 그 장치를 활용해 사진을 찍으면 진짜 마술의 한 장면처럼 완벽한 컷이 완성된다. 마술 체험 후에는 마술사의 공연도 관람한다. 비록 긴 시간은 아니지만 온 가족이 함께 마법 같은 시간을 보낼 수 있다.

주소 강원 강릉시 범일로 476 | **전화** 0507-1341-1432 | **시간** 11:00~17:00(주말 변동) | **휴무** 화요일 | **가격** 통합권 1만8000원 | **홈페이지** blog.naver.com/dngusxmr

수상한 마법학교 체험

01 마법학교로 들어가기 전에 마술사 모자와 망토를 착용한다.

02 마술사의 설명을 들으며 마술용품 전시물을 관람한다.

수리수리 마수리 얍!

03 신기한 마술 장치에서 마술사처럼 사진 촬영을 한다. 별거 아닌 것 같은데 사진으로 찍으면 진짜 마술 같다.

04 신기한 마술 공연을 관람한다.

05 마술사 수료증을 받는다.

06 멋진 졸업 사진을 찍는다.

TIP
01 네이버 사전 예약이 필수다.
02 시기별로 운영 시간이 조금씩 달라질 수도 있다. 홈페이지를 통해 미리 확인하자.
03 사천진해변, 경포해변 등 관광지와 멀지 않아 음식점 이용에 큰 어려움은 없다.

202

타일로 만드는
색다른 작품

클레이아크 김해미술관

 POINT 모자이크 타일 체험이라는 색다른 체험을 즐길 수 있다. 알록달록한 색깔의 타일을 활용해 독창적인 작품을 만드는 특별한 기회를 제공한다.

클레이아크는 흙을 뜻하는 클레이와 건축을 의미하는 아크를 합친 단어다. 클레이아크김해미술관은 도자와 건축의 상호 협력이라는 테마를 바탕으로 하는, 조금은 새롭고 색다른 미술관이다. 도자 예술이라는 단일 주제가 아니라 이를 건축과의 관계로 엮어낸다는 것 자체가 특별하다. 자연 속 드넓은 부지에 위치한 미술관에는 돔하우스와 큐빅하우스라는 전시 공간 외에 상징 조형물인 클레이아크타워, 체험을 위주를 하는 아트키친과 도자체험관 등의 시설이 있다. 특히 중심 시설에 속하는 돔하우스는 외벽을 5000여 장의 도자 작품으로 꾸며 미술관의 특징을 한눈에 드러낸다. 클레이아크김해미술관은 전시만이 아니라 다양한 체험 프로그램도 운영한다. 도자체험관에서는 흙으로 여러 작품을 만들어볼 수 있고, 아트키친에서는 모자이크 타일 체험 프로그램을 이용할 수 있다.

주소 경상남도 김해시 진례면 진례로 275-51 | **전화** 055-340-7000 | **시간** 10:00~18:00 | **휴무일** 월요일(월요일이 공휴일인 경우는 그다음 날), 1월 1일, 설날·추석 당일 | **입장료** 어른 2000원, 중·고등학생 1000원, 초등학생 500원(특별전은 변동) | **홈페이지** www.clayarch.org

모자이크 타일 체험

01 시계, 연필꽂이, 거울 등 다양한 아이템을 만들 수 있다. 원하는 작품을 선택하고 신청서를 작성한다.

02 쿠키 몬스터, 아이언맨, 호빵맨 등 아이들이 좋아하는 캐릭터가 가득하다. 각자 선택한 캐릭터 또는 디자인 도안에 맞춰 타일을 하나씩 붙인다.

03 도안 색상과 달리 본인이 원하는 대로 타일을 골라서 꾸며도 좋다.

알록달록한 타일로 만드니까 더 예쁘네.

04 타일을 하나씩 꼼꼼하게 붙이다 보면 멋진 모자이크 타일 작품이 완성되어간다.

05 나만의 특별한 모자이크 타일 작품 완성!

TIP
01 아트키친 체험은 1일 5회 운영하며 회당 50분 정도 소요된다. 미취학 아동은 보호자가 동반해야 한다.

02 체험료는 작품에 따라 다른데 1만~1만5000원 정도다.

203

유유자적 흐르는
물길 따라 카누 체험

춘천 물레길

POINT 카누를 타고 강이나 호수를 누비며 독립심과 협동심을 기를 수 있다.

인류는 오래전부터 강이나 바다를 건너거나 수렵 활동을 위해 배를 만들어 탔다. 통나무 가운데를 파내 만든 배가 카누의 시초다. 호반의 도시, 춘천 의암호의 물레길에서는 10분 남짓 카누 탑승 교육을 받으면 누구나 카누를 탈 수 있다. 카누는 생후 36개월 이상 어린이부터 노인까지 남녀노소 즐길 수 있는 수상 스포츠다. 카누를 타고 잔잔한 의암호를 누비다 보면 신선놀음이 따로 없다. 굳이 노 젓는 방법을 외우지 않아도 몇 번만 노를 젓다 보면 절로 터득한다. 카누는 가볍고 탄성이 좋은 적삼나무로 만들어지기 때문에 일어서거나 크게 움직이지 않는다면 사뭇 다른 매력을 선사한다. 무동력 친환경 레포츠인 카누에 앉아 바라보는 호수 풍경은 뭍에서 보는 것과 사뭇 다른 매력을 선사한다.

주소 강원도 춘천시 스포츠타운길 113-1 | **전화** 033-242-8463 | **시간** 09:00~18:00(계절별로 조금씩 변동 가능) | **휴무일** 기상 악화 시 | **가격** 기본 카누(2인 기준) 3만 원 | **홈페이지** www.mullegil.org

◆ 엄마, 아빠랑 배워요 ◆

카누와 카약은 어떻게 다른가요?
배와 노의 모양, 앉는 방법 등이 다르다. 카누는 배 모양이 부드러운 곡선이고, 폭이 넓어 안정적이다. 무릎을 접고 앉아 한쪽에만 날이 달린 노를 젓는다. 카약은 카누에 비해 폭이 좁아 빠른 속도를 낼 수 있다. 무릎을 편 채로 앉아 양쪽에 모두 날이 달린 노를 젓는다.

카누체험

01 사전 안전교육을 통해 기본적인 안전 수칙을 숙지한다.

02 안내에 따라 차례대로 카누에 탑승한다.

풍경을 즐기며 유유자적 뱃놀이를 즐겨볼까?

03 앞으로 가려면 그립(패들의 손잡이 부분)을 잡고 블레이드를 물속에 담근 후 앞에서 뒤로 힘껏 밀어낸다.

04 후진하고 싶다면 뒤에서 앞으로 노를 젓는다.

TIP
01 사전 교육에 충실히 임한다.
02 구명조끼를 꼭 착용한다.
03 탑승 인원과 규정을 지킨다.
04 한여름에는 모자나 선글라스 등을 챙긴다.
05 안전 구역 내에서만 카누를 탄다. 위급 상황 발생 시 큰 소리로 안내 요원에게 알린다.

204

놀이와 체험을 통해 '안전'을 생각하다

365 세이프타운

POINT 안전 교육은 아이들의 삶에 꼭 필요한 교육이다. 재난과 재해에 효과적으로 대처하도록 하려면 어릴 때부터 이에 대한 교육이 필요하기 때문이다. 365세이프타운은 특히 놀이와 체험을 통해 안전 교육이 이뤄진다는 점이 아이들에게 매력적이다.

근래 들어 세계적으로는 테러, 국내적으로는 지진이 연이어 발생하면서 '안전'에 대한 경각심이 더욱 높아지고 있다. 안전 불감증이라는 단어가 사회적으로 통용될 만큼 그간 우리나라에서는 안전에 대한 교육이 제대로 이뤄지지 않았다. 하지만 최근 몇 년 사이 학교와 사회에서 안전 교육에 대한 중요성이 강조되고 있다. 그렇다면 어떻게 아이들에게 안전 교육을 할까? 365세이프타운은 안전이라는 테마에 교육 놀이 시설을 접목한 에듀테인먼트(edutainment) 시설이다. 각종 재난과 재해를 실제 또는 가상 체험을 하며 그 상황에서 안전하게 대처하는 방법을 배운다. 365세이프타운은 크게 종합안전체험관, 챌린지월드, 소방안전체험관으로 구성된다. 종합안전체험관에서는 자연 재해, 생활 안전, 항공기 탈출 등 여러 테마의 안전 체험이 이뤄지고 챌린지월드는 트리트랙, 퀵플라이트 등 스릴 만점 야외 체험 시설로 꾸며져 있다. 완강기 체험, 농연 대피 체험, 소화기 체험 등이 이뤄지는 소방안전체험관과 전기차로 직접 안전 운전 체험을 해보는 교통안전체험관도 놓치지 말고 이용해보자.

주소 강원도 태백시 평화길 15 | **전화** 033-550-3101~5 | **시간** 09:00~18:00 | **휴무일** 월요일(단 월요일이 공휴일인 경우는 그다음 첫 평일) |
입장료 자유이용권 2만2000원(이용권 구매 시 태백사랑상품권 2만원 제공) | **홈페이지** www.365safetown.com

365세이프타운 체험

한국청소년안전체험관
산불, 설해, 풍수해, 지진, 대테러를 주제로 하는 5개의 안전체험관을 비롯해 안전벨트 체험장, 위기탈출 체험관, 미로탈출 체험장 등이 있다. 3D나 4D 영상과 라이더를 통해 각종 재난과 재해 체험을 하게 된다. 키즈랜드, 곤충관 등의 볼거리도 갖췄다.

설해 체험관
깊은 산골에서 동찬이라는 아이가 아픈 할아버지를 위해 약을 사러 가다가 폭설과 추위를 겪는 과정을 통해 설해 체험을 한다. 3D입체영상에 눈과 바람 효과가 더해져 실감 나는 체험이 이뤄진다.

풍수해 체험관
보트형 시뮬레이터에 탑승한 채 3D입체영상을 보며 풍수해를 체험한다. 구명조끼 착용법을 배우고 비상 탈출용 보트에 탑승한 후, 메인 쇼를 체험한다. 풍수해 현장에서 무사히 탈출한 후에는 풍수해에 대한 기본 지식과 대처 요령에 대해 배운다.

곤돌라 탑승
고지대에 위치한 챌린지월드로 이동하기 위해서는 곤돌라를 이용한다. 왕복 1.6km 거리로, 태백의 자연 풍광을 한눈에 담아볼 수 있다.

챌린지월드
최고 높이 11m까지 고공을 유격하듯 걸어보는 트리트랙, 와이어줄 하나에 의지한 채 호수 위를 날아보는 플라잉폭스 등 스릴감 넘치는 시설이 있다.

> **TIP**
>
> 01 자유이용권을 구매하면 다양한 시설을 편리하게 이용할 수 있는데 챌린지월드와 9D VR은 포함되지 않는다. 챌린지월드는 1만2000원(태백사랑상품권 1만원 제공), 9D VR은 2000원이다.
>
> 02 폐장 전 최소 2시간 전에는 입장해야 여러 시설을 이용할 수 있다.
>
> 03 이용 시설별로 키나 나이 제한이 있다. 안전 체험관은 키 100cm 미만, 만 4세 미만 어린이 이용이 불가하며, 챌린지월드는 키 145cm 이하, 만 11세 미만 어린이 체험이 제한된다.

205

온 가족이 함께 체험하는 안전 상식

서울시민 안전체험관
(광나루안전체험관)

POINT 위기 상황에 처했을 때 자신을 보호하고 가족과 이웃을 돕는 방법에 대해 알아본다. 안전에 관련된 기본 상식은 아무리 강조해도 부족함이 없다.

사고는 예고 없이 다가온다. 안전사고에 대한 적극적인 대비가 필요하다. 안전체험관에서 화재, 지진, 태풍 등의 상황을 가상으로 설정해 재난을 체험할 수 있다. 가상이지만 실제처럼 실감 나는 상황을 연출한다. 안전 교육에 참여해 사고 시 대처 방법을 숙지하고, 사고 예방법을 알아본다. 화재 시 대피 요령, 완강기 탑승 요령, 지진, 태풍 안전 체험, 선박 사고 시 대처 요령 등을 체험한다. 국내 최초로 개장한 지하철 화재 안전체험장에서는 실제 지하철에 탑승한 것과 동일한 상황에서 지하철 화재를 체험하고, 대처 요령을 배운다. 재난 체험 프로그램은 하루 세 차례 열리며 수요일은 오후 늦은 시간에도 체험을 운영한다. 인터넷 예약을 통해 참가 신청을 하며 재난 체험은 6세 이상부터 가능하다. 재난 교육은 반복 체험이 가장 중요하므로 체험을 통해 대처 방법을 몸으로 익힌다(2022년 4월 기준 휴관 중. 모든 체험은 비대면으로 진행. 재개관 일정 별도 공지).

주소 서울시 광진구 능동로 238 | **전화** 02-2049-4061 | **시간** 10:00·13:00·15:00 | **휴무일** 월요일, 1월 1일, 설날·추석 당일 | **입장료** 무료(예약 운영) | **홈페이지** safe119.seoul.go.kr

TIP
01 체험은 인터넷 사전 예약제로 운영한다.
02 6세 이상부터 체험 가능하다.
03 초등학생은 보호자 동반 시 체험이 가능하다.
04 자전거를 가져오거나 바퀴 달린 신발을 신으면 체험관에 입장할 수 없다.

안전 체험

화재 대피 소화기 체험
01 화재 발생 시 "불이야!"라고 외친다.
02 신속하게 대피한다.
- 손수건이나 면 재질 옷을 포개 물에 적셔 꾹 짠 후 입과 코를 막는다.
- 최대한 낮은 자세로 벽을 짚고, 비상구 통로 유도등을 따라 대피한다.

03 119에 신고하거나 작은 불(허리 아래)일 경우 소화기로 불을 끈다.
- 소화기 몸통을 잡고 불이 난 곳으로 이동한다.
- 안전핀을 뽑고 노즐을 잡은 후 불을 향해 분사한다.

건물 탈출 완강기 체험
01 완강기 함과 지지대를 확인한다.
02 완강기 후크를 고리에 건다.
03 안전하게 결합되었는지 후크 잠금장치를 확인한다.
04 안전띠를 가슴에 착용하고 조임새를 조여 겨드랑이에 바짝 착용한다.
05 간판이나 나무 등 위험 요소를 확인한 후 줄을 밖으로 던진다.
06 하강 지점을 확인한 후 벽에 부딪히지 않도록 하강한다.

지진 체험
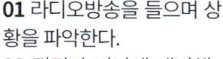

01 방석이나 옷 등으로 머리를 가리고 책상, 식탁 밑으로 대피한다.
02 진동이 약해지면 출구를 개방해 공간을 확보한 후 가스와 전기를 차단한다.
03 놀이터, 공터 등 건물이 없는 곳으로 탈출한다.

태풍 체험

01 라디오방송을 들으며 상황을 파악한다.
02 정전과 피난에 대비해 손전등과 비상용품을 준비한다.
03 가스와 전기를 차단한다.
04 가로등, 신호등, 고압전선에 접근하지 않는다.
05 큰 건물이나 안전지대로 대피한다(집에 있을 경우 외출 금지).

선박 사고 체험

01 승선 시 비상 집합 장소를 확인한다.
02 안내 방송에 따라 구명조끼를 가지고 탈출한다(구명조끼는 선실에서 입지 않고 비상 집합 장소에서 입는다).
03 배에서 이상이 느껴지면 전화로 신고한다.
04 바다로 탈출할 경우 한 손으로 턱을 잡고 코를 막는다. 다른 쪽 팔로 팔을 감싸 안고 배에서 최대한 멀리 뛰어내린다.
05 슬라이드를 이용해 탈출할 때 손은 가슴 위에 모으고 발은 차려 자세로 내려간다.
06 바다에 떠 있을 때는 여러 명이 함께 원을 만들어 태아 자세를 하고 모여 있는다.
07 구명조끼에 있는 호루라기와 손전등을 이용해 위치를 알린다.

206

사계절 흥미진진한
농촌 체험이 가득

양평 수미마을

 POINT 도시와 아파트 생활에 익숙한 요즈음 아이들에게 농촌을 경험할 기회를 제공하자.

양평 수미마을은 서울에서 가까운 거리에 위치하며 포근한 시골 풍광을 잘 간직해 많은 이들이 찾아드는 농촌체험마을이다. 특히 농촌의 생활상에 맞게 계절별로 다채로운 체험을 진행해 인기다. 봄에는 딸기 따기, 여름에는 냇가에서 메기 잡기, 가을에는 농작물 수확과 김장, 겨울에는 빙어 얼음낚시 등을 체험한다. 메인 행사 외에도 여러 프로그램을 진행한다. 봄에는 딸기찐빵을 만들고 송어를 잡고, 여름에는 옥수수와 감자를 수확하고 냇가에서 뗏목을 타고 물놀이도 즐긴다. 가을에는 밤이나 고구마를 수확해 구워 먹고, 곤충 채집을 하고, 김장을 담그고 보쌈을 먹기도 한다. 겨울에는 연을 날리고 눈썰매도 타며 논다. 많은 농어촌체험마을이 단체 위주로 운영하는 데 반해, 양평 수미마을은 개인도 언제든 편하게 체험 프로그램을 이용할 수 있다는 게 큰 장점이다.

주소 경기도 양평군 단월면 곱다니길 55 | **전화** 031-775-5215 | **시간** 종일 프로그램 경우 보통 10:00~16:00 | **휴무일** 연중무휴 | **가격** 프로그램별로 다름 | **홈페이지** soomyland.com

((다양한 체험 즐기기))

01 온 가족이 함께 신나게 사륜 오토바이 타기

02 엄마, 아빠와 함께 투호, 굴렁쇠, 제기차기 등 추억의 놀이 즐기기

딸기 따기 체험

01 잘 익은 딸기를 고른다. 딸기는 손을 대면 금방 무르기 때문에 원하는 딸기를 고른 후 부드럽게 톡 딴다.

02 직접 딴 딸기를 통에 가지런히 담는다. 욕심부리며 너무 많이 담으면 딸기가 상할 수 있으므로 적당히 담자.

TIP
01 양평 수미마을에서는 원하는 프로그램만 이용하거나 하루 풀코스로 짜놓은 프로그램을 선택할 수도 있다.
02 시기별로 체험 프로그램이 달라지므로 홈페이지를 통해 미리 확인한 후 이용하자.
03 다양한 활동이 이뤄지므로 편안한 복장을 준비하자.

방금 딴 딸기가 제일 맛있어!

03 돌아다니면서 딸기를 따서 바로 먹어도 된다.

04 통에 담은 딸기는 집에 가져가서 맛있게 먹는다.

딸기찐빵 만들기 체험

01 딸기를 넣은 반죽과 수미마을에서 직접 만든 팥소를 준비한다.

02 먹기 좋은 크기로 반죽을 떼서 팥소를 넣기 좋게 납작하게 편다.

03 반죽에 팥소를 듬뿍 넣는다. 팥소가 나오지 않게 반죽을 잘 아무린다.

04 일반 찐빵 모양 외에 아이들이 좋아하는 창의적인 모양도 만들 수 있다.

05 만든 찐빵을 찜통에 올려놓는다. 잠시 놀다 오면 찐빵이 맛있게 익어 있다.

06 딸기 향 나는 찐빵을 맛있게 냠냠~

207

오늘은 내가 치즈 요리사!

임실치즈 테마파크

 POINT 우리나라에서 처음 치즈를 생산한 전라북도 임실에서 치즈에 대한 모든 것을 체험할 수 있다.

전라북도 임실은 원유를 사용해 자연 치즈를 만들어온 대한민국 대표 치즈의 고장이다. 임실치즈테마파크는 치즈를 테마로 조성한 치즈 체험 관광지다. 축구장 19개 넓이의 드넓은 테마파크에 유럽풍 건물, 각종 체험관, 치즈 숙성실, 연구소 등이 들어섰다. 곳곳에 조성된 아기자기한 조형물과 포토존은 마치 동화 속 치즈 세상에 온 듯한 느낌이다. 치즈테마파크의 하이라이트는 치즈 체험이다. 치즈 만들기, 피자 만들기, 천연 비누 만들기, 치즈 음식 시식 등 다양한 체험 프로그램이 열린다. 레스토랑에서는 임실치즈로 맛을 낸 치즈 요리를 맛볼 수 있다. 치즈 돈가스, 치즈 스파게티 등이 인기다. 식당 2층 치즈전시관에서는 치즈의 역사와 종류, 한국 치즈의 역사 등을 전시한다. 이 밖에 스위스 베른 마크르트 거리를 재현한 시계탑, 둥근 치즈 모양으로 지은 전망대 등 곳곳에 볼거리가 많다. 최소 2시간 이상 넉넉히 시간을 갖고 방문하는 것이 좋다.

주소 전라북도 임실군 성수면 도인2길 50 | **전화** 063-643-2300 | **시간** 09:00~18:00 | **휴무일** 월요일 |
입장료 무료, 치즈 체험 유료(체험 코스마다 다름) |
홈페이지 www.cheesepark.kr/korean

치즈 만들기 체험

01 살균을 마친 따뜻한 원유에 유산균과 렌넷을 넣고 세 번 젓는다.

02 커드를 섞어 유청을 제거하면 코티지 치즈가 완성된다.

03 커드를 따뜻한 물에 넣고 스트레칭시킨 후 모양을 만들면 모차렐라 치즈와 스트링 치즈가 완성된다.

TIP
01 치즈 체험을 하려면 전화나 인터넷으로 예약해야 한다(인터넷 예약은 최소 3일 전 마감).
02 체험 시 진행 요원의 안내에 따른다.
03 앞치마와 위생 장갑을 착용한다.
04 치즈 만들기 체험 시 뜨거운 물에 화상을 입지 않도록 조심한다.

피자 만들기 체험

01 숙성된 반죽을 상살 당겨 피자 팬 크기에 맞게 늘인다. 동그란 반죽 가장자리에 스트링 치즈를 올리고 돌돌 말면 치즈 크러스트 피자를 만들 수 있다.

02 반죽 위에 토마토소스를 꼼꼼하게 펴 바르고, 모차렐라 치즈를 뿌린다.

03 다양한 토핑을 올려 마무리한다. 조별로 만든 피자를 모아 오븐에 굽는다.

208

애니메이션 웹툰
창작체험

서울애니메이션
센터 &
명동만화거리
재미로

POINT 만화 캐릭터 전시를 관람하고, 체험 교육 프로그램에 참여해 직접 창작자가 되어볼 수 있다.

서울 중구 명동에 있는 만화거리 '재미로'는 지난 2013년 SBA 서울애니메이션센터에서 만화를 콘셉트로 조성한 거리다. 명동역 3번 출구에서 명동주민센터를 지나 남산케이블카 입구까지 약 450m 길을 따라 만화거리가 이어진다. 만화거리의 중심은 서울 애니메이션센터다. 남산자락에 있던 서울애니메이션센터가 2019년 회현사거리(명동역 근처)로 이전해 새롭게 문을 열었다. 서울애니메이션센터는 애니소풍과 만화의 집으로 구성된다. 애니소풍은 국내 대표 애니메이션 캐릭터가 한자리에 모인 체험 공간이다. 서울의 명소를 배경으로 애니메이션 캐릭터로 꾸며놓았다. 만화의 집은 누구나 무료로 만화책을 감상할 수 있는 문화 공간이다. 서울애니메이션센터를 둘러보고 시간 여유가 있다면 명동 만화거리 '재미로'도 함께 산책해보자. 창작자와 콘텐츠를 직접 만날 수 있는 문화 공간이 여럿 마련됐다. 재미로에는 애니메이션 문화 공간인 재미랑이 1호부터 6호까지 골목 곳곳에 자리한다.

주소 서울시 중구 소공로 48 | **전화** 02-3455-8341 | **시간** 10:00~18:00(만화의 집은 20:00까지) | **휴무일** 월요일, 1월 1일, 설날추석 당일 | **입장료** 어른 4000원, 어린이 6000원(체험비 별도) | **홈페이지** www.ani.seoul.kr

재미랑 1호 : DCC웹툰즈, 2층 삼박자만화 공방, 커뮤니티 공간, 만화 다락방

애니메이션 작가들의 작품을 볼 수 있는 전시실과 만화책을 골라 편하게 볼 수 있는 만화 다락방을 갖추었다. 캔버스 그림 그리기(일러스트 창작 체험), 1일 웹툰 체험, 정기 강좌(웹툰반, 미술 특강반) 등 교육 프로그램을 운영한다.

재미랑 2호 : 토이즈빌

토이즈빌이 생산한 플랫폼 토이(3D 입체 캔버스)는 친환경 무독성 소재로 만들었다. 스케치와 채색을 완성해 나만의 아트토이를 완성한다.

재미랑 3호 : 김청기의 동심

갤러리, 루프톱 카페, 피겨 숍이 있다. 갤러리에는 <로보트 태권브이>를 제작한 김청기 감독의 기념관이 있다. 한국 애니메이션의 역사와 김청기 감독에 관한 자료를 전시한다. 또 산수화 색칠하기, 석고 방향제, 블록 이니셜 만들기 등의 체험 프로그램이 열린다.

재미랑 5호 : 콘텐츠 창작인 마을

재미랑 5호는 콘텐츠 창작인 마을 4개의 관련 기업이 운영하는 공간이다. 아트토이, 페이퍼토이, 픽셀아트, 스톱모션 등 국산 캐릭터 콘텐츠를 볼 수 있다.

재미랑 6호 : 페나비 캐릭터 숍 & 만화 카페

캐릭터 라이선싱 회사 페나비(Panabi) 캐릭터 숍과 만화 카페로 구성된다. 만화책과 피겨 캐릭터 굿즈까지 볼거리가 다양하다. 또 웹툰작가와 함께하는 강연, 팬미팅 등이 열린다.

> **TIP**
>
> 01 서울애니메이션센터 2층 애니소풍은 유료로 운영한다. 애니스톱모션, VR, 뽀로로 드로잉, 미디어 아트숲, 초이락 시네마, 꼬마버스 타요카트, 슈퍼윙스 서울공항 등 캐릭터를 활용한 다양한 체험에 참여할 수 있다.
>
> 02 서울애니메이션센터 만화의 집에 있는 작은 극장은 50명의 인원을 수용할 수 있는 극장 겸 강의실이다. 주말마다 애니메이션 영화를 무료 상영한다.
>
> 03 서울애니메이션센터 1층 만화의 집은 음료 반입만 가능하며, 소장된 책은 대여가 불가능하다. 2층 애니소풍 체험 공간에서는 식음료를 섭취할 수 없다.

209 경기도 어린이 박물관

어린이라 행복해요!

POINT 몸으로 체험하고 부딪치며 다양한 배움을 얻고 다채로운 전시 코너를 통해 오감을 발달시킨다.

일반적으로 메인 박물관에 어린이박물관이 딸려 있는데, 경기도박물관과 함께 위치한 경기도어린이박물관은 그 자체가 하나의 중심 박물관이다. 어린이박물관만 관람하기 위해 찾는 사람도 많을 정도다. 우리나라 최초로 독자 건물로 지은 어린이박물관이며 지하 1층, 지상 3층 규모다. 어린이들의 꿈과 호기심, 상상력을 키운다는 설립

취지에 맞게 체험식 박물관으로 꾸몄다. 자연놀이터와 튼튼놀이터, 우리 몸은 어떻게, 도전 어린이 건축가, 동화 속 보물찾기, 내 친구를 소개합니다, 에코 아틀리에 등의 전시관이 있다. 상설 전시, 기획 전시, 틈새 전시가 어우러져 알찬 즐길 거리를 제공하며 영유아부터 초등학생까지 다양한 연령대에 맞춘 내용으로 기획됐다. 전시와 연계한 교육 프로그램, 특별 교육 프로그램 등 각종 프로그램도 운영하니 방문 전 확인해보자. 푸드코트, 카페, 뮤지엄숍 등 편의 시설도 잘 갖춰져 아이들과 편안하게 머물기 좋다.

주소 경기도 용인시 기흥구 상갈로 6 | **전화** 031-270-8600 | **시간** 10:00~17:30(회차별로 이용) | **휴무일** 월요일(월요일이 공휴일인 경우는 예외), 1월 1일, 설날·추석 당일 | **입장료** 4000원, 12개월 미만 무료 | **홈페이지** gcm.ggcf.kr

경기도어린이박물관 체험

01
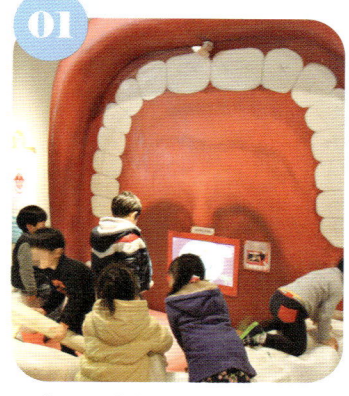

우리 몸은 어떻게?
심장, 눈, 귀, 코 등 우리 몸의 각 기관이 하는 일을 알아보는 코너. 대형 신체 모형에 직접 들어가 각 기능을 확인하는 등 놀이처럼 재미있게 배울 수 있다.

02

튼튼놀이터
운동과학의 원리를 배우고 우리 몸을 건강하게 유지하는 방법에 대해 생각해보는 코너. 자전거를 돌려 꽃바람개비를 움직이고, 펌프질을 통해 로켓 공을 쏘아 올리고, 거대한 암벽을 등반하는 등 다양한 체험이 마련되어 있다.

03

내 친구를 소개합니다
다문화 친구들의 이야기를 통해 다른 문화에 대해 배워보는 코너. 베트남, 일본, 인도네시아, 중국 등의 문화에 대해 알아볼 수 있다. 세계 음식 문화나 세계 국기에 대해 배우는 체험도 흥미롭다.

04

도전! 어린이 건축가
AR(증강현실)과 각종 체험을 통해 건축가가 되어보는 코너. 서양의 아치 구조를 쌓아보고, 미래의 집을 살펴보고, 건축가 인터뷰도 감상하는 등 건축 관련 다양한 체험을 즐길 수 있다.

05

바람의 나라
눈에 보이지 않는 바람과 함께 놀며 바람의 소중함에 대해 느껴보는 코너. 바람과 관련한 다양한 체험을 통해 바람의 개념과 생성 원리에 대해 이해하게 된다.

TIP
01 입장권은 온라인 사전 예약 80%, 현장 발권 20%로 판매한다. 단, 무료 운영일(홈페이지에서 확인 가능)은 사전 예약 100%로 운영한다.
02 홈페이지에서 체험 및 교육 프로그램을 미리 확인하고 방문하면 알찬 관람에 도움이 된다.
03 교육 프로그램 예약과 박물관 입장권 예매는 별도다. 교육 프로그램을 예약했더라도 해당 회차의 박물관 입장권을 따로 예매해야 한다.

210 인천어린이박물관

조물조물 만지며 야무지게 배우기

POINT 체험과 놀이를 접목한 박물관이라 어린아이들도 지루하지 않게 관람할 수 있다.

인천문학경기장 주 경기장 1층에 자리한 인천어린이박물관은 다양한 전시물을 직접 손으로 만지고 조작하는 체험형 박물관이다. 지구촌 문화탐구, 과학탐구, 교구놀이, 기획전시, 공룡탐험 등 테마 공간에서 다양한 체험이 이루어진다. 지구촌 문화탐구에서는 세계 각국의 민속 유물과 신기한 악기를 보고 만질 수 있고, 과학탐구전시관에서는 과학의 원리를 적용한 흥미로운 전시물을 즐길 수 있다. 과학탐구전시관에는 줄 없는 하프, 발로 치는 피아노, 날아가는 편지 등 아이들의 흥미를 자극하는 전시물이 가득하다. 놀이 형태의 전시물을 통해 과학의 원리를 배우도록 구성되어 있다. 특히 공룡을 주제로 꾸민 공룡탐험전시관과 흥미로운 이야기가 펼쳐지는 입체영상관이 인기다. 전통 탈이나 나무 목걸이, 세라믹 목걸이 채색하기, 부채 꾸미기, 캐릭터 양초 만들기 등의 다채로운 미술 체험 프로그램도 이용 가능하다.

주소 인천시 남구 매소홀로 618(인천문학경기장) | **전화** 032-432-5600 | **시간** 10:00~18:00 | **휴무일** 월·화요일(공휴일인 경우는 예외), 설날·추석 전날과 당일 | **입장료** 중학생 이상 6000원, 12개월~초등학생 7000원 | **홈페이지** www.enjoymuseum.org

지구촌 문화탐구
지구촌 여러 지역의 역사와 문화에 대해 배우고 체험하는 공간. 세계의 진귀한 악기들도 전시되어 아이의 호기심을 자극한다. 여러 가지 타악기를 직접 두드리며 그 악기가 내는 소리에 귀 기울여 보자.

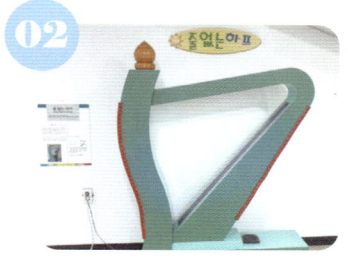

과학탐구
과학의 원리가 숨어 있는 놀이 형태의 전시물이 가득한 공간. 줄 없는 하프, 발로 치는 피아노, 떠 있는 공, 착시 탁자, 전기 발전기, 기울어진 방 등 신기한 전시물을 직접 만져보고 조작하며 과학과 점점 가까워진다.

교구놀이
전시관을 돌다 힘들 때는 교구놀이 코너에서 쉬어 가자. 넓은 방에 테이블이 여러 개 놓여 있고, 다양한 교구가 구비되어 있다. 교구를 가지고 놀고 작은 실내 놀이터에서도 놀 수 있다.

공룡탐험
공룡이 살던 시대로 시간 여행을 떠나보자. 각 공룡의 특징과 공룡이 살던 시기에 대해 소개한다. 생동감 넘치는 공룡 모형으로 꾸며 실감 난다. 한창 공룡에 빠져 있을 시기의 남자아이들이 특히 좋아한다.

> **TIP**
>
> 01 인천어린이박물관은 문학경기장 내에 위치하므로 야구 경기가 있는 날에는 교통이 번잡할 수 있다는 점을 참고하자.
>
> 02 미술 체험은 원하는 시간에 이용 가능하나, 미술실에서 특별 프로그램을 진행할 때는 이용을 제한하기도 한다. 체험비 별도.
>
> 03 3D영상관의 프로그램은 주기별로 교체하며 1시간마다 1회 상영한다. 상영 시간은 약 15분.

전국 대표 학습지 리스트

국립박물관 리스트 32

이용 팁 (TIP)

01 박물관은 대부분 월요일에 휴관한다. 방문 전 미리 확인하자.

02 박물관 홈페이지에서 전시 내용을 확인한 후 아이 연령대에 맞는 박물관을 선택한다.

03 박물관 홈페이지에서 체험 학습 자료를 확인한다.

04 체험, 교육 등 다양한 프로그램을 운영한다.

05 하루 1회 이상 무료 도슨트가 열린다. 전시 해설에 참여하면 더욱 깊이 있는 학습이 가능하다.

국립경주박물관
주소 경상북도 경주시 일정로 118
전화 054-740-7518
홈페이지 gyeongju.museum.go.kr

국립경찰박물관
주소 서울시 종로구 세문안로 41 1129-19
전화 02-3150-3681
홈페이지 www.policemuseum.go.kr

국립고궁박물관
주소 서울시 종로구 사직로 34
전화 02-3701-7500
홈페이지 www.gogung.go.kr

국립공주박물관
주소 충청남도 공주시 관광단지길 34
전화 041-850-6300
홈페이지 gongju.museum.go.kr

국립광주박물관
주소 광주시 북구 하서로 110
전화 062-570-7000
홈페이지 gwangju.museum.go.kr

국립극장 공연예술박물관
주소 서울시 중구 장충단로 59
전화 02-2280-5806
홈페이지 www.ntok.go.kr

국립김해박물관
주소 경상남도 김해시 가야의길 190
전화 055-320-6800
홈페이지 gimhae.museum.go.kr

국립나주박물관
주소 전라남도 나주시 반남면 고분로 747
전화 061-330-7800
홈페이지 naju.museum.go.kr

국립대구박물관
주소 대구시 수성구 청호로 321
전화 053-768-6051~2
홈페이지 daegu.museum.go.kr

국립등대박물관
주소 경상북도 포항시 남구 호미곶면 해맞이로 150번길 20
전화 054-284-4857
홈페이지 www.lighthouse-museum.or.kr

국립익산박물관
주소 전라북도 익산시 금마면 미륵사지로 362
전화 063-830-0900
홈페이지 iksan.museum.go.kr

국립민속박물관
주소 서울시 종로구 삼청로 37
전화 02-3704-3114
홈페이지 www.nfm.go.kr

국립부여박물관
주소 충청남도 부여군 부여읍 금성로 5
전화 041-833-8562
홈페이지 buyeo.museum.go.kr

국립산악박물관
주소 강원도 속초시 미시령로 3054
전화 033-638-4459
홈페이지 nmm.forest.go.kr

국립여성사전시관
주소 경기도 고양시 덕양구 화중로104번길 50
전화 031-819-2288
홈페이지 eherstory.mogef.go.kr

국립일제강제동원역사관
주소 부산시 남구 홍곡로320번길 100
전화 051-629-8600
홈페이지 www.fomo.or.kr/museum

국립전주박물관
주소 전라북도 전주시 완산구 쑥고개길 249
전화 063-223-5651~2
홈페이지 jeonju.museum.go.kr

국립제주박물관
주소 제주도 제주시 일주동로 17
전화 064-720-8000
홈페이지 jeju.museum.go.kr

국립중앙박물관
주소 서울시 용산구 서빙고로 137
전화 02-2077-9000
홈페이지 www.museum.go.kr

국립진주박물관
주소 경상남도 진주시 남강로 626-35
전화 055-742-5951
홈페이지 jinju.museum.go.kr

국립청주박물관
주소 충청북도 청주시 상당구 명암로 143
전화 043-229-6300
홈페이지 cheongju.museum.go.kr

국립춘천박물관
주소 강원도 춘천시 우석로 70
전화 033-260-1500
홈페이지 chuncheon.museum.go.kr

국립태권도박물관
주소 전라북도 무주군 설천면 무설로 1482
전화 063-320-0114
홈페이지 museum.tkdwon.kr

국립한글박물관
주소 서울시 용산구 서빙고로 139
전화 02-2124-6200
홈페이지 www.hangeul.go.kr

과학관, 생태관, 천문대 리스트 83

이용 팁

01 과학관은 대부분 월요일에 휴관한다. 방문 전 미리 확인하자.

02 과학관 홈페이지에서 전시 내용을 확인한 후 아이 연령대에 맞는 과학관을 선택한다.

03 체험, 교육 등 다양한 프로그램을 운영한다.

04 하루 1회 이상 무료 도슨트가 열린다. 전시 해설에 참여하면 더욱 깊이 있는 학습이 가능하다.

05 천문대에서는 해가 진 후 우주관측 프로그램을 운영한다.

국립해양박물관
주소 부산시 영도구 해양로301번길 45
전화 051-309-1900
홈페이지 www.nmm.go.kr

국립해양생물자원관
주소 충청남도 서천군 장항읍 장산로101번길 75
전화 041-950-0695
홈페이지 www.mabik.re.kr

대한민국역사박물관
주소 서울시 종로구 세종대로 198
전화 02-3703-9200
홈페이지 www.much.go.kr

산림청국립수목원 산림박물관
주소 경기도 포천시 소흘읍 광릉수목원로 415
전화 031-540-2000
홈페이지 www.kna.go.kr

세종대왕역사문화관
주소 경기도 여주시 능서면 왕대리 269-10
전화 031-880-4700
홈페이지 sejong.cha.go.kr

우정박물관
주소 충청남도 천안시 동남구 양지말길 11-14
전화 041-560-5900
홈페이지 www.koreapost.go.kr

한국영화박물관
주소 서울시 마포구 월드컵북로 400
전화 02-3153-2072
홈페이지 www.koreafilm.or.kr/museum/main

국립항공박물관
주소 서울시 강서구 하늘길 177
전화 02-6940-3198
홈페이지 www.aviation.or.kr

국립중앙과학관
주소 대전시 유성구 대덕대로 481
전화 042-601-7894
홈페이지 www.science.go.kr

국립해양박물관
주소 부산시 영도구 해양로301번길 45
전화 051-309-1900
홈페이지 www.knmm.or.kr

국립해양생물자원관
주소 충청남도 서천군 장항읍 장산로101번길 75
전화 041-950-0695
홈페이지 www.mabik.re.kr

서울시립과학관
주소 서울시 노원구 하계동 21
전화 02-970-4500
홈페이지 science.seoul.go.kr

서대문자연사박물관
주소 서울시 서대문구 연희로32길 51
전화 02-330-8899
홈페이지 namu.sdm.go.kr

서울특별시과학전시관
주소 서울시 관악구 낙성대로 101
전화 02-881-3000
홈페이지 www.ssp.re.kr

노원우주학교
주소 서울시 노원구 동일로205길 13
전화 02-971-6232
홈페이지 www.seoulese.or.kr

과학동아 천문과학관
주소 서울시 용산구 청파로 109
전화 02-3148-0704
홈페이지 star.dongascience.com

LG 사이언스홀 서울
주소 서울시 영등포구 여의대로 128
전화 02-3773-1053
홈페이지 www.lgsh.co.kr

자연과별가평천문대
주소 경기도 가평군 북면 백둔로342번길 115-33
전화 031-581-4001
홈페이지 www.naturestar.co.kr

국립과천과학관
주소 경기도 과천시 상하벌로 110
전화 02-3677-1500
홈페이지 www.sciencecenter.go.kr/scipia

우석헌자연사박물관
주소 경기도 남양주시 진접읍 금강로 1095
전화 031-572-9555
홈페이지 www.geomuseum.org

인체과학박물관
주소 경기도 고양시 일산서구 중앙로 1576
전화 031-912-5114
홈페이지 hlsi.co.kr

주필거미박물관
주소 경기도 남양주시 조안면 운길산로 316
전화 031-576-7908
홈페이지 www.arachnopia.com

경기도융합과학교육원 북부교육관
주소 경기도 의정부시 체육로 135번길32
전화 031-870-3911
홈페이지 www.gise.kr

인천어린이과학관
주소 인천시 계양구 방축로 21
전화 032-550-3300
홈페이지 icsmuseum.go.krr

강화은암자연사박물관
주소 인천시 강화군 송해면 장정양오길 437
전화 032-934-8872
홈페이지 cafe.daum.net/eunammuseum

옥토끼우주센터
주소 인천시 강화군 불은면 강화동로 403
전화 032-937-6918
홈페이지 www.oktokki.com

소리체험박물관
주소 인천시 강화군 길상면 해안남로 474-11
전화 032-937-7154
홈페이지 www.soundmuseum.kr

국립부산과학관
주소 부산시 기장군 기장읍 동부산관광6로 59
전화 051-750-2300
홈페이지 www.sciport.or.kr

국립수산과학관
주소 부산시 기장군 기장읍 기장해안로 216
전화 051-720-3061
홈페이지 www.fsm.go.kr

LG 사이언스홀 부산
주소 부산시 부산진구 새싹로 165
전화 051-808-3600
홈페이지 www.lgsh.co.kr

대구기상지청(국립대구기상과학관)
주소 대구시 동구 효동로2길 10
전화 053-953-0365
홈페이지 msm.kma.go.kr

국립대구과학관
주소 대구시 달성군 유가면 테크노대로6길 20
전화 053-670-6194
홈페이지 www.dnsm.or.kr

대구광역시과학교육원과학관
주소 대구시 수성구 동대구로 172
전화 053-231-1159
홈페이지 www.dge.go.kr/dise

창공과학관
주소 대구시 달성군 유가면 달창로28길 31
전화 053-616-6225
홈페이지 www.cs365.kr

국립광주과학관
주소 광주시 북구 첨단과기로 235
전화 062-960-6210
홈페이지 www.sciencecenter.or.kr

대전시민천문대
주소 대전시 유성구 과학로 213-48
전화 042-863-8763
홈페이지 djstar.kr

국토정중앙천문대
주소 강원도 양구군 남면 국토정중앙로 127
전화 033-480-2586
홈페이지 www.ckobs.kr

영월동굴생태관
주소 강원도 영월군 김삿갓면 영월동로 1121-15
전화 033-372-6628
홈페이지 www.ywmuseum.com

태백고생대자연사박물관
주소 강원도 태백시 태백로 2249
전화 033-581-3003
홈페이지 www.paleozoic.go.kr

태백석탄박물관
주소 강원도 태백시 천제단길 195
전화 033-552-7720
홈페이지 www.taebaek.go.kr

영월곤충박물관
주소 강원도 영월군 영월읍 동강로 716
전화 033-374-5888
홈페이지 www.insectarium.co.kr

참소리축음기박물관
주소 강원도 강릉시 경포로 393
전화 033-655-1130
홈페이지 www.edison.kr

세계술문화박물관·발효교육과학관
주소 충청북도 충주시 중앙탑면 탑정안길 12
전화 043-855-7333
홈페이지 www.liquorium.com

한방생명과학관(제천한방생명과학관)
주소 충청북도 제천시 한방엑스포로 19
전화 043-653-9550
홈페이지 www.expopark.kr

철박물관
주소 충청북도 음성군 감곡면 영산로 360
전화 043-883-2321
홈페이지 www.ironmuseum.or.kr

충주고구려천문관
주소 충청북도 충주시 중앙탑면 묘곡내동길 100
전화 043-842-3247
홈페이지 www.gogostar.kr

충주자연생태체험관
주소 충청북도 충주시 동량면 지등로 260
전화 043-856-3620
홈페이지 www.cjecology.kr

천안홍대용과학관
주소 충청남도 천안시 수신면 장산서길 113
전화 041-564-0113
홈페이지 www.cjecology.kr

당진해양테마과학관
주소 충청남도 당진시 신평면 삽교천3길 79
전화 041-363-6960
홈페이지 www.dpto.or.kr

아산장영실과학관
주소 충청남도 아산시 실옥로 220
전화 041-903-5594
홈페이지 www.jyssm.co.kr

청양칠갑산천문대
주소 충청남도 청양군 정산면 한티고개길 178-46
전화 041-940-2790
홈페이지 star.cheongyang.go.kr

홍성조류탐사과학관
주소 충청남도 홍성군 서부면 남당항로 934-14
전화 041-630-9696
홈페이지 blog.naver.com/birdcenter

영인산산림박물관
주소 충청남도 아산시 염치읍 아산온천로 16-30
전화 041-537-3786
홈페이지 museum.asanfmc.or.kr

한국도량형박물관
주소 충청남도 당진시 산곡길 219-4
전화 041-356-9739
홈페이지 www.kwmuseum.co.kr

농업과학관
주소 전라북도 전주시 완산구 농생명로 300
전화 063-238-1300
홈페이지 www.rda.go.kr/aehBoard/aeh_main.do?prgId=aeh_main&tab=01

남원항공우주천문대
주소 전라북도 남원시 양림길 48-63
전화 063-620-6900
홈페이지 www.namwon.go.kr

무주 반디별천문과학관
주소 전라북도 무주군 설천면 무설로 1324
전화 063-320-5680
홈페이지 tour.muju.go.kr/star

고흥우주천문과학관
주소 전라남도 고흥군 도양읍 장기선암길 353
전화 061-830-6690
홈페이지 star.goheung.go.krr

국립고흥청소년우주체험센터
주소 전라남도 고흥군 동일면 덕흥양쪽길 200
전화 061-830-1500
홈페이지 nysc.kywa.or.kr

목포자연사박물관
주소 전라남도 목포시 남농로 135
전화 061-274-3655
홈페이지 museum.mokpo.go.kr

섬진강어류생태관
주소 전라남도 구례군 간전중앙로 47
전화 061-781-3665
홈페이지 sjfish.jeonnam.go.kr

순천만천문대
주소 전라남도 순천시 순천만길 513-25
전화 061-749-6056
홈페이지 www.suncheonbay.go.kr

해남공룡박물관
주소 전라남도 해남군 황산면 공룡박물관길 234
전화 061-530-5324
홈페이지 uhangridinopia.haenam.go.kr

해양수산과학관(전라남도해양수산과학관)
주소 전라남도 여수시 돌산읍 돌산로 2876
전화 061-644-4136
홈페이지 www.jmfsm.or.kr

한국민물고기과학관
주소 전라남도 함평읍 곤재로 27
전화 061-320-2218
홈페이지 www.hampyeongexpo.org

함평자연생태과학관
주소 전라남도 함평군 대동면 학동로 1398-77
전화 061-320-2856
홈페이지 www.hampyeong.go.kr/ecopark

목포어린이바다과학관
주소 전라남도 목포시 삼학로92번길 98
전화 061-242-6359
홈페이지 mmsm.mokpo.go.kr

나로우주센터 우주과학관
주소 전라남도 고흥군 봉래면 하반로 490
전화 061-830-8500
홈페이지 www.kari.re.kr/narospacecenter

땅끝해양자연사박물관
주소 전라남도 해남군 송지면 중대동길 5-4
전화 061-535-2110
홈페이지 www.tmnhm.co.kr

영천시 최무선과학관
주소 경상북도 영천시 금호읍 원기리 277
전화 054-331-7096
홈페이지 www.yc.go.kr

콩세계과학관
주소 경상북도 영주시 부석면 영부로 23
전화 054-639-7583
홈페이지 www.yeongju.go.kr

김천녹색미래과학관
주소 경상북도 김천시 혁신6로 31
전화 054-429-1600
홈페이지 www.gc.go.kr/gcsm

구미과학관
주소 경상북도 구미시 3공단1로 219-1
전화 054-476-6508
홈페이지 www.gumisc.or.kr

문경석탄박물관
주소 경상북도 문경시 가은읍 왕능길 112
전화 054-550-6424
홈페이지 www.gbmg.go.kr

영양반딧불이천문대
주소 경상북도 영양군 수비면 반딧불이로 227
전화 054-680-5332
홈페이지 www.yyg.go.kr/np

울진곤충여행관
주소 경상북도 울진군 근남면 친환경엑스포로 25
전화 054-789-5000

울진과학체험관
주소 경상북도 울진군 울진읍 연지길 30
전화 054-781-4259

로보라이프뮤지엄
주소 경상북도 포항시 남구 지곡로 39
전화 054-279-0427
홈페이지 www.robolife.kr

신라역사과학관
주소 경상북도 경주시 하동공예촌길 33
전화 054-745-4998
홈페이지 www.sasm.or.kr

국예천천문우주센터(재단법인 스타항공우주)
주소 경상북도 예천군 감천면 충효로 1078
전화 054-654-1710
홈페이지 www.portsky.net

지리산생태과학관
주소 경상남도 하동군 악양면 섬진강대로 3358-30
전화 055-884-3026
홈페이지 blog.naver.com/baba6840

거제조선해양전시관
주소 경상남도 거제시 일운면 지세포해안로 41
전화 055-639-8270
홈페이지 www.geojemarine.or.kr

거창월성우주창의과학관
주소 경상남도 거창군 북상면 덕유월성로 1312-96
전화 070-4693-5470
홈페이지 gcss.kr

천적생태과학관(거창천적생태과학관)
주소 경상남도 거창군 거창읍 정장길 171-54
전화 055-940-3929
홈페이지 www.천적생태과학관.net

고성공룡테마과학관
주소 경상남도 고성군 회화면 당항만로 1116
전화 055-670-4501
홈페이지 dhp.goseong.go.kr

창원과학체험관
주소 경상남도 창원시 의창구 충혼로72번길 16
전화 055-267-2676
홈페이지 www.cwsc.co.kr

김해천문대
주소 경상남도 김해시 가야테마길 254
전화 055-337-3785
홈페이지 www.ghast.or.kr

제주항공우주박물관
주소 제주도 서귀포시 안덕면 녹차분재로 218
전화 064-800-2000
홈페이지 www.jdc-jam.com

아이디어생활과학관
주소 제주도 서귀포시 대정읍 보성구억로 119
전화 064-792-5688
홈페이지 ideammuseum.modoo.at

제주특별자치도민속자연사박물관
주소 제주도 제주시 삼성로 40
전화 064-710-7708
홈페이지 www.jeju.go.kr/museum/index.htm

미술관 리스트 35

이용 팁

01 미술관은 대부분 월요일에 휴관한다. 방문 전 미리 확인하자.

02 체험, 교육 등 다양한 프로그램을 운영한다.

03 하루 1회 이상 무료 도슨트가 열린다. 전시 해설에 참여하면 더욱 깊이 있게 작품을 감상할 수 있다.

04 방문 전 홈페이지에서 관람 정보와 전시 내용을 확인한다.

05 한적하게 작품을 감상하고 싶다면 주말보다는 평일에 방문하는 것이 좋다.

국립현대미술관(과천관)
주소 경기도 과천시 광명로 313
전화 02-2188-6000
홈페이지 www.mmca.go.kr

국립현대미술관(덕수궁관)
주소 서울시 중구 세종대로 99
전화 02-2022-6000
홈페이지 www.mmca.go.kr

국립현대미술관(서울관)
주소 서울시 종로구 삼청로 30
전화 02-3701-9500
홈페이지 www.mmca.go.kr

국립현대미술관(청주관)
주소 충청북도 청주시 청원구 상당로 314
전화 043-261-1400
홈페이지 www.mmca.go.kr

겸재정선미술관
주소 서울시 강서구 양천로47길 36
전화 02-2659-2206
홈페이지 gjjs.or.kr

경기도미술관
주소 경기도 안산시 단원구 동산길 36
전화 031-481-7000
홈페이지 www.gmoma.or.kr

경남도립미술관
주소 경상남도 창원시 의창구 용지로 296
전화 055-254-4600
홈페이지 www.gyeongnam.go.kr/gam/index.gyeong

경주예술의전당 알천미술관
주소 경상북도 경주시 알천북로 1
전화 054-748-7725
홈페이지 www.gjartcenter.kr

광주시립미술관
주소 광주시 북구 하서로 52
전화 062-613-7100
홈페이지 artmuse.gwangju.go.kr

김천시립미술관
주소 경상북도 김천시 남산공원길 90-14
전화 054-420-6725
홈페이지 gc.go.kr/mini/gma

남원시립김병종미술관
주소 전라북도 남원시 함파우길 65-14
전화 063-620-5660
홈페이지 nkam.modoo.at

내설악예술인촌 공공미술관
주소 강원도 인제군 예술인촌길 66-12
전화 033-463-4081
홈페이지 www.inama.co.kr

노적봉예술공원미술관
주소 전라남도 목포시 유달로 116
전화 061-270-8300
홈페이지 tour.mokpo.go.kr/tourist/museum/nojeokbong

도립전라남도옥과미술관
주소 전라남도 곡성군 옥과면 옥과리 미술관로 288
전화 061-363-7278
홈페이지 www.okart.org

부산광역시립미술관
주소 부산시 해운대구 APEC로 58
전화 051-744-2202
홈페이지 art.busan.go.kr

성남아트센터큐브미술관
주소 경기도 성남시 분당구 성남대로 808
전화 031-783-8142
홈페이지 snab.or.kr

성북구립미술관
주소 서울시 성북구 성북로 134
전화 02-6925-5011
홈페이지 sma.sbculture.or.kr

수원시립아이파크미술관
주소 경기도 수원시 팔달구 정조로 833
전화 031-228-3800
홈페이지 sima.suwon.go.kr

양구군립박수근미술관
주소 강원도 양구군 양구읍 박수근로 265-15
전화 033-480-2655
홈페이지 www.parksookeun.or.kr

양주시립장욱진미술관
주소 경기도 양주시 장흥면 권율로 211
전화 031-8082-4245
홈페이지 changucchin.yangju.go.kr

양평군립미술관
주소 경기도 양평군 양평읍 문화복지길 2
전화 031-775-8515
홈페이지 www.ymuseum.org

영암군립하정웅미술관
주소 전라남도 영암군 군서면 구림로 96
전화 061-470-6841
홈페이지 www.ymuseum.org

이응노미술관
주소 대전시 서구 둔산대로 157
전화 042-611-9800
홈페이지 www.leeungnomuseum.or.kr

이천시립월전미술관
주소 경기도 이천시 경충대로2709번길 185
전화 031-637-0033
홈페이지 www.iwoljeon.org

인천광역시송암미술관
주소 인천시 미추홀구 비류대로55번길 68
전화 032-440-6777
홈페이지 songam.incheon.go.kr

전북도립미술관
주소 전라북도 완주군 구이면 모악산길 111-6
전화 063-290-6888
홈페이지 www.jma.go.kr

정읍시립미술관
주소 전라북도 정읍시 시기4길 7
전화 063-539-6420/6417~6419
홈페이지 jeongeup.go.kr/culture

제주특별자치도립미술관
주소 제주도 제주시 1100로 2894-78
전화 064-710-4300
홈페이지 jmoa.jeju.go.kr

제주현대미술관
주소 제주도 제주시 한경면 저지14길 35
전화 064-710-7801
홈페이지 jejumuseum.go.kr

진천군립생거판화미술관
주소 충청북도 진천군 진천읍 백곡로 1504-10
전화 043-539-3607~9
홈페이지 jincheon.go.kr/site/culture

천안예술의전당미술관
주소 충청남도 천안시 동남구 성남면 종합휴양지로 185
전화 1566-0155
홈페이지 www.cnac.or.kr

청주시립미술관
주소 충청북도 청주시 서원구 충렬로18번길 50
전화 043-251-2650
홈페이지 cmoa.cheongju.go.kr

최북미술관
주소 전라북도 무주군 무주읍 한풍루로 346
전화 063-320-5636
홈페이지 art.muju.go.kr

클레이아크김해미술관
주소 경상남도 김해시 진례면 진례로 275-512
전화 055-340-7000
홈페이지 www.clayarch.org

함평군립미술관
주소 전라남도 함평군 함평읍 곤재로 27(엑스포공원 내)
전화 061-320-2276
홈페이지 www.hpart.or.kr

수목원, 식물원 리스트 37

이용 팁 (TIP)

01 일부 수목원은 1일 입장 인원을 제한하거나 예약제로 운영한다. 방문 전 미리 확인하자.

02 수목원 규모는 시설별로 차이가 크다. 아이 연령대에 맞는 규모를 선택하거나, 연령대에 맞춰 동선을 계획하자.

03 자연 속을 걷는 공간이 대부분이므로 편안한 신발을 착용하자.

04 수목원 내 다양한 프로그램이나 박물관 등을 갖춘 곳도 있다. 홈페이지를 통해 확인해 알차게 활용하자.

홍릉시험림(홍릉숲)
주소 서울시 동대문구 회기로 57
전화 02-961-2522
홈페이지 nifos.forest.go.kr

서울식물원
주소 서울시 강서구 마곡동로 161
전화 02-2104-9714, 9716
홈페이지 botanicpark.seoul.go.kr

화명수목원
주소 부산시 북구 산성로 299
전화 051-362-0261
홈페이지 www.busan.go.kr/forest

인천수목원
주소 인천시 남동구 무네미로 236
전화 032-440-5853
홈페이지 www.incheon.go.kr/park/park010201

한밭수목원
주소 대전시 서구 둔산대로 169
전화 042-270-8452~5
홈페이지 www.daejeon.go.kr/gar/index.do

대구수목원
주소 대구시 달서구 화암로 342
전화 053-640-4100
홈페이지 www.daegu.go.kr/Forestryr

국립수목원
주소 경기도 포천시 소흘읍 광릉수목원로 415
전화 031-540-2000
홈페이지 kna.go.kr

허브아일랜드
주소 경기도 포천시 신북면 청신로947번길 35
전화 031-535-6494
홈페이지 herbisland.co.kr

서울대공원식물원
주소 경기도 과천시 대공원광장로 102
전화 02-500-7338
홈페이지 grandpark.seoul.go.kr

벽초지문화수목원
주소 경기도 파주시 광탄면 부흥로 242
전화 031-957-2004
홈페이지 www.bcj.co.kr

부천자연생태공원(무릉도원수목원)
주소 경기도 부천시 길주로 660
전화 032-320-3000
홈페이지 ecopark.bucheon.go.kr

아침고요수목원
주소 경기도 가평군 상면 수목원로 432
전화 1544-6703
홈페이지 www.morningcalm.co.kr

양평들꽃수목원
주소 경기도 양평군 양평읍 수목원길 16
전화 031-772-1800
홈페이지 www.nemunimo.co.kr

화담숲
주소 경기도 광주시 도척면 도척윗로 278
전화 031-8026-6666
홈페이지 www.hwadamsup.com

한택식물원
주소 경기도 용인시 처인구 백암면 한택로 2
전화 031-333-3558
홈페이지 www.hantaek.co.kr

강원도립화목원
주소 강원도 춘천시 화목원길 24
전화 033-248-6685
홈페이지 www.gwpa.kr

제이드가든
주소 강원도 춘천시 남산면 햇골길 80
전화 033-260-8300
홈페이지 www.instagram.com/jadegarden_chuncheon

강릉솔향수목원
주소 강원도 강릉시 구정면 수목원길 156
전화 033-660-2322
홈페이지 www.gn.go.kr/solhyang

백두대간생태수목원
주소 강원도 정선군 임계면 화천동길 351-100
전화 033-563-9010
홈페이지 www.baekdu.go.kr

허브나라농원
주소 강원도 평창군 봉평면 흥정계곡길 225
전화 033-335-2902
홈페이지 www.herbnara.com

금강수목원
주소 세종시 금남면 산림박물관길 110
전화 041-635-7400
홈페이지 keumkang.chungnam.go.kr>arboretum

베어트리파크
주소 세종시 전동면 신송로 217
전화 044-866-7766
홈페이지 beartreepark.com

미동산수목원
주소 충청북도 청주시 상당구 미원면 수목원길 51
전화 043-220-6101
홈페이지 www.chungbuk.go.kr/forest/index.do

안면도수목원
주소 충청남도 태안군 안면읍 안면대로 3195-6
전화 041-674-5019
홈페이지 www.anmyonhuyang.go.kr

천리포수목원
주소 충청남도 태안군 소원면 천리포1길 187
전화 041-672-9982
홈페이지 www.chollipo.org

대아수목원
주소 전라북도 완주군 동상면 대아수목로 94-34
전화 063-243-1951
홈페이지 forest.jb.go.kr/daeagarden

한국도로공사수목원
주소 전라북도 전주시 덕진구 번영로 462-45
전화 063-212-0652
홈페이지 www.ex.co.kr/arboretum

원광대학교 자연식물원
주소 전라북도 익산시 익산대로 460
전화 063-850-5043
홈페이지 botanicalgarden.wonkwang.ac.kr

완도수목원
주소 전라남도 완도군 군외면 청해진북로88번길 156
전화 061-552-1544
홈페이지 www.wando-arboretum.go.kr

경상북도수목원
주소 경상북도 포항시 북구 죽장면 수목원로 647
전화 054-260-6100
홈페이지 www.gb.go.kr

경주동궁원
주소 경상북도 경주시 보문로 74-14
전화 054-779-8725
홈페이지 gyeongjuepg.kr

대가야수목원
주소 경상북도 고령군 대가야읍 장기리 산8-1
전화 054-950-7421
홈페이지 tour.goryeong.go.kr

경상남도수목원
주소 경상남도 진주시 이반성면 수목원로 386
전화 055-254-3811
홈페이지 www.gyeongnam.go.kr/tree

한라수목원
주소 제주도 제주시 수목원길 72
전화 064-710-7575
홈페이지 sumokwon.jeju.go.kr

한림공원
주소 제주도 제주시 한림읍 한림로 300
전화 064-796-0001~4
홈페이지 www.hallimpark.co.kr

카멜리아힐
주소 제주도 서귀포시 안덕면 병악로 166
전화 064-792-0088
홈페이지 www.camelliahill.co.kr

여미지식물원
주소 제주도 서귀포시 중문관광로 93
전화 064-735-1100
홈페이지 www.yeomiji.or.kr

동물원 리스트 23

이용 팁 (TIP)

01 체험 외에 동물을 함부로 만지지 않는다.

02 동물에게 먹이를 주지 않는다.

03 동물이 자고 있을 때는 깨지 않도록 조용히 한다.

04 방문 전 홈페이지에서 관람 정보와 전시 내용을 확인한다.

05 동물원에서 체험, 교육 등 다양한 프로그램을 운영한다.

서울어린이대공원
주소 서울시 광진구 능동로 233
전화 02-450-9311
홈페이지 www.sisul.or.kr/open_content/childrenpark

더쥬
주소 서울시 강동구 양재대로 1299
전화 02-470-2003
홈페이지 www.the-zoo.co.kr

에버랜드
주소 경기도 용인시 처인구 포곡읍 전대리 310
전화 031-320-5000
홈페이지 www.everland.com

와우쥬
주소 경기도 고양시 일산동구 강촌로26번길 7-4
전화 031-816-5076
홈페이지 wowzoo.ad-media.kr

아침고요가족동물원
주소 경기도 가평군 상면 임초밤안골로 301
전화 031-8078-7115
홈페이지 www.mczoo.co.kr

쥬라리움
주소 경기도 고양시 덕양구 원당로458번길 7-42
전화 031-962-4500
홈페이지 zoorarium.com

인천대공원
주소 인천시 남동구 무네미로 236
전화 032-466-7822
홈페이지 grandpark.incheon.go.kr/articles/3716r

과천 서울대공원
주소 경기도 과천시 막계동 15-1
전화 02-500-7335
홈페이지 grandpark.seoul.go.kr

대관령아기동물농장
주소 강원도 강릉시 사천면 송암골길 197-13
전화 033-641-0232
홈페이지 대관령아기동물농장.kr

청주랜드 동물원
주소 충청북도 청주시 상당구 명암로 224
전화 043-201-4880
홈페이지 land.cheongju.go.kr/board/record/list.do?boardId=832

베어트리파크
주소 세종시 전동면 신송로 217
전화 044-866-7766
홈페이지 beartreepark.com

대전 오월드
주소 대전시 중구 사정공원로 70
전화 042-580-4820
홈페이지 www.oworld.kr

고령 미니멀동물원
주소 경상북도 고령군 쌍림면 대가야로 446-71
전화 070-4259-8549
홈페이지 www.minimalzoo.or.kr

경주 버드파크
주소 경상북도 경주시 보문로 74-14
전화 054-777-7200
홈페이지 www.birdparks.co.kr

울산대공원
주소 울산시 남구 대공원로 94
전화 052-271-8181
홈페이지 www.ulsanpark.com/institution/institution01_6.php

삼정더파크
주소 부산시 부산진구 새싹로 295-1
전화 051-811-8080
홈페이지 www.samjungthepark.com

부경동물원
주소 경상남도 김해시 유하로226번길 70
전화 055-338-5200
홈페이지 blog.naver.com/bkzoo_

진양호동물원
주소 경상남도 진주시 남강로1번길 130
전화 055-749-7467

우치공원 동물원
주소 광주시 북구 우치로 677 우치공원 금호패밀리랜드
전화 062-613-5860
홈페이지 uchipark.gwangju.go.kr/contentsView.do?menuId=uchipark0201000000

부산어린이대공원
주소 부산시 부산진구 새싹로 295
전화 051-860-7848
홈페이지 bschildpark.bisco.or.kr

전주동물원
주소 전라북도 전주시 덕진구 소리로 68
전화 063-281-6759
홈페이지 zoo.jeonju.go.kr

개똥이 동물원
주소 제주도 제주시 조천읍 종인내길 133
전화 064-759-0017
홈페이지 www.gaeddonge.com

화조원
주소 제주도 제주시 애월읍 애원로 804
전화 064-799-9988
홈페이지 flowerbirdpark.com

아쿠아리움 리스트 21

이용 팁 TIP

01 아쿠아리움에서는 먹이 주기나 생태 설명 등 각종 시연 프로그램을 운영하기도 한다. 입장 시 미리 시간을 확인해 알차게 활용하자.

02 해양 생물을 직접 만져보는 '터치존'을 갖춘 곳도 많다. 이때 아이들이 해양 생물을 지나치게 세게 만지거나 귀찮게 하는 일이 없도록 미리 주의를 주자.

코엑스 아쿠아리움
주소 서울시 강남구 영동대로 513(코엑스몰)
전화 02-700-7200
홈페이지 www.coexaqua.com

롯데월드 아쿠아리움
주소 서울시 송파구 올림픽로 300(롯데월드몰)
전화 1661-2000
홈페이지 www.lotteworld.com/aquarium/index.asp

아쿠아플라넷63
주소 서울시 영등포구 63로 50
전화 1833-7001
홈페이지 www.aquaplanet.co.kr/63/index.jsp

씨라이프 부산아쿠아리움
주소 부산시 해운대구 해운대해변로 266
전화 051-740-1700
홈페이지 www.busanaquarium.com

국립수산과학관
주소 부산시 기장군 기장읍 기장해안로 216
전화 051-720-3061~6
홈페이지 www.fsm.go.kr

국립해양박물관
주소 부산시 영도구 해양로301번길 45
전화 051-309-1900
홈페이지 www.knmm.or.kr

대전아쿠아리움
주소 대전시 중구 보문산공원로 469
전화 042-226-2100
홈페이지 www.djaquarium.com

대구아쿠아리움
주소 대구시 동구 동부로 149
전화 053-247-8899
홈페이지 daeguaqua.com

아쿠아플라넷 일산
주소 경기도 고양시 일산서구 한류월드로 282
전화 1833-7001
홈페이지 www.aquaplanet.co.kr/ilsan/index.jsp

플레이아쿠아리움 부천
주소 경기도 부천시 조마루로 2
전화 032-326-9500
홈페이지 playaquarium.co.kr

경기도민물고기생태학습관
주소 경기도 양평군 용문면 상광길 23-2(경기도민물고기연구소)
전화 031-8008-6523
홈페이지 fish.gg.go.kr

경포아쿠아리움
주소 강원도 강릉시 난설헌로 131
전화 033-645-7887
홈페이지 gg-aqua.com

삼척민물고기전시관
주소 강원도 삼척시 근덕면 초당길 234
전화 033-570-4451
홈페이지 tour.samcheok.go.kr(삼척 문화관광)

단양다누리아쿠아리움
주소 충청북도 단양군 단양읍 수변로 111
전화 043-420-2951~6
홈페이지 www.danuri.go.kr

충주민물고기전시관
주소 충청북도 충주시 충주호수로 323
전화 043-220-6521~3
홈페이지 tour.chungbuk.go.kr

아쿠아플라넷 여수
주소 전라남도 여수시 오동도로 61-11
전화 061-660-1112
홈페이지 www.aquaplanet.co.kr/yeosu/index.jsp

경상북도민물고기생태체험관
주소 경상북도 울진군 근남면 불영계곡로 3532
전화 054-783-9413~4
홈페이지 www.gb.go.kr/Main/open_contents/section/fish

거제씨월드
주소 경상남도 거제시 일운면 지세포해안로 15
전화 055-682-0330
홈페이지 www.geojeseaworld.com

경상남도민물고기전시관
주소 경상남도 밀양시 산외면 산외남로 28-27
전화 055-254-3451
홈페이지 www.miryang.go.kr/tur(밀양 문화관광)

울진아쿠아리움
주소 경상북도 울진군 근남면 친환경엑스포로 25
전화 054-789-5530
홈페이지 www.uijinaquarium.co.kr

아쿠아플라넷 제주
주소 제주도 서귀포시 성산읍 섭지코지로 95
전화 1833-7001
홈페이지 www.aquaplanet.co.kr/jeju/index.jsp

어린이박물관 리스트 12

국립중앙박물관 어린이박물관
주소 서울시 용산구 서빙고로 137
전화 02-2077-9647~8
홈페이지 www.museum.go.kr/site/child/home

국립민속박물관 어린이박물관
주소 서울시 종로구 삼청로 37
전화 02-3704-4540
홈페이지 www.kidsnfm.go.kr

전쟁기념관 어린이박물관
주소 서울시 용산구 이태원로 29
전화 02-709-3200
홈페이지 www.warmemo.or.kr/kids

서울상상나라
주소 서울시 광진구 능동로 216
전화 02-6450-9500
홈페이지 www.seoulchildrensmuseum.org

국립해양박물관 어린이박물관
주소 부산시 영도구 해양로301번길 45
전화 051-309-1900
홈페이지 www.knmm.or.kr

인천어린이박물관
주소 인천시 남구 매소홀로 618
전화 032-432-5600
홈페이지 www.enjoymuseum.org

고양어린이박물관
주소 경기도 고양시 덕양구 화중로 26
전화 031-839-0300
홈페이지 www.goyangcm.or.kr

경기북부어린이박물관
주소 경기도 동두천시 평화로2910번길 46
전화 031-868-9610
홈페이지 ngcm.ggcf.kr

국립부여박물관 어린이박물관
주소 충청남도 부여군 부여읍 금성로 5
전화 041-833-8562
홈페이지 buyeo.museum.go.kr/contents/childMain.do

국립청주박물관 어린이박물관
주소 충청북도 청주시 상당구 명암로 143
전화 043-229-6300
홈페이지 cheongju.museum.go.kr/child/index.do

국립전주박물관 어린이박물관
주소 전라북도 전주시 완산구 쑥고개로 249
전화 063-223-5651
홈페이지 jeonju.museum.go.kr

국립경주박물관 어린이박물관
주소 경상북도 경주시 일정로 186
전화 054-740-7500
홈페이지 gyeongju.museum.go.kr/kid/

국립김해박물관 어린이박물관
주소 경상남도 김해시 가야의길 190
전화 055-320-6827
홈페이지 gimhae.museum.go.kr

전국 대표 체험지 리스트

축제 리스트 37

이용 팁 (TIP)

01 각 축제는 해마다 일시가 조금씩 달라지기도 한다. 미리 확인한 후 참여하자.

02 축제 홈페이지를 통해 미리 프로그램 내용과 진행 시간에 대해 알아볼 것. 그래야 원하는 프로그램을 알차게 활용할 수 있다.

03 축제 성격을 제대로 파악한 후 복장을 준비하자. 여벌 옷이나 방한복이 필요한 경우도 있다.

04 축제를 제대로 즐기기 위해 필요한 준비물은 없는지 축제 홈페이지 등을 이용해 미리 확인하자.

구례산수유꽃축제
시기 매년 3월 중 약 일주일간
장소 전라남도 구례군 지리산온천관광단지 일대
홈페이지 www.gurye.go.kr/tour/

광양매화축제
시기 매년 3월 중 약 일주일간
장소 전라남도 광양시 섬진마을 및 시 일대
홈페이지 www.gwangyang.go.kr/tour_culture

고양국제꽃박람회
시기 매년 4~5월 중 약 2주간
장소 경기도 고양시 일산 호수공원, 원당 화훼단지 일대
홈페이지 flower.or.kr:5521

함평 나비대축제
시기 매년 4~5월 중 약 10일간
장소 전라남도 함평엑스포공원, 생태습지, 화양근린공원
홈페이지 www.hampyeong.go.kr/butterfly/

해운대모래축제
시기 매년 5월 중 약 4일간
장소 부산시 해운대해수욕장 및 해운대광장
홈페이지 www.haeundae.go.kr/tour

연천 구석기축제
시기 매년 5월 중 약 4일간
장소 경기도 연천군 전곡리 유적 및 전곡읍 일대
홈페이지 festival.yeoncheon.go.kr

원주한지문화제
시기 매년 5월 중 약 4일간
장소 강원도 원주 한지테마파크 일원
홈페이지 www.wonjuhanji.co.kr

강릉단오제
시기 매년 단오를 중심으로 약 일주일간
장소 강원도 강릉시 남대천 및 지정 행사장
홈페이지 www.danojefestival.or.kr

홍천 찰옥수수축제
시기 매년 7월 중 약 3일간
주소 강원도 홍천읍 도시산림공원 토리숲
홈페이지 www.hccf.or.kr

봉화은어축제
시기 매년 7~8월 중 약 10일간
장소 경상북도 봉화군 내성천 체육공원 및 내성천 일원
홈페이지 www.bonghwafestival.com/eunuh

물의나라 화천 쪽배축제
시기 매년 7~8월 중 약 10일간
장소 강원도 화천군 붕어섬 일원
홈페이지 www.narafestival.com/02_water

영월 동강뗏목축제
시기 매년 8월 중 약 4일간
장소 강원도 영월군 동강둔치 일원
홈페이지 www.ywfestival.com

부산바다축제
시기 매년 8월 중 약 5일간
장소 부산시 내 주요 5개 해수욕장
홈페이지 www.bto.or.kr/main/index.asp

통영한산대첩축제
시기 매년 8월 중 약 5일간
장소 경상남도 통영시 문화마당 및 병선마당, 통제영, 이순신공원 등
홈페이지 blog.naver.com/hansanfest

고창 갯벌축제
시기 매년 8월 중 약 3일간
장소 전라북도 고창군 만돌갯벌체험학습장, 하전갯벌체험장
홈페이지 www.gochang.go.kr/tour

무창포 신비의 바닷길 축제
시기 매년 8월 중 약 3일간
장소 충청남도 보령시 무창포해수욕장
홈페이지 www.brcn.go.kr/tour.do

영동포도축제
시기 매년 8월 중 약 4일간
장소 충청북도 영동군 영동체육관, 와인코리아, 농촌체험마을 등
홈페이지 www.ydft.kr

원주 다이내믹댄싱카니발
시기 매년 9월 중 약 6일간
장소 강원도 원주시 따뚜공연장, 젊음의 광장, 원일로, 문화의 거리 등
홈페이지 www.dynamicwonju.com

군산시간여행축제
시기 매년 9~10월 중 약 3일간
장소 전라북도 군산시 근대역사박물관 및 시간여행마을 일원
홈페이지 festival.gunsan.go.kr

봉화송이축제
시기 매년 9~10월 중 약 4일간
장소 경상북도 봉화군 봉화읍 체육공원, 관내 송이산 일원
홈페이지 www.bonghwafestival.com/songi

안동국제탈춤페스티벌
시기 매년 9~10월 중 약 10일간
장소 경상북도 안동시 탈춤공원, 문화의 거리 등
홈페이지 www.maskdance.com

산청한방약초축제
시기 매년 9~10월 중 약 2주간
장소 경상남도 산청군 축제광장, 동의보감촌
홈페이지 www.scherb.or.kr

횡성한우축제
시기 매년 10월 중 약 5일간
장소 강원도 횡성군 섬강둔치 일원
홈페이지 happyhanwoofestival.com

완주와일드푸드축제
시기 매년 10월 중 약 3일간
장소 전라북도 완주군 고산자연휴양림 일원
홈페이지 www.wildfoodfestival.kr

안성맞춤 남사당바우덕이축제
시기 매년 10월 중 약 5일간
장소 경기도 안성시 안성맞춤랜드, 안성시내 일원
홈페이지 www.anseong.go.kr/tourPortal/baudeogi/main.do

수원화성문화제
시기 매년 10월 중 약 4일간
장소 경기도 수원시 화성행궁, 수원화성 일원
홈페이지 www.swcf.or.kr/shcf

정선아리랑제
시기 매년 10월 중 약 4일간
장소 강원도 정선군 아리랑공원 일원
홈페이지 www.arirangfestival.kr

한성백제문화제
시기 매년 10월 중 약 3일간
장소 서울시 올림픽공원 일대
홈페이지 www.baekjefest.com

서산해미읍성축제
시기 매년 10월 중 약 3일간
장소 충청남도 서산시 해미읍성
홈페이지 www.haemifest.com

낙안읍성 민속문화축제
시기 매년 10월 중 약 3일간
장소 전라남도 순천시 낙안읍성
홈페이지 www.suncheon.go.kr/nagan

진주남강유등축제
시기 매년 10월 중 약 2주간
장소 경상남도 진주시 진주성 및 남강 일원
홈페이지 yudeung.com

문경 사과축제
시기 매년 10월 중 약 2주간
장소 경상북도 문경새재도립공원 일원
홈페이지 mgapple.or.kr

군산~서천 금강철새여행
시기 매년 11월 중 약 3일간
장소 금강철새조망대, 서천조류생태전시관 일원
홈페이지 gmbo.gunsan.go.kr

평창송어축제
시기 매년 12~1월 약 한 달간
장소 강원도 평창군 진부면 오대천 일원
홈페이지 www.festival700.or.kr

보성차밭빛축제
시기 매년 12~1월 약 한 달간
장소 전라남도 보성군 한국차문화공원 일원
홈페이지 www.boseong.go.kr/tour/festivity

화천 산천어축제
시기 매년 1월 중 약 3주간
장소 강원도 화천군 화천천 및 3개 읍면 일원
홈페이지 www.narafestival.com

태백산눈축제
시기 매월 1~2월 중 약 3주간
장소 태백산국립공원, 황지연못
홈페이지 tour.taebaek.go.kr/snow/

전통시장 리스트 35

이용 팁 `TIP`

01 5일장이 서는 곳은 날짜를 확인해야 시장을 제대로 구경할 수 있다.

02 시장에서는 카드 사용이 어려운 곳이 많으므로 현금을 준비하자.

03 방문 전 시장 홈페이지나 해당 지자체 홈페이지를 방문해 시장 연혁이나 특징을 알아보고 가면 더욱 알차다.

서울약령시장
주소 서울시 동대문구 약령중앙로 10
전화 02-969-4793~4
홈페이지 www.seoulya.com

남대문시장
주소 서울시 중구 남대문시장4길 21
전화 02-753-2805
홈페이지 namdaemunmarket.co.kr

광장시장
주소 서울시 종로구 창경궁로 88
전화 02-2272-0091
홈페이지 kwangjangmarket.co.kr

국제시장
주소 부산시 중구 중구로 36
전화 051-245-7389
홈페이지 gukjemarket6.modoo.at

부평깡통시장(+야시장)
주소 부산시 중구 중구로33번길 32
전화 051-243-1128
홈페이지 www.bupyeong-market.com

자갈치시장
주소 부산시 중구 자갈치해안로 52
전화 051-245-2594
홈페이지 jagalchimarket.kr

소래포구종합어시장
주소 인천시 남동구 소래역로 12
전화 032-719-1522
홈페이지 sorae49.com/main/ko

신포국제시장
주소 인천시 중구 우현로49번길 11-5
전화 032-764-0415
홈페이지 sinpomarket.com

강화풍물시장
주소 인천시 강화군 강화읍 중앙로 17-9
전화 032-934-1318

대구약령시
주소 대구시 중구 남성로 25
전화 053-661-3324
홈페이지 dgom.daegu.go.kr

서문시장(야시장)
주소 대구시 중구 큰장로28길 10
전화 053-256-6341
홈페이지 www.nightseomun.com

대인시장
주소 광주시 동구 제봉로194번길 7-1
전화 062-223-3001
홈페이지 daeinmarket.modoo.at

대전중앙시장
주소 대전시 동구 대전로 783
전화 042-226-0319
홈페이지 www.대전중앙시장.kr

성남모란민속장
주소 경기도 성남시 중원구 둔촌대로 79
전화 031-721-9905

춘천낭만시장(춘천중앙시장)
주소 강원도 춘천시 중앙로2가 42-18
전화 033-254-2558

강릉중앙시장
주소 강원도 강릉시 금성로 21
전화 033-648-2285
홈페이지 www.gncmarket.com

주문진수산시장
주소 강원도 강릉시 주문진읍 시장길 38
전화 033-661-7302

속초관광수산시장(속초중앙시장)
주소 강원도 속초시 중앙로147번길 16
전화 033-633-3501
홈페이지 sokchomarket.com

북평민속오일장(3·8일)
주소 강원도 동해시 오일장길 32
전화 033-522-1142

미로예술 원주중앙시장
주소 강원도 원주시 중앙시장길 6
전화 033-743-2570
홈페이지 wijamk2015.modoo.at

정선5일장(아리랑시장)
주소 강원도 정선군 정선읍 정선로 1357-1
전화 1544-9053
홈페이지 blog.naver.com/jungsun_mk

충주무학시장
주소 충청북도 충주시 무학1길 15
전화 043-848-2292r

육거리종합시장
주소 충청북도 청주시 상당구 청남로2197번길 46
전화 043-222-6696

제천약초시장
주소 충청북도 제천시 원화산로 121
전화 043-647-0109

서산동부시장
주소 충청남도 서산시 시장3길 5-6
전화 041-665-5478

서천특화시장
주소 충청남도 서천군 서천읍 충절로 42
전화 041-951-1445
홈페이지 marketsc.modoo.at

금산인삼약령시장
주소 충청남도 금산군 금산읍 인삼약초로 24
전화 041-753-3219

전주남부시장
주소 전라북도 전주시 완산구 풍남문2길 63
전화 063-284-1344
홈페이지 jbsj.kr

여수수산시장
주소 전라남도 여수시 여객선터미널길 24
전화 061-662-7268

포항죽도시장
주소 경상북도 포항시 북구 죽도시장13길 13-1
전화 054-247-3776

마산어시장
주소 경상남도 창원시 마산합포구 수산1길 126-1
전화 055-224-0009

진주중앙시장
주소 경상남도 진주시 진양호로 553
전화 055-749-7449

통영 중앙시장
주소 경상남도 통영시 중앙시장1길 14-16
전화 055-649-5225

서귀포매일올레시장
주소 제주도 서귀포시 중정로73번길 22
전화 064-762-2925
홈페이지 www.visitjeju.net

동문재래시장
주소 제주도 제주시 관덕로14길 20
전화 064-752-3001
홈페이지 jejudongmun.modoo.at

농촌체험마을 리스트 34

이용 팁 `TIP`

01 전국 각지에 수많은 농촌체험마을이 있다. 웰촌 홈페이지(www.welchon.com)에서 전국의 농촌체험마을에 대한 정보 및 우수마을이나 체험마을의 등급도 볼 수 있어 선택에 도움이 된다.

02 농촌체험마을의 체험 프로그램 중에는 단체 위주로 운영하는 것도 많다. 마음에 드는 프로그램이 있으면 미리 전화로 개인 참여가 가능한지 여부를 확인하자.

03 체험 프로그램은 시기별로 달라지며 날씨에 따라 체험 가능 여부가 결정되므로 방문 전 미리 확인하자.

백담정보화마을
주소 강원도 인제군 북면 만해로 410-17
전화 033-462-4608
홈페이지 baekdam.invil.org

해담마을
주소 강원도 양양군 서면 구룡령로 2110-17
전화 033-673-2233
홈페이지 hd.invil.org

옥천장수마을
주소 충청북도 옥천군 청성면 장수로1길 79-1
전화 043-733-9453

한두레권역
주소 충청북도 옥천군 청성면 한두레로 387
전화 043-733-7620
홈페이지 www.handure.net

한드미마을
주소 충청북도 단양군 가곡면 한드미길 37
전화 043-422-2831
홈페이지 www.handemy.org

알프스마을
주소 충청남도 청양군 정산면 천장호길 223-35
전화 041-942-0797
홈페이지 www.alpsvill.com

외암민속마을
주소 충청남도 아산시 송악면 외암민속길 42-7
전화 041-541-0848
홈페이지 www.oeam.co.kr

성당포구마을
주소 전라북도 익산시 성당면 성당로 762
전화 063-862-3918
홈페이지 blog.naver.com/sungdangpogu

산들강웅포마을
주소 전라북도 익산시 웅포면 강변로 284
전화 063-861-6627
홈페이지 ungpo.kr

남원달오름마을
주소 전라북도 남원시 인월면 인월서길 42
전화 063-635-2231
홈페이지 dalorum.go2vil.org

혼불문학마을
주소 전라북도 남원시 사매면 노봉길 84
전화 063-625-9210

오복마을
주소 전라북도 완주군 경천면 오복대석길 45
전화 063-263-5555
홈페이지 www.경천애인.com

창포마을
주소 전라북도 완주군 고산면 대아저수로 385
전화 063-261-7373
홈페이지 www.changpovil.com

안덕건강힐링체험마을
주소 전라북도 완주군 구이면 창파길 72
전화 063-227-1000
홈페이지 www.poweranduk.com

무월마을
주소 전라남도 담양군 대덕면 무월길 42
전화 061-381-1607
홈페이지 moowol.kr

삼지내마을(창평슬로시티)
주소 전라남도 담양군 창평면 돌담길 56-24
전화 061-383-3807

보릿고개마을
주소 경기도 양평군 용문면 연안길 23-1
전화 031-774-7786
홈페이지 http://borigoge.invil.org

녹향월촌권역
주소 전라남도 강진군 성전면 예향로 745-83
전화 061-432-3535
홈페이지 gmvil.co.kr

개실마을
주소 경상북도 고령군 쌍림면 개실1길 29
전화 054-956-4022
홈페이지 www.gaesil.net

청량산비나리정보화마을
주소 경상북도 봉화군 명호면 비나리길 156
전화 054-673-1927
홈페이지 binari.invil.org

빗돌배기마을
주소 경상남도 창원시 의창구 대산면 진산대로 505번길 92
전화 055-291-4829
홈페이지 www.sweetvillage.co.kr

가뫼골마을
주소 경상남도 진주시 명석면 관덕길187번길 24
전화 055-746-2121
홈페이지 ryujintarm.com

해바리마을
주소 경상남도 남해군 창선면 서부로 257
전화 010-4702-9990
홈페이지 http://haebari.go2vil.org

의신베어빌리지
주소 경상남도 하동군 화개면 의신길 27-2
전화 055-883-3580
홈페이지 www.bearvillage.co.kr

마근담마을
주소 경상남도 산청군 시천면 마근담길 600
전화 055-973-8116
홈페이지 www.mgdedu.com

숲옛마을
주소 경상남도 거창군 북상면 송계로 738
전화 055-942-2247
홈페이지 oldvil.go2vil.org

남해두모마을
주소 경상남도 남해군 상주면 양아로533번길 18
전화 055-862-5865

아홉굿마을
주소 제주도 제주시 한경면 낙수로 97
전화 064-773-1946
홈페이지 ninegood.org

어촌체험마을
리스트 14

이용 팁 (TIP)

01 바다여행 홈페이지(www.seantour.com/village)에서 어촌체험마을에 대한 정보를 확인할 수 있다. 마을에 대한 소개와 체험 프로그램이 상세하게 안내되어 있다.

02 단체 위주로 운영하는 프로그램도 많으므로 방문 전 미리 확인하자.

03 날씨나 물때에 따라 체험 일정이 변경되기도 하므로 사전에 문의하는 게 좋다.

포내어촌체험마을
주소 인천시 중구 대무의로 산260-10
전화 032-752-5422
홈페이지 포내어촌체험마을.kr

주전어촌체험마을
주소 울산시 동구 새싹길 23
전화 052-209-0111
홈페이지 주전어촌체험마을.kr

종현어촌체험관광마을
주소 경기도 안산시 단원구 구봉길 240
전화 032-886-6044
홈페이지 종현어촌체험마을.kr

백미리어촌체험마을
주소 경기도 화성시 서신면 백미길 210-35
전화 031-357-3379
홈페이지 baekmiri.invil.org

장사어촌체험마을
주소 강원도 속초시 장사항해안길 58
전화 033-632-9796
홈페이지 장사어촌체험마을.kr

수산어촌체험마을
주소 강원도 양양군 손양면 수산1길 46
전화 033-673-3677
홈페이지 수산어촌체험마을.kr

중리어촌체험마을
주소 충청남도 서산시 지곡면 어름들2길 66
전화 041-665-9498
홈페이지 중리어촌체험마을.kr

장호어촌체험마을
주소 전라북도 고창군 상하면 명사십리로 282-42
전화 063-562-9390
홈페이지 삼척장호어촌체험마을.kr

신시도어촌체험마을
주소 전라북도 군산시 옥도면 신시도길 83-7
전화 063-463-7088
홈페이지 신시도어촌체험마을.kr

안남어촌체험마을
주소 전남 고흥군 대서면 동서로 925
전화 061-834-1546

송계어촌체험마을
주소 전라남도 무안군 해제면 만송로 916
전화 061-454-8737

대포어촌체험마을
주소 경상남도 사천시 대포길 255
전화 055-834-4988

다대어촌체험마을
주소 경상남도 거제시 남부면 다대5길 11
전화 055-633-1064
홈페이지 www.dadaeri.co.kr

은점어촌체험마을
주소 경상남도 남해군 삼동면 동부대로942번길 34-9
전화 055-867-7119
홈페이지 은점어촌체험마을.kr

안전 체험
리스트 11

서울시민안전체험관(광나루체험관)
주소 서울시 광진구 능동로 238
전화 02-2049-4061
홈페이지 safe119.seoul.go.kr

서울시민안전체험관(보라매안전체험관)
주소 서울시 동작구 여의대방로20길 33
전화 02-2027-4100
홈페이지 safe119.seoul.go.kr

부평안전체험관
주소 인천시 부평구 굴포로 110
전화 032-509-3940
홈페이지 safe.icbp.go.kr

충청남도 안전체험관
주소 충청남도 천안시 동남구 태조산길 267-17
전화 041-559-9700
홈페이지 safe.cn119.go.kr

전라북도119안전체험관
주소 전라북도 임실군 임실읍 호국로 1630
전화 063-290-5676
홈페이지 safe119.sobang.kr

울진안전체험관
주소 경상북도 울진군 근남면 친환경엑스포로 25(울진 엑스포공원 내)
전화 054-789-5500

부산 119안전체험관
주소 부산시 동래구 우장춘로 117
전화 051-760-5870
홈페이지 safe119.busan.go.kr

태백365세이프타운
주소 강원도 태백시 평화길 15
전화 033-550-3101
홈페이지 www.365safetown.com

울산안전체험관
주소 울산시 북구 산하중앙2로 87-33
전화 052-279-6588
홈페이지 fire.ulsan.go.kr/safety

디지털시민안전체험관
주소 서울시 서초구 신반포로 241(반포역)
전화 02-6311-7058

충청북도학생교육문화원 어린이안전체험관
주소 충청북도 청주시 상당구 교서로 17
전화 043-256-5223
홈페이지 www.cbsec.go.kr/home/main.php

레일바이크 체험 리스트 10

강촌레일파크(가평레일바이크)
주소 경기도 가평군 가평읍 장터길 14
코스 가평레일파크에서 경강역까지 편도 4km, 다시 가평레일파크로 돌아오는 총 8km 왕복 코스

강촌레일파크(김유정레일바이크)
주소 강원도 춘천시 신동면 김유정로 1383
코스 김유정역을 출발해 휴게소를 거쳐 강촌역에 도착하는 총길이 8.5km 코스

강촌레일파크(경강레일바이크)
주소 강원도 춘천시 남산면 서천리 32-3
코스 경강역을 출발해 가평철교를 왕복하는 총길이 7.2km 코스

의왕레일파크
주소 경기도 의왕시 왕송못동로 209
코스 왕송호수를 둘러싼 4.3km 코스, 꽃터널, 팝업뮤지엄, 럭키존, 포토존, 스피드존, 미스트존 등.

영종씨사이드 레일바이크
주소 인천시 중구 구읍로 75
코스 해변 풍경을 바라보며 레일바이크를 즐길 수 있다. A코스 왕복 5.6km, B코스 왕복 4.4km.

제주레일바이크
주소 제주도 제주시 구좌읍 용눈이오름로 641
코스 제주도 유일의 레일바이크. 용눈이오름, 다랑쉬오름 등을 감상할 수 있다. 총 길이는 4km.

원주레일파크
주소 강원도 원주시 지정면 간현로 163
코스 간현역에서 풍경열차를 타고 판대역 하차, 한 판대역에서 레일바이크를 타고 돌아오는 총길이 7.8km 코스.

삼척해양레일바이크
주소 강원도 삼척시 근덕면 공양왕길 2
코스 곰솔과 기암괴석이 어우러진 해안선을 따라 5.4km 복선으로 운행

여수해양레일바이크
주소 전라남도 여수시 망양로 187
코스 해안길을 따라 이어진 레일바이크. 만성리-마래터널-엑스포역 초입 왕복 3.5km

섬진강 레일바이크
주소 전라남도 곡성군 오곡면 섬진강로 1877
코스 침곡역과 가정역을 오가는 코스로 편도 약 5.1km 섬진강을 품고 달리는 레일바이크

유아숲체험장 리스트 21

북한산 유아숲체험원
주소 서울시 강북구 미아동 산108-19 일대
전화 02-901-6935

용마산 유아숲체험장
주소 서울시 중랑구 용마산로94길 64-124
전화 02-2094-2386

베짱이 유아숲체험장
주소 서울시 금천구 독산로54길 102-82
전화 02-2627-1655

삼청공원 유아숲체험장
주소 서울시 종로구 북촌로 134-3
전화 02-2148-2844

부산 어린이대공원 숲체험학습센터 & 숲체험장
주소 부산시 부산진구 새싹로 295
전화 070-7740-5387

장산 유아숲체험원
주소 부산시 해운대구 장산로 427-289
전화 055-370-2752

인천수목원 유아숲체험원
주소 인천시 남동구 무네미로 236
전화 032-440-5888

운암지 유아숲체험원
주소 대구시 북구 구암동 산21 일대
전화 053-665-2855

과천 문원 유아숲체험원
주소 경기도 과천시 문원동 산57-1 일대
전화 02-3677-2343

한숲 유아숲체험원
주소 경기도 용인시 기흥구 동백3로 79
전화 031-324-3776

대관령(대굴령) 유아숲체험원
주소 강원도 평창군 대관령면 횡계리 71-1
전화 033-330-4031

자작나무 유아숲체험원
주소 강원도 인제군 인제읍 원남로 760
전화 033-460-8036

태화산 유아숲체험원
주소 강원도 영월군 영월읍 팔괴리 산31
전화 033-373-4053

상당산성자연휴양림 유아숲체험원
주소 서울시 금천구 독산로54길 102-82
전화 02-2627-1655

태학산자연휴양림 유아숲체험원
주소 충청남도 천안시 동남구 풍세면 돈마루1길 188
전화 041-529-5108

대아수목원 유아숲체험원
주소 전라북도 완주군 동상면 대아수목로 94-34
전화 063-243-1951

장흥 우드랜드 유아숲체험원
주소 전라남도 장흥군 장흥읍 우드랜드길 180
전화 061-860-0402

금오산 유아숲체험원
주소 경상북도 구미시 금오산로 433-3
전화 054-464-8529

지리산 유아숲체험원
주소 경상남도 함양군 함양시 삼봉로 62
전화 055-960-2532

절물자연휴양림 유아숲체험원
주소 제주도 제주시 명림로 584
전화 064-728-1510

서귀포자연휴양림 유아숲체험원
주소 제주도 서귀포시 1100로 882
전화 064-738-4544

유아 체험 교육기관 리스트 15

서울특별시교육청 유아교육진흥원
주소 서울시 강북구 미아동 산108-19 일대
전화 02-2176-9422
홈페이지 www.seoul-i.go.kr

부산광역시 유아교육진흥원
주소 부산시 사하구 다대로529번길 11
전화 051-220-6214
홈페이지 child.pen.go.kr

광주광역시 유아교육진흥원
주소 광주시 광산구 장덕로 34
전화 062-960-6531
홈페이지 iedu.gen.go.kr

울산광역시 유아교육진흥원
주소 울산시 북구 지당5길 17
전화 052-286-9153
홈페이지 www.uskids.kr

대구광역시 유아교육진흥원
주소 대구시 달서구 학산남로 66
전화 053-231-1600
홈페이지 www.dge.go.kr/daegu-i

대전유아교육진흥원
주소 대전시 중구 산서로50번길 12
전화 042-580-8523
홈페이지 dje-i.go.kr

경기도유아체험교육원
주소 경기도 평택시 팽성읍 노와길 36
전화 031-617-8700
홈페이지 www.kench.or.kr

강원유아교육진흥원
주소 강원도 춘천시 동면 만천로 165-7
전화 033-815-2120
홈페이지 gwch.gwe.go.kr

충청북도 유아교육진흥원
주소 충청북도 청주시 상당구 가덕면 교육원로 153-122
전화 043-299-6410
홈페이지 www.cbiedu.go.kr

충청남도 유아교육진흥원
주소 충청남도 홍성군 홍북면 금북로 390
전화 041-630-2131
홈페이지 www.cn-i.go.kr

전라북도 유아교육진흥원
주소 전라북도 익산시 춘포면 석암로 349
전화 063-830-5411
홈페이지 jb-i.kr

전라남도 유아교육진흥원
주소 전라남도 순천시 서면 둔대수계길 35
전화 061-750-9821
홈페이지 iedu.da.jne.kr

진주유아체험교육원
주소 경상남도 진주시 진성면 진의로 160
전화 055-760-7111
홈페이지 gnchild.gne.go.kr/jjchild

김해유아체험교육원
주소 경상남도 김해시 진례면 서부로 860번길 5
전화 055-343-8682
홈페이지 gnchild.gne.go.kr/ghchild

제주유아교육진흥원
주소 제주도 서귀포시 중앙로150번길 4-1
전화 064-735-0500
홈페이지 www.jjkids.go.kr

인덱스

ㄱ
가나아트파크 · 416
감귤박물관 · 444
강릉 오죽헌 · 170
강화고인돌광장&강화역사박물관 · 082
강화자연사박물관 · 318
경기 미래교육 파주캠퍼스 · 382
경기도 어린이식품안전체험관 · 480
경기도어린이박물관 · 478
경덕왕릉 의성 조문국 사적지 · 114
경복궁 · 130
경상북도독립운동기념관 · 206
경찰박물관 · 046
경포가시연습지 · 336
경희궁 · 146
고성 통일전망대 · 244
고성공룡박물관 · 330
광명동굴 · 432
국립경주박물관 · 116
국립고궁박물관 · 150
국립공주박물관 · 104
국립극장 & 공연예술박물관 · 394
국립기상박물관 · 264
국립김해박물관 · 098
국립대구과학관 · 272
국립민속박물관 · 026
국립민속박물관 파주 · 028
국립밀양기상과학관 · 266
국립부산과학관 · 274
국립부여박물관 · 106
국립산악박물관 · 428
국립생물자원관 · 304
국립생태원 · 300
국립수목원 & 산림박물관 · 310
국립수산과학관 · 308
국립어린이과학관 · 256
국립일제강제동원역사관 · 210
국립조선왕조실록박물관 · 152
국립중앙과학관 · 254
국립중앙도서관 · 352
국립중앙박물관 · 074
국립어린이청소년도서관 · 388
국립청주박물관 어린이박물관 · 080
국립한글박물관 · 354
국립항공박물관 · 252
국립해양박물관 · 306
국립현대미술관(과천관) · 392
국립횡성숲체원 · 324
국회의사당 · 030
군산 근대역사박물관 · 232
김유정문학촌 · 366

ㄴ
낙안읍성 · 200
난계국악박물관 & 국악체험존 · 420
남산 봉수대 · 158
남산골 한옥마을 · 160
남한산성 · 194
넥스페리움 · 430
농업박물관 · 048

ㄷ
다산유적지 & 실학박물관 · 190
다산초당 · 192
대가야박물관 · 100
대관령 · 054
대릉원(천마총) · 120
대한민국역사박물관 · 212
덕수궁 · 142
도산공원 & 도산안창호기념관 · 240
독립기념관 · 204
돈의문박물관마을 · 224
두타연 · 234
떡박물관 · 424

ㄹ
로보라이프뮤지엄 · 292
리움미술관 · 402

ㅁ
마이산 · 060
만해마을 · 368
매봉산 바람의 언덕 · 056

목포 근대역사관 · 236
몽촌토성 & 한성백제박물관, 몽촌역사관 · 108
무령왕릉 & 공산성 · 112
미륵사지 & 국립익산박물관 · 110
밀양한천테마파크 · 458

ㅂ
박경리문학공원 · 370
박수근미술관 · 408
반구대암각화 · 090
백남준아트센터 · 412
백범김구기념관 · 238
부산과학체험관 · 278
부천로보파크 · 290
불국사 · 122

ㅅ
산청동의보감촌 · 454
삼국유사테마파크 · 092
365세이프타운 · 468
삼탄아트마인 · 064
서대문자연사박물관 · 316
서대문형무소역사관 · 220
서산 버드랜드 · 320
서산 해미읍성 · 176
서울 시민안전체험관 · 470
서울공예박물관 · 398
서울생활사박물관 · 228
서울시립과학관 · 258
서울식물원 · 298
서울애니메이션센터 & 명동 만화거리 재미로 · 476
서울역 & 문화역서울284 · 226
서울역사박물관 · 214
서울특별시청 & 시민청 · 034
서울하수도과학관 · 260
서울한양도성 & 한양도성박물관 · 156
선도리 갯벌체험마을 · 436
세종문화회관 · 422
세종이야기 & 충무공이야기 · 180
소래습지생태공원 · 322

소수서원 · 128
소양강댐 · 066
수도박물관 · 262
수상한 마법학교 · 462
수원화성 · 196
순천만국가정원 & 순천만습지 · 344
신문박물관 · 246
신안 증도 태평염전 · 332

ㅇ
아쿠아플라넷 제주 · 434
안동 하회마을 · 166
안면도 쥬라기박물관 · 340
애니메이션박물관 · 384
양평 수미마을 · 472
황순원 문학촌 소나기마을 · 378
양평군립미술관 · 418
에코랜드 테마파크 · 438
영덕 신재생에너지전시관 · 294
영릉 & 세종대왕역사문화관 · 198
영월 한반도 지형 · 068
예술의전당 · 396
옛길박물관 · 202
오산리선사유적박물관 · 088
완도 청해진 유적 · 094
우포늪 · 326
우표박물관 · 042
원주한지테마파크 · 456
유교랜드 · 168
윤동주문학관 · 372
은아목장 · 440
의야지바람마을 · 442
의열기념관 · 208
의정부 미술도서관 · 400
의정부 음악도서관 · 401
이사부사자공원 · 124
이중섭미술관 · 406
이천 예스파크 · 460
이효석문학관 · 374
인제산촌박물관 · 062
인천 차이나타운 · 230

인천국제공항 · 040
인천어린이과학관 · 270
임실치즈테마파크 · 474
임진각 국민관광지 · 242

ㅈ
장욱진미술관 · 410
전곡선사박물관 · 086
전라남도 농업박물관 · 050
전쟁기념관 · 078
전주 한옥마을 · 164
정동길 · 216
정선레일바이크 & 스카이바이크 · 452
제주항공우주박물관 · 280
제천한방엑스포공원 · 288
조명박물관 · 268
조선민화박물관 · 414
종묘 · 148
주남저수지 · 338
지질박물관 · 342
진주 청동기문화박물관 · 096
진주성 · 174

ㅊ
참소리축음기 · 에디슨과학박물관 · 296
창경궁 · 138
창덕궁 · 134
창동 예술촌 · 070
창평슬로시티 · 450
채석강 · 334
천곡황금박쥐동굴 · 348
철도박물관 · 044
청남대 · 058
청와대 · 032
청주 고인쇄박물관 · 284
청주랜드 · 286
최명희문학관 · 376
춘천 물레길 · 466
춘천막국수체험박물관 · 448
충주고구려비전시관 · 102

ㅋ
클레이아크 김해미술관 · 464

ㅌ
태강릉 & 조선왕릉전시관 · 188
태백 석탄박물관 · 072
태백고생대자연사박물관 · 314
태화강국가정원 · 346
통영 이순신 장군 유적지 · 184

ㅍ
파주출판도시 · 380
포천 어메이징파크 · 282

ㅎ
한국가사문학관 · 360
한국근대문학관 · 356
한국만화박물관 · 386
한국민속촌 · 154
한국시집박물관 · 362
한국은행화폐박물관 · 036
한국잡월드 · 446
한국조폐공사 화폐박물관 · 038
서울한방진흥센터 · 358
합천영상테마파크 · 248
해인사 · 126
향촌문화관 & 대구문학관 · 364
허균·허난설헌기념공원 · 178
현충사 & 충무공이순신기념관 · 182
호미곶 & 국립등대박물관 · 052
호암미술관 · 404
호야지리박물관 · 328
화담숲 · 312